Qur’an in Simple Hindi

हिंदी में आसान तर्जुमा

Presented by

MOHAMMAD TAHIR KHAN

Qur'an in Simple Hindi

हिंदी में आसान तर्जुमा

📖 **Presented by**

Mohammad Tahir Khan

📄 **इस संस्करण के बारे में (About This Edition)**

यह तर्जुमा उन लोगों के लिए पेश किया गया है जो कुरआन मजीद के पैग़ाम को आसान और समझने लायक़ अंदाज़ में हिंदी में पढ़ना चाहते हैं। इस अनुवाद को सहज, स्पष्ट और प्रभावी बनाने की पूरी कोशिश की गई है, ताकि हर पाठक कुरआन की हिदायत से फ़ायदा उठा सके।

इस तर्जुमा में अरबी कुरआन की तक़द्दुसियत (पवित्रता) को पूरी तरह बरक़रार रखा गया है और इसे सिर्फ़ समझने की सहूलत के लिए लिखा गया है।

"अल्लाह हमें कुरआन की हिदायत पर चलने की तौफ़ीक़ अता फ़रमाए। आमीन।"

📩 आपकी राय और सुझाव हमारे लिए क़ीमती हैं।

अगर आपके पास कोई तजवीज़ (सुझाव) या तन्क़ीह (फीडबैक) हो, तो बेझिझक हमसे राब्ता करें।

✉ Email: info@mtkpublishing.com

Copyright Page

Qur'an in Simple Hindi
हिंदी में आसान तर्जुमा

ISBNs:

978-81-985354-0-5	Paperback / Softback
978-81-985354-1-2	E-book Reader
978-81-985354-3-6	Hardback
978-81-985354-6-7	Audio

प्रथम संस्करण: 2025
प्रकाशित द्वारा: Mohammad Tahir Khan & Co. Publishing
लखनऊ, उत्तर प्रदेश, भारत

संपर्क या सुझाव हेतु:

✉ info@mtkpublishing.com

डिस्क्लेमर (Disclaimer)

यह तर्जुमा सिर्फ़ समझने और इल्म हासिल करने के मक़सद से है। हर मुसलमान को असली कुरआन का मुताला (अध्ययन) करना चाहिए और इसकी तफ़सीर अहल-ए-इल्म (ज्ञानी विद्वानों) से समझने की कोशिश करनी चाहिए।

अनुवादक के बारे में

मोहम्मद ताहिर खान एक मुसन्निफ़ (लेखक), मुहक़्क़िक़ (शोधकर्ता) और मुतर्जिम (अनुवादक) हैं, जिन्हें इस्लामी उलूम और तिब्ब-ओ-ग़िज़ा (पोषण विज्ञान) से गहरी दिलचस्पी है। उन्होंने अपनी तहरीरों के ज़रिए मुख़्तलिफ़ मौज़ुआत (विषयों) पर तहक़ीक़ी (शोधपूर्ण) काम अंजाम दिया है, ख़ुसूसन इस्लामी तारीख़, मसलक़ी मबाहिस (धार्मिक विषयों) और सेहत-ओ-तंदुरुस्ती से मुताल्लिक़ मसायल पर।

उनका मक़सद ये है कि इस्लामी तालीमात को आसान, वाज़ेह और आम फ़हम अंदाज़ में लोगों तक पहुँचाया जाए, ताकि हर शख़्स, चाहे वो किसी भी ज़ुबान या इल्मी सता (शैक्षिक स्तर) से ताल्लुक़ रखता हो, क़ुरआन के हक़ीक़ी मफ़हूम को समझ सके। इसी सोच के तहत उन्होंने "Qur'an in Hinglish" का तर्जुमा किया था, और अब ये हिंदी तर्जुमा पेश कर रहे हैं, ताकि हिंदी ज़ुबान बोलने और समझने वाले अफ़राद भी क़ुरआन मजीद के हिदायती पैग़ाम से मुस्तफ़ीद हो सकें।

मोहम्मद ताहिर खान का ये अकीदा है कि कोई भी तर्जुमा असल मतन का पूरा हक़ अदा नहीं कर सकता, लिहाज़ा उन्होंने इस बात का ख़ुसूसी ख़याल रखा है कि तर्जुमे को सादा और आसानी से समझ आने वाला रखा जाए, लेकिन साथ ही क़ुरआन की असल रूह और इसके पैग़ाम की तक़द्दुसियत (पवित्रता) भी बरक़रार रहे।

वो मुख़्तलिफ़ समाजी और इल्मी सरगर्मियों (सामाजिक और अकादमिक गतिविधियों) में सरगर्म हिस्सा लेते हैं और उनकी तहरीरों का मक़सद सिर्फ़ इल्मी मालूमात की फराहमी (ज्ञान का प्रसार) ही नहीं, बल्कि लोगों को इस्लामी तालीमात की रोशनी में अपनी ज़िंदगी को बेहतरीन अंदाज़ में गुज़ारने की राह दिखाना भी है।

मोहम्मद ताहिर खान

(www.mohammadtahirkhan.com)

मुक़द्दिमा

बिस्मिल्लाह-हिर-रहमान-निर-रहीम

(शुरुआत अल्लाह के नाम से जो बड़ा मेहरबान, निहायत रहम वाला है।)

क़ुरआन मजीद, जो अल्लाह का कलाम है, तमाम इंसानियत के लिए हिदायत का सरचश्मा है। ये सिर्फ़ एक किताब नहीं, बल्कि एक मुकम्मल ज़िंदगी का दस्तूर है, जो इंसान को हर दौर, हर हालात और हर मुश्किल में सही रास्ता दिखाता है। इसमें वो हिकमत, इल्म और रहनुमाई मौजूद है, जो हर शख़्स को रुहानी सुकून और दुनिया व आख़िरत की कामयाबी अता करती है।यह अनुवाद इस नीयत से किया गया है कि क़ुरआन की तालीमात को ज़्यादा से ज़्यादा लोग समझ सकें और इससे रोशनी हासिल कर सकें। क़ुरआन का असल मफ़हूम सिर्फ़ अरबी ज़ुबान में ही अपनी मुकम्मल शान के साथ है, मगर हर शख़्स अरबी नहीं समझता। इसी वजह से, इस अनुवाद का मक़सद यह है कि आम लोग भी क़ुरआन का मफ़हूम समझ सकें और अपनी ज़िंदगी को इसके मुताबिक़ दलील और हिकमत के साथ गुज़ार सकें।इस अनुवाद को लिखते वक़्त एक सादगी और आसानी बरक़रार रखने की कोशिश की गई है, ताकि हर शख़्स इसे बिना किसी मुश्किल के समझ सके। यहाँ जो अनुवाद पेश किया गया है, वह आम बोलचाल की हिंदी में है, जो अधिकतर लोगों को समझने में मदद देगा। इस अनुवाद का लहजा न सिर्फ़ आसान है, बल्कि इसमें वह इज़्ज़त और अदब भी बरक़रार रखा गया है, जो अल्लाह के कलाम का हक़ है। मुझे मालूम है कि कोई भी अनुवाद असल मतन का पूरा हक़ अदा नहीं कर सकता। इसी वजह से, यह अनुवाद सिर्फ़ एक कोशिश है, जो इंसानी क़ाबिलियत की हद तक है। जो लोग अरबी समझने की सलाहियत रखते हैं, उनके लिए सबसे बेहतरीन तरीक़ा यही है कि वे असल अरबी मतन का मुताला करें। और जो लोग सिर्फ़ अनुवाद पर ही इक्तिफ़ा करते हैं, उन्हें चाहिए कि वे हमेशा तफ़सीर और असली अरबी क़ुरआन का भी मुताला करें, ताकि वे इसके असली मअनी और हिकमत को और गहराई से समझ सकें। मैं अल्लाह तआला से दुआ करता हूँ कि वह इस मेहनत को क़ुबूल फ़रमाए और जो भी इस अनुवाद से फ़ायदा उठाए, उसके दिल को हिदायत और रुहानी सुकून से मालामाल करे। आमीन।

मोहम्मद ताहिर खान

(www.mohammadtahirkhan.com)

परिचय (तआरुफ़)

बिस्मिल्लाह-हिर-रहमान-निर-रहीम

(शुरुआत अल्लाह के नाम से जो बड़ा मेहरबान, निहायत रहम वाला है।)

क़ुरआन मजीद अल्लाह का इलाही पैग़ाम है, जो हर दौर, हर क़ौम और हर शख़्स के लिए हिदायत का मसरद है। ये सिर्फ़ एक किताब नहीं, बल्कि एक मुकम्मल ज़िंदगी का दस्तूर है जो इंसान को रुहानी, अख़लाक़ी और समाजी तरक़्क़ी का रास्ता दिखाता है। ये वही किताब है जिसे अल्लाह तआला ने अपने आख़िरी रसूल, हज़रत मुहम्मद ﷺ पर नाज़िल फ़रमाया, ताकि इंसान अपने रब को पहचाने और उसके बताए हुए रास्ते पर चले।

इस तर्जुमे की ज़रूरत

क़ुरआन की असल ज़ुबान अर्बी है, जो एक अज़ीम और फ़सीह-ओ-बलीग़ ज़ुबान है। मगर दुनिया भर में करोड़ों लोग ऐसे हैं जो अर्बी से नावाक़िफ़ हैं। उन तक क़ुरआन का पैग़ाम उनकी समझ के मुताबिक़ पहुँचाना एक ज़रूरी काम है, ताकि वो भी इस इलाही हिदायत से मुस्तफ़ीद हो सकें। इस तर्जुमे को इस अंदाज़ में लिखा गया है कि आम लोग बग़ैर किसी मुश्किल के इसे समझ सकें। ये तर्जुमा उर्दू और हिंदी के मिला-जुला लहजे में है, जिसे आसान और सुलझे हुए अल्फ़ाज़ में पेश किया गया है।

इस तर्जुमे की ख़ुसूसियात

◎ आसान और क़ाबिल-ए-फ़हम ज़ुबान: इस तर्जुमे का लहजा आम बोलचाल की उर्दू-हिंदी में रखा गया है, ताकि हर शख़्स इसे बग़ैर किसी मुश्किल के समझ सके।

◎ अदब और अजमत: हर लफ़्ज़ का इंतिख़ाब इस तरह किया गया है कि क़ुरआन की शान और अल्लाह के कलाम का अदब बरक़रार रहे।

◎ सीधा और वाज़ेह मअनी: इस तर्जुमे में मुश्किल अल्फ़ाज़ या ज़रूरत से ज़्यादा तफ़सील से परहेज़ किया गया है, ताकि पढ़ने वाले को क़ुरआन का पैग़ाम बराह-ए-रास्त और वाज़ेह तौर पर समझने में मदद मिले।

◎ हिदायत का ज़रिया: ये तर्जुमा सिर्फ़ इल्मी या अदबी लिहाज़ से नहीं, बल्कि रुहानी हिदायत का भी एक ज़रिया है, जो दिलों को मुनव्वर करता है और ज़िंदगी को बेह्तर बनाता है।

क़ुरआन का असल मक्सद

क़ुरआन सिर्फ़ एक किताब नहीं, बल्कि इंसानी ज़िंदगी का असल दस्तूर है। ये बताता है कि इंसान का असल मक्सद क्या है, उसका अपने रब के साथ क्या तअल्लुक़ है, और उसे अपनी दुनिया और आख़िरत को संवारने के लिए क्या करना चाहिए। ये किताब सिर्फ़ किसी एक क़ौम या किसी ख़ास ज़माने के लिए नहीं, बल्कि तमाम इंसानियत के लिए है।

मैं अल्लाह तआला से दुआ करता हूँ कि वो इस तर्जुमे को क़ुबूल फ़रमाए और जो भी इसे पढ़े, उसके दिल को हिदायत और रुहानी सुकून से मालामाल करे। आमीन।

मोहम्मद ताहिर खान

(www.mohammadtahirkhan.com)

विषय-सूची

14. सूरह इब्राहीम

15. सूरह अल-हिज्र

16. सूरह अन-नहल

17. सूरह अल- इसरा

18. सूरह अल-कहफ

19. सूरह मरियम

20. सूरह ता-हा

21. सूरह अल-अंबिया

22. सूरह अल - हज

23. सूरह अल-मुमिनुन

24. सूरह अन-नूर

25. सूरह फुरकान

26. सूरह अश-शुआरा

27. सूरह अन-नमल

28. सूरह अल-कसस

29. सूरह अल-अनकबूत

30. सूरह अर-रूम

31. सूरह लुकमान

32. सूरह अस-सजदा

33. सूरह अल-अहज़ाब

34. सूरह सबा

35. सूरह फातिर

36. सूरह यासीन

37. सूरह अस-साफ़फ़ात

38. सूरह स'आद

39. सूरह अज-ज़ुमर

40. सूरह ग़ाफ़िर

41. सूरह फुसिलत

42. सूरह अश-शूरा

43. सूरह अज-जुखरुफ

44. सूरह अद-दुखान

45. सूरह अल-जाथीया

46. सूरह अल-अहकाफ

47. सूरह मुहम्मद

48. सूरह अल-फ़तह

49. सूरह अल-हुजुरात

50. सूरह काफ

51. सूरह अज़-ज़ारियात

52. सूरह अत-तूर

53. सूरह अन-नज्म

54. सूरह अल-कमर

55. सूरह रहमान

56. सूरह अल-वाकिया

57. सूरह अल-हदीद

58. सूरह अल-मुजादिला

59. सूरह अल-हश्र

60. सूरह अल-मुमताहिना

61. सूरह अस-सफ्फ

62. सूरह अल-जुमुआ

63. सूरह अल-मुनाफिकून

64. सूरह अत-तग़ाबुन

65. सूरह अत-तलाक़

66. सूरह अत-तहरीम

67. सूरह अल-मुल्क

68. सूरह अल-क़लम

69. सूरह अल-ह़ाक़्क़ाह

70. सूरह अल-मारिज

71. सूरह नूह

72. सूरह अल-जिन्न

73. सूरह अल-मुज़म्मिल

74. सूरह अल-मुद्दस्सिर

75. सूरह अल-क़ियामह

76. सूरह अल-इंसान

77. सूरह अल-मुरसलात

78. सूरह अन-नबा

79. सूरह अन-नाज़िआत

80. सूरह अबसा

81. सूरह अत-तकवीर

82. सूरह अल-इन्फ़ितार

83. सूरह अल-मुतफ़्फ़िफ़ीन

84. सूरह अल-इन्शिक़ाक़

85. सूरह अल-बुरूज

86. सूरह अत-तारिक़

87. सूरह अल-अ'ला

88. सूरह अल-ग़ाशियाह

1. सूरह फातिहा

बिस्मिल्लाह-हिर्रहमान-निर्रहीम

(शुरुआत अल्लाह के नाम से जो बड़ा मेहरबान, निहायत रहम वाला है।)

1. अल्लाह के नाम से जो बड़ा मेहरबान और रहम करने वाला है।

2. सारी तारीफ अल्लाह के लिए है, जो सारे जहानों का मालिक है।

3. जो बड़ा मेहरबान और रहम करने वाला है।

4. जो क़ियामत के दिन का मालिक है।

5. हम सिर्फ़ तुझी की इबादत करते हैं और सिर्फ़ तुझसे ही मदद मांगते हैं।

6. हमें सीधा रास्ता दिखा दे।

7. उनका रास्ता, जिन पर तूने इनाम किया, न कि उनका जिन पर तेरा ग़ज़ब आया और न ही गुमराहों का।

2. सूरह अल-बक़राह

बिस्मिल्लाह-हिर्रहमान-निर्रहीम

1. अलिफ़, लाम, मीम।

2. यह एक ऐसी किताब है जिसमें कोई शक नहीं, यह उन लोगों के लिए हिदायत है जो अल्लाह से डरने वाले हैं।

3. जो ग़ैब (अदृश्य) पर ईमान लाते हैं, नमाज़ क़ायम करते हैं, और जो कुछ हमने उन्हें दिया है उसमें से खर्च करते हैं।

4. और जो (ऐ नबी) तुम पर उतारा गया है उस पर ईमान लाते हैं, और जो तुमसे पहले उतारा गया था उस पर भी, और आख़िरत पर पूरा यक़ीन रखते हैं।

5. यही लोग अपने रब की ओर से सही रास्ते पर हैं, और यही लोग कामयाब होंगे।

6. जिन लोगों ने कुफ़्र (इनकार) किया है, उनके लिए बराबर है कि तुम उन्हें डराओ या न डराओ, वे कभी ईमान नहीं लाएंगे।

7. अल्लाह ने उनके दिलों पर और उनके सुनने की क्षमता पर मुहर लगा दी है, और उनकी आँखों पर पर्दा डाल दिया है। उनके लिए एक बड़ा अज़ाब (दंड) है।

8. और कुछ लोग कहते हैं, “हम अल्लाह और आख़िरी दिन पर ईमान लाते हैं,” लेकिन वे वास्तव में सच्चे मोमिन नहीं हैं।

9. वे अल्लाह और मोमिनों को धोखा देना चाहते हैं, लेकिन असल में वे सिर्फ़ अपने आप को धोखा दे रहे हैं और इस बात का एहसास नहीं करते।

10. उनके दिलों में एक बीमारी है, और अल्लाह उनकी बीमारी को और बढ़ा देता है। उनके झूठ बोलने के

कारण उनके लिए दर्दनाक अज़ाब है।

11. और जब उनसे कहा जाता है, “ज़मीन में फ़साद (बुराई) मत फैलाओ,” तो वे कहते हैं, “हम तो सिर्फ़ सुधार (सुलह) करने वाले हैं!”

12. यक़ीनन, वही लोग हैं जो फ़साद फैलाने वाले हैं, लेकिन उन्हें इसका एहसास नहीं।

13. और जब उनसे कहा जाता है, “जिस तरह दूसरे लोग ईमान लाए, वैसे तुम भी ईमान लाओ,” तो वे कहते हैं, “क्या हम उन बेवक़ूफ़ों की तरह ईमान ले आएं?” यक़ीनन, वही बेवक़ूफ़ हैं, लेकिन उन्हें इसका पता नहीं।

14. जब वे मोमिनों से मिलते हैं, तो कहते हैं, “हम ईमान लाए हैं,” लेकिन जब अपने बुरे दोस्तों के पास अकेले होते हैं, तो कहते हैं, “हम तो तुम्हारे साथ हैं, बस हम मज़ाक कर रहे थे।”

15. अल्लाह उनका मज़ाक उन्हीं पर लौटा देगा, और उन्हें उनकी सरकशी (बग़ावत) में अंधा छोड़ देगा, जहां वे भटकते रहेंगे।

16. यही वे लोग हैं, जिन्होंने हिदायत (सही राह) को गुमराही के बदले बेच दिया। लेकिन यह सौदा उनके लिए फ़ायदे का नहीं है, और न ही वे सही रास्ते पर हैं।

17. उनकी मिसाल उस शख़्स की तरह है, जिसने आग जलाई, लेकिन जब उसकी रोशनी चारों तरफ फैल गई, तो अल्लाह ने उनकी रोशनी छीन ली और उन्हें पूरी तरह अंधेरे में छोड़ दिया, जहां वे कुछ भी नहीं देख सकते।

18. वे बहरे, गूंगे और अंधे हैं, इसलिए वे कभी भी सही रास्ते पर नहीं लौटेंगे।

19. या फिर उनकी मिसाल उस आँधी और बिजली वाली बारिश की तरह है, जिसमें घना अंधेरा, गरज और चमक होती है। वे हर बार गरज की आवाज़ सुनकर मौत के डर से अपने कानों में उंगलियां डाल लेते हैं। और अल्लाह अपनी क़ुदरत से इनकार करने वालों को हर तरफ़ से घेर लेता है।

20. बिजली उनकी नज़रें छीने लेती है। जब वह चमकती है, तो वे उसकी रौशनी में चलने लगते हैं, लेकिन जब अंधेरा छा जाता है, तो रुक जाते हैं। अगर अल्लाह चाहता, तो वह उनका सुनना और देखना भी छीन लेता। यक़ीनन, अल्लाह हर चीज़ पर क़ुदरत रखता है।

21. ऐ इंसानों! अपने रब की इबादत करो, जिसने तुम्हें और तुमसे पहले के लोगों को पैदा किया, ताकि तुम अल्लाह से डरने वाले बन जाओ।

22. उसी ने तुम्हारे लिए ज़मीन को बिछौना और आसमान को छत बनाया, और आसमान से पानी बरसाया, फिर उसके ज़रिए हर प्रकार की उपज और फल तुम्हारी रोज़ी के लिए पैदा किए। तो जब तुम यह जानते हो, तो अल्लाह के बराबर किसी और को मत मानो।

23. और अगर तुम्हें इस बात में कोई शक है, जो हमने अपने रसूल पर उतारी है, तो उसकी जैसी एक सूरत (अध्याय) ले आओ, और अपने मददगारों को भी बुला लो, जो अल्लाह के सिवा हैं—अगर तुम सच्चे हो।

24. अगर तुम ऐसा नहीं कर सकते और कभी नहीं कर पाओगे, तो उस आग से डरो जो इंसानों और पत्थरों

से भरी होगी और इनकार करने वालों के लिए तैयार की गई है।
25. जो लोग ईमान लाते हैं और अच्छे काम करते हैं, उन्हें खुशखबरी दे दो कि उनके लिए ऐसे बाग होंगे जिनके नीचे नदियाँ बहेंगी। जब भी उन्हें फल दिए जाएंगे, तो वे कहेंगे, "अरे, ये तो वही फल है जो हमें पहले भी मिला था!" लेकिन असल में वे देखने में एक जैसे होंगे, मगर स्वाद में अलग। वहाँ उनके लिए पाक जीवनसाथी होंगे और वे हमेशा के लिए वहाँ रहेंगे।
26. अल्लाह मच्छर या उससे भी छोटी चीज़ की मिसाल देने में नहीं हिचकिचाता। जो लोग ईमान रखते हैं, वे जानते हैं कि यह उनके रब की तरफ़ से सही बात है। लेकिन जो लोग इनकार करते हैं, वे कहते हैं, "इस मिसाल से अल्लाह क्या समझाना चाहता है?" अल्लाह इससे बहुतों को गुमराह करता है और बहुतों को सीधा रास्ता दिखाता है, लेकिन गुमराह वही होते हैं जो नफरत करते हैं।
27. जो लोग अल्लाह से किया हुआ पक्का वादा तोड़ देते हैं, उन रिश्तों को काट देते हैं जिन्हें अल्लाह ने जोड़ने को कहा था, और धरती में फसाद फैलाते हैं, वही असली नुकसान उठाने वाले हैं।
28. तुम अल्लाह का इनकार कैसे कर सकते हो? पहले तुम कुछ भी नहीं थे, फिर उसने तुम्हें ज़िंदगी दी, फिर वही तुम्हें मौत देगा, फिर वही तुम्हें दोबारा ज़िंदा करेगा, और आखिर में तुम सबको उसी के पास लौटना है।
29. उसी ने ज़मीन पर हर चीज़ तुम्हारे लिए बनाई। फिर उसने आसमान की तरफ़ रुख किया और सात आसमान बनाए। और वह हर चीज़ का पूरा ज्ञान रखता है।
30. जब तुम्हारे रब ने फरिश्तों से कहा, "मैं ज़मीन पर एक इंसानी हुकूमत (खलीफा) बनाने वाला हूँ," तो उन्होंने पूछा, "क्या आप वहाँ किसी ऐसे को रखने वाले हैं जो फसाद करेगा और खून बहाएगा? जबकि हम तो आपकी तसबीह और तारीफ करते हैं!" अल्लाह ने कहा, "मैं वो जानता हूँ जो तुम नहीं जानते।"
31. फिर अल्लाह ने आदम को सब चीज़ों के नाम सिखाए और फरिश्तों से कहा, "अगर तुम सच बोल रहे हो तो इनके नाम बताओ।"
32. फरिश्तों ने कहा, "आप हर ऐब से पाक हैं! हमें सिर्फ वही पता है जो आपने हमें सिखाया है। आप ही सबकुछ जानने वाले और सबसे समझदार हैं।"
33. तब अल्लाह ने कहा, "ऐ आदम! इन्हें इनके नाम बताओ।" जब आदम ने नाम बताए, तो अल्लाह ने कहा, "मैंने तुमसे पहले ही कहा था कि मैं आसमान और ज़मीन के छुपे हुए राज़ जानता हूँ, और जो कुछ तुम ज़ाहिर करते हो और जो तुम छुपाते हो, वो भी मुझे मालूम है।"
34. फिर हमने फरिश्तों से कहा, "आदम को सज्दा करो," तो सबने सज्दा किया, सिवाय इबलीस के। उसने इनकार कर दिया, घमंड किया और काफिरों में शामिल हो गया।
35. फिर हमने कहा, "ऐ आदम! तुम और तुम्हारी पत्नी जन्नत में रहो और वहाँ जो चाहो, जहाँ से चाहो, आराम से खाओ। लेकिन इस पेड़ के पास मत जाना, वरना तुम जालिमों में गिने जाओगे।"
36. तो शैतान ने दोनों को उस दरख़्त के पास जाने के लिए बहका दिया और उन्हें उस सुख से दूर कर दिया जो उन्हें मिल रहा था। और हमने कहा, "तुम सब यहाँ से उतर जाओ, तुम एक-दूसरे के दुश्मन हो। और

ज़मीन में तुम्हारे लिए एक तय वक्त तक रहना और गुज़ारा करना लिखा गया है।"

37. फिर आदम ने अपने परवरदिगार से कुछ अल्फ़ाज़ सीखे, तो अल्लाह ने उन्हें माफ़ कर दिया। बेशक, वह बड़ा माफ़ करने वाला और बेहद मेहरबान है। (इसका मतलब यह है कि आदम ने अल्लाह से माफी की दुआ सीखी और उसी के ज़रिए माफ़ी मांगी, जिस पर अल्लाह ने उन्हें माफ़ कर दिया। दुआ के अल्फ़ाज़ कुछ इस तरह थे: "हमने अपने ऊपर ज़ुल्म किया है, और अगर तूने हमें माफ़ न किया और हम पर रहम न किया, तो हम नुकसान उठाने वालों में हो जाएंगे।")

38. हमने कहा, "इससे सब नीचे उतर जाओ। फिर अगर तुम्हारे पास मेरी तरफ़ से हिदायत आएगी, तो जो लोग मेरी हिदायत का पालन करेंगे, उनके लिए न कोई डर होगा और न ही वे उदासी महसूस करेंगे।"

39. लेकिन जो लोग इनकार करेंगे और हमारी आयतों को झुठलाएंगे, वे आग के साथ रहेंगे। वे उसमें हमेशा के लिए रहेंगे।

40. "ऐ बनी इसराईल! मेरी उन नेमतों को याद करो जो मैंने तुम पर कीं, और मेरे साथ किए गए अपने वादे को पूरा करो, मैं भी अपना वादा पूरा करूंगा। और सिर्फ मुझसे डरो।"

41. "जो किताब मैंने उतारी है, जो तुम्हारी किताबों की तस्दीक़ करती है, उस पर ईमान लाओ। सबसे पहले इसे झुठलाने वाले मत बनो और इसे थोड़ी सी दुनियावी दौलत के लिए मत बेचो। और मुझसे ही डरो।"

42. "और सच को झूठ के साथ मत मिलाओ, और न ही सच को छुपाओ, जब तुम सच जानते हो (यानी मुहम्मद ﷺ अल्लाह के रसूल हैं और उनके गुण तुम्हारी किताबों, तौरात और इंजील में लिखे हुए हैं)।"

43. "और नमाज़ क़ायम करो, ज़कात दो और झुकने वालों के साथ झुको (रुकू करो)।"

44. "क्या तुम लोगों को अच्छे काम करने का हुक्म देते हो और खुद को भूल जाते हो? जबकि तुम किताब (तौरात) का अध्ययन करते हो! क्या तुम समझते नहीं हो?" *(एक हदीस में बताया गया है कि क़यामत के दिन एक आदमी को लाया जाएगा और उसे जहन्नम में डाल दिया जाएगा। उसकी आंतें बाहर आ जाएंगी और वह उन्हें लिए जहन्नम में वैसे घूमेगा जैसे गधा चक्की के साथ घूमता है। फिर जहन्नम वाले उससे कहेंगे, 'तुम पर यह क्या मुसीबत आ गई? तुम तो हमें अच्छे काम करने की सलाह देते थे!' वह जवाब देगा, 'मैं तुम्हें अच्छे काम करने का हुक्म देता था, लेकिन खुद नहीं करता था। मैं तुम्हें बुरे कामों से रोकने की कोशिश करता था, लेकिन खुद नहीं रुकता था।'" (सहीह बुखारी, हदीस नंबर 3267))

45. "सब्र और नमाज़ के ज़रिए मदद लो। यह सच में मुश्किल है, लेकिन उन लोगों के लिए नहीं जो अपने दिल में खुदा की नर्मी रखते हैं,"

46. "जो यह जानते हैं कि उन्हें अपने रब से मिलना है, और उन्हीं की तरफ़ उन्हें लौटकर जाना है।"

47. "ऐ बनी इसराईल! मेरी वह नेमतें याद करो जो मैंने तुम पर की थीं और कैसे मैंने तुम्हें दुनिया के लोगों से बेहतरीन बनाया।"

48. अपने आपको उस दिन के अज़ाब से बचाओ जब कोई किसी की मदद नहीं कर सकेगा, न ही किसी की सिफारिश मानी जाएगी, न किसी से बदले में कुछ लिया जाएगा और न ही किसी को कोई मदद मिलेगी।

49. याद करो जब हमने तुम्हें फिरऔन के ज़ुल्म से बचाया। वे तुम्हें बुरी तरह सताते थे, तुम्हारे बेटों को क़त्ल कर देते थे और तुम्हारी औरतों को ज़िंदा छोड़ देते थे। इसमें तुम्हारे लिए बड़ी परीक्षा थी।

50. याद करो जब हमने तुम्हारे लिए समुंदर को दो हिस्सों में बांट दिया, तुम्हें सुरक्षित पार करा दिया और तुम्हारी आँखों के सामने फिरऔन के लोगों को डुबो दिया।

51. याद करो जब हमने मूसा से 40 रातों का वादा किया, लेकिन इसके बाद तुमने बछड़े की पूजा शुरू कर दी, जो बिल्कुल ग़लत काम था।

52. फिर भी हमने तुम्हें माफ कर दिया, ताकि तुम शुक्रगुज़ार बनो।

53. याद करो जब हमने मूसा को किताब (तौरात) और सही-ग़लत में फ़र्क़ करने वाली शिक्षा दी, ताकि तुम सही रास्ते पर चलो।

54. जब मूसा ने अपनी क़ौम से कहा, "तुमने बछड़े की पूजा करके अपने ऊपर ज़ुल्म किया है, अब अल्लाह से माफ़ी माँगो और अपने गुनाहों को मिटाने के लिए एक-दूसरे को सज़ा दो।" फिर अल्लाह ने तुम्हारी तौबा क़बूल कर ली, क्योंकि वह बड़ा माफ़ करने वाला और मेहरबान है।

55. याद करो जब तुमने कहा, "मूसा, हम तब तक तुम पर विश्वास नहीं करेंगे जब तक अल्लाह को अपनी आँखों से न देख लें।" फिर एक बिजली आई और तुम मर गए।

56. फिर भी हमने तुम्हें दोबारा ज़िंदा किया, ताकि तुम शुक्र अदा करो।

57. हमने तुम पर बादलों की छाया की और तुम्हें 'मन' और 'सलवा' दिया और कहा, "जो पाक चीज़ें हमने दी हैं, उन्हें खाओ।" लेकिन तुम लोग अपनी ही जान पर ज़ुल्म करते रहे।

58. याद करो जब हमने कहा, "इस शहर (येरुशलम) में जाओ, वहाँ जितना चाहो आराम से खाओ-पीओ। दरवाज़े से झुककर दाख़िल हो और कहो, 'अल्लाह हमें माफ़ कर दे,' तो हम तुम्हारे गुनाह माफ़ कर देंगे और नेक लोगों को और ज़्यादा इनाम देंगे।"

59. मगर ज़ालिम लोगों ने हमारी बात बदल दी, इस वजह से हमने उन पर अज़ाब भेज दिया।

60. याद करो जब मूसा ने अपनी क़ौम के लिए पानी माँगा, तो हमने कहा, "अपनी लाठी से पत्थर पर मारो।" फिर उसमें से 12 झरने बह निकले और हर कबीले ने अपनी जगह पहचान ली। हमने कहा, "अल्लाह की दी हुई चीज़ें खाओ-पीओ, लेकिन ज़मीन में फ़साद मत फैलाओ।"

61. जब तुमने कहा, "मूसा, हम एक ही तरह का खाना रोज़ नहीं खा सकते, तो अल्लाह से दुआ करो कि हमें सब्ज़ी, खीरा, लहसुन, दाल और प्याज़ मिले," तो मूसा ने कहा, "क्या तुम बेहतरीन चीज़ को घटिया चीज़ से बदलना चाहते हो? अगर तुम्हें यही सब चाहिए तो किसी शहर चले जाओ, वहाँ यह सब मिल जाएगा।" लेकिन उनके लिए ज़िल्लत लिख दी गई, क्योंकि उन्होंने अल्लाह के हुक्म को नहीं माना और नबियों को ज़ुल्म से मार डाला।

62. जो लोग अल्लाह पर ईमान लाए, जो यहूदी, ईसाई और साबी हैं, जो कोई भी अल्लाह और आख़िरत के दिन पर ईमान रखे और अच्छे काम करे, उनके लिए अल्लाह के पास इनाम होगा। उन्हें न कोई डर होगा, न

कोई ग़म।
63. याद करो जब हमने तुमसे वादा लिया और तुम्हारे ऊपर पहाड़ उठा दिया, और कहा, "मज़बूती से इस किताब को पकड़ों जो हमने दी है, और उसकी बातें याद रखो, ताकि तुम अल्लाह से डरने वाले बनो।"
64. फिर भी तुमने मुँह मोड़ लिया। अगर तुम पर अल्लाह की मेहरबानी और रहमत न होती, तो तुम नुक़सान उठाने वालों में से होते।
65. तुम्हें उन लोगों के बारे में ज़रूर पता होगा जो अपने 'सब्त' (शनिवार) के इम्तिहान में हद से बढ़ गए थे। हमने उनसे कहा, "तुम ज़लील और ठुकराए हुए बंदर बन जाओ।"
66. इसी तरह हमने इसे उनके आस-पास के लोगों और उनके बाद आने वालों के लिए एक सीख बना दिया, और जो लोग अल्लाह से डरते हैं उनके लिए एक निशानी।
67. याद करो जब मूसा ने अपनी क़ौम से कहा, "अल्लाह तुम्हें एक गाय की क़ुर्बानी करने का हुक्म दे रहा है।" उन्होंने कहा, "क्या तुम हमसे मज़ाक कर रहे हो?" मूसा ने जवाब दिया, "मैं अल्लाह की पनाह मांगता हूँ कि मैं नासमझ लोगों में से हो जाऊं।"
68. उन्होंने कहा, "अपने रब से दुआ करो कि हमें बता दे कि वह गाय कैसी होनी चाहिए?" मूसा ने कहा, "अल्लाह का हुक्म है कि वह गाय न बहुत बूढ़ी हो और न ही बहुत छोटी, बल्कि उनकी उम्र के बीच की हो। तो वही करो जो तुम्हें हुक्म दिया गया है।"
69. उन्होंने कहा, "अपने रब से दुआ करो कि हमें इसका रंग बता दे।" मूसा ने कहा, "अल्लाह फरमाता है कि वह गाय गहरे पीले रंग की हो, जो देखने वालों को भली लगे।"
70. फिर उन्होंने कहा, "अपने रब से दुआ करो कि हमें और स्पष्टता मिले, क्योंकि सभी गायें हमें एक जैसी लग रही हैं। फिर, अगर अल्लाह चाहे, तो हम सही गाय पहचान लेंगे।"
71. मूसा ने कहा, "अल्लाह कहता है कि वह ऐसी गाय होनी चाहिए जो न खेतों में हल जोतने का काम करती हो, न पानी भरने के लिए इस्तेमाल की जाती हो, और जो पूरी तरह से निर्दोष और बिना किसी दाग-धब्बे के हो।" तब उन्होंने कहा, "अब तुमने सही बात बताई।" फिर उन्होंने उसे ज़िबह किया, हालांकि ऐसा लग रहा था कि वे ऐसा नहीं करेंगे।
72. और याद करो जब तुमने एक आदमी की हत्या कर दी और आपस में इस जुर्म को छिपाने के लिए झगड़ने लगे। लेकिन अल्लाह ने वह बात जाहिर कर दी, जिसे तुम छुपा रहे थे।
73. और हमने कहा, "उसे (मरे हुए व्यक्ति को) गाय के किसी हिस्से से मारो।" इस तरह अल्लाह मुर्दों को ज़िंदा करता है और तुम्हें अपनी निशानियां दिखाता है ताकि तुम समझ सको।
74. फिर इसके बाद तुम्हारे दिल सख्त हो गए, पत्थर की तरह या उससे भी ज्यादा सख्त। क्योंकि कुछ पत्थर ऐसे होते हैं जिनसे नदियां बह निकलती हैं, और कुछ ऐसे होते हैं जो फट जाते हैं और उनसे पानी निकलता है, और कुछ ऐसे होते हैं जो अल्लाह के खौफ से गिर पड़ते हैं। और अल्लाह तुम्हारे कर्मों से बेखबर नहीं है।
75. (ऐ मुसलमानो) क्या तुम अब भी यह उम्मीद रखते हो कि वे (यहूदी) तुम पर ईमान ले आएंगे, जबकि

उनमें से एक गिरोह अल्लाह के कलाम को सुनता था, फिर उसे समझने के बाद जानबूझकर उसमें बदलाव कर देता था?

76. और जब वे उन लोगों से मिलते हैं जो ईमान लाए (मुसलमानों से), तो कहते हैं, "हम भी ईमान लाए हैं।" लेकिन जब वे एक-दूसरे से अकेले मिलते हैं, तो कहते हैं, "क्या तुम उन्हें (मुसलमानों को) वे बातें बता रहे हो जो अल्लाह ने तुम पर नाज़िल की हैं (तौरात में नबी मुहम्मद ﷺ का ज़िक्र), ताकि वे तुम्हारे खिलाफ तुम्हारे रब के सामने दलील दें? क्या तुम समझते नहीं?"

77. क्या वे यह नहीं जानते कि अल्लाह उन बातों को भी जानता है जो वे छुपाते हैं और जो वे जाहिर करते हैं?

78. उनमें से कुछ ऐसे भी हैं जो किताब (धर्मग्रंथ) नहीं जानते, बस अपनी कल्पना में डूबे रहते हैं, और वे केवल अंदाजे से बातें करते हैं।

79. फिर, उन लोगों के लिए लानत है जो अपने हाथ से किताब लिखते हैं और फिर कहते हैं, "यह अल्लाह की ओर से है," ताकि इसे बेचकर थोड़ा सा फायदा उठा सकें! लानत है उन पर जो उन्होंने अपने हाथ से लिखा और लानत है उन पर जो इससे कमाई कर रहे हैं।

80. और वे कहते हैं, "आग (यानी क़यामत के दिन का अज़ाब) हमें बस कुछ दिनों के लिए ही छूएगी।" (ऐ नबी!) उनसे कहो, "क्या तुमने अल्लाह से कोई वादा लिया है कि अल्लाह अपना वादा नहीं तोड़ेगा? या फिर तुम अल्लाह के बारे में ऐसी बातें कह रहे हो, जो तुम्हें पता नहीं?"

81. हां! जो भी बुराई कमाता है और जिसका गुनाह उसे पूरी तरह से घेर लेता है, वह आग (जहन्नम) में रहने वाला होगा, और वह उसमें हमेशा रहेगा।

82. लेकिन जो लोग ईमान लाते हैं और अच्छे काम करते हैं, वे जन्नत में रहेंगे - वे हमेशा के लिए वहां रहेंगे।

83. और याद करो जब हमने बनी इसराईल से एक वादा लिया था: "अल्लाह के अलावा किसी की इबादत न करो; अपने माता-पिता, रिश्तेदारों, यतीमों और गरीबों के साथ अच्छा व्यवहार करो; लोगों से अच्छी तरह से बात करो; नमाज़ की पाबंदी करो; और ज़कात देते रहो।" फिर तुम में से कुछ लोगों को छोड़कर बाकियों ने मुंह मोड़ लिया, और आज भी तुम वही गलत रास्ता अपना रहे हो।

84. और याद करो जब हमने तुमसे वादा लिया था, "अपने ही लोगों का खून न बहाना और न ही एक-दूसरे को उनके घरों से निकालना।" फिर तुमने इसे मान लिया और खुद गवाह भी बने।

85. मगर इसके बाद भी तुम वही हो जो एक-दूसरे को कत्ल करते हो और अपने ही भाइयों को उनके घरों से निकाल देते हो। उनके खिलाफ ज़ुल्म और ज्यादती में दुश्मनों की मदद करते हो। और जब वही लोग तुम्हारे पास कैदी बनकर आते हैं, तो तुम उनका फिरौती देकर छुड़ा लेते हो, जबकि उन्हें निकालना तुम्हारे लिए हराम था। क्या तुम किताब के एक हिस्से पर ईमान रखते हो और दूसरे हिस्से का इनकार करते हो? फिर जो लोग ऐसा करते हैं, उनके लिए इस दुनिया में बस शर्मिंदगी है, और क़यामत के दिन उन्हें सबसे सख्त अज़ाब मिलेगा। और अल्लाह तुम्हारे कर्मों से बेखबर नहीं है।

86. ये वही लोग हैं जिन्होंने आखिरत के बदले दुनिया की जिंदगी खरीद ली है। न तो उन पर से अज़ाब हल्का किया जाएगा और न ही उनकी मदद की जाएगी।
87. और बेशक हमने मूसा (अ.स.) को किताब दी और उनके बाद लगातार पैग़ंबर भेजते रहे। और हमने ईसा (अ.स.), मरयम के बेटे, को खुली निशानियाँ दीं और उन्हें रूह-उल-क़ुदुस [जिब्रील (अ.स.)] के ज़रिए ताक़त दी। क्या ऐसा नहीं कि जब भी कोई पैग़ंबर तुम्हारे पास वह चीज़ लेकर आया जो तुम्हारी ख़्वाहिशों के ख़िलाफ़ थी, तो तुम अकड़ गए? किसी को तुमने झुठलाया और किसी को क़त्ल कर दिया।
88. और वे कहते हैं, "हमारे दिल ग़िलाफ़ में हैं (यानी हम अल्लाह के कलाम को न सुनते हैं न समझते हैं)।" ऐसा नहीं, बल्कि अल्लाह ने उनके कुफ्र की वजह से लानत की है, तो वे थोड़े ही ईमान लाते हैं।
89. और जब उनके पास (यहूद के पास) एक किताब (यह क़ुरआन) अल्लाह की तरफ़ से आई, जो उनके पास मौजूद तौरात और इंजील की तस्दीक़ करती है, हालाँकि इससे पहले वे अल्लाह से दुआ माँगा करते थे (नबी मुहम्मद ﷺ के आने की) ताकि काफ़िरों पर फतह पा सकें, लेकिन जब उनके पास वही चीज़ आ गई जिसे वे पहचान चुके थे, तो उसका इनकार कर दिया। पस काफ़िरों पर अल्लाह की लानत हो।
90. बहुत बुरी है वह चीज़ जिसके बदले उन्होंने अपने आपको बेच डाला कि अल्लाह ने जो कुछ नाज़िल किया, उसका इनकार कर बैठे, सिर्फ़ इसलिए कि अल्लाह अपने फ़ज़ल से जिसे चाहता है, अपने बंदों में से नवाज़ता है। तो उन्होंने अपने ऊपर ग़ज़ब पर ग़ज़ब मोल ले लिया। और काफ़िरों के लिए रुसवा करने वाला अज़ाब है।
91. और जब उनसे कहा जाता है (यहूद से), "अल्लाह ने जो कुछ नाज़िल किया, उस पर ईमान लाओ," तो वे कहते हैं, "हम उसी पर ईमान लाते हैं जो हमारे पास नाज़िल किया गया।" और जो उसके बाद आई है, उसका इनकार करते हैं, जबकि वह हक़ है और उनके पास जो कुछ है, उसकी तस्दीक़ करता है। (ऐ नबी ﷺ!) उनसे कह दो: "फिर तुमने अल्लाह के पैग़ंबरों को पहले क्यों क़त्ल किया, अगर तुम सच में ईमान लाने वाले थे?"
92. और यक़ीनन मूसा (अ.स.) तुम्हारे पास खुली निशानियों के साथ आए, फिर तुमने उनकी रवानी के बाद (तूर पर जाने के दौरान) बछड़े को (माबूद) बना लिया – और तुम ज़ालिम थे।
93. और (याद करो) जब हमने तुमसे अहद लिया और तुम्हारे ऊपर पहाड़ उठाया (कहते हुए), "जो कुछ हमने तुम्हें दिया है, उसे मज़बूती से पकड़ो और सुनो (हमारा कलाम)।" उन्होंने कहा, "हमने सुना और नफ़रत की।" और उनके दिलों में बछड़े की पूजा बस गई उनके कुफ्र की वजह से। (ऐ नबी ﷺ!) कह दो: "अगर तुम ईमान लाने वाले हो तो जो कुछ तुम्हारे ईमान ने तुम्हें हुक्म दिया है, वह सच में बहुत बुरा है।"
94. आप कह दीजिए कि अगर आख़िरत का घर सिर्फ़ तुम्हारे लिए है, अल्लाह के पास और किसी के लिए नहीं, तो आओ अपनी सच्चाई के सबूत में मौत तलब करो।
95. लेकिन अपनी करतूतों को देखते हुए वे कभी भी मौत नहीं माँगेंगे। अल्लाह तआला ज़ालिमों को ख़ूब जानता है।

96. तुम उन्हें ज़िंदगी के लिए सबसे ज़्यादा लालची पाओगे, हर दूसरे इंसान से भी ज़्यादा – यहाँ तक कि मुश्रिकों से भी। उनमें से हर एक चाहेगा कि उसकी ज़िंदगी हज़ार साल के लिए लंबी हो जाए। लेकिन उसकी ज़िंदगी का इतना लंबा होना उसे अज़ाब से बचाने वाला नहीं होगा, और अल्लाह उनके कामों पर नज़र रखता है।

97. (ऐ नबी ﷺ !) आप कह दीजिए: जो शख़्स जिब्रील का दुश्मन है, तो बेशक उसने इस (क़ुरआन) को आपके दिल पर अल्लाह के हुक्म से उतारा है, जो अपने से पहले की किताब की तस्दीक़ करने वाला और मोमिनों को हिदायत और ख़ुशख़बरी देने वाला है (तो अल्लाह भी उसका दुश्मन है)।

98. अगर कोई अल्लाह, उसके फ़रिश्ते, और उसके पैग़ंबरों का दुश्मन हो, और जिब्रील (अ.स.) और मीकाईल (अ.स.) का भी दुश्मन हो, तो अल्लाह काफ़िरों का दुश्मन है।

99. और यक़ीनन हमने आपकी तरफ़ रौशन दलीलें भेजी हैं, जिनका इनकार सिवाय बदकारों के कोई नहीं करता।

100. ये लोग जब कभी कोई अहद करते हैं तो उनकी एक न एक जमात उसे तोड़ देती है, बल्कि उनमें से अक्सर ईमान से ख़ाली हैं।

101. जब अल्लाह ने उन्हें एक रसूल भेजा जो उनकी पहले से मौजूद किताबों की तस्दीक़ कर रहा था, तो उनमें से कुछ लोगों ने जो पहले किताब पा चुके थे, अल्लाह की किताब को अपने कंधे पर डाल दिया, गोया उन्हें उसका कोई इल्म ही नहीं था।

102. और इस चीज़ के पीछे लग गए जिसे शयातीन (हज़रत) सुलेमान की हुकूमत में पढ़ते थे। सुलेमान (अ.स.) ने तो कुफ्र नहीं किया था, बल्कि यह कुफ्र शयातीन का था, जो लोगों को जादू सिखाया करते थे, और बाबेल में हारूत और मारूत दो फ़रिश्तों पर जो उतारा गया था, वह दोनों भी किसी शख़्स को इस वक़्त तक नहीं सिखाते थे जब तक यह न कह देते कि "हम तो एक आज़माइश हैं, तो कुफ्र न करो।" फिर लोग उनसे वह सीखते जो उनके बीच में पति और पत्नी में जुदाई डाल दे, और दरअसल वे अल्लाह की मर्ज़ी के बिना किसी को भी कोई नुक़सान नहीं पहुँचा सकते। ये लोग वह सीखते हैं जो उन्हें नुक़सान पहुँचाए और फ़ायदा न दे सके, और वे यक़ीनन जानते हैं कि इसके लेने वाले का आख़िरत में कोई हिस्सा नहीं। और यह सबसे बदतर चीज़ है जिसके बदले वे अपने आपको बेच रहे हैं, काश कि वे जानते होते!

103. अगर ये लोग ईमान और तक़वा अपना लेते, तो अल्लाह की तरफ़ से उन्हें बेहतरीन अजर मिलता, अगर उन्हें इस बात का इल्म होता।

104. ऐ ईमान वालो! तुम राइना न कहो, बल्कि 'उन्ज़ुर्ना' कहो और ध्यान से बात सुनो, और काफ़िरों के लिए दर्दनाक अज़ाब है।

[इब्ने अब्बास (र.अ.) कहते हैं कि नबी ﷺ की मजलिस में यहूदी भी आते थे, और अगर मुसलमानों को आप से कोई बात समझनी होती तो वे राइना कहते, यानी "हम पर ध्यान दीजिए" या "हमारी बात सुनिए।" इब्रानी ज़ुबान में इसका बुरा मतलब भी निकलता था, जिससे यहूदी ख़ुश होते थे, इसीलिए मुसलमानों को

हुक्म दिया गया कि इसकी जगह पर तुम 'उन्अज़ुर्ना' कहा करो, यानी "हमारी तरफ़ देखो।" (तफ़सीर-ए-क़ुर्तुबी)]

105. न तो अहल-ए-किताब के काफ़िर और न ही मुश्रिक यह चाहते हैं कि तुम पर तुम्हारे रब की कोई अच्छाई नाज़िल हो। अल्लाह तआला अपनी रहमत जिसे चाहे, ख़ास तौर पर देता है, और अल्लाह तआला बहुत बड़ा फ़ज़्ल वाला है।

106. जिस आयत को हम मंसूख कर दें, या भुला दें, उससे बेहतर या उसी जैसी और लाते हैं। क्या तुम्हें पता नहीं कि अल्लाह तआला हर चीज़ पर क़ुदरत रखता है?

107. क्या तुझे यह नहीं पता कि ज़मीन और आसमान का मालिक सिर्फ़ अल्लाह है, और अल्लाह के सिवा तुम्हारा कोई वली और मददगार नहीं?

108. या फिर तुम अपने नबी से वही सवाल करना चाहते हो जो मूसा (अलैहिस्सलाम) से पहले किया गया था? और जो ईमान के बदले कुफ्र को अपनाए, वह यक़ीनन सीधी राह से भटक गया है।

109. अहल-ए-किताब के काफ़ी लोग, हक़ साफ़ हो जाने के बाद भी, सिर्फ़ अपनी हसद और नफ़रत की वजह से तुम्हें ईमान से हटा देना चाहते हैं। तुम भी उन्हें माफ़ करो और चुप रहो, जब तक अल्लाह अपना हुक्म न ला दे। यक़ीनन, अल्लाह तआला हर चीज़ पर क़ुदरत रखता है।

110. और नमाज़ों को मुस्तहकम रखें और ज़कात देते रहें। जो भी अच्छाई तुम अपने लिए आगे भेजोगे, वह सब कुछ अल्लाह के पास मिलेगा। बेशक, अल्लाह तुम्हारे किए हुए कामों पर नज़र रखता है।

111. ये लोग कहते हैं कि सिर्फ़ यहूदी (Jews) और नसारा (Christians) ही जन्नत में जाएंगे, लेकिन यह उनकी ख़ुद की मनघड़ंत सोच है। उनसे कह दो, अगर तुम सच में सच्चे हो, तो कोई सबूत दिखाओ।

112. सुन लो! जो अपने आप को अल्लाह के सामने ईमान और इख़लास के साथ झुका दे, उसे अल्लाह अपने हिसाब से पूरा इनाम देगा। उसे न किसी तरह का ख़ौफ़ होगा, न ग़म या उदासी।

113. यहूदी कहते हैं कि नसारा सचाई पर नहीं हैं, और नसारा कहते हैं कि यहूदी सचाई पर नहीं हैं, जबकि दोनों तौरात पढ़ते हैं। इसी तरह, ऐसे ही बात बेइल्म लोग भी करते हैं। क़ियामत के दिन अल्लाह उनके बीच के इस इख़्तिलाफ़ का फ़ैसला कर देगा।

114. ऐसे शख़्स से ज़्यादा ज़ालिम कौन होगा जो अल्लाह की मस्जिदों में अल्लाह का ज़िक्र करने से रोकता हो और उन्हें बर्बाद करने की कोशिश करता हो? ऐसे लोगों को डर के साथ उन मस्जिदों में जाना चाहिए। उनके लिए दुनिया में भी शर्मिंदगी है और आख़िरत में भी बड़ा अज़ाब।

115. और पूरी दुनिया का मालिक अल्लाह ही है, चाहे तुम कहीं भी मुँह करोगे, अल्लाह का मुँह वहीं होगा। अल्लाह तआला अपने फ़ज़्ल और इल्म में बेहद है।

116. वो कहते हैं कि अल्लाह ने एक बेटा बना लिया है। वो पाक है! बल्कि, उसी का है जो कुछ भी आसमानों और ज़मीन में है। सब उसकी इताअत करने वाले हैं।

117. वो आसमान और ज़मीन का बनाने वाला है, और जब किसी चीज़ का फैसला करता है तो बस कहता है

"हो जा," और वो फ़ौरन हो जाती है।
118. इसी तरह जो लोग इल्म नहीं रखते, उन्होंने भी कहा कि "अल्लाह खुद हमसे बात क्यों नहीं करता या कोई निशानी हमें क्यों नहीं दिखाई देती?" पहले लोग भी यही बात कह चुके हैं। उनका और इनका सोचने का तरीक़ा एक जैसा है। हमने तो उन लोगों के लिए निशानियाँ साफ़ कर दी हैं जो यक़ीन रखते हैं।
119. बेशक, हमने आपको सच्चाई के साथ ख़ुशख़बरी देने वाला और डराने वाला बनाकर भेजा है, और आपसे दोज़ख़ियों के बारे में सवाल नहीं होगा।
120. यहूदी (Jews) और नसारा (Christians) तुमसे कभी राज़ी नहीं होंगे जब तक तुम उनके तरीक़े पर न चलने लगो। साफ़ कह दो कि असल राह सिर्फ़ वही है जो अल्लाह ने दिखाई है। और अगर उस इल्म के बाद जो तुम्हारे पास आ चुका है, तुमने उनकी ख़्वाहिशात की पैरवी की, तो फिर अल्लाह की पकड़ से बचाने वाला कोई दोस्त और मददगार तुम्हारे लिए नहीं होगा।
121. जिन्हें हमने किताब दी है और जो उसे उसके हक़ के साथ पढ़ते हैं, वो इस किताब पर भी ईमान रखते हैं, और जो इसके साथ कुफ्र करे, वो नुक़सान में है।
122. ऐ बनी इसराईल! याद करो मेरी वो नेमत, जिससे मैंने तुम्हें नवाज़ा था, और ये कि मैंने तुम्हें दुनिया की सारी क़ौमों पर अफ़ज़ल और बेहतर बनाया था।
123. उस दिन से डरो, जब कोई भी इंसान दूसरे इंसान की मदद नहीं कर पाएगा, न किसी से फ़िद्या लिया जाएगा, न सिफ़ारिश उसे फ़ायदा दे सकेगी, और न किसी भी मुजरिम की मदद की जाएगी।
124. याद करो जब इब्राहीम (अ.स.) को उसके रब ने कुछ बातों में आज़माया और वो उन सब में कामयाब हो गया, तो उसने कहा: "मैं तुझे सब लोगों का इमाम बनाने वाला हूँ।" इब्राहीम (अ.स.) ने पूछा: "और क्या मेरे बच्चों के लिए भी ये वादा है?" उसने जवाब दिया: "मेरा वादा ज़ालिमों के लिए नहीं है।"
125. और ये कि हमने इस घर (काबा) को लोगों के लिए एक मरकज़ और अमन की जगह बनाई थी और उन्हें ये हुक्म दिया था कि इब्राहीम (अ.स.) जहाँ इबादत के लिए खड़े होते थे, उस मुक़ाम को अपनी नमाज़ की जगह बना लो। और इब्राहीम (अ.स.) और इस्माईल (अ.स.) को हमने ये हुक्म दिया था कि "मेरे इस घर को तवाफ़ करने वालों, ए'तिकाफ़ करने वालों, और रुकू और सजदा करने वालों के लिए पाक रखो।"
126. और ये कि इब्राहीम (अ.स.) ने दुआ की: "ऐ मेरे रब, इस शहर को अमन का शहर बना दे और जो इसके लोग अल्लाह और आख़िरत को मानें, उन्हें हर क़िस्म के फलों का रिज़्क़ दे।" फिर उसके रब ने कहा: "और जो इस बात को नहीं मानेगा, उसे दुनिया की थोड़ी सी ज़िंदगी का माल दूँगा, लेकिन आख़िरत में उसे जहन्नम के अज़ाब की तरफ़ ले जाऊँगा, और वो सबसे बुरी जगह होगी।"
127. जब इब्राहीम (अ.स.) और इस्माईल (अ.स.) इस घर (काबा) की बुनियादें उठा रहे थे, तो वो दुआ कर रहे थे: "हमारे रब, इस ख़िदमत को हमसे क़ुबूल कर ले! बेशक, तू ही सब कुछ सुनने वाला और जानने वाला है!"
128. "ऐ रब, हम दोनों को अपना तक़्वा देने वाला बना, और हमारी नस्ल से एक ऐसी क़ौम उठा जो तेरी

तरफ़ से हो, हमें अपनी इबादत का तरीक़ा सिखा, और हमारी ग़लतियों को माफ़ कर, तू बहुत माफ़ करने वाला और मेहरबान है।"

129. "और, मेरे रब, इन्हीं की क़ौम से एक ऐसा रसूल भेज जो उन्हें तेरी आयतें सुनाए, उनको किताब और हिकमत की तालीम दे, और उनकी ज़िंदगियों को बेहतर बनाए। आप ही सबसे ज़्यादा क़ुदरत वाले और हिकमत वाले हैं।"

130. जो इब्राहीम (अ.स.) के तरीक़े से नफ़रत करे, वो और कौन हो सकता है सिवाय उसके जो जानबूझकर अपने आपको हमाक़त और जहालत में डाल ले? इब्राहीम (अ.स.) तो वो हैं जिन्हें हमने दुनिया में अपने ख़ास काम के लिए चुना था, और आख़िरत में उनका शुमार नेक लोगों में होगा।

131. जब उनके रब ने उनसे कहा, "फ़रमानबरदार हो जाओ!" तो उन्होंने कहा, "मैंने अपने आपको रब-उल-आलमीन के हवाले कर दिया।"

132. इसी तरीक़े पर चलने की हिदायत उन्होंने अपनी औलाद को दी थी और इसी की वसीयत याक़ूब (अ.स.) ने अपनी औलाद को की थी। उन्होंने कहा था, "मेरे बच्चो, अल्लाह ने तुम्हारे लिए यह दीन पसंद किया है। इसलिए मरते दम तक तुम सिर्फ़ मुस्लिम ही रहना।"

133. क्या तुम उस वक़्त वहाँ थे जब याक़ूब (अ.स.) अपनी ज़िंदगी के आख़िरी लम्हात गुज़ार रहे थे? उन्होंने अपने बेटों से पूछा, "मेरे बाद तुम किसकी इबादत करोगे?" उन सब ने कहा, "हम उसी एक ख़ुदा की इबादत करेंगे जिसे आप, और आपके बुज़ुर्ग इब्राहीम (अ.स.), इस्माईल (अ.स.), और इस्हाक़ (अ.स.) ने ख़ुदा माना था, और हम उसी के फ़रमानबरदार रहेंगे।"

134. वो एक क़ौम थी जो गुज़र गई। जो कुछ उन्होंने किया, उसका फल उन्हें मिलेगा, और जो तुम करोगे, उसका फल तुम्हें मिलेगा! उनके आमाल के बारे में तुमसे कोई सवाल नहीं किया जाएगा।

135. वो कहते हैं कि अगर तुम यहूदी या ईसाई बन जाओ, तो तुम्हें हिदायत मिल जाएगी। तुम कहो, "नहीं, सही राह पर तो वो हैं जो इब्राहीम (अ.स.) के तरीक़े पर चलते हैं, और इब्राहीम (अ.स.) सिर्फ़ अल्लाह के बंदे थे और मुश्रिक नहीं थे।"

136. ऐ मुसलमानो! तुम सब कहो कि "हम अल्लाह पर ईमान लाए हैं और जो हमारी तरफ़ नाज़िल किया गया उस पर, और जो इब्राहीम, इस्माईल, इस्हाक़, याक़ूब और उनकी औलाद पर नाज़िल किया गया, और जो मूसा और ईसा पर नाज़िल किया गया, और जो पैग़म्बरों को उनके रब की तरफ़ से दिया गया। हम उनमें से किसी के बीच फ़र्क़ नहीं करते, हम अल्लाह के मुस्लिम हैं।"

137. तो अगर वे उसी तरह ईमान लाएँ जैसे तुम लाए हो, तो यक़ीनन उन्होंने सही रास्ता पा लिया है। और अगर वे मुँह मोड़ लें, तो असल में वे मुख़ालिफ़त में हैं। फिर अल्लाह तुम्हारे लिए उनके ख़िलाफ़ काफ़ी होगा, और वही सब कुछ सुनने वाला और जानने वाला है।

138. "अल्लाह का रंग अपना लो। उसके रंग से बेहतर कौन सा रंग हो सकता है? और हम सिर्फ़ उसी की बंदगी करने वाले हैं।"

(अल्लाह के रंग का मतलब है अल्लाह का दिया हुआ दीन, जो सबके लिए इस्लाम है। इस्लाम एक ऐसे तरीक़े का नाम है जो इंसानी फ़ितरत के बिलकुल क़रीब है, जिसमें सिर्फ़ एक अल्लाह की बंदगी और उसके हुक्म को माना जाता है। यही इंसान के लिए सबसे बेहतरीन है, इसलिए इसे 'अल्लाह का रंग' कहा गया। इस आयत में ईसाइयों की एक रस्म का ज़िक्र है, जिसे 'बैपटिज़्म' कहते हैं। ईसाई लोग नए लोगों या अपने बच्चों को एक पीले रंग के पानी में नहलाकर अपने धर्म का हिस्सा बनाते हैं। क़ुरआन कहता है कि दुनिया की रस्मों से बेहतर है अल्लाह का दीन अपनाना, क्योंकि वही असली और सही तरीक़ा है। दुनिया के सारे रंग एक दिन ख़त्म हो जाते हैं, लेकिन जो अल्लाह का दिया हुआ दीन अपनाता है, उसका ईमान और अमल हमेशा के लिए बचा रहता है। इसलिए कहा गया, 'अल्लाह का रंग अपना लो,' क्योंकि अल्लाह के दीन से अच्छा कुछ और नहीं हो सकता। हम सिर्फ़ अल्लाह की इबादत करते हैं और उसी के हुक्म को मानते हैं।)

139. कहो, "क्या तुम हमसे अल्लाह के बारे में झगड़ रहे हो, जबकि वही हमारा भी रब है और तुम्हारा भी? और हमारे लिए हमारे आमाल हैं, और तुम्हारे लिए तुम्हारे आमाल, और हम उसके लिए अपनी बंदगी को बिलकुल ख़ास कर चुके हैं।"

140. क्या तुम यह कहते हो कि इब्राहीम (अ.स.), इस्माईल (अ.स.), इस्हाक़ (अ.स.), याक़ूब (अ.स.) और उनकी औलाद सब यहूदी या नसरानी थे? कहो, "तुम ज़्यादा जानते हो या अल्लाह? उससे ज़्यादा ज़ालिम कौन होगा जो अल्लाह की तरफ़ से दी गई गवाही को छुपाए? लेकिन अल्लाह तुम्हारे कामों से ग़ाफ़िल नहीं है!"

141. वो लोग जो गुज़र गए, उनके आमाल उनके लिए थे, और जो तुम करोगे, वो तुम्हारे लिए होगा। तुमसे उनके आमाल के बारे में नहीं पूछा जाएगा।

142. लोगों में से कुछ बेवकूफ़ (मुशरिक, मुनाफ़िक़ और यहूदी) कहेंगे, "उन्हें क्या हो गया जो पहले जिस क़िब्ला की तरफ़ रुख़ करके नमाज़ पढ़ते थे, अब उससे मुड़ गए?" कहो, (ऐ मुहम्मद ﷺ!) "मशरिक और मगरिब दोनों अल्लाह के हैं। अल्लाह जिसे चाहता है, उसे सीधी राह दिखाता है।"

143. इस तरह हमने तुम्हें एक बेहतरीन और आदिल उम्मत बनाया है, ताकि तुम दुनिया के लोगों के लिए गवाह बनो, और रसूल तुम्हारे लिए गवाह बनें। हमने पहले जिस क़िब्ला की तरफ़ तुम्हारा रुख़ था, उसे इसलिए मुक़र्रर किया था ताकि हम देख सकें कि कौन रसूल की बात मानता है और कौन अपने पीछे हट जाता है। यह तब्दीली मुश्किल ज़रूर थी, लेकिन उन लोगों के लिए नहीं जिन्हें अल्लाह ने हिदायत दी है। और अल्लाह तुम्हारे ईमान को कभी ज़ाया नहीं करेगा। यक़ीनन अल्लाह लोगों के लिए निहायत मेहरबान और रहम करने वाला है।

144. (ऐ नबी!) हम देख रहे हैं कि आपका चेहरा बार-बार आसमान की तरफ़ उठता है। तो हम आपको ज़रूर उस क़िब्ला (काबा) की तरफ़ फेरेंगे जो आपको पसंद हो। तो (अब) अपना चेहरा मस्जिद-ए-हराम की तरफ़ मोड़ लो। (नबी ﷺ ने मक्का से मदीना हिजरत करने के बाद बैतुल मुक़द्दस की तरफ़ रुख़ करके नमाज़ पढ़ी, फिर आपको काबा की तरफ़ रुख़ करने का हुक्म दिया गया।) और (ऐ मुसलमानों!) तुम भी जहाँ रहो,

उसी की तरफ़ रुख़ करो। और बेशक अहले किताब यह जानते हैं कि यह उनके परवरदिगार की तरफ़ से सच है, (क्योंकि उनकी किताबों में आख़िरी नबी के वह लक्षण बताए गए हैं कि वह क़िब्ला बदलेंगे।) और अल्लाह उनके आमाल से बेख़बर नहीं है।

145. और अगर आप उन लोगों के पास, जिन्हें किताब दी गई थी, हर निशानी लेकर भी चले जाएँ, तो भी वे आपके क़िब्ला की तरफ़ रुख़ नहीं करेंगे, और न ही आप उनके क़िब्ला की तरफ़ रुख़ करेंगे। और न ही वे एक-दूसरे के क़िब्ला की तरफ़ रुख़ करते हैं। अगर आप इल्म आने के बाद भी उनकी ख़्वाहिशात की पैरवी करें, तो आप भी ज़ालिमों में से हो जाएँगे।

146. जिन लोगों को हमने किताब (तौरात और इंजील) दी थी — वे रसूल मुहम्मद ﷺ और (मक्का के) काबा को उसी तरह पहचानते हैं जैसे अपने बेटों को पहचानते हैं। मगर उनमें से एक गिरोह ऐसा है जो जान-बूझकर हक़ (सच) को छुपाता है — यानी वे औसाफ़ (गुण और पहचान की विशेषताएँ) जो मुहम्मद ﷺ के बारे में उनकी किताबों में साफ़ तौर पर लिखे गए हैं।

147. सच तुम्हारे रब की तरफ़ से है, इसलिए कभी भी शक करने वालों में मत शामिल हो।

148. हर किसी के लिए एक रुख़ है, जिसमें वह अपना चेहरा मोड़ता है। तो तुम सब भलों के कामों में एक-दूसरे से आगे बढ़ने की कोशिश करो। जहाँ भी तुम हो, अल्लाह तुम्हें सबको एक साथ इकट्ठा करेगा। अल्लाह हर चीज़ पर पूरी क़ुदरत रखता है।

149. जहाँ से भी तुम्हारा गुज़र हो, अपना रुख़ (नमाज़ के वक़्त) मस्जिद-ए-हराम की तरफ़ मोड़ लो, क्योंकि यह तुम्हारे रब का बिल्कुल हक़ फ़ैसला है और अल्लाह तुम्हारे आमाल से बेख़बर नहीं है।

150. और जिस जगह से आप निकलें, अपना मुँह मस्जिद-ए-हराम की तरफ़ फेर लें, और जहाँ कहीं तुम हो, अपने चेहरे उसी तरफ़ किया करो, ताकि लोगों की कोई हुज्जत तुम पर बाक़ी न रहे, सिवाय उन लोगों के जो इनमें से ज़ुल्म करते हैं। तुम उनसे न डरो, मुझसे ही डरो, और ताकि मैं अपनी नेमत तुम पर पूरी करूँ, और इस लिए भी कि तुम राह-ए-रास्त पाओ।

151. जैसे हमने तुम्हारे पास एक रसूल भेजा जो तुम ही में से है, जो तुम्हें हमारी वही सुनाता है, तुम्हारी तरबियत करता है, तुम्हें किताब और हिकमत की तालीम देता है, और वो बातें सिखाता है जो तुम नहीं जानते थे।

152. तो मुझे याद करो (दुआ और तस्बीह के ज़रिए), मैं तुम्हें याद करूँगा। और मेरे शुक्रगुज़ार बनो (मेरी बेमिसाल नेमतों के लिए) और कभी मेरे नाशुक्रे मत बनो।

153. ऐ ईमान लाने वालों! सब्र और नमाज़ (As-Salât) के ज़रिए मदद माँगो। बेशक, अल्लाह सब्र करने वालों (As-Sâbirûn) के साथ है।

154. और जो लोग अल्लाह की राह में क़त्ल किए जाएँ, उनके बारे में मत कहो कि वो मरे हुए हैं। बल्कि, वो ज़िंदा हैं, लेकिन तुम उनकी ज़िंदगी को महसूस नहीं करते।

155. और हम किसी न किसी तरीक़े से तुम्हारी आज़माइश ज़रूर करेंगे—दुश्मन के डर से, भूख और प्यास

से, माल, जान और फल की कमी से—और सब्र करने वालों को ख़ुशख़बरी दे दो।
156. जो लोग, जब मुसीबत उन पर आती है, कहते हैं, "बेशक, हम अल्लाह के हैं और बेशक, हमें उसी की तरफ़ लौट कर जाना है।"
157. वही लोग हैं जिन पर उनके रब की तरफ़ से रहमत और बरकतें हैं, और वही लोग हैं जो राह-ए-रास्त पर हैं।
158. बेशक, सफ़ा और मरवा अल्लाह की निशानियों में से हैं। तो जो भी बैतुल्लाह का हज करे या उमरा करे, उसके लिए कोई गुनाह नहीं अगर वो इन दोनों के बीच चक्कर लगाए। और जो अपनी तरफ़ से कोई अच्छा काम करे, तो अल्लाह उसकी क़द्र करने वाला और सब कुछ जानने वाला है।
159. जो लोग हमारी नाज़िल की हुई रोशन तालीमात और हिदायत को छुपाते हैं, हालाँकि हम उन्हें अपनी किताब में तमाम इंसानों की रहनुमाई के लिए बयान कर चुके हैं—यक़ीन जान लो कि अल्लाह भी उन पर लानत करता है और तमाम लानत करने वाले भी उन पर लानत भेजते हैं।
160. अगर वो तौबा करें, अपनी ग़लतियों को सुधारें और हक़ को ज़ाहिर करें, तो मैं उनकी तौबा को ज़रूर क़बूल करूँगा। मैं ही सबसे ज़्यादा माफ़ करने वाला, सबसे ज़्यादा रहम करने वाला हूँ।
161. बेशक, जो लोग कुफ़्र करते हैं और कुफ़्र की हालत में ही मौत मर जाते हैं, उन्हीं पर अल्लाह की लानत, फ़रिश्तों की लानत और सारे इंसानों की लानत है।
162. वो इसमें हमेशा रहेंगे, न उन पर अज़ाब हल्का किया जाएगा और न ही उन्हें कोई मोहलत दी जाएगी।
163. और तुम्हारा माबूद एक ही माबूद है, उसके सिवा कोई इबादत के लायक़ नहीं। वो बेहद मेहरबान और निहायत रहम करने वाला है।
164. बेशक! आसमान और ज़मीन की तख़लीक़ में, रात और दिन के आने-जाने में, और वो कश्तियाँ जो समुंदर में इंसान के फ़ायदे की चीज़ों के साथ चलती हैं, और वो पानी (बारिश) जो अल्लाह आसमान से भेजता है, फिर उसके ज़रिए ज़मीन को उसके मरने के बाद ज़िंदा करता है, और उसमें हर क़िस्म की जिंदा मख़्लूक़ को फैलाता है। हवाओं की गर्दिश में और उन बादलों में जो आसमान और ज़मीन के दरमियान अल्लाह के हुक्म के ताबे हैं—इन सब में यक़ीनन उन लोगों के लिए बेशुमार निशानियाँ हैं जो समझ और अक़्ल से काम लेते हैं। जो लोग अपनी अक़्ल का इस्तेमाल करते हैं और ज़िंदगी की चीज़ों को समझते हैं, उनके लिए ये सब चीज़ें एक वाज़ेह दलील हैं, जो उन्हें ये समझने में मदद देती हैं कि ये तमाम कायनात और इसकी हर एक चीज़ अल्लाह की क़ुदरत और हिकमत की निशानी है। ये सब अल्लाह की ताक़त और उसके इंतज़ाम की तरफ़ इशारा करते हैं, जो हर चीज़ को अपने हुक्म के मुताबिक़ चलाने वाला है।
165. मगर वहदत-ए-ख़ुदावंदी पर दलील देने वाले इन खुले-खुले आसार के होते हुए भी कुछ लोग ऐसे हैं जो अल्लाह के सिवा दूसरों को उसका शरीक और मुक़ाबला समझते हैं और उनसे ऐसे मोहब्बत करते हैं जैसे अल्लाह के साथ मोहब्बत होनी चाहिए। हालाँकि ईमान रखने वाले लोग सबसे ज़्यादा अल्लाह से प्यार करते हैं। काश! जो कुछ अज़ाब देखकर उन्हें समझना है, वो आज ही इन ज़ालिमों को समझ आ जाए कि सारी

ताक़तें और सारे इख़्तियार अल्लाह के हाथ में हैं और ये कि अल्लाह सज़ा देने में बहुत सख़्त है।

166. जब वह सज़ा देगा, उस वक़्त वह रहनुमा जो दुनिया में फ़ॉलो किए गए थे, अपने फ़ॉलोअर्स से अपना रिश्ता तोड़ देंगे। वह अज़ाब देखेंगे और उनके सारे सबब और रिसोर्सेज़ बंद हो जाएंगे।

167. और जो लोग उनके पीछे चल रहे होंगे, कहेंगे: "अगर हमें एक और मौक़ा मिलता, तो हम उनसे अपने आप को बिलकुल अलग कर लेते, जैसे उन्होंने हमसे अपने आप को अलग कर लिया।" इस तरह अल्लाह उन्हें उनके काम दिखाएगा, जो बस अफ़सोस के सिवा कुछ नहीं होंगे। और उनके लिए आग से निकलने का कोई रास्ता नहीं होगा।

168. ऐ लोगों! जो कुछ ज़मीन पर हलाल और अच्छा है, उसमें से खाओ और शैतान के क़दमों की पैरवी न करो। बेशक, वह तुम्हारा खुला दुश्मन है।

169. वह तुम्हें बुराई और बेहयाई का हुक्म देता है, और यह कि तुम अल्लाह के बारे में ऐसी बात कहो जिसका तुम्हें कोई इल्म नहीं।

170. और जब उनसे (यानी अहल-ए-किताब और मुशरिकों से) कहा जाता है कि जो (क़ुरआन) अल्लाह ने नाज़िल किया है, उस पर चलो, तो वह कहते हैं कि "हम तो उसी तरीक़े पर चलेंगे जिस पर अपने अजदाद को पाया है।" अच्छा, अगर उनके बाप-दादा ने अक़्ल से कुछ भी काम न लिया हो और राह-ए-रास्त न पाई हो, तो क्या फिर भी ये उन्हीं की पैरवी करते चले जाएंगे?

171. काफ़िर को बुलाने की मिसाल बिल्कुल उन जानवरों जैसी है जो बस पुकार और आवाज़ ही सुनते हैं, समझते कुछ नहीं। वे बहरे, गूंगे और अंधे हैं, इसलिए वे समझ नहीं पाते।

172. ऐ ईमान वालों! उन पाकीज़ा चीज़ों में से खाओ जो हमने तुम्हें दे रखी हैं और अल्लाह का शुक्र अदा करो, अगर तुम वाक़ई में उसी की इबादत करते हो।

173. उसने तुम पर सिर्फ़ मुर्दार (Dead Meat), ख़ून (Blood), सुअर का गोश्त (Flesh of Swine), और वह चीज़ हराम की है जिसमें अल्लाह के सिवा किसी और का नाम लिया गया हो। लेकिन अगर कोई शख़्स मजबूरी (Necessity) की वजह से, बिना अपनी मर्ज़ी के, और बिना हद से ज़्यादा जाने, वह चीज़ खाए, तो उस पर कोई गुनाह नहीं। अल्लाह बहुत माफ़ करने वाला (Oft-Forgiving), बहुत मेहरबान (Most Merciful) है।

174. दरहक़ीक़त, जो लोग अल्लाह की उतारी हुई किताब (की बातों) को छुपाते हैं और उनके बदले थोड़ी सी क़ीमत हासिल करते हैं, वे अपने पेट में सिर्फ़ आग भर रहे हैं, और अल्लाह न तो उनसे बात करेगा और न ही उन्हें पाक करेगा, और उन्हीं के लिए दर्दनाक अज़ाब है।

175. ये वे लोग हैं जिन्होंने हिदायत के बदले गुमराही खरीदी और मग़फ़िरत के बदले अज़ाब चुना। कितना अजीब है उनका हौसला कि वे जहन्नम के अज़ाब को बर्दाश्त करने के लिए तैयार हैं!

176. यह इस लिए है कि अल्लाह ने किताब को सच (truth) के साथ ऊपर से नाज़िल किया है। और यक़ीनन, जो लोग किताब में इख़्तिलाफ़ (differences) करते हैं, वे गहरी नफ़रत (discord) में हैं।

177. यह नेकी नहीं कि तुम अपने चेहरे मशरिक़ (East) या मग़रिब (West) की तरफ़ कर लो, बल्कि नेकी वह है जो अल्लाह पर, आख़िरी दिन (Last Day) पर, फ़रिश्तों (angels) पर, किताब (Scripture) पर और अंबियाह (prophets) पर इमां रखता हो। और जो अपने माल को अल्लाह की मोहब्बत में क़राबतदारों (relatives), यतीमों (orphans), मिस्कीनों (needy), मुसाफ़िरों (travelers), सवाल करने वालों और गुलामों (slaves) की आज़ादी के लिए खर्च करता हो। और जो नमाज़ क़ायम करे और ज़कात अदा करे। और जो जब वादा करे तो उसे पूरा करे, और मुसीबत (tribulation), तंगी (adversity), और सख़्ती (time of stress) के वक्त सब्र करे। यही लोग सच्चे हैं और यही अल्लाह से डरने वाले हैं।

178. ऐ इमान वालो! तुम पर निहत अफ़राद (unarmed individuals) के बारे में क़िसास (retributive justice) (बराबरी का बदला) फरज़ कर दिया गया है। (यानि ये नहीं हो सकता कि निहत की अहमियत (importance) या आला नस्ल (high lineage) होने की वजह से कई अफ़राद (individuals) मार दिए जाएं, जैसा कि इस्लाम से पहले जाहिलीयत (ignorance) की रिवायत थी कि एक के बदले कई को नहीं, अगर कमज़ोर क़बीला (tribe) हो तो, पूरे क़बीले ही को मार दिया जाता था। इस्लाम ने ये क़ायदा बनाया कि आज़ाद (free) और गुलाम (slave) और मर्द (man) और औरत (woman) सब इंसानियत में बराबर हैं। लिहाज़ा बदले में सिर्फ़ उसी को मारा जाए जो मुजरिम (criminal) हो। चाहे वह आज़ाद हो या गुलाम, मर्द हो या औरत।) आज़ाद का बदला आज़ाद से लिया जाएगा, गुलाम का गुलाम से, और औरत का औरत से। जिस मुजरिम के लिए उसके भाई की तरफ़ से कुछ माफी दी जाए (माफी दो क़िसम की हो सकती है: एक ये कि निहत के लोग मुजरिम को माफ़ कर दें। दूसरा ये कि क़िसास (retributive justice) को माफ़ करके दियत (compensation) लेना क़ुबूल कर लें। इसी हालत में कहा गया है कि क़ानून के मुताबिक़ दियत तो उसे आम क़ायदे की पेरवी करनी चाहिए। निहत शख़्स के वारिस को भलाई के साथ दियत अदा करना चाहिए। यह तुम्हारे रब की तरफ़ से असानी और रहमत है। इस पर भी जो ज़्यादती करे (यानि माफ़ी देने या दियत लेने के बाद भी मुजरिम को मार डाले तो उसे क़िसास में हलाक किया जाएगा।) तो उसके लिए दर्दनाक अज़ाब (punishment) है।

179. और हे समझदार लोगों! तुम्हारे लिए क़िसास (के नियम में) ज़िंदगी है, ताकि तुम ख़ून-ख़राबे से बच सको। (क्योंकि इस नियम के चलते कोई किसी को मारने का हौसला नहीं करेगा। इसलिए इसके चलते समाज शांति में रहेगा। मतलब एक क़िसास से लोगों के जीवन की हिफाज़त होगी। जैसे उन देशों में, जहाँ क़िसास का नियम है, देखा जा सकता है। क़ुरआन भी यह कह रहा है कि क़िसास के नियम में वाकई ज़िंदगी है।)

180. और जब तुम में से किसी की वफ़ात (death) का वक्त आ जाए और वो माल (property) छोड़ रहा हो, तो उस पर वालिदैन (parents) और क़रीबी रिश्तेदारों (close relatives) के लिए मामूल (usual) के मुताबिक़ वसीयत (will) करना ज़रूरी कर दिया गया है। यह हुक्म (command)

इताअत गुज़ारों (obedient ones) के लिए मुसल्लस (final) है। (यह वसीयत (will) (मिरास) (inheritance) की आयत (verse) के नज़ूल (revelation) से पहले ज़रूरी थी, जिसे (मिरास) की आयत (verse) ने मंसूख (abrogated) कर दिया। आप ﷺ का फ़रमान (command) है कि अल्लाह ने हर हकदार (rightful owner) को उसका हक (right) दे दिया है, इसलिए अब वारिस (heir) के लिए कोई वसीयत (will) नहीं है। फिर जो वारिस (heir) न हो, उसके लिए भी एक तिहाई (third) माल (property) से ज़्यादा की वसीयत (will) सही (correct) नहीं है। (सही बुख़ारी: 4577, सुन्नत अबू दाऊद: 2870, इब्न माजा: 2210))

181. फिर जिन लोगों ने वसीयत सुनी और बाद में उसे बदल दिया, तो उसका गुनाह उन बदलने वालों पर होगा। बेशक, अल्लाह हर बात सुनने वाला और हर चीज़ जानने वाला है।

182. लेकिन अगर कोई शख्स यह जाने के वसीयत करने वाले से कोई गलती हुई है या उसने गलत फ़ैसला किया है, और फिर उनमें आपस में सुलह करवा दे, तो उस पर कोई गुनाह नहीं है। अल्लाह सबसे ज़्यादा बख्शने वाला और मेहरबान है।

183. ऐ ईमान लाने वालों, रोज़ा तुम पर फ़र्ज़ किया गया है जैसे तुमसे पहले लोगों पर फ़र्ज़ किया गया था, ता कि तुम अल्लाह से डरने वाले (परहेज़गार) बन जाओ।

184. चंद मुकर्रर दिनों के रोज़े हैं। फिर अगर तुममें से कोई बीमार हो या सफ़र पर हो, तो यह गिनती दूसरे दिनों में पूरी करे। और जो रोज़े को बर्दाश्त न कर सके (जैसे बहुत बुढ़ापे या ऐसे मर्ज़ की वजह से जिसमें शिफ़ा की उम्मीद न हो), तो हर रोज़े के बदले एक मुहताज को खाना खिलाना है। जो अपनी ख़ुशी से ज़्यादा भलाई करे, वह उसके लिए बेहतरीन बात है। अगर तुम समझो, तो तुम्हारे लिए रोज़ा रखना ही बेहतर है।

185. रमज़ान का महीना वह है, जिसमें क़ुरआन उतारा गया, जो सब इंसानियत के लिए हिदायत है और हिदायत और सच-ओ-झूठ के बीच फर्क करने के खुले सबूत रखता है। लिहाज़ा अब जो शख्स इस महीने को पाए, उस पर लाज़िम है कि इस पूरे महीने के रोज़े रखे। और जो कोई बीमार हो या सफ़र पर हो, तो वह दूसरे दिनों में तादाद पूरी करे। अल्लाह तुम्हारे लिए आसानी चाहता है, सख्ती नहीं चाहता, और चाहता है कि तुम यह गिनती पूरा करो और तुम अल्लाह की बढ़ाई करना शुरू करो उस हिदायत के लिए जो उसने तुम्हें दी, ताकि तुम शुक्रगुज़ार हो सको।

186. जब मेरे बंदे मेरे बारे में तुमसे सवाल करें, तो तुम कह दो कि मैं बहुत ही क़रीब हूँ। हर पुकारने वाले की पुकार को, जब कभी वह मुझे पुकारे, क़ुबूल करता हूँ। इसलिए लोगों को भी चाहिए कि वे मेरी दावत को अपनी मर्जी से क़ुबूल करें और मुझ पर ईमान लाएँ, ताकि वे सही रास्ते पर चल सकें।

187. तुम पर रोज़े की रातों में अपनी बीवियों के पास जाना हलाल (वैध) कर दिया गया है। वे तुम्हारे लिए कपड़े हैं और तुम उनके लिए कपड़े हो। अल्लाह जानता है जो तुम चुपके चुपके आपस में करते थे, उसने तुम्हारी तौबा (पश्चाताप) स्वीकार कर ली और तुमसे माफी (क्षमा) प्रदान की। अब तुम अपनी बीवियों के

साथ शब बाशी (संबंध) करो और जो लुत्फ (आनंद) अल्लाह ने तुम्हारे लिए जायज़ (स्वीकृत) किया है, उसे प्राप्त करो और अल्लाह की तरफ से जो तुम्हारी तक़दीर (नसीब) में लिखा गया है, उसे तलाश करो। और रात के वक्त खाओ पीयो (खाना और पीना) यहाँ तक कि सुबह की सफेद धारी (सफेद रेखा) रात की काली धारी (काली रेखा) से स्पष्ट (अलग) हो जाए, फिर रोज़े को रात (सूरज डूबने) तक पूरा करो। फिर रात तक रोज़े को पूरा करो, और औरतों से उस वक्त संपर्क (संबंध) ना करो जब तुम मस्जिदों में इत्तिकाफ़ (निवास) में हो। यह अल्लाह की हदें (सीमाएँ) हैं, तुम इनसे पास भी न जाओ। इसी तरह अल्लाह अपनी आयतों को लोगों के लिए स्पष्ट (समझाते) है ताकि वे बच सकें।

188. और एक-दूसरे का माल नाहक (अवैध) न खाओ, न रिश्वत (घूस) दे कर हुक्मरानों (शासकों) के पास भेजो ताकि वे तुम्हें लोगों के माल का एक हिस्सा गुनाह (पाप) में खाने में मदद करें, जबकि तुम जानते हो कि यह हराम (अवैध) है।

189. ऐ नबी! लोग आप से चाँद के (घटने-बढ़ने) के बारे में सवाल करते हैं, तो आप कहें, इससे लोगों को तारीखों (खजूर) के समय निर्धारण और हज के वक्त का ज्ञान (ज्ञान) होता है, और यह कोई भलाई (अच्छाई) नहीं है कि घरों में उनके पीछे से प्रवेश करें, बल्कि भलाई तो अल्लाह की नाफरमानी (अवज्ञा) से बचने में है। घरों में उनके दरवाजों (द्वार) से आओ और अल्लाह से डरते रहो, ताकि तुम सफल हो सको।

190. और तुम अल्लाह की राह में उन लोगों से लड़ाई करो जो तुमसे लड़ते हैं, मगर ज्यादा नहीं करो, क्योंकि अल्लाह ज्यादा करने वालों को पसंद नहीं करता।

191. उनसे लड़ो जहां भी तुम्हारा उनसे मुकाबला हो और उन्हें निकाल दो जहां से उन्होंने तुम्हें निकाला है, क्योंकि हत्या भले ही बुरी है, मगर फितना उससे भी ज्यादा बुरा है। और मस्जिद-ए-हराम के पास जब तक वे तुमसे न लड़ें, तुम भी न लड़ो, मगर जब वे वहां लड़ाई छोड़ने पर राज़ी न हों, तो तुम भी बिना हिचक उन्हें मारो, क्योंकि ऐसे काफिरों की यही सजा है।

192. अगर वे रुक जाएं, तो अल्लाह माफी देने वाला और मेहरबान है।

193. उनसे लड़ो जब तक फितना मिट न जाए और अल्लाह का धर्म जीत न जाए। फिर अगर वे रुक जाएं, तो ज़ालिमों के अलावा किसी और पर ज़ुल्म न करो।

194. माह -ए-हराम (पवित्र महीना) का बदला मह-ए-हराम ही है और तमाम हुरमतों (इज्जतों) का लिहाज (ध्यान) बराबरी के साथ होगा। लिहाज़ा (इसलिए) जो तुम पर दास्त-दराज़ी (हमला) करे, तुम भी उसी तरह उस पर दास्त-दराज़ी करो। अलबत्ता (हालांकि) अल्लाह से डरो और यह जान रखो कि अल्लाह उन लोगों के साथ है, जो उसकी हदुद (सीमाएं) तोड़ने से बचते हैं।

195. और अल्लाह की राह (जिहाद) में खर्च करो और अपने हाथों से अपने आप को हलाकत (विनाश) में न डालो (रोककर)। और अच्छा करो; यकीनन अल्लाह अच्छे काम करने वालों को पसंद करता है।

196. हज्ज और उमराह को अल्लाह के लिए पूरा करो। हां, अगर तुम्हें रोक दिया जाए, तो जो क़ुर्बानी (क़ुर्बानी) में मयस्सर (उपलब्ध) हो, उसे कर दो। और अपने सिर न मुंडवाओ (मुंडवाना) जब तक क़ुर्बानी

क़ुर्बांगाह (क़ुर्बानी की जगह) तक न पहुँच जाए। लेकिन अगर तुम में से कोई बीमार (बीमार) हो या उसके सिर में कोई तकलीफ़ (असुविधा) हो (जिसकी वजह से सिर मुंडवाना जरूरी हो), तो उस पर फिद्या (मुआवजा) है: चाहे रोज़ा (व्रत) रख ले, चाहे सदका (दान) दे दे, या क़ुर्बानी (क़ुर्बानी) करे। फिर जब तुम अमन (शांति) की हालत में आ जाओ, तो जो शख्स उमराह के बाद हज्ज तक तमत्तु' (तमातु') करे, उसे जो क़ुर्बानी (क़ुर्बानी) मयस्सर (उपलब्ध) हो, करनी चाहिए। और अगर किसी के पास क़ुर्बानी की ताक़त (क्षमता) न हो, तो वह हज्ज के दिनों में तीन रोज़े (व्रत) रखे और घर लौट कर सात रोज़े (व्रत), जो मिलाकर दस हो जाएं। यह हुक्म (आदेश) उन लोगों के लिए है जो मस्जिद-ए-हराम के रहने वाले न हों। लोगों! अल्लाह से डरते रहो और जान लो कि अल्लाह सख्त (कठोर) अज़ाब (सजा) देने वाला है।

197. हज के महीने सब लोगों को मालूम हैं। जो शख़्स इन महीनों में हज को अपने ऊपर फ़र्ज़ (लाज़िमी) कर ले (एहराम बाँधने के ज़रिए), उसके लिए हज के दौरान न कोई शहवानी (जिनसी) ताल्लुक़ात हों, न कोई गुनाह (ना-फ़रमानी), और न ही कोई बेहस-मुबाहिसा (झगड़ा-विवाद)। जो भी नेक (अच्छे) काम तुम करते हो, अल्लाह उसे जानता है। सफ़र के लिए सामान (ज़रूरी चीज़ें) ले जाओ, लेकिन यक़ीनन सबसे बेहतरीन सामान अल्लाह का डर (तक़वा) है। तो मुझसे डरो, ऐ समझदार लोगो!

198. तुम पर कोई इल्ज़ाम (दोष) नहीं है अगर तुम हज के दौरान अपने रब का फ़ज़्ल (रोज़ी) तलाश करो। लेकिन जब तुम अरफ़ात से रवाना हो, तो मशअर-ए-हराम (मुक़द्दस जगह) में अल्लाह को याद करो। और उसे याद करो जैसे उसने तुम्हें हिदायत (रहनुमाई) दी, क्योंकि इससे पहले तुम गुमराह (भटके हुए) लोगों में से थे।

199. फिर उस जगह से चल पड़ो जहाँ से तमाम लोग (भीड़) चल पड़ते हैं, और अल्लाह से मग़फ़िरत (बख़्शिश) माँगो। बेशक, अल्लाह बख़्शने वाला (माफ़ करने वाला) और मेहरबान (रहम करने वाला) है।

200. जब तुम अपने हज की इबादत (इबादत) पूरी कर लो, तो अल्लाह का नाम लो, जैसे तुम अपने पूर्वजों का ज़िक्र करते हो या उससे भी ज़्यादा जोश (जुनून) के साथ। उनमें से कोई तो ऐसा है, जो कहता है, "ऐ हमारे रब, हमें दुनिया ही में सब कुछ दे दे।" ऐसे शख़्स के लिए आख़िरत में कोई हिस्सा नहीं।

201. लेकिन दूसरे लोग कहते हैं, "हमारे रब, हमें इस दुनिया और आख़िरत दोनों की अच्छाई दे, और हमें आग के अज़ाब से बचा।"

202. ऐसे लोग अपनी कमाई के मुताबिक़ (दोनों जगह) हिस्सा पाएँगे और अल्लाह को हिसाब चुकाते हुए कुछ देर नहीं लगती।

203. और इन गिनती के कुछ दिनों में अल्लाह का ज़िक्र (याद) करो, फिर जो शख़्स दो दिन में जल्दी (मिना से) निकल जाए, उस पर कोई दोष (गुनाह) नहीं, और जो देर करे (मिना में रात गुज़ार कर, और 13 ज़ुल-हिज्जा को कंकरी मारकर मिना से निकले), उस पर भी कोई दोष नहीं, उस शख़्स के लिए जो अल्लाह से डरता हो। और तुम अल्लाह से डरते रहो और यह समझ लो कि तुम उसी के पास क़यामत के दिन जमा किए जाओगे।

204. (ऐ नबी!) लोगों में ऐसा शख़्स भी है, जिसकी बात तुम्हें दुनियावी मसलों में पसंद आती है, और जो कुछ उसके दिल में है, वह उस पर अल्लाह को गवाह बनाता है, जबकि वह बहुत बड़ा झगड़ालू है।
205. और जब वह चला जाता है, तो वह ज़मीन में फ़साद (गड़बड़ी) फैलाने की कोशिश करता है और फ़सलों (खेतों) और जानवरों (मवेशियों) को तबाह करता है। और अल्लाह फ़साद को पसंद नहीं करता।
206. जब उनसे कहा जाता है, "अल्लाह से डरो," तो उनका घमंड उन्हें गुनाह की तरफ़ ले जाता है। जहन्नम उनका ठीक ठिकाना होगा। कितना बुरा ठिकाना है आराम करने के लिए!
207. और लोगों में से एक ऐसा भी है जो अपनी रूह (जान) को अल्लाह की रज़ा के लिए बेच देता है, और अल्लाह अपने बंदों पर बहुत मेहरबान है।
208. ऐ लोगों जो ईमान लाए हो! इस्लाम में पूरी तरह दाख़िल हो जाओ (इस्लाम के तमाम क़वायद और अहकाम को अपना कर) और शैतान के क़दम-ब-क़दम न चलो। बेशक, वह तुम्हारा खुला दुश्मन है।
209. अगर तुम साफ़ दलील (रोशनी) आने के बाद फिर फिसल जाओ, तो यह जान लो कि अल्लाह सब पर क़ादिर (सर्वशक्तिमान) और हकीम (बुद्धिमान) है।
210. क्या फिर वे किसी चीज़ का इंतज़ार कर रहे हैं सिवाय इसके कि अल्लाह उनके पास बादलों के साये (घने बादलों) में और फ़रिश्तों के साथ आए? फिर फ़ैसला हो चुका होगा। और सारे मामलात (मसले) अल्लाह ही की तरफ़ लौटाए जाते हैं।
211. बनी इसराईल से पूछो कि हमने उन्हें कितनी साफ़ और वाज़ेह (स्पष्ट) निशानियाँ (आयात) दी थीं। और जो शख़्स अल्लाह के इनाम (फ़ज़्ल) को, जो उसके पास आया, बदल दे (जैसे अल्लाह के दीन को छोड़कर कुफ़्र इख़्तियार करे), तो बेशक अल्लाह सज़ा देने में सख़्त है।
212. जिन लोगों ने कुफ़्र की राह इख़्तियार की है, उनके लिए दुनिया की ज़िंदगी बहुत पसंदीदा और दिलचस्प बना दी गई है। ऐसे लोग ईमान लाए हुए लोगों का मज़ाक़ उड़ाते हैं, लेकिन क़यामत के दिन, मुत्तक़ी (परहेज़गार) लोग ही उनके मुक़ाबले में आला मक़ाम (ऊँचे दर्जे) पर होंगे। रहा दुनिया का रिज़्क़, तो अल्लाह को इख़्तियार (सत्ता) है, जिसे चाहे बेहिसाब दे।
213. इंसानियत एक ही मज़हब (धर्म) पर थी, फिर अल्लाह ने पैग़म्बरों को खुशख़बरी देने और डराने वाले (वार्नर) बनाकर भेजा, और उनके साथ सच्ची किताबें नाज़िल कीं, ताकि लोगों के दरमियान जो बात भी उनमें इख़्तिलाफ़ थी, उसका फ़ैसला हो सके। और इस पर कोई इख़्तिलाफ़ नहीं था, सिवाय उन लोगों के जो उससे दिए गए थे - जब उनके पास साफ़ दलीलें (स्पष्ट प्रमाण) आ चुकी थीं - अपने आपसी हसद व बुग़्ज़ (जलन और दुश्मनी) की वजह से। और अल्लाह ने ईमान वालों को उस हक़ की तरफ़ रहनुमाई दी, जिसमें उनमें इख़्तिलाफ़ था, अपनी मर्ज़ी से। और अल्लाह जिसे चाहे, सीधी राह (सही रास्ते) की तरफ़ हिदायत देता है।
214. फिर क्या तुम लोगों ने यह समझ रखा है कि यूँ ही जन्नत में दाख़िला (प्रवेश) तुम्हें मिल जाएगा, हालाँकि अभी तुम पर वह सब कुछ नहीं गुज़रा जो तुमसे पहले ईमान लाने वालों (मुमिनों) पर गुज़रा था? उन पर सख़्तियाँ (मुसीबतें) आईं, परेशानियाँ (तकलीफ़ें) आईं, हिलाकर रख दिए गए (आज़माइशों में डाले गए),

यहाँ तक कि उस वक़्त के रसूल (संदेष्टा) और उनके साथ ईमान लाने वाले (मुमिन) पुकार उठे, "अल्लाह की मदद कब आएगी?" उस वक़्त उन्हें तसल्ली (ढांढस) दी गई कि "हाँ, अल्लाह की मदद क़रीब (नज़दीक) है।"

215. (ऐ नबी!) वे आपसे सवाल करते हैं कि क्या खर्च करें? उनसे कह दीजिए कि जो भी माल तुम खर्च करो, तो अपने माँ-बाप (वालिदैन), क़रीबी रिश्तेदारों, यतीमों (अनाथों), ग़रीबों और मुसाफ़िरों को दो। और जो भी भलाई (नेक काम) तुम करते हो, उसे अल्लाह बख़ूबी जानता है।

216. (ऐ ईमान वालो!) तुम पर जंग (युद्ध) करना फ़र्ज़ कर दिया गया है, हालाँकि वह तुम्हारे लिए नापसंद (अप्रिय) है। हो सकता है कि कोई चीज़ तुम्हें नापसंद हो और वही तुम्हारे लिए बेहतर हो, और इसी तरह मुमकिन है कि कोई चीज़ तुम्हें पसंद हो और वह तुम्हारे लिए बुरी हो। अल्लाह जानता है और तुम नहीं जानते।

217. (ऐ नबी!) वे (मुशरिक) आपसे पूछते हैं कि हराम महीनों (अर्थात् सम्मानित महीनों) में जंग (युद्ध) करना कैसा है? आप उनसे कह दीजिए कि उसमें जंग करना बहुत बड़ा गुनाह (अत्यंत गंभीर पाप) है, लेकिन अल्लाह के रास्ते से रोकना, उसका इनकार करना, मस्जिद-ए-हराम से रोकना और वहाँ के रहने वालों को वहाँ से निकालना, अल्लाह के नज़दीक इससे भी बड़ा गुनाह है। और फितना (धर्म से भटकाना) कत्ल (हत्या) से भी भारी (बड़ा अपराध) है। और वे तुमसे लड़ते ही रहेंगे, यहाँ तक कि यदि उनके बस में हुआ तो वे तुम्हें तुम्हारे दीन (इस्लाम) से फेर देंगे। और तुम में से जो व्यक्ति अपने दीन से फिर जाएगा, फिर कुफ्र की हालत में उसकी मौत होगी, तो ऐसे लोगों के सभी अमल (किए-कराए) दुनिया और आख़िरत में बर्बाद हो जाएँगे, और वही जहन्नम (नरक) में रहेंगे, जहाँ वे हमेशा रहेंगे।

218. निस्संदेह, वे लोग जो ईमान लाए, और जिन्होंने अल्लाह के रास्ते में अपना घर-बार छोड़ा (हिजरत की) और जिहाद किया, वे अल्लाह की रहमत के सच्चे उम्मीदवार हैं। और अल्लाह उनकी ख़ताओं (त्रुटियों) को क्षमा करने वाला और अपनी दया से नवाज़ने वाला है।

219. (वो आपसे, ऐ मोहम्मद ﷺ, शराब (नशीले पदार्थ) और जुए के बारे में पूछते हैं।) आप कह दीजिए: "इन दोनों चीज़ों में बहुत बड़ी बुराई है। हालाँकि इनमें लोगों के लिए कुछ फायदे भी हैं, लेकिन उनका गुनाह उनके फायदों से कहीं ज्यादा है।" वे पूछते हैं: "हम अल्लाह के रास्ते में क्या खर्च करें?" कह दीजिए: "जो कुछ तुम्हारी जरूरत से ज्यादा हो।" इस तरह अल्लाह तुम्हारे लिए साफ-साफ हुक्म (कानून) बयान करता है, शायद कि तुम दुनिया और आख़िरत दोनों की फ़िक्र करो।

220. (वे पूछते हैं: "यतीमों के साथ कैसा व्यवहार किया जाए?") कह दो: "जिस तरीक़े में उनके लिए भलाई हो, वही अपनाना बेहतर है। अगर तुम अपना और उनका खर्च और रहन-सहन साझा रखो, तो इसमें कोई हर्ज नहीं है। आख़िर वे तुम्हारे भाई-बंद ही तो हैं। बुरा करने वाला और भलाई करने वाला, दोनों का हाल अल्लाह पर स्पष्ट है। अल्लाह चाहता तो इस मामले में तुम पर सख्ती करता, लेकिन वह सर्वशक्तिमान (सभी पर पूर्ण अधिकार रखने वाला) होने के साथ-साथ अत्यंत बुद्धिमान भी है।

221. (तुम) मुशरिक (बहुदेववादी) औरतों से कभी निकाह मत करना, जब तक कि वे ईमान न ले आएं। एक मोमिन (विश्वासी) लौंडी (दासी) मुशरिक कुलीन स्त्री से बेहतर है, भले ही वह तुम्हें कितनी ही पसंद हो। और अपनी औरतों के निकाह मुशरिक पुरुषों से कभी न करना, जब तक कि वे ईमान न ले आएं। एक मोमिन ग़ुलाम (ईमानवाला दास) मुशरिक कुलीन व्यक्ति से बेहतर है, भले ही वह तुम्हें कितना ही पसंद हो। ये लोग तुम्हें आग (जहन्नम) की तरफ बुलाते हैं, जबकि अल्लाह अपने इज़्न (अनुमति) से तुम्हें जन्नत (स्वर्ग) और मग़फिरत (क्षमा) की ओर बुलाता है। और वह अपने आदेश (हुक्म) स्पष्ट रूप से लोगों के सामने बयान करता है, ताकि वे सीख लें और नसीहत (उपदेश) स्वीकार करें।

222. (वे आपसे हाइज (मासिक धर्म) के बारे में पूछते हैं।) कह दीजिए: "यह एक तकलीफ़ (हानिकारक चीज़) है, इसलिए हाइज के दौरान औरतों से दूर रहो और उनके पास न जाओ जब तक कि वे पाक (शुद्ध) न हो जाएं (हाइज समाप्त कर स्नान कर लें)। और जब वे पाक हो जाएं, तो उनके पास जाओ जिस प्रकार अल्लाह ने तुम्हारे लिए आदेश दिया है (किसी भी तरह उनके पास जाओ, बस वह स्थान उनकी शरमगाह (योनि) हो)। निःसंदेह, अल्लाह उन लोगों से प्रेम करता है जो तौबा (पश्चाताप) करते हैं और उन लोगों से प्रेम करता है जो पाक (स्वच्छ) रहते हैं।"

223. तुम्हारी औरतें तुम्हारी खेतियाँ हैं, तो तुम्हें इख़्तियार (अधिकार) है, जैसे चाहो अपनी खेती में जाओ, मगर अपने भविष्य की चिंता करो और अल्लाह की नाराजगी से बचो। यह अच्छी तरह जान लो कि तुम्हें एक दिन उससे (अल्लाह से) मिलना है। और ऐ नबी (ﷺ)! जो तुम्हारी हिदायत (मार्गदर्शन) को मान लें, उन्हें सफलता और खुशहाली की शुभ सूचना दे दो।

224. अल्लाह के नाम की कसमों को अपनी भलाई, तक़वा (ईश-चेतना) और लोगों में सुलह (मेल-मिलाप) से रोकने का बहाना मत बनाओ। क्योंकि अल्लाह सब कुछ सुनने और जानने वाला है।

225. अल्लाह तुम्हें बेकार बातचीत और अनजाने में खाई गई कसमों के कारण नहीं पकड़ता, लेकिन वह तुम्हें उन चीजों के लिए जवाबदेह ठहराएगा जो तुम्हारे दिलों में (इरादतन) पैदा हुईं। क्योंकि अल्लाह बहुत क्षमाशील और सहनशील है।

226. जो लोग अपनी पत्नियों से (रिश्ता न रखने की) कसम खा लें, उनके लिए चार महीने की मोहलत है। फिर अगर वे लौट आएं, तो अल्लाह क्षमा करने वाला और दयालु है।

227. लेकिन अगर वे (संबंध तोड़ने यानी) तलाक़ का इरादा कर लें, तो अल्लाह निस्संदेह सब कुछ सुनने और जानने वाला है।

228. तलाकशुदा औरतों को अपने बारे में तीन महीनों तक इंतजार करना होगा। और जो कुछ उनके गर्भ में अल्लाह ने रखा है, उसे छिपाना उनके लिए जायज़ नहीं, यदि वे अल्लाह और आख़िरत के दिन पर ईमान रखती हैं। और उनके शौहरों को इस अवधि में उन्हें दोबारा अपनाने का अधिकार (अधिकार) है, यदि उनका इरादा सुलह (reconciliation) का हो। और औरतों के भी पुरुषों पर वैध अधिकार (rights) हैं, जैसे पुरुषों के उनके ऊपर हैं, न्यायसंगत तरीके से। लेकिन पुरुषों को उन पर एक दर्जा (अधिकारी) दिया गया है।

और अल्लाह ताकत में महान और हिकमत (बुद्धि) में माहिर है।
229. तलाक दो बार है। फिर उसके बाद या तो अच्छे तरीके से (शौहर और बीवी) साथ रहें, या अच्छे व्यवहार के साथ (उसे) अलग कर दें। और तुम्हारे लिए यह जायज़ नहीं कि जो कुछ तुमने अपनी पत्नी को दिया है, उसमें से कुछ वापस लो, सिवाय उस स्थिति में जब दोनों को यह डर हो कि वे अल्लाह की निर्धारित सीमाओं का पालन नहीं कर पाएंगे। फिर यदि पत्नी अपनी स्वतंत्रता के बदले में कुछ लौटा दे, तो इसमें कोई दोष नहीं। ये अल्लाह की निर्धारित सीमाएं हैं, इन्हें न तोड़ो। और जो कोई अल्लाह की सीमाओं को तोड़ेगा, वह ज़ालिम (अन्यायी) होगा।
230. फिर यदि (पति) तीसरी बार तलाक दे दे, तो वह औरत उसके लिए (फिर से निकाह करने के लिए) जायज़ नहीं रहेगी, जब तक कि वह किसी अन्य पति से निकाह न कर ले। फिर यदि दूसरा पति उसे तलाक दे दे, तो पहला पति (इद्दत की अवधि पूरी होने के बाद) उससे दोबारा शादी कर सकता है, यदि वे दोनों यह समझें कि वे अल्लाह की निर्धारित सीमाओं का पालन कर सकते हैं। ये अल्लाह की निर्धारित सीमाएं हैं, जो उन लोगों के लिए स्पष्ट कर दी गई हैं जो ज्ञान (समझ) रखते हैं।
231. और जब तुम औरतों को तलाक दे दो और उनकी इद्दत (इंतज़ार की अवधि) पूरी होने को आए, तो या तो उन्हें अच्छे तरीके से रोक लो या अच्छे तरीके से छोड़ दो। सिर्फ़ सताने की नीयत से उन्हें मत रोको, क्योंकि यह ज़ुल्म होगा। और जो ऐसा करेगा, वह दरअसल अपने ही ऊपर ज़ुल्म करेगा। अल्लाह की आयतों का मज़ाक मत बनाओ। और याद रखो कि अल्लाह ने तुम पर कितनी बड़ी नेमतें उतारी हैं। वह तुम्हें नसीहत करता है कि जो किताब और हिकमत (बुद्धि) उसने तुम्हारे लिए उतारी है, उसका आदर करो। अल्लाह से डरो और जान लो कि अल्लाह हर चीज़ से ख़बरदार है।
232. और जब तुम औरतों को तलाक़ दे दो और वे अपनी इद्दत पूरी कर लें, तो अगर वे अपने शौहर से दोबारा शादी करना चाहें, तो उन्हें मत रोको। यह उन लोगों के लिए नसीहत है जो अल्लाह और क़यामत के दिन पर ईमान रखते हैं। यह तुम्हारे लिए ज़्यादा अच्छा और पाक (शुद्ध) है। अल्लाह जानता है, लेकिन तुम नहीं जानते।
233.जो बाप यह चाहते हैं कि उनके बच्चे पूरी मुद्दत तक दूध पिएं, तो माँ अपने बच्चों को पूरे दो साल तक दूध पिलाएं। और इस दौरान बाप को ठीक तरीके से माँ का खर्च और कपड़ों का इंतजाम करना होगा। लेकिन किसी पर उसकी ताकत से ज़्यादा बोझ नहीं डाला जाएगा। न तो माँ को इस वजह से तकलीफ दी जाए कि बच्चा उसका है, और न ही बाप को इस वजह से परेशानी दी जाए कि बच्चा उसका है। दूध पिलाने वाली (माँ) का यही हक़ बाप पर भी है, और उसके वारिसों पर भी। लेकिन अगर दोनों तरफ़ अपनी रज़ामंदी और मशवरे से बच्चे का दूध छुड़वाना चाहें, तो इसमें कोई गुनाह नहीं। और अगर तुम अपने बच्चे को किसी दूसरी औरत से दूध पिलवाना चाहो, तो भी इसमें कोई हर्ज नहीं, बस शर्त यह है कि उसका मेहनताना ठीक तरीके से चुका दो। अल्लाह से डरो और यह जान लो कि वह तुम्हारे हर अमल को देख रहा है।
234. और तुम में से जो लोग वफात पा जाएं और अपनी बीवियों को पीछे छोड़ जाएं, तो उन्हें चार महीने

और दस दिन तक इंतज़ार करना होगा। फिर जब यह मुद्दत मुकम्मल हो जाए, तो जो भी फैसला वो अपने लिए करें, उसमें तुम पर कोई ज़िम्मेदारी नहीं है। अल्लाह तुम्हारे तमाम आमाल से बखूबी वाक़िफ़ है।

235. तुम पर कोई इल्ज़ाम नहीं अगर तुम (तलाक़शुदा या विधवा) औरतों के लिए अपनी दिलचस्पी का इज़हार करो, या अपने दिल में यह इरादा रखो। अल्लाह जानता है कि तुम उनके बारे में सोच रहे हो। लेकिन उनसे कोई छुपकर वादा मत करो — बस सिर्फ़ शाइस्ता तरीके से अपनी दिलचस्पी का इज़हार करो। निकाह (शादी) का बंधन तब तक मत बाँधो जब तक उनकी इद्दत (इंतज़ार की मुद्दत) मुकम्मल न हो जाए। याद रखो कि अल्लाह तुम्हारे दिलों के राज़ जानता है, इसलिए उससे डरो। और याद रखो कि अल्लाह बड़ा माफ़ करने वाला (ग़फूर) और सब्र करने वाला (हलीम) है।

236. अगर तुमने किसी औरत से शादी की, लेकिन न तो निकाह पूरा किया (तालुकात क़ायम किए) और न ही मेहर (दहेज) तय किया, फिर तलाक़ दे दी, तो इसमें तुम पर कोई इल्ज़ाम नहीं है। लेकिन उन्हें ठीक तरीके से गुज़ारा दो – अमीर अपनी हैसियत के मुताबिक़ और गरीब अपनी हैसियत के मुताबिक़। यह नेकी करने वालों पर एक फ़र्ज़ है।

237. अगर तुमने अपनी बीवी से शरीई तालुकात क़ायम करने से पहले तलाक़ दे दी, और मेहर पहले से तय था, तो उसका आधा मेहर देना होगा। मगर अगर बीवी अपनी खुशी से इसे माफ़ कर दे, या वह शख्स (शौहर) जो निकाह के बंधन को थामे हुए है, पूरा मेहर दे दे, तो यह तक़्वा (परहेज़गारी) के ज़्यादा करीब है। आपस में उदारता और भलाई को मत भूलो। बेशक अल्लाह तुम्हारे आमाल को देख रहा है।

238. (पाँचों फ़र्ज़) नमाज़ों की हिफाज़त करो, खासकर बीच वाली नमाज़ ('अस्र)। और अल्लाह के सामने पूरे अदब और आजिज़ी के साथ खड़े हो जाओ।

239. अगर तुम्हें किसी खौफ़ (दुश्मन के खतरे) का अंदेशा हो, तो चलते-फिरते या सवारी पर भी नमाज़ पढ़ सकते हो। लेकिन जब अमन हासिल हो जाए, तो अल्लाह को याद करो (नमाज़ मुकम्मल करो) जैसे कि उसने तुम्हें वो कुछ सिखाया है जो पहले तुम नहीं जानते थे।

240. और जो लोग वफात पा जाएं और अपनी बीवियों को पीछे छोड़ जाएं, उन्हें चाहिए कि एक साल तक उनके गुज़ारे के लिए वसीयत करें, बिना उन्हें घर से निकाले। लेकिन अगर वो खुद चले जाएं, तो जो फैसला वो अपने लिए करें, उसमें तुम पर कोई ज़िम्मेदारी नहीं। अल्लाह सबसे ऊँचा (अज़ीज़) और सबसे दाना (हकीम) है।

241. तलाक़शुदा औरतों को भी ठीक तरीके से गुज़ारा दिया जाए – यह अल्लाह से डरने वालों पर एक फ़र्ज़ है।

242. इसी तरह अल्लाह अपने हुक्म साफ़-साफ़ बयान करता है, ताकि तुम समझ और अक़्ल से काम लो।

243. क्या तुमने उन लोगों को नहीं देखा जो मौत के डर से हज़ारों की तादाद में अपने घरों से भाग निकले? फिर अल्लाह ने उनसे कहा, "मर जाओ," और फिर उन्हें दोबारा ज़िंदा कर दिया। बेशक, अल्लाह इंसानों पर बड़े करम करने वाला है, लेकिन ज़्यादा तर लोग उसका शुक्र अदा नहीं करते।

244. और अल्लाह की राह में जिहाद करो, और जान लो कि अल्लाह सब कुछ सुनने और जानने वाला है।
245. कौन है जो अल्लाह को अच्छा क़र्ज़ देगा (यानी जिहाद में अपने माल को ख़र्च करेगा), ताकि अल्लाह उसे कई गुना बढ़ा कर लौटाए? अल्लाह ही रोज़ी कम और ज़्यादा करता है, और उसी की ओर तुम सभी को लौटना है।
246. क्या तुमने (हज़रत) मूसा के बाद बनी इस्राइल की उस जमात को नहीं देखा, जिन्होंने अपने नबी से कहा, "हमारे लिए एक बादशाह मुक़र्रर कर दो, ताकि हम अल्लाह की राह में जिहाद करें?" उनके नबी ने कहा, "हो सकता है कि जब तुम पर जिहाद फ़र्ज़ कर दिया जाए, तो तुम लड़ने से पीछे हट जाओ?" उन्होंने कहा, "हम अल्लाह की राह में क्यों न लड़ें, जबकि हमें अपने घरों से निकाला गया और अपने बच्चों से अलग कर दिया गया?" लेकिन जब उन पर जिहाद अनिवार्य (फ़र्ज़) कर दिया गया, तो उनमें से बहुत थोड़े लोगों के सिवा सब पीछे हट गए। और अल्लाह ज़ालिमों को खूब जानता है।
247. उनके नबी ने कहा, "अल्लाह ने तालूत (साऊल) को तुम्हारा बादशाह मुक़र्रर किया है।" इस पर वो बोले, "यह हम पर हुकूमत कैसे कर सकता है? हम इससे ज़्यादा हक़दार हैं, और इसे माल-दौलत भी नहीं दी गई है!" नबी ने कहा, "अल्लाह ने इसी को तुम पर चुना है और इसे इल्म और जिस्मानी ताक़त में बुलंदी दी है। बेशक, अल्लाह जिसे चाहे अपनी बादशाहत देता है, और वह बड़े इल्म और कूव्वत वाला है।"
248. फिर उनके नबी ने कहा, "उसके बादशाह बनने की निशानी यह है कि तुम्हें वह सन्दूक (ताबूत) वापस मिल जाएगा, जिसमें मूसा और हारून के परिवार की छोड़ी हुई निशानियाँ (तबर्रुकात) हैं, और जिसे इस वक्त फ़रिश्ते सुरक्षित रखे हुए हैं। अगर तुम सच्चे ईमान वाले हो, तो यह तुम्हारे लिए बहुत बड़ी निशानी है।"
249. जब तालूत अपनी फ़ौज के साथ निकला, तो उसने कहा, "अल्लाह तुम्हें एक नदी के ज़रिए आज़माएगा। जो इसमें से पानी पी लेगा, वह मेरा नहीं, और जो इसे न छुए, वह मेरा होगा। हाँ, अगर कोई हाथ से एक चुल्लू भर ले, तो उसकी इजाज़त है।" लेकिन कुछ गिने-चुने लोगों के सिवा बाकी सब ने पानी पी लिया। जब तालूत और उसके सच्चे ईमान वाले साथी नदी पार कर गए, तो बहुत से लोगों ने कहा, "आज हमें जालूत (गोलियत) और उसकी फ़ौज से लड़ने की ताक़त नहीं!" लेकिन जो लोग अल्लाह से मिलने का यक़ीन रखते थे, उन्होंने कहा, "कई बार छोटी तादाद वाली टोलियाँ अल्लाह के हुक्म से बड़ी फ़ौजों पर फ़तह पा लेती हैं। और अल्लाह सब्र करने वालों के साथ है।"
250. जब वो जालूत और उसकी फ़ौज के सामने आए, तो उन्होंने अल्लाह से दुआ माँगी, "ऐ हमारे परवरदिगार! हमें सब्र दे, हमें मज़बूती से खड़ा रख, और हमें काफ़िरों पर फ़तह दे!"
251. अल्लाह के हुक्म से उन्होंने जालूतियों को हरा दिया, और जालूत (गोलियत) को हज़रत दाऊद (अलैहिस्सलाम) ने मार डाला। अल्लाह ने दाऊद को बादशाहत, इल्म, और जितना चाहा उतना समझ दी। यदि अल्लाह कुछ लोगों को दूसरों के ज़रिए न रोके, तो धरती पर बड़ा फ़साद फैल जाता। लेकिन अल्लाह सारे जहाँ पर अपनी रहमत करता है।
252. ये अल्लाह की आयतें हैं, जिन्हें हम सच्चाई के साथ तुम्हारे सामने सुना रहे हैं। और बेशक, तुम

(मुहम्मद) रसूलों में से हो।
253. ये रसूल (पैग़म्बर) हैं, जिनमें से कुछ को हमने दूसरों पर फ़ज़ीलत (श्रेष्ठता) दी। उनमें से कुछ ऐसे हैं जिनसे अल्लाह ने सीधी बात की, और कुछ के दर्जे (रैंक) बुलंद किए। हमने ईसा बिन मरयम (येशु) को मो'जिज़ात (चमत्कार) दिए और रूह-उल-क़ुदुस (पाक रूह) के ज़रिए उनकी मदद की। अगर अल्लाह चाहता, तो उनके बाद के लोग, जब उनके पास साफ़ दलील आ गई थी, आपस में न झगड़ते। लेकिन उन्होंने इख़्तिलाफ़ (मतभेद) किया — कुछ ईमान लाए और कुछ इनकार करने वाले बन गए। अगर अल्लाह चाहता, तो वो आपस में जंग न करते, लेकिन अल्लाह वही करता है जो चाहता है।
254. ऐ ईमान वालों! जो कुछ हमने तुम्हें दिया है, उसमें से खर्च करो, उस दिन के आने से पहले, जिस दिन न कोई सौदेबाजी होगी, न दोस्ती काम आएगी, और न ही कोई सिफारिश चलेगी। और जो लोग इनकार करते हैं, वही ज़ालिम हैं।
255. अल्लाह! उसके सिवा कोई इबादत के लायक़ नहीं। वह ज़िंदा (अल-हय्य) और सब कुछ क़ायम रखने वाला (अल-क़य्यूम) है। न उसे ऊँघ आती है और न वह सोता है। आसमानों और ज़मीन की हर चीज़ उसी की है। कौन है जो उसके पास उसकी इजाज़त के बग़ैर सिफ़ारिश कर सके? वह जानता है जो कुछ उनके आगे है और जो कुछ उनके पीछे है। और वो लोग उसके इल्म (ज्ञान) में से कुछ भी नहीं समझ सकते सिवाए उसके जो वह चाहे। उसका अर्श (तख़्त) आसमान और ज़मीन को समेटे हुए है, और उनकी हिफ़ाज़त (रक्षा) में उसे कोई थकान नहीं होती। क्योंकि वह सबसे ऊँचा (अल-आ'ला) और सबसे अज़ीम (अल-अज़ीम) है।
256. दीन (मज़हब) में कोई ज़बरदस्ती नहीं। बेशक, सही रास्ता (हिदायत) ग़लत रास्ते (गुमराही) से अलग हो चुका है। जो ताग़ूत (झूठे माबूद) का इनकार करे और अल्लाह पर ईमान लाए, उसने एक मज़बूत सहारा थाम लिया, जो कभी टूटेगा नहीं। और अल्लाह सब कुछ सुनने वाला (अस-सामी) और जानने वाला (अल-अलीम) है।
257. अल्लाह उन लोगों का वली (मददगार) है जो ईमान लाते हैं। वह उन्हें अंधेरों (गुमराही) से निकाल कर रोशनी (हिदायत) में ले आता है। और जो लोग इनकार करते हैं, उनके मददगार ताग़ूत हैं, जो उन्हें रोशनी से निकाल कर अंधेरों में डाल देते हैं। ये लोग आग (जहन्नम) के साथी हैं, जिसमें वो हमेशा रहेंगे।
258. क्या तुमने उस शख़्स का ज़िक्र नहीं सुना जो इब्राहीम (अ.स.) से उसके रब के बारे में बहस कर रहा था, क्योंकि अल्लाह ने उसे बादशाहत (राज) दी थी? जब इब्राहीम (अ.स.) ने कहा, "मेरा रब वह है जो ज़िंदगी देता है और मौत देता है," तो उस शख़्स ने कहा, "मैं भी ज़िंदगी और मौत देता हूँ।" इब्राहीम (अ.स.) ने कहा, "अल्लाह सूरज को मशरिक (पूरब) से निकालता है, अब तुम उसे मग़रिब (पश्चिम) से निकाल कर दिखाओ।" इस पर वो इनकार करने वाला (काफ़िर) हक्का-बक्का रह गया। और अल्लाह ज़ालिमों (ज़ुल्म करने वालों) को रास्ता नहीं दिखाता।
259. या उस शख़्स के बारे में सोचो जो एक उजड़े हुए क़स्बे (बस्ती) से गुज़रा और कहा, "अल्लाह इसे मौत के बाद कैसे ज़िंदा करेगा?" तो अल्लाह ने उसे 100 साल तक मौत की हालत में रखा, फिर उसे ज़िंदा किया।

अल्लाह ने कहा, “कितनी मुद्दत (अवधि) तुम पर गुज़र गई?” उसने कहा, “एक दिन या दिन का कुछ हिस्सा।” अल्लाह ने कहा, “बल्कि तुम 100 साल तक रहे। अब अपने खाने और पीने को देखो, यह बदला नहीं। और अपने गधे को देखो (कि वह किस हाल में है)। और हम तुम्हें लोगों के लिए एक निशानी बनाएंगे। और हड्डी (अस्थियों) को देखो, हम उन्हें कैसे उठाते हैं, फिर उन पर गोश्त चढ़ाते हैं।” जब यह सब उसकी समझ में आ गया, तो उसने कहा, “अब मुझे यक़ीन हो गया कि अल्लाह हर चीज़ पर क़ादिर है।”

260. जब इब्राहीम (अ.स.) ने कहा, “ऐ मेरे रब! मुझे दिखा कि तू मुर्दों (मरे हुओं) को कैसे ज़िंदा करता है?” अल्लाह ने कहा, “क्या तुम ईमान नहीं रखते?” इब्राहीम (अ.स.) ने कहा, “क्यों नहीं! लेकिन ताकि मेरा दिल इत्मिनान (संतुष्टि) पाए।” अल्लाह ने कहा, “चार परिंदों (पक्षियों) को पकड़ो, फिर उन्हें अपने से हिला लो (अभ्यस्त कर लो), फिर उनके टुकड़े करके अलग-अलग पहाड़ों पर रख दो। फिर उन्हें बुलाओ, वह तेज़ी से तुम्हारे पास चले आएंगे। और जान लो कि अल्लाह सब कुछ जानने वाला (अल-अलीम) और सब पर क़ादिर है।”

261. जो लोग अपने माल (धन) को अल्लाह की राह में ख़र्च करते हैं, उनकी मिसाल एक दाने जैसी है, जो उगती है तो उससे 7 बालियाँ (स्पाइक्स) निकलती हैं, हर बाली में 100 दाने होते हैं। और अल्लाह जिसे चाहे, उसके अमल को बढ़ा देता है। और वह वसीह (सब कुछ देने वाला) और सब कुछ जानने वाला है।

262.जो लोग अपने माल को अल्लाह की राह में ख़र्च करते हैं, और ख़र्च करके न एहसान जताते हैं और न तकलीफ़ देते हैं, उनका अज्र उनके रब के पास है। उनके लिए न कोई ग़म होगा और न ही कोई ख़ौफ़।

263. नर्मी से बात करना और माफ़ कर देना उस सदक़े (दान) से बेहतर है, जिसके बाद तकलीफ़ पहुँचाई जाए। और अल्लाह बेनियाज़ (मुख्तार) और बुर्दबार (सहन करने वाला) है।

264. ऐ ईमान वालों! अपने दान (सदक़े) को एहसान जता कर (बढ़ाई मारकर) और तकलीफ़ देकर बर्बाद मत करो। उस व्यक्ति की तरह मत बनो, जो अपना दौलत सिर्फ़ लोगों को दिखाने के लिए खर्च करता है और अल्लाह और क़यामत (अंतिम दिन) पर ईमान नहीं रखता। उसकी मिसाल एक चिकनी चट्टान (स्लेटी पत्थर) जैसी है, जिस पर मिट्टी की परत हो। फिर जब तेज़ बारिश पड़ती है, तो वह उसे पूरी तरह नंगा कर देती है। ऐसे लोग अपने अमल से कुछ भी हासिल नहीं कर पाते। और अल्लाह इनकार करने वालों (काफ़िरों) को रास्ता नहीं दिखाता।

265. जो लोग अपनी दौलत सिर्फ़ अल्लाह की रज़ा (संतोष) और अपने दिलों को मज़बूत करने के लिए खर्च करते हैं, उनकी मिसाल एक ऊँची ज़मीन (ऊँचाई पर स्थित बाग़) की तरह है। यदि तेज़ बारिश उस पर बरसे, तो वह दोगुना फल देता है, और यदि तेज़ बारिश न भी हो, तो हल्की फुहार (छोटी वर्षा) भी काफी होती है। और अल्लाह तुम्हारे अमल को देख रहा है।

266. क्या तुम में से कोई ये चाहता है कि उसके पास खजूर (डेट्स) और अंगूर (ग्रेप्स) के बाग़ हों, जिनके नीचे नहरें बहती हों, और उनमें हर तरह के फल हों? फिर वो बुढ़ापे की उम्र में पहुँच जाए, जबकि उसके बच्चे भी कमज़ोर हों, और अचानक आग से भरी आंधी आकर उसके बाग़ को राख बना दे? (यही हाल उस शख़्स

का होगा जो बुढ़ापे और कमज़ोरी के वक़्त अपने आमाल का फल खो बैठता है, जैसे कि इनकार करने वाला (काफिर) क़यामत के दिन अपने आमाल से महरूम रह जाएगा।) इसी तरह अल्लाह अपनी आयतें वाज़ेह करता है, ताकि तुम ग़ौर व फिक्र करो।

267. ऐ ईमान लाने वालों! जो माल तुमने कमाया है और जो कुछ हमने ज़मीन से तुम्हारे लिए निकाला है, उसमें से बेहतरीन हिस्सा अल्लाह की राह में ख़र्च करो। ऐसा न हो कि अल्लाह की राह में देने के लिए तुम सबसे ख़राब चीज़ चुनो, जिसे अगर कोई तुम्हें दे, तो तुम उसे लेने से हिचकिचाओ, सिवाय इसके कि तुम आँखें बंद करके ले लो। जान लो कि अल्लाह बेनियाज़ (ख़ुद कफ़ील) और बेहतरीन सिफ़ात वाला (सबसे आला ख़ूबियों वाला) है।

268. शैतान तुम्हें ग़रीबी (तंगी) का डर दिखाता है और तुम्हें बेहयाई (गुनाह, ग़ैर-अख़लाक़ी काम) का हुक्म देता है। जबकि अल्लाह तुम्हें अपनी तरफ़ से बख़्शिश (मग़फ़िरत) और फ़ज़्ल (बरकत, रहमत) का वादा देता है। और अल्लाह तमाम ज़रूरतों को पूरा करने वाला (सब कुछ देने वाला) और हर चीज़ का इल्म रखने वाला (अल-अलीम) है।

269. वह जिसे चाहे, दानाई (हिकमत) अता करता है। और जिसे हिकमत दी गई, उसे यक़ीनन बहुत बड़ी नेमत (भलाई) दी गई। और सिर्फ़ वही लोग नसीहत (सबक़) हासिल करते हैं, जो अक़्लमंद (समझदार) होते हैं।

270. और जो कुछ भी तुम ख़र्च करते हो (जैसे सदक़ा – अल्लाह के रास्ते में ख़र्च करना) या जो कुछ भी तुम मन्नत मानते हो, यक़ीनन अल्लाह उसे सब जानता है। और ज़ुल्म करने वालों के लिए कोई मददगार नहीं है।

271. अगर तुम सदक़ा (ख़ैरात) को ज़ाहिर करते हो, तो यह भी अच्छा है। लेकिन अगर तुम उसे छुपाकर ग़रीबों को देते हो, तो यह तुम्हारे लिए और भी बेहतर है। अल्लाह तुम्हारे गुनाहों को मिटा देगा। और अल्लाह तुम्हारे तमाम आमाल की ख़बर रखने वाला है।

272. उनकी हिदायत (सही रास्ता दिखाना) तुम्हारी ज़िम्मेदारी नहीं है। बल्कि अल्लाह जिसे चाहता है, उसे हिदायत देता है। और जो भी अच्छा तुम खर्च करते हो, वह तुम्हारे अपने फ़ायदे के लिए है। और जो भी अच्छा तुम खर्च करते हो, वह अल्लाह की ख़ुशी (रज़ा) के लिए होना चाहिए। और जो भी अच्छा तुम खर्च करोगे, उसका पूरा बदला तुम्हें दिया जाएगा, और तुम्हारे साथ कोई ज़ुल्म नहीं किया जाएगा।

273. (तुम्हारे सदक़े और दान) उन ज़रूरतमंदों के लिए होने चाहिए जो अल्लाह के रास्ते में रोके गए हैं और जमीन में सफर करने के क़ाबिल नहीं हैं। जो लोग उनकी इज़्ज़त और परहेज़गारी की वजह से उन्हें बे-नियाज़ समझते हैं, तुम उन्हें उनके हालात और शक्ल-सूरत से पहचान सकते हो। वे लोग लोगों से ज़िद करके भीख नहीं मांगते। और जो कुछ भी अच्छा तुम खर्च करोगे, अल्लाह उसे पूरी तरह जानता है।

274. जो लोग अपना माल रात-दिन, खुले और छुपे खर्च करते हैं, उनका बदला उनके रब के पास है। और

उन्हें न कोई डर होगा और न ही वे उदासी महसूस करेंगे।
275. जो लोग सूद (ब्याज) खाते हैं, वे ऐसे उठेंगे जैसे कोई व्यक्ति उठता है जिसे शैतान ने छूकर पागल कर दिया हो। यह उनकी हालत इसलिए होगी क्योंकि उन्होंने कहा कि व्यापार भी तो सूद की तरह ही है, जबकि अल्लाह ने व्यापार को हलाल (जायज़) और सूद को हराम (नाजायज़) क़रार दिया है। अब जिसको उसके मालिक और ख़ालिक़ (सृष्टिकर्ता) की तरफ़ से हिदायत मिल गई और उसने सूद से रुकने का फैसला कर लिया, तो जो कुछ वह पहले ले चुका, वह उसी का है, और उसका मामला अल्लाह के हवाले है। लेकिन जो लोग इसके बाद भी यही करते रहें, तो वही लोग जहन्नमी हैं, और वे उसमें हमेशा रहेंगे।
276. अल्लाह सूद को मिटाता है और सदक़े (दान) को बढ़ाता है। और अल्लाह किसी नाशुक्रे और गुनहगार से मुहब्बत नहीं करता।
277. यकीनन , जो लोग ईमान लाए, नेक अमल किए, नमाज़ क़ायम की और ज़कात अदा की, उन्हीं के लिए उनके रब के पास उनका अज्र (इनाम) है। और उन पर न कोई डर होगा और न ही वे दुखी होंगे।
278. ऐ ईमान वालो! अल्लाह से डरो और जो ब्याज (सूद) बाकी है, उसे छोड़ दो, अगर तुम सच्चे ईमान वाले हो।
279. और अगर तुमने ऐसा नहीं किया, तो अल्लाह और उसके रसूल से जंग (युद्ध) के लिए तैयार हो जाओ। और अगर तुम तौबा कर लो, तो तुम्हारे लिए तुम्हारा असल माल (मुख्य पूंजी) है। न तुम ज़ुल्म करो, और न तुम पर ज़ुल्म किया जाएगा।
280. अगर तुम्हारा क़र्ज़दार (ऋणी) तंगी (आर्थिक संकट) में हो, तो उसे मोहलत दो जब तक कि वह आसानी में न आ जाए। और अगर तुम उसे माफ़ कर दो, तो यह तुम्हारे लिए और भी बेहतर है, अगर तुम समझ रखते हो।
281. उस दिन की रुसवाई और मुसीबत से बचो, जब तुम अल्लाह की तरफ़ वापस जाओगे। वहां हर इंसान को उसके किए गए अच्छे या बुरे कामों का पूरा-पूरा बदला मिलेगा, और किसी पर कोई ज़ुल्म (अन्याय) नहीं होगा।
282. ऐ ईमान वालों! जब तुम किसी मुक़र्रर वक़्त के लिए क़र्ज़ (उधार) का मुआहिदा करो, तो उसे लिख लो। और कोई लिखने वाला (कातिब) तुम्हारे दरमियान इंसाफ़ के साथ लिखे। कोई कातिब लिखने से इनकार न करे, क्योंकि अल्लाह ने उसे लिखना सिखाया है। तो उसे लिखना चाहिए, और जिस पर ज़िम्मेदारी (क़र्ज़) है, उसे वाज़ेह तौर पर बताना चाहिए। उसे अपने रब, अल्लाह से डरना चाहिए और कोई बात न छुपानी चाहिए। लेकिन अगर वह ज़िम्मेदार शख़्स समझने में कमज़ोर हो, या कमज़ोर हो, या ख़ुद बयान करने में नाक़ाबिल हो, तो उसका सरपरस्त (वली) इंसाफ़ के साथ बयान करे।
और तुम अपने आदमियों में से दो गवाह बुला लो। अगर दो मर्द न हों, तो एक मर्द और दो औरतें गवाह हों, जिन्हें तुम गवाही के क़ाबिल समझते हो – ताकि अगर उनमें से एक भूल जाए, तो दूसरी उसे याद दिला सके। और जब गवाहों को बुलाया जाए, तो वे इनकार न करें। और छोटे या बड़े क़र्ज़ को लिखने में लापरवाही न

करो, उसकी मुक़र्रर मुद्दत तक। यह अल्लाह के नज़दीक ज़्यादा इंसाफ़ वाला, सुबूत के लिए ज़्यादा मज़बूत और आपसी शकों-शुबहात को रोकने के लिए ज़्यादा मुनासिब है। लेकिन अगर यह कोई फ़ौरी लेन-देन (कैश ट्रांज़ैक्शन) हो, तो कोई हरज नहीं अगर तुम उसे न लिखो। और जब तुम कोई मुआहिदा करो, तो गवाह बुला लो। न तो लिखने वाले (कातिब) को नुक़सान पहुँचाया जाए, और न ही गवाह को। अगर तुम ऐसा करते हो, तो यह तुम्हारी नाफ़रमानी होगी। अल्लाह से डरो, और अल्लाह तुम्हें सिखा रहा है। और अल्लाह हर चीज़ को जानने वाला है। (इसमें क़र्ज़ के मुआमलात को लिखने और गवाह रखने का हुक्म दिया गया है, ताकि इंसाफ़ और अमन क़ायम रहे।)

283. और अगर तुम सफ़र पर हो और कोई लिखने वाला न मिले, तो रहन (गिरवी) रखनी चाहिए। और अगर तुम में से कोई किसी को अमानत (वदीअत) दे, तो जिसे अमानत दी गई है, उसे ईमानदारी से उसे वापस लौटा देना चाहिए और अपने रब, अल्लाह से डरना चाहिए। और गवाही को मत छुपाओ, क्योंकि जो उसे छुपाएगा, उसका दिल यक़ीनन गुनहगार होगा। और अल्लाह जानता है जो कुछ तुम करते हो।

284. जो कुछ भी आसमानों और ज़मीन में है, वह सब अल्लाह का है। चाहे तुम अपने दिल में जो कुछ भी है उसे ज़ाहिर करो या छुपाओ, अल्लाह तुमसे उसका हिसाब लेगा। वह जिसे चाहे माफ़ कर दे और जिसे चाहे सज़ा दे, क्योंकि अल्लाह हर चीज़ पर पूरी क़ुदरत रखता है।

285. रसूल ने अपने रब से जो कुछ उन पर नाज़िल किया गया, उस पर ईमान लाए, और मोमिन (ईमान वाले) भी। सब ने अल्लाह, उसके फ़रिश्तों, उसकी किताबों और उसके रसूलों पर ईमान लाया। उन्होंने कहा: "हम उसके किसी भी रसूल के दरमियान फर्क़ नहीं करते," और कहा: "हमने सुना और क़बूल किया। ऐ हमारे रब! हम तुझसे बख़्शिश (माफ़ी) की दुआ करते हैं, और हमें तेरी ही तरफ़ लौटना है।"

286. अल्लाह किसी भी नफ़्स (जान) पर उसकी ताक़त से ज़्यादा बोझ नहीं डालता। जो उसने कमाया, वह उसी के लिए है, और जो उसने किया, उसका हिसाब उसी पर होगा।

(ईमान वालो! तुम इस तरह दुआ करो)

"ऐ हमारे रब! अगर हम भूल जाएँ या कोई ग़लती कर बैठें, तो हमें उस पर सज़ा न दे। ऐ हमारे रब! हम पर वह बोझ न डाल, जो तूने हमसे पहले लोगों पर डाला था। ऐ हमारे रब! और हम पर वह बोझ न डाल, जिसे हम उठाने की ताक़त नहीं रखते। और हमारी मग़फिरत (बख़्शिश) कर, हमें माफ़ कर, हम पर रहम कर। तू ही हमारा सरपरस्त (मौला) है, तो काफ़िरों के मुक़ाबले में हमारी मदद कर।"

3. सूरह आल-ए-इमरान

बिस्मिल्लाह-हिर्रहमान-निर्रहीम

(शुरुआत अल्लाह के नाम से जो बड़ा मेहरबान, निहायत रहम वाला है।)

1. अलिफ-लाम-मीम। (ये हरूफ़ कुरआन के मोज़िज़ात (चमत्कार) में से हैं, और इनके अर्थ सिर्फ़ अल्लाह ही जानता है।)
2. अल्लाह! उसके सिवा कोई माबूद (इबादत के लायक) नहीं, वही हमेशा ज़िंदा रहने वाला (अल-हय्य) और सबको क़ायम रखने वाला (अल-क़य्यूम) है।
3. उसने तुम्हारे पास सच्चाई के साथ किताब (क़ुरआन) नाज़िल की, जो इससे पहले की किताबों की तस्दीक़ (पुष्टि) करती है। और उसने तौरेत (तौरात) और इंजील (गॉस्पेल) भी नाज़िल की।
4. इससे पहले भी, लोगों के लिए हिदायत (रहनुमाई) के तौर पर (तौरेत और इंजील नाज़िल की गई थीं)। और उसने 'फ़ुरक़ान' (वो चीज़ जो सच्च और झूठ के बीच साफ़ फ़र्क़ करती है – यानी यही क़ुरआन) भी नाज़िल की। यक़ीनन, जो लोग अल्लाह की आयातों (निशानियों, वही वगैरह) का इनकार करते हैं, उनके लिए दर्दनाक अज़ाब (सज़ा) है। और अल्लाह सब पर ग़ालिब (अज़ीज़) और बदला लेने वाला (क़ादिर) है।
5. बेशक, अल्लाह से ज़मीन या आसमान में कुछ भी छुपा हुआ नहीं है।
6. वही है जो तुम्हें तुम्हारी माँओं के पेट में, जैसा चाहता है, वैसी शक्ल देता है। उसके सिवा कोई इबादत के लायक़ नहीं है — वही ग़ालिब (अज़ीज़) और हिकमत वाला (हकीम) है।
7. वही है जिसने तुम्हारे पास (मुहम्मद सल्लल्लाहु अलैहि वसल्लम के ज़रिए) किताब (यानी क़ुरआन) नाज़िल की। इसमें कुछ आयात वाज़ेह (साफ़ मानी रखने वाली) हैं — यही किताब की बुनियाद हैं (ये आयात अहकाम, फ़राइज़ और इस्लामी क़ानूनों पर मबनी हैं, जैसे सज़ा, चोरी, ज़िना वगैरह के क़ानून) और कुछ आयात ऐसी हैं जो पूरी तरह वाज़ेह नहीं हैं। तो जिन लोगों के दिलों में क़ज़ी (गुमराही) है, वो उन्हीं हिस्सों के पीछे पड़ते हैं जो पूरी तरह वाज़ेह नहीं हैं, ताकि वो फ़ितना (शिर्क और आज़माइश) पैदा करें और इनके पोशीदा (छिपे हुए) मायने तलाश करें। जबकि उनके हक़ीक़ी मायने सिर्फ़ अल्लाह ही जानता है। और

जो लोग इल्म में पक्के हैं, वो कहते हैं: "हम इस पर ईमान लाते हैं; ये सब हमारे रब की तरफ़ से है।" और नसीहत सिर्फ़ वही लोग लेते हैं जो अक़्लमंद हैं।

8. "हमारे रब!" (वे कहते हैं), "हमारे दिल अब न भटक जाएँ, जबकि तूने हमें हिदायत दी है। बल्कि अपने पास से हम पर रहमत फ़रमा, क्योंकि तू ही है जो बिना हिसाब इनाम देने वाला है।"

9. "ऐ हमारे रब! तू यक़ीनन लोगों को एक ऐसे दिन जमा करेगा जिसमें कोई शक नहीं है। बेशक, अल्लाह अपने वादे के ख़िलाफ़ नहीं जाता।"

10. "बेशक, जो लोग कुफ़्र (इंकार) करते हैं, उनके माल और उनकी औलाद अल्लाह के मुक़ाबले में कुछ भी काम नहीं आएंगे। यही लोग जहन्नम की आग का ईंधन हैं।"

11. "फ़िरऔन की क़ौम और उनसे पहले के लोगों की तरह, जिन्होंने हमारी आयातों (निशानियों और मोज़िज़ों) को झुटलाया। तो अल्लाह ने उन्हें उनके गुनाहों की वजह से पकड़ लिया। और अल्लाह का अज़ाब (सज़ा) बहुत सख़्त है।"

12. "काफ़िरों से कह दो: 'तुम जल्द ही शिकस्त खाओगे और जहन्नम की तरफ़ हाँके जाओगे, और वह कितना बुरा ठिकाना है!'"

13."तुम्हारे लिए उन दो गिरोहों (फ़ौजों) में एक बड़ा सबक़ था जो (बद्र में) एक-दूसरे से लड़ रहे थे। एक गिरोह अल्लाह के रास्ते में जिहाद कर रहा था और दूसरा गिरोह काफ़िर था। देखने वाले अपनी आँखों से देख रहे थे कि काफ़िरों की तादाद मोमिनों से दुगनी थी। लेकिन (नतीजा ये साबित कर दिया कि) अल्लाह जिसे चाहता है, अपनी मदद से उसकी हिमायत (सहायता) करता है। समझने वालों के लिए इसमें एक बड़ा सबक़ है।"

14. "लोगों के लिए उनकी दिल लुभाने वाली चीज़ें—जैसे औरतें, औलाद, सोने-चाँदी के ढेर, ख़ूबसूरत घोड़े, मवेशी और खेती—सजा कर दिखा दी गई हैं। ये सब दुनिया की आरज़ी (फ़ानी) ज़िंदगी के फ़ायदे हैं, लेकिन असल बेहतरीन ठिकाना तो अल्लाह के पास है।"

15. "(ऐ नबी!) कहो: 'क्या मैं तुम्हें इससे भी बेहतर चीज़ों की ख़बर दूँ?' जो लोग अल्लाह से डरने वाले हैं, उनके लिए उनके रब के पास ऐसी जन्नतें हैं जिनके नीचे नहरें बह रही होंगी, जहाँ वो हमेशा रहेंगे। और उनके लिए पाकीज़ा बीवियाँ होंगी, और सबसे बढ़कर अल्लाह की रज़ा (ख़ुशनूदी) होगी। और अल्लाह अपने बंदों को ख़ूब देख रहा है।"

16. "वे लोग जो कहते हैं: 'ऐ हमारे रब! हम ईमान ला चुके हैं, तो हमारे गुनाहों को माफ़ कर दे और हमें जहन्नम के अज़ाब से बचा ले।'"

17. "(ये वो लोग हैं) जो सब्र करने वाले हैं, जो सच्चे हैं (ईमान, बातों और अमल में), जो अल्लाह की इबादत में दिल से फ़रमांबरदार हैं, जो अल्लाह के रास्ते में ख़र्च करते हैं (ज़कात और ख़ैरात देते हैं), और जो रात के आख़िरी पहर में नमाज़ पढ़ते हैं और अल्लाह से बख़्शिश माँगते हैं।"

18. "कोई इलाह (अल्लाह, खुदा, गॉड) नहीं है उसके सिवा। यह गवाही है अल्लाह की, उसके फरिश्तों

की, और उन लोगों की जो इल्म रखते हैं और जो इंसाफ़ पर क़ायम हैं। कोई इलाह नहीं है उसके सिवा, जो ज़बरदस्त और हिकमत वाला है।"

19. "अल्लाह के नज़दीक दीन सिर्फ़ इस्लाम है। और जिन लोगों को किताब दी गई थी, उन्होंने इस दीन से इख़्तिलाफ़ नहीं किया मगर इल्म आने के बाद, आपस में हसद (ईर्ष्या) और दुश्मनी की वजह से। और जो अल्लाह की आयतों का इनकार करे, तो अल्लाह उनसे हिसाब लेने में देर नहीं करता।"

20. "फिर भी अगर ये आपसे झगड़ें, तो आप कह दें कि 'मैं और मेरे मानने वालों ने अल्लाह के सामने सिर झुका दिया है।' और अहल-ए-किताब (किताब वालों) और अनपढ़ (बिना किताब वालों) से कह दीजिए: 'क्या तुम भी इताअत (आज्ञापालन) करते हो?' यदि वे भी आज्ञाकारी बन जाएँ, तो निःसंदेह वे हिदायत वाले हैं। और यदि वे मुँह फेर लें, तो आप पर सिर्फ़ संदेश पहुँचा देना है, और अल्लाह बंदों को ख़ूब देख रहा है।"

21. "वे लोग जो अल्लाह की निशानियों (चिन्हों) का इनकार करते हैं, और पैग़म्बरों को बिना किसी वजह के क़त्ल करते हैं, और उन लोगों को भी मारते हैं जो लोगों में इंसाफ़ (न्याय) का हुक्म देते हैं—उन्हें दर्दनाक अज़ाब (सज़ा) की ख़ुशख़बरी दे दो।"

22. "यही वे लोग हैं जिनके आमाल (कर्म) दुनिया और आख़िरत (परलोक) में ज़ाया (नष्ट) हो गए। उनके लिए कोई मददगार नहीं होगा।"

23. "(ऐ नबी!) क्या आपने उन लोगों का हाल नहीं देखा जिन्हें किताब का कुछ हिस्सा दिया गया था? उन्हें अल्लाह की किताब की तरफ़ बुलाया जा रहा है ताकि उनके झगड़ों का फ़ैसला हो, लेकिन उनका एक गिरोह मुँह फेर लेता है, और वे टालने वाले हैं।"

24. "उनकी यह हालत इस वजह से है कि उन्होंने कहा: 'जहन्नम की आग हमें सिर्फ़ कुछ दिनों के लिए ही छुएगी।' और उन्हें उनके दीन में झूठी बातों ने धोखे में डाल रखा है।"

25. "तो उनकी क्या हालत होगी, जब हम उन्हें उस दिन जमा करेंगे, जिसके आने में कोई शक नहीं, और हर शख़्स को उसके आमाल का पूरा बदला दिया जाएगा, और किसी पर भी ज़ुल्म नहीं होगा?"

26. "(ऐ नबी!) कहो, 'ऐ अल्लाह, बादशाहत के मालिक, तू जिसे चाहे बादशाही अता फ़रमा और जिसे चाहे बादशाही से महरूम कर दे, और जिसे चाहे इज़्ज़त दे और जिसे चाहे ज़िल्लत दे। तेरे हाथ में ही हर भलाई है। बेशक तू हर चीज़ पर क़ादिर (सर्वशक्तिमान) है।'"

27. "तो रात को दिन में दाख़िल करता है और दिन को रात में दाख़िल करता है (यानी सर्दी और गर्मी में रात और दिन की मुद्दत बढ़ती और घटती है)। तू ज़िंदा को मुर्दा से निकालता है और मुर्दा को ज़िंदा से निकालता है। और तू जिसे चाहे माल और रिज़्क़ अता करता है, बग़ैर किसी हिसाब के।"

28. "मुसलमानों को चाहिए कि वे काफ़िरों को अपना औलिया (दोस्त, मददगार) न बनाएं, मोमिनों को छोड़कर। और जो ऐसा करेगा, उसे अल्लाह की तरफ़ से किसी तरह की मदद नहीं मिलेगी, सिवाय इसके कि अगर तुम्हें उनसे किसी ख़तरे का डर हो (तो फिर मजबूरी में दोस्ती कर सकते हो)। और अल्लाह तुम्हें अपने अज़ाब से डरा रहा है, और अल्लाह ही की तरफ़ सबको लौटना है।"

29. “(ऐ नबी!) कह दो: ‘तुम जो कुछ अपने दिल में छुपाओ या ज़ाहिर करो, अल्लाह को उसका इल्म है। और वह जो कुछ आसमानों में है और जो कुछ ज़मीन में है, सब जानता है। और अल्लाह हर चीज़ पर क़ादिर (सर्वशक्तिमान) है।’”

30. “जिस दिन हर शख़्स को उसकी की गई नेकी उसके सामने मौजूद मिलेगी, और जो बुराई उसने की होगी वह भी उसके सामने होगी। तब वह चाहेगा कि उसके और उस बुराई के बीच बहुत बड़ा फ़ासला हो जाए। और अल्लाह तुम्हें अपने अज़ाब से डरा रहा है, और अल्लाह अपने बंदों के साथ बहुत मेहरबान है।”

31. “(ऐ नबी!) कह दो: ‘अगर तुम अल्लाह से प्यार करते हो, तो मेरी पैरवी (अनुसरण) करो, अल्लाह तुमसे प्यार करेगा और तुम्हारे गुनाह माफ़ कर देगा। और अल्लाह बहुत माफ़ करने वाला, मेहरबान है।’”
[इसमें यह इशारा है कि जो अल्लाह से प्यार का दावा करता है और मुहम्मद (सल्लल्लाहु अलैहि वसल्लम) की पैरवी नहीं करता, तो वह अल्लाह का प्यारा नहीं हो सकता।]

32. “कह दो: ‘अल्लाह और उसके रसूल की इताअत (आज्ञा का पालन) करो। अगर तुम मुँह फेर लोगे, तो यक़ीनन अल्लाह काफ़िरों को पसंद नहीं करता।’”

33. “अल्लाह ने आदम, नूह (नोह), इब्राहीम (अब्राहम) के ख़ानदान और इमरान के ख़ानदान को (उनके ज़माने के) दुनिया वालों और जिन्नात पर फ़ज़ीलत दी।”

34. “वे एक-दूसरे की नस्ल से थे। और अल्लाह सब कुछ सुनने और जानने वाला है।”

35. “(याद करो) जब इमरान की पत्नी ने कहा: ‘मेरे रब! मैंने तेरे नाम पर वह चीज़, जो मेरे पेट में है, वक़्फ़ (नज़्र) कर दी है। इसे मेरी तरफ़ से क़बूल फ़रमा। बेशक, तू ही सुनने और जानने वाला है।’”

36. “फिर जब उसने अपने बच्चे (मरयम) को जन्म दिया, तो उसने कहा: ‘ऐ मेरे रब! मैंने एक लड़की को जन्म दिया है’—और अल्लाह बेहतर जानता है कि उसने क्या पैदा किया—’और पुरुष स्त्री जैसा नहीं होता। और मैंने उसका नाम मरयम रखा है, और मैं उसके और उसकी औलाद के लिए शैतान (इब्लीस) से तेरी पनाह माँगती हूँ।’”

37. “फिर उसके रब (अल्लाह) ने उसे अच्छी तरह क़बूल किया। उसने उसे बेहतरीन अंदाज़ में पाला और ज़करिय्या (ज़कारिया) की निगरानी में दे दिया। हर बार जब वह अल-मेहराब (इबादतगाह) में उससे मिलने आता, तो उसे रिज़्क़ (जीवनोपयोगी वस्तुएँ) से भरा हुआ पाता। वह पूछता: ‘ऐ मरयम! यह तुम्हारे पास कहाँ से आया?’ वह कहती: ‘यह अल्लाह की तरफ़ से है। बेशक, अल्लाह जिसे चाहे बे-हिसाब रिज़्क़ देता है।’”

38. “उस समय ज़करिय्या (ज़कारिया) ने अपने रब को पुकारा, कह रहे थे: ‘ऐ मेरे रब! मुझे अपनी तरफ़ से नेक औलाद अता फ़रमा। बेशक, तू दुआ सुनने वाला है।’”

39. “फिर फ़रिश्तों ने उससे पुकारा जब वह मेहराब में खड़ा नमाज़ पढ़ रहा था, कह रहे थे: ‘बेशक, अल्लाह तुम्हें यह्या (यूहन्ना) की ख़ुशख़बरी देता है, जो अल्लाह के एक कलमे की तस्दीक़ करने वाला होगा, और इज़्ज़त वाला होगा, और औरतों से दूर रहने वाला होगा, और एक नबी होगा जो नेक लोगों में से होगा।’”

40. “ज़करिय्या ने कहा: ‘परवरदिगार! मेरे यहाँ बेटा कैसे होगा, मैं तो बहुत बूढ़ा हो चुका हूँ और मेरी बीवी

बाँझ है?’ जवाब मिला: ‘ऐसा ही होगा, अल्लाह जो चाहता है करता है।’”

41. “अर्ज़ किया: ‘मालिक! फिर कोई निशानी (संकेत) मेरे लिए मुक़र्रर फ़रमा दे।’ कहा: ‘निशानी यह है कि तुम तीन दिन तक लोगों से इशारे (संकेत) के सिवा कोई बात-चीत न करोगे (या न कर सकोगे)। इस दौरान अपने रब को बहुत याद करना और सुबह-शाम उसकी तस्बीह (महिमा का गुणगान) करते रहना।’”

42. “(और याद करो) जब फ़रिश्तों ने मरयम से कहा: ‘ऐ मरयम! अल्लाह ने तुम्हें चुना, तुम्हें पाक किया, और दुनिया की सभी औरतों पर तुम्हें चुन लिया।’”

43. “’ऐ मरयम! अपने रब की इबादत करो, सज्दा करो, और रुकू करो उन लोगों के साथ जो रुकू करते हैं।’”

44. “यह ग़ैब (अनदेखे) की ख़बरों में से है, जिसे हम तुम्हारी तरफ़ वही (प्रकाशना) के ज़रिए भेजते हैं। तुम उस समय उनके पास नहीं थे जब वे अपने क़लम (क़ुरआन के अनुसार लाटरी या चुनाव की विधि) डाल रहे थे कि मरयम की परवरिश (देखभाल) की ज़िम्मेदारी कौन लेगा? और न ही तुम उस समय उनके झगड़े (मतभेद) के दौरान वहाँ मौजूद थे।”

45. “(याद करो) जब फ़रिश्तों ने कहा: ‘ऐ मरयम! बेशक, अल्लाह तुम्हें एक कलमा (शब्द) की ख़ुशख़बरी देता है, जो उसकी तरफ़ से है। उसका नाम मसीह ईसा (मसीहा यीशु) इब्न-ए-मरयम (मरयम का बेटा) होगा, जो दुनिया और आख़िरत (परलोक) में इज़्ज़त वाला होगा और अल्लाह के क़रीबी (निकट) बंदों में से होगा।’”

46. “’वह लोगों से बचपन में भी बात करेगा और बड़े होने पर भी, और वह सालेहीन (नेक लोगों) में से होगा।’”

47. “मरयम ने कहा: ‘ऐ मेरे रब! मेरा बेटा कैसे हो सकता है, जबकि किसी पुरुष ने मुझे छुआ तक नहीं?’ अल्लाह ने फ़रमाया: ‘ऐसा ही होगा, अल्लाह जो चाहता है पैदा करता है। जब वह किसी चीज़ का फ़ैसला करता है, तो बस कहता है “हो जा” और वह हो जाती है!’”

48. “और अल्लाह उसे किताब , हिकमत (बुद्धि), तौरात और इंजील की इल्म देगा।’”

49. “और वह बनी इसराईल की तरफ़ रसूल (दूत) होगा, (यह कहते हुए): ‘मैं तुम्हारे पास तुम्हारे रब की एक निशानी लेकर आया हूँ। मैं मिट्टी से परिंदे की शक्ल बनाता हूँ, फिर उसमें फूँक मारता हूँ, तो वह अल्लाह के हुक्म से परिंदा बन जाता है। और अल्लाह के हुक्म से मैं जन्म से अंधे को और कोढ़ी (कुष्ठ रोगी) को ठीक कर देता हूँ और मुर्दों को ज़िंदा कर देता हूँ। और जो कुछ तुम खाते हो और जो अपने घरों में जमा करते हो, मैं तुम्हें बता देता हूँ। इसमें तुम्हारे लिए बड़ी निशानी है, अगर तुम ईमान लाने वाले हो।’”

50. “’और मैं उस तालीम (शिक्षा) और हिदायत (मार्गदर्शन) की तस्दीक़ (पुष्टि) करने वाला बनकर आया हूँ, जो तौरात में से इस समय मेरे ज़माने में मौजूद है। और इसलिए आया हूँ कि तुम्हारे लिए कुछ उन चीज़ों को हलाल कर दूँ जो तुम पर हराम कर दी गई थीं। देखो, मैं तुम्हारे रब की तरफ़ से तुम्हारे पास निशानी लेकर आया हूँ, इसलिए अल्लाह से डरो और मेरी इताअत करो।’”

51. “ ’यही अल्लाह है, जो मेरा भी रब है और तुम्हारा भी रब है; तो उसकी इबादत (आराधना) करो। यही सीधा रास्ता है।’”

52. “जब हज़रत ईसा (अ.स.) ने उनमें कुफ्र (अविश्वास) देखा, तो कहने लगे, ‘अल्लाह के काम में मेरा मददगार कौन होगा?’ हवारियों (शिष्यों) ने जवाब दिया, ‘हम अल्लाह के मददगार हैं, हम अल्लाह पर ईमान लाए हैं, और आप गवाह रहिए कि हम मुस्लिम (आज्ञाकारी) हैं।’”

53. “ ’ऐ हमारे पालने वाले माबूद! हम तेरी उतारी हुई वही (प्रकाशना) पर ईमान लाए और हमने तेरे रसूल की इताअत (आज्ञा) की, इसलिए हमें गवाहों में लिख ले।’”

54. “फिर बनी इसराईल (मसीह के खिलाफ) खुफिया साजिशें करने लगे, और जवाब में अल्लाह ने भी अपनी मंसूबाबंदी की, और ऐसी मंसूबाबंदियों में अल्लाह सबसे बढ़कर है।”

55. “(वो अल्लाह की मंसूबाबंदी ही थी) जब उसने कहा, ‘ऐ ईसा! अब मैं तुझे वापस बुला लूंगा और तुझे अपनी तरफ उठा लूंगा, और जिन लोगों ने तेरा इनकार किया है, उनसे (यानी उनकी सोहबत और उनके नुकसान पहुंचाने वाले माहौल से) तुझे पाक कर दूंगा। और तेरे पैरोकारों को क़यामत तक उन लोगों पर बुलंद दर्जा दूंगा जिन्होंने तेरा इनकार किया है। फिर तुम सब को आखिरकार मेरे पास आना है, और उस वक्त मैं उन मामलों का फैसला कर दूंगा जिनमें तुम्हारे दरमियान इख्तिलाफ हुआ।’”

56. “ ’और जो लोग कुफ्र (इंकार) करेंगे, उन्हें मैं दुनिया और आख़िरत में कड़ी सज़ा दूँगा, और उनका कोई मददगार नहीं होगा।’”

57. “ ’लेकिन जो लोग ईमान लाए और अच्छे अमल किए, अल्लाह उन्हें उनका पूरा बदला देगा, और अल्लाह ज़ालिमों को पसंद नहीं करता।’”

58. यह वह (कहानियाँ) हैं जो हम तुम्हें (ऐ मुहम्मद) सुनाते हैं, हमारी आयतों और दानाई (बुद्धिमत्ता, अक्लमंदी, चातुर्य, होशियारी) से भरी नसीहतें हैं।

59. ‘बिलाशुबा, अल्लाह के नज़दीक ईसा की मिसाल आदम की तरह है। उसने उसे मिट्टी से बनाया, फिर कहा “हो जा,” और वह हो गया।’

60.यह हक़ीक़ी सच्चाई है जो तुम्हारे रब की तरफ़ से बताई जा रही है, और तुम उन लोगों में शामिल न हो जो इसमें शक करते हैं।

61. फिर जो तुमसे इसके बारे में झगड़ा करे, इस इल्म के आने के बाद जो तुम्हें मिल चुका है, तो कहो, आओ, हम अपने बेटों और तुम्हारे बेटों, अपनी औरतों और तुम्हारी औरतों, और खुद अपने आप को और तुम्हारे आप को बुलाएँ। फिर मिलकर दुआ करें और झूठों पर अल्लाह की लानत भेजें।

62. यकीनन, यही सच्ची कहानी है। और अल्लाह के सिवा कोई माबूद (इबादत के लायक़) नहीं है। और बिलाशुबा, अल्लाह ही ज़बरदस्त और हिकमत वाला है।

63. अगर ये लोग (इस शर्त पर मुक़ाबला करने से) मुँह मोड़ लें तो (उनका बिगड़ना ज़ाहिर हो जाएगा) और अल्लाह तो बिगड़े हुए लोगों के हाल से वाक़िफ़ ही है।

64. (ऐ नबी!) कहो, 'ऐ अहले-किताब! एक ऐसी बात की तरफ़ आ जाओ, जो हमारे और तुम्हारे दरमियान मुश्तरिक (एक जैसी) है, कि हम अल्लाह के सिवा किसी की इबादत न करें, और किसी को उसका शरीक न बनाएँ, और हम में से कोई एक दूसरे को अल्लाह के सिवा परवरदिगार न बनाए। फिर अगर वे मुँह मोड़ लें, तो कह दो, "तुम गवाह रहो कि हम (अल्लाह के) फ़रमानबरदार हैं।

65. ऐ अहले किताब! तुम इब्राहीम के बारे में क्यों झगड़ते हो, जबकि तौरात और इंजील उनके बाद उतारे गए थे? क्या तुम समझते नहीं हो?

66. तुम लोग जिन चीज़ों का इल्म रखते हो, उनमें तो ख़ूब बहस कर चुके हो। अब उन मामलों में क्यों बहस करने चले हो जिनका तुम्हारे पास कुछ भी इल्म नहीं है? अल्लाह जानता है, तुम नहीं जानते।

67. इब्राहीम न तो यहूदी था और न ईसाई, बल्कि वह एक सच्चे ईमान वाले थे और अल्लाह के हुक्म में झुकने वाले (मुस्लिम) थे। और वह मुश्रिकों में से नहीं थे।

68. यकीनन, लोगों में इब्राहीम के सबसे ज़्यादा हक़दार वे हैं जो उनके पैरोकार बने, और यह नबी (मोहम्मद ﷺ) और जो ईमान लाए। और अल्लाह मोमिनों का दोस्त है।

69. (ऐ ईमान लाने वालो!) अहल-ए-किताब में से एक गिरोह चाहता है कि किसी तरह तुम्हें सीधी राह से हटा दे, हालाँकि दरअसल वे अपने सिवा किसी और को गुमराही में नहीं डाल रहे हैं, मगर उन्हें इसका एहसास नहीं।

70. ऐ अहल-ए-किताब, तुम अल्लाह की आयतों का क्यों इंकार करते हो, जबकि तुम खुद उनकी सच्चाई के गवाह हो?

71. ऐ अहल-ए-किताब, तुम सच को झूट के साथ क्यों मिलाते हो और सच को क्यों छुपाते हो, जबकि तुम जानते हो?

72. और अहल-ए-किताब में से एक गिरोह ने कहा, 'सुबह के समय ईमान लाओ उस पर जो ईमान लाने वालों पर उतारा गया है, फिर दिन के अंत में उसका इनकार कर दो, शायद कि वे (अपनी राह से) पलट जाएँ।'

73. और ये लोग आपस में कहते हैं कि 'अपने मज़हब वालों के सिवा किसी की बात न मानो।' (ऐ नबी!) उनसे कहो, 'हक़ीक़त में हिदायत (सही राह) तो अल्लाह की हिदायत है, और ये उसी का इनाम है कि किसी को वही कुछ दे दिया जाए जो कभी तुम्हें दिया गया था, या ये कि दूसरों को तुम्हारे रब के सामने पेश करने के लिए तुम्हारे खिलाफ कोई मजबूत दलील मिल जाए।' (ऐ नबी!) उनसे कहो, 'फ़ज़्ल और इज़्ज़त अल्लाह के इख़्तियार में है, जिसे चाहे वह अता करे। वह वसीअ इल्म वाला और हर चीज़ का जानने वाला है।

74. अपनी रहमत के लिए जिसे चाहता है, खास तौर पर चुन लेता है, और उसका फ़ज़्ल (किरम) बहुत बड़ा है।

75. और अहल-ए-किताब में से कोई ऐसा भी है कि अगर तुम उससे बहुत ज़्यादा माल रखवाओ, तो वो तुम्हें वापस लौटा देगा। और उनमें से कोई ऐसा भी है कि अगर तुम उससे एक पैसा भी रखवाओ, तो वो तुम्हें

वापस नहीं करेगा, जब तक कि तुम उसके पीछे खड़े न हो जाओ और उससे माँग न लो। ये इस वजह से है कि वो कहते हैं, 'हम पर अनपढ़ लोगों (अरबों) का कोई गुनाह नहीं है।' और वो अल्लाह पर झूठ बोलते हैं, जबकि वो जानते हैं।

76. लेकिन हाँ, जो अपने अहद (वचन) को पूरा करे और अल्लाह से डरे, तो यकीनन अल्लाह उन लोगों को पसंद करता है जो उससे डरते हैं।

77. यक़ीनन जो लोग अल्लाह के अहद (वादा) और अपनी क़समों को थोड़ी क़ीमत पर बेच देते हैं, उनका आख़िरत में कोई हिस्सा नहीं होगा। और अल्लाह क़यामत के दिन न तो उनसे बात करेगा, न उनकी तरफ़ देखेगा, और न ही उन्हें पाक करेगा, और उनके लिए दर्दनाक अज़ाब होगा।

78. और यक़ीनन उनमें एक गिरोह ऐसा भी है जो अपनी ज़बान से किताब को बदल देते हैं, ताकि तुम समझो कि ये किताब से है, हालाँकि ये किताब से नहीं होता। और वो कहते हैं, 'ये अल्लाह की तरफ़ से है,' जबकि ये अल्लाह की तरफ़ से नहीं होता। और वो अल्लाह पर झूठ बोलते हैं, जबकि वो जानते हैं।

79. ये किसी इंसान के लिए मुमकिन नहीं कि जिसे अल्लाह ने किताब, हिकमत और नबूवत दी हो, वो बाद में लोगों से कहे: 'मुझे अपना माबूद बना लो अल्लाह की जगह। बल्कि उसने यही कहा: 'तुम अपने रब के वफ़ादार बंदे बनो, इस कारण कि तुम लोगों को किताब सिखाते हो और उसे बराबर पढ़ते हो।

80. और न वह (अल्लाह) तुम्हें फ़रिश्तों और पैग़म्बरों को माबूद या सरपरस्त बनाने का हुक्म देगा। क्या वह तुम्हें कुफ्र का हुक्म देगा, जबकि तुम मुसलमान हो चुके हो?

81. और (याद करो) जब अल्लाह ने पैग़म्बरों से अहद (वचन) लिया, कहकर: 'जो कुछ मैंने तुम्हें किताब और हिकमत (अल्लाह के क़ानूनों की समझ) दी है, उसे मज़बूती से थामे रहना। फिर तुम्हारे पास एक रसूल (मोहम्मद ﷺ) आएगा, जो तुम्हारे पास जो कुछ है, उसकी तस्दीक़ करेगा। तुम्हारे लिए यह ज़रूरी है कि उस पर ईमान लाओ और उसकी मदद करो।' अल्लाह ने कहा: 'क्या तुम इस पर राज़ी हो और मेरा अहद क़ुबूल करते हो?' उन्होंने कहा: 'हम राज़ी हैं।' अल्लाह ने फ़रमाया: 'फिर गवाह रहो, और मैं भी तुम्हारे साथ गवाहों में से हूँ।'

82. फिर जो लोग इसके बाद भी फिर जाएँ, वही गुनहगार हैं।

83. क्या वे अल्लाह की इताअत (आज्ञा) के सिवा कुछ और तलाश करते हैं? आसमानों और ज़मीन में हर कोई उसकी ओर झुकता है, चाहे खुशी से हो या मजबूरी से, और सब उसी की ओर लौटाए जाएँगे।

84. (ऐ मुहम्मद!) कह दो: 'हम अल्लाह पर ईमान रखते हैं और उस चीज़ पर जो हम पर नाज़िल हुई और जो इब्राहीम, इस्माईल, इस्हाक़, याक़ूब और उनकी औलाद पर उतारी गई, और जो मूसा, ईसा और दूसरे पैग़म्बरों को उनके रब की तरफ़ से दी गई। हम उनमें कोई फर्क़ नहीं करते, और हम उसी के हुक्म के सामने झुकने वाले हैं।'

85. जो कोई इस्लाम के सिवा कोई और दीन तलाश करे, तो उसकी क़बूलियत संभव नहीं, और वह आख़िरत में नुक़सान उठाने वालों में से होगा।

86. अल्लाह उन लोगों को हिदायत कैसे देगा जो ईमान लाने के बाद कुफ़्र कर बैठे और यह गवाही दे चुके कि नबी (ﷺ) सच्चे हैं, और उनके पास साफ निशानियाँ आ चुकी हैं? अल्लाह ज़ालिमों को हिदायत नहीं देता।
87. ऐसे लोगों की सज़ा यह है कि उन पर अल्लाह की, फ़रिश्तों की और इंसानों की लानत है।
88. वे हमेशा जहन्नम में रहेंगे। न उनकी सज़ा हल्की की जाएगी, और न ही उन्हें मोहलत दी जाएगी।
89. मगर जो लोग इसके बाद भी तौबा करें और अपनी इस्लाह करें, तो यकीनन अल्लाह बड़ा माफ़ करने वाला, रहम करने वाला है।
90. जो लोग ईमान लाने के बाद कुफ़्र कर बैठे और फिर अपने कुफ़्र में बढ़ते ही गए (यानी क़ुरआन और नबी ﷺ की नबूवत को नहीं माने), उनकी तौबा कभी क़बूल नहीं होगी (क्योंकि वे सिर्फ़ ज़बानी तौबा करते हैं, दिल से नहीं)। और वही लोग गुमराही में हैं।
91. यकीनन, अगर हर वह शख़्स जो कुफ़्र करे और काफ़िर ही रहकर मर जाए, पूरी दुनिया के बराबर सोना (फ़िदया के तौर पर) दे, तो भी उसकी क़बूलियत नहीं होगी। उनके लिए दर्दनाक सज़ा है, और उनका कोई मददगार नहीं होगा।
92. तुम कभी भलाई (सवाब) नहीं पा सकोगे जब तक अपनी पसंदीदा चीज़ों में से अल्लाह की राह में ख़र्च न करो। और जो कुछ भी तुम ख़र्च करो, यकीनन अल्लाह उसे पूरी तरह जानने वाला है।
93. खाने की ये सारी चीज़ें (जो शरीअत-ए-मोहम्मदी ﷺ में हलाल हैं) बनी इसराईल के लिए भी हलाल थीं। अलबत्ता (लेकिन) कुछ चीज़ें ऐसी थीं जिन्हें तौरात के नाज़िल (उतरने) से पहले इसराईल (याक़ूब अ.स.) ने ख़ुद अपने ऊपर हराम कर लिया था। उनसे कहो, अगर तुम (अपने एतराज़ में) सच्चे हो तो लाओ तौरात और पेश करो उसकी कोई इबारत (पाठ)।
94. अगर कोई इसके बाद भी झूठी बात गढ़कर अल्लाह की तरफ़ मंसूब करे, तो यकीनन वह नाइंसाफ़ (अन्याय करने वाला) और ज़ुल्म करने वाला (अत्याचारी) है।
95. कह दो, 'अल्लाह ने सच कहा है।' तो इब्राहीम के दीन पर चलो, जो हर बातिल चीज़ से दूर रहे, और वह कभी मुशरिकों में से नहीं थे।
96. यकीनन, इंसानों के लिए सबसे पहला इबादतगाह (उपासना स्थल) जो बनाया गया, वह बक्का (मक्का) में है, जो बरकत वाला और सारे जहानों के लिए हिदायत वाला है।
97. उसमें साफ़ निशानियाँ हैं, जैसे इब्राहीम (अलैहिस्सलाम) का मुक़ाम (जगह)। जो भी उसमें दाख़िल हो, उसे अमान (सुरक्षा) मिलती है। और हज (काबा का सफ़र) उस घर (काबा) की तरफ़ अल्लाह का हक़ है उन लोगों पर जो इसकी ताक़त रखते हैं (यानी सफ़र, ख़र्च और रहने का इंतज़ाम कर सकें)। और जो कोई इनकार करे (यानी हज का इंकार करे), तो यकीनन अल्लाह को सारे जहानों की किसी चीज़ की ज़रूरत नहीं है।
98. कहो, अहल-ए-किताब (हे ग्रंथधारियों!), तुम अल्लाह की आयतों का इंकार (अस्वीकार) क्यों करते हो, जबकि अल्लाह तुम्हारे आमाल (कर्मों) पर गवाह है?

99. कहो, अहल-ए-किताब! तुम क्यों अल्लाह के रास्ते से उन लोगों को रोक रहे हो जो ईमान लाए हैं, उन्हें गुमराह दिखाने की कोशिश कर रहे हो, जबकि तुम खुद सच्चाई के गवाह हो? और अल्लाह जो कुछ तुम कर रहे हो, उससे बेख़बर नहीं है।

100. ऐ ईमान वालो! अगर तुम उन लोगों में से किसी गिरोह की इताअत (आज्ञापालन) करो जिन्हें किताब दी गई थी, तो वे तुम्हें ईमान लाने के बाद भी काफ़िर बना देंगे।

101. तुम कैसे इंकार कर सकते हो, जबकि तुम्हें अल्लाह की आयतें सुनाई जा रही हैं और उसका रसूल तुम्हारे बीच मौजूद है? जो शख़्स अल्लाह को मज़बूती से पकड़ ले, वह यक़ीनन सीधे रास्ते की तरफ़ हिदायत पाता है।

102. ऐ ईमान वालों, अल्लाह से डरो, जैसा उससे डरने का हक़ है, और सिर्फ़ मुसलमान रहकर ही मरना।

103. और मज़बूती से अल्लाह की रस्सी को सब मिलकर थाम लो और आपस में फ़ूट (विभाजन) मत डालो। और अल्लाह का वह एहसान याद करो जो उसने तुम पर किया—जब तुम आपस में दुश्मन थे, तो उसने तुम्हारे दिल जोड़ दिए, और उसके फ़ज़्ल से तुम भाई-भाई बन गए। और तुम आग के गड्ढे के किनारे पर थे, तो उसने तुम्हें उससे बचा लिया। इस तरह अल्लाह अपनी आयतें तुम्हारे लिए स्पष्ट करता है ताकि तुम हिदायत पाओ।

104. और तुम्हारे बीच एक ऐसी जमात (समुदाय) होनी चाहिए जो भलाई की तरफ़ बुलाए, और जो बातें इंसाफ़ की हों, उनका हुक्म दे, और जो बुरी बातें हों, उनसे रोके, क्योंकि ऐसे लोग ही सफल (कामयाब) हैं।

105. उन लोगों की तरह मत बनो जो, जबकि उनके पास स्पष्ट वह्य (ईश्वरीय निर्देश) आ चुकी थी, फिर भी उन्होंने गुटबंदी कर ली और मतभेदों में पड़ गए। ऐसे लोगों के लिए भारी अज़ाब (सज़ा) है।

106. उस दिन कुछ चेहरे उजले होंगे और कुछ चेहरे काले। जिनके चेहरे काले होंगे, उनसे कहा जाएगा: 'क्या तुमने ईमान क़बूल करने के बाद उसे ठुकरा दिया? तो अब ईमान से इंकार करने की सज़ा चखो।'

107. और जिनके चेहरे उजले होंगे, वे अल्लाह की रहमत में होंगे और उसमें हमेशा के लिए रहेंगे।

108. ये अल्लाह की आयतें हैं, जिन्हें हम सच्चाई के साथ, ऐ मुहम्मद, तुम्हें पढ़कर सुनाते हैं; और अल्लाह दुनिया वालों (अपनी मख़लूक) पर किसी तरह का ज़ुल्म नहीं चाहता।

109. अल्लाह ही के लिए है जो कुछ आसमानों और ज़मीन में है, और अल्लाह ही की तरफ़ तमाम काम लौटाए जाते हैं।

110. तुम सबसे बेहतरीन उम्मत (समुदाय) हो, जिसे लोगों के लिए खड़ा किया गया है; तुम नेक कामों का हुक्म देते हो, बुरे कामों से रोकते हो, और अल्लाह पर ईमान रखते हो। अगर अहल-ए-किताब (ग्रंथधारी) भी ईमान ले आते, तो यह उनके लिए बेहतर होता। उनमें ईमान लाने वाले भी हैं, लेकिन अधिकतर तो अवज्ञाकारी (फासिक़) हैं।

111. वे तुम्हें केवल हल्की तकलीफ के अलावा कोई नुकसान नहीं पहुँचा सकते। और अगर वे तुमसे लड़ें, तो पीठ दिखाकर भाग जाएँगे, फिर उन्हें कोई मदद नहीं मिलेगी।

112. जहाँ भी वे पाए गए, उन पर ज़िल्लत (रुसवाई) की मार ही पड़ी। हाँ, अगर अल्लाह की ज़िम्मेदारी (हिफ़ाज़त) या इंसानों की ज़िम्मेदारी में पनाह मिल गई, तो यह और बात है। वे अल्लाह के ग़ज़ब में घिर चुके हैं, उन पर मोहताजी (निर्भरता) और शिकस्त (मग़लूबियत) थोप दी गई है। और यह सब कुछ इस वजह से हुआ क्योंकि वे अल्लाह की आयात का इंकार करते रहे और उन्होंने पैग़म्बरों को नाहक़ क़त्ल किया। यह उनकी नाफ़रमानियों और ज़्यादतियों (ज़ुल्म) का नतीजा है।

113. वे सब बराबर नहीं हैं। अहल-ए-किताब (ग्रंथधारियों) में एक ऐसा समूह भी है (जैसे अब्दुल्लाह बिन सलाम رضي الله عنه वग़ैरा), जो रातों में अल्लाह की आयतें पढ़ते हैं और सजदा करते रहते हैं।

114. वे अल्लाह और आख़िरत के दिन पर ईमान रखते हैं, नेकी का हुक्म देते हैं, बुराई से रोकते हैं और नेक कामों में जल्दी करते हैं। और यही लोग सालेह (नेक) लोगों में से हैं।

115. और जो भी वे नेक काम करेंगे, उनका अजर (प्रतिफल) उनसे नहीं रोका जाएगा। अल्लाह परहेज़गारों (जो बुराई से बचते हैं) को खूब (भली-भांति, बारीक से) जानने वाला है।

116. सुन लो! जो लोग कुफ्र करते हैं, उनकी दौलत और उनकी औलाद अल्लाह के मुक़ाबले में उनके किसी काम नहीं आएगी। और वही लोग जहन्नम के हक़दार हैं, जिसमें वे हमेशा रहेंगे।

117. जो कुछ वे इस दुनिया की ज़िंदगी में खर्च करते हैं, उसकी मिसाल एक ऐसी हवा की तरह है जो ठंडी लहर लेकर आती है और उन लोगों की फ़सल को तबाह कर देती है जिन्होंने अपनी जानों पर ज़ुल्म किया। अल्लाह ने उन पर ज़ुल्म नहीं किया, बल्कि उन्होंने खुद अपने ऊपर ज़ुल्म किया।

118. ऐ ईमान वालों, ग़ैरों को अपना राज़दार (विश्वसनीय साथी) न बनाओ। वे तुम्हें तकलीफ देने में कोई कसर नहीं छोड़ते और हमेशा यही चाहते हैं कि तुम मुश्किल में पड़ो। उनकी नफरत उनकी ज़बानों से ज़ाहिर हो चुकी है, लेकिन जो उनके दिलों में छिपा है, वह इससे भी बड़ा है। हमने तुम्हारे लिए निशानियाँ स्पष्ट कर दी हैं, अगर तुम अक़्ल से काम लो।

119. तुम उनसे मोहब्बत रखते हो, लेकिन वे तुमसे मोहब्बत नहीं रखते, हालाँकि तुम तमाम आसमानी किताबों (ईश्वरीय ग्रंथों) को मानते हो। जब वे तुमसे मिलते हैं, तो कहते हैं कि 'हम भी (तुम्हारे रसूल और किताब को) मानते हैं', लेकिन जब वे अकेले होते हैं, तो तुम्हारे खिलाफ़ गुस्से और ग़ैज़ से अपनी उंगलियाँ चबाने लगते हैं। उनसे कह दो, 'अपने गुस्से में जल मरो!' अल्लाह दिलों के छिपे हुए राज़ तक जानता है।

120. अगर तुम्हें कोई अच्छी बात मिलती है, तो उन्हें तकलीफ होती है; लेकिन अगर तुम्हें कोई नुकसान होता है, तो वे उस पर खुशी मनाते हैं। और अगर तुम सब्र करो और अल्लाह से डरो, तो उनकी कोई चाल तुम्हें बिल्कुल नुकसान नहीं पहुँचा सकेगी। यक़ीनन, अल्लाह उनके किए हुए हर काम पर नज़र रखता है।

121. ऐ नबी! उस समय को भी याद करो जब सुबह-सुबह ही आप अपने घर से निकलकर मुसलमानों को मैदान-ए-जंग में लड़ाई के मोर्चों पर तैनात (व्यवस्थित) कर रहे थे। अल्लाह सुनने और जानने वाला है।

122. जब तुम में से दो गुट हिम्मत हारने के करीब थे, लेकिन अल्लाह उनका मददगार था; और मोमिनों को सिर्फ़ अल्लाह पर ही भरोसा करना चाहिए।

123. और अल्लाह ने तुम्हें बद्र में फतह (विजय) प्रदान की, जबकि तुम कमज़ोर थे। अतः, अल्लाह से डरो, ताकि तुम शुक्रगुज़ार बनो।
124. याद करो जब तुम मोमिनों से कह रहे थे, 'क्या तुम्हारे लिए यह बात काफ़ी नहीं कि अल्लाह तीन हज़ार फ़रिश्ते उतारकर तुम्हारी मदद करे?'
125. क्यों नहीं! बल्कि अगर तुम सब्र (बर्दाश्त) और परहेज़गारी (अल्लाह का ख़ौफ़ और गुनाहों से बचना) अपनाओ, और ये लोग उसी वक़्त तुम पर हमला कर दें, तो तुम्हारा रब तुम्हारी मदद पाँच हज़ार निशानदार फ़रिश्तों से करेगा।
126. और अल्लाह ने इसे सिर्फ़ तुम्हारे लिए एक ख़ुशख़बरी बनाया और ताकि इससे तुम्हारे दिल सुकून पा सकें। और फ़तह (जीत) सिर्फ़ अल्लाह की तरफ़ से होती है, जो बड़ा ताक़तवर और बड़ा हिकमत वाला है।
127. (और ये मदद वह तुम्हें इसलिए देगा) ताकि कुफ़्र की राह पर चलने वालों के एक हिस्से को काट दे या उन्हें ऐसी ज़लील शिकस्त दे कि वो मायूस होकर पीछे हट जाएँ।
128. ये फ़ैसला तुम्हारे हाथ में नहीं है (ऐ मोहम्मद), बल्कि अल्लाह के हाथ में है कि वह उन्हें सज़ा दे, या माफ़ कर दे, या उन पर कोई और फ़ैसला लागू करे, क्योंकि वो यक़ीनन ज़ुल्म करने वाले हैं।
129. आसमानों और ज़मीन में जो कुछ भी है, वो अल्लाह ही का है। वह जिसे चाहे माफ़ कर दे और जिसे चाहे सज़ा दे। और अल्लाह बड़ा मेहरबान और रहम करने वाला है।
130. ऐ ईमान वालों! सूद (ब्याज) को कई गुना बढ़ाकर न खाओ और अल्लाह से डरो, ताकि तुम बच सको।
131. और उस आग (जहन्नम) से डरो, जो काफ़िरों के लिए तैयार की गई है।
132. और अल्लाह और उसके रसूल की आज्ञा का पालन करो, ताकि तुम पर रहमत की जाए।
133. अपने रब की बख़्शिश और उस जन्नत की तरफ़ बढ़ो, जिसकी चौड़ाई आसमानों और ज़मीन तक फैली हुई है। ये परहेज़गारों के लिए तैयार की गई है।
134. जो लोग ख़ुशहाली में और तंगी में (हर हाल में) अल्लाह के रास्ते में ख़र्च करते हैं, जो अपने ग़ुस्से को रोकते हैं और लोगों को माफ़ कर देते हैं, अल्लाह ऐसे नेक करने वालों को पसंद करता है।
135. और जब वो कोई बेहयाई (ग़लत) काम कर बैठते हैं या कोई गुनाह कर लेते हैं, तो फ़ौरन अल्लाह को याद करते हैं और अपने गुनाहों के लिए बख़्शिश माँगते हैं। और यक़ीनन अल्लाह के सिवा कौन है जो गुनाहों को माफ़ कर सके? और वो जान-बूझकर अपने गुनाहों पर अड़े नहीं रहते।
136. ऐसे लोगों के लिए उनके रब की तरफ़ से बख़्शिश और वो जन्नतें हैं जिनके नीचे नहरें बह रही हैं, जहाँ वो हमेशा रहेंगे। ये मेहनत करने वालों के लिए कितना बेहतरीन बदला है!
137. तुमसे पहले भी कई क़ौमें इस तरह की आज़माइशों से गुज़र चुकी हैं। तो ज़मीन में चलो-फिरो और देखो कि जिन्होंने अल्लाह की वहदानियत (तौहीद) का इनकार किया और उसके रसूलों की आज्ञा का पालन नहीं किया, उनका क्या अंजाम हुआ!
138. ये (क़ुरआन) लोगों के लिए एक साफ़ पैग़ाम है, और उन लोगों के लिए हिदायत और नसीहत है जो

अल्लाह से डरते हैं।
139. तो अपना हौसला मत हारो और न ही ग़मज़दा हो! अगर तुम सच्चे ईमान वाले हो, तो तुम्हें यक़ीनन फ़तह मिलेगी।
140. अगर तुम्हें कोई चोट पहुँची है (जैसे कि उहुद की लड़ाई में), तो याद रखो कि इसी तरह की चोट (मौत और घाव) दूसरों को भी पहुँची है। और ये दिन (अच्छे और बुरे) हम इंसानों के बीच बदलते रहते हैं, ताकि अल्लाह ईमान वालों की इम्तेहान ले सके और तुममें से कुछ को शहीद बना सके। और अल्लाह ज़ुल्म करने वालों (मशरिकों और अत्याचारियों) को पसंद नहीं करता।
141. और ताकि अल्लाह ईमान वालों को (आज़माइशों के ज़रिए) पाक कर दे और काफ़िरों को मिटा दे।
142. क्या तुम यह समझते हो कि तुम बस यूँ ही जन्नत में दाखिल हो जाओगे, जबकि अल्लाह ने अब तक यह नहीं देखा कि तुम में से कौन जिहाद करता है और कौन सब्र (धैर्य) रखता है?
143. तुम तो पहले मौत की तमन्ना कर रहे थे! मगर यह तब की बात थी जब वह सामने नहीं आई थी। अब वह तुम्हारे सामने आ चुकी है और तुमने उसे अपनी आँखों से देख लिया।
144. मुहम्मद (ﷺ) केवल एक रसूल हैं। उनसे पहले भी कई रसूल गुज़र चुके हैं। फिर क्या अगर वे वफ़ात पा जाएँ या क़त्ल कर दिए जाएँ, तो तुम उल्टे पाँव फिर जाओगे? जो कोई पीछे हटेगा, वह अल्लाह को कोई नुकसान नहीं पहुँचाएगा। बल्कि जो अल्लाह के शुक्रगुज़ार (आभारी) बंदे बने रहेंगे, उन्हें वह बेहतरीन बदला देगा।
145. किसी इंसान के बस में नहीं कि वह अल्लाह की मर्ज़ी के बग़ैर मर जाए। मौत एक मुक़र्रर वक़्त पर ही आती है। जो कोई दुनिया का इनाम चाहता है, हम उसे उसमें से देंगे, और जो आख़िरत का इनाम चाहता है, हम उसे उसमें से देंगे। और हम जल्द ही शुक्रगुज़ार बंदों को उनका बेहतरीन बदला देंगे।
146. और कितने ही नबी (अल्लाह के रास्ते में) लड़े, और उनके साथ बहुत से नेक लोग भी जंग में शामिल हुए। लेकिन जब उन पर अल्लाह की राह में कोई मुसीबत आई, तो उन्होंने न हिम्मत हारी, न कमज़ोरी दिखाई, और न ही वे झुके। और अल्लाह सब्र करने वालों से मोहब्बत करता है।
147. और उन्होंने बस यही कहा: ‘ऐ हमारे रब! हमारे गुनाहों और हमारी कोताहियों (जो तेरी इताअत में हमसे हुईं) को माफ कर, हमारे क़दम मज़बूत कर, और हमें काफिर क़ौम पर फतह अता फरमा।’
148. तो अल्लाह ने उन्हें दुनिया का इनाम भी दिया और आख़िरत का बेहतरीन इनाम भी। बेशक, अल्लाह नेक लोगों से मोहब्बत करता है।
149. ऐ ईमान वालो! अगर तुम उन लोगों की बात मानोगे जो कुफ्र करते हैं, तो वे तुम्हें तुम्हारे क़दमों से हटा देंगे, और फिर तुम नुक़सान में पड़ जाओगे।
150. बल्कि अल्लाह तुम्हारा मददगार है, और वही सबसे बेहतरीन मददगार है।
151. हम काफ़िरों के दिलों में ख़ौफ़ डाल देंगे, क्योंकि वे अल्लाह के साथ ऐसी चीज़ों को शरीक ठहराते हैं, जिनके लिए अल्लाह ने कोई दलील नाज़िल नहीं की। उनका ठिकाना जहन्नम है—और ज़ालिमों के लिए यह

कितना बुरा ठिकाना है!

152. और यक़ीनन, अल्लाह ने अपना वादा तुमसे पूरा कर दिया था जब तुम उसके हुक्म से (दुश्मनों को) मार रहे थे, यहाँ तक कि जब तुम कमज़ोर पड़ गए और आपस में हुक्म के बारे में झगड़ने लगे, और नाफ़रमानी की, जबकि अल्लाह तुम्हें वह दिखा चुका था जिसे तुम चाहते थे। तुम में से कुछ लोग दुनिया की ख्वाहिश रखते थे, और कुछ आख़िरत के ख़्वाहिशमंद थे। फिर अल्लाह ने तुम्हें उनसे पीछे हटा दिया, ताकि वह तुम्हारी आज़माइश ले। लेकिन फिर भी, अल्लाह ने तुम्हें माफ़ कर दिया, और अल्लाह मोमिनों पर मेहरबानी करने वाला है।

153. याद करो जब तुम भागकर पहाड़ की तरफ़ चढ़ गए और पीछे मुड़कर किसी की परवाह नहीं की, जबकि रसूल (ﷺ) तुम्हें पीछे से बुला रहे थे। फिर अल्लाह ने तुम्हें ग़म पर ग़म दिया, ताकि तुम उस चीज़ का अफ़सोस न करो जो तुम्हारे हाथ से निकल गई (फतह और माल-ए-ग़नीमत), और न ही उस मुसीबत का ग़म करो जो तुम पर आई (ज़ख्म और मौत)। और अल्लाह तुम्हारे तमाम आमाल से खूब वाक़िफ़ है।

154. फिर इस ग़म के बाद अल्लाह ने तुम पर एक सुकून (आत्मशांति) उतारी, जो एक ऐसी नींद थी जो तुम में से एक गिरोह पर छा गई। लेकिन दूसरा गिरोह सिर्फ अपनी जान की फ़िक्र में लगा रहा और अल्लाह के बारे में ग़लत गुमान करने लगा, जो जाहिलों के गुमान होते हैं। वे कहते थे, 'क्या हमारे लिए इस मामले में कुछ हिस्सा है?' कह दो, 'यक़ीनन सारा मामला अल्लाह के हाथ में है।' वे अपने दिलों में जो बातें छिपा रहे हैं, उसे तुमसे ज़ाहिर नहीं करते। वे कहते हैं, 'अगर इस मामले में हमारा कोई इख़्तियार होता, तो हम यहाँ क़त्ल न किए जाते।' कह दो, 'अगर तुम अपने घरों में भी होते, तो भी जिनकी मौत लिखी जा चुकी थी, वे अपनी मौत की जगह पर पहुँच ही जाते।' यह सब इसलिए हुआ ताकि अल्लाह तुम्हारे सीने में जो कुछ है, उसका इम्तिहान ले और तुम्हारे दिलों को पाक कर दे। और अल्लाह दिलों के हाल से ख़ूब वाक़िफ़ है।

155. यक़ीनन तुम में से जो लोग उस दिन पीछे हट गए जब दोनों फौजें (उहुद के मैदान में) आमने-सामने हुईं, वे शैतान की वजह से अपनी जगह से हिल गए, क्योंकि उनसे कुछ ग़लतियाँ हो गई थीं। लेकिन अल्लाह ने उन्हें माफ़ कर दिया। यक़ीनन अल्लाह बड़ा बख़्शने वाला (ग़फ़ूर) और बर्दाश्त करने वाला (हलीम) है।

156. ऐ ईमान वालो! उन लोगों की तरह मत हो जाना जो कुफ़्र करते हैं और अपने भाइयों के बारे में यह कह देते हैं जब वे ज़मीन पर सफ़र करते हैं या जंग में निकलते हैं, 'अगर वे हमारे साथ होते, तो न उनकी मौत होती और न वे क़त्ल किए जाते।' तो अल्लाह उनके दिलों में इस ग़लत गुमान को ग़म बना देता है। और अल्लाह ही है जो ज़िंदगी देता है और मौत देता है, और अल्लाह तुम्हारे आमाल (कर्मों) को देख रहा है।

157. और अगर तुम अल्लाह की राह में क़त्ल कर दिए जाओ या तुम्हारी मौत हो जाए, तो अल्लाह की बख़्शिश और उसकी रहमत उन तमाम चीज़ों से बेहतर है जो वे (दुनिया में) जमा करते हैं।

158. और चाहे तुम्हारी मौत हो जाए या तुम क़त्ल कर दिए जाओ, तुम्हें अल्लाह के पास ही इकट्ठा होना है।

159. तो अल्लाह की रहमत से, (ऐ मोहम्मद!) तुम उनसे नरम रहे। अगर तुम सख़्त दिल और दुरुश्त ख़ू होते, तो वे तुम्हारे इर्द-गिर्द से चले जाते। तो उन्हें माफ़ कर दो और उनके लिए बख़्शिश की दुआ करो, और

उनसे मशविरा करो। और जब तुम फ़ैसला कर लो, तो अल्लाह पर भरोसा रखो। यक़ीनन अल्लाह उन लोगों से मोहब्बत करता है जो उस पर भरोसा रखते हैं।

160. अगर अल्लाह तुम्हारी मदद करे, तो कोई तुम्हें शिकस्त नहीं दे सकता; लेकिन अगर अल्लाह तुम्हें छोड़ दे, तो उसके बाद तुम्हारी मदद कौन करेगा? और मोमिनों को सिर्फ़ अल्लाह पर ही भरोसा रखना चाहिए।

161. किसी भी नबी के लिए यह मुमकिन नहीं कि वह (माल-ए-ग़नीमत में) ख़यानत करे। और जो कोई ख़यानत करेगा, वह जो कुछ भी लिया होगा, क़यामत के दिन उसी के साथ आएगा। फिर हर शख़्स को उसकी कमाई का पूरा बदला दिया जाएगा, और उन पर कोई ज़ुल्म नहीं होगा।

162. तो क्या वह जो अल्लाह की रज़ा की तलाश में है, उसके बराबर हो सकता है जो अल्लाह का ग़ज़ब अपने ऊपर ले लेता है और जिसका ठिकाना जहन्नम है? और वह कितनी बुरी जगह है!

163. वे अल्लाह के नज़दीक मुख़्तलिफ़ दर्जों में हैं, और अल्लाह उनसे जो कुछ भी करते हैं, उससे बेख़बर नहीं है।

164. यक़ीनन अल्लाह ने मोमिनों पर बहुत बड़ा एहसान किया जब उसने उन्हीं में से एक रसूल भेजा, जो उन्हें उसकी आयतें पढ़कर सुनाता, उन्हें पाक करता, और उन्हें किताब (क़ुरआन) और हिकमत सिखाता, जबकि वे इससे पहले खुली गुमराही में थे।

165. तो जब तुम्हें एक मुसीबत (ग़ज़वा-ए-उहद के दिन) पहुँची, जबकि तुमने बद्र की जंग में अपने दुश्मनों को उससे दुगना मार गिराया था, तो तुमने कहा, 'ये कहाँ से आई?' कह दो, 'ये तुम्हारे अपने आमाल (गुनाहों) की वजह से है।' यक़ीनन अल्लाह हर चीज़ पर क़ादिर है।

166. और जो कुछ तुम्हें उस दिन (ग़ज़वा-ए-उहद) पहुँचा, जब दोनों फौजें आमने-सामने हुईं, वो अल्लाह की मर्ज़ी से था ताकि वो मोमिनों को साफ़ कर दे।

167. और ताकि वो मुनाफिकों को भी साफ़ कर दे। उनसे कहा गया, 'आओ, अल्लाह की राह में लड़ो या कम से कम अपनी हिफ़ाज़त करो।' तो उन्होंने कहा, 'अगर हमें मालूम होता कि ये जंग होगी, तो हम तुम्हारे साथ निकलते।' वो उस दिन ईमान से ज़्यादा कुफ़्र के क़रीब थे, अपने मुँह से वो बात कह रहे थे जो उनके दिलों में नहीं थी। और अल्लाह उन चीज़ों से ख़ूब वाक़िफ़ है जो वो छुपाते हैं।

168. उन्होंने अपने भाइयों के बारे में बैठकर कहा, 'अगर उन्होंने हमारी बात मानी होती, तो वो क़त्ल न किए जाते।' कह दो, 'अगर तुम सच्चे हो, तो अपनी मौत को अपने से दूर कर दो।'

169. और जो लोग अल्लाह की राह में क़त्ल कर दिए गए हैं, उन्हें कभी भी मुर्दा न समझना। बल्कि वो अपने रब के पास ज़िंदा हैं और अपनी रोज़ी पा रहे हैं।

170. वो अल्लाह की तरफ़ से दी गई अपनी नेमत से ख़ुश हैं, और उन्हें उन लोगों के बारे में ख़ुशख़बरी मिल रही है जो उनके बाद शहीद होने वाले हैं और अभी उनके पास नहीं पहुँचे। उन्हें न किसी चीज़ का ख़ौफ़ होगा और न वो ग़मगीन होंगे।

171. जो ईमान वाले लोग हैं, जिन्होंने ज़ख़्म खाने के बाद भी अल्लाह और उसके रसूल की बात मानी, उनमें

से जो नेकी करने वाले और अल्लाह से डरने वाले हैं, उनके लिए बड़ा इनाम है।

172. वो मोमिन जो अल्लाह और उसके रसूल की इताअत (आज्ञा पालन) उस वक़्त करते हैं जब उन्हें ज़ख़्म पहुँच चुका होता है। उनमें से जो अच्छे काम करते हैं और अल्लाह से डरते हैं, उनके लिए बहुत बड़ा बदला है।

173. वो लोग जिनसे लोगों (मुनाफ़िकों) ने कहा, 'लोग तुम्हारे ख़िलाफ़ जमा हो गए हैं, तो उनसे डरो।' लेकिन इससे उनके ईमान में और इज़ाफ़ा हुआ, और उन्होंने कहा, 'अल्लाह हमारे लिए काफ़ी है, और वही बेहतरीन कारसाज़ है।'

174. तो वो अल्लाह की रहमत और उसके इनाम के साथ लौटे, उन्हें कोई नुक़सान नहीं पहुँचा। और उन्होंने अल्लाह की रज़ा को तलाश किया, और अल्लाह बहुत बड़ी रहमत का मालिक है।

175. ये सिर्फ़ शैतान है जो तुम्हें अपने साथियों से डराता है। तो उनसे न डरो, बल्कि मुझसे डरो, अगर तुम सच्चे मोमिन हो।

176. और जो लोग जल्दी से कुफ़्र की तरफ़ बढ़ रहे हैं, उनसे ग़मगीन न हो (ऐ मुहम्मद)। यक़ीनन वो अल्लाह को कोई नुक़सान नहीं पहुँचा सकते। अल्लाह का इरादा है कि उन्हें आख़िरत में कोई हिस्सा न दे, और उनके लिए बहुत बड़ा अज़ाब है।

177. यक़ीनन जो लोग ईमान के बदले कुफ़्र ख़रीदते हैं, वो अल्लाह को कोई नुक़सान नहीं पहुँचा सकते, और उनके लिए बहुत दर्दनाक अज़ाब है।

178. ये मोहलत जो हम उन्हें दे रहे हैं, इसे ये काफ़िर अपने हक़ में बेहतरी न समझ लें। हम तो उन्हें इसी लिए मोहलत दे रहे हैं ताकि वो ज़्यादा से ज़्यादा गुनाह जमा कर लें, फिर उनके लिए बहुत ज़लील करने वाली सज़ा है।

179. अल्लाह मोमिनों को उस हालत में नहीं छोड़ेगा जिसमें तुम अब हो, जब तक कि वो अच्छे और बुरे को अलग न कर दे। और अल्लाह तुम्हें ग़ैब का इल्म नहीं देगा, बल्कि वो अपने रसूलों में से जिसे चाहे चुनता है। तो तुम अल्लाह और उसके रसूलों पर ईमान लाओ। और अगर तुम ईमान लाओगे और उससे डरोगे, तो तुम्हारे लिए बहुत बड़ा इनाम है।

180. जिन्हें अल्लाह तआला ने अपने फ़ज़ल से कुछ दे रखा है, वो अपनी कंजूसी को अपने लिए बेहतर न समझें। नहीं, ये उनके लिए बहुत बुरा है। जो कुछ वो अपनी कंजूसी से जमा कर रहे हैं, क़यामत के दिन वो उनके गले में (तौक़) बना दिया जाएगा। आसमानों और ज़मीन की विरासत अल्लाह ही के लिए है, और जो कुछ तुम कर रहे हो, अल्लाह उससे पूरी तरह वाक़िफ़ है।

181. यक़ीनन अल्लाह तआला ने उन लोगों की बात सुनी, जिन्होंने कहा कि 'अल्लाह ग़रीब है और हम अमीर हैं।' उनके इस क़ौल को हम लिख लेंगे, और उनके पैग़म्बरों को बेवजह क़त्ल करने को भी, और हम उनसे कहेंगे, 'जलने वाली सज़ा का मज़ा चखो!'

182. ये तुम्हारे किए हुए आमाल का बदला है, और अल्लाह अपने बंदों पर ज़ुल्म करने वाला नहीं है।

183. ये वो लोग हैं जो कहते थे, 'अल्लाह ने हमसे ये वादा लिया है कि हम किसी भी रसूल पर ईमान नहीं

लाएँगे जब तक कि वो हमारे पास एक क़ुर्बानी न लाए जिसे आसमान से आग जला दे।' कहो, 'मेरे से पहले भी तुम्हारे पास कई रसूल आए थे, जो वाज़ेह निशानियों के साथ आए थे, और वो चीज़ भी जो तुम माँग रहे हो। तो अगर तुम सच्चे हो, तो उन्हें क्यों मार दिया?'

184. फिर अगर वो तुम्हें झुटलाएँ (ऐ मोहम्मद), तो इससे पहले भी रसूल झुटलाए गए हैं, जो वाज़ेह निशानियाँ, लिखी हुई हदें और रोशनी देने वाली किताब लेकर आए थे।

185. हर जान को मौत का मज़ा चखना है, और तुम्हें सिर्फ क़यामत के दिन तुम्हारे पूरे बदले दिए जाएँगे। तो जो शख़्स आग से दूर किया गया और जन्नत में दाख़िल किया गया, वही कामयाब हुआ। और दुनिया की ज़िंदगी बस धोखे का एक सामान है।

186. मुसलमानो! तुम्हारी माल और जान, दोनों की आज़माइशें ज़रूर होंगी, और तुम अहले किताब और मुशरिकीन से बहुत सी तकलीफ़देह बातें सुनोगे। लेकिन अगर तुम सब्र करो और अल्लाह से डरो, तो यक़ीनन ये उन कामों में से है जो सबसे ज़्यादा अज़्म और हिम्मत के क़ाबिल हैं।

187. और (ऐ मोहम्मद), याद करो जब अल्लाह ने उन लोगों से, जिन्हें किताब दी गई थी, एक अहद लिया था कि 'तुम्हें इसे लोगों के सामने वाज़ेह करना होगा और इसे छुपाना नहीं होगा।' लेकिन उन्होंने इसे अपनी पीठ के पीछे फेंक दिया और इसे थोड़ी सी क़ीमत के बदले बेच दिया। और कितनी बुरी है वो चीज़ जो उन्होंने ख़रीदी!

188. और कभी ये न समझना कि जो लोग अपने किए हुए आमाल पर खुश होते हैं और जो कुछ उन्होंने नहीं किया, उस पर तारीफ़ चाहते हैं, उन्हें अल्लाह के अज़ाब से महफ़ूज़ समझो। उनके लिए दर्दनाक सज़ा है।

189. और आसमानों और ज़मीन की बादशाहत सिर्फ अल्लाह ही के लिए है, और अल्लाह हर चीज़ पर क़ुदरत रखते हैं।

190. यक़ीनन, आसमानों और ज़मीन की तख़लीक़ और रात दिन के बदलाव में उन लोगों के लिए निशानियाँ हैं जो अक़्ल रखते हैं।

191. वे जो खड़े, बैठे और अपने पहलू पर लेटे हुए अल्लाह का ज़िक्र करते हैं और आसमानों और ज़मीन की तख़लीक़ (रचना) पर ग़ौर करते हैं, और कहते हैं, 'ऐ हमारे परवरदिगार! तूने इसे बे-मक़सद नहीं बनाया, तू पाक है, बस हमें आग (जहन्नम) के अज़ाब से बचा ले।'

192. ऐ हमारे रब! जिसे तू जहन्नम में डाले, यक़ीनन तूने उसे ज़लील किया, और ज़ालिमों का कोई मददगार नहीं होगा।

193. ऐ हमारे रब! यक़ीनन हमने एक पुकारने वाले को सुना, जो ईमान की तरफ़ बुला रहा था कि 'अपने रब पर ईमान लाओ,' और हमने ईमान क़बूल कर लिया। पस, ऐ हमारे रब, हमारे गुनाहों को माफ़ कर दे, हमारी बुराइयों को मिटा दे, और हमें नेक लोगों के साथ उठाए।

194. ऐ हमारे रब! जो कुछ तूने अपने रसूलों के ज़रिए हमसे वादा किया था, हमें वह अता फ़रमा, और क़यामत के दिन हमें रुसवाई से बचा। बेशक, तू अपने वादे के ख़िलाफ़ नहीं जाता।

195. और उनके रब ने उनकी दुआ क़बूल कर ली और फ़रमाया: ‘मैं तुम में से किसी के अमल (काम) को ज़ाया (व्यर्थ) नहीं करूंगा, चाहे वह मर्द हो या औरत — तुम सब एक-दूसरे से जुड़े हुए हो। जो लोग अपने घरों से निकाले गए, या जिनको उनके घरों से निकाला गया, या जिन्होंने मेरी राह में तकलीफ़ उठाई, या जंग की या शहीद हुए, मैं यक़ीनन उनके सारे गुनाहों को माफ़ कर दूंगा और उन्हें ऐसे बाग़ों में दाख़िल करूंगा जिनके नीचे नहरें बहती होंगी। यह अल्लाह की तरफ़ से एक इनाम है, और अल्लाह की तरफ़ से मिलने वाला इनाम ही सबसे बेहतर है।’

196. तुझे काफ़िरों का शहरों में घूमना-फिरना धोखा न दे।

197. यह तो बहुत ही थोड़े अरसे का फ़ायदा है, इसके बाद उनका ठिकाना जहन्नम है, और वह बहुत बुरी जगह है।

198. इसके बरअक्स (विपरीत), जो लोग अपने रब से डरते हुए ज़िंदगी गुज़ारते हैं, उनके लिए ऐसे बाग़ हैं जिनके नीचे नहरें बहती हैं। वे उनमें हमेशा रहेंगे — यह अल्लाह की तरफ़ से उनके लिए एक मेहमान नवाज़ी है। और जो कुछ अल्लाह के पास है, वही नेक लोगों के लिए सबसे बेहतरीन है।

199. और यक़ीनन, अहल-ए-किताब (पिछली किताबों के मानने वालों) में से कुछ लोग ऐसे भी हैं, जो अल्लाह पर, और जो कुछ तुम पर नाज़िल किया गया है और जो कुछ उन पर नाज़िल किया गया था, उस पर ईमान रखते हैं। वे अल्लाह से डरते हैं और अल्लाह की आयतों को थोड़ी क़ीमत पर नहीं बेचते। उनका बदला उनके रब के पास है। यक़ीनन, अल्लाह जल्दी हिसाब लेने वाला है।

200. ऐ ईमान वालों! सब्र करो, सब्र में मज़बूत रहो, हमेशा तैयार रहो और अल्लाह से डरो, ताकि तुम कामयाब हो जाओ।

4. सूरह अन-निसा

बिस्मिल्लाह-हिर्रहमान-निर्रहीम

(शुरुआत अल्लाह के नाम से जो बड़ा मेहरबान, निहायत रहम वाला है।)

1. ऐ लोगों! अपने रब (अल्लाह) से डरो, जिसने तुम्हें एक इंसान (आदम) से पैदा किया और फिर उसी से उसकी पत्नी (हव्वा) बनाई। फिर उन दोनों से बहुत से मर्द और औरतें फैलाईं। अल्लाह से डरो, जिसका नाम लेकर तुम एक-दूसरे से मदद माँगते हो, और रिश्तों का ख़याल रखो। यकीनन , अल्लाह तुम्हें देख रहा है।
2. यतीमों (अनाथों) को उनका हक़ (माल) दे दो और उनके अच्छे माल को अपनी बुरी चीज़ों से न बदलो। उनके माल को अपने साथ मिलाकर मत खाओ, क्योंकि यह बहुत बड़ा गुनाह है।
3. अगर तुम्हें डर हो कि तुम यतीम लड़कियों के साथ इंसाफ़ (न्याय) नहीं कर सकोगे, तो उन औरतों से निकाह (शादी) कर लो जो तुम्हें पसंद आएं—दो, तीन या चार। लेकिन अगर डर हो कि तुम उनके साथ बराबरी का बर्ताव नहीं कर पाओगे, तो सिर्फ़ एक ही से शादी करो या फिर अपनी लौंडी से (जो तुम्हारे क़ब्ज़े में हो)। "यह ज़्यादा बेहतर है, ताकि तुम ज़ुल्म से बच सको।
4. शादीशुदा औरतों को उनका महर (विवाह उपहार) खुशी से दो। लेकिन अगर वे अपनी मर्ज़ी से उसका कुछ हिस्सा छोड़ दें, तो उसे खुशी से ले सकते हो।
5. अपना पैसा उन नासमझ (अयोग्य) लोगों को मत दो, जिनकी देखभाल तुम्हारी ज़िम्मेदारी है, बल्कि उनसे अच्छा बर्ताव करो और उन्हें उसमें से खिलाओ-पिलाओ और अच्छे तरीक़े से बात करो।
6. यतीमों को उनकी समझदारी की आज़माइश लेने के बाद ही उनका माल वापस करो, जब वे शादी की उम्र तक पहुँच जाएँ। उनके बड़े होने से पहले जल्दी में उनका माल खर्च मत करो। अगर कोई सरपरस्त (वली) खुद मालदार हो, तो उसे यतीम के माल को हाथ नहीं लगाना चाहिए। लेकिन अगर वह ग़रीब हो, तो वह सिर्फ़ ज़रूरत के मुताबिक़ ही इस्तेमाल कर सकता है। जब माल उन्हें वापस करो, तो गवाह बना लो। और याद

रखो, अल्लाह हर चीज़ का हिसाब लेने वाला है।
7. मर्दों को उनके ख़ानदान की विरासत में हिस्सा मिलता है, और औरतों को भी उनके माँ-बाप और रिश्तेदारों की विरासत में हिस्सा मिलता है, चाहे वह थोड़ा हो या ज़्यादा। यह अल्लाह का हुक्म है।
8. जब विरासत तक़सीम की जाए और वहाँ रिश्तेदार, यतीम और ग़रीब मौजूद हों, तो उन्हें भी उसमें से कुछ दे दो और उनसे अच्छे अल्फ़ाज़ में बात करो।
9. जो लोग डरते हैं कि अगर वे मर गए तो उनके पीछे उनके बच्चे कमज़ोर और बेसहारा रह जाएँगे, उन्हें अल्लाह से डरना चाहिए और सच बोलना चाहिए।
10. जो लोग ज़ुल्म से यतीमों का माल खाते हैं, वे दरअसल अपने पेट में आग भर रहे हैं। और वे यक़ीनन जहन्नम की आग में झोंके जाएँगे।
11. अल्लाह तुम्हें तुम्हारी औलाद की विरासत के बारे में हुक्म देता है: बेटे का हिस्सा दो बेटियों के बराबर होगा। अगर दो या उससे ज़्यादा बेटियाँ हों, तो उन्हें तर्के (विरासत) का दो तिहाई हिस्सा मिलेगा। अगर सिर्फ़ एक बेटी हो, तो उसे आधा हिस्सा मिलेगा। अगर मरने वाले की औलाद हो, तो उसके वालिद (पिता) और वालिदा (मां) में से हर एक को छठा हिस्सा मिलेगा। लेकिन अगर उसकी कोई औलाद न हो और सिर्फ़ वालिदैन ही वारिस हों, तो माँ को एक तिहाई हिस्सा मिलेगा। अगर उसके भाई-बहन भी हों, तो माँ को छठा हिस्सा मिलेगा। ये सब हिस्से उस वक़्त निकाले जाएँगे जब मरने वाले की वसीयत पूरी कर दी जाए और उसका क़र्ज़ अदा कर दिया जाए। तुम नहीं जानते कि तुम्हारे वालिदैन और औलाद में से कौन तुम्हारे लिए ज़्यादा फ़ायदा पहुँचाने वाला है। ये हिस्से अल्लाह ने मुक़र्रर किए हैं, और वह सब कुछ जानने वाला और समझने वाला है।
12. अगर तुम्हारी बीवियाँ मर जाएँ और उनकी कोई औलाद न हो, तो तुम्हें उनके तर्के (विरासत) का आधा हिस्सा मिलेगा। लेकिन अगर उनकी औलाद हो, तो तुम्हें एक चौथाई हिस्सा मिलेगा, उनकी वसीयत पूरी करने और क़र्ज़ अदा करने के बाद। और अगर तुम मर जाओ और तुम्हारी कोई औलाद न हो, तो तुम्हारी बीवियों को तुम्हारे तर्के का चौथाई हिस्सा मिलेगा। लेकिन अगर तुम्हारी औलाद हो, तो उन्हें आठवां हिस्सा मिलेगा, वसीयत और क़र्ज़ अदा करने के बाद। अगर मरने वाला ऐसा शख़्स हो जिसकी न तो औलाद हो और न ही वालिदैन ज़िंदा हों, लेकिन उसका एक भाई या बहन हो, तो उन्हें छठा हिस्सा मिलेगा। लेकिन अगर भाई-बहन एक से ज़्यादा हों, तो वे सब एक तिहाई हिस्से को आपस में बाँट लेंगे, वसीयत और क़र्ज़ अदा करने के बाद, ताकि किसी को नुकसान न पहुँचे। ये अल्लाह का हुक्म है, और अल्लाह बड़ा जानने वाला और बुर्दबार (सब्र करने वाला) है।
13. ये अल्लाह के मुक़र्रर किए हुए हदें हैं। जो अल्लाह और उसके रसूल की इताअत (आज्ञा) करेगा, अल्लाह उसे ऐसी जन्नत में दाख़िल करेगा जहाँ नहरें बह रही होंगी, और वह वहाँ हमेशा रहेगा। यही सबसे बड़ी कामयाबी है।
14. और जो अल्लाह और उसके रसूल की नाफ़रमानी करेगा और उसकी मुक़र्रर की हुई हदों से तजावुज़

(उल्लंघन) करेगा, अल्लाह उसे जहन्नम में डाल देगा, जहाँ वह हमेशा रहेगा। उसके लिए बहुत ज़लील करने वाली सज़ा है।

15. अगर तुम्हारी औरतों में से कोई बेहयाई का काम (ज़िना) करे, तो चार गवाह पेश करो। अगर वे गवाही दे दें, तो उन औरतों को घर में बंद रखो जब तक कि उनकी मौत न आ जाए या अल्लाह उनके लिए कोई दूसरा रास्ता न बना दे।

16. अगर कोई मर्द और औरत ज़िना करें, तो उन्हें सज़ा दो। लेकिन अगर वे तौबा (पश्चाताप) कर लें और अच्छा बर्ताव अपनाएँ, तो उन्हें छोड़ दो। अल्लाह बड़ा मेहरबान और बख़्शने वाला है।

17. अल्लाह की रहमत उन लोगों के लिए है जो जहालत में बुरा काम कर बैठते हैं, लेकिन फिर जल्दी ही तौबा कर लेते हैं। ऐसे लोगों को अल्लाह माफ़ कर देता है, क्योंकि वह सब कुछ जानने वाला और हिकमत वाला है।

18. लेकिन तौबा (पश्चाताप) उन लोगों के लिए नहीं है जो जीवन भर बुरे काम करते रहते हैं और जब मौत करीब आती है, तब कहते हैं, 'अब मैं तौबा करता हूँ।' और न ही उन लोगों के लिए है जो काफ़िर (अविश्वासी) मर जाते हैं। ऐसे लोगों के लिए हमने दर्दनाक सज़ा तैयार कर रखी है।

19. ऐ ईमान वालों! तुम्हें अपनी औरतों को ज़बरदस्ती विरासत में लेने की इजाज़त नहीं है। और न ही उनके साथ सख़्ती से पेश आओ ताकि उनके महर (शादी का तोहफ़ा) का कुछ हिस्सा वापस ले सको, जब तक कि वे कोई साफ़ ग़लत काम न करें। उनके साथ अच्छे बरताव से रहो। अगर तुम्हें उनसे नफ़रत हो भी जाए, तो हो सकता है कि तुम्हें कोई चीज़ पसंद न हो लेकिन अल्लाह उसी में तुम्हारे लिए बहुत भलाई रख दे।

20. अगर तुम अपनी बीवी को छोड़कर दूसरी से शादी करना चाहो, और तुमने उसे बहुत सा माल (जहेज़) दिया हो, तो उससे कुछ भी वापस मत लो। क्या तुम यह झूठ और खुला गुनाह करके हासिल करना चाहते हो?

21. तुम अपना दिया हुआ माल (महर) कैसे वापस ले सकते हो जबकि तुम दोनों एक-दूसरे के इतने क़रीब आ चुके हो और उन्होंने तुमसे मज़बूत अहद (निकाह का वादा) लिया है?

22. तुम उन औरतों से शादी मत करो जिनसे तुम्हारे बाप ने शादी की थी, सिवाय इसके कि यह पहले (इस हुक्म के आने से पहले) हो चुका हो। यह बहुत बुरा और नफ़रत के लायक काम है और बुरी रवायत थी।

23. तुम पर ये औरतें हराम की गई हैं: तुम्हारी माँ, तुम्हारी बेटियाँ, तुम्हारी बहनें, तुम्हारी फूफियाँ (बाप की बहनें), तुम्हारी ख़ालाएँ (माँ की बहनें), तुम्हारी भतीजियाँ (भाई की बेटियाँ), तुम्हारी भांजियाँ (बहन की बेटियाँ), तुम्हारी वह माएँ जिन्होंने तुम्हें दूध पिलाया हो (रज़ाई माँ), तुम्हारी दूध-शरीक बहनें, तुम्हारी बीवियों की माएँ, और तुम्हारी बीवियों की वो बेटियाँ जो तुम्हारी परवरिश में पली-बढ़ी हों, बशर्ते कि तुम उनकी माओं के साथ जिस्मानी ताल्लुक़ात क़ायम कर चुके हो। लेकिन अगर सिर्फ़ निकाह हुआ हो और ताल्लुक़ात न बने हों, तो उनकी बेटियों से शादी करना जायज़ है। तुम पर यह भी हराम है कि अपने हक़ीक़ी बेटों की बीवियों से शादी करो। और यह भी हराम है कि एक ही निकाह में दो बहनों को इकट्ठा रखो, सिवाय इसके कि जो पहले

हो चुका हो। अल्लाह बड़ा बख़्शने वाला और मेहरबान है।

24. जो औरतें पहले से किसी और के निकाह में हैं, वे भी तुम्हारे लिए हराम हैं, सिवाय उन औरतों के जो (जंग में) तुम्हारी क़ैद में आ जाएँ। यह अल्लाह का हुक्म है। इनके अलावा जो औरतें हैं, वे तुम्हारे लिए जायज़ हैं, बशर्ते कि तुम उन्हें अपने माल से (महर देकर) निकाह के बंधन में बाँधो, सिर्फ़ अपनी ख़्वाहिशों को पूरा करने के लिए नहीं। फिर जब तुम उनसे निकाह का लुत्फ़ उठाओ, तो उन्हें उनका महर देना ज़रूरी है। हाँ, अगर महर तय करने के बाद आपसी रज़ामंदी से उसमें कोई बदलाव कर लिया जाए तो इसमें कोई हरज नहीं। अल्लाह सब कुछ जानने वाला और हिकमत वाला है।

25. अगर तुम में से कोई शख़्स इतनी इस्तेताअत (सामर्थ्य) नहीं रखता कि किसी आज़ाद मुसलमान औरत से निकाह कर सके, तो वह किसी मुसलमान लौंडी (गुलाम औरत) से निकाह कर सकता है जो तुम्हारी मिल्कियत में हो। अल्लाह तुम्हारे ईमान को जानता है, तुम सब एक ही उम्मत के लोग हो। इसलिए उनके मालिकों की इजाज़त से उनसे निकाह करो और मुनासिब तरीके से उन्हें उनका महर दो, ताकि वे निकाह के बंधन में रहकर महफ़ूज़ रहें और खुलेआम ज़िना या चोरी-छिपे मोहब्बत के ताल्लुक़ात में न पड़ें। फिर अगर वे शादी के बाद भी ज़िना की मुरतकिब (दोषी) पाई जाएँ, तो उन्हें आज़ाद औरतों के मुक़ाबले में आधी सज़ा दी जाएगी। यह उन लोगों के लिए रियायत है जो शादी न करने से गुनाह में पड़ने का ख़तरा रखते हैं। लेकिन अगर तुम परहेज़गारी इख़्तियार करो तो यह तुम्हारे लिए बेहतर है। और अल्लाह बड़ा बख़्शने वाला और मेहरबान है।

26. अल्लाह चाहता है कि वह तुम्हारे लिए (हलाल और हराम की) बातें साफ कर दे, और तुम्हें उन अच्छे तरीकों पर चलने की हिदायत दे जो तुमसे पहले के नेक लोगों के थे, और वह तुम्हारी तौबा (पश्चाताप) कबूल करना चाहता है। और अल्लाह सबकुछ जानने वाला और बुद्धिमान है।

27. अल्लाह तुम्हारी तौबा कबूल करना चाहता है, लेकिन जो लोग अपनी शहवत (इच्छाओं) के पीछे चलते हैं, वे चाहते हैं कि तुम सही रास्ते से भटक जाओ और पूरी तरह गुमराह हो जाओ।

28. अल्लाह चाहता है कि तुम्हारे लिए (धार्मिक आदेशों को) आसान कर दे, क्योंकि इंसान (स्वभाव से) कमज़ोर बनाया गया है।

29. ऐ ईमान वालों! एक दूसरे का माल नाजायज़ तरीक़ों से मत खाओ, सिवाय इसके कि वो आपसी रज़ामंदी से किसी तिजारत (व्यापार) के ज़रिए हो। और अपने आप को हलाकत में मत डालो (ख़ुदकुशी मत करो और न ही एक दूसरे का क़त्ल करो)। बेशक, अल्लाह तुम पर मेहरबान है।

30. और जो कोई ज़ुल्म और ज़्यादती के साथ ऐसा करेगा, उसे हम जहन्नम की आग में डालेंगे। और यह अल्लाह के लिए बहुत आसान है।

31. अगर तुम बड़े गुनाहों से बचोगे, जिनसे तुम्हें रोका गया है, तो हम तुम्हारे छोटे गुनाहों को माफ़ कर देंगे और तुम्हें इज़्ज़त के साथ (जन्नत में) दाख़िल करेंगे।

32. और उन चीज़ों की ख़्वाहिश मत करो, जिनमें अल्लाह ने तुम में से कुछ लोगों को दूसरों पर फज़ीलत दी

है। मर्दों के लिए वह है जो उन्होंने कमाया, और औरतों के लिए वह है जो उन्होंने कमाया। और अल्लाह से उसका फ़ज़्ल (इनाम) माँगो। बेशक, अल्लाह हर चीज़ को जानने वाला है।

33. हर एक के लिए हमने वारिस (जानशीन) बनाए हैं, जो कुछ भी माँ-बाप और रिश्तेदार छोड़ जाएँ। और जिन लोगों से तुम्हारे अहद (क़सम) हुए हैं, उन्हें भी उनका हिस्सा दो। बेशक, अल्लाह हर चीज़ का गवाह है।

34. मर्द औरतों के सरपरस्त (ज़िम्मेदार) हैं क्योंकि अल्लाह ने एक को दूसरे पर फज़ीलत दी है और क्योंकि वे अपने माल (दौलत) से ख़र्च करते हैं। इसलिए नेक औरतें फ़रमाबरदार होती हैं और अपने शौहर की ग़ैर-मौजूदगी में उसकी माल और इज़्ज़त की हिफ़ाज़त करती हैं, जैसा कि अल्लाह ने हुक्म दिया है। लेकिन जिन औरतों से तुम्हें बदचलनी का अंदेशा हो, पहले उन्हें समझाओ, फिर (अगर न मानें) उनसे बिस्तर अलग कर लो, और (फिर भी न संभलें) तो हल्की सज़ा दो। लेकिन अगर वे संभल जाएँ, तो उनके ख़िलाफ़ और कोई रास्ता मत ढूँढो। बेशक, अल्लाह सबसे बुलंद और सबसे बड़ा है।

35. और अगर तुम्हें शौहर और बीवी के दरमियान ना-इत्तेफाक़ी का ख़ौफ़ हो, तो एक आदमी शौहर के घराने से और एक आदमी बीवी के घराने से (सुलह कराने के लिए) मुक़र्रर करो। अगर दोनों सुलह चाहेंगे, तो अल्लाह उनके दरमियान मेल-मिलाप करा देगा। बेशक,अल्लाह सब कुछ जानने वाला और हर बात से ख़बरदार है।

36. अल्लाह की इबादत करो और उसके साथ किसी को शरीक मत ठहराओ। और माँ-बाप, रिश्तेदारों, यतीमों, ग़रीबों, क़रीबी पड़ोसियों, दूर के पड़ोसियों, साथ बैठने वालों, मुसाफ़िरों और जो तुम्हारे इख़्तियार में हैं, उनके साथ अच्छा सुलूक करो। बेशक, अल्लाह उन लोगों को पसंद नहीं करता जो मग़रूर और तक़ब्बुर करने वाले हैं।

37. जो लोग ख़ुद कंजूसी करते हैं और दूसरों को भी कंजूसी करने के लिए कहते हैं, और जो कुछ अल्लाह ने उन्हें अपने फ़ज़्ल से दिया है, उसे छुपाते हैं – हमने ऐसे काफ़िरों के लिए ज़िल्लत भरी सज़ा तैयार कर रखी है।

38. और जो लोग अपना माल लोगों को दिखावे के लिए ख़र्च करते हैं और न अल्लाह पर ईमान रखते हैं और न ही आख़िरत के दिन पर। और जिसका साथी शैतान हो, तो वह कितना बुरा साथी है!

39. अगर वे अल्लाह और आख़िरत के दिन पर ईमान लाते और अल्लाह ने जो कुछ उन्हें दिया है, उसमें से ख़र्च करते, तो उनका क्या बिगड़ जाता? और अल्लाह उनके हाल से पूरी तरह वाक़िफ़ है।

40. बेशक, अल्लाह किसी पर ज़र्रा बराबर भी ज़ुल्म नहीं करता। और अगर कोई नेकी करता है, तो वह उसे बढ़ा देता है और अपनी तरफ़ से बड़ा इनाम देता है।

41. फिर उस दिन क्या हाल होगा जब हम हर उम्मत से एक गवाह लाएँगे और (ऐ मुहम्मद ﷺ!) हम आपको इन लोगों के ख़िलाफ़ एक गवाह बनाएंगे?

42. उस दिन जो लोग काफ़िर हुए और रसूल की नाफ़रमानी की, वे चाहेंगे कि ज़मीन उन्हें ढाँप ले (ताकि वे छुप जाएँ)। और वे अल्लाह से कोई भी बात छुपा नहीं सकेंगे।

43. ऐ ईमान वालों! जब तुम नशे की हालत में हो, तो नमाज़ के करीब मत जाओ, जब तक कि तुम्हें यह न समझ आए कि तुम क्या कह रहे हो। और न ही जनाबत (नापाकी) की हालत में, सिवाय इसके कि तुम रास्ते से गुज़र रहे हो, जब तक कि गुस्ल न कर लो। और अगर तुम बीमार हो, सफ़र में हो, या बेत-उल-ख़ला (शौचालय) से आओ, या औरतों से ताल्लुक़ात क़ायम कर चुके हो और पानी न मिले, तो पाक मिट्टी तलाश करो और उससे अपने चेहरे और हाथों पर मसह (हाथ फेरना) करो। बेशक, अल्लाह बख़्शने वाला और दरगुज़र करने वाला है।

44. क्या तुमने उन लोगों को नहीं देखा जिन्हें किताब (तौरात) का कुछ हिस्सा दिया गया था, जो गुमराही ख़रीद रहे हैं और चाहते हैं कि तुम भी राह से भटक जाओ?

45. अल्लाह तुम्हारे दुश्मनों को सबसे बेहतर जानता है, और अल्लाह तुम्हारे लिए काफ़ी मददगार और हामि (समर्थक, सहायता करने वाला) है।

46. यहूदियों में से कुछ ऐसे हैं जो बातों को उनके असल मानी से बदल देते हैं और कहते हैं, 'हमने सुना और नहीं माना' और 'सुनो, मगर तुम्हें कुछ सुनाई न दे' और 'राअना' (एक लफ़्ज़ जिससे वे मज़ाक उड़ाते थे) कहकर अपनी ज़ुबान को मोड़ते हैं और दीन को बदनाम करते हैं। अगर वे कहते, 'हमने सुना और माना' और 'हम पर तवज्जोह दो,' तो यह उनके लिए बेहतर और ज़्यादा मुनासिब होता। लेकिन अल्लाह ने उनके कुफ़्र (इंकार) की वजह से उन पर लानत कर दी है, इसीलिए वे बहुत ही कम ईमान लाते हैं।

47. ऐ अहल-ए-किताब (यहूदियो और ईसाइयो)! उस चीज़ पर ईमान लाओ जो हमने (मुहम्मद ﷺ पर) नाज़िल की है, जो तुम्हारी किताब (तौरात और इंजील) की तस्दीख़ करती है, इससे पहले कि हम तुम्हारे चेहरों को मिटा दें और उन्हें उल्टा पलट दें, या तुम पर वैसी ही लानत भेज दें जैसी हमने सब्त (हफ़्ता) तोड़ने वालों पर भेजी थी। और अल्लाह का फ़ैसला यक़ीनन पूरा होकर रहता है।

48. बेशक, अल्लाह शिर्क (उसके साथ किसी को शरीक ठहराने) को माफ़ नहीं करेगा, लेकिन इससे कम गुनाह जिसे चाहे माफ़ कर देगा। और जिसने शिर्क किया, उसने एक बड़ा गुनाह अपने सिर पर ले लिया।

49. क्या तुमने उन लोगों को नहीं देखा जो अपने आप को पाक-साफ़ समझते हैं? दरअसल, अल्लाह जिसे चाहे पाक करता है, और उन पर ज़रा बराबर ज़ुल्म नहीं किया जाएगा।

50. देखो, वे अल्लाह पर झूठ बना रहे हैं, और यह खुला हुआ गुनाह करने के लिए काफ़ी है।

51. क्या तुमने उन लोगों को नहीं देखा जिन्हें किताब का कुछ हिस्सा दिया गया था, लेकिन वे झूठे माबूदों (बुतों) पर ईमान रखते हैं? और वे काफ़िरों के बारे में कहते हैं कि 'ये लोग ईमान वालों से ज़्यादा सीधे रास्ते पर हैं'?

52. यही वे लोग हैं जिन पर अल्लाह ने लानत की है, और जिसे अल्लाह लानत दे, उसके लिए तुम कोई मददगार नहीं पाओगे।

53. क्या इनके पास बादशाहत या ताक़त में कोई हिस्सा है? अगर ऐसा होता, तो ये दूसरों को एक पैसा भी न देते!

54. फिर क्या ये लोग दूसरों से इस लिए जल रहे हैं कि अल्लाह ने उन्हें अपने फ़ज़ल (रहमत) से नवाज़ दिया? लेकिन इन्हें याद रखना चाहिए कि हमने तो इब्राहीम (अलैहिस्सलाम) की औलाद को किताब और हिकमत (इल्म) दी और उन्हें अज़ीम सल्तनत अता की।

55. उनमें से कुछ इस पर ईमान लाए और कुछ ने इससे मुँह मोड़ लिया। और जहन्नम की जलती हुई आग उनके लिए काफ़ी है।

56. बिलाशक, जो लोग हमारी आयात का इंकार करते हैं, हम उन्हें आग में डालेंगे। जब भी उनकी खाल जल जाएगी, हम उसे नई खाल से बदल देंगे ताकि वे सज़ा का मज़ा चखते रहें। बेशक, अल्लाह बड़ा ताक़तवर और हिकमत वाला है।

57. लेकिन जो लोग ईमान लाए और अच्छे काम किए, उन्हें हम ऐसे बाग़ों में दाख़िल करेंगे जिनके नीचे नहरें बह रही होंगी। वे वहाँ हमेशा रहेंगे। वहाँ उनके लिए पाकीज़ा साथी होंगे और हम उन्हें घने साए में भी रखेंगे।

58. बिलाशक, अल्लाह तुम्हें हुक्म देता है कि अमानतों को उनके हक़दारों तक पहुँचाओ और जब लोगों के बीच फ़ैसला करो तो इंसाफ़ के साथ करो। बेशक, अल्लाह की दी हुई यह नसीहत बहुत उम्दा है। बेशक, अल्लाह सब कुछ सुनने और देखने वाला है।

59. ऐ ईमान लाने वालों! अल्लाह की इताअत करो, रसूल की भी इताअत करो, और अपने में से जो ज़िम्मेदार (हाकिम) हों, उनकी भी। और अगर किसी मामले में इख़्तिलाफ़ हो जाए तो उसे अल्लाह और रसूल की तरफ़ लौटा दो, अगर तुम अल्लाह और क़यामत के दिन पर ईमान रखते हो। यही बेहतरीन तरीक़ा है और अंजाम के लिहाज़ से भी उम्दा है।

60. क्या आपने उन लोगों को नहीं देखा जो दावा करते हैं कि वे उस पर ईमान रखते हैं जो आप (मुहम्मद ﷺ) पर और आपसे पहले नाज़िल किया गया, लेकिन फिर भी वे अपने फ़ैसलों के लिए झूठी ताक़तों (शैतानी निज़ामों) की तरफ़ रुजू करते हैं? जबकि उन्हें हुक्म दिया गया था कि वे उनका इंकार करें। लेकिन शैतान उन्हें बहुत दूर की गुमराही में ले जाना चाहता है।

61. और जब उनसे कहा जाता है कि 'अल्लाह की नाज़िल की हुई किताब और रसूल के पास आओ,' तो आप देखेंगे कि ये मुनाफ़िक़ (दिखावा करने वाले) आपसे मुँह मोड़कर दूर भाग जाते हैं।

62. फिर क्या हाल होगा जब उन पर कोई मुसीबत आ पड़ेगी, जो उनके अपने हाथों के आमाल की वजह से होगी, और फिर वे आपके पास आएंगे और अल्लाह की क़सम खाएँगे कि 'हम तो सिर्फ़ भलाई और सुलह का इरादा रखते थे'?

63. ये वे लोग हैं जिनके दिलों का हाल अल्लाह जानता है। तो (ऐ नबी!) आप इन्हें नज़रअंदाज़ करें, उन्हें नेक नसीहत दें, और उन्हें ऐसी बातें कहें जो उनके दिलों में उतर जाएँ।

64. हमने कोई रसूल नहीं भेजा, सिवाय इसके कि उसकी इताअत अल्लाह के हुक्म से की जाए। और अगर ये लोग, जब इन्होंने अपने ऊपर ज़ुल्म किया, आपके पास आकर अल्लाह से बख़्शिश माँगते और रसूल भी उनके लिए बख़्शिश की दुआ करता, तो वे यक़ीनन अल्लाह को बड़ा बख़्शने वाला और मेहरबान पाते।

65. लेकिन नहीं! (ऐ नबी!) आपके रब की क़सम, ये कभी सच्चे मोमिन नहीं हो सकते जब तक कि अपने झगड़ों में आपको (फ़ैसला कुन) न बना लें, फिर आपके फ़ैसले से अपने दिल में कोई तंगी महसूस न करें, और पूरी तरह से उसे क़बूल न कर लें।
66. और अगर हम इन पर यह हुक्म नाफ़िज़ कर देते कि 'अपनी जान ले लो' या 'अपने घरों को छोड़ दो,' तो उनमें से थोड़े ही लोग इस पर अमल करते। लेकिन अगर वे वह करते जो उन्हें हुक्म दिया गया था, तो यह उनके लिए बेहतर होता और उनके ईमान को मजबूत करता।
67. और तब हम उन्हें अपनी तरफ़ से बहुत बड़ा अजर देंगे।
68. और उन्हें सीधा रास्ता दिखाते हैं।
69. और जो कोई अल्लाह और उसके रसूल की इताअत करेगा, वह उन लोगों के साथ होगा जिन पर अल्लाह ने फ़ज़्ल किया है—जैसे नबी, सच्चे लोग, शहीद, और नेक लोग। और ये लोग बेहतरीन साथी हैं।
70. यह अल्लाह का ख़ास फ़ज़्ल है, और अल्लाह हर चीज़ को जानने वाला है।
71. ऐ ईमान वालो! अपनी हिफ़ाज़त का ख़्याल रखो और (जिहाद के लिए) दस्तों में निकलो या फिर सब मिलकर निकलो।
72. और यक़ीनन तुम में से कोई ऐसा भी है जो पीछे रह जाता है। और अगर तुम पर कोई मुसीबत आ पड़े, तो वह कहता है, 'अल्लाह ने मुझ पर फ़ज़्ल किया कि मैं उनके साथ नहीं था।'
73. लेकिन अगर अल्लाह की तरफ़ से तुम्हें कोई फ़ायदा मिल जाए, तो वह ज़रूर कहेगा, गोया कि तुम्हारे और उसके दरमियान कभी कोई दोस्ती ही नहीं थी, 'काश! मैं भी उनके साथ होता, तो मुझे भी बड़ा फ़ायदा मिलता।'
74. जो लोग दुनिया की ज़िंदगी को आख़िरत के बदले बेच देते हैं, उन्हें अल्लाह के रास्ते में जिहाद करना चाहिए। और जो अल्लाह के रास्ते में लड़ेगा और शहीद हो जाएगा या फ़तह हासिल करेगा, हम उसे बड़ा अज्र देंगे।
75. आख़िर क्या वजह है कि तुम अल्लाह के रास्ते में उन बेबस मर्दों, औरतों और बच्चों के लिए नहीं लड़ते जो दबे कुचले हुए हैं और पुकार रहे हैं: 'ऐ हमारे रब! हमें इस बस्ती से निकाल दे जिसके रहने वाले ज़ालिम हैं, और अपनी तरफ़ से हमारा कोई मददगार और हमियती भेज दे।'
76. ईमान वाले अल्लाह के रास्ते में लड़ते हैं, और काफ़िर शैतान के रास्ते में लड़ते हैं। तो शैतान के पैरोकारों से जंग करो। बेशक, शैतान की चाल बहुत कमज़ोर होती है।
77. क्या तुमने उन लोगों को नहीं देखा जिनसे कहा गया था कि 'अपने हाथ (जिहाद से) रोके रखो, नमाज़ क़ायम करो और ज़कात अदा करो'? मगर जब उन पर जिहाद लाज़िम कर दिया गया, तो अचानक उनमें से एक गिरोह लोगों से इतना डरने लगा जितना कि अल्लाह से डरने का हक़ है, या उससे भी ज़्यादा। वे कहते हैं, 'ऐ हमारे रब! तूने हमें जंग का हुक्म क्यों दिया? काश! तूने हमें थोड़ी और मोहलत दी होती।' कह दो, 'दुनिया का फ़ायदा बहुत थोड़ा है, और जो शख़्स अल्लाह से डरे, उसके लिए आख़िरत कहीं बेहतर है, और

तुम पर ज़रा भी ज़ुल्म नहीं किया जाएगा।'

78. तुम जहाँ कहीं भी रहो, मौत तुम्हें आ ही पहुँचेगी, चाहे तुम मज़बूत क़िलों में ही क्यों न हो। और अगर उन्हें कोई भलाई मिले, तो वे कहते हैं, 'यह अल्लाह की तरफ़ से है।' और अगर उन्हें कोई मुसीबत आ पड़े, तो वे कहते हैं, 'यह तुम्हारी वजह से है।' कह दो, 'सब कुछ अल्लाह की तरफ़ से है।' तो फिर इन लोगों को क्या हो गया है कि ये कोई बात समझते ही नहीं?

79. जो भी भलाई तुम्हें मिलती है, वह अल्लाह की तरफ़ से है, और जो भी बुराई तुम्हें पहुँचती है, वह तुम्हारे अपने अमल की वजह से है। और (ऐ मुहम्मद ﷺ), हमने तुम्हें लोगों की तरफ़ एक रसूल बना कर भेजा है, और अल्लाह का गवाह होना काफ़ी है।

80. जो शख़्स रसूल की इताअत करता है, उसने दरअस्ल अल्लाह की इताअत की। और जो मुँह मोड़ लेता है, (ऐ मुहम्मद ﷺ) हमने तुम्हें उन पर निगरान नहीं बनाया है।

81. वे कहते हैं, 'हम इताअत करते हैं,' लेकिन जब वे तुम्हारे पास से चले जाते हैं, तो उनमें से एक गिरोह रात में उन बातों के ख़िलाफ़ साज़िश करता है जो वे कहते हैं। अल्लाह उनकी साज़िशों को लिख रहा है। इसलिए, तुम उन्हें नज़रअंदाज़ करो और अल्लाह पर भरोसा रखो। अल्लाह भरोसे के लिए काफ़ी है।

82. क्या ये लोग क़ुरआन पर ग़ौर नहीं करते? अगर यह अल्लाह के सिवा किसी और की तरफ़ से होता, तो इसमें बहुत से इख़्तिलाफ़ होते।

83. जब उनके पास कोई ख़बर (अमन या ख़ौफ़ से मुताल्लिक़) आती है, तो वे उसे फैला देते हैं। लेकिन अगर वे उसे रसूल (ﷺ) या अपने में से उन लोगों के पास ले जाते जो फ़ैसला करने वाले हैं, तो जो सही नतीजा निकाल सकते थे, वे इसे समझ लेते। और अगर अल्लाह का फ़ज़्ल और उसकी रहमत न होती, तो तुम सब शैतान के पीछे चले जाते, सिवाय कुछ लोगों के जो बच गए।

84. तो जंग करो, (ऐ मुहम्मद ﷺ) अल्लाह के रास्ते में; तुम सिर्फ़ अपनी ज़िम्मेदारी के लिए जवाबदेह हो। और ईमान वालों को प्रेरित करो कि वे तुम्हारे साथ खड़े हों। शायद अल्लाह काफ़िरों की ताक़त को रोक दे। और अल्लाह की ताक़त सबसे बड़ी है और उसका अज़ाब सबसे सख़्त है।

85. जो शख़्स किसी अच्छे काम के लिए सिफ़ारिश करेगा, उसे उसमें से एक हिस्सा मिलेगा; और जो शख़्स किसी बुरे काम के लिए सिफ़ारिश करेगा, उसे भी उसमें से एक हिस्सा मिलेगा। और अल्लाह हर चीज़ को देखने वाला है।

86. जब कोई तुम्हें सलाम (अभिवादन) करे, तो उससे बेहतर जवाब दो या कम से कम वैसा ही लौटाओ। यक़ीनन, अल्लाह हर चीज़ का हिसाब लेने वाला है।

87. अल्लाह—उसके सिवा कोई माबूद नहीं। वह यक़ीनन तुम्हें क़यामत के दिन इकट्ठा करेगा, जिसमें कोई शक नहीं। और अल्लाह से बढ़कर सच बोलने वाला कौन हो सकता है?

88. तो तुम्हें क्या हो गया है कि तुमने (मुनाफ़िक़ों के मामले में) दो गिरोह बना लिए हैं, हालाँकि अल्लाह ने उन्हें उनके अमल की वजह से गुमराह कर दिया है? क्या तुम ऐसे लोगों को हिदायत देना चाहते हो जिन्हें

अल्लाह ने गुमराह कर दिया है? जिसे अल्लाह गुमराह कर दे, उसके लिए तुम कोई रास्ता नहीं पा सकते।
89. वे चाहते हैं कि तुम भी उनके जैसे हो जाओ, जैसे उन्होंने इन्कार किया, ताकि तुम और वे बराबर हो जाओ। इसलिए जब तक वे अल्लाह के रास्ते में हिजरत न करें, उन्हें दोस्त न बनाओ। और अगर वे मुँह मोड़ लें, तो उन्हें पकड़ लो और जहाँ पाओ, मार डालो, और उनमें से किसी को अपना दोस्त या मददगार न बनाओ।
90. सिवाय उन लोगों के जो किसी ऐसी क़ौम के दरमियान हैं जिनसे तुम्हारा सुलह का इक़रार है, या जो तुम्हारे पास आकर यह महसूस करते हैं कि तुमसे या अपनी क़ौम से लड़ना उनके लिए मुश्किल है। अगर अल्लाह चाहता, तो उन्हें तुम्हारे ख़िलाफ़ ताक़त दे देता और वे तुमसे जंग करते। लेकिन अगर वे तुमसे अलग हो जाएँ, तुमसे जंग न करें, और अमन की पेशकश करें, तो अल्लाह ने तुम्हें उनके ख़िलाफ़ कोई हक़ नहीं दिया।
91. तुम्हें कुछ और लोग भी मिलेंगे जो तुमसे और अपनी क़ौम से अमन चाहते हैं। लेकिन जब भी उन्हें कुफ़्र की तरफ़ लौटने का मौक़ा मिलता है, वे फिर उसमें गिर जाते हैं। अगर वे तुमसे दूर नहीं होते, तुम्हें अमन नहीं देते, या अपने हाथ नहीं रोकते, तो उन्हें पकड़ लो और जहाँ पाओ, मार डालो। और उनके ख़िलाफ़ हमने तुम्हें साफ़ इजाज़त दे दी है।
92. किसी मोमिन के लिए यह जाइज़ नहीं कि वह किसी दूसरे मोमिन की हत्या करे, सिवाय ग़लती से। और जो कोई किसी मोमिन को ग़लती से मार डाले, तो उस पर एक मोमिन ग़ुलाम को आज़ाद करना और मारे गए शख़्स के घरवालों को दियत (ख़ून बहा) देना लाज़िम है, सिवाय इसके कि वे इसे दान में छोड़ दें। लेकिन अगर मारा गया शख़्स तुम्हारे दुश्मन क़ौम का था और मोमिन था, तो सिर्फ़ एक मोमिन ग़ुलाम को आज़ाद करना होगा। और अगर वह उस क़ौम का था जिसके साथ तुम्हारा अहद है, तो दियत देना और एक मोमिन ग़ुलाम को आज़ाद करना होगा। और जो शख़्स (ग़ुलाम या दियत) न पा सके, उसे लगातार दो महीने के रोज़े रखने होंगे, अल्लाह से तौबा की क़ुबूलियत के लिए। और अल्लाह हर चीज़ को जानने वाला और हिकमत वाला है।
93. लेकिन जो कोई जानबूझकर किसी मोमिन की हत्या करे, उसका अज़ाब जहन्नम है, जहाँ वह हमेशा रहेगा। और अल्लाह उस पर ग़ज़ब हुआ, उस पर लानत की, और उसके लिए भयानक अज़ाब तैयार किया है।
94. जब तुम अल्लाह के रास्ते में जंग के लिए निकलो, तो पहले जाँच-पड़ताल करो और जो तुम्हें सलाम करे, उससे यह मत कहो कि 'तुम मोमिन नहीं हो,' सिर्फ़ दुनियावी माल की ख़्वाहिश की वजह से। अल्लाह के पास बेशुमार दौलत है। तुम भी पहले ऐसे ही थे, फिर अल्लाह ने तुम पर अपना फ़ज़ल किया, तो अब जाँच-पड़ताल करो। बेशक, अल्लाह तुम्हारे अमल से बख़ूबी वाक़िफ़ है।
95. वे मोमिन जो बिना किसी बहाने घर बैठे रहते हैं और वे जो अल्लाह के रास्ते में अपने माल और जान से जिहाद करते हैं, बराबर नहीं हैं। अल्लाह ने अपने माल और जान से जिहाद करने वालों को घर बैठे रहने

वालों के मुक़ाबले में फ़ज़ीलत दी है। हर एक को अल्लाह ने अच्छे अज्र का वादा किया है, लेकिन अल्लाह ने मुजाहिदीन को घर बैठे रहने वालों से ज़्यादा बड़ा अज्र दिया है।

96. अल्लाह की तरफ़ से बुलंद दर्जे, मग़फ़िरत और रहम है। और अल्लाह बड़ा माफ़ करने वाला और रहम करने वाला है।

97. यक़ीनन, जब फ़रिश्ते उन लोगों की रूह निकालते हैं, जिन्होंने ख़ुद पर ज़ुल्म किया, तो वे उनसे पूछते हैं, 'तुम किस हाल में थे?' वे कहते हैं, 'हम ज़मीन में मजबूर (बेबस) थे।' फ़रिश्ते कहते हैं, 'क्या अल्लाह की ज़मीन तुम्हारे लिए इतनी वसीअ नहीं थी कि तुम हिजरत कर सकते?' ऐसे लोगों का ठिकाना जहन्नम है, और वह बहुत ही बुरा ठिकाना है।

98. लेकिन वे मर्द, औरतें और बच्चे जो सच में मजबूर हैं, न तो वे कोई तदबीर बना सकते हैं और न ही उन्हें कोई रास्ता दिखाया गया।

99. ऐसे लोगों से उम्मीद की जाती है कि अल्लाह उन्हें माफ़ कर देगा, और अल्लाह हमेशा माफ़ करने वाला और करीम है।

100. जो कोई भी अल्लाह के रास्ते में हिजरत करेगा, वह ज़मीन में बहुत सी जगह और रूस्वाई पाएगा। और जो कोई अपने घर से अल्लाह और उसके रसूल की तरफ़ हिजरत करता है और फिर उसकी मौत हो जाती है, तो उसका अज्र अल्लाह पर मुक़र्रर हो चुका है। और अल्लाह हमेशा माफ़ करने वाला और रहम करने वाला है।

101. और जब तुम ज़मीन में सफ़र करो और तुम्हें ख़ौफ़ हो कि काफ़िर तुम्हें नुक़सान पहुँचाएँगे, तो नमाज़ को मुख़्तसर करने में कोई गुनाह नहीं। यक़ीनन काफ़िर तुम्हारे साफ़ दुश्मन हैं।

102. और (ऐ मुहम्मद ﷺ) जब तुम उनके दरमियान हो और उनके लिए नमाज़ पढ़ाओ, तो उनमें से एक गिरोह तुम्हारे साथ खड़ा हो (नमाज़ के लिए) और अपने हथियार अपने पास रखे। फिर जब वे सज्दा कर लें, तो वे पीछे हट जाएँ और दूसरा गिरोह आए, जिसने अब तक नमाज़ नहीं पढ़ी हो, और वे तुम्हारे साथ नमाज़ पढ़ें और अपनी हिफ़ाज़त और हथियार साथ रखें। काफ़िर चाहते हैं कि तुम अपने हथियारों और सामान से ग़ाफ़िल हो जाओ ताकि वे तुम पर एक साथ हमला कर दें। अगर तुम्हें बारिश या बीमारी की वजह से हथियार रखने में तकलीफ़ हो, तो इसमें कोई गुनाह नहीं, लेकिन अपनी हिफ़ाज़त बनाए रखो। यक़ीनन अल्लाह ने काफ़िरों के लिए रुसवाई का अज़ाब तैयार किया है।

103. और जब तुम नमाज़ पूरी कर लो, तो अल्लाह को याद करो—खड़े होकर, बैठे हुए और लेटे हुए। फिर जब तुम महफ़ूज़ हो जाओ, तो नमाज़ को पूरे तरीके से क़ायम करो। बेशक, नमाज़ मोमिनों पर वक़्त के मुताबिक़ फ़र्ज़ की गई है।

104. और अपने दुश्मनों का पीछा करने में कमज़ोर मत पड़ो। अगर तुम्हें तकलीफ़ हो रही है, तो उन्हें भी तकलीफ़ हो रही है, जैसी तुम्हें हो रही है। लेकिन तुम अल्लाह से वह उम्मीद रखते हो जो वे नहीं रखते। और अल्लाह हर चीज़ को जानने वाला और बड़ा हिकमत वाला है।

105. बेशक, हमने तुम पर यह किताब (क़ुरआन) हक़ के साथ नाज़िल की है, ताकि तुम लोगों के बीच उस हिसाब से फ़ैसला करो जो अल्लाह ने तुम्हें दिखाया है। और धोखेबाज़ों की तरफ़दारी मत करो।
106. बल्कि, अल्लाह से माफ़ी माँगो, क्योंकि अल्लाह बड़ा माफ़ करने वाला और रहम करने वाला है।
107. और उन लोगों की तरफ़ से बहस मत करो जो ख़ुद को धोखा देते हैं। यक़ीनन, अल्लाह किसी भी गुनहगार और धोखेबाज़ को पसंद नहीं करता।
108. वे अपनी बुराइयाँ लोगों से छुपाते हैं, लेकिन अल्लाह से नहीं छुपा सकते। और वह (अल्लाह) उनके साथ होता है (अपने इल्म से) जब वे रात में ऐसी बातें करते हैं जिन्हें वह पसंद नहीं करता। और अल्लाह उनके सारे अमल को अपने घेरे में लिए हुए है।
109. देखो, यह तुम हो! तुमने दुनिया की ज़िंदगी में उनकी तरफ़दारी में बहस की, लेकिन क़यामत के दिन अल्लाह के सामने उनकी तरफ़ से कौन बहस करेगा? या कौन उनका वकील (हमी) होगा?
110. और जो कोई बुराई करे या ख़ुद पर ज़ुल्म करे, फिर अल्लाह से माफ़ी माँगे, तो वह अल्लाह को बड़ा माफ़ करने वाला और रहम करने वाला पाएगा।
111. और जो कोई गुनाह करता है, वह सिर्फ़ अपने ही नुक़सान के लिए करता है, क्योंकि अल्लाह हमेशा हर चीज़ को जानने वाला और हिकमत वाला है।
112. और जो कोई कोई गुनाह या जुर्म करे, फिर उसे किसी बेगुनाह पर डाल दे, तो उसने यक़ीनन अपने ऊपर बोहतान और खुले गुनाह का बोझ उठाया।
113. और अगर अल्लाह का तुम पर फ़ज़्ल और उसकी रहमत न होती, तो उनमें से एक गिरोह तुम्हें गुमराह करने का इरादा कर चुका था। लेकिन वे सिर्फ़ ख़ुद को ही गुमराह करते हैं, और तुम्हें कोई नुक़सान नहीं पहुँचा सकते। और अल्लाह ने तुम पर किताब (क़ुरआन) और हिकमत (समझ) नाज़िल की, और तुम्हें वे बातें सिखाईं जो तुम नहीं जानते थे। और अल्लाह का तुम पर फ़ज़्ल हमेशा बहुत बड़ा रहा है।
114. उनकी ज़्यादातर ख़फ़िया बातचीत में कोई भलाई नहीं, सिवाय उन लोगों के जो ख़ैरात देने, भलाई की बात करने या लोगों के बीच सुलह कराने का हुक्म देते हैं। और जो यह काम सिर्फ़ अल्लाह की रज़ा के लिए करे, हम उसे बड़ा अज्र देंगे।
115. और जो शख़्स हक़ (ईमान) ज़ाहिर हो जाने के बाद रसूल (सल्लल्लाहु अलैहि वसल्लम) की मुख़ालफ़त करे और मोमिनों के रास्ते के सिवा किसी और रास्ते पर चले, हम उसे उसी तरफ़ मोड़ देंगे, जिसे उसने चुना है, और उसे जहन्नम में डाल देंगे। और वह कितनी बुरी जगह है जाने के लिए।
116. यक़ीनन, अल्लाह शिर्क (अल्लाह के साथ किसी को शरीक ठहराना) को माफ़ नहीं करता, लेकिन इससे कम जो भी हो, जिसे चाहे माफ़ कर देता है। और जो कोई अल्लाह के साथ किसी को शरीक ठहराए, वह यक़ीनन बहुत दूर की गुमराही में चला गया।
117. वे अल्लाह को छोड़कर सिर्फ़ औरतों (मूर्तियों) को पुकारते हैं। बल्कि हक़ीक़त में तो वे सिर्फ़ एक सरकश शैतान को पुकारते हैं।"

118. जिस पर अल्लाह ने लानत की, उसने कहा: 'यक़ीनन मैं तेरे बंदों में से एक मुक़र्रर हिस्सा ले लूँगा।'
119. और मैं उन्हें गुमराह करूँगा, और उनकी ख़्वाहिशों को भड़काऊँगा, और यक़ीनन उन्हें हुक्म दूँगा कि वे जानवरों के कान काटें, और यक़ीनन उन्हें हुक्म दूँगा कि वे अल्लाह की बनाई हुई सूरत को बदल दें। और जो कोई शैतान को अल्लाह के बदले दोस्त बना लेता है, वह यक़ीनन साफ़ नुक़सान में है।
120. शैतान उन्हें वादे करता है और झूठी उम्मीदें दिलाता है, मगर शैतान के वादे सिर्फ़ धोखा होते हैं।
121. वे लोग—उनका ठिकाना जहन्नम है, और वे उससे कभी बच नहीं सकेंगे।
122. और जो लोग ईमान लाए और अच्छे अमल किए, हम उन्हें ऐसे जन्नतों में दाख़िल करेंगे, जहाँ नहरें बह रही होंगी। वे वहाँ हमेशा के लिए रहेंगे। यह अल्लाह का सच्चा वादा है, और अल्लाह से बढ़कर सच्चा कौन हो सकता है?
123. यह (अज़ाब या इनाम) न तो तुम्हारी ख़्वाहिशों पर निर्भर है और न अहले-किताब की ख़्वाहिशों पर। जो कोई बुराई करेगा, उसे उसी का बदला मिलेगा, और वह अल्लाह के सिवा किसी को भी न अपना मददगार पाएगा और न ही सहायक।
124. और जो कोई अच्छा काम करेगा, चाहे वह मर्द हो या औरत, बशर्ते कि वह ईमान रखता हो, तो वे ही लोग जन्नत में दाख़िल होंगे, और उन पर ज़रा भी ज़ुल्म नहीं किया जाएगा।
125. और उससे बढ़कर अच्छा कौन हो सकता है जिसका दीन यह हो कि वह ख़ुद को अल्लाह के लिए समर्पित कर दे, और वह सिर्फ़ एक ही ख़ुदा पर ईमान रखता हो और इब्राहीम (अलैहिस्सलाम) के दीन का पालन कर रहा हो? और अल्लाह ने इब्राहीम को अपना ख़ास दोस्त (ख़लील) बनाया।
126. और जो कुछ आसमानों और ज़मीन में है, वह सब अल्लाह ही का है, और अल्लाह हर चीज़ को अपने क़ाबू में रखे हुए है।
127. और लोग आपसे (ऐ मुहम्मद ﷺ) औरतों के बारे में फ़ैसला माँगते हैं। आप कह दीजिए, 'अल्लाह तुम्हें उनके बारे में फ़ैसला देता है, और जो किताब में तुमसे कहा गया है—वह उन यतीम लड़कियों के बारे में है, जिनका हक़ तुम उन्हें नहीं देते और फिर भी उनसे शादी करना चाहते हो—और उन दबे-कुचले बच्चों के बारे में भी है। और यह कि तुम यतीमों के हक़ को इंसाफ़ के साथ अदा करो। और जो भी अच्छा काम करोगे, यक़ीनन अल्लाह उसे बख़ूबी जानता है।'
128. अगर किसी औरत को अपने शौहर से बुरा सुलूक या उपेक्षा का ख़ौफ़ हो, तो उन दोनों पर कोई गुनाह नहीं अगर वे आपसी समझौता कर लें। समझौता ही बेहतर है। इंसान का नफ़्स लालच और स्वार्थ की तरफ़ झुका रहता है, लेकिन अगर तुम भलाई करो और अल्लाह से डरते रहो, तो यक़ीनन अल्लाह तुम्हारे सारे अमल से वाक़िफ़ है।
129. तुम अपनी बीवियों के बीच पूरा इंसाफ़ कभी नहीं कर सकते, चाहे जितना भी चाहो। इसलिए किसी एक की तरफ़ इतना न झुको कि दूसरी को लटका दो (न तलाक़ दो, न उसका हक़ पूरा करो)। और अगर तुम इंसाफ़ करो, भलाई करो और अल्लाह से डरते रहो, तो यक़ीनन अल्लाह बड़ा माफ़ करने वाला और रहम

करने वाला है।

130. लेकिन अगर वे (शौहर और बीवी) अलग हो जाएँ (तलाक़ के ज़रिए), तो अल्लाह अपने फ़ज़्ल से दोनों को काफ़ी रोज़ी देगा। और अल्लाह अपने बंदों के लिए काफ़ी है, और वह बड़ा हिकमत वाला है।

131. आसमानों और ज़मीन में जो कुछ भी है, सबका मालिक अल्लाह है। और हमने तुमसे पहले अहले-किताब (पहले की किताबों के मानने वालों) को और अब तुम्हें यह हुक्म दिया है कि अल्लाह से डरो और उसकी इताअत करो। अगर तुम इन्कार कर दो, तो जान लो कि आसमानों और ज़मीन की हर चीज़ अल्लाह ही की है। और अल्लाह सबसे बेपरवाह (ग़नी) है और हर तारीफ़ का हक़दार है।

132. आसमानों और ज़मीन में जो कुछ भी है, वह सब अल्लाह ही का है। और अल्लाह हर मामले को संभालने के लिए काफ़ी है।

133. अगर अल्लाह चाहे तो (ऐ लोगों!) तुम्हें हटाकर दूसरों को ले आ सकता है। और अल्लाह हर चीज़ पर पूरी तरह क़ादिर है।

134. जो शख़्स सिर्फ़ दुनिया का बदला (इनाम) चाहता है, तो याद रखो कि दुनिया और आख़िरत दोनों का इनाम अल्लाह ही के पास है। और अल्लाह हर चीज़ को सुनने और देखने वाला है।

135. ऐ ईमान वालों! इंसाफ़ पर मज़बूती से क़ायम रहो और अल्लाह के लिए गवाही दो, चाहे वह तुम्हारे ख़िलाफ़ हो, तुम्हारे वालिदैन के ख़िलाफ़ हो, या तुम्हारे रिश्तेदारों के ख़िलाफ़ हो, चाहे वह अमीर हो या ग़रीब। अल्लाह दोनों का भला चाहता है। इसलिए अपनी ख़्वाहिशों का इत्तिबा न करो कि कहीं इंसाफ़ से भटक न जाओ। और अगर तुम गवाही में टालमटोल करो या झूठ बोलो, तो यक़ीनन अल्लाह तुम्हारे सारे अमल से बख़ूबी वाक़िफ़ है।

136. ऐ ईमान वालों! अल्लाह पर ईमान लाओ, और उसके रसूल (मुहम्मद ﷺ) पर, और उस किताब (क़ुरआन) पर जो उसने अपने रसूल पर नाज़िल की, और उन किताबों पर जो उसने पहले के लोगों पर नाज़िल की थीं। और जो कोई अल्लाह, उसके फ़रिश्तों, उसकी किताबों, उसके रसूलों और आख़िरत के दिन का इन्कार करता है, वह यक़ीनन बहुत दूर की गुमराही में चला गया।

137. बेशक जो लोग पहले ईमान लाते हैं, फिर कुफ़्र करते हैं, फिर दोबारा ईमान लाते हैं, और फिर कुफ़्र करते हैं, और फिर इसमें बढ़ते ही जाते हैं—अल्लाह न उन्हें माफ़ करेगा और न ही उन्हें सीधा रास्ता दिखाएगा।

138. मुनाफ़िक़ों (दिखावे के मुसलमानों) को यह ख़बर दे दो कि उनके लिए बहुत दर्दनाक अज़ाब है।

139. जो लोग ईमान वालों की जगह काफ़िरों को अपना हमी और साथी बनाते हैं, क्या वे उनसे इज़्ज़त और ताक़त हासिल करना चाहते हैं? (वे भूल रहे हैं कि) असली इज़्ज़त और ताक़त तो सिर्फ़ अल्लाह ही के लिए है।

140. और तुम्हें इस किताब (क़ुरआन) में पहले ही यह हुक्म दिया जा चुका है कि जब तुम अल्लाह की आयतों का इन्कार होते हुए और उन पर हंसी-मज़ाक़ होते हुए सुनो, तो ऐसे लोगों के साथ न बैठो, जब तक

कि वे किसी दूसरी बात में न लग जाएँ। अगर तुम उनके साथ बैठे रहोगे, तो यक़ीनन तुम भी उन्हीं के जैसे हो जाओगे। बेशक अल्लाह मुनाफ़िक़ों और काफ़िरों को जहन्नम में एक साथ इकट्ठा कर देगा।

141. (वे मुनाफ़िक़) जो तुम्हारे बारे में जासूसी करते हैं; अगर तुम्हें अल्लाह की तरफ़ से फ़तह हासिल हो जाए, तो कहते हैं: 'क्या हम तुम्हारे साथ नहीं थे?' लेकिन अगर काफ़िरों को जीत मिल जाए, तो उनसे कहते हैं: 'क्या हमने तुम पर क़ाबू नहीं किया और क्या हमने तुम्हें मोमिनों (ईमान वालों) से नहीं बचाया?' क़ियामत के दिन अल्लाह तुम सबके बीच फ़ैसला करेगा। और अल्लाह कभी भी काफ़िरों को मोमिनों पर ग़ालिब होने का मौक़ा नहीं देगा।

142. बेशक, मुनाफ़िक़ (दिखावे के मुसलमान) अल्लाह को धोखा देने की कोशिश करते हैं, लेकिन असल में अल्लाह ही उन्हें उनके इस धोखे का बदला देने वाला है। और जब वे नमाज़ पढ़ने के लिए खड़े होते हैं, तो सुस्ती और आलस्य से खड़े होते हैं, सिर्फ़ लोगों को दिखाने के लिए, और अल्लाह को बहुत कम याद करते हैं।

143. वे बीच में ही लटके रहते हैं, न पूरी तरह मोमिनों के साथ होते हैं और न ही काफ़िरों के साथ। और जिसे अल्लाह गुमराही में छोड़ दे, उसके लिए कोई रास्ता नहीं।

144. ऐ ईमान लाने वालों! मोमिनों को छोड़कर काफ़िरों को अपना साथी (रक्षक) न बनाओ। क्या तुम चाहते हो कि अल्लाह के सामने अपने ख़िलाफ़ साफ़ दलील पेश करो?

145. बेशक, मुनाफ़िक़ जहन्नम के सबसे निचले दर्जे में होंगे, और तुम उनके लिए कोई मददगार नहीं पाओगे।

146. लेकिन अगर कोई तौबा कर ले, अपने अमल को सुधार ले, अल्लाह पर पूरा यक़ीन रखे, और पूरी सच्चाई से अल्लाह के लिए दीन पर क़ायम रहे, तो वे मोमिनों के साथ होंगे। और अल्लाह मोमिनों को बहुत बड़ा अज्र देगा।

147. अल्लाह तुम्हें अज़ाब देकर क्या हासिल करेगा, अगर तुम उसका शुक्र अदा करो और ईमान में मज़बूत रहो? यक़ीनन, अल्लाह शुक्र करने वाला और हर चीज़ का पूरा इल्म रखने वाला है।

148. अल्लाह को बुरी बातें खुलकर कहना पसंद नहीं, मगर जिस पर ज़ुल्म हुआ हो, वह अपने ऊपर हुए ज़ुल्म का ज़िक्र कर सकता है। और अल्लाह हर चीज़ को सुनने और जानने वाला है।

149. अगर तुम कोई अच्छा काम खुलकर करो, या उसे छुपाकर करो, या किसी बुराई को माफ़ कर दो, तो याद रखो कि यक़ीनन अल्लाह बहुत माफ़ करने वाला और हर चीज़ पर क़ादिर है।

150. जो लोग अल्लाह और उसके रसूलों का इन्कार करते हैं, और जो लोग अल्लाह और उसके रसूलों के बीच फ़र्क़ करने की कोशिश करते हैं, और जो कहते हैं कि 'हम कुछ नबियों पर ईमान लाते हैं और कुछ पर नहीं,' और वे ईमान और कुफ़्र के बीच कोई नया रास्ता निकालना चाहते हैं।

151. यक़ीन मानो कि ये सब लोग असली काफ़िर हैं, और हमने काफ़िरों के लिए रुसवाई का अज़ाब तैयार कर रखा है।

152. लेकिन जो लोग अल्लाह और उसके सभी रसूलों पर ईमान लाते हैं और उनमें कोई फ़र्क़ नहीं करते, वे

ही लोग हैं जिन्हें अल्लाह उनका पूरा अज्र देगा। और अल्लाह बड़ा माफ़ करने वाला और रहम करने वाला है।

153. अहले किताब (यहूदी और ईसाई) तुमसे माँग करते हैं कि तुम उनके पास कोई आसमानी किताब (खुला मोजिज़ा) लाओ। हालाँकि मूसा (अलैहिस्सलाम) से तो उन्होंने इससे भी बड़ी माँग की थी कि 'हमें खुलकर अल्लाह को दिखाओ!' नतीजा यह हुआ कि उनके ज़ुल्म (ज़्यादती) की वजह से उन पर बिजली गिर पड़ी। फिर, इतनी साफ़ निशानियाँ देखने के बावजूद, उन्होंने बछड़े को अपना माबूद बना लिया। लेकिन हमने उन्हें यह भी माफ़ कर दिया और मूसा (अलैहिस्सलाम) को साफ़ फ़तह और पक्के सबूत दिए।

154. और हमने उनके साथ पक्का वादा लिया जब हमने तूर पहाड़ को उनके ऊपर उठाया था। और हमने उन्हें हुक्म दिया कि जब शहर के दरवाज़े से दाख़िल हो तो सजदा करते हुए (झुककर) दाख़िल हों। और हमने उनसे कहा कि सब्त (शनिवार) के हुक्म को न तोड़ो। और इस पर हमने उनसे मज़बूत अहद (पक्का इक़रार) लिया।

155. (यह अज़ाब उन्हें मिला) उनकी अहद शिकनी करने, अल्लाह के हुक्मों को न मानने, अल्लाह के नबियों की नाहक़ हत्या करने, और यह कहने के कारण कि 'हमारे दिलों पर पर्दा पड़ा हुआ है' (यानी हमें हिदायत नहीं मिल सकती)। बल्कि, असल में उनके कुफ्र (इन्कार) की वजह से अल्लाह ने उनके दिलों पर मुहर लगा दी है, इसलिए वे बहुत ही कम ईमान लाते हैं।

156. और उनके कुफ्र और मरयम (अलैहिस्सलाम) पर बहुत बड़ा झूठा इल्ज़ाम लगाने की वजह से।

157. और उनके इस घमंड भरे दावे के कारण कि 'हमने अल्लाह के रसूल, मसीह 'ईसा (ईसा मसीह), मरयम के बेटे को क़त्ल कर दिया।' जबकि उन्होंने न तो उसे क़त्ल किया और न ही सूली पर चढ़ाया, बल्कि उनके लिए ऐसा कर दिया गया कि उन्हें ऐसा ही दिखा। और जो लोग इस मामले में इख़्तिलाफ़ रखते हैं, वे सिर्फ़ अटकलों पर चलते हैं। उनके पास कोई यक़ीनी इल्म नहीं है, बल्कि वे सिर्फ़ गुमान लगाते हैं। यक़ीनन, उन्होंने ईसा (अलैहिस्सलाम) को हरगिज़ क़त्ल नहीं किया।

158. बल्कि, अल्लाह ने उन्हें अपनी तरफ़ उठा लिया (उनके जिस्म और रूह सहित)। और अल्लाह हमेशा से पूरी ताक़त रखने वाला और बड़ा हिकमत वाला है।

159. और अहले किताब (यहूदी और ईसाई) में से कोई ऐसा नहीं जो उनकी (ईसा मसीह की) मौत से पहले उन पर (सिर्फ़ अल्लाह के रसूल और एक इंसान होने पर) ईमान न लाए। और क़यामत के दिन, वे (ईसा अलैहिस्सलाम) उनके ख़िलाफ़ गवाही देंगे।

160. यहूदियों के ज़ुल्म के बदले, हमने उन पर कुछ अच्छी चीज़ों (जो पहले उनके लिए हलाल थीं) को हराम कर दिया - और इसलिए भी कि वे बहुत से लोगों को अल्लाह के रास्ते से रोकते थे।

161. और वे सूद (ब्याज़ख़ोरी) लेते थे, जबकि उन्हें इससे मना किया गया था, और लोगों का माल नाजायज़ तरीक़ों से खाते थे। इसी वजह से हमने उन पर कई पाक चीज़ें (जो पहले उनके लिए हलाल थीं) हराम कर दीं। और उनमें से जो लोग काफ़िर हैं, उनके लिए हमने दर्दनाक अज़ाब तैयार कर रखा है।

162. लेकिन उनमें से जो लोग इल्म में पक्के हैं और जो सच्चे ईमान वाले हैं, वे उस पर ईमान लाते हैं जो आप (मुहम्मद ﷺ) पर नाज़िल हुआ और जो आपसे पहले नाज़िल हुआ। और वे नमाज़ क़ायम करते हैं, ज़कात देते हैं और अल्लाह व आख़िरत पर ईमान रखते हैं। यही लोग हैं जिन्हें हम बड़ा अज्र देंगे।

163. यक़ीनन, हमने आप (मुहम्मद ﷺ) की तरह ही वही (वह्य) भेजी है, जैसे हमने नूह (अलैहिस्सलाम) और उनके बाद के नबियों की तरफ़ भेजी। हमने इब्राहीम, इस्माईल, इसहाक़, याक़ूब और अस्बात (याक़ूब के 12 बेटों की औलाद), ईसा, अय्यूब, यूनुस, हारून और सुलेमान (अलैहिस्सलाम) की तरफ़ भी वही भेजी। और दाऊद (अलैहिस्सलाम) को हमने ज़बूर (ज़बूर) अता की।

164. और हमने आपसे पहले बहुत से रसूलों का ज़िक्र किया है और कुछ रसूल ऐसे हैं जिनका ज़िक्र हमने आपसे नहीं किया। और मूसा (अलैहिस्सलाम) से तो अल्लाह ने सीधा कलाम किया था।

165. ये सारे रसूल ख़ुशख़बरी देने वाले और डराने वाले बनाकर भेजे गए थे, ताकि उनके भेजे जाने के बाद लोगों के पास अल्लाह के मुक़ाबले में कोई बहाना न रह जाए। और अल्लाह हर हाल में ग़ालिब रहने वाला और बड़ा हिकमत वाला है।

166. लेकिन अल्लाह गवाही देता है उस चीज़ की जिसे उसने आप (मुहम्मद ﷺ) की तरफ़ नाज़िल किया (यानी क़ुरआन)। उसने इसे अपने इल्म के साथ नाज़िल किया और फ़रिश्ते भी इसकी गवाही देते हैं। और अल्लाह गवाही देने के लिए काफ़ी है।

167. यक़ीनन जो लोग (नबी मुहम्मद ﷺ और उनके सच्चे पैग़ाम को छुपाने के ज़रिए) कुफ़्र करते हैं और (लोगों को) अल्लाह के रास्ते (इस्लामी तौहीद) से रोकते हैं, वे यक़ीनन बहुत दूर भटक चुके हैं।

168. यक़ीनन, जो लोग कुफ़्र करते हैं और ज़ुल्म करते हैं (नबी मुहम्मद ﷺ और उनके पैग़ाम को छुपाने के ज़रिए, जबकि यह तौरेत और इंजील में लिखा हुआ है), अल्लाह उन्हें माफ़ नहीं करेगा और न ही उन्हें किसी हिदायत की तरफ़ ले जाएगा।

169. बल्कि (उन्हें) जहन्नम (दोज़ख़) का रास्ता दिखाएगा, जिसमें वे हमेशा के लिए रहेंगे। और यह अल्लाह के लिए हमेशा आसान है।

170. ऐ लोगो! यक़ीनन, तुम्हारे पास तुम्हारे रब की तरफ़ से हक़ के साथ रसूल (मुहम्मद ﷺ) आ चुके हैं। इसलिए तुम उन पर ईमान लाओ, यही तुम्हारे लिए बेहतर है। लेकिन अगर तुम कुफ़्र करते हो, तो जान लो कि जो कुछ आसमानों और ज़मीन में है, वह सब अल्लाह ही का है। और अल्लाह हमेशा सब कुछ जानने वाला और बड़ा हिकमत वाला है।

171. ऐ अहले-किताब (यहूदी और ईसाई)! अपने दीन में ग़ुलू (अति) मत करो और अल्लाह के बारे में सिर्फ़ हक़ ही कहो। मसीह 'ईसा (अलैहिस्सलाम), मरयम के बेटे, सिर्फ़ अल्लाह के एक रसूल थे और उसका एक कलिमा (आदेश) जिसे उसने मरयम की तरफ़ भेजा, और अल्लाह की तरफ़ से एक रूह (आत्मा) थे। इसलिए, तुम अल्लाह और उसके सभी रसूलों पर ईमान लाओ और यह मत कहो कि 'तीन' (तस्लीस) हैं। इससे बाज़ आओ, यही तुम्हारे लिए बेहतर है। यक़ीनन, अल्लाह सिर्फ़ एक ही इलाह है। वह इससे बहुत

ऊँचा है कि उसका कोई बेटा हो। जो कुछ आसमानों और ज़मीन में है, वह सब उसी का है। और वही सबका मालिक और कारसाज़ (संरक्षक) है।

172. मसीह (ईसा अलैहिस्सलाम) कभी भी इतने घमंडी नहीं होंगे कि वे अल्लाह के बंदे होने से इन्कार करें, और न ही वे फ़रिश्ते जो अल्लाह के क़रीब हैं। और जो कोई उसकी इबादत से इन्कार करेगा और घमंड दिखाएगा, तो अल्लाह उन सबको अपनी तरफ़ जमा कर लेगा।

173. फिर जो लोग (अल्लाह की एकता - इस्लामी तौहीद पर) ईमान लाए और अच्छे अमल किए, उन्हें वह उनका पूरा बदला देगा - और अपने फ़ज़्ल (अनुग्रह) से ज़्यादा भी देगा। लेकिन जो लोग उसकी इबादत से इन्कार करेंगे और घमंड दिखाएंगे, उन्हें वह दर्दनाक अज़ाब देगा। और उन्हें अल्लाह के सिवा कोई मौला या मददगार नहीं मिलेगा।

174. ऐ लोगो! तुम्हारे पास तुम्हारे रब की तरफ़ से दलील और सबूत आ चुका है, और हमने तुम्हारी तरफ़ साफ़ और चमकता हुआ नूर (रोशनी) नाज़िल किया है।

175. तो जो लोग अल्लाह पर ईमान लाए और उससे मज़बूती से जुड़े रहे, उन्हें वह अपनी रहमत और फ़ज़्ल (जन्नत) में दाख़िल करेगा और उन्हें अपने पास आने वाले सीधे रास्ते की हिदायत देगा।

176. वे तुमसे (मीरास के मुताल्लिक़) फ़ैसले की माँग करते हैं। कहो: अल्लाह अल-क़लाला (वे लोग जो न अपने पीछे औलाद छोड़ते हैं और न ही सीधे वालिदैन) के बारे में फ़ैसला देता है। अगर कोई मर्द मर जाए और उसकी एक बहन हो, लेकिन उसकी कोई औलाद न हो, तो उसकी बहन को उसकी जायदाद का आधा हिस्सा मिलेगा। और अगर मरने वाली एक औरत हो, जिसके कोई औलाद न हो, तो उसका भाई उसका पूरा वारिस होगा। अगर दो बहनें हों, तो उन्हें दो-तिहाई हिस्सा मिलेगा। और अगर भाई और बहन दोनों हों, तो मर्द को औरत की तुलना में दो गुना हिस्सा मिलेगा। इस तरह अल्लाह तुम्हें अपना हुक्म साफ़ करता है, ताकि तुम गुमराह न हो जाओ। और अल्लाह हर चीज़ का पूरा इल्म रखता है।

5. सूरह अल-माइदा

बिस्मिल्लाह-हिर्रहमान-निर्रहीम

(शुरुआत अल्लाह के नाम से जो बड़ा मेहरबान, निहायत रहम वाला है।)

1. ऐ ईमान वालो! अपने किए हुए अहद (वादे) को पूरा करो। तुम्हारे लिए सभी जानवरों का गोश्त हलाल किया गया है, सिवाय उन जानवरों के जिनका ज़िक्र आगे किया जाएगा। लेकिन जब तुम हज या उमरा के लिए एहराम में हो, तो शिकार करना हराम है। यक़ीनन, अल्लाह जो चाहता है, वही फ़ैसला करता है।
2. ऐ ईमान वालो! अल्लाह के शाएर (निशानों) की बेअदबी न करो, न ही हराम महीनों की, न ही क़ुरबानी के जानवरों की, न ही वे लोग जो हज के लिए मक्का आते हैं अपने रब की रहमत और रज़ा की तलाश में। जब तुम एहराम उतार दो, तो शिकार कर सकते हो। लेकिन कुछ लोगों की दुश्मनी, जिन्होंने तुम्हें मस्जिद अल-हराम से रोका, तुम्हें ज़ुल्म और दुश्मनी पर न उकसाए। तुम नेकी और तक़्वा में एक-दूसरे की मदद करो, लेकिन गुनाह और ज़ुल्म में सहायता न करो। और अल्लाह से डरो, क्योंकि उसका अज़ाब बहुत सख़्त है।
3. तुम पर हराम किया गया है – मुर्दार (मरा हुआ जानवर), बहता हुआ खून, सूअर का गोश्त, और वह जानवर जिस पर अल्लाह के सिवा किसी और का नाम लिया गया हो, जो गला घोंटकर मरा हो, जो चोट लगने से मरा हो, जो ऊँचाई से गिरकर मरा हो, जिसे किसी जानवर ने मार डाला हो, और जिसे जंगली जानवरों ने फाड़ खाया हो – सिवाय इसके कि तुम उसे जिब्ह कर लो (हलाल तरीक़े से ज़िब्ह कर देने से वह हलाल हो जाएगा)। और वे जानवर जो मूर्तियों की वेदी पर ज़िब्ह किए गए हों, और वह कि तीरों से भाग्य आज़माने का काम करना – यह सब बड़े गुनाह हैं। आज काफ़िर तुम्हारे दीन से निराश हो चुके हैं, तो उनसे मत डरो बल्कि मुझसे डरो। आज मैंने तुम्हारे लिए तुम्हारा दीन मुकम्मल कर दिया, तुम पर अपनी नेमत पूरी कर दी और इस्लाम को तुम्हारे लिए दीन के तौर पर पसंद कर लिया। लेकिन जो शख़्स भयंकर भूख में मजबूर हो जाए, बिना गुनाह की तरफ़ झुकाव के, तो यक़ीनन अल्लाह माफ़ करने वाला, रहम करने वाला है।

4. वे आपसे पूछते हैं कि उनके लिए क्या हलाल किया गया है। कहो, 'तुम्हारे लिए अच्छी चीज़ें हलाल की गई हैं और वह शिकार भी जो तुम्हारे प्रशिक्षित शिकारी जानवर (कुत्ते, बाज़, आदि) तुम्हारे लिए पकड़ें – जिनको तुमने उसी तरह सिखाया है जैसे अल्लाह ने तुम्हें सिखाया। तो जो कुछ वे तुम्हारे लिए पकड़ें, उस पर अल्लाह का नाम लो और अल्लाह से डरो। यक़ीनन, अल्लाह जल्दी हिसाब लेने वाला है।

5. आज तुम्हारे लिए सभी अच्छी चीज़ें हलाल कर दी गई हैं, और अहल-ए-किताब (यहूदी और ईसाई) का खाना तुम्हारे लिए हलाल है और तुम्हारा खाना उनके लिए हलाल है। और मोमिन औरतें (मुसलमान) और अहल-ए-किताब की पाकदामन औरतें (यहूदी और ईसाई) तुम्हारे लिए निकाह में हलाल हैं, जब तुम उन्हें उनका हक़ (मेहर) दो, पाकदामनी की नीयत से, न कि बदकारी करने या गुप्त प्रेम-संबंध रखने के लिए। और जो कोई ईमान से इन्कार करेगा, तो यक़ीनन उसके सारे अमल बेकार हो जाएंगे, और वह आख़िरत में घाटा उठाने वालों में से होगा।

6. ऐ ईमान वालो! जब तुम नमाज़ के लिए उठो, तो अपने चेहरे और कोहनियों तक हाथ धो लो, और अपने सिर का मसह (हल्का हाथ फेरना) करो और टखनों तक पैर धो लो। और अगर तुम जनाबत (अपवित्रता) की हालत में हो, तो पूरे बदन को पाक करो। लेकिन अगर तुम बीमार हो, या सफर में हो, या तुममें से कोई शौच करके आए, या तुमने औरतों से संबंध बनाए और तुम्हें पानी न मिले, तो साफ मिट्टी लो और उससे अपने चेहरे और हाथों का मसह कर लो। अल्लाह तुम्हारे लिए मुश्किल नहीं चाहता, बल्कि वह चाहता है कि तुम्हें पाक करे और अपनी नेमत पूरी करे ताकि तुम उसका शुक्र अदा करो।

7. और अल्लाह के उस फ़ज़ल (नेमत) को याद करो जो उसने तुम पर किया और उस अहद (वचन) को जो उसने तुमसे लिया जब तुमने कहा, 'हमने सुना और हमने माना।' और अल्लाह से डरो। यक़ीनन, अल्लाह दिलों की बातों को जानने वाला है।

8. ऐ ईमान वालो! अल्लाह के लिए सच्चाई से खड़े रहो, इंसाफ़ के गवाह बनो, और किसी क़ौम की दुश्मनी तुम्हें ज़ुल्म करने पर न उकसाए। इंसाफ़ करो, यही तक़्वा के ज़्यादा करीब है। और अल्लाह से डरो, यक़ीनन, अल्लाह तुम्हारे सारे अमल से बख़ूबी वाक़िफ़ है।

9. अल्लाह ने उन लोगों से वादा किया है जो ईमान लाए और अच्छे अमल किए कि उनके लिए मग़फ़िरत और बड़ा अज्र (जन्नत) है।

10. लेकिन जो लोग इन्कार करते हैं और हमारी आयतों को झुठलाते हैं, वे जहन्नम के साथी होंगे।

11. ऐ ईमान लाने वालों! अल्लाह के उस फ़ज़ल (कृपा) को याद करो जो उसने तुम पर किया जब एक क़ौम ने तुम्हारे ख़िलाफ़ अपने हाथ बढ़ाने का इरादा किया, मगर अल्लाह ने उनके हाथ तुमसे रोक लिए। और अल्लाह से डरो। और मोमिनों को अल्लाह ही पर भरोसा रखना चाहिए।

12. और अल्लाह बनी इसराईल से एक अहद (वचन) ले चुका था, और हमने उनमें से 12 सरदार (प्रमुख) नियुक्त किए थे। और अल्लाह ने कहा, 'मैं तुम्हारे साथ हूँ। अगर तुम नमाज़ क़ायम करो, ज़कात दो, मेरे रसूलों पर ईमान लाओ, उनकी मदद करो और अल्लाह को अच्छा क़र्ज़ दो, तो मैं यक़ीनन तुम्हारे गुनाह माफ़

कर दूँगा और तुम्हें उन जन्नतों में दाख़िल करूँगा जिनके नीचे नहरें बह रही होंगी। लेकिन अगर तुममें से कोई इसके बाद भी कुफ़्र करे, तो वह यक़ीनन सीधे रास्ते से भटक गया।'

13. तो उनके अहद तोड़ने की वजह से हमने उन पर लानत कर दी और उनके दिलों को सख़्त बना दिया। वे लफ़्ज़ों को उनकी असली जगह से बदल देते हैं और उन बातों को भूल गए जिनकी उन्हें याद दिलाई गई थी। और तुम अब भी उनमें से बहुतों को धोखा करते देखोगे, सिवाय उनके कुछ लोगों के। लेकिन उन्हें माफ़ कर दो और उनके गुनाहों को नज़रअंदाज़ कर दो। यक़ीनन, अल्लाह नेक काम करने वालों से मुहब्बत करता है।

14. और जो अपने आपको 'नसरानी' (ईसाई) कहते हैं, हमने उनसे भी अहद लिया था, मगर उन्होंने भी उसका बड़ा हिस्सा भुला दिया जो उन्हें नसीहत दी गई थी। तो हमने उनके आपस में वैर (दुश्मनी) और द्वेष (जलन) पैदा कर दिया, जो क़यामत तक रहेगा। और जो कुछ वे करते थे, जल्द ही अल्लाह उन्हें सब बता देगा।

15. ऐ अहल-ए-किताब! तुम्हारे पास हमारा रसूल (मुहम्मद ﷺ) आ चुका है, जो तुम्हें उस किताब के बहुत से हिस्सों को साफ़-साफ़ बयान कर रहा है जिन्हें तुम छुपाते थे और बहुत सी बातों को नज़रअंदाज़ भी कर रहा है। तुम्हारे पास अल्लाह की तरफ़ से एक 'रोशनी' और 'एक साफ़ किताब' (क़ुरआन) आ गई है।

16. इसके ज़रिए अल्लाह उन लोगों को, जो उसकी रज़ा (रिज़ा) के तलाश में हैं, सलामती के रास्तों की हिदायत देता है और उन्हें अंधेरों से निकालकर रोशनी की तरफ़ लाता है, और उन्हें सीधा रास्ता दिखाता है।

17. यक़ीनन, उन लोगों ने कुफ़्र किया जो कहते हैं कि 'मसीह मरयम के बेटे ही ख़ुदा हैं।' ऐ मुहम्मद (ﷺ), उनसे कह दो, 'अगर ख़ुदा मसीह, मरयम के बेटे, उनकी माँ और ज़मीन के सभी लोगों को हलाक करना चाहे, तो कौन है जो उसे रोक सके?' अल्लाह ही तो आसमानों और ज़मीन और उनके बीच की सभी चीज़ों का मालिक है। वह जो चाहता है, पैदा करता है और उसकी ताक़त हर चीज़ पर हावी है।

18. मगर यहूदी और ईसाई कहते हैं, 'हम अल्लाह के बेटे हैं और उसके प्यारे हैं।' आप कह दीजिए, 'फिर तुम्हारे गुनाहों की वजह से अल्लाह तुम्हें सज़ा क्यों देता है?' बल्कि तुम सिर्फ़ इंसान हो, जिन्हें उसने पैदा किया है। वह जिसे चाहता है, माफ़ करता है और जिसे चाहता है, सज़ा देता है। और अल्लाह ही के लिए आसमानों और ज़मीन का मालिक होना है और जो कुछ भी उनके बीच है, और उसी की तरफ़ आख़िरी ठिकाना (लौटना) है।'

19. ऐ अहल-ए-किताब! अब हमारा रसूल (मुहम्मद ﷺ) तुम्हारे पास आ चुका है, जो तुम्हारे लिए चीज़ों को साफ़-साफ़ बयान कर रहा है, रसूलों के आने के लंबे अरसे के बाद, ताकि तुम यह न कह सको कि 'हमारे पास कोई ख़ुशख़बरी देने वाला और कोई डराने वाला नहीं आया।' लेकिन अब तुम्हारे पास ख़ुशख़बरी देने वाला और डराने वाला आ चुका है, और अल्लाह हर चीज़ पर क़ादिर (सर्वशक्तिमान) है।

20. और (याद करो) जब मूसा (अलैहिस्सलाम) ने अपनी क़ौम से कहा: 'ऐ मेरी क़ौम! अल्लाह के उन एहसानों को याद करो जो उसने तुम पर किए, जब उसने तुममें नबी बनाए, तुम्हें बादशाह बनाया और जो कुछ उसने तुम्हें दिया, वह दुनिया में किसी और को नहीं दिया।'

21. 'ऐ मेरी क़ौम! उस मुक़द्दस ज़मीन (फिलिस्तीन) में दाख़िल हो जाओ जिसे अल्लाह ने तुम्हारे लिए मुक़र्रर किया है, और पीछे मत हटो, वरना तुम घाटा उठाने वालों में शामिल हो जाओगे।'

22. उन्होंने कहा: 'ऐ मूसा! इस (मुक़द्दस ज़मीन) में एक बहुत ही ताक़तवर क़ौम बसी हुई है, और हम कभी इसमें दाख़िल नहीं होंगे जब तक कि वे वहाँ से निकल न जाएँ; जब वे निकल जाएँगे, तब हम इसमें दाख़िल होंगे।'

23. उन दो मर्दों ने, जो अल्लाह से डरते थे और जिन पर अल्लाह ने अपना फ़ज़ल किया था (युशा और कालिब), कहा: 'दरवाज़े से उन पर हमला कर दो, जब तुम अंदर चले जाओगे तो जीत तुम्हारी होगी। और अगर तुम सच्चे मोमिन हो, तो अल्लाह पर भरोसा रखो।'

24. उन्होंने कहा: 'ऐ मूसा! जब तक वे वहाँ हैं, हम कभी अंदर नहीं जाएँगे। इसलिए तुम और तुम्हारा रब जाकर लड़ो, हम तो यहीं बैठे रहेंगे।'

25. तब मूसा (अलैहिस्सलाम) ने कहा: 'ऐ मेरे रब! मेरे पास सिर्फ़ अपने और अपने भाई पर ही इख़्तियार है, इसलिए हमें इन नाफ़रमान (बदमाश) लोगों से अलग कर दे।'

26. अल्लाह ने फरमाया: 'अब यह ज़मीन उनके लिए चालीस साल तक हराम कर दी गई है, जिसमें वे भटकते रहेंगे। इसलिए तुम इन नाफ़रमान लोगों पर दुखी मत हो।'

27. और उन्हें आदम के दो बेटों का सच्चा क़िस्सा सुनाओ, जब दोनों ने अल्लाह के लिए क़ुर्बानी दी, तो एक की क़ुर्बानी क़बूल हुई और दूसरे की नहीं हुई। (ना क़बूल होने वाले ने) कहा: 'मैं तुझे ज़रूर क़त्ल कर दूँगा।' (क़बूल होने वाले ने) कहा: 'यक़ीनन अल्लाह सिर्फ़ परहेज़गारों (सही रास्ते पर चलने वालों) की क़ुर्बानी क़बूल करता है।'

28. 'अगर तुम मुझे क़त्ल करने के लिए अपना हाथ बढ़ाओगे, तो मैं तुम्हें क़त्ल करने के लिए अपना हाथ नहीं बढ़ाऊँगा। यक़ीनन मैं दुनिया के रब, अल्लाह से डरता हूँ।'

29. 'मैं चाहता हूँ कि तुम मेरे और अपने दोनों गुनाहों के बोझ को उठा लो, ताकि तुम दोज़ख़ (जहन्नम) वालों में शामिल हो जाओ। और यही ज़ालिमों (अत्याचारियों) का बदला है।'

30. और उसके नफ़्स (मन) ने उसे अपने भाई के क़त्ल पर मजबूर कर दिया, तो उसने उसे क़त्ल कर दिया और घाटा उठाने वालों में शामिल हो गया।

31. फिर अल्लाह ने एक कौवे (काले पंछी) को भेजा जो ज़मीन को खोद रहा था, ताकि उसे दिखाए कि अपने भाई की लाश को कैसे छिपाए। तब उसने कहा: 'हाय अफ़सोस! क्या मैं इस कौवे की तरह नहीं हो सकता कि अपने भाई की लाश को छिपा सकूँ?' इसके बाद वह अपने किए पर बहुत पछताया।

32. इसी लिए हमने बनी इसराईल पर यह हुक्म दिया कि अगर कोई शख़्स किसी को बिना किसी जायज़ वजह के क़त्ल कर दे, तो ऐसा है जैसे उसने पूरी इंसानियत को क़त्ल कर दिया। और अगर कोई किसी एक इंसान की जान बचा ले, तो ऐसा है जैसे उसने पूरी इंसानियत को ज़िंदा कर दिया। हमने उनके पास बहुत से रसूल साफ़-साफ़ दलीलों के साथ भेजे, लेकिन उनमें से ज़्यादातर लोग ज़मीन पर ज़ुल्म और ज़्यादती करने

वाले ही बने रहे।

33. जो लोग अल्लाह और उसके रसूल से लड़ते हैं और धरती में फ़साद फैलाते हैं, उनकी सज़ा यही है कि उन्हें क़त्ल कर दिया जाए, या सूली पर चढ़ाया जाए, या उनके हाथ-पैर काट दिए जाएं, या उन्हें मुल्क से निकाल दिया जाए। यह उनके लिए दुनिया में रुसवाई है, और आख़िरत में उनके लिए सख़्त अज़ाब (यातना) है।

34. लेकिन अगर कोई शख़्स इसके पहले तौबा कर ले कि तुम उसे गिरफ़्तार करो, तो यक़ीन मानो कि अल्लाह बहुत माफ़ करने वाला और रहम करने वाला है।

35. ऐ ईमान लाने वालों! अल्लाह का डर रखो और उसके क़रीब होने के रास्ते तलाश करो, और उसकी राह में जिहाद करो, ताकि तुम कामयाब हो सको।

36. यक़ीन मानो कि अगर काफ़िरों के पास पूरी धरती का माल हो, और उसके बराबर और भी हो, और वे क़यामत के दिन के अज़ाब से बचने के लिए उसे फ़िद्या (बचाव के लिए क़ीमत) देना चाहें, तो भी वह फ़िद्या क़ुबूल नहीं किया जाएगा। उनके लिए बहुत ही दर्दनाक सज़ा है।

37. वे चाहेंगे कि जहन्नम से निकल जाएं, लेकिन वे कभी वहां से निकल नहीं सकेंगे। उनके लिए हमेशा के लिए अज़ाब है।

38. चोर, चाहे मर्द हो या औरत, उनके हाथ काट दो, उनके गुनाह की सज़ा के तौर पर, अल्लाह की तरफ़ से एक नसीहत के रूप में। और अल्लाह ग़ालिब और हिकमत वाला है।

39. अगर कोई शख़्स अपने गुनाह के बाद तौबा कर ले और अपने अमल को सुधार ले, तो अल्लाह उसकी तरफ़ रुजू करेगा और उसे माफ़ करेगा। यक़ीनन अल्लाह बहुत माफ़ करने वाला और रहम करने वाला है।

40. क्या तुम्हें नहीं मालूम कि आसमानों और ज़मीन की बादशाहत सिर्फ़ अल्लाह के लिए है? वह जिसे चाहे सज़ा दे और जिसे चाहे माफ़ कर दे, और अल्लाह हर चीज़ पर क़ादिर है।

41. ऐ रसूल! वे लोग तुम्हें परेशान न करें जो जल्दी से कुफ़्र (इन्कार) की तरफ़ दौड़ते हैं। उनमें से वे लोग जो कहते हैं कि 'हम ईमान लाए,' लेकिन उनके दिलों में ईमान नहीं है, और कुछ यहूदियों में से भी। वे झूठी बातों को चाव से सुनते हैं और उन लोगों की बातें सुनते हैं जो तुम्हारे पास नहीं आए। वे बातों को उनकी असली जगह से हटा कर बदल देते हैं और कहते हैं: 'अगर तुम्हें यह दिया जाए तो ले लो, और अगर न दिया जाए तो बचकर रहो।' लेकिन जिसे अल्लाह फ़ितने (इम्तिहान) में डालना चाहे, उसके लिए तुम अल्लाह के ख़िलाफ़ कुछ नहीं कर सकते। यही वे लोग हैं जिनके दिलों को अल्लाह ने पाक करने का इरादा नहीं किया। उनके लिए दुनिया में रुसवाई है और आख़िरत में सख़्त अज़ाब है।

42. वे झूठी बातों को बहुत शौक़ से सुनते हैं और हराम चीज़ों को खाते हैं। अगर वे तुम्हारे पास आएं, ऐ मुहम्मद (सल्लल्लाहु अलैहि वसल्लम), तो उनके बीच फ़ैसला करो या फिर उन्हें छोड़ दो। और अगर तुम उन्हें छोड़ दोगे, तो वे तुम्हें कोई नुक़सान नहीं पहुँचा सकेंगे। और अगर तुम फ़ैसला करो, तो इंसाफ़ के साथ फ़ैसला करो। यक़ीनन अल्लाह इंसाफ़ करने वालों को पसंद करता है।

43. और यह कैसे हो सकता है कि वे तुम्हारे पास फ़ैसले के लिए आएं, जबकि उनके पास तौरेत (तौरात) मौजूद है, जिसमें अल्लाह का हुक्म है? फिर भी वे इसके बाद भी मुँह फेर लेते हैं; असल में, वे ईमान वाले नहीं हैं।
44. यक़ीनन हमने तौरेत (तौरात) नाज़िल की, जिसमें हिदायत और नूर था। अल्लाह के आज्ञाकारी नबी यहूदियों के लिए उसी के मुताबिक़ फ़ैसला किया करते थे, और रब्बानी (धर्मगुरु) और आलिम (विद्वान) भी उसी किताब से फ़ैसला करते थे, जिसे अल्लाह ने उनकी ज़िम्मेदारी के तौर पर सौंपा था, और वे उसके गवाह थे। तो लोगों से मत डरो, बल्कि मुझसे डरो, और मेरी आयतों को थोड़े से दुनियावी फ़ायदे के बदले मत बेचो। और जो कोई अल्लाह के नाज़िल किए हुए हुक्म के मुताबिक़ फ़ैसला न करे, तो ऐसे ही लोग काफ़िर (इन्कार करने वाले) हैं।
45. और हमने उनके लिए यह हुक्म मुक़र्रर किया कि जान के बदले जान, आँख के बदले आँख, नाक के बदले नाक, कान के बदले कान, दांत के बदले दांत, और ज़ख़्म के बदले क़ानूनी बदला है। लेकिन जो कोई (अपने हक़ को) ख़ैरात (दान) के तौर पर छोड़ दे, तो यह उसके लिए कफ़्फ़ारा (प्रायश्चित) है। और जो कोई अल्लाह के नाज़िल किए हुए हुक्म के मुताबिक़ फ़ैसला न करे, तो ऐसे ही लोग ज़ालिम (अत्याचारी) हैं।
46. और हमने उनके क़दमों की पैरवी करते हुए मरयम के बेटे ईसा (अलैहिस्सलाम) को भेजा, जो उस चीज़ की तस्दीक़ करने वाले थे जो उनसे पहले तौरेत में मौजूद थी। और हमने उन्हें इंजील (गॉस्पेल) दी, जिसमें हिदायत और नूर था, और जो तौरेत की तस्दीक़ करती थी, जो पहले से थी, परहेज़गारों (धर्मी लोगों) के लिए हिदायत और नसीहत के तौर पर।
47. और इंजील वालों (गॉस्पेल के अनुयायियों) को चाहिए कि वे उसी के मुताबिक़ फ़ैसला करें जो अल्लाह ने उसमें नाज़िल किया है। और जो कोई अल्लाह के नाज़िल किए हुए हुक्म के मुताबिक़ फ़ैसला न करे, तो ऐसे ही लोग फ़ासिक़ (नाफ़रमान) हैं।
48. और हमने आपकी तरफ़, ऐ मुहम्मद (सल्लल्लाहु अलैहि वसल्लम), किताब (क़ुरआन) हक़ के साथ नाज़िल की, जो उससे पहले की किताबों (शास्त्रों) की तस्दीक़ करती है और उन पर एक मीज़ान (कसौटी) है। तो आप उनके बीच उसी के मुताबिक़ फ़ैसला करें जो अल्लाह ने नाज़िल किया है, और उनकी ख़्वाहिशों का इत्तिबा न करें, जो हक़ से दूर ले जाती हैं। हमने हर एक के लिए एक शरीअत (धार्मिक विधि) और मिन्हाज (रास्ता) मुक़र्रर किया है। अगर अल्लाह चाहता, तो तुम सभी को एक ही उम्मत (समुदाय) बना देता, लेकिन (उसकी मरज़ी) यह है कि वह तुम्हारी आज़माइश ले जो उसने तुम्हें दिया है। तो भलाई की तरफ़ दौड़ो। तुम सबकी वापसी अल्लाह की तरफ़ है, और वह तुम्हें उन चीज़ों के बारे में बता देगा जिन पर तुम इख़्तिलाफ़ किया करते थे।
49. ऐ मुहम्मद (सल्लल्लाहु अलैहि वसल्लम), आप उनके बीच उसी के मुताबिक़ फ़ैसला करें जो अल्लाह ने नाज़िल किया है, और उनकी ख़्वाहिशों का इत्तिबा न करें। और उनसे सावधान रहें कि कहीं वे आपको अल्लाह द्वारा नाज़िल की गई बातों से बहका न दें। और अगर वे मुँह मोड़ लें, तो समझ लीजिए कि अल्लाह

चाहता है कि वह उन्हें उनके अपने गुनाहों की सज़ा दे। और यक़ीनन बहुत से लोग फ़ासिक़ (नाफ़रमान) हैं।
50. क्या वे फिर जाहिलियत (अज्ञानता) के ज़माने का फ़ैसला चाहते हैं? और ईमान वालों के लिए अल्लाह से बेहतर फ़ैसला करने वाला कौन हो सकता है?
51. ऐ ईमान वालो! यहूदियों और ईसाइयों को अपना दोस्त न बनाओ। वे एक-दूसरे के दोस्त हैं। और जो कोई तुममें से उनसे दोस्ती रखेगा, तो वह उन्हीं में से होगा। यक़ीनन अल्लाह ज़ालिम क़ौम को हिदायत नहीं देता।
52. तो आप देखेंगे कि जिन लोगों के दिलों में बीमारी (मुनाफ़िक़त) है, वे उनकी तरफ़ जल्दी कर रहे हैं, कहते हुए: 'हम डरते हैं कि शायद हम पर कोई मुसीबत आ जाए।' लेकिन मुमकिन है कि अल्लाह फ़तह (विजय) या कोई फ़ैसला लाए, और वे अपने दिलों में छिपाए हुए राज़ पर पछताने लगें।
53. और जो लोग ईमान रखते हैं, वे कहेंगे: 'क्या ये वही लोग नहीं हैं जो अल्लाह की कड़ी क़समें खाकर कहते थे कि वे तुम्हारे साथ हैं?' उनके अमल बेकार हो गए, और वे घाटा उठाने वालों में शामिल हो गए।
54. ऐ ईमान वालों! अगर तुममें से कोई अपने दीन से फिर जाए, तो अल्लाह ऐसे लोगों को लाएगा जिनसे वह मुहब्बत करेगा और जो उससे मुहब्बत करेंगे। वे मोमिनों के साथ नरम होंगे और काफ़िरों के मुक़ाबले में सख़्त होंगे। वे अल्लाह की राह में जिहाद करेंगे और किसी की ताने की परवाह नहीं करेंगे। यह अल्लाह का फ़ज़ल है, वह जिसे चाहे अता करता है। और अल्लाह वासी (व्यापक) और अलीम (सर्वज्ञ) है।
55. तुम्हारा सच्चा दोस्त (वली) अल्लाह के सिवा कोई नहीं है, और उसका रसूल (मुहम्मद सल्लल्लाहु अलैहि वसल्लम), और वे लोग जो ईमान लाए, जो नमाज़ क़ायम करते हैं, ज़कात देते हैं और विनम्रता से रुकू करने वालों में से हैं।
56. और जो शख़्स अल्लाह, उसके रसूल और ईमान लाने वालों को अपना दोस्त बनाए, तो यक़ीनन वे अल्लाह की पार्टी (जमात) में से होंगे, और वही लोग ग़ालिब (विजयी) पाने वाले होंगे।
57. ऐ ईमान वालो! उन लोगों को अपना दोस्त न बनाओ जो तुम्हारे दीन का मज़ाक उड़ाते हैं और इसे खेल समझते हैं, चाहे वे वे लोग हों जिन्हें तुमसे पहले किताब दी गई (यहूदी और ईसाई) या काफ़िर (इन्कार करने वाले)। और अल्लाह से डरो, अगर तुम सच्चे मोमिन हो।
58. और जब तुम नमाज़ के लिए पुकारते हो, तो वे इसे मज़ाक और खेल समझते हैं। यह इसलिए कि वे ऐसे लोग हैं जो समझ-बूझ से काम नहीं लेते।
59. कहो, ऐ अहले-किताब (यहूदी और ईसाई)! क्या तुम हमसे सिर्फ़ इस बात पर नाराज़ हो कि हमने अल्लाह पर, और जो कुछ हम पर नाज़िल हुआ, और जो कुछ तुमसे पहले नाज़िल हुआ, उस पर ईमान रखा है? हालाँकि तुममें से ज़्यादातर लोग फ़ासिक़ (नाफ़रमान) हैं।
60. फिर कहो, 'क्या मैं तुम्हें उन लोगों की निशानदेही करूँ जिनका अंजाम अल्लाह के नज़दीक गुनहगारों से भी बुरा है? वे जिन पर अल्लाह ने लानत की, जिन पर उसका ग़ज़ब टूटा, जिनमें से कुछ को बंदर और सुअर बना दिया गया, और जिन्होंने शैतानी ताक़तों की इबादत की। ये लोग दर्जे में सबसे बुरे हैं और बिल्कुल राह से

भटक चुके हैं।'

61. और जब वे तुम्हारे पास आते हैं तो कहते हैं, 'हम ईमान लाए।' मगर असल में, वे कुफ़्र लेकर आते हैं और उसी के साथ वापस चले जाते हैं। और अल्लाह उन बातों को बख़ूबी जानता है जो वे छिपाते हैं।

62. और तुम देखोगे कि उनमें से बहुत से लोग गुनाह, ज़ुल्म और हराम खाने की तरफ़ दौड़ते हैं। कितना बुरा है जो वे कर रहे हैं!

63. तो उनके रब्बी (धर्मगुरु) और आलिम (विद्वान) उन्हें गुनाह की बातें कहने और हराम खाने से मना क्यों नहीं करते? कितना बुरा है जो वे अमल कर रहे हैं!

64. और यहूदी कहते हैं, 'अल्लाह का हाथ बंधा हुआ है।' उनके हाथ बाँध दिए गए हैं, और जो बात वे कह रहे हैं उसकी वजह से वे लानत के हक़दार हो गए। बल्कि अल्लाह के दोनों हाथ खुले हैं, वह जैसा चाहता है खर्च करता है। और जो कुछ तेरे रब की तरफ़ से नाज़िल हुआ है, वह इनमें से ज़्यादातर लोगों की सिर्फ़ सिरकशी और कुफ़्र को ही बढ़ाएगा। और हमने उनके बीच क़यामत तक के लिए दुश्मनी और बैर डाल दिया है। जब भी ये जंग की आग भड़काने की कोशिश करते हैं, अल्लाह उसे बुझा देता है। ये ज़मीन में फ़साद फैलाते फिरते हैं, और अल्लाह फ़साद करने वालों को पसंद नहीं करता।

65. और अगर अहल-ए-किताब (यहूदी और ईसाई) ईमान ले आते और अल्लाह से डरते, तो हम उनके गुनाह मिटा देते और उन्हें नेमतों से भरी जन्नत में दाख़िल कर देते।

66. और अगर वे तौरात, इंजील और जो कुछ उनके रब की तरफ़ से उन पर नाज़िल हुआ (क़ुरआन) उस पर अमल करते, तो वे अपने ऊपर से भी रोज़ी खाते और अपने पैरों के नीचे से भी। इनमें से एक मुतादिल (बेहतरीन) जमात भी है, मगर इनमें से ज़्यादातर लोग जो कर रहे हैं, वह बहुत ही बुरा है।

67. ऐ रसूल! जो कुछ आपके रब की तरफ़ से आप पर नाज़िल हुआ है, उसे पहुँचा दीजिए। अगर आपने ऐसा न किया, तो आपने अल्लाह का पैग़ाम नहीं पहुँचाया। और अल्लाह आपको लोगों से बचा लेगा। यक़ीनन, अल्लाह काफ़िरों को हिदायत नहीं देता।

68. कहो, ऐ अहल-ए-किताब! तुम किसी चीज़ पर नहीं हो, जब तक कि तौरात, इंजील, और जो कुछ तुम्हारे रब की तरफ़ से तुम पर नाज़िल हुआ (क़ुरआन) उस पर अमल न करो। और जो कुछ तुम्हारे रब की तरफ़ से तुम पर नाज़िल हुआ है, वह उनमें से बहुत से लोगों की सिरकशी और कुफ़्र को ज़रूर बढ़ा देगा। तो काफ़िर क़ौम के लिए अफ़सोस मत करो।

69. जो लोग हज़रत मुहम्मद (ﷺ) पर ईमान लाए और जो उनसे पहले यहूदी, साबिई और ईसाई थे – उनमें से जो लोग अल्लाह और आख़िरत पर ईमान लाए और अच्छे अमल किए – उनके लिए न कोई ख़ौफ़ होगा और न वे ग़मगीन होंगे।

70. हमने बनी इसराईल से अहद (वचन) लिया और उनके पास रसूल भेजे। जब भी उनके पास कोई रसूल आया, जो उनकी ख़्वाहिशों के ख़िलाफ़ होता, तो उन्होंने एक गिरोह को झुठलाया और दूसरे गिरोह को क़त्ल कर दिया।

71. और उन्होंने यह समझ लिया कि कोई फ़ितना (इम्तिहान) नहीं आएगा, इसलिए वे अंधे और बहरे बन गए। फिर अल्लाह ने उन्हें माफ़ कर दिया, लेकिन उनमें से ज़्यादातर लोग और ज़्यादा अंधे और बहरे होते चले गए। अल्लाह उनकी यह सब हरकतें देखता रहा है।

72. जो लोग कहते हैं, 'अल्लाह ही मसीह (ईसा), मरयम के बेटे हैं,' उन्होंने यक़ीनन कुफ़्र किया। मसीह ने ख़ुद कहा, 'ऐ बनी इसराईल! अल्लाह की इबादत करो – जो मेरा भी रब है और तुम्हारा भी रब है।' जो कोई अल्लाह के साथ किसी को शरीक ठहराएगा, उस पर जन्नत हराम कर दी जाएगी। उसका ठिकाना आग होगी, और ज़ालिमों का कोई मददगार न होगा।

73. जो लोग कहते हैं, 'अल्लाह तीन में से एक है,' उन्होंने यक़ीनन कुफ़्र किया। अल्लाह तो बस एक ही इलाह (माबूद) है। अगर ये लोग अपनी बात से बाज़ न आए, तो इनमें से जो इन्कार करते हैं, उन पर दर्दनाक अज़ाब आएगा।

74. तो क्या ये लोग अल्लाह की तरफ़ तौबा कर के उससे माफ़ी नहीं माँगते? अल्लाह तो बड़ा माफ़ करने वाला, बेहद रहम करने वाला है।

75. मसीह, मरयम के बेटे, सिर्फ़ एक रसूल थे। उनसे पहले भी बहुत से रसूल गुज़र चुके थे। उनकी माँ एक सच्ची औरत थीं। वे दोनों खाना खाते थे। देखो, हम किस तरह उनके लिए निशानियाँ साफ़ करते हैं, फिर भी देखो, वे किस तरह हक़ से भटक रहे हैं!

76. कह दो (ऐ नबी), 'तुम अल्लाह के सिवा उनकी इबादत क्यों करते हो, जो न तुम्हें नुक़सान पहुँचा सकते हैं और न ही कोई फ़ायदा?' 'सिर्फ़ अल्लाह ही सब कुछ सुनने और जानने वाला है।'

77. कह दो, 'ऐ अहल-ए-किताब! अपने दीन (धर्म) में हद से न गुज़र जाओ, हक़ से आगे मत बढ़ो, और उन लोगों की ख़्वाहिशों के पीछे मत चलो, जो तुमसे पहले गुमराह हो चुके हैं। उन्होंने बहुतों को गुमराह किया, और वे ख़ुद भी सीधे रास्ते से भटक गए।'

78. बनी इसराईल में से जो नाफ़रमान (अविश्वासी) थे, उन पर दाऊद (David) और ईसा इब्न-ए-मरियम (Jesus, son of Mary) की ज़ुबान से लानत की गई। यह उनकी नाफ़रमानी और हद से गुज़रने की वजह से हुआ।

79. वे एक-दूसरे को बुराई से नहीं रोकते थे। जो कुछ भी वे करते थे, वह बहुत ही बुरा था!

80. तुम देखोगे कि उनमें से बहुत से लोग काफ़िरों को अपना दोस्त बनाते हैं। बहुत ही बुरे हैं उनके अमल, जिनकी वजह से अल्लाह का ग़ज़ब उन पर नाज़िल हुआ। और वे हमेशा ही अज़ाब में रहेंगे।

81. अगर ये लोग अल्लाह, नबी और जो कुछ उन पर नाज़िल किया गया है उस पर ईमान ले आते, तो कभी इन (मुशरिकों) को अपना दोस्त न बनाते। मगर इनमें से ज़्यादातर फ़ासिक़ (नाफ़रमान) हैं।

82. तुम पाओगे कि ईमान वालों के लिए सबसे ज़्यादा दुश्मनी रखने वाले यहूदी और मुशरिक हैं। और तुम पाओगे कि सबसे ज़्यादा मुहब्बत और क़रीबी वे लोग रखते हैं जो अपने आपको 'नसारा' कहते हैं। ये इस वजह से है क्योंकि उनमें अहबार (उलमा) और रुहबान (दरवेश) हैं, और ये तकब्बुर नहीं करते।

83. जब ये लोग वही (पैग़ाम) सुनते हैं जो रसूल पर नाज़िल की गई है, तो तुम देखोगे कि उनकी आँखें आँसुओं से भर जाती हैं, क्योंकि वे हक़ को पहचान लेते हैं। वे कहते हैं, 'ऐ हमारे रब! हम ईमान लाए, तो हमें गवाहों में शामिल कर।'

84. हमें अल्लाह और उस हक़ पर क्यों न ईमान लाना चाहिए जो हमारे पास आया है? और हम इस तमन्ना में हैं कि हमारा रब हमें नेक लोगों में शामिल करे।

85. तो अल्लाह इनके इस इक़रार के बदले इन्हें ऐसे बाग़ (जन्नत) अता करेगा, जिनके नीचे नहरें बहती होंगी, जहाँ वे हमेशा रहेंगे। और यही नेकी करने वालों का बदला है।

86. लेकिन जो लोग कुफ़्र करते हैं और हमारी आयतों को झुठलाते हैं, वे दोज़ख़ के रहने वाले हैं।

87. ऐ ईमान वालों! जो पाक चीज़ें अल्लाह ने तुम्हारे लिए हलाल की हैं, उन्हें अपने ऊपर हराम मत करो, और हद से न गुज़रो। बेशक, अल्लाह हद से गुज़रने वालों को पसंद नहीं करता।

88. जो हलाल और पाक रिज़्क़ अल्लाह ने तुम्हें दिया है, उसमें से खाओ, और उस अल्लाह का तक़्वा अपनाओ जिसमें तुम ईमान रखते हो।

89. अल्लाह तुम्हारी बेसोची में उठाई गई क़समों पर तुमसे हिसाब नहीं लेगा, मगर जो क़सदन (इरादे से) उठाई गई क़समें हैं, उनका तुमसे हिसाब लेगा। और (अगर तोड़ दो) तो इसका कफ़्फ़ारा यह है कि दस ग़रीबों को वह खाना खिलाओ जो तुम अपने घरवालों को खिलाते हो, या उन्हें कपड़े पहनाओ, या एक ग़ुलाम आज़ाद करो। लेकिन अगर किसी को यह भी मुमकिन न हो तो तीन दिनों के रोज़े रखे। यह है तुम्हारी क़समों का कफ़्फ़ारा जब तुम क़सम तोड़ो। तो अपनी क़समों की हिफ़ाज़त करो। इसी तरह अल्लाह तुम्हारे लिए अपनी आयतें साफ़ करता है, ताकि तुम शुक्रगुज़ार बनो।

90. ऐ ईमान वालों! शराब, जुआ, बुत और पासे (क़िस्मत का हाल निकालना) – यह सब शैतान के नापाक काम हैं। तो इनसे बचो, ताकि तुम कामयाब हो।'

91. शैतान तो बस यही चाहता है कि शराब और जुए के ज़रिए तुममें दुश्मनी और नफरत डाल दे, और तुम्हें अल्लाह की याद और नमाज़ से रोक दे। तो क्या अब भी तुम बाज़ न आओगे?

92. अल्लाह की इताअत करो और रसूल की इताअत करो, और होशियार रहो!

लेकिन अगर तुम फिर भी मुँह मोड़ लो, तो समझ लो कि हमारे रसूल का काम सिर्फ़ पैग़ाम को साफ तरह से पहुँचाना है।

93. जो लोग ईमान लाए और नेक अमल किए, उन पर कोई गुनाह नहीं जो कुछ उन्होंने पहले (शराब वग़ैरह) पिया, जब तक कि वे अल्लाह का तक़्वा अपनाएँ, ईमान लाएँ और नेक अमल करें।

फिर वे और भी मज़बूती से ईमान लाएँ, तक़्वा अपनाएँ और नेकी करें। अल्लाह नेक लोगों से मोहब्बत करता है।

94. ऐ ईमान वालों! अल्लाह तुम्हें ज़रूर शिकार (शिकार करने के मौक़े) के ज़रिए आज़माएगा, जो तुम्हारे हाथों और नेज़ों की पहुँच में होगा, ताकि अल्लाह उन लोगों को ज़ाहिर करे जो उससे छुपकर डरते हैं। जो

इसके बाद भी हद से गुज़र जाए, उसके लिए दर्दनाक अज़ाब है।
95. ऐ ईमान वालों! जब तुम एहराम में हो, तो शिकार मत मारो। जो शख़्स जान-बूझकर शिकार करे, तो उसका बदला यह है कि जिस जानवर को उसने मारा, उसके बराबर एक क़ुर्बानी पेश करे, जिसका फैसला दो इन्साफ़ पसंद आदमी करें। यह क़ुर्बानी बैतुल्लाह (काबा) तक पहुँचाई जाए, या फिर ग़रीबों को खिलाना होगा, या रोज़े रखने होंगे, ताकि वह अपनी ग़लती का मज़ा चखे। जो पहले कर चुका, अल्लाह उसे माफ़ करेगा। लेकिन जो दोबारा करेगा, अल्लाह उसे सज़ा देगा। और अल्लाह ज़बरदस्त है, सज़ा देने की क़ुदरत रखता है।
96. समुद्री शिकार (मछली वग़ैरह) तुम्हारे लिए हलाल है, ताकि तुम और मुसाफ़िर इससे फ़ायदा उठाओ। लेकिन ख़ुश्की का शिकार तुम पर हराम है जब तक तुम एहराम में हो।
अल्लाह से डरो, जिसके हुज़ूर तुम सब जमा किए जाओगे।
97. अल्लाह ने काबा, मस्जिद-ए-हराम को तमाम लोगों के लिए एक अमन का मरकज़ बनाया, और हरमत वाले महीनों (ज़िलक़ादा, ज़िलहिज्जा, मुहर्रम, रजब), क़ुर्बानी के जानवरों और उनके गले में डाली जाने वाली निशानियों को भी एहतराम दिया है। ये सब इसलिए है ताकि तुम जान लो कि अल्लाह हर चीज़ का इल्म रखता है जो आसमान और ज़मीन में है, और बेशक अल्लाह हर चीज़ से बाख़बर है।
98. समझ लो कि अल्लाह की सज़ा सख़्त भी है, और वह ग़फ़ूर-उर-रहीम (माफ़ करने वाला, मेहरबान) भी है।
99. रसूल का काम सिर्फ़ पैग़ाम पहुँचाना है। और अल्लाह जानता है जो कुछ तुम ज़ाहिर करते हो और जो तुम छुपाते हो।
100. (ऐ नबी!) कह दो, "अच्छा और बुरा बराबर नहीं हो सकते, चाहे तुम्हें बुराई की कसरत ही क्यों न हैरान कर दे।" तो ऐ समझदार लोगो! अल्लाह से डरो, ताकि तुम कामयाब हो।
101. ऐ ईमान वालों! ऐसे सवाल मत करो जो अगर तुम पर ज़ाहिर कर दिए जाएँ, तो तुम्हें तकलीफ़ दें। लेकिन अगर तुम क़ुरआन के नुज़ूल के दौरान उनके बारे में सवाल करोगे, तो तुम पर ज़ाहिर कर दिए जाएँगे। अल्लाह ने जो कुछ गुज़र चुका है, उसे माफ़ कर दिया है। और अल्लाह बड़ा माफ़ करने वाला, बुर्दबार (सब्र करने वाला) है।
102. तुमसे पहले भी लोग ऐसे सवाल कर चुके हैं, फिर जब उन्हें जवाब दिया गया, तो उसे न मानकर कुफ़्र कर बैठे।
103. अल्लाह ने 'बहिरा', 'साइबा', 'वसीला' और 'हाम' (वे जानवर जिन्हें मुशरिकों ने अपनी मनमर्ज़ी से मुक़द्दस बना रखा था) हराम नहीं किए। ये तो बस काफ़िरों ने अल्लाह पर झूठी बातें गढ़ ली हैं, और इनमें से ज़्यादातर समझ-बूझ नहीं रखते।
104. जब इन लोगों से कहा जाता है, "आओ अल्लाह के हुक्म और रसूल की तरफ़," तो ये कहते हैं, "जो तरीका हमारे बाप-दादा से चला आ रहा है, वही हमें काफ़ी है।" क्या ये उस तरीक़े पर चलेंगे, अगरचे उनके

बाप-दादा न कुछ समझते थे, न हिदायत पर थे?

105. ऐ ईमान वालों! तुम अपनी ज़िम्मेदारी सिर्फ़ अपने ऊपर रखो। जो शख़्स गुमराही इख़्तियार करे, वह तुम्हें कोई नुक़सान नहीं पहुँचा सकता अगर तुम ख़ुद हिदायत पर हो। तुम सबको अल्लाह की तरफ़ लौटना है, फिर वह तुम्हें बता देगा जो कुछ तुम किया करते थे।

106. ऐ लोगों जो ईमान लाए हो! जब तुम में से किसी की मौत का वक्त आ जाए और वह वसीयत कर रहा हो, तो उसके लिए गवाही का तरीका यह है कि तुम्हारी जमात में से दो सच्चे और ईमानदार आदमी गवाह बनाए जाएं। या अगर तुम सफर की हालत में हो और वहां मौत की मुसीबत आ जाए, तो गैर-मुसलमानों में से ही दो गवाह ले लिए जाएं। फिर अगर कोई शक हो जाए, तो नमाज के बाद दोनों गवाहों को मस्जिद में रोक लिया जाए और वे अल्लाह की कसम खाकर कहें कि "हम किसी निजी फायदे के बदले गवाही नहीं बेचते, चाहे कोई हमारा करीबी रिश्तेदार ही क्यों न हो, और हम अल्लाह की खातिर गवाही को नहीं छुपाएंगे। अगर हमने ऐसा किया, तो हम गुनहगारों में शामिल होंगे।"

107. अगर ये गवाह (जिन्होंने पहले गवाही दी थी) झूठे साबित हो जाएं, तो मरने वाले शख्स के सबसे करीबी वारिस, जो इस वसीयत का सबसे ज्यादा हक रखते हैं, उनकी जगह गवाही दें। फिर वे अल्लाह की कसम खाकर कहें: "हमारी गवाही उनकी गवाही से ज्यादा सच्ची है, और हमने कोई हद पार नहीं की। अगर हम झूठ बोलें, तो बेशक हम जालिम होंगे।"

108. इस तरीके से गवाह सच बोलने में ज्यादा एहतियात बरतेंगे, या कम से कम उन्हें यह डर रहेगा कि कहीं उनकी कसम का जवाब कसम से न दिया जाए। अल्लाह से डरो और उसकी इताअत करो। बेशक, अल्लाह नाफरमानों को हिदायत नहीं देता।

109. (याद करो) वह दिन जब अल्लाह सभी पैगंबरों को इकट्ठा करेगा और पूछेगा: "तुम्हें लोगों ने क्या जवाब दिया?" तो वे कहेंगे: "हमें कोई इल्म नहीं, बस आप ही हर छिपी हुई बात के जानने वाले हैं।"

110. फिर सोचो उस वक्त का जब अल्लाह कहेगा, "ऐ मरयम के बेटे ईसा (अ.स)! याद कर मेरी उस नेमत को जो मैंने तुझे और तेरी मां को दी थी। मैंने रूह-ए-पाक से तेरी मदद की, तू बचपन में भी लोगों से बात करता था और बड़े होकर भी, मैंने तुझे किताब, हिकमत, तौरेत और इंजील की तालीम दी, तू मेरे हुक्म से मिट्टी का पुतला बनाता और उसमें फूंक मारता, तो वह मेरे हुक्म से परिंदा बन जाता, तू जन्म से अंधे और कोढ़ी को मेरे हुक्म से ठीक करता था, तू मुर्दों को मेरे हुक्म से जिंदा करता था। फिर जब तू बनी इसराईल के पास साफ निशानियां लेकर आया, और जिन्होंने इनकार किया, उन्होंने कहा कि यह सब जादू है, तो मैंने ही तुझे उनसे बचाया।"

111. और याद करो जब मैंने हवारियों (ईसा के शागिर्दों) के दिलों में यह डाल दिया: "मुझ पर और मेरे रसूल पर ईमान लाओ।" तो उन्होंने कहा:"हम ईमान लाए, और गवाही दो कि हम अल्लाह के फरमांबरदार हैं।"

112. (हवारियों की बात भी याद करो) जब उन्होंने कहा, "ऐ ईसा (अ.स) इब्ने मरयम (अ.स)! क्या आपका

रब हम पर आसमान से खाने का दस्तरख़ान उतार सकता है?" तो ईसा (अ.स) ने कहा, "अल्लाह से डरो, अगर तुम सच्चे मोमिन हो।"

113. उन्होंने कहा, "हम सिर्फ इसलिए इस (मैदा) से खाना चाहते हैं ताकि हमारे दिल मुतमइन हो जाएं, और हम यह तस्दीक कर सकें कि तुम वाकई सच बोल रहे हो, और हम इस पर गवाह बन सकें।"

114. ईसा इब्ने मरयम (अ.स) ने दुआ की, "ऐ अल्लाह, हमारे रब! हमारे लिए आसमान से एक दस्तरख़ान नाज़िल फ़रमा, जो हमारे पहले और आख़िरी सब के लिए एक ईद (खुशी का दिन) हो, और तेरी तरफ़ से एक निशानी भी। हमें रिज़्क़ अता फ़रमा, तू बेहतरीन रिज़्क़ देने वाला है।"

115. अल्लाह ने फ़रमाया, "मैं इसे तुम पर नाज़िल करने वाला हूँ। मगर जो इसके बाद भी इनकार करेगा, उसे ऐसा अज़ाब दूँगा जो मैंने किसी और को नहीं दिया होगा।"

116. और (क़यामत के दिन) अल्लाह फ़रमाएगा, "ऐ ईसा इब्ने मरयम! क्या तुमने लोगों से कहा था कि मुझे और मेरी माँ को अल्लाह के सिवा माबूद बना लो?" ईसा (अ.स) कहेंगे, "पाक है तू! मुझे यह कहने का क्या हक़ था, जो मुझे कहना ही नहीं चाहिए था? अगर मैंने ऐसा कुछ कहा होता, तो तू ज़रूर जानता। तू जानता है जो मेरे दिल में है, लेकिन मैं नहीं जानता जो तेरे इल्म में है। बेशक, तू ही ग़ैब का सबसे बेहतर जानने वाला है।"

117. "मैंने उनसे सिर्फ वही कहा जो तूने मुझे हुक्म दिया:'अल्लाह की इबादत करो, जो मेरा भी रब है और तुम्हारा भी रब है!'और जब तक मैं उनके दरमियान था, उनका निगहबान था। मगर जब तूने मुझे उठा लिया, तो फिर तू ही उन पर निगहबान था, और तू ही हर चीज़ पर गवाह है।"

118. "अगर तू उन्हें सज़ा दे, तो वे तेरे बंदे हैं। और अगर तू उन्हें माफ़ कर दे, तो बेशक तू ही ज़बरदस्त, हकीम है।"

119. अल्लाह फ़रमाएगा, "आज वह दिन है जब सिर्फ सच्चे लोगों को उनकी सच्चाई का फ़ायदा होगा। उनके लिए ऐसी जन्नतें हैं जिनके नीचे नहरें बहती हैं, जहां वे हमेशा रहेंगे।अल्लाह उनसे राज़ी हो गया, और वे अल्लाह से राज़ी हो गए। यही सबसे बड़ी कामयाबी है।"

120. आसमानों और ज़मीन की बादशाहत सिर्फ अल्लाह ही के लिए है, और जो कुछ उनमें है, वह भी उसी का है। और वह हर चीज़ पर क़ादिर है।

६. सूरह अल-अनआम

बिस्मिल्लाह-हिर्रहमान-निर्रहीम

1. सब तारीफ अल्लाह के लिए है, जिसने आसमानों और ज़मीन को पैदा किया और अंधेरा और रौशनी बनाई। फिर भी काफ़िर अपने रब के बराबर औरों को बना लेते हैं।
2. वही है जिसने तुम्हें मिट्टी से पैदा किया, फिर (मौत का) एक तयशुदा वक़्त मुक़र्रर किया, और एक वक़्त (क़यामत का) उसी के पास है। फिर भी तुम शक में पड़े हो!
3. वही आसमानों और ज़मीन का सच्चा इलाह है। वह जानता है जो तुम छुपाते हो और जो तुम ज़ाहिर करते हो, और जो कुछ तुम करते हो, उससे भी वह वाक़िफ़ है।
4. जब भी उनके पास उनके रब की तरफ़ से कोई निशानी आती है, तो वे उससे मुँह फेर लेते हैं।
5. अब जब उनके पास हक़ आ गया, तो उन्होंने इससे भी इनकार कर दिया। अच्छा, जिस चीज़ का वे अब तक मज़ाक़ उड़ाते रहे हैं, जल्द ही उसके बारे में उन्हें ख़बर मिलने वाली है।
6. क्या उन्होंने नहीं देखा कि उनसे पहले कितनी क़ौमों को हमने तबाह कर दिया? हमने उन्हें ज़मीन में तुमसे ज़्यादा मज़बूती से जमाया था। हमने उन पर बारिश बरसाई और उनके क़दमों के नीचे नहरें बहा दीं। फिर हमने उन्हें उनके गुनाहों की वजह से हलाक कर दिया, और उनकी जगह दूसरी क़ौमें पैदा कर दीं।
7. अगर हम (ऐ नबी) तुम पर कोई लिखी हुई किताब नाज़िल कर देते, और वे उसे अपने हाथों से छू लेते, तब भी काफ़िर कहते, "यह तो सिर्फ़ खुला जादू है!"
8. वे कहते हैं, "इसके साथ कोई फ़रिश्ता क्यों नहीं आया?" अगर हम फ़रिश्ता भेजते, तो (फैसला) हो चुका होता, और उन्हें ज़्यादा मोहलत नहीं दी जाती।
9. और अगर हम फ़रिश्ता भेजते, तो उसे इंसान की शक्ल में बना देते, जिससे वे और भी उलझन में पड़ जाते।

10. तुमसे पहले भी बहुत से रसूलों का मज़ाक़ उड़ाया गया, लेकिन जिन्होंने उनका मज़ाक़ उड़ाया, वे खुद अपनी हंसी का शिकार हो गए।

11. कह दो, "ज़मीन में घूमो और देखो कि झुठलाने वालों का क्या अंजाम हुआ।"

12. उनसे पूछो (ऐ नबी), "आसमानों और ज़मीन में जो कुछ है, वह किसका है?" कह दो, "अल्लाह का!" उसने अपने ऊपर रहम करना फ़र्ज़ कर लिया है। वह तुम सबको क़यामत के दिन ज़रूर जमा करेगा, जिसमें कोई शक नहीं। लेकिन जिन्होंने अपने आपको बर्बाद कर लिया, वे कभी ईमान नहीं लाएंगे।

13. उसी का है जो कुछ दिन और रात में मौजूद है। और वह सब कुछ सुनने वाला और जानने वाला है।

14. (ऐ नबी!) कहो, "क्या मैं अल्लाह के सिवा किसी और को अपना सरपरस्त बनाऊं, जो आसमानों और ज़मीन का पैदा करने वाला है, और सबको रिज़्क़ देता है,

जबकि उसे खुद किसी रिज़्क़ की ज़रूरत नहीं?" कह दो, "मुझे हुक्म दिया गया है कि मैं सबसे पहले इस्लाम क़बूल करूं और मुशरिकों में से न बनूं।"

15. कह दो, "अगर मैं अपने रब की नाफ़रमानी करूं, तो मुझे एक बड़े दिन के अज़ाब का डर है।"

16. जिस शख़्स को उस दिन के अज़ाब से बचा लिया गया, उस पर अल्लाह की रहमत हो गई। और यही सच्ची कामयाबी है।

17. अगर अल्लाह तुम्हें कोई नुक़सान पहुँचाए, तो उसके सिवा कोई उसे दूर नहीं कर सकता। और अगर वह तुम्हें कोई नेमत दे, तो वह हर चीज़ पर क़ादिर है।

18. और वही अल्लाह अपने बंदों पर ग़ालिब है, बरतर है, और वही बड़ी हिकमत वाला और पूरी खबर रखने वाला है।

19. (ऐ नबी!) उनसे पूछो, "सबसे बेहतरीन गवाह कौन है?" कहो, "अल्लाह है! वह मेरे और तुम्हारे दरमियान गवाह है। और यह क़ुरआन मुझे इसलिए दिया गया है कि मैं इसके ज़रिए तुम्हें, और जिस तक यह पहुँचे, सबको डराऊँ। क्या तुम गवाही देते हो कि अल्लाह के सिवा भी कोई माबूद है?" कहो, "मैं कभी इसकी गवाही नहीं देता!" और कहो, "वह एक ही इलाह है, और मैं तुम्हारे तमाम शरीकों से बरी हूँ।"

20. जिन्हें हमने किताब दी थी, वह इस (नबी) को उसी तरह पहचानते हैं, जिस तरह अपने बच्चों को पहचानते हैं। जिन लोगों ने अपने आपको बर्बाद कर लिया, वे कभी ईमान नहीं लाएँगे।

21. उस शख़्स से ज़्यादा ज़ालिम कौन है जो अल्लाह पर झूठ बाँधे या उसकी आयतों को झुठलाए? बेशक, ज़ालिम लोग कभी कामयाब नहीं होंगे।

22. (याद करो) उस दिन को जब हम सबको इकट्ठा करेंगे, फिर उनसे पूछेंगे जो अल्लाह के साथ शरीक थे, "वे माबूद कहाँ हैं जिन्हें तुम पुकारा करते थे?"

23. उनका जवाब सिर्फ इतना होगा: "अल्लाह की क़सम, हमारे रब! हम कभी मुशरिक नहीं थे।"

24. देखो कैसे वे अपने ऊपर झूठ बोलेंगे, और कैसे उनके बनाए हुए माबूद उन्हें धोखा देंगे!

25. उनमें से कुछ लोग ऐसे हैं जो (दिखावे के लिए) तुम्हारी क़ुरआन की तिलावत सुनते हैं, लेकिन हमने

उनके दिलों पर पर्दे डाल दिए हैं, जिसकी वजह से वे समझ नहीं पाते,और उनके कानों में बहरेपन की गिरह डाल दी है। अगर वे हर निशानी देख भी लें, तो भी ईमान नहीं लाएँगे। काफ़िर तो तुमसे झगड़ते हुए यह भी कहते हैं, “यह क़ुरआन तो बस पुरानी कहानियाँ हैं!”

26. वे लोग दूसरों को (नबी से) रोकते हैं और खुद भी दूर रहते हैं। वे अपने सिवा किसी और को नुकसान नहीं पहुँचाते, लेकिन वे समझते नहीं।

27. काश, तुम देख सकते जब वे आग के सामने रोके जाएँगे! वे चीखेंगे, “हाय! काश हमें वापस भेज दिया जाता, तो हम कभी अपने रब की निशानियों को झुठलाते नहीं और ईमान लाने वालों में से हो जाते।”

28. मगर नहीं! (यह सिर्फ उनके मुँह की बात है) क्योंकि जो हक़ वे छिपाते रहे, वह उनके सामने खुलकर आ जाएगा। अगर वे वापस भेज भी दिए जाएँ, तो वे वही करेंगे, जिससे उन्हें मना किया गया था। बेशक वे झूठे हैं!

29. उन्होंने यह दावा किया, “ज़िंदगी तो बस यही दुनिया की है और हम कभी उठाए नहीं जाएँगे।”

30. लेकिन काश, तुम देख सकते जब वे अपने रब के सामने खड़े किए जाएँगे! वह उनसे पूछेगा, “क्या यह (आख़िरत) हक़ नहीं है?” वे चीखेंगे, “हाँ, हमारे रब की कसम!” वह फरमाएगा, “तो अपने कुफ़्र का अज़ाब चखो।”

31. सबसे बड़ा घाटा उठाने वाले वे हैं जिन्होंने अल्लाह से मिलने का इनकार किया, यहाँ तक कि क़यामत अचानक आ पहुँची। फिर वे चीखेंगे, “हाय, हमारी बदबख्ती! हमने इसे नजरअंदाज कर दिया।” वे अपने गुनाहों का बोझ अपनी पीठ पर उठाएँगे।

कितना बुरा बोझ है!

32. यह दुनिया की ज़िंदगी तो बस खेल और तमाशा है, और जो लोग अल्लाह से डरने वाले हैं, उनके लिए आख़िरत का घर बेहतर है। क्या तुम समझते नहीं?

33. हम जानते हैं कि जो कुछ वे कहते हैं, वह तुम्हें दुखी करता है (ऐ नबी!), वे तुम्हारी सच्चाई पर शक नहीं करते, बल्कि ज़ालिम लोग अल्लाह की आयतों को झुठलाते हैं।

34. तुमसे पहले भी बहुत से रसूल झुठलाए गए, लेकिन उन्होंने सब्र किया और तकलीफ़ सही, यहाँ तक कि हमारी मदद उनके पास पहुँची। और अल्लाह का वादा कभी टूटता नहीं। तुम्हें इन रसूलों की कुछ खबरें भी दी जा चुकी हैं।

35. अगर उनका इनकार तुम्हें भारी लगता है, तो ज़मीन में कोई सुरंग बना लो या आसमान तक सीढ़ियाँ चढ़ो, ताकि उनके लिए कोई और निशानी ला सको। अगर अल्लाह चाहता, तो वह सबको हिदायत दे देता। तुम नादानों में से मत बनो।

36. सिर्फ वही लोग जवाब देंगे जो समझने वाले हैं। और जो मुर्दा हैं, उन्हें अल्लाह उठाएगा, फिर सब उसी की तरफ लौटकर जाएँगे।

37. वे कहते हैं, “इसके रब की तरफ से कोई और निशानी क्यों नहीं उतारी गई?” (ऐ नबी!) कहो,

"अल्लाह ज़रूर किसी निशानी को उतारने पर क़ादिर है," मगर उनमें से अधिकतर लोग नहीं जानते।
38. ज़मीन पर चलने वाले जानवर और आसमान में उड़ने वाले परिंदे भी तुम्हारी तरह ही एक उम्मत हैं। हमने किताब में किसी चीज़ को छोड़ा नहीं। फिर सब अपने रब की तरफ जमा किए जाएँगे।
39. जो लोग हमारी आयतों को झुठलाते हैं, वे गूँगे और बहरे हैं, अंधेरे में भटक रहे हैं। अल्लाह जिसे चाहता है, गुमराह कर देता है और जिसे चाहता है, सीधा रास्ता दिखा देता है।
40. (ऐ नबी!) उनसे पूछो, "सोचो, अगर तुम पर अल्लाह का अज़ाब आ जाए या क़यामत आ जाए, तो क्या तुम अल्लाह के सिवा किसी और को पुकारोगे? सच बताओ, अगर तुम सच्चे हो!"
41. नहीं! तुम सिर्फ उसी को पुकारोगे। और अगर वह चाहे, तो वह तकलीफ़ दूर कर देगा जिसकी वजह से तुम उसे पुकार रहे हो। फिर तुम उसे भूल जाओगे जिसे तुम उसका शरीक बना रहे हो।
42. हमने तुमसे पहले भी बहुत से रसूल भेजे, और उनकी क़ौमों को तकलीफ़ और मुसीबत में डाला, ताकि वे झुक जाएँ।
43. जब हमने उन्हें तकलीफ़ दी, तो वे क्यों नहीं झुके? बल्कि उनके दिल सख़्त हो गए और शैतान ने उनके बुरे काम उन्हें ख़ूबसूरत बना दिए।
44. जब वे नसीहतों से ग़ाफ़िल हो गए, तो हमने उन्हें हर चीज़ से नवाज़ा। लेकिन जब वे अपने दिए हुए में मगन हो गए, तो हमने उन्हें अचानक पकड़ लिया, और वे महरूम होकर रह गए!
45. इस तरह ज़ालिम लोग बिल्कुल मिटा दिए गए। और सारी तारीफ़ अल्लाह के लिए है, जो सारे जहान का रब है।
46. कहो, "ये बताओ, अगर अल्लाह तुम्हारी सुनने की ताक़त और देखने की सलाहियत छीन ले, और तुम्हारे दिलों पर मुहर लगा दे, तो क्या अल्लाह के सिवा कोई और माबूद है जो तुम्हें ये सब वापस दे सके?" देखो, हम कैसे मुख्तलिफ़ अंदाज़ों से दलील पेश कर रहे हैं, मगर फिर भी ये मुँह मोड़ लेते हैं।
47. पूछो, "सोचो, अगर अल्लाह का अज़ाब तुम पर आ जाए, खबर देकर या बेखबर, तो ज़ालिमों के सिवा और कौन हलाक होगा?"
48. हमने रसूलों को सिर्फ खुशख़बरी देने वाले और डराने वाले भेजा है। जो लोग ईमान लाएँगे और नेक काम करेंगे, उन्हें न कोई ख़ौफ़ होगा और न वे ग़मगीन होंगे।
49. और जो लोग हमारी आयतों को झुठलाएँगे, वे अपनी सरकशी की वजह से सज़ा में मुब्तिला होंगे।
50. (ऐ नबी!) कहो, "मैं तुमसे यह नहीं कहता कि मेरे पास अल्लाह के ख़ज़ाने हैं, और न मैं ग़ैब जानता हूँ। और न मैं यह कहता हूँ कि मैं फ़रिश्ता हूँ। मैं तो सिर्फ वही करता हूँ जो मुझे वह्य किया जाता है।" कहो, "क्या अंधा और देखने वाला बराबर हो सकते हैं? क्या तुम सोचते नहीं?"
51. उन्हें इस (क़ुरआन के ज़रिए) डराओ, जिनके दिलों में यह ख़ौफ़ है कि वे अपने रब के सामने जमा किए जाएँगे। उसके सिवा उनका न कोई हिमायती होगा और न कोई सरपरस्त, ताकि वे (बुराई से) बच सकें।
52. और उन लोगों को अपने से दूर न करो, जो सुबह-ओ-शाम अपने रब को उसकी ख़ुशी की तलाश में

पुकारते हैं। न उनका हिसाब तुम पर है, और न तुम्हारा हिसाब उन पर। अगर तुम उन्हें दूर कर दोगे, तो फिर तुम ज़ालिमों में से हो जाओगे।

53. इसी तरह हमने कुछ लोगों को दूसरों के ज़रिए आज़माया, ताकि वे (मुश्रिक) कहें, "क्या अल्लाह ने इन्हें (ग़रीब मोमिनों को) हम में से पसंद कर लिया है?" क्या अल्लाह शुक्र करने वालों को बेहतर नहीं जानता?

54. जब वे लोग तुम्हारे पास आएँ, जो हमारी आयतों पर ईमान रखते हैं, तो कहो, "तुम पर सलामती हो! तुम्हारे रब ने अपने ऊपर रहमत फ़र्ज़ कर ली है। अगर तुम में से कोई नासमझी या जहालत में कोई बुरा काम कर ले,फिर तौबा कर ले और अपनी इस्लाह कर ले, तो यक़ीनन अल्लाह बड़ा माफ़ करने वाला, रहम करने वाला है।"

55. इसी तरह हम अपनी निशानियाँ स्पष्ट करते हैं,ताकि गुनहगारों का रास्ता अलग हो जाए।

56. (ऐ नबी!) कहो, "मुझे मना किया गया है कि मैं उनकी इबादत करूँ, जिन्हें तुम अल्लाह के सिवा पुकारते हो।"कहो, "मैं तुम्हारी ख़्वाहिशों की पैरवी नहीं करूँगा, वरना मैं गुमराह हो जाऊँगा और हिदायत पाने वालों में नहीं रहूँगा।"

57. (ऐ नबी!) कहो, "मैं अपने रब की तरफ़ से वाज़ेह दलील पर हूँ, लेकिन तुमने उसे झुठला दिया। वह (अज़ाब) जिसे तुम जल्दी चाहते हो, वह मेरे बस में नहीं है। फैसला तो सिर्फ़ अल्लाह का है। वह हक़ बयान करता है और वही बेहतरीन फ़ैसला करने वाला है।"

58. कहो, "अगर वह चीज़ जिसे तुम जल्दी चाहते हो मेरे बस में होती, तो हमारे दरमियान फैसला हो चुका होता। लेकिन अल्लाह ज़ालिमों को बेहतर जानता है।"

59. और उसी के पास ग़ैब (छुपी हुई चीज़ों) की कुंजियाँ हैं, जिन्हें उसके सिवा कोई नहीं जानता। और जो कुछ ज़मीन और समुंदर में है, वह सब जानता है। कोई पत्ता भी नहीं गिरता, मगर वह उसके इल्म में होता है। और न ही ज़मीन के अंधेरों में कोई दाना है, न कोई तर (हरा) और न कोई ख़ुश्क (सूखा) चीज़, मगर यह सब कुछ एक वाज़ेह किताब (Clear Record) में लिखा हुआ है।

60. और वही है जो रात को तुम्हारी रूहें क़ब्ज़ करता है, और दिन में जो कुछ तुम करते हो, उससे वाक़िफ़ है। फिर वह तुम्हें दिन में दोबारा ज़िंदगी देता है, ताकि मुक़र्रर की गई मियाद पूरी हो। फिर तुम्हारी वापसी उसी की तरफ़ होगी, फिर वह तुम्हें बता देगा जो कुछ तुम किया करते थे।

61. वह अपनी मख़लूक़ पर पूरी तरह ग़ालिब है, और फ़रिश्तों को तुम पर निगरान बना कर भेजता है। जब तुम में से किसी की मौत का वक़्त आ जाता है, तो हमारे फ़रिश्ते उसकी रूह क़ब्ज़ कर लेते हैं और वे किसी को नहीं छोड़ते।

62. फिर सब अपने असली मालिक अल्लाह की तरफ़ पलटाए जाएँगे। फ़ैसला उसी का है और वह हिसाब लेने में सबसे तेज़ है।

63. कहिए, "कौन है जो तुम्हें ख़ुश्की और समुंदर के अंधेरों से बचाता है? जब तुम उसे मजबूरी और बेबसी में, छुपकर और खुले आम पुकारते हो: 'अगर तू हमें इस मुसीबत से निकाल दे, तो हम ज़रूर शुक्र गुज़ार बन

जाएँगे।'"

64. कहिए, "सिर्फ़ अल्लाह ही तुम्हें इससे और हर दूसरी मुसीबत से बचाता है, मगर फिर भी तुम उसके साथ शिर्क करते हो।"

65. कहिए, "वही है जो तुम पर ऊपर से या नीचे से अज़ाब भेजने की क़ुदरत रखता है, या तुम्हें गुटों में बाँट दे और एक-दूसरे के हाथों तुम्हें अज़ाब चखाए।" देखो, हम किस तरह अपनी निशानियाँ अलग-अलग अंदाज़ से बयान करते हैं, ताकि शायद ये समझ लें।

66. मगर (ऐ नबी!) फिर भी तुम्हारी क़ौम ने इस क़ुरआन को झुठला दिया, हालाँकि यह हक़ है। कहिए, "मैं तुम पर निगरान नहीं हूँ।"

67. हर मामला एक मुक़र्रर वक़्त पर अंजाम पाने वाला है, और तुम जल्द ही जान लोगे।

68. और जब तुम उन लोगों को देखो जो हमारी आयतों का मज़ाक उड़ाते हैं, तो उनके साथ न बैठो जब तक वे किसी और बात में न लग जाएँ। अगर शैतान तुम्हें भुला दे, तो याद आने के बाद फिर ज़ालिमों के साथ न बैठो।

69. जो लोग अल्लाह से डरते हैं, उन पर उन (मज़ाक उड़ाने वालों) के हिसाब का कोई बोझ नहीं। उनका काम सिर्फ़ समझाना है, ताकि शायद ये बाज़ आ जाएँ।

70. और उन लोगों को छोड़ दो जो इस दीन को सिर्फ़ खेल-तमाशा समझते हैं, और दुनिया की ज़िंदगी ने उन्हें धोखे में डाल रखा है। मगर (फिर भी) इस क़ुरआन के ज़रिए उन्हें नसीहत करो, ताकि कोई अपने आमाल की वजह से हलाक न हो। उनका न कोई मददगार होगा और न कोई सिफ़ारिश करने वाला, और अगर वे हर तरह का फ़िद्या (बदले में दिया गया माल) भी पेश करें, तो भी उनसे क़बूल नहीं किया जाएगा। ये वही लोग हैं जो अपनी बुराइयों की वजह से हलाक होंगे। उनके लिए गरम पानी का मशरूब और दर्दनाक अज़ाब है, उनके कुफ़्र के बदले।

71. (ऐ नबी!) आप इनसे पूछिए, "क्या हम अल्लाह के सिवा उन लोगों को पुकारें, जो न हमें फ़ायदा पहुँचा सकते हैं और न नुक़सान, और अल्लाह की हिदायत मिलने के बाद फिर कुफ़्र की तरफ़ पलट जाएँ? (अगर ऐसा करें तो) हम उस शख़्स की तरह होंगे जिसे शैतानों ने वीराने में भटका दिया हो, जबकि उसके साथी उसे हिदायत की तरफ़ बुला रहे हों: 'हमारी तरफ़ आ जाओ!'" कहिए, "अल्लाह की हिदायत ही असल हिदायत है, और हमें यही हुक्म दिया गया है कि हम रब्बुल-आलमीन के फ़रमाबरदार बनें।"

72. और हमें यह भी हुक्म दिया गया है कि हम नमाज़ क़ायम करें और उससे डरते रहें। और आख़िर में तुम सबको उसी की तरफ़ जमा किया जाएगा।"

73. वही है जिसने आसमानों और ज़मीन को हक़ के साथ पैदा किया। और जिस दिन वह फ़रमाएगा, 'हो जा!' तो वह हो जाएगा। उसका हुक्म बिल्कुल सच है। और जिस दिन सूर फूंका जाएगा, उसी का हुक्म चलेगा। वही है जो ग़ैब और ज़ाहिर का इल्म रखता है, और वही हकीम (बुद्धिमान) और ख़बर रखने वाला है।

74. और (याद करो) जब इब्राहीम ने अपने बाप आज़र से कहा, "क्या तुम बुतों को माबूद बनाते हो? मुझे

तो लगता है कि तुम और तुम्हारी क़ौम खुली गुमराही में हो।"

75. और हमने इब्राहीम को आसमानों और ज़मीन के निज़ाम के अजीब मंज़र दिखाए, ताकि वह यक़ीन करने वालों में से हो जाए।

76. जब रात का अंधेरा छा गया, तो उन्होंने एक तारा देखा और कहा, "यह मेरा रब है!" लेकिन जब वह डूब गया, तो कहा, "मुझे वह चीज़ पसंद नहीं जो डूब जाती है।"

77. फिर जब चंद्रमा चमकता देखा, तो कहा, "यह मेरा रब है!" लेकिन जब वह भी डूब गया, तो कहा, "अगर मेरा रब मुझे मार्गदर्शन न दे, तो मैं भी भटके हुए लोगों में से हो जाऊँगा।"

78. फिर जब सूरज चमकता देखा, तो कहा, "यह मेरा रब है, यह तो सबसे बड़ा है!" लेकिन जब वह भी डूब गया, तो कहा, "ऐ मेरी क़ौम! मैं उन सब से अलग हूँ जिन्हें तुम अल्लाह का साझी मानते हो।"

79. मैंने अपना रुख उसी की ओर मोड़ लिया जिसने आसमानों और ज़मीन को पैदा किया, और मैं सिर्फ़ उसी का हो गया हूँ, और मैं मुशरिकों (बहुदेववादियों) में से नहीं हूँ।

80. और उसकी क़ौम ने उससे झगड़ा किया, तो उसने कहा, "क्या तुम मुझसे अल्लाह के बारे में झगड़ते हो जबकि उसने मुझे मार्गदर्शन दे दिया है? मैं उन चीज़ों से नहीं डरता जिन्हें तुम अल्लाह का साझी बनाते हो। हाँ, अगर मेरा रब कुछ चाहता है तो वह मुझे कोई नुक़सान पहुँचा सकता है। मेरा रब हर चीज़ का ज्ञान रखता है। क्या तुम इस पर विचार नहीं करते?"

81. और मैं तुम्हारे उन साझीदारों से क्यों डरूँ, जबकि तुम खुद अल्लाह के साथ उन चीज़ों को साझी बना रहे हो जिनके लिए उसने कोई प्रमाण नहीं उतारा? तो बताओ, किस ओर अधिक सुरक्षा है, यदि तुम जानते हो?

82. जो लोग ईमान लाए और अपने ईमान को किसी अन्याय (शिर्क) से मिश्रित नहीं किया, उन्हीं के लिए शांति है और वही मार्गदर्शन पाने वाले हैं।

83. और यही दलील हमने इब्राहीम को उसकी क़ौम के मुक़ाबले में दी थी। हम जिसे चाहते हैं, उसका दर्जा ऊँचा कर देते हैं। निःसंदेह तुम्हारा रब बुद्धिमान और ज्ञानवान है।

84. और हमने इब्राहीम को इस्हाक़ और याक़ूब का उपहार दिया और सभी को मार्गदर्शन दिया। और इससे पहले हमने नूह को मार्गदर्शन दिया था, और उसकी संतान में से दाऊद, सुलेमान, अय्यूब, यूसुफ़, मूसा और हारून को भी मार्गदर्शन दिया। और यही नेकी करने वालों पर हमारा विशेष इनाम है।

85. और इसी तरह हमने ज़करीया, याह्या, ईसा और इलियास को भी मार्गदर्शन दिया, और ये सभी नेक लोगों में से थे।

86. और हमने इस्माईल, अलीयसा (इलिशा), यूनुस और लूत को भी मार्गदर्शन दिया, और इन सभी को उनके समय के लोगों पर श्रेष्ठता दी।

87. और हमने उनके पूर्वजों, उनकी संतानों और उनके भाइयों में से भी कुछ को चुना और उन्हें सीधे रास्ते की ओर मार्गदर्शन दिया।

88. यही अल्लाह की हिदायत है, जिसे वह अपने बंदों में से चाहता है, उसे देता है। और यदि ये लोग अल्लाह

के साथ शिर्क करते, तो उनके किए गए सभी कर्म व्यर्थ हो जाते।

89. यही वे लोग हैं जिन्हें हमने किताब, बुद्धिमत्ता और नबूवत प्रदान की। यदि ये लोग (मूर्तिपूजक) इन बातों का इनकार करते हैं, तो हमने यह अमानत उन लोगों को सौंप दी जो इस पर कभी भी ईमान से हाथ नहीं उठाएँगे।

90. ये पैग़ंबर अल्लाह की ओर से सीधे मार्ग पर थे, तो उनकी हिदायत पर चलो। कह दो, "मैं इस (क़ुरआन) के बदले तुमसे कोई इनाम नहीं माँगता, यह तो पूरी दुनिया के लिए एक नसीहत है।"

91. और ये लोग अल्लाह की सही क़दर नहीं करते जैसे उसकी क़दर करनी चाहिए थी, जबकि ये कहते हैं: "अल्लाह ने किसी इंसान पर कुछ भी नहीं उतारा!" कहो: "फिर वह किताब कौन लाया जो मूसा पर उतारी गई थी? जो लोगों के लिए प्रकाश और मार्गदर्शन थी, लेकिन तुमने उसे कागज़ों में बाँट दिया, कुछ जाहिर करते हो और बहुत कुछ छुपा लेते हो। और तुम्हें वह ज्ञान दिया गया जो न तुम जानते थे और न तुम्हारे पूर्वज।" कहो: "अल्लाह ने इसे उतारा है!" फिर इन्हें छोड़ दो कि ये अपनी व्यर्थ बातों में लगे रहें।

92. यह एक बरकत वाली किताब है जिसे हमने उतारा है, जो अपने से पहली किताबों की पुष्टि करती है, ताकि आप उम्मुल-क़ुरा (मक्का) और इसके आसपास के लोगों को सचेत करें। और जो लोग आख़िरत पर ईमान रखते हैं, वही इस क़ुरआन पर भी ईमान लाते हैं, और वही अपनी नमाज़ों की हिफ़ाज़त करते हैं।

93. और उससे बढ़कर ज़ालिम कौन होगा जो अल्लाह पर झूठा आरोप लगाए, या कहे कि "मुझ पर वही (प्रकाशना) आई है," जबकि उस पर कुछ भी नहीं उतारा गया, या जो कहे कि "मैं भी वैसा ही उतार सकता हूँ जैसा अल्लाह ने उतारा है?" अगर तुम (ऐ नबी!) देखो जब ये ज़ालिम मौत की सख़्तियों में होते हैं और फ़रिश्ते अपने हाथ बढ़ा रहे होते हैं (कि जान निकालो), तो कहते हैं: "अब अपनी जान निकालो! आज तुम्हें अपमानजनक सज़ा दी जाएगी, क्योंकि तुम अल्लाह पर झूठ गढ़ते थे और उसकी आयतों के मुक़ाबले में घमंड करते थे!"

94. आज तुम हमारे पास वैसे ही आए हो जैसे हमने तुम्हें पहली बार पैदा किया था। और जो कुछ हमने तुम्हें दिया था, वह सब तुम पीछे छोड़ आए हो। हम तुम्हारे साथ तुम्हारे उन सिफ़ारिशियों (साधनों) को भी नहीं देख रहे जिन्हें तुम अपने मामलों में अल्लाह का साझी समझते थे। अब तुम्हारे बीच के सभी संबंध टूट चुके हैं, और जो दावा तुम करते थे, वह सब ग़लत साबित हो चुका है।

95. निस्संदेह, अल्लाह ही है जो बीजों और गुठलियों को फाड़कर उनमें से पौधा निकालता है। वही जीवित को मृत से और मृत को जीवित से निकालने वाला है। यही अल्लाह है! फिर तुम किधर भटक रहे हो?

96. वही है जो सुबह का उजाला फैलाता है, और रात को सुकून का ज़रिया बनाता है। और उसने सूरज और चाँद को एक मुक़र्रर निज़ाम पर रखा है। यह सब उस अलीम-ओ-हकीम (सब जानने वाले और हिकमत वाले) का तजज़िया है।

97. और वही है जिसने तुम्हारे लिए सितारों को तुम्हारे सफर में रास्ता दिखाने का ज़रिया बनाया, ख़ुश्क-ओ-तर (ज़मीन और समुंदर) के अंधेरों में। हमने अपनी निशानियाँ उन लोगों के लिए तफसील से बयान की हैं जो

इल्म रखते हैं।
98. और वही है जिसने तुम सबको एक ही जान से पैदा किया, फिर हर एक के रहने और दफ़न होने की जगह मुक़र्रर की। हमने अपनी निशानियाँ उन लोगों के लिए वाज़ेह कर दी हैं जो समझते हैं।
99. और वही है जो आसमान से बारिश बरसाता है, फिर उससे हर क़िस्म के पौधे उगाता है। और हम हरी-भरी टहनियाँ निकालते हैं, जिनसे गेहूँ और दाने गुच्छों की शक्ल में निकलते हैं। और खजूर के दरख़्तों से लटकते हुए गुच्छे, और अंगूर के बाग, ज़ैतून और अनार भी उगाता है—जो एक-दूसरे से मिलते-जुलते हैं, मगर स्वाद अलग-अलग हैं। जब ये फल लगते हैं और पकने लगते हैं, तो उन्हें ग़ौर से देखो! बेशक इसमें ईमान लाने वालों के लिए निशानियाँ हैं।
100. फिर भी ये लोग जिन्नों को अल्लाह का शरीक बना कर मानते हैं, जबकि उन्हें भी अल्लाह ने ही पैदा किया! और बिना किसी इल्म के अल्लाह के लिए बेटे और बेटियाँ गढ़ लेते हैं! वह पाक और बुलंद है उनके दावों से।
101. (वही) आसमानों और ज़मीन का पैदा करने वाला है। उसका कैसे कोई बेटा हो सकता है जबकि उसकी कोई बीवी ही नहीं? उसने हर चीज़ को पैदा किया और वह हर चीज़ को जानता है।
102. यही है अल्लाह, तुम्हारा रब! उसके सिवा कोई माबूद नहीं। वही हर चीज़ का ख़ालिक़ (रचयिता) है, तो सिर्फ़ उसी की इबादत करो। और वही हर चीज़ का निगहबान (रक्षक) है।
103. नज़रें उसका इदराक (साक्षात्कार) नहीं कर सकतीं, मगर वह सब नज़र रखने वालों का इदराक कर लेता है। और वह बड़ी बारीकी से देखने वाला (लतीफ़) और सब से ख़बर रखने वाला है।
104. तुम्हारे पास तुम्हारे रब की तरफ़ से बसारत (दलील) आ चुकी है। जो देखेगा, अपने ही फ़ायदे के लिए देखेगा। और जो अंधा बनेगा, अपने ही नुक़सान के लिए अंधा बनेगा। और मैं तुम्हारा निगहबान नहीं हूँ।
105. और इस तरह हम अपनी निशानियों को अलग-अलग अंदाज़ में पेश करते हैं, ताकि वे कहें, “तुमने (पिछली किताबें) पढ़ी हैं,” और हम इस (क़ुरआन) को उन लोगों के लिए वाज़ेह कर देते हैं जो इल्म रखते हैं।
106. (ऐ नबी!) जो वही तुम्हारे रब की तरफ़ से नाज़िल होती है, उसी का अनुसरण करो! उसके सिवा कोई माबूद नहीं! और मुशरिकों की तरफ़ से मुँह फेर लो।
107. अगर अल्लाह चाहता तो ये शिर्क न करते। और हमने तुम्हें इनके ऊपर निगहबान नहीं बनाया, और न तुम इनके ज़िम्मेदार हो।
108. और (ऐ ईमान वालों!) जो लोग अल्लाह के सिवा जिन्हें पुकारते हैं, उन्हें बुरा-भला मत कहो, वरना वे नादानी में अल्लाह को बुरा कहने लगेंगे। इस तरह हर गिरोह को हमने उनके आमाल सुंदर बनाकर दिखाए हैं। फिर उन्हें अपने रब की तरफ़ लौटना है, और वही उन्हें उनके आमाल की हक़ीक़त बता देगा।
109. और ये लोग अल्लाह की क़सम खाकर कहते हैं कि अगर कोई निशानी आ जाए, तो वे ज़रूर ईमान ले आएँगे। कहो: “निशानियाँ तो सिर्फ़ अल्लाह के पास हैं!” और तुम्हें क्या मालूम, अगर निशानी आ भी जाए

तो ये लोग ईमान नहीं लाएँगे!

110. और हम इनके दिल और नज़र उलट देंगे, जैसे पहली दफ़ा ये ईमान लाने से इनकार कर चुके हैं, और हम इन्हें छोड़ देंगे कि ये अपनी सरकशी में भटकते रहें।

111. अगर हम उनके सामने फ़रिश्ते भी उतार देते, और मुर्दों को उनसे बात करने देते, और हर चीज़ इनके सामने जमा कर देते, तब भी ये ईमान लाने वाले न होते—मगर जब अल्लाह चाहता। मगर इनमें से अकसर नादान हैं।

112. और हर नबी के दुश्मन हमने इंसान और जिन्न शैतानों को बनाया, जो एक-दूसरे को धोखा देने के लिए झूठी, ख़ुशनुमा बातें वस्वसे के तौर पर सुनाते हैं। अगर अल्लाह चाहता तो ये ऐसा न करते, तो तुम इन्हें और इनकी मक्कारी को छोड़ दो।

113. और यह इसलिए होता है ताकि जो लोग आख़िरत पर ईमान नहीं रखते, उनके दिल उनकी तरफ़ माइल हो जाएँ, और वे उनसे राज़ी हो जाएँ, और जो बुराइयाँ ये कमाते हैं, वही करते चले जाएँ।

114. (ऐ नबी!) क्या मैं अल्लाह के सिवा किसी और को फ़ैसला करने वाला तलाश करूँ, जबकि उसने तुम्हारे लिए यह किताब सच्चाई के साथ नाज़िल की है जो हर बात को वाज़ेह करती है? और जिन लोगों को पहले किताब दी गई, वे ख़ूब जानते हैं कि यह (क़ुरआन) तुम्हारे रब की तरफ़ से हक़ के साथ नाज़िल किया गया है। तो तुम शक करने वालों में से मत होना।

115. तुम्हारे रब का कलाम सच्चाई और इंसाफ़ में मुकम्मल हो चुका है। कोई भी उसके अल्फ़ाज़ को तब्दील नहीं कर सकता। और वह सब सुनने वाला, सब कुछ जानने वाला है।

116. (ऐ नबी!) अगर तुम ज़मीन में अकसरियत की बात मानोगे, तो वे तुम्हें अल्लाह के रास्ते से भटका देंगे। ये सिर्फ़ गुमान की पैरवी करते हैं और सिर्फ़ झूठी बातें करते हैं।

117. बेशक तुम्हारा रब बेहतरीन जानने वाला है कि कौन उसके रास्ते से भटक गया है और कौन हिदायत पाया हुआ है।

118. तो सिर्फ़ वही गोश्त खाओ जो अल्लाह का नाम लेकर ज़बह किया गया हो, अगर तुम वाक़ई उसकी आयतों पर ईमान रखते हो।

119. तुम्हें क्यों न खाना चाहिए उसमें से जो अल्लाह के नाम से ज़बह किया गया है, जबकि उसने तुम्हें वाज़ेह कर दिया है कि उसने तुम पर क्या हराम किया है—मगर जब मजबूरी हो? बेशक बहुत से लोग अपनी ख़्वाहिशात से जहालत में दूसरों को गुमराह कर देते हैं। बेशक तुम्हारा रब हद से गुज़रने वालों को बेहतर जानता है।

120. छुपे और ज़ाहिर सभी गुनाहों से बचो। जो लोग गुनाह कमाते हैं, वे जल्द अपने किए का बदला पाएँगे।

121. और जो चीज़ अल्लाह का नाम लिए बिना ज़बह की गई हो, उसको मत खाओ, क्योंकि यह नाफ़रमानी है। शैतान अपने दोस्तों के दिलों में वस्वसे डालते हैं, ताकि वे तुमसे बहस करें। अगर तुमने उनकी बात मान ली, तो तुम भी मुशरिक बन जाओगे।

122. क्या वह शख़्स जो पहले मुर्दा था, फिर हमने उसको ज़िंदगी दी और उसको एक रौशनी दी, जिसके ज़रिए वह लोगों में चलता है—उस शख़्स के बराबर हो सकता है जो अंधेरों में हो और वहां से निकल ही न सके? यही काफ़िरों के लिए उनके बुरे आमाल ख़ुशनुमा बना दिए गए हैं।

123. और हर बस्ती में हमने उनके सबसे बड़े गुनहगारों को छोड़ दिया है कि वहां साज़िशें करें। मगर ये अपनी चालाकियों से सिर्फ़ अपना ही नुक़सान कर रहे हैं, मगर समझते नहीं।

124. और जब उनके पास कोई निशानी आती है तो कहते हैं, "हम तब तक ईमान नहीं लाएंगे जब तक हमें वह न मिल जाए जो अल्लाह के रसूलों को मिला था।" अल्लाह बेहतर जानता है कि अपना पैग़ाम कहां रख दे। जल्द ही इन बदकार लोगों को अल्लाह की तरफ़ से ज़िल्लत और उनकी मक्कारियों की वजह से सख़्त सज़ा आ पहुंचेगी।

125. जिसे अल्लाह हिदायत देना चाहता है, उसका सीना इस्लाम के लिए खोल देता है। और जिसे गुमराह करना चाहता है, उसका सीना तंग और भारी कर देता है, जैसे वह आसमान की तरफ़ चढ़ रहा हो। यह तरीक़ा है जो अल्लाह उन लोगों के साथ करता है जो ईमान नहीं लाते।

126. यह तुम्हारे रब का रास्ता है, जो बिल्कुल सीधा है। और हमने अपनी निशानियां उन लोगों के लिए वाज़ेह कर दी हैं जो नसीहत क़बूल करते हैं।

127. उन लोगों के लिए रब के पास सलामती का घर है, और उनका मालिक अल्लाह होगा, जो उनके नेक आमाल का सिला देगा।

128. उस दिन को याद करो जब अल्लाह सबको जमा करेगा और कहेगा, "ऐ जिन्नों की जमात! तुमने बहुत से इंसानों को गुमराह किया।" तो उनके इंसानी साथी कहेंगे, "ऐ हमारे रब! हम एक-दूसरे से फ़ायदा उठाते रहे, मगर अब हम उस वक़्त तक पहुंच चुके हैं जो तूने मुक़र्रर किया था।" तब अल्लाह फ़रमाएगा, "आग तुम्हारा ठिकाना है, जिसमें तुम हमेशा रहोगे—सिवाए उनके जिन पर अल्लाह रहमत फ़रमाए।" बेशक, तुम्हारा रब हकीम और सब कुछ जानने वाला है।

129. और इसी तरह हम ज़ालिमों को एक-दूसरे का साथी बना देते हैं, उनके आमाल के बदले।

130. अल्लाह पूछेगा, "ऐ जिन्न और इंसानों की जमात! क्या तुम्हारे पास मेरे रसूल नहीं आए जो तुम्हें मेरी आयतें सुनाते और इस दिन के अंजाम से डराते? वो कहेंगे, "हाँ, हमने अपने ही ख़िलाफ़ इक़रार किया!" मगर दुनिया की ज़िंदगी ने उन्हें धोखे में डाल दिया था, और वो खुद अपने ख़िलाफ़ गवाही देंगे कि वो काफ़िर थे।

131. यह सब इस लिए है कि तुम्हारा रब किसी बस्ती को उसके ज़ुल्म की बिना पर हलाक नहीं करता जब तक कि उसके रहने वालों को हक़ का इल्म न दिया जाए।

132. हर शख़्स को उसके आमाल के मुताबिक़ दर्जा दिया जाएगा, और तुम्हारा रब उनके आमाल से बेख़बर नहीं है।

133. तुम्हारा रब ग़नी और रहीम है। अगर वो चाहे तो तुम्हें हटा दे और जिसे चाहे तुम्हारी जगह बिठा दे,

जैसे कि उसने तुम्हें दूसरी क़ौम की नस्ल से पैदा किया।
134. और जो कुछ तुमसे वादा किया गया है, वह ज़रूर पूरा होगा, और तुम कहीं भाग नहीं सकोगे।
135. (ऐ नबी!) कह दो, "ऐ मेरी क़ौम! अपने तरीक़े पर अमल करते रहो, मैं भी अपने तरीक़े पर चलता रहूंगा। जल्द ही तुम्हें पता चल जाएगा कि किसका अंजाम बेहतर होता है। बेशक ज़ालिम कभी कामयाब नहीं होते।"
136. मुश्रिक अल्लाह के दिए हुए खेती और मवेशी का एक हिस्सा उसके नाम करते हैं, और एक हिस्सा अपने देवताओं के लिए। मगर जो अल्लाह का हिस्सा है, वह देवताओं तक नहीं पहुंचता, लेकिन जो देवताओं का हिस्सा है, वह अल्लाह के लिए मान लेते हैं। यह कितना ग़लत फ़ैसला है!
137. इसी तरह शयातीन ने मुश्रिकों के दोस्तों को उनकी औलाद का क़त्ल ख़ुशनुमा बना दिया, ताकि उन्हें हलाक करें और उनके दीन में उलझन पैदा कर दें। अगर अल्लाह चाहता तो वे ऐसा न करते। तो तुम उन्हें और उनकी झूठी बातों को छोड़ दो।
138. और वे कहते हैं, "ये मवेशी और खेत हराम हैं; इनको सिर्फ वही खा सकता है जिसे हम अपनी मर्ज़ी से चाहें।" और कुछ ऊँट हैं जिनकी पीठ (सवारी के लिए) हराम कर दी गई है, और कुछ मवेशी हैं जिन पर अल्लाह का नाम नहीं लिया जाता—ये सब कुछ अल्लाह पर झूठा इफ़्तिरा है। अल्लाह उन्हें उनके बनाए गए झूठों की सज़ा देगा।
139. वे कहते हैं, "ये मवेशी के बच्चे सिर्फ हमारे मर्दों के लिए हैं, और हमारी औरतों पर हराम हैं। लेकिन अगर ये मुर्दा पैदा हो तो सब इसमें शरीक हो सकते हैं।"
अल्लाह उन्हें उनकी झूठी बातों का बदला देगा। बेशक, वह सब कुछ जानने वाला, हिकमत वाला है।
140. गुमराही में हैं वे लोग जिन्होंने अपनी औलाद को बेवकूफ़ी और जहालत में क़त्ल किया और अल्लाह के दिए हुए रिज़्क़ को हराम कर लिया—उस पर झूटा इल्ज़ाम लगाते हुए। वे यक़ीनन गुमराही में हैं और हिदायत पाने वालों में से नहीं।
141. अल्लाह ही है जो बाग़ लगाता है—कुछ बिना लगाए उगते हैं और कुछ इंसान उगाते हैं। खजूर, खेती, मुख़्तलिफ़ मज़े के फल, ज़ैतून और अनार—कुछ एक-दूसरे से मिलते-जुलते हैं और कुछ मुख़्तलिफ़। उनके फलों से खाओ जब पक जाएँ, और कटाई के वक़्त उनका हक़ (सदक़ा) अदा करो। और फ़ुज़ूलख़र्ची मत करो, क्योंकि अल्लाह फ़ुज़ूलख़र्च करने वालों को पसंद नहीं करता।
142. अल्लाह ने कुछ मवेशी (cattle) बोझ उठाने के लिए बनाए, और कुछ छोटे हैं। जो रिज़्क़ अल्लाह ने दिया है उससे खाओ, और शैतान के क़दमों पर मत चलो, क्योंकि वह तुम्हारा खुला दुश्मन है।
143. ये आठ नर और मादा हैं—दो भेड़ की क़िस्म से और दो बकरी की क़िस्म से। ऐ मोहम्मद (स.अ.व.)! उनसे पूछो कि अल्लाह ने उनके नर हराम किए हैं या मादा, या वे बच्चे जो भेड़ों और बकरियों के पेट में हों? ठीक-ठीक इल्म के साथ मुझे बताओ अगर तुम सच्चे हो।
144. और ऊँट में दो और गाय में दो। कहो, "क्या अल्लाह ने दोनों नर हराम किए हैं या दोनों मादा, या जो

दोनों मादा के पेट में है? या तुम गवाह थे जब अल्लाह ने तुम्हें इसका हुक्म दिया?" फिर उससे बड़ा ज़ालिम कौन है जो अल्लाह पर झूठ गढ़े ताकि लोगों को बग़ैर इल्म के गुमराह करे? बेशक, अल्लाह ज़ालिमों को हिदायत नहीं देता।

145. (ऐ नबी!) कहो, "मुझे जो वह़ी (प्रकाशना) हुई है, उसमें सिर्फ़ ये चीज़ें हराम हैं:

1. मुर्दा (जो ख़ुद मर गया हो)।
2. बहता हुआ ख़ून।
3. सुअर का गोश्त (क्योंकि वह नापाक है)।
4. जो अल्लाह के सिवा किसी और के नाम पर ज़बह किया गया हो।"

लेकिन अगर कोई मजबूरी में हराम खाए, मगर हद से न बढ़े और न शौक़ से खाए, तो तुम्हारा रब बख़्शने वाला, मेहरबान है।

146. यहूदियों के लिए हमने कुछ जानवरों को हराम किया:

- जिनके न खुर (hoof) फटे हुए होते हैं।
- गाय और बकरी की चरबी (सिवाय जो पीठ, आँत या हड्डियों से मिली हो)।

यह सज़ा उनकी नाफ़रमानी की वजह से थी, और हम सच कहने वाले हैं।

147. अगर वे तुम्हें झुटलाएँ तो कह दो, "तुम्हारा रब बेहद रहम करने वाला है, मगर उसकी सज़ा ज़ालिमों से टल नहीं सकती।"

148. मुश्रिक कहते हैं, "अगर अल्लाह चाहता तो न हम शिर्क करते, न हमारे बाप-दादा, और न कोई चीज़ हराम करते।" इनसे पहले के लोग भी ऐसी ही बातें करते रहे, यहाँ तक कि हमने उन्हें अपनी सज़ा का मज़ा चखाया।

(ऐ नबी!) पूछो, "क्या तुम्हारे पास कोई इल्म है जो हमारे सामने ला सकते हो? नहीं, तुम सिर्फ़ गुमान (अंदाज़ा) के पीछे चले जा रहे हो और झूठ बोल रहे हो।"

149. फिर कहो, "हक़ीक़त और दलील तो अल्लाह के पास है। बेशक, अगर अल्लाह चाहता तो तुम सबको हिदायत दे देता।"

150. (ऐ नबी!) कहो, "अपने गवाह ले आओ जो गवाही दें कि अल्लाह ने ये चीज़ें हराम की हैं।" अगर वे गवाही दें भी, तब भी तुम उनके साथ गवाही मत देना। और उन लोगों की ख़्वाहिशों के पीछे मत चलो जो हमारी आयतों को झुटलाते हैं, जो आख़िरत पर ईमान नहीं रखते, और जो अपने रब के साथ शिर्क करते हैं।

151. (ऐ नबी!) कहो, "आओ, मैं तुम्हें बताऊँ जो अल्लाह ने तुम पर हराम किया है:

1. अल्लाह के साथ किसी को शरीक मत करो।
2. वालिदैन के साथ अच्छा सुलूक करो।
3. ग़रीबी के डर से अपनी औलाद को क़त्ल मत करो—हम तुम्हें भी रिज़्क़ देते हैं और उन्हें भी।
4. ख़ुली और छुपी बेहयाई के पास मत जाओ।

5.	किसी जान को नाहक़ मत मारो—जिसे अल्लाह ने मुक़द्दस क़रार दिया है। यह अल्लाह का हुक्म है, ताकि तुम समझो।

152. और यतीम के माल के क़रीब मत जाओ, सिवाय इसके कि उसे बेहतर बनाने का इरादा हो, यहाँ तक कि वह अपनी समझ तक पहुँच जाए। पूरा नाप-तौल करो और इंसाफ़ से तौलने का ध्यान रखो। हम किसी भी जान पर उसकी ताक़त से ज़्यादा बोझ नहीं डालते। जब बात करो तो इंसाफ़ के साथ करो, चाहे क़रीबी रिश्तेदार ही क्यों न हो। अल्लाह के साथ किए गए अहद (वचन) को पूरा करो। यह अल्लाह का हुक्म है, ताकि तुम नसीहत हासिल करो।

153. और यह मेरा सीधा रास्ता है, इस पर चलो, और दूसरे रास्तों की पैरवी मत करो, जो तुम्हें अल्लाह के रास्ते से हटा देंगे। यह अल्लाह का हुक्म है, ताकि तुम तक़वा इख़्तियार करो।

154. और हमने मूसा को किताब दी—हमारा एहसान पूरा किया उन पर जो नेक लोग हैं, और सब कुछ तफ़सील से बयान किया, हिदायत और रहमत बनाकर, ताकि वे अपने रब से मुलाक़ात पर यक़ीन रखें।

155. यह एक मुबारक किताब है जो हमने नाज़िल की है। तो इसकी पैरवी करो और (अल्लाह से) डरो, ताकि तुम पर रहम किया जाए।

156. (ऐ मुश्रिको!) अब तुम यह नहीं कह सकोगे कि, “हमें तो सिर्फ़ दो गिरोहों (यहूदी और ईसाइयों) को पहले किताब दी गई थी और हम उनकी शिक्षाओं से बेख़बर थे।”

157. और न ही तुम यह कह सकोगे कि, “अगर हमें किताब दी गई होती तो हम उनसे ज़्यादा हिदायत पा लेते।” अब तुम्हारे पास तुम्हारे रब की तरफ़ से स्पष्ट दलील आ चुकी है—जो हिदायत और रहमत है। फिर उससे बढ़कर ज़ालिम कौन होगा जो अल्लाह की आयतों को झुठलाए और उनसे मुँह मोड़े? हम उन लोगों को, जो हमारी आयतों से मुँह फेरते हैं, उनके इसी रुख़ के बदले कड़ी सज़ा देंगे।

158. क्या वे फ़रिश्तों के आने का इंतज़ार कर रहे हैं? या तुम्हारे रब के स्वयं आने का? या तुम्हारे रब की कोई बड़ी निशानी देखने का? जब तुम्हारे रब की कोई बड़ी निशानी आ जाएगी, तब उस दिन ईमान लाने का कोई फ़ायदा नहीं होगा उनके लिए, जो पहले ईमान नहीं लाए थे, या अपने ईमान के साथ कोई नेक काम नहीं किया था।कह दो, “इंतज़ार करो, हम भी इंतज़ार कर रहे हैं।”

159. (ऐ नबी!) जो लोग अपने दीन को टुकड़े-टुकड़े कर चुके और फिरकों में बँट गए, उनके लिए तुम ज़िम्मेदार नहीं हो। उनका फ़ैसला सिर्फ़ अल्लाह के पास है, और वह उन्हें बता देगा जो कुछ वे करते रहे हैं।

160. जो कोई नेक काम लेकर आएगा, उसे उसका दस गुना बदला मिलेगा। और जो कोई बुरा काम लेकर आएगा, उसे सिर्फ़ उतनी ही सज़ा मिलेगी जितना उसने किया होगा। और किसी पर ज़ुल्म नहीं किया जाएगा।

161. कह दो, “बेशक, मेरे रब ने मुझे सीधे रास्ते की हिदायत दी है—एक मज़बूत दीन, इब्राहीम के दीन की तरफ़, जो बिलकुल सीधे थे और मुश्रिकों में से नहीं थे।”

162. कह दो, “बेशक, मेरी नमाज़, मेरी इबादत, मेरी ज़िंदगी और मेरी मौत सब अल्लाह के लिए हैं—जो सारे जहान का रब है।

163. उसका कोई शरीक नहीं। और मुझे यही हुक्म दिया गया है, और मैं सबसे पहले उसके आगे झुकने वालों में से हूँ।"

164. कह दो, "क्या मैं अल्लाह के सिवा किसी और को अपना मालिक तलाश करूँ, हालाँकि वही हर चीज़ का मालिक है?" हर व्यक्ति को वही मिलेगा जो उसने किया है। और कोई किसी और का बोझ नहीं उठाएगा। फिर तुम सबका लौटना तुम्हारे रब की तरफ़ है, और वह तुम्हें तुम्हारे बीच के इख़्तिलाफ़ (मतभेदों) के बारे में बता देगा।

165. वही है जिसने तुम्हें धरती में खलीफ़ा बनाया और तुममें से कुछ को दर्जे में ऊँचा किया, ताकि वह तुम्हारी परीक्षा ले जिस चीज़ से उसने तुम्हें नवाज़ा है। निःसंदेह तुम्हारा रब सज़ा देने में जल्दी करने वाला है, लेकिन वह बड़ा ही बख़्शने वाला और दयालु (रहीम) है।

7. सूरह अल-अराफ़

बिस्मिल्लाह-हिर्रहमान-निर्रहीम

1. अलीफ़-लाम-मीम-साद।
2. (यह) वह किताब है जो आप पर नाज़िल की गई है, तो इसके बारे में अपने दिल में कोई घबराहट न रखें, ताकि आप इसके ज़रिए (काफ़िरों को) डराएँ और मोमिनों के लिए नसीहत का ज़रिया बने।
3. जो कुछ आपके रब की तरफ़ से नाज़िल किया गया है, उसकी पैरवी करें और उसके सिवा किसी को कारसाज़ न बनाएँ। कितने कम लोग ही नसीहत क़ुबूल करते हैं!
4. (ग़ौर करो) कितनी बस्तियाँ हमने तबाह कर दी हैं! हमारा अज़ाब उन पर रात या दोपहर को अचानक आ गया।
5. जब हमारा अज़ाब उन पर छा गया, तो उनकी सिर्फ़ यही फ़रियाद थी, "हम वाक़ई ज़ालिम थे।"
6. हम ज़रूर उन लोगों से पूछेंगे जिनके पास रसूल भेजे गए थे, और हम रसूलों से भी पूछेंगे।
7. फिर हम उन्हें पूरे इल्म के साथ हिसाब देंगे, क्योंकि हम कभी ग़ायब नहीं थे।
8. उस दिन तौल पूरी इंसाफ़ के साथ होगी। जिनका पलड़ा भारी होगा, वही कामयाब होंगे।
9. लेकिन जिनका पलड़ा हल्का होगा, वे अपने आपको तबाह कर चुके होंगे, क्योंकि वे हमारी आयतों के साथ नाइंसाफ़ी करते थे।
10. हमने तुम्हें ज़मीन पर क़ायम किया और तुम्हें रोज़ी के ज़रिए फ़राहम किया, लेकिन तुम बहुत कम शुक्रगुज़ार होते हो।
11. हमने तुम्हें पैदा किया, फिर तुम्हारी शक्ल बनाई, फिर फ़रिश्तों से कहा, "आदम को सज्दा करो," तो सब ने सज्दा किया सिवाय इब्लीस के, जो सज्दा करने वालों में शामिल न हुआ।
12. अल्लाह ने पूछा, "जब मैंने तुझे हुक्म दिया, तो तुझे किस चीज़ ने सज्दा करने से रोका?" उसने जवाब दिया, "मैं उससे बेहतर हूँ, तूने मुझे आग से बनाया है और उसे मिट्टी से।"
13. अल्लाह ने फ़रमाया, "फिर जन्नत से निकल जा! यहाँ तक़ब्बुर (घमंड) करना तेरे लिए नहीं है। तू निकल जा, तू ज़लील हो चुका है।"

14. उसने दरख़्वास्त की, “फिर मुझे क़यामत के दिन तक मोहलत दे दे।”
15. अल्लाह ने फ़रमाया, “तुझे मोहलत दी गई है।”
16. उसने कहा, “फिर मैं तेरे सीधे रास्ते पर उनके लिए घात लगाऊँगा।”
17. “मैं उनके सामने, पीछे, दाएँ और बाएँ से उनके पास आऊँगा, और तू उनमें से अधिकतर को नाशुक्रा पाएगा।”
18. अल्लाह ने फ़रमाया, “जन्नत से निकल जा! तू ज़लील और मर्दूद है। मैं जहन्नम को तुझसे और तेरे पैरोकारों से ज़रूर भर दूँगा।”
19. (अल्लाह ने फ़रमाया), “ऐ आदम! तुम और तुम्हारी बीवी जन्नत में रहो और जहाँ से चाहो खाओ, लेकिन इस दरख़्त के क़रीब न जाना, वरना तुम ज़ालिम हो जाओगे।”
20. फिर शैतान ने उन्हें बहकाया ताकि उनकी शर्मगाहें ज़ाहिर हो जाएँ। उसने कहा, “तुम्हारे रब ने तुम्हें इस दरख़्त से सिर्फ़ इसलिए रोका है कि कहीं तुम फ़रिश्ते न बन जाओ या हमेशा ज़िंदा न रहो।”
21. और उसने उन्हें क़सम देकर कहा, “मैं तुम्हारा ख़ैरख़्वाह हूँ।”
22. चुनाँचे उसने धोखे से उन्हें गिरा दिया। जब उन्होंने दरख़्त का फल चखा, तो उनकी शर्मगाहें ज़ाहिर हो गईं, और वे जन्नत के पत्तों से अपने आपको ढाँकने लगे।
फिर उनके रब ने उन्हें पुकारा, “क्या मैंने तुम्हें इस दरख़्त से मना नहीं किया था? और क्या मैंने तुम्हें नहीं बताया था कि शैतान तुम्हारा खुला दुश्मन है?”
23. उन्होंने कहा, “ऐ हमारे रब! हमने अपने आप पर ज़ुल्म किया। अगर तू हमें माफ़ न करे और हम पर रहम न करे, तो हम यक़ीनन नुक़सान उठाने वालों में से होंगे।”
24. अल्लाह ने फ़रमाया, “तुम एक-दूसरे के दुश्मन बनकर उतरो। तुम्हें ज़मीन में एक तयशुदा समय तक ठिकाना और रोज़ी मिलेगी।”
25. अल्लाह ने और फ़रमाया, “वहाँ तुम रहोगे, वहाँ तुम मरोगे और वहीं से तुम दोबारा उठाए जाओगे।”
26. “ऐ आदम की औलाद! हमने तुम्हारे लिए लिबास बनाया है जो तुम्हारी शर्मगाहें ढाँकता है और तुम्हारे लिए ज़ीनत का सामान है। लेकिन तक़्वा का लिबास सबसे बेहतर है। यह अल्लाह की नेमतों में से है, शायद तुम नसीहत क़ुबूल करो।”
27. ऐ आदम की औलाद! शैतान तुम्हें धोखा न दे, जैसे उसने तुम्हारे माँ-बाप को जन्नत से निकलवा दिया और उनके लिबास उतरवा दिए ताकि उनकी शर्मगाहें ज़ाहिर हो जाएँ। बेशक वह और उसके लश्कर तुम्हें वहाँ से देखते हैं, जहाँ से तुम उन्हें देख नहीं सकते। हमने शैतानों को काफ़िरों का दोस्त बना दिया है।
28. जब भी वे कोई बेहयाई का काम करते हैं, कहते हैं, ‘हमने अपने बाप-दादा को इसी तरह करते देखा है और अल्लाह ने हमें इसका हुक्म दिया है।’ कह दो, “नहीं! अल्लाह कभी बेहयाई का हुक्म नहीं देता। तुम अल्लाह पर वह बात क्यों लगाते हो जो तुम्हें मालूम नहीं?”
29. कह दो, “मेरे रब ने इंसाफ़ और ख़ुलूस (इख़लास) का हुक्म दिया है, और उसी को पुकारो, सिर्फ़ उसके लिए अपनी इबादत को ख़ालिस रखो। जैसा उसने तुम्हें पहली बार पैदा किया, वैसे ही तुम दोबारा ज़िंदा किए जाओगे।”

30. "उसने कुछ लोगों को हिदायत दी है और कुछ को गुमराही में छोड़ दिया है। उन्होंने शैतानों को अल्लाह के बदले अपना दोस्त बना लिया है—और समझते हैं कि वे हिदायत पा रहे हैं।"

31. "ऐ आदम की औलाद! इबादत के वक़्त लिबास में पूरी तरह से सवर जाया करो। खाओ और पियो, लेकिन इसराफ़ न करो। बेशक वह इसराफ़ करने वालों को पसंद नहीं करता।"

32. पूछो, "अल्लाह ने अपने बंदों के लिए जो ज़ीनत और पाक रिज़्क़ पैदा किया है, उसे किसने हराम किया है?" कह दो, "यह दुनिया की ज़िंदगी में मोमिनों के लिए है, लेकिन क़यामत के दिन सिर्फ़ उन्हीं के लिए होगा। हम अपनी आयतों को इल्म वालों के लिए इस तरह वाज़ेह करते हैं।"

33. कह दो, "मेरे रब ने सिर्फ़ खुली और छुपी बेहयाई, गुनाह, ज़ुल्म और अल्लाह के साथ शिर्क को हराम किया है—जो उसने कभी जाइज़ नहीं किया—और अल्लाह पर वह बात लगाना जो तुम्हें मालूम नहीं।"

34. "हर उम्मत के लिए एक वक़्त मुक़र्रर है। जब उनका वक़्त आ जाता है, तो न वे उसे एक पल के लिए टाल सकते हैं और न ही आगे कर सकते हैं।"

35. "ऐ आदम की औलाद! जब तुममें से ही कोई रसूल आए जो मेरी आयतें तुम्हें सुनाए, तो जो शख़्स बुराइयों से बचे और अपनी हालत सुधारे, उन्हें न कोई ख़ौफ़ होगा और न वे ग़मगीन होंगे।"

36. "लेकिन जो लोग हमारी आयतों को झुठलाते हैं और तकब्बुर करते हैं, वे दोज़ख़ में रहने वालों में से होंगे। वे हमेशा उसी में रहेंगे।"

37. "उससे ज़्यादा ज़ालिम कौन है जो अल्लाह पर झूठ बोले या उसकी आयतों को झुठलाए? उन्हें वही मिलेगा जो उनके हिस्से में लिखा है, यहाँ तक कि हमारे फ़रिश्ते उनकी रूहों को क़ब्ज़ करने आएँगे और उनसे पूछेंगे, 'अल्लाह के सिवा जिन्हें तुम पुकारते थे, वे कहाँ हैं?' वे चीख़ेंगे, 'वे हमसे खो गए,' और अपने ख़िलाफ़ ख़ुद गवाही देंगे कि वे यक़ीनन काफ़िर थे।

38. अल्लाह कहेगा, "दोज़ख़ में दाख़िल हो जाओ, उन जिन्नों और इंसानों के गिरोह के साथ जो तुमसे पहले गए हैं।" जब भी कोई गिरोह दोज़ख़ में दाख़िल होगा, वे अपने से पहले वालों पर लानत करेंगे, यहाँ तक कि सब जमा हो जाएँगे। तब पैरोक़ार अपने लीडर्स से कहेंगे, "ऐ हमारे रब! उन्होंने हमें गुमराह किया, तो उनके अज़ाब को दोगुना कर दे।" वे जवाब देंगे, "सबके लिए अज़ाब दोगुना कर दिया गया है, लेकिन तुम्हें मालूम नहीं।"

39. फिर लीडर्स अपने पैरोक़ारों से कहेंगे, "तुम हमसे बेहतर नहीं थे! अब जो कुछ तुम करते थे, उसका अज़ाब चखो।"

40. "बेशक जो लोग हमारी आयतों को झुठलाते हैं और तकब्बुर करते हैं, उनके लिए आसमान के दरवाज़े नहीं खुलेंगे, और न वे जन्नत में दाख़िल होंगे जब तक कि एक ऊँट सुई के नोक से गुज़र न जाए। हम ज़ालिमों को इसी तरह बदला देते हैं।"

41. "दोज़ख़ उनका बिछौना होगा, और आग का लिबास उनका कवर होगा। हम ज़ालिमों को इसी तरह बदला देते हैं।"

42. "और जो लोग ईमान लाए और नेक काम किए—हम किसी शख़्स पर उसकी ताक़त से ज़्यादा बोझ नहीं

डालते—वही लोग जन्नत में रहने वालों में से होंगे। वे हमेशा उसी में रहेंगे।"

43. "हम उनके दिलों में जो भी ग़िला-शिकवा (मनमुटाव) होगा, उसे निकाल देंगे। उनके क़दमों के नीचे नहरें बह रही होंगी। और वे कहेंगे, 'सब तारीफ़ अल्लाह के लिए है जिसने हमें इसकी हिदायत दी। अगर अल्लाह हमें हिदायत न देता, तो हम कभी हिदायत न पाते। हमारे रब के रसूल यक़ीनन हक़ लेकर आए थे।' उन्हें कहा जाएगा, "यह जन्नत तुम्हें तुम्हारे आमाल के बदले में अता की गई है।"

44. "जन्नत के रहने वाले दोज़ख़ के रहने वालों को पुकारेंगे, 'हमने यक़ीनन अपने रब का वादा सच पाया। क्या तुमने भी अपने रब का वादा सच पाया?' वे जवाब देंगे, 'हाँ, हमने पाया!' फिर एक मुअज़्ज़िन दोनों को ऐलान करेगा, "अल्लाह की लानत हो ज़ालिमों पर,

45. जो लोगों को अल्लाह के रास्ते से रोकते थे, उसे टेढ़ा करने की कोशिश करते थे, और आख़िरत का इंकार करते थे।"

46. "जन्नत और दोज़ख़ के दरमियान एक आर (हिजाब) होगा। और उस आर की बुलंदियों पर कुछ लोग होंगे जो दोनों (जन्नती और दोज़खी) को उनकी शक्ल से पहचान लेंगे। वे जन्नत वालों को पुकारेंगे, 'तुम पर सलाम हो!' वे अभी जन्नत में दाख़िल नहीं हुए होंगे, लेकिन बेचैन होकर उसकी उम्मीद रखेंगे।

47. "जब उनकी नज़रें दोज़ख़ वालों की तरफ़ जाएँगी, तो वे दुआ करेंगे, 'ऐ हमारे रब! हमें ज़ालिमों के साथ न मिलाना।'"

48. "बुलंदियों पर बैठे लोग दोज़ख़ के कुछ ज़ालिमों को, जिन्हें वे उनकी शक्ल से पहचान लेंगे, पुकारेंगे, 'तुम्हारी भारी तादाद और तकब्बुर आज तुम्हें कोई फ़ायदा नहीं दे सकता!

49. क्या ये (ग़रीब मोमिन) वही हैं जिनके बारे में तुम क़सम खाकर कहते थे कि इन पर अल्लाह की रहमत नहीं होगी?" (फिर बुलंदियों वालों से कहा जाएगा), "जन्नत में दाख़िल हो जाओ! तुम्हें न कोई ख़ौफ़ होगा और न तुम ग़मगीन होगे।"

50. "दोज़ख़ के रहने वाले जन्नत वालों को पुकारेंगे, 'हमें थोड़ा सा पानी या अल्लाह ने जो रिज़्क़ तुम्हें दिया है, उसमें से कुछ दे दो।'" वे जवाब देंगे, "अल्लाह ने इन दोनों चीज़ों को काफ़िरों के लिए हराम कर दिया है,

51. जो लोग इस दीन (इस्लाम) को सिर्फ़ मज़ाक़ और खेल समझते थे और दुनिया की ज़िंदगी ने उन्हें धोखा दे दिया था।" (अल्लाह कहेगा), "आज हम उन्हें भुला देंगे जैसे उन्होंने अपने इस दिन को भुला दिया था और हमारी आयतों को झुठलाया था।"

52. "हमने उनके पास एक किताब भेजी है जिसे हमने इल्म के साथ वाज़ेह किया है—जो ईमान वालों के लिए हिदायत और रहमत है।"

53. क्या वे सिर्फ़ इस (वाज़) के पूरे होने का इंतज़ार कर रहे हैं? जब वह दिन आ जाएगा, तो जो लोग इसे पहले भुला चुके होंगे, वे कहेंगे, 'हमारे रब के रसूल यक़ीनन हक़ लेकर आए थे। क्या कोई सिफ़ारिश करने वाला है जो हमारी तरफ़ से कुछ कह सके? या क्या हम वापस भेजे जा सकते हैं ताकि हम वह काम करें जो हमने पहले नहीं किए थे?' उन्होंने यक़ीनन अपने आप को बर्बाद कर लिया है, और जो (बुत) उन्होंने गढ़े थे, वे उन्हें धोखा देंगे।

54. बेशक तुम्हारा रब वह अल्लाह है जिसने आसमानों और ज़मीन को छह दिनों में पैदा किया, फिर अर्श पर क़ायम हुआ। वह दिन और रात को तेज़ी से बदलता है। उसने सूरज, चाँद और तारे बनाए—सब उसके हुक्म के तहत हैं। पैदाइश और हुक्म सिर्फ़ उसी का है। पाक है अल्लाह—सारे जहान का रब!

55. अपने रब को पुकारो, गिड़गिड़ाते हुए और चुपके से। बेशक वह हद से गुज़रने वालों को पसंद नहीं करता।

56. ज़मीन में फ़साद न फैलाओ, जब कि उसे ठीक कर दिया गया है। और उसे उम्मीद और ख़ौफ़ के साथ पुकारो। बेशक अल्लाह की रहमत नेक काम करने वालों के क़रीब है।

57. वही है जो हवाओं को भेजता है, जो उसकी रहमत का पैग़ाम लाती हैं। जब वे भारी बादल उठाकर लाती हैं, तो हम उन्हें एक बेजान ज़मीन की तरफ़ ले जाते हैं और फिर वहां बारिश बरसाते हैं, जिससे हर क़िस्म के फल निकलते हैं। इसी तरह हम मुर्दों को ज़िंदा करेंगे, ताकि तुम नसीहत हासिल करो।

58. उम्मीदवार ज़मीन (उपजाऊ भूमि) अपने रब के हुक्म से ख़ुश्क ज़मीन के मुक़ाबले में ज़्यादा पैदावार देती है। हम इस तरह निशानियाँ उन लोगों के लिए वाज़ेह करते हैं जो शुक्रगुज़ार होते हैं।

59. बेशक हमने नूह (अलैहिस्सलाम) को उनकी क़ौम की तरफ़ भेजा। उन्होंने कहा, 'ऐ मेरी क़ौम! अल्लाह की इबादत करो, तुम्हारा उसके सिवा कोई माबूद नहीं। मुझे तुम्हारे लिए एक बड़े दिन के अज़ाब का डर है।'

60. लेकिन उनकी क़ौम के सरदारों ने कहा, 'हम तो तुम्हें वाज़ेह गुमराही में देखते हैं।'

61. उन्होंने जवाब दिया, 'ऐ मेरी क़ौम! मैं गुमराही में नहीं हूँ! बल्कि मैं सारे जहान के रब का रसूल हूँ,

62. 'मैं तुम तक अपने रब का पैग़ाम पहुँचा रहा हूँ और तुम्हें नसीहत दे रहा हूँ। और मैं अल्लाह की तरफ़ से वह जानता हूँ जो तुम नहीं जानते।'"

63. क्या तुम्हें हैरत होती है कि तुम्हारे रब की तरफ़ से तुम में से एक शख़्स तुम्हें डराने के लिए आया है, ताकि तुम बचो और शायद तुम पर रहमत की जाए?

64. लेकिन उन्होंने उसे झुठला दिया, तो हमने उसे और उसके साथियों को कश्ती में बचा लिया, और उन्हें डूबो दिया जो हमारी निशानियों को झुठलाते थे। वे यक़ीनन अंधे लोग थे।

65. और आद की क़ौम की तरफ़ हमने उनके भाई हूद (अलैहिस्सलाम) को भेजा। उन्होंने कहा, 'ऐ मेरी क़ौम! अल्लाह की इबादत करो, तुम्हारा उसके सिवा कोई माबूद नहीं। क्या तुम उससे नहीं डरते?'

66. उनकी क़ौम के काफ़िर सरदारों ने जवाब दिया, 'हम तो तुम्हें दीवाना समझते हैं, और हम यक़ीनन तुम्हें झूठा मानते हैं।'

67. हूद (अलैहिस्सलाम) ने जवाब दिया, 'ऐ मेरी क़ौम! मैं दीवाना नहीं हूँ! बल्कि मैं सारे जहान के रब का रसूल हूँ,

68. 'मैं तुम तक अपने रब का पैग़ाम पहुँचा रहा हूँ, और मैं तुम्हारा ख़ैरख़्वाह हूँ।'

69. क्या तुम्हें हैरत होती है कि तुम्हारे रब की तरफ़ से तुम में से एक शख़्स तुम्हें डराने के लिए आया है? याद रखो कि उसने तुम्हें नूह की क़ौम के बाद उनका जानशीं बनाया और तुम्हें शक्ल-सूरत में बढ़ाया। तो अल्लाह की नेमतों को याद करो, ताकि तुम कामयाब हो।

70. उन्होंने कहा, 'क्या तुम हमारे पास इसलिए आए हो कि हम सिर्फ़ अल्लाह की इबादत करें और अपने बाप-दादा

के माबूदों को छोड़ दें? फिर जो तुम हमें धमकी दे रहे हो, वह लाकर दिखाओ, अगर तुम सच्चे हो!'

71. उन्होंने कहा, 'तुम पर तुम्हारे रब का अज़ाब और ग़ुस्सा ज़रूर आएगा। क्या तुम मेरे साथ उन ख़ुदाओं के बारे में झगड़ रहे हो जिन्हें तुमने और तुम्हारे बाप-दादा ने गढ़ लिया है—जिन्हें अल्लाह ने कभी जायज़ नहीं किया? फिर इंतज़ार करो, मैं भी तुम्हारे साथ इंतज़ार कर रहा हूँ।'

72. फिर हमने उसे और उसके साथियों को अपनी रहमत से बचा लिया, और उन्हें जड़ से उखाड़ दिया जो हमारी निशानियों को झुठलाते थे। वे मोमिन नहीं थे।

73. और समूद की क़ौम की तरफ़ हमने उनके भाई सालेह (अलैहिस्सलाम) को भेजा। उन्होंने कहा, 'ऐ मेरी क़ौम! अल्लाह की इबादत करो, तुम्हारा उसके सिवा कोई माबूद नहीं। तुम्हारे रब की तरफ़ से तुम्हारे पास वाज़ेह दलील आ चुकी है: यह अल्लाह की ऊंटनी तुम्हारे लिए निशानी है। इसे अल्लाह की ज़मीन में चरने दो और इसे नुक़सान न पहुँचाओ, वरना तुम्हें दर्दनाक अज़ाब आ जाएगा।'

74. याद करो जब उसने तुम्हें आद के बाद उनका जानशीं बनाया और तुम्हें ज़मीन में बसाया—और तुमने उसके मैदानों में महल बनाए और पहाड़ों को तराशकर घर बनाए। तो अल्लाह की नेमतों को याद करो, और ज़मीन में फ़साद न फैलाओ।

75. उनकी क़ौम के घमंडी सरदारों ने उन लोगों से पूछा जो उनमें से कमज़ोर और मोमिन थे, 'क्या तुम यक़ीन रखते हो कि सालेह अपने रब की तरफ़ से भेजे गए हैं?' उन्होंने जवाब दिया, 'हम यक़ीनन उस चीज़ पर ईमान रखते हैं जिसके साथ वे भेजे गए हैं।'

76. घमंडी लोगों ने कहा, 'हम यक़ीनन उस चीज़ को झुठलाते हैं जिस पर तुम ईमान रखते हो।'

77. फिर उन्होंने ऊंटनी को क़तल कर दिया—अपने रब के हुक्म को तोड़कर—और सालेह को ललकारते हुए कहा, 'जो तुम हमें धमकी दे रहे हो, वह लाकर दिखाओ, अगर तुम रसूल हो।'

78. फिर उन पर एक (सख्त) ज़लज़ला आया, और वे अपने घरों में मरे पड़े थे।

79. फिर सालेह ने उनसे रुख़ मोड़ते हुए कहा, 'ऐ मेरी क़ौम! बेशक मैंने तुमसे अपने रब का पैग़ाम पहुँचा दिया और तुम्हें नसीहत दी, लेकिन तुम नसीहत करने वालों को पसंद नहीं करते।'

80. और (याद करो) जब लूत (अलैहिस्सलाम) ने अपनी क़ौम को डांटते हुए कहा, 'क्या तुम वह बेहयाई का काम करते हो जो दुनिया में किसी ने पहले नहीं किया?'

81. तुम औरतों की जगह मर्दों की तरफ़ झुकते हो! तुम यक़ीनन हद से गुजरने वालों में से हो।

82. लेकिन उनकी क़ौम का सिर्फ़ यही जवाब था कि कहने लगे, 'उन्हें अपनी ज़मीन से निकाल दो! वे लोग हैं जो पाक रहना चाहते हैं!'

83. फिर हमने लूत को और उसके घरवालों को बचा लिया, सिवाय उसकी बीवी के, जो हलाक होने वालों में से थी।

84. और हमने उन पर पत्थरों की बारिश की। फिर देखो, क्या था उन मुफ़सिदों (अपराधियों, मुश्रिकों और गुनाहगारों) का अंजाम।

85. और मदीयान की क़ौम की तरफ़ हमने उनके भाई शुएब (अलैहिस्सलाम) को भेजा। उन्होंने कहा, 'ऐ मेरी क़ौम!

अल्लाह की इबादत करो, तुम्हारा उसके सिवा कोई माबूद नहीं। तुम्हारे रब की तरफ़ से तुम्हारे पास वाज़ेह दलील आ चुकी है। तो नाप और तोल में इंसाफ़ करो, लोगों को उनके माल में नुक़सान न पहुँचाओ, और ज़मीन में फ़साद न फैलाओ जब कि उसे ठीक कर दिया गया है। यह तुम्हारे लिए बेहतर है, अगर तुम मोमिन हो।'

86. और हर रास्ते पर घात लगाकर न बैठो—जो लोग अल्लाह पर ईमान रखते हैं, उन्हें उसके रास्ते से रोकते हो और उसे टेढ़ा करने की कोशिश करते हो। याद करो जब तुम कम थे, फिर उसने तुम्हारी तादाद बढ़ा दी। और फ़साद फैलाने वालों का अंजाम देखो!

87. अगर तुममें से कुछ लोग उस चीज़ पर ईमान रखते हैं जिसके साथ मैं भेजा गया हूँ और कुछ नहीं रखते, तो सब्र करो यहाँ तक कि अल्लाह हमारे दरमियान फ़ैसला करे। वही बेहतरीन फ़ैसला करने वाला है।'

88. उनकी क़ौम के घमंडी सरदारों ने धमकी दी, 'ऐ शुएब! हम तुम्हें और तुम्हारे साथ ईमान लाने वालों को अपनी ज़मीन से ज़रूर निकाल देंगे, अगर तुम हमारे धर्म की तरफ़ वापस न आएं।' उन्होंने जवाब दिया, 'क्या हम तुम्हारे मज़हब में आ जाएं, चाहे हम उसे बुराई ही क्यों न समझते हों?'

89. हम यक़ीनन अल्लाह पर झूठ गढ़ रहे होंगे अगर हम उस धर्म की तरफ़ वापस आ जाएं जिसे अल्लाह ने हमें बचा लिया है। हमारे लिए यह मुनासिब नहीं है कि हम उसकी तरफ़ वापस जाएं, सिवाय इसके कि अल्लाह, हमारे रब की मरज़ी हो। हमारे रब का इल्म हर चीज़ को घेरे हुए है। हम अल्लाह पर भरोसा रखते हैं। ऐ हमारे रब! हमारे और हमारी क़ौम के दरमियान इंसाफ़ के साथ फ़ैसला कर। तू बेहतरीन फ़ैसला करने वाला है।'

90. उनकी क़ौम के काफ़िर सरदारों ने धमकी दी, 'अगर तुम शुएब की पैरवी करोगे तो यक़ीनन तुम नुक़सान उठाने वालों में से हो जाओगे!'

91. फिर उन पर एक (सख्त) ज़लज़ला आया और वे अपने घरों में मरे पड़े थे।

92. जो लोग शुऐब को झुठलाते थे, वे ऐसे मिट गए जैसे वहाँ कभी रहते ही नहीं थे। जो लोग शुऐब को झुठलाते थे, वही असली नुक़सान उठाने वालों में से थे।

93. शुऐब ने उनसे रुख़ मोड़ते हुए कहा, 'ऐ मेरी क़ौम! बेशक मैंने तुम्हें अपने रब के पैग़ाम पहुँचा दिए और तुम्हें नसीहत दी। फिर मैं उन लोगों के लिए क्यों ग़मगीन होऊँ जो कुफ्र को पसंद करते हैं?'

94. जब भी हमने किसी क़ौम की तरफ़ कोई नबी भेजा, हमने उनके काफ़िर लोगों को मुसीबतों और तकलीफ़ों में मुब्तला किया, ताकि शायद वे गिड़गिड़ा जाएँ।

95. फिर हमने उनकी मुसीबतों को ख़ुशहाली में बदल दिया, यहाँ तक कि वे फलने-फूलने लगे और झगड़ने लगे, 'हमारे बाप-दादा भी मुसीबतों और ख़ुशहाली में मुब्तला होते थे।' फिर हमने उन्हें अचानक पकड़ लिया, जबकि वे बेख़बर थे।

96. अगर बस्तियों के लोग ईमान ले आते और अच्छाई की राह अपनाते, तो हम उन पर आसमान और ज़मीन की सारी बरकतें खोल देते, लेकिन उन्होंने इस बात को झुठला दिया, इसलिए हमने उन्हें उनकी बुरी कमाई की सज़ा दी।

97. क्या उन क़ौमों के लोग इस बात से बेख़ौफ़ थे कि हमारा अज़ाब उन पर रात को आ जाएगा, जबकि वे सो रहे होंगे?

98. या क्या वे इस बात से बेख़ौफ़ थे कि हमारा अज़ाब उन पर दिन में आ जाएगा, जबकि वे खेल-कूद में लगे होंगे?

99. क्या वे अल्लाह की तदबीर से बेख़ौफ़ थे? अल्लाह की तदबीर से वही लोग बेख़ौफ़ होते हैं जो नुक़सान उठाने वालों में से होते हैं।

100. क्या उन लोगों के लिए यह बात स्पष्ट नहीं हुई जो ज़मीन में उनसे पहले रहने वालों के बाद क़ायम हुए कि अगर हम चाहें तो उन्हें भी उनके गुनाहों की सज़ा दें और उनके दिलों पर मुहर लगा दें ताकि वे हक़ को न सुन सकें?

101. हमने आपको (नबी) उन क़ौमों के कुछ क़िस्से सुनाए हैं। बेशक उनके पास उनके रसूल स्पष्ट प्रमाण लेकर आए, लेकिन फिर भी वे उसी चीज़ पर ईमान नहीं लाए जिसे पहले ही झुठला चुके थे। अल्लाह काफ़िरों के दिलों पर इसी तरह मुहर लगा देता है।

102. हमने उनमें से अधिकतर को अपने अहद (प्रतिज्ञा) का पक्का नहीं पाया, बल्कि हमने उनमें से अधिकतर को सचमुच सरकश पाया।

103. फिर उनके बाद हमने मूसा (अलैहिस्सलाम) को अपनी निशानियों के साथ फिरऔन और उसके सरदारों की ओर भेजा, लेकिन उन्होंने अन्यायपूर्वक उन्हें झुठला दिया। देखो, फसाद फैलाने वालों का अंजाम क्या हुआ!

104. और मूसा (अलैहिस्सलाम) ने कहा, 'ऐ फिरऔन! मैं यक़ीनन सारे जहान के रब का रसूल हूँ,

105. और मुझे अल्लाह के बारे में केवल सत्य बात कहने का हुक्म है। बेशक मैं तुम्हारे पास तुम्हारे रब की ओर से स्पष्ट प्रमाण लेकर आया हूँ, अतः बनी इसराईल को मेरे साथ भेज दो।'

106. फिरऔन ने कहा, 'अगर तुम कोई निशानी लेकर आए हो, तो पेश करो, अगर तुम सच्चे हो।'

107. फिर मूसा (अलैहिस्सलाम) ने अपनी लाठी (असा) फेंकी और वह वास्तव में एक जीवित साँप बन गई।

108. फिर उन्होंने अपना हाथ (अपनी कमीज़ से) निकाला और वह सबके सामने चमकता हुआ उजला हो गया।

109. फिरऔन की क़ौम के सरदारों ने कहा, 'यह निस्संदेह एक बहुत बड़ा जादूगर है,

110. जो चाहता है कि तुम्हें तुम्हारी ज़मीन से निकाल दे।' (फिरऔन ने कहा,) 'तुम्हारी क्या राय है?'

111. उन्होंने (फिरऔन के सरदारों ने) कहा, 'उस (मूसा) और उसके भाई का मामला टाल दो और शहरों में इकट्ठा करने वालों (सरकारी बुलाने वालों) को भेज दो।'

112. उन्होंने कहा, 'उसे और उसके भाई को ठहरने दो और तमाम शहरों में जाकर हर माहिर जादूगर को बुला लाओ।'

113. फिर जादूगर फिरऔन के पास आए और बोले, 'अगर हम (मूसा पर) ग़ालिब आ गए तो क्या हमें कोई इनाम मिलेगा?'

114. फिरऔन ने जवाब दिया, 'हाँ, और तुम निस्संदेह मेरे क़रीबी (विशेष सम्मान प्राप्त) लोगों में से हो जाओगे।'

115. उन्होंने (जादूगरों ने) कहा, 'ऐ मूसा! क्या तुम (अपनी चीज़) फेंकोगे या हम पहले फेंकें?'

116. मूसा (अलैहिस्सलाम) ने कहा, 'तुम पहले फेंको।' फिर जब उन्होंने (अपनी रस्सियाँ और लाठियाँ) फेंकी, तो उन्होंने लोगों की आँखों को धोखा दिया, उन्हें भयभीत कर दिया, और बहुत बड़ा जादू कर दिखाया।'

117. फिर हमने मूसा (अलैहिस्सलाम) को वही (प्रकाशना) की, 'अपनी लाठी फेंक दो!' तो वह तुरंत उनके जादू की

बनाई हुई चीज़ों को निगलने लगी।'

118. इस तरह हक़ ज़ाहिर हो गया और उनकी सारी जादूगरी बेकार हो गई।

119. फिर फिरऔन और उसके लोग वहीं पर हार गए और रुसवा होकर रह गए।

120. और जादूगर (अल्लाह के सामने) सजदे में गिर पड़े।

121. उन्होंने (जादूगरों ने) ऐलान किया, 'हम अब सारे जहान के रब पर ईमान ला चुके हैं—'

122. 'मूसा और हारून (अलैहिस्सलाम) के रब पर।'

123. फिरऔन ने धमकी दी, 'तुमने मेरी इजाज़त के बिना उस पर ईमान कैसे ले लिया? यह ज़रूर एक साज़िश है जो तुमने इस शहर में रची है ताकि इसके लोगों को निकाल दो, लेकिन जल्द ही तुम देख लोगे।'

124. 'मैं यक़ीनन तुम्हारे हाथ और पाँव विपरीत दिशाओं में काट दूँगा, फिर तुम सबको सूली पर चढ़ा दूँगा।'

125. उन्होंने (जादूगरों ने) जवाब दिया, 'यक़ीनन हम सब अपने रब की तरफ़ लौट कर जाने वाले हैं।'

126. तुम्हारा हम पर ग़ुस्सा सिर्फ़ इसलिए है कि हम अपने रब की निशानियों पर ईमान ले आए, जब वे हमारे पास आई थीं। ऐ हमारे रब! हमें सब्र अता फ़रमा, और हमें इस्लाम पर ही मौत दे।

127. फिरऔन की क़ौम के सरदारों ने (उससे) शिकायत की, 'क्या तुम मूसा और उसकी क़ौम को यूँ ही छोड़ दोगे कि वे ज़मीन में फसाद फैलाएँ और तुझे और तेरे माबूदों को छोड़ दें?' फिरऔन ने जवाब दिया, 'हम उनके बेटों को ज़रूर क़त्ल कर देंगे और उनकी औरतों को ज़िंदा रखेंगे। हम उन पर पूरी तरह ग़ालिब आ जाएँगे।'

128. मूसा (अलैहिस्सलाम) ने अपनी क़ौम को तसल्ली दी, 'अल्लाह की मदद माँगो और सब्र करो। बेशक, यह ज़मीन अल्लाह की है, वह अपने बंदों में से जिसे चाहे उसे सौंपता है। और आख़िरत की कामयाबी उन्हीं के लिए है जो तक़वा रखते हैं।'

129. उन्होंने (बनी इस्राईल ने) शिकायत की, 'हम हमेशा से ही ज़ुल्म सहते आ रहे हैं—तुम्हारे आने से पहले भी और तुम्हारे आने के बाद भी।' मूसा (अलैहिस्सलाम) ने जवाब दिया, 'शायद तुम्हारा रब तुम्हारे दुश्मन को तबाह कर दे और तुम्हें ज़मीन में उनका वारिस बना दे, ताकि वह देखे कि तुम क्या करते हो।'

130. बेशक, हमने फिरऔन की क़ौम को सख़्त क़हत और फसलों की कमी में डाल दिया, ताकि वे होश में आ जाएँ।'

131. ख़ुशहाली के वक़्त वे कहते थे, 'यह तो हमारे हक़ में है,' लेकिन जब कोई मुसीबत आती तो उसका इल्ज़ाम मूसा (अलैहिस्सलाम) और उनके साथियों पर डाल देते थे। बेशक, सब कुछ अल्लाह की तरफ़ से मुक़र्रर है, लेकिन उनमें से ज़्यादातर लोग नहीं जानते।'

132. उन्होंने (फिरऔन और उसकी क़ौम ने) कहा, 'तुम जो भी निशानी लेकर आओ, हम तुम पर कभी ईमान नहीं लाएँगे।'

133. फिर हमने उन पर तूफ़ान, टिड्डियाँ, जूँ, मेंढक और ख़ून जैसी आफ़तें भेजीं—ये सब वाज़ेह निशानियाँ थीं, लेकिन वे ग़ुरूर में पड़े रहे और वे मुजरिम लोग थे।'

134. जब उन पर कोई अज़ाब (सज़ा) आता, तो वे गिड़गिड़ा कर कहते, 'ऐ मूसा! अपने रब से हमारे लिए दुआ करो,

उस वादे के सिलसिले में जो उसने तुमसे किया है। अगर तुम इस अज़ाब को हमसे हटा दो, तो हम यक़ीनन तुम पर ईमान ले आएँगे और बनी इस्राईल को तुम्हारे साथ जाने देंगे।'

135. लेकिन जब हमने उनसे अज़ाब हटा दिया—यहाँ तक कि उनकी मुक़र्रर मुद्दत तक पहुँच गई—तो वे अपना वादा तोड़ देते थे।'

136. फिर हमने उनसे बदला लिया और उन्हें दरिया में डुबो दिया, क्योंकि उन्होंने हमारी निशानियों को झुठलाया और उनसे बेपरवाह बने रहे।'

137. और हमने उन मज़लूम लोगों को ज़मीन के मशरिक और मग़रिब का वारिस बना दिया, जिसे हमने बरकतों से नवाज़ा था। इस तरह, तुम्हारे रब का सच्चा वादा बनी इस्राईल पर पूरा हुआ, क्योंकि उन्होंने (फिरऔन के ज़ुल्म पर) सब्र किया था। और हमने फिरऔन और उसकी क़ौम के बनाए हुए महलों और उनकी क़ाएम की गई निज़ाम को पूरी तरह तबाह कर दिया।'

138. हमने बनी इस्राईल को दरिया पार पहुँचा दिया और वे एक ऐसी क़ौम के पास पहुँचे, जो बुतों की पूजा कर रही थी। उन्होंने (मूसा से) कहा, 'ऐ मूसा! हमारे लिए भी उनके देवताओं जैसा एक देवता बना दो।' मूसा (अलैहिस्सलाम) ने जवाब दिया, 'बेशक, तुम लोग जहालत की राह पर हो!'

139. 'ये लोग जिस चीज़ में लगे हैं, वह तबाह कर दी जाएगी और उनका यह अमल बिल्कुल बेकार है।'

140. उन्होंने कहा, 'क्या मैं तुम्हारे लिए अल्लाह के अलावा कोई और माबूद तलाश करूँ, जबकि उसी ने तुम्हें दुनिया की क़ौमों पर फ़ज़ीलत दी है?'

141. और (याद करो) जब हमने तुम्हें फिरऔन की क़ौम से निजात दी, जो तुम्हें सख़्त अज़ाब देती थी—तुम्हारे बेटों को क़त्ल कर देती और तुम्हारी औरतों को ज़िंदा छोड़ देती थी। यह तुम्हारे रब की तरफ़ से एक बड़ी इम्तिहान थी।

142. हमने मूसा (अलैहिस्सलाम) के लिए तीस रातें मुक़र्रर कीं, फिर दस और बढ़ा दीं—और इस तरह उनके रब का मुक़र्रर वक़्त चालीस रातों में पूरा हुआ। मूसा (अलैहिस्सलाम) ने अपने भाई हारून (अलैहिस्सलाम) से कहा, 'मेरी क़ौम में मेरी जगह रहो, अच्छे काम करो और फसाद फैलाने वालों का रास्ता न अपनाओ।'

143. जब मूसा (अलैहिस्सलाम) मुक़र्रर वक़्त पर पहुँचे और उनके रब ने उनसे बात की, तो उन्होंने कहा, 'ऐ मेरे रब! मुझे अपनी ज़ात दिखा, ताकि मैं तुझे देख सकूँ।' अल्लाह ने फ़रमाया, 'तुम मुझे नहीं देख सकते! लेकिन पहाड़ की तरफ़ देखो, अगर वह अपनी जगह क़ायम रहा, तो तुम मुझे देख सकोगे।' फिर जब उनके रब ने पहाड़ पर अपना जलवा दिखाया, तो उसे टुकड़े-टुकड़े कर दिया और मूसा (अलैहिस्सलाम) बेहोश होकर गिर पड़े। जब उन्हें होश आया, तो उन्होंने कहा, 'तू पाक है! मैं तुझी की तरफ़ रुजू करता हूँ और मैं सबसे पहले ईमान लाने वालों में से हूँ।'

144. अल्लाह ने फ़रमाया, 'ऐ मूसा! मैंने तुम्हें अपनी बातों और अपने कलाम (वाणी) से दूसरों पर फ़ज़ीलत दी है। इसलिए जो कुछ मैंने तुम्हें दिया है, उसे मज़बूती से पकड़ो और शुक्र अदा करो।'

145. हमने उनके लिए तख़्तियों पर हर चीज़ के अहकाम लिख दिए; हिदायत और हर चीज़ का तफ़सील। (हमने कहा), 'इसे मज़बूती से पकड़ो और अपनी क़ौम से कहो कि इसमें से बेहतरीन चीज़ को अपनाएँ। मैं जल्द ही तुम्हें नाफ़रमान लोगों का ठिकाना दिखाऊँगा।'

146. मैं अपनी निशानियों से उन लोगों को दूर कर दूँगा, जो ज़मीन में ज़ुल्म और घमंड से चलते हैं। अगर वे हर निशानी भी देख लें, तो भी वे ईमान नहीं लाएँगे। अगर वे सीधे रास्ते को देखें, तो उस पर नहीं चलेंगे। लेकिन अगर वे टेढ़े रास्ते को देखें, तो उसी पर चल पड़ेंगे। यह इसलिए है कि उन्होंने हमारी निशानियों को झुठलाया और उनसे बेपरवाह बने रहे।

147. जो लोग हमारी निशानियों को झुठलाते हैं और आख़िरत के मिलने का इनकार करते हैं, उनके अमल बेकार हैं। क्या उन्हें उनके अमलों के अलावा कोई और बदला दिया जाएगा?

148. मूसा (अलैहिस्सलाम) की ग़ैरमौजूदगी में उनकी क़ौम ने अपने (सोने के) गहनों से एक बछड़े की मूर्ति बना ली, जो आवाज़ निकालती थी। क्या उन्होंने नहीं देखा कि वह न तो उनसे बात कर सकती है और न ही उन्हें सीधा रास्ता दिखा सकती है? फिर भी उन्होंने उसे माबूद बना लिया और वे ज़ालिम बन गए।

149. बाद में, जब उन्हें पछतावा हुआ और उन्होंने समझ लिया कि वे गुमराही में थे, तो वे पुकार उठे, 'अगर हमारे रब ने हम पर रहम न की और हमें माफ़ न किया, तो हम यक़ीनन नुकसान उठाने वालों में से होंगे।'

150. जब मूसा (अलैहिस्सलाम) अपनी क़ौम के पास लौटे, तो वे ग़ुस्से और ग़म से भर गए और उन्होंने कहा, 'मेरी ग़ैरमौजूदगी में तुमने कितना बुरा काम किया! क्या तुम अपने रब के अज़ाब को जल्दी लाना चाहते थे?' फिर उन्होंने तख़्तियों को पटक दिया और अपने भाई (हारून) के बाल पकड़कर उन्हें अपनी तरफ़ खींच लिया। हारून (अलैहिस्सलाम) ने फ़रियाद की, 'ऐ मेरी माँ के बेटे! क़ौम ने मुझे बेबस कर दिया और मुझे मार डालने वाली थी। इसलिए मुझे रुसवा न करो और न ही मेरे दुश्मनों को ख़ुश करो, और मुझे ज़ालिमों में न गिनो।'

151. मूसा (अलैहिस्सलाम) ने दुआ की, 'ऐ मेरे रब! मुझे और मेरे भाई को माफ़ कर दे! और हमें अपनी रहमत में शामिल कर। तू सबसे ज़्यादा रहम करने वाला है।'

152. जो लोग बछड़े की पूजा करते थे, उन पर अल्लाह का ग़ुस्सा और दुनिया की ज़िल्लत आकर रही। हम झूठ गढ़ने वालों को इसी तरह बदला देते हैं।

153. लेकिन जो लोग बुराई करें, फिर तौबा करें और ईमान लाएँ, तो बेशक तुम्हारा रब बहुत ही माफ़ करने वाला, रहम करने वाला है।

154. जब मूसा (अलैहिस्सलाम) का ग़ुस्सा ठंडा हुआ, तो उन्होंने तख़्तियों को उठा लिया, जिन पर उन लोगों के लिए हिदायत और रहमत लिखी थी जो अपने रब से डरने वालों में से हैं।

155. मूसा (अलैहिस्सलाम) ने अपनी क़ौम में से सत्तर आदमियों को हमारे मुक़र्रर वक़्त के लिए चुना। फिर जब उन्हें ज़लज़ले ने पकड़ लिया, तो उन्होंने पुकारा, 'ऐ मेरे रब! अगर तू चाहता, तो पहले ही इन्हें और मुझे भी हलाक कर सकता था। क्या तू हमें उन नादानों के अमल की सज़ा में हलाक करेगा जो हममें से हैं? यह तो तेरी तरफ़ से एक इम्तिहान है—जिसमें तू जिसे चाहे गुमराही में छोड़ देता है और जिसे चाहे हिदायत दे देता है। तू ही हमारा वली है। इसलिए हमें माफ़ कर और हम पर रहम कर। तू सबसे बेहतर माफ़ करने वाला है।'

156. हमें इस दुनिया और आख़िरत में भलाई अता कर। यक़ीनन, हम तेरी ही तरफ़ रुजू करते हैं।" अल्लाह ने जवाब दिया, 'मैं जिसे चाहता हूँ, अपने अज़ाब में डाल देता हूँ। लेकिन मेरी रहमत हर चीज़ को घेरे हुए है। मैं अपनी रहमत

उनके लिए लाज़िम कर दूँगा जो बुराइयों से बचते हैं, ज़कात अदा करते हैं और हमारी आयतों पर ईमान रखते हैं।'

157. यही वे लोग हैं जो उस रसूल की पैरवी करते हैं, जो उम्मी नबी (अनपढ़ होते हुए भी ज्ञानवान) हैं, जिनका ज़िक्र उन्हें अपनी तौरात और इंजील में मिलता है। वह उन्हें अच्छे कामों का हुक्म देते हैं और बुराइयों से रोकते हैं, पाक चीज़ों को हलाल ठहराते हैं और नापाक चीज़ों को हराम बताते हैं, और उन्हें उनके बोझ और बेड़ियों से आज़ाद कराते हैं। तो जो लोग उस पर ईमान लाएँ, उसका इज़्ज़त करें, उसकी मदद करें और उस नूर (रोशनी) की पैरवी करें जो उसके साथ उतारी गई है—वही कामयाब होंगे।

158. (ऐ नबी!) कह दो, 'ऐ लोगों! मैं तुम सबकी तरफ़ अल्लाह का रसूल हूँ। उसी के लिए आसमानों और ज़मीन की बादशाहत है। उसके सिवा कोई माबूद नहीं। वही जीवन देता है और वही मौत देता है।' तो अल्लाह और उसके रसूल पर ईमान लाओ, जो उम्मी नबी हैं, जो अल्लाह और उसकी आयतों पर ईमान रखते हैं। और उनकी पैरवी करो ताकि तुम हिदायत पा सको।

159. मूसा (अलैहिस्सलाम) की क़ौम में कुछ लोग ऐसे भी थे जो हक़ के साथ हिदायत देते थे और इंसाफ़ क़ायम करते थे।

160. हमने उन्हें बारह क़बीलों में तक़सीम किया—हर एक को एक अलग गिरोह बनाया। और जब मूसा (अलैहिस्सलाम) की क़ौम ने पानी माँगा, तो हमने उन्हें वहि भेजी, 'अपनी लाठी से पत्थर पर मारो।' फिर उसमें से बारह चश्मे फूट पड़े, और हर क़बीले ने अपना-अपना पानी पीने का मुक़ाम पहचान लिया। हमने उन पर बादलों का साया किया और उनके लिए मन्न (मीठा पदार्थ) और सलवा (बटेर) उतारे, (कहकर,) 'हमने जो पाक चीज़ें तुम्हें दी हैं, उन्हें खाओ।' लेकिन उन्होंने हम पर कोई ज़ुल्म नहीं किया, बल्कि ख़ुद अपने ऊपर ही ज़ुल्म किया।

161. और याद करो जब उनसे कहा गया, 'इस शहर (बैतुल मुक़द्दस) में दाख़िल हो जाओ और जहाँ से चाहो खाओ। और कहो, 'हमारे गुनाह माफ़ कर दे।' और दरवाज़े में झुककर दाख़िल हो। हम तुम्हारे गुनाह माफ़ कर देंगे और नेक काम करने वालों का अज्र बढ़ा देंगे।'

162. लेकिन उनमें से ज़ालिमों ने उन शब्दों को बदल दिया, जिन्हें उन्हें कहने का हुक्म दिया गया था। तो हमने उनके ज़ुल्म की सज़ा में उन पर आसमान से अज़ाब भेजा।

163. (ऐ नबी!) उनसे उस बस्ती के बारे में पूछो जो समुंदर के किनारे थी, जिसने सब्त (शनिवार) का उल्लंघन किया था। जब उनका सब्त का दिन आता, तो मछलियाँ साफ़ तौर पर दिखाई देतीं, लेकिन दूसरे दिनों में वे नज़र नहीं आती थीं। इस तरह हमने उनकी नाफ़रमानी की वजह से उनकी इम्तिहान ली।

164. जब उनमें से कुछ नेक लोगों ने कहा, 'तुम इन सब्त तोड़ने वालों को क्यों समझा रहे हो, जिन्हें या तो हलाक कर दिया जाएगा या अल्लाह की तरफ़ से सख़्त अज़ाब दिया जाएगा?' तो उन्होंने जवाब दिया, 'ताकि हम अपने रब के सामने बे-गुनाह रहें और शायद वे (गुनाहों से) बाज़ आ जाएँ।'

165. फिर जब उन्होंने नसीहत को नज़रअंदाज़ कर दिया, तो हमने उन्हें बचा लिया जो बुराइयों से रोकते थे और ज़ालिमों को उनकी सरकशी की वजह से सख़्त अज़ाब दिया।

166. और जब वे अपनी ज़िद पर अड़े रहे, तो हमने कहा, 'तुम रुसवा बंदर बन जाओ!'

167. (ऐ नबी!) याद करो जब तुम्हारे रब ने एलान किया कि वह क़यामत के दिन तक उन पर ऐसे लोग भेजता रहेगा, जो उन्हें सख़्त अज़ाब देंगे। बेशक, तुम्हारा रब जल्द अज़ाब देने वाला है, लेकिन वह बहुत माफ़ करने वाला, रहम करने वाला भी है।
168. हमने उन्हें ज़मीन में अलग-अलग गिरोहों में तक़सीम कर दिया—कुछ नेक थे और कुछ और। हमने उन्हें ख़ुशहाली और मुश्किलात के ज़रिए आज़माया, ताकि शायद वे (सही रास्ते पर) लौट आएँ।
169. फिर उनके बाद ऐसी नस्लें आईं, जिन्होंने किताब की विरासत तो पाई, लेकिन वे नाजायज़ फ़ायदा उठाने लगे और कहते, 'हमें माफ़ कर दिया जाएगा।' और जब उन्हें फिर से वही मौक़ा मिलता, तो वे उसे फिर से पकड़ लेते। क्या उनसे किताब में यह वादा नहीं लिया गया था कि वे अल्लाह के बारे में सिर्फ़ सच ही कहेंगे? और वे इसकी तालीम से अच्छी तरह वाक़िफ़ थे। लेकिन परहेज़गारों के लिए आख़िरत का घर ही बेहतर है। क्या तुम समझते नहीं?
170. जो लोग किताब को मज़बूती से पकड़ते हैं और नमाज़ क़ायम करते हैं—यक़ीनन, हम नेक काम करने वालों का अज्र बेकार नहीं करते।
171. और (याद करो) जब हमने उनके ऊपर पहाड़ को इस तरह उठा दिया जैसे वह कोई बादल हो और उन्हें लगा कि वह उन पर गिर पड़ेगा। (हमने कहा,) 'जो किताब हमने तुम्हें दी है, उसे मज़बूती से पकड़ो और उसकी हिफ़ाज़त करो, ताकि तुम परहेज़गार बन जाओ।'
172. और (याद करो) जब तुम्हारे रब ने आदम की औलाद की पीढ़ियों से उनकी नस्लों को निकाला और उनसे ख़ुद उनके बारे में गवाही ली। (अल्लाह ने पूछा,) 'क्या मैं तुम्हारा रब नहीं हूँ?' उन्होंने जवाब दिया, 'हाँ, तुम हमारे रब हो! हम गवाही देते हैं।' (अल्लाह ने कहा,) 'अब तुम्हें क़यामत के दिन यह कहने का हक़ नहीं होगा कि हम इस (हक़ीक़त) से बेख़बर थे।'
173. और न यह कह सकोगे कि 'हमारे बाप-दादा ने शिर्क (अल्लाह के साथ किसी को शरीक ठहराना) किया और हम उनके बाद उन्हीं के क़दमों पर चलते रहे। तो क्या तुम हमें उनके ग़लत अक़ीदों की वजह से हलाक करोगे?'
174. इस तरह हम अपनी निशानियाँ साफ़-साफ़ बयान करते हैं, ताकि शायद वे (सही रास्ते की तरफ़) लौट आएँ।
175. और (ऐ नबी!) उन्हें उस शख़्स की कहानी सुनाओ, जिसे हमने अपनी निशानियाँ दी थीं, लेकिन उसने उन्हें छोड़ दिया, तो शैतान ने उसे अपने क़ाबू में ले लिया और वह गुमराह हो गया।
176. अगर हम चाहते, तो उसे अपनी निशानियों के ज़रिए ऊँचा उठा देते, लेकिन उसने दुनियावी चीज़ों को पसंद किया और अपनी ख़्वाहिशों का पीछा किया। उसकी मिसाल उस कुत्ते की तरह है, जिसे अगर तुम भगाओ, तो वह हाँफने लगता है, और अगर छोड़ दो, तब भी वह हाँफता रहता है। यही उन लोगों की हालत है जो हमारी निशानियों को झुठलाते हैं। तो (ऐ नबी!) उन्हें यह कहानी सुनाओ, ताकि शायद वे ग़ौर करें।
177. कितनी बुरी मिसाल है उन लोगों की, जो हमारी निशानियों को झुठलाते हैं! उन्होंने बस ख़ुद ही अपने ऊपर ज़ुल्म किया।
178. जिसे अल्लाह हिदायत दे, वही सच्ची हिदायत पाता है। और जिसे वह गुमराह कर दे, वही घाटे में रहने वाले हैं।

179. बेशक, हमने बहुत से जिन्न और इंसानों को जहन्नुम के लिए बनाया है। उनके दिल हैं, जिनसे वे समझते नहीं; उनकी आँखें हैं, जिनसे वे देखते नहीं; और उनके कान हैं, जिनसे वे सुनते नहीं। वे चौपायों की तरह हैं, बल्कि उनसे भी ज़्यादा गुमराह! यही वे लोग हैं जो पूरी तरह ग़ाफ़िल हैं।
180. अल्लाह के सबसे ख़ूबसूरत नाम हैं। तो उसे उन्हीं नामों से पुकारो और उनसे दूर रहो, जो उसके नामों को बिगाड़ते हैं। वे अपने अमल का बदला ज़रूर पाएँगे।
181. और जिन्हें हमने पैदा किया, उनमें एक गिरोह ऐसा है जो हक़ के साथ हिदायत देता है और उसके मुताबिक़ इंसाफ़ क़ायम करता है।
182. और जो लोग हमारी निशानियों को झुठलाते हैं, हम उन्हें ऐसे तरीक़े से हलाक करने की तरफ़ ले जाएँगे, जिसका उन्हें एहसास भी नहीं होगा।
183. मैं बस उनकी मौत को थोड़ी देर के लिए टाल रहा हूँ, लेकिन मेरी तदबीर बिल्कुल मुकम्मल है।
184. क्या उन्होंने कभी इस पर ग़ौर नहीं किया? उनका साथी (नबी) दीवाना नहीं है। वह तो बस एक साफ़ चेतावनी देने वाले के तौर पर भेजे गए हैं।
185. क्या उन्होंने कभी आसमानों और ज़मीन की निशानियों और उन सभी चीज़ों पर ग़ौर किया है जिन्हें अल्लाह ने पैदा किया है? और क्या यह मुमकिन नहीं कि उनका वक़्त क़रीब आ चुका हो? तो इस (क़ुरआन) के बाद वे किस बात पर ईमान लाएँगे?
186. जिसे अल्लाह गुमराह कर दे, उसे कोई हिदायत नहीं दे सकता, और वह अपनी सरकशी में अंधाधुंध भटकता रहेगा।
187. वे आपसे (ऐ नबी!) क़यामत के बारे में पूछते हैं, 'वह कब होगी?' आप कह दीजिए, 'उसका इल्म बस मेरे रब के पास है। वही उसे उसके मुक़र्रर वक़्त पर ज़ाहिर करेगा। वह आसमानों और ज़मीन के लिए बहुत भारी (घटना) है और वह तुम्हें अचानक आ लेगी।' वे आपसे ऐसे पूछते हैं जैसे आप उसके बारे में पूरी तरह जानते हों। आप कह दीजिए, 'उसका इल्म बस अल्लाह के पास है, लेकिन ज़्यादातर लोग नहीं जानते।'
188. आप कह दीजिए, 'मुझे अपने फ़ायदे या नुक़सान का कोई इख़्तियार नहीं, सिवाय इसके कि अल्लाह जो चाहे। अगर मुझे ग़ैब (गुप्त) का इल्म होता, तो मैं अपने लिए बहुत फ़ायदा हासिल कर लेता और मुझे कोई नुक़सान न पहुँचता। मैं तो बस एक चेतावनी देने वाला और ईमान लाने वालों को ख़ुशख़बरी देने वाला हूँ।'
189. वही है जिसने तुम्हें एक जान (आदम) से पैदा किया, फिर उसी से उसकी जोड़ी बनाई ताकि वह उससे सुकून हासिल करे। फिर जब वह उससे मिला, तो उसने हल्का बोझ (गर्भ) उठाया, जो धीरे-धीरे बढ़ता गया। जब वह भारी हो गया, तो उन्होंने अपने रब, अल्लाह से दुआ की, 'अगर तू हमें एक नेक औलाद अता करे, तो हम ज़रूर शुक्र अदा करेंगे।'
190. लेकिन जब अल्लाह ने उन्हें एक नेक औलाद अता कर दी, तो उन्होंने उसकी दी हुई चीज़ों में दूसरों को शरीक ठहरा लिया। अल्लाह उनकी बनाई हुई शिर्कत से पाक और बरतर है!
191. क्या वे अल्लाह के साथ ऐसे माबूदों को शरीक ठहरा रहे हैं जो कुछ पैदा नहीं कर सकते, बल्कि खुद पैदा किए

गए हैं?

192. जो न तो उनकी मदद कर सकते हैं, न खुद अपनी मदद कर सकते हैं?

193. और अगर तुम (मशरिकों) उन्हें हिदायत के लिए पुकारो, तो वे तुम्हारी पुकार का जवाब नहीं दे सकते। तुम उन्हें पुकारो या चुप रहो, दोनों बराबर हैं।

194. जिन्हें तुम अल्लाह के सिवा पुकारते हो, वे भी तुम्हारी तरह ही बनाए गए बंदे हैं। तो उन्हें पुकार कर देखो, अगर तुम सचमुच सही हो तो वे तुम्हारी पुकार का जवाब देंगे!

195. क्या उनके पास चलने के लिए पैर हैं? या पकड़ने के लिए हाथ हैं? या देखने के लिए आँखें हैं? या सुनने के लिए कान हैं? आप कह दीजिए (ऐ नबी!), 'अपने शरीक माबूदों को पुकारो और मेरे खिलाफ़ साज़िश करो, और देर न करो!'

196. यक़ीनन मेरा हामी वही अल्लाह है जिसने यह किताब नाज़िल की है। वही नेक काम करने वालों की हिफ़ाज़त करता है।

197. लेकिन जिनको तुम अल्लाह के सिवा पुकारते हो, वे न तो तुम्हारी मदद कर सकते हैं, न अपनी खुद की मदद कर सकते हैं।

198. अगर तुम (मशरिकों) उन्हें हिदायत के लिए पुकारो, तो वे सुन नहीं सकते। और तुम (हे नबी) उन्हें अपनी तरफ देखते हुए देख सकते हो, लेकिन वे देख नहीं सकते।

199. नरमी से पेश आओ, अच्छे काम करने का हुक्म दो, और जाहिलों से मुँह मोड़ो।

200. अगर शैतान तुम्हें बहका दे, तो अल्लाह की पनाह माँगो। यक़ीनन वह सब कुछ सुनने वाला, जानने वाला है।

201. बेशक जब शैतान अल्लाह से डरने वालों को बहकाता है, तो वे अपने रब को याद करते हैं और फिर उन्हें चीज़ें साफ़ नज़र आने लगती हैं।

202. लेकिन शैतान अपने साथी (इंसानों) को लगातार बुराइयों में धकेलता है और कोई भी कोशिश बाकी नहीं छोड़ता।

203. अगर आप (हे नबी) उनके लिए कोई निशानी (जो वे मांगते हैं) न लाएं, तो वे कहते हैं, 'आपने खुद क्यों नहीं बना ली?' आप कह दीजिए, 'मैं तो सिर्फ वही करता हूँ जो मेरे रब की तरफ से मुझे वाही के जरिए मिलता है। यह (कुरआन) तुम्हारे रब की तरफ से खुशखबरी और रहमत है ईमान लाने वालों के लिए।'

204. जब कुरआन पढ़ा जाए, तो उसे गौर से सुनो और खामोश रहो, ताकि तुम पर रहम किया जाए।

205. अपने रब को दिल से याद करो, घबराहट और इज्जत के साथ, और धीमी आवाज़ में, सुबह और शाम। और ग़ाफिलों में से न बनो।

206. यक़ीनन वे (फ़रिश्ते) जो तुम्हारे रब के सबसे करीब हैं, उसकी इबादत से घमंडी नहीं होते। वे उसकी तसबीह करते हैं और उसे सजदा करते हैं।

8. सूरह अल-अनफाल

बिस्मिल्लाह-हिर्रहमान-निर्रहीम

1. (हे नबी!) वे आपसे ग़नीमत (युद्ध का माल) के बारे में पूछते हैं। आप कह दीजिए, 'ग़नीमत का तक़सीम अल्लाह और उसके रसूल के हुक्म से होता है। तो अल्लाह से डरें और अपने मामलों को सुधारें, और अल्लाह और उसके रसूल की आज्ञा का पालन करें अगर तुम सच्चे मु'मिन हो।'

2. सच्चे मु'मिन वे हैं जिनके दिल अल्लाह के ज़िक्र से काँपते हैं, और जब उनके सामने उसकी आयतें पढ़ी जाती हैं, तो उनका इमान और ज़्यादा बढ़ जाता है, और वे अपने रब पर भरोसा करते हैं।

3. वे वही लोग हैं जो नमाज़ क़ायम करते हैं और जो कुछ हमने उन्हें दिया है, उसमें से खर्च करते हैं।

4. यही लोग सच्चे मु'मिन हैं। उनके लिए उनके रब के पास ऊँचे दर्जे, माफी, और इज्जत वाला रोज़ी है।

5. (हे नबी!) इसी तरह जब आपके रब ने आपको सच्चे मकसद के लिए आपके घर से निकाला, तो मुमिनों का एक समूह इसके बिल्कुल खिलाफ था।

6. वे आपसे हक़ के बारे में झगड़ने लगे, जबकि हक़ साफ़ हो चुका था, जैसे वे मौत की तरफ़ ले जाए जा रहे हों और उनकी आँखें खुली हुई हों।

7. (ऐ मोमिनो!) याद करो जब अल्लाह ने तुमसे वादा किया था कि तुम दोनों मक़सद में से किसी एक पर ज़रूर ग़ालिब आओगे, तो तुम कमज़ोर गिरोह को क़ैद करना चाहते थे। लेकिन अल्लाह का इरादा था कि वह अपने कलाम से हक़ को क़ायम करे और काफ़िरों को जड़ से उखाड़ फेंके।

8. ताकि सच्चाई को मज़बूती से क़ायम करे और झूठ को मिटा दे, चाहे यह बुराई करने वालों को कितना भी बुरा लगे।

9. याद करो जब तुमने अपने रब से मदद की दुआ की, तो उसने जवाब दिया, 'मैं तुम्हें हज़ारों फ़रिश्तों से मदद करूंगा, और उनके बाद और भी बहुत से।'

10. और अल्लाह ने इसे तुम्हारे दिलों के लिए फ़तह और इत्मीनान की निशानी बना दिया। फ़तह बस अल्लाह की तरफ़ से है। बेशक अल्लाह बहुत ताक़तवर और हिकमत वाला है।

11. याद करो जब उसने तुम पर आराम की नींद डाली, जो तुम्हारे लिए सुकून का सबब बनी। और उसने आसमान से पानी बरसाया ताकि तुमसे नापाकी दूर करे, शैतान के वसवसे से बचाए, और तुम्हारे दिलों को मज़बूत करे और तुम्हारे क़दमों को जमाए।

12. (ऐ नबी!) याद करो जब आपके रब ने फ़रिश्तों को वही भेजी, 'मैं तुम्हारे साथ हूँ। तो मोमिनों को मज़बूत रखो। मैं काफ़िरों के दिलों में डर डाल दूँगा। तो उनकी गर्दनों पर वार करो और उनकी उंगलियों को काट दो।'

13. यह इसलिए कि उन्होंने अल्लाह और उसके रसूल की नाफ़रमानी की। और जो भी अल्लाह और उसके रसूल की नाफ़रमानी करेगा, यक़ीनन अल्लाह सख़्त अज़ाब देने वाला है।

14. यह (दुनिया की सज़ा) तुम्हारे लिए है, अब इसका मज़ा चखो! फिर काफ़िरों के लिए जहन्नुम का अज़ाब है।

15. हे मुमिनों! जब तुम काफ़िरों से जंग का सामना करो, तो कभी भी उनकी तरफ पीठ करके न भागो।

16. और जो ऐसा करेगा, सिवाय इसके कि वह कोई चालाकी से काम करे या अपने सैनिकों से मिल जाने के लिए, तो वह अल्लाह की नाराज़गी का हक़दार होगा और उसका ठिकाना जहन्नम है। वह कितनी बुरी जगह है!

17. (ऐ मोमिनो!) तुमने उन्हें क़त्ल नहीं किया, बल्कि अल्लाह ने उन्हें क़त्ल किया। और (ऐ नबी!) तुमने (काफ़िरों की तरफ़ मिट्टी) नहीं फेंकी, बल्कि अल्लाह ने फेंकी, ताकि मोमिनों पर बड़ा इनाम करे। यक़ीनन अल्लाह सब कुछ सुनने वाला, जानने वाला है।

18. इस तरह अल्लाह काफ़िरों की चालों को नाकाम कर देता है।

19. अगर तुम (मुषरिकीन) फ़ैसला चाहते हो, तो अब वह तुम्हारे सामने आ चुका है। और अगर तुम रुक जाओ, तो यह तुम्हारे लिए बेहतर है। लेकिन अगर तुम इस पर कायम रहोगे, तो हम भी कायम रहेंगे। और तुम्हारी ताक़त, चाहे जितनी भी ज़्यादा हो, तुम्हें कुछ फायदा नहीं देगी। यकीनन अल्लाह मुमिनों के साथ है।

20. हे मुमिनों! अल्लाह और उसके रसूल की इत्ताअत करो और उसकी तरफ से जब भी सुनो, उसे मुँह न मोड़ो।

21. उन लोगों की तरह न हो जाओ जो कहते हैं, 'हम सुनते हैं,' हालाँकि वे सुनते ही नहीं।

22. यक़ीनन अल्लाह की नज़र में सबसे बुरे वे लोग हैं जो बहरे और गूँगे हैं और समझते नहीं हैं।

23. अगर अल्लाह उनमें कोई नेक काम देखता, तो उन्हें जरूर सुनाता। लेकिन अगर वह उन्हें सुनाता भी, तो वे मुँह फेर कर चल देते।

24. हे मुमिनों! अल्लाह और उसके रसूल की पुकार का जवाब दो, जब वह तुम्हें उस चीज़ की तरफ बुलाए जो तुम्हें ज़िंदगी अता करती है। और जान लो कि अल्लाह इंसान और उसके दिल के बीच है, और उसी की तरफ तुम सब इकट्ठा किए जाओगे।

25. उस फितने से बचो जो सिर्फ तुममें से ज़ुल्म करने वालों को ही नहीं, बल्कि सबको लपेट लेगा। और जान लो कि अल्लाह सख्त सज़ा देने वाला है।
26. याद करो जब तुम कम संख्या में और ज़मीन में मजबूर थे, और तुम्हारे दुश्मन के हमले का खौफ तुम्हें लगातार परेशान करता था। फिर उसने तुम्हें पनाह दी, अपनी मदद से तुम्हें मजबूत किया, और तुम्हें नेक चीज़ें दी ताकि तुम शायद शुक्र अदा करो।
27. हे मुमिनों! अल्लाह और उसके रसूल के साथ गद्दारी न करो, और न जानते हुए अपनी अमानतों में ख़यानत करो।
28. और जान लो कि तुम्हारा माल और तुम्हारी औलाद सिर्फ एक इम्तिहान है, और अल्लाह के पास बदला बड़ा है।
29. हे मुमिनों! अगर तुम अल्लाह से डरते हो, तो वह तुम्हें फ़रक़ान (हक और बातिल में फर्क करने की ताक़त) अता करेगा, तुम्हारे गुनाहों को माफ़ कर देगा और तुम्हें माफ़ कर देगा। और अल्लाह बड़ा फ़ज़ल करने वाला है।
30. और (हे नबी!) याद करो जब काफ़िर तुम्हें गिरफ़्तार करने, क़तल करने या तुम्हें ज़िला-वतन करने की साज़िश कर रहे थे। वे तदबीर कर रहे थे, और अल्लाह भी तदबीर कर रहा था। और अल्लाह सबसे बेहतर तदबीर करने वाला है।
31. जब भी उनके सामने हमारी आयतें पढ़ी जाती हैं, तो वे कहते हैं, 'हमने यह पहले ही सुन लिया है। अगर हम चाहें, तो हम भी ऐसी ही कोई चीज़ बना सकते हैं। यह (क़ुरआन) तो बस पुरानी कहानियाँ हैं!'
32. और (याद करो) जब वे दुआ करते थे, 'ऐ अल्लाह! अगर यह हक है और तेरी तरफ़ से है, तो हम पर आसमान से पत्थर बरसा, या हम पर दर्दनाक अज़ाब नाज़िल कर।'
33. लेकिन अल्लाह उन्हें अज़ाब नहीं देगा जब तक आप (ऐ नबी) उनके बीच में हैं। और न वह उन्हें अज़ाब देगा अगर वे माफी माँग लें।
34. और अल्लाह उन्हें क्यों अज़ाब नहीं देगा, जबकि वे लोगों को मस्जिद-ए-हराम से रोक रहे हैं, और खुद को उसके हकदार कह रहे हैं? हकदार तो सिर्फ वे हैं जो अल्लाह से डरने वाले हैं, लेकिन अकसर मुशरिकीन नहीं जानते।
35. उनकी मस्जिद-ए-हराम में इबादत सीटियों बजाने और तालीयाँ बजाने के अलावा कुछ नहीं थी। अब अपने कुफ्र का अज़ाब चखो!
36. जो लोग हक़ को मानने से इंकार कर रहे हैं, वे अपने माल अल्लाह के रास्ते से रोकने के लिए खर्च कर रहे हैं, और अभी और भी खर्च करते रहेंगे। मगर आख़िर में ये कोशिशें उनके लिए सिर्फ पछतावा बन जाएँगी। फिर वे मारे जाएँगे और काफ़िरों को जहन्नम में धकेल दिया जाएगा,
37. ताकि अल्लाह बुराइयों को नेकियों से अलग कर दे। वह बुराइयों को एक जगह जमा करेगा और फिर उन्हें जहन्नम में फेंक देगा। वही असली नुक्सान उठाने वाले हैं।

38. काफ़िरों से कह दो कि अगर वे रुक जाएं, तो उनका अतीत माफ़ कर दिया जाएगा। लेकिन अगर वे इस पर क़ायम रहें, तो उनके लिए पहले के हलाक होने वालों की मिसाल है।
39. उनसे लड़ते रहो यहाँ तक कि फितना खत्म हो जाए और दीन पूरी तरह से अल्लाह के लिए हो जाए। अगर वे रुक जाएं, तो बेशक अल्लाह उनके किरदार को देख रहा है।
40. और अगर वे न मानें, तो जान लो कि अल्लाह तुम्हारा मुहाफ़िज़ है। वह कितना बेहतर मुहाफ़िज़ है, और वह कितना बेहतर मददगार है!
41. जान लो कि जो कुछ तुम ग़नीमत में हासिल करो, उसका पाँचवाँ हिस्सा अल्लाह और उसके रसूल, क़रीबी रिश्तेदार, यतीमों, मस्कीनों और मुसाफिरों के लिए है, अगर तुम अल्लाह पर और उस चीज़ पर ईमान रखते हो जो हमने अपने बंदे पर उस फैसले के दिन (बद्र के मैदान में) नाज़िल की थी। और अल्लाह हर चीज़ पर क़ादिर है।
42. (याद करो) जब तुम वादी के क़रीबी किनारे पर थे, और तुम्हारा दुश्मन दूर के किनारे पर था, और क़ाफ़िला तुम्हारे नीचे था। अगर दोनों लड़ाइयों का मिलन होने का वक़्त तय किया गया होता, तो दोनों ही चूक जाते। लेकिन यह इस लिए हुआ ताकि अल्लाह वह काम पूरा करे जो उसने तय किया था—ताकि जो हलाक होने वाले थे, वह हलाक हो जाएं, और जो बचने वाले थे, वह बच जाएं, हक़ वाज़ेह हो जाने के बाद। बेशक अल्लाह सब कुछ सुनने वाला, जानने वाला है।
43. (ऐ नबी!) याद करो जब अल्लाह ने उन्हें तुम्हारे ख़्वाब में कम तादाद में दिखाया। अगर उसने उन्हें ज्यादा तादाद में दिखाया होता, तो तुम (मुमिन) जरूर हिम्मत हार जाते और इस मामले में झगड़ने लगते। लेकिन अल्लाह ने तुम्हें इससे बचा लिया। बेशक वह दिलों की बातों को बेहतर जानता है।
44. फिर जब तुम्हारी फ़ौजें आपस में मिलें, तो अल्लाह ने उन्हें तुम्हारी नज़रों में कम कर दिखाया, और तुमसे उनकी नज़रों में कम कर दिखाया, ताकि अल्लाह वह काम पूरा करे जो उसने तय किया था। और अल्लाह ही की तरफ़ सब मामले लौटाए जाएँगे।
45. ऐ मुमिनो! जब तुम किसी दुश्मन का सामना करो, तो मज़बूती से खड़े हो जाओ और अल्लाह को बार-बार याद करो, ताकि तुम फतह पाओ।
46. अल्लाह और उसके रसूल की आज़ीमियत करो और आपस में झगड़ा न करो, वरना तुम हिम्मत हार जाओगे और कमजोर हो जाओगे। सब्र करो! बेशक अल्लाह सब्र करने वालों के साथ है।
47. उन (मशरिकों) की तरह न हो जाओ जो घर से घमंड करके निकले ताकि लोगों को दिखा सकें और अल्लाह के रास्ते से रोक सकें। और अल्लाह उनके किरदार को पूरी तरह जानता है।
48. और (याद करो) जब शैतान ने उनके (मशरिकों के) बुरे कामों को उनके लिए खूबसूरत बना दिया और कहा, 'आज तुमसे कोई नहीं हरा सकता। मैं तुम्हारे साथ हूं।' लेकिन जब दोनों फ़ौजें आमने-सामने हुईं, तो वह पीछे हट गया और कहा, 'मुझे तुमसे कोई लेना-देना नहीं। मैं वह देख रहा हूं जो तुम नहीं देख रहे। मैं अल्लाह से डरता हूं, क्योंकि अल्लाह सख्त सज़ा देने वाला है।'

49. (याद करो) जब मुनाफ़िक और वे लोग जिनके दिलों में बीमारी थी, कहने लगे, 'ये (मुमिन) अपने दीन के धोके में हैं।' लेकिन जो अल्लाह पर भरोसा करता है, तो यकीनन अल्लाह ज़बरदस्त और हिकमत वाला है।

50. काश तुम देख सकते जब फरिश्ते काफ़िरों की रूहों को क़ब्ज़ करते हैं, उनके चेहरों और पीठों पर मारते हुए (कहते हुए), 'जलाने वाले अज़ाब का मज़ा चखो!'

51. यह तुम्हारे हाथों के अमल का बदला है। और अल्लाह अपनी मखलूक पर ज़ुल्म नहीं करता।

52. उनका अंजाम फिरऔन और उससे पहले के लोगों जैसा है—उन्होंने अल्लाह की निशानियों को झुठलाया, तो अल्लाह ने उन्हें उनके गुनाहों की वजह से पकड़ लिया। बेशक अल्लाह ताक़तवर है और सख़्त अज़ाब देने वाला है।

53. यह इसलिए है कि अल्लाह किसी क़ौम पर अपना फ़ज़ल बंद नहीं करता जब तक वह खुद अपने ईमान को बंद न कर ले। बेशक अल्लाह सब कुछ सुनने वाला, जानने वाला है।

54. फिरऔन की क़ौम और उससे पहले के लोगों का यही हाल था—उन्होंने अपने रब की निशानियों को झूठलाया, तो हमने उन्हें उनके गुनाहों के कारण हलाक कर दिया और फिरऔन की क़ौम को डुबो दिया। वे सब ज़ालिम थे।

55. बेशक अल्लाह की नज़र में सबसे बुरे वे लोग हैं जो काफ़िर पर क़ायम रहें और कभी ईमान नहीं लाए—

56. (यानि) वे लोग जिनसे तुमने (ऐ नबी!) एहद किया था, लेकिन वे हर बार उसे तोड़ देते हैं और किसी नतीजे से नहीं डरते।

57. अगर तुम उनसे जंग में मिलो, तो उनके साथ सख़्ती से पेश आओ, ताकि जो लोग उनकी पैरवी करते हैं, वे भी डर जाएं।

58. और अगर तुम (ऐ नबी!) किसी क़ौम में ख़यानत की निशानियाँ देखो, तो खुला एहद तोड़ दो। बेशक अल्लाह ख़यानत करने वालों को पसंद नहीं करता।

59. उन काफ़िरों को यह गुमान न होने दो कि वे पहुँच से बाहर हैं। वे बचकर नहीं निकल सकते।

60. उनके ख़िलाफ़ जितनी ताकत और घोड़े तैयार कर सकते हो, तैयार करो, ताकि अल्लाह के दुश्मनों और तुम्हारे दुश्मनों को रोक सको, और उन दुश्मनों को भी जो तुम्हें नहीं मालूम, लेकिन अल्लाह को मालूम हैं। तुम जो कुछ अल्लाह के रास्ते में ख़र्च करोगे, वह तुम्हें पूरा पूरा दिया जाएगा और तुम पर ज़ुल्म नहीं किया जाएगा।

61. अगर दुश्मन अमन की तरफ झुके, तो तुम भी अमन क़ुबूल कर लो। और अल्लाह पर भरोसा रखो। बेशक वह सब कुछ सुनने वाला, जानने वाला है।

62. लेकिन अगर उनका इरादा सिर्फ धोका देने का है, तो अल्लाह तुम्हारे लिए काफ़ी है। उसी ने अपनी मदद से और मोमिनों से तुम्हारी ताईद की है।

63. और मोमिनों के दिल एक-दूसरे के साथ जोड़ दिए। तुम ज़मीन की सारी दौलत भी खर्च कर डालते, तो

इन लोगों के दिलों को नहीं जोड़ सकते, मगर वह अल्लाह है जिसने इन लोगों के दिल जोड़ दिए। यकीनन वह बड़ा ज़बरदस्त और दाना है।

64. ऐ नबी! अल्लाह तुम्हारे लिए और तुम्हारे पीछे चलने वाले मोमिनों के लिए काफ़ी है।

65. ऐ नबी! मोमिनों को जंग के लिए तैयार करो। अगर तुममें से बीस सब्र करने वाले होंगे, तो वह दो सौ पर ग़ालिब आ जाएंगे। और अगर तुममें से एक सौ होंगे, तो वह एक हजार काफ़िरों पर ग़ालिब आ जाएंगे, क्योंकि वे ऐसे लोग हैं जो समझते नहीं हैं।

66. अब अल्लाह ने तुम्हारे बोझ को हल्का कर दिया है, क्योंकि वह जानता है कि तुममें कमजोरी है। अगर तुममें से एक सौ सब्र करने वाले होंगे, तो वह दो सौ पर ग़ालिब आ जाएंगे। और अगर एक हजार होंगे, तो वह दो हजार पर ग़ालिब आ जाएंगे, अल्लाह के हुक्म से। और अल्लाह सब्र करने वालों के साथ है।

67. किसी नबी के लिए यह मुनासिब नहीं है कि वह क़ैदी बनाए जब तक ज़मीन को पूरा क़ब्ज़ा न कर ले। तुम (मोमिन) दुनिया के फायदे में लगे रहे, जबकि अल्लाह का मकसद तुम्हारे लिए आख़िरत है। अल्लाह ज़बरदस्त और हिकमत वाला है।

68. अगर अल्लाह का पहले से लिखा हुआ फैसला न होता, तो तुमसे जो कुछ (फिदिया) लिया गया है, उसकी वजह से तुम्हें सख्त सजा दी जाती।

69. अब जो कुछ तुमने हासिल किया है, उसका मज़ा लो, क्योंकि वह हलाल और पाक है। और अल्लाह से डरो। बेशक अल्लाह बड़ा माफ़ करने वाला, रहम करने वाला है।

70. ऐ नबी! अपने क़ैदी में मौजूद क़ैदियों से कहो, 'अगर अल्लाह तुम्हारे दिलों में नेक काम देखेगा, तो वह तुम्हें वह चीज़ देगा जो तुमसे ली गई है, और तुम्हें माफ़ कर देगा। क्योंकि अल्लाह बड़ा माफ़ करने वाला, रहम करने वाला है।

71. लेकिन अगर उनका इरादा सिर्फ तुम्हें धोका देने का है, तो उन्होंने पहले भी अल्लाह को धोका देने की कोशिश की थी। लेकिन अल्लाह ने तुम्हें उन पर ग़ालिब कर दिया। और अल्लाह सब कुछ जानने वाला, हिकमत वाला है।

72. जो लोग ईमान लाए, हिजरत की और अपने माल और जान से अल्लाह के रास्ते में जिहाद किया, और जिन्होंने उन्हें पनाह दी और मदद की, वही यक़ीनन एक-दूसरे के दोस्त हैं। और जो लोग ईमान लाए लेकिन हिजरत नहीं की, जब तक वह हिजरत न करें, तुम्हारे लिए उनकी ज़िम्मेदारी नहीं है। लेकिन अगर वह दीन के मामले में तुमसे मदद माँगें (ज़ुल्म के ख़िलाफ़), तो तुम्हारा उनकी मदद करना फ़र्ज़ है, सिवाय उन लोगों के जो तुम्हारे साथ अहद में बंधे हुए हैं। अल्लाह तुम्हारे अमल को देख रहा है।

73. और काफ़िर तो एक-दूसरे के दोस्त हैं। और अगर तुम (मोमिन) ऐसा न करो, तो ज़मीन में बड़ा फ़ितना और फ़साद फैल जाएगा।

74. जो लोग ईमान लाए, हिजरत की और अल्लाह के रास्ते में जिहाद किया, और जिन्होंने उन्हें पनाह दी और मदद की, वही असल मोमिन हैं। उनके लिए माफी और इज्जत वाला रोज़ी है।

75. और जो लोग बाद में ईमान लाए और हिजरत की और तुम्हारे साथ जिहाद किया, वह भी तुम्हारे साथ हैं। लेकिन अब सिर्फ़ क़रीबी रिश्तेदार ही एक-दूसरे के वारिस हैं, जैसा अल्लाह ने मुकर्रर किया है। बेशक अल्लाह हर चीज़ को जानता है।

9. सूरह अत - तौबा

बिस्मिल्लाह-हिर्रहमान-निर्रहीम

1. यह अल्लाह और उसके रसूल की ओर से उन मुश्रिकों से बरी-उल-जिम्मा होने का एलान है जिनसे तुमने मुहायदा किया था।
2. तुम मुश्रिकों को ज़मीन में चार महीने तक आज़ादी से घूमने फिरने का मौका दिया जाता है, लेकिन जान लो कि तुम अल्लाह से बच नहीं सकते, और अल्लाह काफ़िरों को शर्मिंदा करेगा।
3. यह अल्लाह और उसके रसूल की ओर से सभी लोगों के लिए हज्ज-ए-अकबर के दिन ऐलान है कि अल्लाह और उसका रसूल मुश्रिकों से बरी हैं। अगर तुम तौबा कर लो तो यह तुम्हारे लिए बेहतर है, लेकिन अगर तुम मुँह फेर लो तो जान लो कि तुम अल्लाह से बच नहीं सकते। और (ए नबी) काफ़िरों को दुख भरी सज़ा की ख़ुशखबरी सुना दो।
4. मगर जो मुश्रिक तुमसे किए गए मुहायदे को पूरा निभा रहे हैं और तुम्हारे दुश्मनों की मदद नहीं कर रहे हैं, तो उनके साथ मुहायदा उसकी मियाद तक पूरा करो। बेशक अल्लाह तक़्वा रखने वालों को पसंद करता है।
5. फिर इज़्ज़त वाले महीनों के गुज़र जाने के बाद मुश्रिकों को जहाँ पाओ कत्ल करो, उन्हें पकड़ लो, उनका घेराव कर लो और उनकी ताक में हर घाटी में बैठो। हाँ, अगर वे तौबा कर लें, नमाज़ के पाबंद हो जाएं और ज़कात अदा करने लगे तो तुम उनकी राहें छोड़ दो। यकीनन अल्लाह तआला माफ़ करने वाला, मेहरबान है।
6. और अगर कोई मुश्रिक तुमसे पनाह मांगे (ए नबी), तो उसे पनाह दो ताकि वह अल्लाह का कलाम सुन सके, फिर उसे अमन की जगह तक पहुँचा दो। यह इस वजह से कि ये लोग जाहिल हैं।
7. आख़िर यह मुश्रिक अल्लाह और उसके रसूल के साथ मुहायदा कैसे रख सकते हैं? मगर जिन लोगों

से तुमने मस्जिद-ए-हराम के पास मुहायदा किया था, अगर वे तुमसे वफ़ादारी निभाएं तो तुम भी उनसे निभाओ। बेशक अल्लाह तक़्वा रखने वालों को पसंद करता है।

8. ये लोग कैसे मुहायदा निभा सकते हैं? अगर इन्हें तुम पर ग़लबा हासिल हो जाए तो ये न तो किसी रिश्तेदारी का लिहाज़ करेंगे, न किसी अहद का। ये सिर्फ़ ज़बान से तुम्हें रज़ी करते हैं, लेकिन उनके दिल तुमसे मुख़ालिफ़ हैं, और इनमें से ज़्यादा लोग नाफ़रमानी करने वाले हैं।

9. इन लोगों ने थोड़ी सी दुनियावी फ़ायदा को अल्लाह की आयतों के बदले पसंद कर लिया और लोगों को उसके रास्ते से रोका। यह इनका बहुत बुरा काम है!

10. ये मोमिनों के साथ न तो रिश्तेदारी का लिहाज़ करते हैं, न किसी मुहायदे का। ये असल में सरकश लोग हैं।

11. लेकिन अगर ये तौबा कर लें, नमाज़ क़ायम करें, और ज़कात अदा करें तो ये तुम्हारे दीनी भाई हैं। हम अपनी आयतों को समझने वालों के लिए साफ़ तौर पर बयान करते हैं।

12. और अगर ये अपने अहद तोड़ दें, तुम्हारे धर्म पर हमला करें, तो तुम क़ुफ़्र के सरबराहों से लड़ा करो, क्योंकि इनका कोई अहद नहीं है। शायद ये रुक जाएं।

13. क्या तुम उन लोगों से नहीं लड़ोगे जिन्होंने अपने अहद तोड़ दिए हैं, रसूल को शहर से निकालने की साज़िश की, और पहले तुम पर हमला किया? क्या तुम इनसे डरते हो? अल्लाह ज्यादा हक़दार है कि तुम उससे डरो, अगर तुम मोमिन हो।

14. तो उनसे लड़ो! अल्लाह तुम्हारे हाथों से इनको सजा देगा, इनको ज़लील करेगा, तुम्हारी मदद करेगा, और मोमिनों के दिल ठंडा करेगा—

15. और उनके दिलों की जलन दूर करेगा। अल्लाह जिसे चाहे माफ़ कर दे। अल्लाह सब कुछ जानने वाला, हकीम है।

16. क्या तुम ये समझते हो कि तुम यूं ही छोड़ दिए जाओगे बिना इसके कि अल्लाह देखे कि तुम में से कौन उसकी राह में जिहाद करता है, और अल्लाह, उसके रसूल, और मोमिनों के सिवा किसी को अपना रज़ा देने वाला नहीं बनाता? अल्लाह तुम्हारे सभी कामों से बख़बर है।

17. मुश्रिकों का यह हक़ नहीं कि वे अल्लाह की मस्जिदों को आबाद करें, जबकि वे खुद अपने क़ुफ़्र का इज़हार करते हैं। उनका सभी काम बेकार है, और वे हमेशा आग में रहेंगे।

18. अल्लाह की मस्जिदों को सिर्फ वे लोग आबाद करते हैं जो अल्लाह और आख़िरत के दिन पर ईमान लाते हैं, नमाज़ क़ायम करते हैं, ज़कात देते हैं, और अल्लाह के सिवा किसी से नहीं डरते। उम्मीद है कि ये हिदायत याफ्ता लोग होंगे।

19. क्या तुमने हाजीों को पानी पिला देना और मस्जिद-ए-हराम की ख़िदमत करना उसके बराबर समझ लिया है, जो अल्लाह पर और आख़िरत के दिन पर ईमान लाए और अल्लाह की राह में जिहाद किया? ये अल्लाह के नज़दीक बराबर नहीं हैं, और अल्लाह तआला ज़ालिमों को हिदायत नहीं देता।

20. जो लोग ईमान लाए, हिजरत की, और अल्लाह की राह में अपने माल और जान से जिहाद किया, वे अल्लाह के नज़दीक दरजे में सबसे अफज़ल हैं। वही असल में कामयाब हैं।
21. उनका रब उन्हें अपनी रहमत, अपनी रज़ा और ऐसी जन्नतों की बशारत देता है, जिनमें कभी न खत्म होने वाली नेमतें हैं,
22. जिनमें वे हमेशा हमेशा रहेंगे। बेशक, अल्लाह के पास बड़ा अज्र है।
23. ऐ ईमान वालो! अगर तुम्हारे माँ-बाप और भाई-बहन ईमान के बजाय कुफ़्र को पसंद करें, तो उन्हें अपने क़रीबी दोस्त न बनाओ। और जो भी ऐसा करेगा, वही असल ज़ालिम हैं।
24. (ऐ नबी) कह दो, “अगर तुम्हारे माँ-बाप, तुम्हारे बेटे-बेटियाँ, तुम्हारे भाई-बहन, तुम्हारी बीवी-बच्चे, तुम्हारे क़रीबी रिश्तेदार, वह माल जो तुमने इकट्ठा किया है, वह तिजारत जिससे तुम घाटे का ख़ौफ रखते हो, और वह घर जो तुम्हें पसंद हैं—अगर यह सब कुछ तुम्हें अल्लाह, उसके रसूल, और उसकी राह में जिहाद से ज्यादा अज़ीज़ है, तो फिर इंतजार करो जब तक अल्लाह अपना फ़ैसला न सुना दे। अल्लाह नाफरमानों को हिदायत नहीं देता।”
25. बेशक अल्लाह ने तुम्हें बहुत से मैदानों में फतह दी, और हुन्हाइन की जंग में भी, जब तुम अपनी तादाद पर फख्र कर रहे थे। मगर वह तुम्हारे किसी काम न आई, और ज़मीन अपनी वसी' होने के बावजूद तुम्हारे लिए तंग हो गई, फिर तुम पीठ मोड़ कर भाग गए।
26. फिर अल्लाह ने अपनी शान्ति अपने रसूल और मोमिनों पर नाज़िल की, और ऐसे लश्कर भेजे जो तुम देख नहीं सकते थे, और काफिरों को सख्त सज़ा दी। यह है काफिरों का अंजाम!
27. इसके बाद भी अल्लाह जिसे चाहे माफ़ कर दे। बेशक अल्लाह बड़ा बख्शने वाला, मेहरबान है।
28. ऐ ईमान वालो! मुश्रिक तो सिर्फ नापाक हैं, तो इस साल के बाद ये मस्जिद-ए-हराम के क़रीब भी न आएं। अगर तुम्हें ग़ुरबत का ख़ौफ है, तो अल्लाह चाहे तो अपनी फज़ल से तुम्हें मालो-दौलत से बे-नियाज़ कर देगा। बेशक अल्लाह सब कुछ जानने वाला, हकीम है।
29. उन लोगों से लड़ो जो न अल्लाह और आख़िरत के दिन पर ईमान लाते हैं, न जो अल्लाह और उसके रसूल के हराम किए हुए चीज़ों को हराम मानते हैं, और न सच्चे धर्म को क़बूल करते हैं—उन लोगों में से जिनको किताब दी गई थी—यहाँ तक कि वे जज़िया अदा करें और ज़लील होकर इमामत क़बूल करें।
30. यहूदी कहते हैं कि “उज़ैर अल्लाह का बेटा है” और ईसाई कहते हैं कि “मसीह अल्लाह का बेटा है।” यह सिर्फ उन लोगों की बातें हैं जो इनसे पहले कुफ़्र कर चुके हैं। अल्लाह इनको हलाक करे! ये हक से कैसे पलट रहे हैं?
31. इन लोगों ने अपने आलिमों, रहिबों और मरियम के बेटे मसीह को अल्लाह के सिवा अपना रब बना लिया, जबकि उन्हें सिर्फ एक अल्लाह की इबादत का हुक्म दिया गया था। उसके सिवा कोई माबूद नहीं! वह उन सब चीज़ों से पाक है जो ये लोग उसके साथ शरीक करते हैं।
32. ये लोग चाहते हैं कि अल्लाह के नूर को अपनी ज़ुबान से बुझा दें, लेकिन अल्लाह अपने नूर को पूरा करने

वाला है, चाहे काफ़िरों को कितना भी नापसंद हो।
33. वही है जिसने अपने रसूल को हिदायत और सच्चे दीं के साथ भेजा, ताकि उसे हर दीं पर ग़ालिब कर दे, चाहे मुशरिकों को यह कितना भी नापसंद हो।
34. ऐ ईमान वालो! यहूदी और ईसाई के बहुत से रहिब और आलिम लोग लोगों का माल नाजायज़ तरीके से खाते हैं और उन्हें अल्लाह की राह से रोकते हैं। जो लोग सोना-चाँदी जमा करते हैं और उसे अल्लाह की राह में खर्च नहीं करते, उन्हें दुख भरी सज़ा की खुशखबरी सुना दो।
35. उस दिन उनके सोने-चाँदी को जहन्नम की आग में तपाया जाएगा, फिर उससे उनके माथे, पहलू और पीठ दाग दिए जाएंगे। उनसे कहा जाएगा, "यह वही माल है जो तुमने अपने लिए जमा किया था, तो अब चख लो जो तुम जमा करते थे!"
36. बेशक, अल्लाह के नज़दीक महीनों की तादाद बारह (12) है, जो अल्लाह की लिखी हुई तक़दीर में उस दिन से मुकर्रर हैं जब उसने आसमान और ज़मीन बनाए। इन में से चार महीने मुकद्दस हैं। यही सीधा रास्ता है, तो इन महीनों में अपने ऊपर ज़ुल्म न करो। और काफ़िरों से मिलकर लड़ो, जैसे वे तुमसे मिलकर लड़ते हैं। और जान लो कि अल्लाह मुत्तक़ियों (पवित्र लोग या भगवान से डरने वाले लोग) के साथ है।
37. बेशक, हराम महीनों का इलतिवा (ताखीर करना) क़ुफ्र में इज़ाफ़ा करता है, जिससे काफ़िर और भी गुमराह होते हैं। ये लोग एक साल किसी महीने को हलाल कर लेते हैं और दूसरे साल उसी महीने को हराम कह देते हैं, ताकि अल्लाह के हराम किए हुए महीनों की गिनती पूरी कर सकें और जो अल्लाह ने हराम किया है उसे हलाल बना सकें। इनके बुरे अज़माल इन्हें अच्छे लगते हैं, मगर अल्लाह काफ़िरों को हिदायत नहीं देता।
38. ऐ ईमान वालो! तुम्हें क्या हो गया है कि जब तुमसे कहा जाता है कि अल्लाह की राह में निकल पड़ो, तो तुम ज़मीन से चिपककर रह जाते हो? क्या तुम दुनिया की ज़िन्दगी को आख़िरत से बेहतर समझते हो? दुनिया का मज़ा सिर्फ कुछ दिन का है, आख़िरत के मुक़ाबले में कुछ भी नहीं।
39. अगर तुम अल्लाह की राह में न निकलोगे, तो अल्लाह तुम्हें दर्दनाक अज़ाब देगा, और किसी और क़ौम को तुम्हारी जगह ले आएगा, और तुम अल्लाह का कुछ भी नहीं बिगाड़ सकोगे। अल्लाह हर चीज़ पर क़ुदरत रखता है।
40. अगर तुम उसकी मदद न भी करो, तो भी अल्लाह ने उसकी मदद की है, जब काफ़िरों ने उसे (मक्का से) निकाल दिया था, सिर्फ दो आदमी में से एक था। जब दोनों गुफ़ा में थे, तो उसने अपने साथी से कहा: "ग़म न कर, बेशक अल्लाह हमारे साथ है।" फिर अल्लाह ने अपनी शांति उस पर नाज़िल की, और ऐसे लश्करों से मदद की जो तुम देख नहीं सकते थे, और काफ़िरों की बात को नीचा कर दिया, और अल्लाह का कलाम ही बुलंद है। अल्लाह ज़बरदस्त है, हकीम है।
41. तुम निकलो, चाहे हल्के हो या भारी (किसी भी हालात में), और अल्लाह की राह में अपने माल और जान से जिहाद करो। यही तुम्हारे लिए बेहतर है, अगर तुम समझ सको।

42. अगर यह आसान मकसद होता और छोटा सफर होता, तो यह जरूर तुम्हारे साथ निकलते, मगर इन्हें सफर बहुत लंबा महसूस हुआ। अब यह अल्लाह की क़समें खाकर कहेंगे, "अगर हम ताकत रखते, तो जरूर तुम्हारे साथ निकलते," मगर यह झूठ बोल रहे हैं और अपनी जानों को हलाक कर रहे हैं। अल्लाह जानता है कि ये बिल्कुल झूठे हैं।

43. (ऐ नबी) अल्लाह आपको माफ करे! आपने उन्हें इजाज़त क्यों दी, जब तक यह जाहिर न हो जाता कि कौन सच्चा है और कौन झूठा?

44. जो लोग अल्लाह और आख़िरत के दिन पर ईमान रखते हैं, वो कभी आपसे इजाज़त नहीं माँगेंगे कि जिहाद से बाज़ रहें। अल्लाह उन लोगों से खूब वाकिफ़ है जो उसका खौफ रखते हैं।

45. लेकिन जो लोग अल्लाह और आख़िरत पर ईमान नहीं रखते, और जिनके दिल शक में पड़े हुए हैं, वही आपसे इजाज़त माँगते हैं। ये अपनी शक्की हालत में उलझे हुए हैं।

46. अगर इनका इरादा निकलने का होता, तो ये जरूर इसके लिए कुछ तैयारी करते। मगर अल्लाह ने इनका निकलना पसंद नहीं किया, इसलिए इन्हें पीछे रह जाने दिया गया, और कह दिया गया: "बैठ जाओ, जो बैठने वालों में हैं।"

47. अगर ये तुम्हारे साथ निकलते भी, तो सिर्फ़ फ़ितना डाल देते, और तुम्हारे बीच फसाद फैलाते। तुममें ऐसे लोग भी हैं जो इनकी बात सुनते हैं। अल्लाह ज़ालिमों से खूब वाकिफ़ है।

48. इन लोगों ने पहले भी फ़ितना डालने की कोशिश की थी, और तुम्हारे मामलों को उलझा दिया था, यहाँ तक कि हक़ आ गया और अल्लाह का फैसला जाहिर हो गया, जबकि ये लोग इसे नापसंद कर रहे थे।

49. और इनमें से कोई कहता है, "मुझे (घर पर रहने की) इजाज़त दे दो और मुझे फ़ितने में न डालो।" सुन लो! ये तो खुद फ़ितने में गिर चुके हैं, और बेशक जहन्नम काफ़िरों को घेरने वाली है।

50. अगर तुम्हें कोई भलाई मिलती है, तो ये उदास हो जाते हैं, और अगर तुम्हें कोई मुसीबत पेश आती है, तो ये कहते हैं, "हम तो पहले ही अपना इंतजाम कर चुके थे," और फिर खुशी मानते हुए रुख मोड़ लेते हैं।

51. कह दो, "हमें सिर्फ वही तकलीफ़ पहुंचेगी जो अल्लाह ने हमारे हक़ में लिख दी है। वही हमारा मुआला है। और मोमिन सिर्फ़ अल्लाह पर भरोसा करते हैं।"

52. कह दो, "तुम हमारे लिए सिर्फ दो बेहतरीन चीज़ों (शहादत या फ़तह) में से किसी एक का इंतजार कर रहे हो, मगर हम तुम्हारे लिए इस बात का इंतजार कर रहे हैं कि अल्लाह तुम्हें या तो अपने अज़ाब में मुब्तला करे, या हमारे हाथों तुम्हें सज़ा दे। तो इंतजार करो, हम भी तुम्हारे साथ इंतजार कर रहे हैं।"

53. कह दो, "चाहे तुम खुशी से खर्च करो या मजबूरी में, तुमसे कुछ भी क़बूल नहीं किया जाएगा, क्योंकि तुम नाफरमानी करने वाले लोग हो।"

54. और इनके खर्चे क़बूल होने से सिर्फ़ यही चीज़ रोकती है कि इन्होंने अल्लाह और उसके रसूल का इंकार किया है, और नमाज़ के लिए आते हैं तो आलस्य के साथ, और सिर्फ़ बेज़दी से खर्च करते हैं।

55. तो उनका माल और उनकी औलाद तुम्हें हैरान न करें। अल्लाह तो इन्हीं चीज़ों के ज़रिए दुनिया की

ज़िंदगी में इन्हें अज़ाब देना चाहता है, और ये इस हालत में मरेंगे कि ये काफ़िर होंगे।
56. ये लोग अल्लाह की क़समें खाते हैं कि ये तुम में से हैं, मगर ये तुम में से नहीं हैं। ये तो सिर्फ़ डरने वाले लोग हैं।
57. अगर ये कोई पनाह की जगह, या कोई गुफा, या कोई छुपने की जगह पा लें, तो वहाँ भागकर चले जाएंगे, बिल्कुल बेईमानी तरीके से।
58. और इनमें से कुछ लोग ऐसे हैं जो (मुसीबत के वक्त में) सदकात की तक़सीम पर तुम पर एतिराज़ करते हैं। अगर उन्हें दिया जाए, तो ये राज़ी हो जाते हैं, लेकिन अगर उन्हें न दिया जाए, तो ये तुरंत नाराज़ हो जाते हैं।
59. काश ये लोग उस चीज़ पर राज़ी हो जाते जो अल्लाह और उसके रसूल ने उन्हें दी है, और कहते, "हमारा भरोसा अल्लाह पर है; वह हमें अपनी फ़ज़ल से देगा, और उसका रसूल भी, हम सिर्फ़ अल्लाह की रज़ा के तलबगार हैं," तो ये उनके लिए बेहतर होता।
60. ज़कात सिर्फ़ गरीबों, मोहताजों, उसके काम पर मुकर्रर लोगों, नए मुसलमान होने वालों के दिल जीतने, गुलामों की रिहाई, क़र्ज़दारों, अल्लाह की राह में, और मुसाफ़िर के लिए है। यह अल्लाह का एक हुक्म है, और अल्लाह सब कुछ जानने वाला, हिकमत वाला है।
61. इनमें से कुछ लोग नबी ﷺ का मजाक उड़ाते हैं और कहते हैं, "वो सिर्फ़ एक कान (बात सुनने वाले) हैं।" कह दो, "(हाँ) वह तुम्हारे लिए भलाई का कान हैं, जो अल्लाह पर और मोमिनों पर ईमान रखते हैं, और तुम में से ईमान वालों के लिए रहमत हैं।" और जो लोग अल्लाह के रसूल को तकलीफ देते हैं, उनके लिए दर्दनाक अज़ाब है।
62. ये तुम्हें रज़ी करने के लिए अल्लाह की क़समें खाते हैं, मगर अल्लाह और उसका रसूल ज़्यादा हक़दार हैं कि ये उन्हें रज़ी करें, अगर ये सच्चे मोमिन हैं।
63. क्या ये लोग नहीं जानते कि जो अल्लाह और उसके रसूल की मुखालफत करेगा, उसके लिए जहन्नम की आग है, जिसमें वह हमेशा रहेगा? यही सबसे बड़ा ज़लील करने वाला अज़ाब है।
64. मुनाफ़िक़ इस बात से डरते हैं कि कहीं इनके बारे में कोई सूरत न नाज़िल हो जाए जो इनके दिल के राज़ खोल दे। कह दो, "मज़ाक उड़ाओ! अल्लाह वह सब कुछ ज़ाहिर कर देगा जिससे तुम डरते हो।"
65. अगर तुम इनसे पूछो, तो ये जरूर कहेंगे, "हम तो सिर्फ बातें कर रहे थे और मजाक कर रहे थे।" कह दो, "क्या तुम अल्लाह, उसकी आयतों और उसके रसूल का मजाक उड़ा रहे थे?"
66. कोई बहाना मत बनाओ, तुम ईमान लाने के बाद कुफ्र कर चुके हो। अगर हम तुममें से एक गिरोह को माफ़ भी कर दें, तो दूसरे गिरोह को हम अज़ाब ज़रूर देंगे, क्योंकि वे मुज्रिम थे।
67. मुनाफ़िक़ मर्द और मुनाफ़िक़ औरतें एक दूसरे के हम-मिजाज हैं। ये बुराई का हुक्म देते हैं और भलाई से रोकते हैं, और अपने हाथ (खर्च करने से) बंद कर लेते हैं। ये अल्लाह को भूल गए हैं, तो अल्लाह ने भी इन्हें भुला दिया है। बेशक, यही लोग नाफरमानी करने वाले हैं।

68. अल्लाह ने मुनाफ़िक़ मर्दों, मुनाफ़िक़ औरतों और काफ़िरों से जहन्नम की आग का वादा किया है, जिसमें वे हमेशा रहेंगे। वही उनके लिए काफ़ी है। अल्लाह ने उनपर लानत की है, और उनके लिए दाईमी (स्थायी) अज़ाब है।

69. तुम उन लोगों की तरह हो जो तुमसे पहले थे—जो ताकत में तुमसे ज़्यादा मज़बूत और माल और औलाद में ज़्यादा थे। उन्होंने अपनी दुनिया का मज़ा लिया, जैसे तुम अपनी दुनिया का मज़ा ले रहे हो, और तुमने वही गलतियाँ की हैं जो उन्होंने की थीं। यही लोग हैं जिनके आमाल दुनिया और आख़िरत में बरबाद हो गए, और वही असल घाटे में हैं।

70. क्या इन्हें उन लोगों की खबरें नहीं मिलीं जो इनसे पहले गुजर चुके हैं—नूह की क़ौम, आद, समूद, इब्राहीम की क़ौम, मदियन के लोग और उल्टा कर दी गई बस्तियाँ? उनके पास उनके रसूल रोशन दलीलें लेकर आए थे। अल्लाह ने उनपर ज़ुल्म नहीं किया, बल्कि वे खुद अपने ऊपर ज़ुल्म कर रहे थे।

71. मोमिन मर्द और मोमिन औरतें एक-दूसरे के मददगार हैं। ये भलाई का हुक्म देते हैं और बुराई से रोकते हैं, नमाज़ क़ायम करते हैं, ज़कात देते हैं और अल्लाह और उसके रसूल की इताअत करते हैं। ये वही लोग हैं जिन पर अल्लाह अपनी रहमत नाज़िल करेगा। बेशक, अल्लाह ज़बरदस्त है, हकीम है।

72. अल्लाह ने मोमिन मर्दों और मोमिन औरतों से वादा किया है कि उनके लिए ऐसे बग़ी होंगे जिनके नीचे नहरें बहती हैं, जिनमें वे हमेशा रहेंगे। और उनके लिए बेहतरीन मकान हैं, जन्नत के हमेशा रहने वाले बग़ीचों में। लेकिन सबसे बड़ी चीज़ अल्लाह की रज़ा (ख़ुशी) है। यही सबसे बड़ी कामयाबी है।

73. ऐ नबी! काफ़िरों और मुनाफ़िक़ों से जंग करो और उन पर सख़्ती बरत। उनका ठिकाना जहन्नम है, और वह बहुत ही बुरा ठिकाना है।

74. ये लोग अल्लाह की क़समें खा कर कहते हैं कि उन्होंने (नबी के खिलाफ) कुछ नहीं कहा, जबकि उन्होंने क़ुफ़्र का लफ़्ज़ अदा किया और इस्लाम क़बूल करने के बाद क़ुफ़्र इख़्तियार किया। इन्होंने ऐसे मंसूबे बनाए जो कभी पूरे नहीं हो सकते थे। इनका सिर्फ़ इतना कसूर था कि अल्लाह और उसके रसूल ने अपने फ़ज़्ल से इन्हें बे-नियाज़ कर दिया था। अगर ये तौबा कर लें, तो उनके लिए बेहतर है, और अगर मुँह मोड़ लें, तो अल्लाह उन्हें दुनिया और आख़िरत में दर्दनाक अज़ाब देगा, और ज़मीन पर कोई उनका मददगार और हामि नहीं होगा।

75. इनमें से कुछ लोग ऐसे हैं जो अल्लाह से वादा करते हैं कि अगर अल्लाह उन्हें अपने फ़ज़्ल से नवाज़े, तो ये ज़रूर सदका देंगे और नेक लोगों में शामिल होंगे।

76. मगर जब अल्लाह ने अपनी बख़्शीश से उन्हें नवाज़ा, तो ये बख़ल (कंजूसी) करने लगे और मुँह मोड़ कर चले गए।

77. इस वजह से अल्लाह ने उनके दिलों में क़ियामत तक के लिए नफ़ाक़ (मुनाफ़िक़त) डाल दिया, क्योंकि इन्होंने अल्लाह से किया वादा तोड़ा और बार-बार झूठ बोलते रहे।

78. क्या ये नहीं जानते कि अल्लाह उनके दिल के राज़ और उनके छुपे हुए मशवरे से भली-भांति वाकिफ़

है? और अल्लाह तो हर छुपी हुई बात जानता है।

79. ये लोग उन ईमान वालों का मज़ाक उड़ाते हैं जो अपने माल से अल्लाह की राह में खर्च करते हैं, और उन गरीबों का भी मज़ाक बनाते हैं जो सिर्फ़ अपनी मेहनत और पसीना ही दे सकते हैं। अल्लाह इनका मज़ाक उड़ाएगा, और उनके लिए दर्दनाक अज़ाब है।

80. उनके लिए माफ़ी की दुआ करो, या ना करो। अगर आप उनके लिए सत्तर बार भी माफ़ी की दुआ करें, तो अल्लाह उन्हें कभी माफ़ नहीं करेगा। इसका सबब यह है कि इन्होंने अल्लाह और उसके रसूल पर कुफ़्र किया, और अल्लाह उन लोगों को हिदायत नहीं देता जो उलझन और नफ़रत के साथ बात करते हैं।

81. जो लोग पीछे रह गए, उन्होंने अल्लाह के रसूल के जाने के बाद अपने घर पर रहकर खुशी मनाई और अपने माल और अपनी जान के साथ अल्लाह की राह में कोशिश करने को नफ़रत की। और कहा, "गर्मी में न निकलो।" आप कह दीजिए, "जहन्नम की आग ज़्यादा गर्म है," अगर ये समझ सकें।

82. तो उन्हें थोड़ी देर हंसने दो और फिर बहुत ज़्यादा रोने देना चाहिए, उनके जो काम उन्होंने किए हैं, उसका बदला।

83. अगर अल्लाह आपको उन में से किसी फ़ौज से वापस भेजे और फिर वो आपसे जंग में शामिल होने की दुआ करें, तो आप कह दीजिए, "आप कभी भी मेरे साथ नहीं निकल सकते और आप कभी भी दुश्मन से जंग नहीं करेंगे। आप पहली बार भी घर पर रहकर खुश हो गए थे, तो अब उन लोगों के साथ बैठ जाइए जो पीछे रह गए।"

84. और उनमें से जो कोई भी मर जाए, उसके लिए आप कभी दुआ न करें और न उसकी क़ब्र पर खड़े हों। उन्होंने अल्लाह और उसके रसूल पर कुफ़्र किया और जब वो काफ़िर था, तब उनकी जान निकल गई।

85. उनका माल और उनके बच्चों को आप पर हवास न हो। अल्लाह तो चाहता है कि उनको इस दुनिया में उनके माल और बच्चों से अज़ाब दे, और उनकी रूह उनके कुफ़्र के साथ इस दुनिया से चली जाए।

86. और जब एक सूरह नाज़िल हुई जो उन्हें अल्लाह पर इमान लाने और उसके रसूल के साथ जंग करने का हुक्म देती थी, तो उनमें से अमीर लोगों ने आपसे इजाज़त मांगी कि "हमें उन लोगों के साथ बैठने दो जो घर पर रहते हैं।"

87. उन्होंने घर पर रहने वाले लोगों के साथ रहने में खुशी महसूस की, और उनके दिल बंद कर दिए गए, इसलिए उन्हें समझ में नहीं आता।

88. मगर रसूल और जो लोग उसके साथ इमान लाए, उन्होंने अपने माल और अपनी जान से जंग की। उन्हीं के लिए अच्छा है, और वही कामयाब लोग हैं।

89. अल्लाह ने उनके लिए ऐसे बाग़ तैयार किए हैं जिनके नीचे नहरें बह रही होंगी, जहाँ वे हमेशा रहेंगे। यह है बड़ी कामयाबी।

90. और देहातियों में से जो बहाने बनाते थे, उन्हें इजाज़त दी गई (पीछे रहने की), और वो लोग जो अल्लाह और उसके रसूल से झूठ बोले, वो घर बैठ गए। उनमें से जो काफ़िर हैं, उन्हें एक दर्दनाक सज़ा होगी।

91. कमजोर, बीमार, या वो लोग जो खर्च करने को कुछ नहीं पाते, उन पर कोई इल्ज़ाम नहीं, जब तक वे अल्लाह और उसके रसूल के सच्चे हों। अच्छे काम करने वालों पर कोई इल्ज़ाम नहीं। और अल्लाह क्षमाशील, मेहरबान है।
92. और उन पर भी कोई इल्ज़ाम नहीं, जो तुम्हारे पास आए ताकि तुम उन्हें सवारी का इंतजाम करो, और तुमने कहा, "मुझे तुम्हारे लिए सवारी नहीं मिल रही।" तो वे रुकसत हो गए, और उनकी आँखों से आँसू बह रहे थे, इस ग़म में कि वे खर्च करने को कुछ नहीं पा रहे थे।
93. इल्ज़ाम है सिर्फ उन पर जो तुमसे इजाज़त मांगते हैं, हालाँकि वे अमीर हैं। वे पीछे रह जाने वालों के साथ खुश हैं, और अल्लाह ने उनके दिलों पर मुहर लगा दी है, इसलिए वे समझते नहीं।
94. जब तुम उनके पास लौटोगे तो वे तुमसे बहाने बनाएंगे। कह दो, "बहाने मत बनाओ, हम तुम पर कभी इमान नहीं लाएंगे। अल्लाह ने तुम्हारे हाल से हमें आगाह कर दिया है। और अल्लाह और उसका रसूल तुम्हारे कर्म देखेंगे, फिर तुम्हें ग़ैब और ज़ाहिर जानने वाले की तरफ़ लौटाया जाएगा, और वह तुम्हें तुम्हारे कर्मों से आगाह करेगा।"
95. जब तुम उनके पास लौटोगे तो वे अल्लाह की क़समें खाएंगे कि तुम उन्हें छोड़ दो। तो उन्हें छोड़ दो, यक़ीनन वे बदमाश हैं, और उनका ठिकाना जहन्नम है, उनके कर्मों का बदला।
96. वे तुमसे क़समें खाते हैं ताकि तुम उनसे राज़ी हो जाओ। अगर तुम उनसे राज़ी भी हो जाओ, तो अल्लाह नाफ़रमानी करने वालों से नाराज़ है।
97. देहाती लोग कुफ्र और निफ़ाक़ में सबसे ज्यादा सख्त हैं, और अल्लाह ने अपने रसूल पर जो हुदूद (हुक्म) नाज़िल किए हैं, उन्हें न जानने के ज़्यादा क़रीब हैं। और अल्लाह जानने वाला, हिकमत वाला है।
98. और देहातियों में से कुछ वे हैं जो जो खर्च करते हैं उसे नुक़सान समझते हैं, और तुम्हारे लिए बदक़िस्मती का इंतजार करते हैं। उन पर बुराई का अज़ाब है। और अल्लाह सुनने वाला, जानने वाला है।
99. और देहातियों में से कुछ वे हैं जो अल्लाह और आख़िरत पर इमान रखते हैं, और जो खर्च करते हैं उसे क़ुर्बत का ज़रिया समझते हैं और रसूल की दुआओं का। बेशक यह उनके लिए क़ुर्बत का ज़रिया है। अल्लाह उन्हें अपनी रहमत में दाखिल करेगा। बेशक अल्लाह क्षमाशील, मेहरबान है।
100. और जो सबसे पहले इमान लाने वाले मुहाजिर और अंसार हैं, और जो उनके बाद अच्छी नीयत के साथ उनका पीछा करते हैं – अल्लाह उनसे राज़ी है और वे अल्लाह से राज़ी हैं। अल्लाह ने उनके लिए ऐसे बाग़ तैयार किए हैं, जिनके नीचे दरिया बहते हैं, जहाँ वे हमेशा के लिए रहेंगे। यह है वह बड़ा कमाई।
101. और आपके आस-पास जो बदुआती लोग हैं, उनमें भी मुनाफ़िक़ हैं, और मदीनावालों में भी। उन्होंने मुनाफ़कत को अपना लिया है। आप, ओ मुहम्मद, उन्हें नहीं जानते, लेकिन हम उन्हें जानते हैं। हम उन्हें दो बार सजा देंगे, फिर वे बड़े अज़ाब की तरफ़ भेजे जाएंगे।
102. और उनमें से कुछ लोग अपनी गुनाहों का इत्तेलाफ़ करते हैं। उन्होंने अच्छे कामों को बुरे कामों के साथ मिला दिया है। शायद अल्लाह उन्हें अपनी माफ़ी में दाखिल कर ले। अल्लाह तो बख्शने वाला और मेहरबान

है।

103. उनसे उनके माल में से एक ज़कात लो, जिससे आप उन्हें पाक करेंगे और उनका माल बढ़ाएंगे, और उन पर अल्लाह की रहमत की दुआ करें। आपकी दुआ उनके लिए तसल्ली है। और अल्लाह सुनने वाला और जानने वाला है।

104. क्या उन्हें नहीं पता कि अल्लाह अपने बंदों की तौबा क़ुबूल करता है और ज़कात को भी क़ुबूल करता है? और अल्लाह ही तौबा क़ुबूल करने वाला, मेहरबान है।

105. और कह दो, "जो चाहो कर लो, अल्लाह तुम्हारे कर्म देख रहा है, और उसका रसूल और मुमिन भी। फिर तुम्हें उन चीज़ों की तरफ़ वापस भेजा जाएगा जो छुपी हुई और ज़ाहिर हैं, और वह तुम्हें बता देगा जो तुम करते थे।"

106. और कुछ और लोग हैं जो अल्लाह के हुक्म का इंतज़ार कर रहे हैं, चाहे वह उन्हें सज़ा दे, या फिर उन्हें माफ़ कर दे। और अल्लाह सब कुछ जानने वाला और हिकमत वाला है।

107. और उन लोगों के लिए जो अपनी मस्जिद को नुक़सान, कुफ़्र, और मुमिनों के बीच फसाद डालने के लिए बनाते हैं, और जो पहले अल्लाह और उसके रसूल के ख़िलाफ़ जंग करते थे। वे ज़रूर क़समें खाएंगे, "हम सिर्फ़ अच्छी नीयत रखते थे।" लेकिन अल्लाह गवाही देता है कि वे सच में झूठ बोल रहे हैं।

108. आप कभी भी उस मस्जिद में नमाज़ के लिए खड़े न हों। वह मस्जिद जो पहले दिन से तकवा और अल्लाह के लिए इमान पर बनी हो, वह आपके लिए बेहतर है। उसमें ऐसे लोग हैं जो अपने आप को पाक करते हैं, और अल्लाह उन लोगों से मोहब्बत करता है जो अपने आप को पाक करते हैं।

109. क्या वह जो अपनी इमारत की बुनियाद तकवा पर रखे, अल्लाह के ख़ौफ़ से और उसकी रज़ा चाहते हुए, बेहतर है, या वह जो अपनी इमारत की बुनियाद एक किनारे पर रखे, जो गिरने वाली थी, और फिर वह गिर गया और जहन्नम की आग में डूब गया? और अल्लाह ज़ालिमों को हिदायत नहीं देता।

110. उनका जो इमारत उन्होंने बनाई थी, वह उनके दिल में शक और संदेह का कारण बनेगी जब तक उनके दिल बंद न हो जाएं। और अल्लाह हर चीज़ को जानने वाला और हिकमत वाला है।

111. हक़ीक़त यह है कि अल्लाह ने मोमिनों से उनकी जान और माल को ख़रीद लिया है, इसके बदले में उन्हें जन्नत मिलेगी। वे अल्लाह के रास्ते में जंग करते हैं, इसलिए वे मारे जाते हैं और मारते हैं। यह एक सच्चा वादा है जो अल्लाह ने अपनी तौरेत, इंजील और क़ुरआन में किया है। और अल्लाह से ज़्यादा अपने अहद को पूरा करने वाला कौन हो सकता है? तो इस सौदे पर खुशी मनाओ जो तुमने अल्लाह से किया है। और यही है वह बड़ी कामयाबी।

112. यह वे मोमिन हैं जो तौबा करते हैं, इबादत करते हैं, अल्लाह की तसबीह करते हैं, उसके रास्ते में सफ़र करते हैं, रुकू और सजदा करते हैं, जो अच्छे कामों का हुक्म देते हैं और बुरे कामों से रोकते हैं, और जो अल्लाह के हुक्म को मानते हैं। और मोमिनों को खुशख़बरी दे दो।

113. नबी और उन लोगों को जो ईमान लाए हैं, यह हक़ नहीं है कि वे मुशरिकों के लिए मग़फिरत की दुआ

करें, चाहे वे उनके रिश्तेदार हों, जब तक कि यह साफ़ न हो जाए कि वे जहन्नुमी हैं।

114. इब्राहीम (अ.स.) का अपने बाप के लिए मग़फिरत की दुआ करना बस इसलिए था कि उन्होंने अपने बाप से वादा किया था। लेकिन जब उन्हें यह साफ़ हो गया कि उनका बाप अल्लाह का दुश्मन है, तो उन्होंने अपने बाप से ताल्लुक़ तोड़ लिया। हक़ीक़त में इब्राहीम (अ.स.) बड़े रहम दिल और सब्र वाले थे।

115. और अल्लाह किसी क़ौम को उनके बाद गुमराह नहीं करता जब तक कि उन्हें वह चीज़ साफ़ न कर दे जिससे उन्हें बचना चाहिए। अल्लाह हर चीज़ को जानने वाला है।

116. हक़ीक़त यह है कि अल्लाह के लिए आसमानों और ज़मीन की बादशाहत है; वह जान देता है और मौत देता है। और तुम्हें अल्लाह के सिवा कोई भी मददगार या दोस्त नहीं मिल सकता।

117. अल्लाह ने नबी (स.अ.व.) और मुहाजिरों और अन्सार को जो उसकी मदद में मुश्किल वक़्त में उसका साथ देने वाले थे, माफ़ कर दिया है, जबकि उनमें से एक गिरोह का दिल शक में आ गया था, और फिर अल्लाह ने उन्हें माफ़ कर दिया। हक़ीक़त में, अल्लाह उनके लिए बड़ा मेहरबान और रहम करने वाला था।

118. और अल्लाह ने उन तीन लोगों को भी माफ़ किया जो अकेला छोड़ दिए गए थे, ताकि उनकी ज़िन्दगी की मुसीबत और उस पूरी ज़मीन की वसीअत के बावजूद, उनका दिल उन्हें कश्ती करता रहा, और उन्हें यकीन हो गया कि अल्लाह के सिवा कोई भी पनाह नहीं मिल सकती। फिर अल्लाह ने उनकी तरफ़ रुख किया ताकि वे अपनी तौबा करें। हक़ीक़त में अल्लाह तौबा क़ुबूल करने वाला और रहम करने वाला है।

119. ऐ लोग जो ईमान लाए हो, अल्लाह से डरो और उन लोगों के साथ रहो जो सच्चे हैं।

120. मदीना वालों और उनके आस-पास के बदवी लोगों को यह हक़ नहीं था कि वे अल्लाह के रसूल के साथ सफ़र करते वक्त उनसे पीछे रहते, या अपनी अहमियत को उनसे ज़्यादा मानते। इस कारण कि उन्हें अल्लाह के रास्ते में न कोई प्यास, न कोई थकान, न कोई भूख उठानी पड़ती थी, न उन्हें किसी ऐसे रास्ते पर चलना पड़ता था जो काफ़िरों को गुस्सा दिलाए, और न उन्हें अपने दुश्मन से कोई चोट लगती थी, मगर वह उनके लिए एक नेक काम के तरीके से लिखा जाता था। हक़ीक़त यह है कि अल्लाह नेक काम करने वालों का इनाम कभी ज़ाया नहीं करता।

121. और न वे कोई भी छोटी या बड़ी ख़र्च करते हैं, न कोई वादी पार करते हैं, मगर वह उसके लिए लिखा जाता है, ताकि अल्लाह उन्हें उनके किए हुए सबसे बेहतरीन कामों का इनाम दे।

122. और मुमिनों के लिए यह जरूरी नहीं कि सब लोग एक साथ जंग पर निकलें। उनमें से हर एक डिवीजन में से एक समूह ऐसा होना चाहिए जो दीन को समझने के लिए रुकें और अपने लोगों को उनके वापस आने पर नसीहत दें, ताकि वे खुद को बचा सकें।

123. ऐ लोग जो ईमान लाए हो, अपने आस-पास के काफिरों से लड़ा करें और उनमें कड़ी मेहनत करें। और जान लो कि अल्लाह उन लोगों के साथ है जो नेक काम करते हैं।

124. और जब भी कोई नई सूरह नाज़िल होती है, तो उनमें से कुछ लोग कहते हैं, “इस सूरह ने तुममें से किसकी ईमान को बढ़ाया?” जो लोग ईमान लाए हैं, उनका ईमान उससे बढ़ गया है, और वे ख़ुशी से अपने

ईमान में बढ़ावा देखते हैं।

125. लेकिन जिन लोगों के दिलों में बीमारी (शक और संदेह) है, यह उनके शक में और इज़ाफा करेगा, और वे कुफ्र की हालत में मर जाएंगे।

126. क्या वे लोग नहीं देखते कि उन्हें हर साल एक या दो बार इम्तिहान में डाला जाता है, लेकिन फिर भी वे न तो तौबा करते हैं, न याद रखते हैं?

127. जब भी कोई सूरह नाज़िल होती है, तो वे एक-दूसरे की तरफ देखते हैं (और कहते हैं), "क्या तुमने किसी को देखा है?" फिर वे पलट जाते हैं। अल्लाह ने उनके दिलों को (नूर से) मोड़ दिया है, क्योंकि वे ऐसे लोग हैं जो समझते ही नहीं।

128. तुम्हारे पास तुममें से एक रसूल आया है। तुम्हारे दुखों को वह बहुत बुरा समझता है; वह तुम्हारे रास्ते की फिक्र करता है और मुमिनों के लिए वह मेहरबान और रहम करने वाला है।

129. अगर वे मुंह फेर लें, तो कह दो: "अल्लाह मेरे लिए काफी है, उसके सिवा कोई माबूद नहीं, मैंने उसी पर भरोसा किया है, वही बड़ा अजीम अर्श का मालिक है।"

10. सूरह यूनुस

बिस्मिल्लाह-हिर्रहमान-निर्रहीम

1. अलिफ़, लाम, रा। यह वह आयतें हैं जो एक हिकमत वाली किताब से हैं।
2. क्या लोग हैरान हैं कि हमने उन्हीं में से एक शख़्स (नबी) को वही भेजी, (यह हुक्म देते हुए) कि लोगों को डराओ और ईमान लाने वालों को खुशख़बरी दो कि उनके लिए उनके रब के पास इज्ज़त का दर्ज़ा है? लेकिन काफ़िर कहते हैं, "यह तो साफ़ जादूगर है।"
3. बेशक तुम्हारा रब वही अल्लाह है, जिसने आसमानों और ज़मीन को छह दिनों में पैदा किया, फिर अर्श पर क़ायम हुआ, और हर चीज़ को ठीक तरह से तदबीर करता है। उसकी इजाज़त के बिना कोई शिफ़ा देने वाला नहीं। यही है अल्लाह, तुम्हारा रब, बस उसी की इबादत करो। क्या तुम नसीहत नहीं पाओगे?
4. सबका लौटना उसी की तरफ़ है। यह अल्लाह का वादा है, जो बिल्कुल सच्चा है। वही पैदा करता है, फिर दोबारा पैदा करेगा, ताकि ईमान लाने वालों और अच्छे काम करने वालों को इंसाफ़ के साथ बदला दे। और जिन्होंने कुफ़्र किया, उनके लिए खौलता हुआ पानी और दर्दनाक अज़ाब है, उनके झूठ बोलने की वजह से।
5. वही है जिसने सूरज को चमकता हुआ नूर और चाँद को रौशनी बनाया, और उसके लिए मंज़िलें मुक़र्रर कीं ताकि तुम सालों का हिसाब और वक़्त का अंदाज़ा लगा सको। अल्लाह ने यह सब हक़ के साथ पैदा किया है। वह अपनी निशानियाँ उन लोगों के लिए तफ़सील से बयान करता है जो इल्म रखते हैं।
6. बेशक रात और दिन का बदलना और जो कुछ अल्लाह ने आसमानों और ज़मीन में पैदा किया है, यह सब निशानियाँ हैं उन लोगों के लिए जो अल्लाह से डरते हैं।
7. बेशक जो लोग हमारी मुलाक़ात का इंतज़ार नहीं करते और दुनिया की ज़िंदगी से खुश होकर उसमें महफ़ूज़ महसूस करते हैं, और जो हमारी आयतों से ग़ाफ़िल हैं,
8. उनका ठिकाना दोज़ख़ है, उनके अमल की वजह से।
9. लेकिन जो लोग ईमान लाए और अच्छे काम किए, उन्हें उनका रब उनके ईमान की वजह से राह दिखाएगा। उनके नीचे जन्नत की नहरें बह रही होंगी, खुशियों के बाग़ों में।
10. वहाँ उनकी पुकार होगी, "अल्लाह, तू पाक है," और उनका सलाम होगा, "सलामती हो।" और उनकी आख़िरी पुकार होगी, "तमाम तारीफ़ों के लायक़ अल्लाह है, जो सारे जहाँ का रब है।"

11. और अगर अल्लाह लोगों को बुराई जल्दी पहुँचा देता, जैसा कि वह उन्हें भलाई जल्दी पहुँचाता है, तो उनकी मोहलत ख़त्म हो चुकी होती। लेकिन हम उन लोगों को जो हमारी मुलाक़ात का इंतज़ार नहीं करते, उनकी सरकशी में अंधा-धुंध छोड़ देते हैं।
12. और जब इंसान को कोई तकलीफ़ पहुँचती है, तो वह हमें पुकारता है, चाहे वह लेटा हुआ हो, बैठा हुआ हो, या खड़ा हुआ हो। लेकिन जब हम उसकी तकलीफ़ दूर कर देते हैं, तो वह ऐसे चल देता है जैसे उसने कभी हमें पुकारा ही नहीं, उस तकलीफ़ के लिए जो उसे पहुँच चुकी थी। इस तरह मुजरिमों के लिए उनके अमल को ख़ूबसूरत बना दिया जाता है।
13. और हमने तुमसे पहले कितनी ही क़ौमों को हलाक कर दिया, जब उन्होंने ज़ुल्म किया, और उनके पास उनके रसूल साफ़ दलील लेकर आए, लेकिन वे ईमान लाने वाले नहीं थे। इस तरह हम मुजरिम क़ौम को बदला देते हैं।
14. फिर हमने उनके बाद तुम्हें ज़मीन में उनका जानशीन बना दिया, ताकि हम देखें कि तुम कैसा काम करते हो।
15. और जब उनके सामने हमारी आयतें साफ़ तौर पर पढ़ी जाती हैं, तो जो लोग हमारी मुलाक़ात का इंतजार नहीं करते, कहते हैं, "इस कुरान के सिवा कोई और कुरान ले आओ या इसे बदल दो।" कह दो, "मेरे लिए यह मुमकिन नहीं है कि मैं खुद ही इसे बदल दूँ। मैं तो सिर्फ वही करता हूँ जो मुझ पर वाही की गई है। अगर मैं अपने रब की नाफरमानी करूँ तो मुझे एक बड़े दिन के अज़ाब का खौफ़ है।"
16. कह दो, "अगर अल्लाह चाहता तो मैं तुम्हें यह कुरान न सुनाता और न ही इसे तुम्हें बताता, क्योंकि मैं इससे पहले तुम्हारे बीच पूरी उम्र गुज़ार चुका हूँ। क्या तुम समझते नहीं हो?"
17. फिर उससे ज़्यादा ज़ालिम कौन होगा जो अल्लाह पर झूठ बनाए या उसकी आयतों को झुटलाए? बेशक अपराधी लोग कामयाब नहीं होते।
18. और वे अल्लाह के सिवा ऐसी चीज़ों की इबादत करते हैं जो न उन्हें नुक़सान पहुँचा सकती हैं और न फायदा, और कहते हैं, "यह हमारे शफी' हैं अल्लाह के पास।" कह दो, "क्या तुम अल्लाह को उस चीज़ की ख़बर देते हो जो वह आसमानों और ज़मीन में नहीं जानता? वह पाक है और उनकी शरीक ठहराई हुई चीज़ों से बहुत ऊँचा है।"
19. और इंसान सिर्फ एक ही उम्मत था, फिर उन्होंने इख़्तिलाफ़ कर लिया। और अगर तुम्हारे रब का एक फैसला पहले से न हो चुका होता, तो उनके दरमियान जिस चीज़ में इख़्तिलाफ़ था, उसका फैसला कर दिया जाता।
20. और वे कहते हैं, "उस पर उसके रब की तरफ से कोई निशानी क्यों नहीं उतारी गई?" कह दो, "ग़ैब का इल्म तो सिर्फ अल्लाह के पास है, बस तुम इंतजार करो, मैं भी तुम्हारे साथ इंतजार करने वालों में से हूँ।"
21. और जब हम लोगों को तकलीफ के बाद रहमत का मज़ा देते हैं, तो वह तुरंत हमारी आयत के खिलाफ साजिश करने लगते हैं। कह दो, "अल्लाह की तदबीर सबसे तेज़ है। बेशक हमारे फरिश्ते जो कुछ तुम

साजिश करते हो, उसे लिख रहे हैं।"

22. वही है जो तुम्हें ज़मीन और समंदर में सफर कराता है, यहाँ तक कि जब तुम किश्तियों में सवार होते हो और वह उन्हें ले कर चल पड़ती हैं, खुशगवार हवा के साथ, और लोग उसमें खुश होते हैं, फिर तेज़ हवा आ जाती है और हर तरफ से लहरें उन पर घेर लेती हैं और वह समझने लगते हैं कि वह घेर लिए गए हैं (यानि तबाह होने वाले हैं), और वह अल्लाह को पुकारते हैं, उसके लिए दीन में खालिस होकर, "अगर तू हमें इस से बचा लेगा तो हम शुकरगुजार बन जाएंगे।"

23. लेकिन जब वह उन्हें बचा लेता है, तो वह ज़मीन पर न-हक़ सरकशी करने लगते हैं। ऐ इंसान, तुम्हारा ज़ुल्म सिर्फ तुम्हारे अपने खिलाफ है, दुनिया की ज़िन्दगी का थोड़ा सा मज़ा लेने के लिए। फिर तुम सब हमारी तरफ लौटोगे और हम तुम्हें बता देंगे जो कुछ तुम करते रहे हो।

24. दुनिया की ज़िन्दगी की मिसाल ऐसी है जैसे बारिश जो हम ने आसमान से बरसाई, फिर ज़मीन के पौधे उसे ज़िंदगी से उगाते हैं, जिसे इंसान और जानवर खाते हैं, यहाँ तक कि जब ज़मीन अपने सिंगार से सज जाती है और खूबसूरत हो जाती है और उसके लोग समझने लगते हैं कि उन पर काबू है, तो रात या दिन में हमारा हुक्म आ जाता है और हम उसे काटी हुई फसल की तरह कर देते हैं, जैसे कल वहाँ कुछ था ही नहीं। इस तरह हम आयतों को तफसील से बयान करते हैं उन लोगों के लिए जो सोचते हैं।

25. और अल्लाह सलामत वाले घर (जन्नत) की तरफ बुलाता है और जिसे चाहता है सीधे रास्ते की हिदायत देता है।

26. उन लोगों के लिए जो नेक काम करते हैं, बेहतरीन (सवाब) है और ज़्यादा भी। उनके चेहरों पर न तो कोई ज़िल्लत छाएगी और न ही बदनामी। वे जन्नत वाले हैं, जहाँ वे हमेशा रहेंगे।

27. और जिन लोगों ने बुराई कमाई है, बुराई का बदला उसी के बराबर है और उन पर ज़िल्लत छा जाएगी। उनके लिए अल्लाह का कोई वली नहीं होगा। जैसे उनके चेहरों पर रात के टुकड़े छा गए होंगे, इतने अंधेरे होंगे। वे जहन्नम वाले हैं, जहाँ वे हमेशा रहेंगे।

28. और (ऐ नबी), उस दिन का ज़िक्र करो जब हम सबको इकट्ठा करेंगे, फिर हम उनसे कहेंगे जो अल्लाह के साथ शरीक करते थे, "अपनी जगह में ठहरो, तुम और तुम्हारे शरीक।" फिर हम उनके बीच जुदाई कर देंगे और उनके "शरीक" कहेंगे, "तुम तो हमें कभी नहीं पूजते थे।"

29. और अल्लाह हमारे और तुम्हारे बीच गवाही के लिए काफ़ी है कि हम तुम्हारी इबादत से बिल्कुल बे-खबर थे।

30. उस दिन हर शख्स अपने किए हुए अमलों के लिए आज़माया जाएगा और वह अल्लाह की तरफ पलटाए जाएंगे, जो उनका मालिक है, और हक है। और उनसे खो जाएगा जो कुछ वे गढ़ते थे।

31. कह दो, "कौन है जो तुम्हें आसमान और ज़मीन से रिज़्क देता है? या कौन है जो सुनने और देखने की ताकत रखता है? और कौन है जो ज़िंदा को मुर्दा से और मुर्दा को ज़िंदा से निकालता है? और कौन है जो हर चीज़ को दुरुस्त तरीके से तदबीर करता है?" वे कहेंगे, "अल्लाह।" फिर कह दो, "फिर क्या तुम उससे नहीं

डरते?"
32. वही अल्लाह है, तुम्हारा रब, हक है। और हक के सिवा गुमराही के सिवा और क्या है? फिर तुम कहाँ भटक रहे हो?
33. इस तरह तुम्हारे रब का फैसला उन लोगों पर सच हो चुका है जो सरकशी करते हैं, कि वे ईमान नहीं लाएंगे।
34. कह दो, "क्या तुम्हारे शरीकों में से कोई है जो पैदा होने की शुरुआत करे और फिर उसे दोबारा पैदा करे?" कह दो, "अल्लाह ही पैदा करने की शुरुआत करता है और फिर उसे दोबारा पैदा करता है, फिर तुम कहाँ बहकाए जा रहे हो?"
35. कह दो, "क्या तुम्हारे शरीकों में से कोई है जो हक की तरफ राहनुमाई करे?" कह दो, "अल्लाह ही हक की तरफ राहनुमाई करता है। फिर क्या वह जिसने हक की तरफ राहनुमाई की है, ज्यादा हकदार है कि उसकी पैरवी की जाए या वह जो खुद राहनुमाई न हो जब तक कि उसकी राहनुमाई न की जाए? फिर तुम्हें क्या हो गया है, कैसे फैसले कर रहे हो?"
36. और उनमें से अधिकतर लोग गुमान के सिवा किसी चीज़ की पैरवी नहीं करते। बेशक गुमान हक के मुकाबले में कुछ काम नहीं आता। बेशक अल्लाह उनके कर्मों से पूरी तरह वाकिफ़ है।
37. और यह कुरआन अल्लाह के सिवा किसी और की तरफ से नहीं बनाया जा सकता, बल्कि यह उस चीज़ की तसदीक है जो इससे पहले आई और उस किताब की तफ़्सील है जिसमें कोई शक नहीं, सारे जहान के रब की तरफ से।
38. क्या वे कहते हैं (नबी के बारे में), "इसने इसे गढ़ लिया है?" कह दो, "फिर इस जैसी एक सूरह ले आओ और अल्लाह के सिवा जिसे चाहो बुला लो, अगर तुम सच कहते हो।"
39. बल्कि उन्होंने उस चीज़ को झुठलाया है जिसका उन्हें ज्ञान नहीं और जिसकी ताबीरी अब तक उनके पास नहीं पहुँची। इसी तरह उनसे पहले वालों ने भी झुठलाया था। फिर देखो कि ज़ालिमों का अंजाम कैसा हुआ।
40. और उनमें से कुछ लोग इसपर ईमान लाते हैं और कुछ इसपर ईमान नहीं लाते। और तुम्हारा रब फसाद करने वालों से पूरी तरह वाकिफ़ है।
41. और अगर वह तुम्हें झुठलाएँ (ए नबी), तो कह दो, "मेरे लिए मेरे अमल हैं और तुम्हारे लिए तुम्हारे अमल। तुम जो कुछ करते हो उससे मेरा कोई ताल्लुक नहीं और जो कुछ मैं करता हूँ उससे तुम्हारा कोई ताल्लुक नहीं।"
42. और उनमें से कुछ लोग ऐसे हैं जो तुम्हारी बात सुनते हैं। लेकिन क्या तुम बहरे लोगों को सुना सकते हो (यानि उन्हें फायदा पहुँचा सकते हो), हालाँकि वे अक़ल नहीं लगाते?
43. और उनमें से कुछ लोग ऐसे हैं जो तुम्हें देखते हैं। लेकिन क्या तुम अंधों को राह दिखा सकते हो, हालाँकि वे देखने की कोशिश ही नहीं करते?
44. बेशक अल्लाह लोगों पर ज़ुल्म नहीं करता, लेकिन लोग खुद अपने आप पर ज़ुल्म कर रहे हैं।

45. और जिस दिन वह उन्हें इकट्ठा करेगा, (ऐसा लगेगा) जैसे वे दुनिया में एक घंटा भी नहीं रहे, और वे एक-दूसरे को पहचान लेंगे। वे लोग नुक्सान उठा चुके होंगे जिन्होंने अल्लाह से मिलने को झुठलाया और राह नहीं पाए।
46. और अगर हम तुम्हें उनके वादे का कुछ हिस्सा दिखा दें (ए नबी), या तुम्हें उठा लें, बेहरेहाल इन्हें आना हमारी ही तरफ है और जो कुछ ये कर रहे हैं, उस पर अल्लाह गवाह है।
47. और हर उम्मत के लिए एक रसूल है। फिर जब उनका रसूल आ जाता है, तो उनके बीच इंसाफ़ के साथ फ़ैसला किया जाता है और उन पर ज़ुल्म नहीं किया जाता।
48. और वे कहते हैं, "यह वादा कब पूरा होगा, अगर तुम सच कहते हो?"
49. कह दो, "मैं अपने लिए किसी नुक़सान या फायदे का मालिक नहीं हूँ, सिवाय इसके कि जो अल्लाह चाहे। हर उम्मत के लिए एक मुकर्रर वक्त है। जब उनका वक्त आ जाएगा तो न वे एक पल पीछे रह सकते हैं और न आगे बढ़ सकते हैं।"
50. कह दो, "सोचो तो, अगर उसकी सज़ा तुम पर रात या दिन में आ जाए तो मुजरिम लोग किस चीज़ के लिए जल्दी कर रहे हैं?"
51. फिर क्या जब वह (अज़ाब) आ जाएगा तो तुम उस पर इमान लाओगे? अब? जबकि तुम पहले ही उसकी जल्दी कर रहे थे।
52. फिर उनसे कहा जाएगा जो ज़ुल्म करते थे, "हमेशा के अज़ाब का मज़ा चखो। क्या तुम्हें बदला दिया जा रहा है सिवाय उसके जो तुम कमा रहे थे?"
53. और वह तुमसे पूछते हैं (ए नबी), "क्या यह (अज़ाब) सच है?" कह दो, "हाँ, मेरे रब की क़सम, बेशक यह सच है और तुम अल्लाह को नाकाम नहीं बना सकते।"
54. और अगर हर वह शख़्स जो ज़ुल्म करता है, ज़मीन की हर चीज़ अपने पास रखता तो वह इसे फ़िदया में दे देता। और जब वह अज़ाब देखेंगे तो अपने पछतावे का इज़हार करेंगे और उनके दरमियान इंसाफ़ के साथ फ़ैसला किया जाएगा और उन पर ज़ुल्म नहीं किया जाएगा।
55. बेशक जो कुछ आसमानों और ज़मीन में है, वह अल्लाह ही का है। बेशक अल्लाह का वादा सच है, लेकिन उनमें से अक्सर लोग नहीं जानते।
56. वही ज़िंदगी देता है और मौत देता है, और उसी की तरफ तुम पलटाए जाओगे।
57. ऐ इंसानों, तुम्हारे रब की तरफ से तुम्हारे लिए नसीहत और दिलों की बीमारियों का इलाज और ईमान वालों के लिए हिदायत और रहमत आ चुकी है।
58. कह दो, "अल्लाह के फ़ज़ल और उसकी रहमत में खुशियाँ मनाओ, यह उन चीज़ों से बेहतर है जो तुम जमा करते हो।"
59. कह दो, "क्या तुमने देखा जो रिज़्क अल्लाह ने तुम्हारे लिए उतारा है, जिसमें से तुमने कुछ चीज़ों को हलाल और कुछ को हराम कर लिया है?" कह दो, "क्या अल्लाह ने तुम्हें इसकी इजाज़त दी है या तुम

अल्लाह पर झूठ गढ़ रहे हो?"

60. और क़ियामत के दिन उन लोगों का क्या गुमान होगा जो अल्लाह पर झूठ बना रहे हैं? बेशक अल्लाह लोगों पर फ़ज़ल करने वाला है, लेकिन अक्सर लोग शुक्रगुज़ार नहीं होते।

61. और (ए नबी), तुम कोई काम करो या क़ुरान की कोई आयत पढ़ो और तुम लोग कोई अमल करो, हम तुम्हारे उस में मसरूफ़ होने के वक्त तुम पर गवाह होते हैं। और तुम्हारे रब से ज़मीन और आसमान में कण के बराबर भी कोई चीज़ छुपी नहीं है, न वह छोटी है और न बड़ी, लेकिन वह सब एक रोशन किताब में मौजूद है।

62. बेशक अल्लाह के वलियों (अल्लाह के दोस्त) के लिए न तो कोई ख़ौफ़ है और न वे ग़मगीन होंगे।

63. वे लोग जो इमान लाए और अल्लाह से डरते रहे।

64. उनके लिए दुनिया की ज़िंदगी में भी और आख़िरत में भी खुशखबरी है। अल्लाह के कलाम (हुक्म) में कोई तबदीली नहीं है। यही है बड़ी कामयाबी।

65. और उनकी बातों से तुम ग़मगीन न हो। बेशक इज़्जत का सारा हक़ अल्लाह के लिए है। वह सुनने वाला, जानने वाला है।

66. बेशक जो कुछ आसमानों और ज़मीन में है, वह अल्लाह ही का है। और जो लोग अल्लाह के सिवा दूसरों को पुकारते हैं, वे उनके "शरीकों" की पैरवी नहीं करते। वे सिर्फ़ गुमान की पैरवी करते हैं और वे सिर्फ़ झूठ गढ़ रहे होते हैं।

67. वही है जिसने तुम्हारे लिए रात को आराम का वक्त बनाया और दिन को देखने का। बेशक इसमें भी निशानियाँ हैं उन लोगों के लिए जो सुनते हैं।

68. उन्होंने कहा, "अल्लाह ने एक बेटा बना लिया है।" वह पाक है, वह बे-नीज़ है। उसी का है जो कुछ आसमानों और ज़मीन में है। तुम्हारे पास इस दावे के लिए कोई दलील नहीं। क्या तुम अल्लाह के बारे में वह बात कहते हो जो तुम नहीं जानते?

69. कह दो, "बेशक जो लोग अल्लाह पर झूठ बनाते हैं, वे कामयाब नहीं होते।"

70. उन्हें दुनिया में थोड़ा सा मज़ा है, फिर हमारी तरफ उनका लौटना है, फिर हम उन्हें सख़्त अज़ाब का मज़ा चखाएंगे क्योंकि वे कुफ़्र करते थे।

71. और उन्हें नूह का किस्सा सुनाओ, जब उसने अपनी क़ौम से कहा, "ए मेरी क़ौम, अगर मेरा रहना और अल्लाह की आयत की याद दिलाना तुम पर भारी हो गया है, तो मैंने अल्लाह पर भरोसा किया है। फिर तुम अपनी तद्बीर तय्यार करो और अपने साझियों को बुला लो। फिर तुम्हारी तद्बीर तुम पर छुपी न रहे। फिर मेरे खिलाफ उस पर अमल करो और मुझे मोहलत न दो।"

72. "अगर तुम मुँह फेर लो तो मैंने तुमसे कोई मज़दूरी नहीं माँगी। मेरा इनाम तो सिर्फ़ अल्लाह के पास है और मुझे मुसलमानों में से होने का हुक्म दिया गया है।"

73. फिर उन्होंने उसे झुठलाया, तो हमने उसे और उसके साथी को नाव में बचा लिया और उन्हें ज़मीन पर

बसने का मौका दिया, और उन लोगों को डुबो दिया जिन्होंने हमारी आयतों को झुठलाया। फिर देखो कि डराए गए लोगों का अंजाम क्या हुआ।

74. फिर हमने नूह के बाद उनकी क़ौमों की तरफ़ रसूल भेजे, और वो उनके पास साफ़ दलील लेकर आए, लेकिन उन्होंने उस चीज़ पर इमान नहीं लाया जिसे पहले झुठला चुके थे। इस तरह हम सख्त लोगों के दिलों पर मोहर लगा देते हैं।

75. फिर हमने उनके बाद मूसा (मूसा) और हारून (हारून) को फिरऔन और उसके दरबारियों की तरफ़ अपनी निशानियों के साथ भेजा, लेकिन वे घमंड करने लगे और वे अपराधी क़ौम थे।

76. फिर जब उनके पास हमारी तरफ़ से हक़ आया, तो उन्होंने कहा, "बेशक यह साफ़ जादू है।"

77. मूसा ने कहा, "क्या तुम हक़ के बारे में ऐसा कहते हो जब वह तुम्हारे पास आ चुका है? क्या यह जादू है? लेकिन जादूगर कभी कामयाब नहीं होते।"

78. उन्होंने कहा, "क्या तुम हमारे पास इस लिए आए हो कि हमें उस रास्ते से हटा दो जिस पर हमने अपने बाप दादों को पाया है, और ताकि तुम दोनों ज़मीन में बड़े बन जाओ? और हम तुम पर इमान लाने वाले नहीं हैं।"

79. और फिरऔन ने कहा, "मेरे पास हर जानने वाले जादूगर को ले आओ।"

80. फिर जब जादूगर आ गए, तो मूसा ने उनसे कहा, "जो कुछ तुम्हें फेंकना है, फेंक दो।"

81. और जब उन्होंने फेंक दिया, तो मूसा ने कहा, "जो कुछ तुम लाए हो, वह सिर्फ़ जादू है। बेशक अल्लाह उसे बरबाद कर देगा। बेशक अल्लाह फसाद करने वालों के काम को दुरुस्त नहीं करता।"

82. "और अल्लाह अपनी कलमात (बातों) से हक़ को कायम करेगा, चाहे मुजरिम लोग पसंद न करें।"

83. लेकिन मूसा पर सिर्फ़ उसकी क़ौम के कुछ नौजवानों ने इमान लाया, फिरऔन और उसके दरबारियों के डर से कि वे उन्हें तंग न करें। और बेशक फिरऔन ज़मीन में सख्त घमंड करने वाला था, और बेशक वह सख्त लोगों में से था।

84. और मूसा ने कहा, "ए मेरी क़ौम, अगर तुम अल्लाह पर इमान लाए हो तो उसी पर भरोसा करो, अगर तुम मुसलमान हो।"

85. फिर उन्होंने कहा, "हमने अल्लाह पर भरोसा किया। ए हमारे रब, हमें ज़ालिम क़ौम के लिए फितना न बना।"

86. "और हमें अपनी रहमत से काफ़िर क़ौम से बचा ले।"

87. और हमने मूसा और उसके भाई की तरफ़ वाही भेजी, "अपनी क़ौम के लिए मिस्र में घर तैयार करो और अपने घरों को क़िबला की तरफ़ बनाओ और नमाज़ क़ायम करो और ईमान वालों को खुशखबरी दो।"

88. और मूसा ने कहा, "ए हमारे रब, बेशक तूने फिरऔन और उसके दरबारियों को दुनिया की ज़िंदगी में ज़ेबाईश (सजावट, आभूषण) और माल दिया है, ए हमारे रब, ताकि वे लोगों को तेरे रास्ते से भटका दें। ए हमारे रब, उनका माल तबाह कर दे और उनके दिलों पर मोहर लगा दे ताकि वे दर्दनाक अज़ाब देखने से

पहले इमान न लाएं।”

89. (अल्लाह ने) कहा, “तुम्हारी दुआ क़ुबूल कर ली गई है। अब तुम सीधे रास्ते पर क़ायम रहो और उन लोगों की राह पर न चलो जो नहीं जानते।”

90. और हमने बनी इस्राइल को दरिया पार करा दिया, और फिरऔन और उसके लश्कर ने ज़ुल्म और दुश्मनी के साथ उनका पीछा किया, यहाँ तक कि जब वह डूबने लगा, तो उसने कहा, “मान लिया कि वही माबूद है जिस पर बनी इस्राइल इमान रखते हैं, और मैं मुसलमानों में से हूँ।”

91. अब? जबकि तुम पहले नाफ़रमानी करते रहे और फसाद करने वालों में से थे?

92. तो आज हम तुम्हारे शरीर को बचा लेंगे ताकि तुम बाद वालों के लिए एक निशानी बन जाओ। और बेशक बहुत से लोग हमारी निशानियों से ग़ाफ़िल हैं।

93. और हमने बनी इस्राइल को एक पसंदीदा जगह में क़ायम किया और उन्हें अच्छी चीज़ें दीं। फिर उन्होंने इख़्तिलाफ़ नहीं किया जब तक कि उनके पास इल्म नहीं आ चुका था। बेशक तुम्हारा रब क़ियामत के दिन उनके बीच फ़ैसला करेगा, उस चीज़ में जिस पर वे इख़्तिलाफ़ करते थे।

94. तो अगर तुम्हें शक हो (ऐ नबी) उस चीज़ के बारे में जो हमने तुम पर नाज़िल की है, तो उन लोगों से पूछ लो जो तुमसे पहले किताब पढ़ रहे थे। तुम्हारे रब की तरफ़ से तुम्हारे पास हक़ आ चुका है, तो कभी शक करने वालों में से न हो।

95. और कभी उन लोगों में से न हो जो अल्लाह की आयतों को झुठलाते हैं और (इस तरह) नुक्सान उठाने वालों में से हो जाओ।

96. बेशक जिन लोगों पर तुम्हारे रब का फ़ैसला आ चुका है, वे इमान नहीं लाएंगे,

97. चाहे हर निशानी उनके पास आ जाए, यहाँ तक कि वे दर्दनाक अज़ाब को देख लें।

98. फिर क्या ऐसा कोई शहर नहीं हुआ जो इमान लाया और उसका इमान उसके काम आया, सिवाए क़ौम-ए-यूनुस के? जब उन्होंने इमान लाया तो हमने उनसे दुनिया की जिल्लत का अज़ाब हटा दिया और उन्हें थोड़ी मुदत तक फायदा दिया।

99. और अगर तुम्हारा रब चाहता तो ज़मीन के सब लोग इमान ले आते, सब के सब। फिर (ऐ नबी), क्या तुम लोगों को मजबूर करोगे कि वे इमान लाएँ?

100. और किसी शख़्स के लिए मुमकिन नहीं है कि वह इमान लाए, सिवाए इसके कि अल्लाह की इजाज़त हो, और वह उन लोगों पर गंदगी डालता है जो अक़्ल नहीं लगाते।

101. कह दो, “आसमानों और ज़मीन में जो कुछ है, उसे देखो।” लेकिन निशानियाँ या डराने वाली बातें उन लोगों के लिए कुछ भी फायदेमंद नहीं हैं जो इमान नहीं लाते।

102. फिर क्या वे लोग किसी और चीज़ का इंतजार कर रहे हैं, सिवाय उन दिनों के जैसे जो उनसे पहले गुज़र चुके हैं? कह दो, “फिर इंतजार करो, मैं भी तुम्हारे साथ इंतजार करने वालों में से हूं।”

103. फिर हम अपने रसूलों को और ईमान लाने वालों को बचा लेंगे। यह हम पर लाज़िम है कि हम ईमान

लाने वालों को बचा लें।

104. कहो (ऐ नबी), "ऐ लोगों, अगर तुम मेरे दीन के बारे में शक करते हो तो मैं उन चीज़ों की इबादत नहीं करता जो तुम अल्लाह के सिवा पूजते हो, बल्कि मैं उस अल्लाह की इबादत करता हूं जो तुम्हें मौत देता है। और मुझे हुक्म दिया गया है कि मैं इमान लाने वालों में से रहूं।"

105. और (हुक्म दिया गया है), "अपना रुख दीन की तरफ सीधा रखो, और कभी मुशरिकों (शिर्क करने वालों) में से न हो।"

106. और अल्लाह के सिवा किसी ऐसी चीज़ को न पुकारो जो न तुम्हें नुकसान पहुँचा सके और न फायदा, क्योंकि अगर तुमने ऐसा किया तो तुम ज़ालिमों में से हो जाओगे।

107. और अगर अल्लाह तुम्हें कोई तकलीफ पहुँचाए तो उसे हटाने वाला सिर्फ वही है, और अगर वह तुम्हारे लिए भलाई चाहें तो उसकी नेमत को कोई रोकने वाला नहीं है। वह अपने बंदों में से जिसे चाहे, उस तक पहुँचाता है। और वह बख्शने वाला, मेहरबान है।

108. कहो, "ऐ लोगों, तुम्हारे रब की तरफ़ से तुम्हारे पास हक़ आ चुका है, तो जो हिदायत पाए, वह अपने ही फायदे के लिए हिदायत पाए, और जो गुमराह हो, वह अपने ही नुकसान में गुमराह हो। और मैं तुम पर निगरान नहीं हूं।"

109. और जो कुछ तुम पर वाही की गई है, उसकी पेरवी करो (ऐ नबी), और सब्र करो, यहाँ तक कि अल्लाह फैसला करे। और वह बेहतरीन फैसला करने वाला है।

11. सूरह हूद

बिस्मिल्लाह-हिर्रहमान-निर्रहीम

1. अलिफ़, लाम, रा। यह एक ऐसी किताब है जिसकी आयतें पूरी तरह से पूरी की गई हैं, फिर विस्तार से बताई गई हैं, जो कि बुद्धिमान, सचेत करने वाले (अल्लाह) की ओर से हैं।
2. (एक रसूल के ज़रिए कहो), "अल्लाह के सिवा किसी की इबादत न करो। निस्संदेह मैं तुम्हारे लिए उसकी ओर से डराने वाला और खुशखबरी देने वाला हूं।"
3. और (कहो), "अपने रब से माफी मांगो और उसकी ओर रुख करो, वह तुम्हें एक निश्चित समय तक अच्छा रिज्क देगा और हर अच्छे काम करने वाले को उसका बदला देगा। लेकिन अगर तुम मुँह मोड़ोगे, तो मुझे तुम्हारे लिए एक बड़े दिन के अज़ाब का डर है।"
4. अल्लाह ही की ओर तुम्हारा सबका लौटना है, और वह हर चीज़ पर क़ादिर है।
5. निस्संदेह ये (काफ़िर) लोग अपने सीने मोड़ लेते हैं ताकि उस (रसूल) से छुप जाएं। निस्संदेह जब वे अपने कपड़ों में लिपट जाते हैं, तो वह (अल्लाह) जानता है जो वे छिपाते हैं और जो वे ज़ाहिर करते हैं। निस्संदेह वह सीने की बातों को जानता है।
6. और ज़मीन पर कोई जानवर नहीं है जिसका रिज्क अल्लाह के ज़िम्मे न हो, और वह जानता है उसका ठिकाना और उसका अमानत खाना। सब कुछ एक रोशन किताब में है।
7. और वही है जिसने आकाशों और ज़मीन को कुछ दिनों में पैदा किया – और उसका अर्श पानी पर था – ताकि वह तुम्हें आजमाए कि तुममें से कौन कार्यों में बेहतर है। और अगर तुम कहो, "निस्संदेह तुम मौत के बाद उठाए जाओगे," तो काफ़िर लोग ज़रूर कहेंगे, "यह तो सिर्फ़ साफ़ जादू है।"
8. और अगर हम उनसे किसी निर्धारित समय तक अज़ाब को रोक लें, तो वे ज़रूर कहेंगे, "क्या चीज़ ने इसे रोक रखा है?" निस्संदेह जिस दिन वह उन पर आएगा, तो उससे हटाया नहीं जाएगा, और वे उसी चीज़ में घिर जाएंगे जिसे वे मजाक उड़ाते थे।
9. और अगर हम इंसान को अपनी रहमत का स्वाद चखा दें, फिर उसे उससे छीन लें, तो वह यकीनन मायूस

और नाशुक्रा हो जाता है।
10. और अगर हम उसे तकलीफ के बाद नेमत का स्वाद चखा दें, तो वह ज़रूर कहेगा, “बुरे दिन मुझसे दूर हो गए हैं।” निस्संदेह वह खुश और घमंडी हो जाता है।
11. सिवाय उन लोगों के जो सब्र करते हैं और अच्छे काम करते हैं, उनके लिए माफी और बड़ा ईनाम है।
12. फिर क्या तुम (ऐ नबी) उस वाही को छोड़ दोगे जो तुम पर नाज़िल की गई है, या तुम्हारा सीना तंग हो गया है इसलिए कि वह कहते हैं, “इस पर कोई खज़ाना क्यों नहीं उतारा गया या इसके साथ कोई फरिश्ता क्यों नहीं आया?” तुम तो सिर्फ़ डराने वाले हो। और अल्लाह हर चीज़ का निगरान है।
13. क्या वे कहते हैं, “इसने इसे गढ़ लिया है?” कह दो, “फिर इसकी जैसी दस सूरह ले आओ जो तुमने गढ़ी हों, और अल्लाह के सिवा जिसे चाहो मदद के लिए बुला लो, अगर तुम सच्चे हो।”
14. और अगर वे तुम्हारी बात नहीं मानते तो जान लो कि यह (क़ुरआन) अल्लाह के ज्ञान से नाज़िल किया गया है और इसके सिवा कोई माबूद नहीं। फिर क्या तुम मुसलमान नहीं बनोगे?
15. जो शख्स दुनिया की ज़िंदगी और उसकी ज़ीनत चाहता है, हम उन्हें उनके कर्मों का पूरा बदला यहीं दे देंगे, और यहाँ उन्हें कोई कमी नहीं होगी।
16. यह वे लोग हैं जिनके लिए आख़िरत में सिवा दोज़ख़ के कुछ नहीं है। और जो कुछ उन्होंने यहाँ किया वह बर्बाद हो गया, और जो कुछ वे करते रहे वह बेकार था।
17. क्या वह शख्स (काफ़िर) जैसा हो सकता है जो अपने रब की तरफ से साफ़ दलील पर हो? और उसके बाद उसकी तरफ से एक गवाह (क़ुरआन) है, और इससे पहले मूसा की किताब हिदायत और रहमत बनकर आ चुकी है। ये लोग (जो पहली किताबों पर ईमान रखते हैं) इस (क़ुरआन) पर भी ईमान लाते हैं। और जो इसमें से किसी फरक़े का शख्स कुफ्र करेगा, तो उसका वादा हुआ ठिकाना दोज़ख़ है। इसलिए इसमें शक न करो। निस्संदेह यह तुम्हारे रब की तरफ से सच है, लेकिन अक्सर लोग ईमान नहीं लाते।
18. और उससे बड़ा ज़ालिम कौन होगा जो अल्लाह पर झूठ बना दे? ये लोग अपने रब के सामने पेश किए जाएंगे, और गवाह कहेंगे, “यह वे लोग हैं जिन्होंने अपने रब पर झूठ बनाया।” निस्संदेह अल्लाह की लानत ज़ालिमों पर है।
19. जो लोग अल्लाह के रास्ते से रोकते हैं और उसे टेढ़ा करने की कोशिश करते हैं, और वे आख़िरत के मुख़ालिफ़ हैं।
20. ये लोग ज़मीन पर अल्लाह को नाकाबिल नहीं बना सकते, और उनके लिए अल्लाह के सिवा कोई मददगार नहीं। उनके लिए अज़ाब में इज़ाफ़ा किया जाएगा। वे न तो सुन सकते थे और न देख सकते थे।
21. ये वह लोग हैं जिन्होंने अपने आप को नुकसान में डाला, और जो कुछ वे गढ़ते थे वह उनसे खो गया।
22. निस्संदेह वे आख़िरत में सबसे बड़े नुकसान उठाने वाले होंगे।
23. निस्संदेह जो लोग ईमान लाए और अच्छे कर्म किए और अपने रब के सामने झुके, वे जन्नत वाले हैं, जहाँ वे हमेशा रहेंगे।

24. दोनों गिरोहों की मिसाल अंधे और बहरे और देखने और सुनने वाले की तरह है। क्या ये दोनों बराबर हो सकते हैं? फिर क्या तुम नसीहत नहीं लोगे?
25. और हमने नूह को उनकी क़ौम की तरफ़ भेजा, (कहकर), "यक़ीनन मैं तुम्हारे लिए साफ़ डराने वाला हूँ।"
26. "तुम अल्लाह के सिवा किसी की इबादत न करो। बेशक मुझे तुम्हारे लिए एक दर्दनाक दिन के अज़ाब का डर है।"
27. फिर उनकी क़ौम के बड़े लोगों ने कहा, "हम तो तुम्हें सिर्फ़ अपने जैसा एक इंसान ही समझते हैं, और हम देखते हैं कि तुम्हारे पीछे सिर्फ़ वही लोग लगते हैं जो हमारे बीच में सबसे कमजोर हैं, और वो बिना सोचे-समझे। और हम तुममें अपने ऊपर कोई फ़ज़ीलत नहीं देखते, बल्कि हम समझते हैं कि तुम झूठे हो।"
28. नूह ने कहा, "ऐ मेरी क़ौम, क्या तुमने सोचा कि अगर मैं अपने रब की तरफ से साफ़ दलील पर हूँ और उसने मुझे अपनी तरफ से रहमत दी हो, लेकिन तुम इसे समझ नहीं पा रहे हो, तो क्या हम तुमपर इसे जबरदस्ती थोप देंगे जबकि तुम इससे नफरत रखते हो?"
29. "और ऐ मेरी क़ौम, मैं तुमसे इसके बदले में कोई माल नहीं मांगता। मेरा अज्र तो सिर्फ़ अल्लाह के पास है। और मैं ईमान लाने वालों को दूर नहीं कर सकता। निस्संदेह वे अपने रब से मिलने वाले हैं, लेकिन मैं देखता हूँ कि तुम अज्ञानी क़ौम हो।"
30. "ऐ मेरी क़ौम, अगर मैं उन्हें दूर कर दूं तो अल्लाह से मुझे कौन बचा सकता है? फिर क्या तुम उपदेश नहीं लोगे?"
31. "और मैं तुमसे यह नहीं कहता कि मेरे पास अल्लाह के खजाने हैं या मैं ग़ैब जानता हूँ, और न ही मैं कहता हूँ कि मैं फरिश्ता हूँ, और न ही मैं उन लोगों के बारे में कहता हूँ जो तुम्हारी नज़र में ज़लील हैं कि अल्लाह उन्हें कभी कोई भलाई नहीं देगा। अल्लाह उनके दिलों की बातों से पूरी तरह वाकिफ़ है। अगर मैं ऐसा करूँ तो मैं ज़ालिमों में से हो जाऊँगा।"
32. उन्होंने कहा, "ऐ नूह, तुमने हमारे साथ झगड़ा किया है और हमारे ख़िलाफ़ बहुत बार झगड़ा किया है। अब जो तुम हमारे साथ वादा कर रहे हो, वह ले आओ, अगर तुम सच्चे हो।"
33. नूह ने कहा, "अल्लाह ही उसे तुम्हारे पास लाएगा अगर वह चाहेगा, और तुम उसे नाकाबिल नहीं बना सकते।"
34. "और अगर अल्लाह तुम्हें गुमराह करने का इरादा रखे तो मेरी नसीहत तुम्हें कुछ फायदा नहीं देगी, हालाँकि मैं तुम्हें नसीहत देना चाहता हूँ। वह तुम्हारा रब है, और उसी की तरफ तुम पलटाए जाओगे।"
35. क्या वे (नबी मुहम्मद ﷺ के बारे में) कहते हैं, "इसने इसे गढ़ लिया है?" कह दो, "अगर मैंने इसे गढ़ लिया है तो मेरा जुर्म मुझ पर है और मैं उन गुनाहों से बरी हूँ जो तुम कर रहे हो।"
36. और नूह को वाही की गई कि, "तेरी क़ौम में से सिर्फ वही लोग ईमान लाएंगे जो पहले से ईमान ला चुके हैं, अब जो कुछ वे कर रहे हैं उससे तुम ग़मगीन न हो।"

37. “और किश्ती हमारी निगरानी और हमारी वाही के मुताबिक बनाओ, और उन ज़ालिमों के बारे में मुझसे बात न करो, निस्संदेह वे डूबने वाले हैं।”

38. और नूह ने किश्ती बनाई, और जब भी उसकी क़ौम के बड़े लोग उसके पास से गुजरते तो वे उसका मजाक उड़ाते। नूह ने कहा, “अगर तुम हमारा मजाक उड़ाते हो तो हम भी तुम्हारा मजाक उड़ाएंगे जैसा तुम हमारा मजाक उड़ाते हो।”

39. “और तुमको जल्द ही मालूम हो जाएगा कि किस पर ऐसा अज़ाब आता है जो उसे रुसवा करेगा और किस पर हमेशा का अज़ाब नाज़िल होगा।”

40. यह हाल था, यहाँ तक कि हमारा हुक्म आ गया और तन्हूर (चूल्हा) उबालने लगा, हमने कहा, “इस (किश्ती) में हर किस्म के जोड़ों में से दो-दो जोड़े और अपने घर वालों को सवार करो, सिवाय उनके जिनके बारे में पहले ही फ़ैसला हो चुका है, और जो ईमान ला चुके हैं उन्हें भी।” लेकिन नूह के साथ सिर्फ कुछ ही लोग ईमान लाए थे।

41. और नूह ने कहा, “इसमें सवार हो जाओ, अल्लाह के नाम से इसका चलना और रुकना है। यक़ीनन मेरा रब बड़ा माफ़ करने वाला, रहम करने वाला है।”

42. और वह किश्ती उन्हें पहाड़ जैसी लहरों में चलाते हुए बढ़ने लगी, और नूह ने अपने बेटे को पुकारा जो अलग था, “ऐ मेरे बेटे, हमारे साथ सवार हो जा और काफिरों के साथ न रह।”

43. उसने कहा, “मैं एक पहाड़ पर पनाह लूँगा जो मुझे पानी से बचा लेगा।” नूह ने कहा, “आज अल्लाह के फैसले से कोई बचाने वाला नहीं है, सिवाय उस के जिसे वह रहम करे।” और लहरों ने उनके बीच पर्दा डाल दिया, और वह डूबने वालों में से हो गया।

44. और कहा गया, “ऐ ज़मीन, अपना पानी निगल ले, और ऐ आसमान, (बारिश) रोक ले।” और पानी कम हो गया और मामला खत्म हो गया, और किश्ती (जुदी) पहाड़ पर जा कर रुक गई। और कहा गया, “ज़ालिमों पर लानत नाज़िल हो।”

45. और नूह ने अपने रब को पुकारा और कहा, “ऐ मेरे रब, यकीनन मेरा बेटा मेरे घरवालों में से है, और निस्संदेह तेरा वादा सच है, और तू सबसे बेहतर फैसला करने वाला है।”

46. अल्लाह ने कहा, “ऐ नूह, यक़ीनन वह तेरे घरवालों में से नहीं है, बेशक उसका अमल नेक नहीं है, इसलिए मुझसे उस चीज़ के बारे में सवाल न कर जिसका तुझे इल्म नहीं है। बेशक मैं तुझे नसीहत करता हूँ कि तू जाहिलों में से न हो।”

47. नूह ने कहा, “ऐ मेरे रब, मैं तुझसे पनाह माँगता हूँ उस चीज़ के सवाल से जिसका मुझे इल्म नहीं है। और अगर तू मुझे माफ़ न करे और मुझ पर रहम न करे तो मैं नुकसान उठाने वालों में से हो जाऊँगा।”

48. कहा गया, “ऐ नूह, हमारे पास से सलामती के साथ उतर जाओ, और तुम पर और उन क़ौमों पर जो तुम्हारे साथ हैं, बरकतें होंगी। और कुछ क़ौमों को हम थोड़ी सी मियाद तक फ़ायदा देंगे, फिर उन्हें हमारे पास से दर्दनाक अज़ाब छू लेगा।”

49. यह ग़ैब की ख़बरों में से है जो हम तुम पर वही करते हैं। तुम्हें इसका कोई इल्म नहीं था, न तुम्हें, न तुम्हारी क़ौम को, इससे पहले। इसलिए सब्र करो, बेशक नेक लोगों का अंजाम सबसे अच्छा है।

50. और आद की तरफ़ हमने उनके भाई हुद को भेजा। उसने कहा, "ऐ मेरी क़ौम, अल्लाह की इबादत करो, उसके सिवा तुम्हारा कोई माबूद नहीं है। तुम बस झूठ गढ़ रहे हो।"

51. "ऐ मेरी क़ौम, मैं तुमसे इसके बदले में कोई अज्र नहीं मांगता। मेरा अज्र तो सिर्फ उसी के पास है जिसने मुझे पैदा किया। फिर क्या तुम अक्ल नहीं लगाते?"

52. "ऐ मेरी क़ौम, अपने रब से माफी मांगो और फिर उसकी तरफ रुख करो। वह तुम पर आसमान से मजबूत बारिशें भेजेगा और तुम्हारी ताकत में इज़ाफ़ा करेगा। और मुजरिम बनकर मुँह न फेरो।"

53. उन्होंने कहा, "ऐ हुद, तुम हमारे पास कोई साफ़ दलील लेकर नहीं आए, और हम अपने माबूदों को तुम्हारी बात पर छोड़ने वाले नहीं हैं। और न हम तुम पर ईमान लाने वाले हैं।"

54. हम तो बस इतना कहते हैं कि हमारे कुछ माबूदों ने तुम्हें बुरी तरह घेर लिया है (यानी तुम पागल हो गए हो)।" हुद ने कहा, "बेशक मैं अल्लाह को गवाह बनाता हूँ, और तुम भी गवाह रहो कि मैं उस शिर्क से बेज़ार हूँ जो तुम अल्लाह के साथ करते हो।

55. उसके सिवा। फिर तुम सब मिलकर मेरे खिलाफ साजिश करो, फिर मुझे मोहलत मत दो।

56. "निस्संदेह मैंने अल्लाह पर भरोसा किया है, जो मेरा भी रब है और तुम्हारा भी रब है। कोई जानवर नहीं है जिसका पेशानी का बाल उसके हाथ में न हो। निस्संदेह मेरा रब सीधी राह पर है।"

57. "लेकिन अगर वे मुँह फेर लें तो (कह दो), "मैं तुम्हें वह चीज़ पहुँचा चुका हूँ जिसके लिए मैं भेजा गया हूँ। मेरा रब तुम्हारे सिवा किसी और क़ौम को तुम्हारी जगह दे देगा, और तुम उसे कुछ नुकसान नहीं पहुँचा सकते। निस्संदेह मेरा रब हर चीज़ का निगरान है।"

58. और जब हमारा हुक्म आया तो हमने हुद को और उन लोगों को जो उसके साथ ईमान लाए थे, अपनी रहमत से बचा लिया, और हमने उन्हें सख्त अज़ाब से निजात दी।

59. और वह आद थे, जिन्होंने अपने रब की आयत को झुठलाया और उसके रसूलों की नाफ़रमानी की और हर ज़िद्दी ज़ालिम के हुक्म की पैरवी की।

60. और इसी वजह से उन्हें दुनिया में लानत का पीछा किया गया और क़ियामत के दिन भी। निस्संदेह आद ने अपने रब को झुठलाया, तो आद को दूर हो जाओ, हुद की क़ौम को।

61. और समूद की तरफ हमने उनके भाई सालेह को भेजा। उसने कहा, "ऐ मेरी क़ौम, अल्लाह की इबादत करो, उसके सिवा तुम्हारा कोई माबूद नहीं। उसी ने तुम्हें ज़मीन से पैदा किया है और उसी ने इस ज़मीन में तुम्हें बसा दिया है। फिर तुम उससे माफी मांगो और उसकी तरफ रुख करो। निस्संदेह मेरा रब क़रीब है और दुआओं का कुबूल करने वाला है।"

62. उन्होंने कहा, "ऐ सालेह, इससे पहले तुम हमारे बीच एक उम्दा शख़्स थे। क्या तुम हमें रोक रहे हो कि हम अपने बाप-दादों की इबादत न करें? और बेशक जिस चीज़ की तरफ़ तुम हमें बुला रहे हो, उसके बारे में

हम सख़्त शक में हैं।"
63. सालेह ने कहा, "ऐ मेरी क़ौम, क्या तुमने सोचा कि अगर मैं अपने रब की तरफ से साफ़ दलील पर हूं और उसने मुझे अपनी तरफ से रहमत दी हो, तो अगर मैं उसकी नाफ़रमानी करूं तो मुझे अल्लाह से कौन बचा सकता है? फिर तुम मुझे नुक़सान के सिवा कुछ नहीं दे सकते।"
64. "ऐ मेरी क़ौम, यह अल्लाह की ऊँटनी है, तुम्हारे लिए एक निशानी है। फिर उसे अल्लाह की ज़मीन पर चरने दो और उसे नुक्षान पहुँचाकर हाथ न लगाओ, वरना तुम्हें एक क़रीबी अज़ाब आ जाएगा।"
65. लेकिन उन्होंने उसकी टांगें काट दीं, तो सालेह ने कहा, "तुम अपने घरों में तीन दिन तक मज़ा करो। यह वादा है जो झुठलाया नहीं जा सकता।"
66. फिर जब हमारा हुक्म आ गया तो हमने सालेह को और उन लोगों को जो उसके साथ ईमान लाए थे, अपनी रहमत से बचा लिया, और उस दिन की रुसवाई से (बचा लिया)। बेशक तुम्हारा रब ताक़तवर और ग़ालिब है।
67. और एक सख़्त चीख़ ने उन ज़ालिमों को आ लिया, और वे अपने घरों में गिरकर रह गए।
68. जैसे वे कभी वहां आबाद ही नहीं थे। आगाह रहो कि क़ौम समूद ने अपने रब से कुफ्र किया। सुन लो! इन समूदियों पर फ़टकार है।
69. और बेशक हमारे फ़रिश्ते इब्राहीम के पास खुशख़बरी लेकर आए, उन्होंने कहा, "सलामती हो।" इब्राहीम ने कहा, "सलामती हो," और देर किए बिना एक भुना हुआ बकरा पेश किया।
70. लेकिन जब उसने देखा कि उनके हाथ उसकी तरफ नहीं बढ़ते, तो उसने उनसे शक किया और उनसे डर गया। उन्होंने कहा, "डरो मत, हम लूत की क़ौम की तरफ भेजे गए हैं।"
71. और इब्राहीम की बीवी खड़ी थी, और वह मुस्कुरा दी। फिर हमने उसे इसहाक़ की खुशख़बरी दी और इसहाक़ के बाद याकूब की।
72. उसने कहा, "हाय मेरी क़िस्मत! क्या मैं बूढ़ी होकर बच्चा पैदा करूँगी और मेरा शौहर भी बूढ़ा है? बेशक यह एक अजीब बात है।"
73. उन्होंने कहा, "क्या तुम अल्लाह के फ़ैसले पर हैरान हो? अल्लाह की रहमत और उसकी बरकतें तुम पर हों, ऐ घरवालों। बेशक वह क़ाबिल-ए-तारीफ़ और इज्ज़त वाला है।"
74. "जब इब्राहीम का डर ख़त्म हो चुका था और उसे खुशख़बरी भी मिल चुकी थी, तो वह हमसे क़ौम-ए-लूत के बारे में कहने-सुनने लगे।"
75. बेशक इब्राहीम बहुत ही सब्र करने वाला, दिल-सोज़ और (अल्लाह की तरफ़) बार-बार रुजू करने वाला था।
76. (फ़रिश्तों ने कहा), "ऐ इब्राहीम, इस (दुआ) से हट जाओ। बेशक तुम्हारे रब का हुक्म आ चुका है, और बेशक उन पर ऐसा अज़ाब आ रहा है जिसे वे रोक नहीं सकते।"
77. और जब हमारे फरिश्ते लूत के पास आए तो वह उनकी वजह से घबराए और उनके लिए सख़्त परेशान

हुए और कहा, "आज का दिन बड़ी मुसीबत का दिन है।"
78. और उसकी क़ौम जल्दी से उसकी तरफ दौड़ती हुई आई, और इससे पहले वह बुरे काम करते रहते थे। लूत ने कहा, "ऐ मेरी क़ौम, ये मेरी बेटियाँ हैं, ये तुम्हारे लिए ज़्यादा पाक हैं। फिर अल्लाह से डरो और मेरे मेहमानों के बारे में मुझे बेइज़्ज़त न करो। क्या तुम में से कोई अकलमंद नहीं है?"
79. उन्होंने कहा, "तुम तो जानते हो कि हमें तुम्हारी बेटियों (औरतों) से कोई हक़ नहीं है, और बेशक तुम जानते हो कि हम क्या चाहते हैं।"
80. लूत ने कहा, "काश मेरे पास तुम्हारे खिलाफ कोई ताकत होती या मैं किसी मजबूत सहारे को पकड़ सकता।"
81. फ़रिश्तों ने कहा, "ऐ लूत, बेशक हम तुम्हारे रब के फ़रिश्ते हैं, वे कभी तुम तक नहीं पहुँच सकते। बस रात के एक हिस्से में अपने घरवालों को लेकर निकल जाओ और तुममें से कोई भी पीछे मुड़कर न देखे – सिवाए तुम्हारी बीवी के, बेशक उस पर भी वही अज़ाब आएगा जो उन पर आने वाला है। बेशक उनका वक़्त सुबह है। क्या सुबह क़रीब नहीं है?"
82. फिर जब हमारा हुक्म आ गया तो हमने उस शहर के ऊपर वाला हिस्सा नीचे कर दिया और उन पर गर्म पत्थरों की बारिश की,
83. जो तुम्हारे रब की तरफ़ से निशान लगाए हुए थे। और वह (अज़ाब) ज़ालिमों से कोई दूर नहीं है।
84. और मदयन की तरफ़ हमने उनके भाई शुएब को भेजा। उसने कहा, "ऐ मेरी क़ौम, अल्लाह की इबादत करो, उसके सिवा तुम्हारा कोई माबूद नहीं है। और नाप तौल में कमी न करो। बेशक मैं तुम्हें खुशहाल देखता हूँ, लेकिन मुझे तुम्हारे लिए एक सख़्त दिन के अज़ाब का ख़ौफ़ है।"
85. "ऐ मेरी क़ौम, नाप तौल इंसाफ़ के साथ पूरा करो और लोगों को उनका हक न छीनो और ज़मीन पर फसाद फैलाते हुए बदमाशी न करो।"
86. "अल्लाह की तरफ से जो बाकी है वह तुम्हारे लिए बेहतर है, अगर तुम ईमान लाने वाले हो। लेकिन मैं तुम पर निगरान नहीं हूँ।"
87. उन्होंने कहा, "ऐ शुएब, क्या तुम्हारी नमाज़ (यानि दीन) तुम्हें यह हुक्म देती है कि हम अपने बाप-दादाओं की पूजा छोड़ दें या अपने माल में से जो हम चाहें वह न करें? निस्संदेह तुम बहुत सहनशील और समझने वाले हो।"
88. शुएब ने कहा, "ऐ मेरी क़ौम, क्या तुमने सोचा कि अगर मैं अपने रब की तरफ से साफ़ दलील पर हूँ और उसने मुझे अपनी तरफ से नेक रोज़ी दी हो...? और मैं तुम्हें जिस चीज़ से रोक रहा हूँ, उसमें तुमसे विरोध का इरादा नहीं रखता; मैं तो सिर्फ जितना हो सके सुधार का इरादा रखता हूँ। और मेरी कामयाबी सिर्फ अल्लाह की तरफ से है। मैंने उसी पर भरोसा किया है और उसी की तरफ मुझे लौटना है।"
89. "ऐ मेरी क़ौम, मेरी मुख़ालिफ़त तुम्हें उस चीज़ में न डाल दे जो नूह की क़ौम या हूद की क़ौम या सालेह की क़ौम पर आई। और लूत की क़ौम तुमसे कोई दूर नहीं है।"

90. और अपने रब से माफी मांगो और फिर उसकी तरफ रुख करो। यकीनन मेरा रब रहम करने वाला और मेहरबान है।

91. उन्होंने कहा, "ऐ शुएब, हम तुम्हारी बातों का ज़्यादा हिस्सा नहीं समझते, और निस्संदेह हम तुम्हें अपने बीच कमजोर समझते हैं। और अगर तुम्हारी क़ौम न होती तो हम तुम्हें पत्थर से मार डालते, और तुम हमारे लिए इज़्ज़त वाले नहीं हो।"

92. शुएब ने कहा, "ऐ मेरी क़ौम, क्या मेरी क़ौम तुम्हारे नज़दीक ताकत में अल्लाह से ज़्यादा इज़्ज़त रखती है? लेकिन तुमने उसे अपनी पीठ के पीछे छोड़ दिया है। निस्संदेह मेरा रब उस चीज़ को घेरने वाला है जो तुम करते हो।"

93. "ऐ मेरी क़ौम, अपनी अपनी जगह काम करो, निस्संदेह मैं भी काम कर रहा हूँ। तुम जल्दी ही जान लोगे कि किस पर ऐसा अज़ाब आता है जो उसे रुस्वा करता है और कौन झूठा है। बस देखते रहो, निस्संदेह मैं भी तुम्हारे साथ देख रहा हूँ।"

94. और जब हमारा हुक्म आ गया तो हमने शुएब को और उन लोगों को जो उसके साथ ईमान लाए थे, अपनी रहमत से बचा लिया। और एक सख्त चीख़ ने उन ज़ालिमों को पकड़ लिया, और वे अपने घरों में गिर कर रह गए।

95. जैसे वे कभी वहां आबाद ही नहीं थे। फिर मदीयन को भी वही हाल हुआ जो समूद का हुआ था।

96. और निस्संदेह हमने मूसा को अपनी निशानियों और साफ़ दलील के साथ भेजा,

97. फिरौन और उसके दरबारियों की तरफ, लेकिन उन्होंने फिरौन के हुक्म की पैरवी की, और फिरौन का हुक्म कुछ समझने वाला नहीं था।

98. वह क़ियामत के दिन अपनी क़ौम के आगे आगे होगा और उन्हें आग की तरफ ले जाएगा; और कितना बुरा है वह जगह जहाँ उन्हें ले जाया जाएगा।

99. और उन पर इस दुनिया में भी लानत आई और क़ियामत के दिन भी (उन पर लानत होगी)। और कितना बुरा है वह इनाम जो उन्हें दिया गया।

100. ये उन बस्तियों की खबरें हैं जो हम तुम्हें सुना रहे हैं। इनमें से कुछ तो मौजूद हैं और कुछ (के वक़्त) कट गए हैं।

101. और हमने उन पर ज़ुल्म नहीं किया, बल्कि उन्होंने खुद अपने ऊपर ज़ुल्म किया। जब तुम्हारे रब का हुक्म आया, तो उनके वह माबूद जिनको वे अल्लाह के सिवा पुकारते थे, उनके किसी काम न आए। बल्कि उन्होंने उनके हलाक होने में ही इज़ाफ़ा किया।

102. और तुम्हारे रब की पकड़ ऐसी ही होती है जब वह ज़ुल्म करने वाली बस्तियों को पकड़ता है। यकीनन उसकी पकड़ सख्त और दर्दनाक है।

103. यकीनन इसमें उन लोगों के लिए एक निशानी है जो आख़िरत के अज़ाब से डरते हैं। वह एक दिन होगा जब सब लोग इकट्ठे किए जाएंगे, और वह एक ऐसा दिन होगा जिसे सभी देखेंगे।

104. और हम उस दिन को सिर्फ़ एक मुअद्दत (मियाद) तक ताखीर दे रहे हैं।
105. जब वह दिन आएगा, तो कोई भी जान बिना अल्लाह की इजाज़त के कुछ नहीं बोलेगी। उनमें से कुछ बदनसीब होंगे और कुछ खुशनसीब।
106. जो बदनसीब होंगे, वह दोज़ख़ में होंगे। वहाँ उनके लिए सिर्फ़ चीखना और चिल्लाना होगा।
107. वह वहाँ हमेशा रहेंगे जब तक आसमान और ज़मीन क़ायम हैं, सिवा इसके कि तुम्हारे रब ने चाहा हो। निश्चय ही तुम्हारा रब जो चाहता है, वही करने वाला है।
108. और जो खुशनसीब होंगे, वह जन्नत में होंगे। वह वहाँ हमेशा रहेंगे जब तक आसमान और ज़मीन क़ायम हैं, सिवा इसके कि तुम्हारे रब ने चाहा हो। यह एक ना खत्म होने वाला इनाम है।
109. तो (ऐ मुहम्मद ﷺ) तुम इन लोगों के मामलों में शक न करो जो यह मुशरिक पूजा करते हैं। यह बस वही कर रहे हैं जो उनके बाप दादे पहले करते थे। और हम इनको उनका हिस्सा कम या ज्यादा किए बिना पूरा देने वाले हैं।
110. और हमने मूसा (अ.स.) को किताब दी थी, मगर उसमें भी इख़्तिलाफ़ किया गया। और अगर तुम्हारे रब का पहले से एक फैसला न होता, तो इनका मामला पहले ही तय हो चुका होता। और ये लोग क़ुरआन के बारे में शक में मुब्तिला हैं।
111. और यकीनन तुम्हारा रब हर एक का पूरा बदला देगा जो भी उन्होंने किया। बेशक वह उनके हर अमल से वाकिफ़ है।
112. तो (ऐ नबी ﷺ) तुम वैसे ही रास्ते पर चलो जैसे तुम्हें हुक्म दिया गया, तुम भी और जो लोग तुम्हारे साथ अल्लाह की तरफ रुझू कर चुके हैं। और हद से न गुजरो, बेशक जो कुछ तुम करते हो अल्लाह उसे देख रहा है।
113. और ज़ालिमों की तरफ मत झुको, वरना तुमको भी आग छू लेगी, फिर अल्लाह के सिवा तुम्हारा कोई मददगार नहीं होगा और तुमको कोई बचा नहीं सकेगा।
114. और दिन के दोनों किनारों (सुबह और शाम) और रात के करीब नमाज़ क़ायम करो। बेशक नेक काम बुराईयों को मिटा देते हैं। यह याददिहानी (reiteration) है उन लोगों के लिए जो याद रखते हैं।
115. और सब्र करो, क्योंकि अल्लाह ने नेक लोगों का अज्र कभी जाया नहीं होने दिया।
116. फिर तुमसे पहले की उम्मतों में ऐसे लोग क्यों न हुए जो समझदारी से काम लेकर लोगों को ज़मीन में फसाद से रोकते? मगर सिर्फ़ चंद लोग ही ऐसे थे जिन्हें हम ने बचा लिया। और जो ज़ालिम थे, वे सिर्फ़ अपनी दुनिया की ऐश पर लगे रहे, और वे मुज्रिम बन गए।
117. और तुम्हारा रब किसी बस्ती को नाहक़ नहीं मारेगा जब तक उसके लोग इन्कलाब (इंशा) नहीं कर रहे हों।
118. और अगर तुम्हारा रब चाहता, तो सभी लोगों को एक ही उम्मत बना देता। मगर ये लोग हमेशा इख़्तिलाफ़ करते रहेंगे।

119. सिवाए उनके जिन पर तुम्हारे रब ने रहम किया। और इसी वजह से अल्लाह ने उन्हें पैदा किया। और तुम्हारे रब का यह फैसला पूरा होकर रहेगा कि "मैं दोज़ख़ को जिन और इंसानों से भर दूँगा।"
120. और हम जो भी पैगम्बरों की ख़बरें तुम्हें सुना रहे हैं, वह इस लिए हैं ताकि तुम्हारे दिल को मज़बूती मिले। और इस में तुम्हारे पास हक़, नसीहत और मोमिनों के लिए याददिहानी आ चुकी है।
121. और जो लोग ईमान नहीं लाते, उनसे कह दो: "अपने तरीक़े पर अमल करो, हम भी अपने तरीक़े पर अमल कर रहे हैं।"
122. "और इंतजार करो, बेशक हम भी इंतजार कर रहे हैं।"
123. और आसमान और ज़मीन के सभी पोशीदा मामलात सिर्फ़ अल्लाह के हाथ में हैं, और सभी मामलात का रुझू सिर्फ़ उसी की तरफ़ है। तो उसी की इबादत करो और उसी पर भरोसा रखो। और तुम्हारा रब जो कुछ तुम कर रहे हो, उससे बेखबर नहीं है।

12. सूरह यूसुफ़

बिस्मिल्लाह-हिर्रहमान-निर्रहीम

1. अलिफ़, लाम, रा। ये एक रोशन किताब की आयतें हैं।
2. हमने इसे अरबी क़ुरआन बना कर नाज़िल किया ताकि तुम समझ सको।
3. (ऐ मुहम्मद ﷺ) हम इस क़ुरआन के ज़रिए तुम्हें सबसे बेहतरीन घटनाएँ सुना रहे हैं, जबकि तुम पहले इनसे बेख़बर थे।
4. जब यूसुफ़ (अ.स.) ने अपने वालिद से कहा: "ऐ मेरे वालिद! मैंने एक ख्वाब देखा है कि ग्यारह सितारे, सूरज और चाँद मुझसे सजदा कर रहे हैं।"
5. उनके वालिद ने कहा: "ऐ मेरे बेटे! अपना ये ख्वाब अपने भाइयों को मत बताना, वरना वे तेरे खिलाफ कोई चाल चलेंगे। बेशक शैतान इंसान का खुला दुश्मन है।"
6. "और इस तरह तेरा रब तुझसे वादा पूरा करेगा, तुझे ख्वाबों की ताबीर सिखाएगा और अपना इनाम तुझ पर और याकूब (अ.स.) के घरवालों पर पूरा करेगा, जैसे उसने तेरे बुज़ुर्गों इबराहीम (अ.स.) और इसहाक़ (अ.स.) पर पूरा किया था। बेशक तेरा रब सब कुछ जानने वाला, हकीम है।"
7. यकीनन यूसुफ़ (अ.स.) और उनके भाइयों के वाकिये में पूछने वालों के लिए निशानियाँ हैं।
8. जब उनके भाइयों ने कहा: "यूसुफ़ और उसका भाई हमारे वालिद को हमसे ज्यादा प्यारे हैं, जबकि हम एक मजबूत गिरोह हैं। यकीनन हमारे वालिद खुली गलती में हैं।"
9. "यूसुफ़ को मार डालो या उसे कहीं दूर किसी जगह फेंक दो, ताकि तुम्हारे वालिद का पूरा ध्यान सिर्फ तुम पर हो जाए। और इसके बाद तुम नेक काम करने वाले बन जाना।"
10. उनमें से एक ने कहा: "यूसुफ़ को मत मारो, बल्कि उसे किसी कुएँ के गहरे में डाल दो, कोई मुसाफिर उसे निकाल ले जाएगा—अगर तुम कुछ करना चाहते हो।"
11. उन्होंने कहा: "ऐ हमारे वालिद! आप यूसुफ़ पर भरोसा क्यों नहीं करते, जबकि हम उसकी सच्ची

देखभाल करने वाले हैं?"
12. "उसे कल हमारे साथ भेज दीजिए ताकि वह मज़े से खेल कूद सके, और हम उसकी हिफाज़त करेंगे।"
13. (याकूब अ.स.) ने कहा: "मुझे यह बात दुख देती है कि तुम उसे ले जाओ, और मुझे डर है कि कहीं उसे भेड़िया न खा जाए जब तुम उससे ग़ाफ़िल रहोगे।"
14. उन्होंने कहा: "अगर भेड़िया उसे खा जाए जब हम एक मजबूत गिरोह हैं, तो फिर हम वास्तव में बड़े नुकसान उठाने वाले होंगे।"
15. जब वे यूसुफ़ को लेकर चले गए और उसे कुएं में डालने का इरादा किया, तो हमने यूसुफ़ की ओर वाही भेजी: "तू उन्हें उनके इस काम के बारे में ज़रूर बताएगा, जब वे तुझे पहचान नहीं रहे होंगे।"
16. फिर वे रात को अपने वालिद के पास रोते हुए आए।
17. उन्होंने कहा: "ऐ हमारे वालिद! हम दौड़ का मुकाबला कर रहे थे और यूसुफ़ को हमारे सामान के पास छोड़ दिया था, तब एक भेड़िया उसे खा गया। मगर आप हमारी बात पर यकीन नहीं करेंगे, चाहे हम सच कह रहे हों।"
18. और उन्होंने यूसुफ़ की क़मीस पर झूठा खून लगा कर लाया। (याकूब अ.स.) ने कहा: "नहीं, बल्कि तुम्हारे नफ़्स ने तुम्हें कोई बात सुझाई है। अब मुझे सब्र करना ही बेहतर लगता है। और जो तुम बयान कर रहे हो, उस पर सिर्फ अल्लाह से मदद मांग सकता हूँ।"
19. उस वक्त एक मुसाफिर काफ़िला आया, उन्होंने अपना पानी भरने वाला भेजा, उसने अपनी बाल्टी डाली, तो उसने कहा: "ख़ुशखबरी हो! यह तो एक लड़का है!" उन्होंने यूसुफ़ को छुपा कर अपनी तिजारत का माल बना लिया, और अल्लाह उनके सब अमल को देख रहा था।
20. उन्होंने यूसुफ़ को बहुत सस्ते दामों में, सिर्फ कुछ दिरहमों में बेच दिया, और वे इस से ज़्यादा लेना भी नहीं चाहते थे।
21. मिस्र के एक व्यक्ति, जिसे यूसुफ़ बेचा गया था, ने अपनी पत्नी से कहा: "इसकी अच्छी तर्बियत करो, शायद यह हमें फायदा दे या हम इसे बेटा बना लें।" और इस तरह हमने यूसुफ़ को ज़मीन में मुक़ाम दिया, ताकि हम उसे ख्वाब की ताबीर सिखाएं। और अल्लाह अपने कामों में प्रबल है, लेकिन अधिकतर लोग नहीं जानते।
22. जब यूसुफ़ अपनी जवानी को पहुंचे, तो हमने उसे हुक्म और इल्म अता किया। और इस तरह हम नेक लोगों को उनका बदला देते हैं।
23. और जिस औरत के घर में यूसुफ़ थे, उसने यूसुफ़ को बहकाने की कोशिश की। उसने दरवाज़े बंद कर दिए और कहा: "आओ मेरे पास!" यूसुफ़ ने कहा: "अल्लाह की पनाह! यह मेरा मालिक है, जिसने मुझे अच्छा स्थान दिया। बेशक, ज़ालिम कभी सफल नहीं होते।"
24. वह यूसुफ़ की तरफ़ बुरी नीयत से झुकी, और अगर यूसुफ़ अपने रब की निशानी नहीं देख लेता, तो वह भी झुक जाता। मगर हमने उसे बुराई और फाहशी से बचा लिया। बेशक, वह हमारे सच्चे बंदों में से था।

25. दोनों दरवाज़े की तरफ़ भागे, और उस औरत ने यूसुफ़ की क़मीज़ पीछे से फाड़ दी। तभी उन्होंने उसके शौहर को दरवाज़े पर पाया। उस औरत ने कहा: "जो शख़्स तुम्हारी पत्नी पर बुरी नीयत रखे, उसका बदला या तो क़ैद है या दर्दनाक सज़ा।"

26. यूसुफ़ ने कहा: "बिलकुल, यह खुद मुझे बहकाने की कोशिश कर रही थी!" और उसके घरवालों में से एक गवाह ने कहा: "अगर यूसुफ़ की क़मीज़ आगे से फटी हो, तो यह सच कह रही है और यूसुफ़ झूठा है।"

27. "और अगर उसकी क़मीज़ पीछे से फटी हो, तो यह झूठी है और यूसुफ़ सच कह रहा है।"

28. जब उसके शौहर ने देखा कि यूसुफ़ की क़मीज़ पीछे से फटी हुई है, तो उसने कहा: "यह तुम औरतों की चाल है, बेशक तुम्हारी चाल बड़ी अजीम (बड़ी) होती है!"

29. (यूसुफ़ के मालिक ने कहा:) "यूसुफ़! इस बात को नज़रअंदाज़ कर दो, और (अपनी पत्नी से कहा) तुम अपने गुनाह की माफ़ी माँगो, बेशक तुम ग़लती करने वालों में से हो।"

30. शहर की औरतों ने कहा: "अजीज़ की पत्नी अपने गुलाम से मोहब्बत में पागल हो चुकी है। बेशक, हम इसे खुली ग़लती में देख रहे हैं!"

31. जब उसने उनकी बातें सुनी, तो उन्हें दावत दी, उनके लिए एक महफ़िल सजाई, हर एक को एक छुरी दी, और यूसुफ़ से कहा: "उनके सामने आ जाओ!" जब उन औरतों ने यूसुफ़ को देखा, तो उसकी खूबसूरती से हैरान हो गईं और (बेहोशी में) अपने हाथ काट लिए। फिर कहने लगीं: "सुब्हानअल्लाह! यह कोई इंसान नहीं, बल्कि एक अजीम फरिश्ता है!"

32. उस औरत ने कहा: "यह वही है जिसके बारे में तुम मुझे मलामत करती थी। हाँ! मैंने इसे बहकाने की कोशिश की थी, मगर इसने इंकार कर दिया। अगर इसने मेरी बात नहीं मानी, तो यह यकीनन क़ैद कर दिया जाएगा और ज़लील लोगों में शामिल होगा।"

33. यूसुफ़ ने दुआ की: "मेरे रब! मुझे क़ैद होना ज्यादा पसंद है बनिस्बत इसके कि मैं इनकी बात मान लूं। और अगर तू इनकी चाल मुझसे न टाले, तो मैं इनकी तरफ़ झुक सकता हूँ और नादानों में शामिल हो सकता हूँ।"

34. फिर अल्लाह ने उसकी दुआ कुबूल की और इन औरतों की चालों से उसकी हिफ़ाज़त की। बेशक, अल्लाह सब कुछ सुनने वाला, सब कुछ जानने वाला है।

35. फिर, जब अजीज़ और उसके लोगों ने यूसुफ़ की पाकदामनी की निशानियाँ देख लीं, तब भी उन्हें लगा कि इसे कुछ अरसे तक क़ैद करना बेहतर है।

36. यूसुफ़ के साथ क़ैद खाने में दो जवान भी दाख़िल हुए। एक ने कहा: "मैंने ख्वाब देखा है कि मैं शराब निचोड़ रहा हूँ।" दूसरे ने कहा: "मैंने देखा कि मैं अपने सिर पर रोटियां उठाए हुए हूँ, जिनसे परिंदे खा रहे हैं। हमें इसका मतलब बताइए, क्योंकि हम आपको नेक आदमी समझते हैं।"

37. यूसुफ़ ने कहा: "जो भी खाना तुमसे दिया जाता है, वह आने से पहले मैं तुम्हें उसकी ताबीर बता दूंगा। यह मेरा रब है जिसने मुझे यह इल्म दिया है। मैं उन लोगों का धर्म छोड़ चुका हूँ जो अल्लाह को नहीं मानते

और जो आख़िरत का इन्कार करते हैं।"

38. "और मैं अपने बाप-दादा इब्राहीम, इसहाक, और याकूब के धर्म पर चला हूँ। हम अल्लाह के साथ किसी को शरीक नहीं बनाते। यह अल्लाह का हम पर और तमाम लोगों पर एहसान है, मगर अक्सर लोग शुक्रिया अदा नहीं करते।"

39. "ऐ मेरे क़ैद के दो साथियो! क्या विभिन्न माबूद बेहतर हैं या एक अल्लाह, जो सब पर ग़ालिब है?"

40. "तुम सिर्फ उन्हीं नामों को पूजते हो जो तुमने और तुम्हारे बाप-दादा ने रख लिए हैं। अल्लाह ने उनके लिए कोई दलील नहीं उतारी। हुक्म सिर्फ अल्लाह का है, उसने फरमाया है कि सिर्फ उसी की इबादत करो। यही सही धर्म है, मगर अक्सर लोग नहीं जानते।"

41. "ऐ मेरे दो क़ैद के साथियो! तुम में से एक (जो शराब निचोड़ रहा था), वह अपने मालिक को शराब पिलाएगा। मगर जो दूसरा था, उसे सूली दी जाएगी और परिंदे उसके सिर से (मांस) खाएंगे। यह फैसला हो चुका है जिसके बारे में तुमने पूछा।"

42. यूसुफ़ ने उस शख्स से, जो आज़ाद होने वाला था, कहा: "अपने मालिक के पास मेरा ज़िक्र करना।" मगर शैतान ने उसे भुला दिया कि अपने मालिक के सामने यूसुफ़ का ज़िक्र करे। इसलिए यूसुफ़ कुछ और साल क़ैद में रहा।

43. उस वक्त बादशाह ने कहा: "मैंने ख्वाब देखा है कि सात मोटी गायें (गाएं) हैं जिन्हें सात दुबली गायें खा रही हैं, और सात हरी बालियां हैं और (सात) सूखी बालियां भी। ऐ दरबार के लोगों! अगर तुम ख्वाब की ताबीर समझते हो, तो मुझे इसका मतलब बताओ।"

44. उन्होंने कहा: "यह बस उलझे हुए सपने हैं, और हम ख्वाब की ताबीर का इल्म नहीं रखते।"

45. मगर जो आदमी (क़ैद से) निकल गया था और कुछ अरसे बाद उसे (यूसुफ़ का वाक़िया) याद आया, उसने कहा: "मैं तुम्हें इसका मतलब बता सकता हूँ, बस मुझे भेजो!"

46. फिर उसने यूसुफ़ से कहा: "ऐ यूसुफ़, ऐ सच्चे आदमी! हमें बताओ कि सात मोटी गायें जिने सात दुबली गायें खा रही हैं, और सात हरी बालियां और सात सूखी बालियां का क्या मतलब है? ताकि मैं वापस जाकर लोगों को बता सकूं, शायद वे समझ सकें।"

47. यूसुफ़ ने कहा: "तुम सात साल लगातार खेती करोगे, और जो कुछ तुम काटो, उसे उसी की बालियों में रखो, मगर थोड़ा सा जो तुम खाओ।"

48. "इसके बाद सात सख्त (क़हत के) साल आएंगे जो तुम्हारे पहले जमा किए हुए अनाज को खा जाएंगे, मगर थोड़ा सा जो तुम बचा कर रखोगे।"

49. "फिर इसके बाद एक ऐसा साल आएगा जिसमें लोगों को बारिश मिलेगी, और इसमें वे (फल और अंगूर) निचोड़ेंगे।"

50. तब बादशाह ने कहा: "इस आदमी को मेरे पास लाओ!" मगर जब पैग़ाम उसे तक पहुँचा, तो यूसुफ़ ने कहा: "अपने मालिक के पास वापस जाओ और उनसे पूछो कि उन औरतों का क्या मामला था जिन्होंने अपने

हाथ काट लिए थे। बेशक, मेरा रब उनकी चालों से वाक़िफ़ है।"

51. बादशाह ने उन औरतों से कहा: "जब तुमने यूसुफ़ को बहकाने की कोशिश की थी, तो क्या मामला था?" उन्होंने कहा: "सबाहानअल्लाह! हमने यूसुफ़ में कोई बुराई नहीं देखी।" तब अज़ीज़ की बीवी बोली: "अब सच सामने आ गया है! मैंने यूसुफ़ को बहकाने की कोशिश की थी, और बेशक, वह बिल्कुल सच्चे हैं!"

52. "यह इस लिए हुआ ताकि (अज़ीज़) को मालूम हो जाए कि मैंने उसकी गैर-मौजूदगी में उसका कोई खयानत नहीं की, और बेशक, अल्लाह दग़ाबाज़ों की चालों को कामयाब नहीं होने देता।"

53. "और मैं अपने नफ्स को बे-आइब नहीं कह सकती। बेशक, नफ्स बुराई की तरफ बहुत ज्यादा उकसाता है, मगर जिसे मेरा रब रहम फरमाए। बेशक, मेरा रब बड़ा बख्शने वाला, निहायत मेहरबान है।"

54. तब बादशाह ने कहा: "इस आदमी को मेरे पास लाओ, मैं इसे अपने लिए खास कर लूंगा!" जब यूसुफ़ से बातचीत की, तो कहा: "आज से तुम हमारे पास मक्सूस और मु'तबर हो!"

55. यूसुफ़ ने कहा: "मुझे मुल्क के ख़ज़ाने का जिम्मेदार बना दो, क्योंकि मैं इसका अच्छी तरह देखभाल करने वाला हूँ, और इसमें इल्म रखता हूँ।"

56. इस तरह हमने यूसुफ़ को उस मुल्क में मुक़ाम दिया जहाँ वह चाहे रहता। हम जिसे चाहते हैं अपनी रहमत से नवाज़ते हैं, और नेक लोगों का अज्र ज़ाया नहीं करते।

57. और आखिरत का बदला उन लोगों के लिए बेहतर है जो ईमान लाए और तक़्वा इख़्तियार किया।

58. यूसुफ़ के भाई (घल्ला लेने) आए, और उन्होंने उसके सामने हाज़िर होकर उसे नहीं पहचाना, मगर यूसुफ़ ने उन्हें पहचान लिया।

59. जब उनका सामान पूरा कर दिया, तो यूसुफ़ ने कहा: "अपने एक भाई को जो तुम्हारे बाप की तरफ से है, मेरे पास ले आना। क्या तुम नहीं देखते कि मैं पूरा नाप कर देता हूँ और सबसे बेहतरीन मेहमाननवाज़ी करता हूँ?"

60. "अगर तुम इसे लेकर नहीं आओगे, तो तुम्हारे लिए मेरे पास से कोई (घल्ला का) नाप नहीं होगा, और ना तुम मेरे क़रीब आ सकोगे!"

61. उन्होंने कहा: "हम उसके बाप को रज़ी करने की कोशिश करेंगे, और हम ये ज़रूर करेंगे।"

62. यूसुफ़ ने अपने मुलाज़िमों से कहा: "इनका माल इनके सामान में वापस रख दो, ताकि जब ये अपने घर वापस जाएं, तो इसे पहचान लें, शायद ये दोबारा लौट आएं।"

63. जब ये अपने बाप के पास वापस पहुंचे, तो उन्होंने कहा: "ए हमारे बाप! आगे हमें (घल्ले का) नाप मिलना बंद हो गया है। तो हमें हमारे भाई के साथ भेज दीजिए, ताकि हमें नाप मिले, और हम उसके जिम्मेदार हैं।"

64. उनके बाप ने कहा: "क्या मैं इस पर तुम्हारा भरोसा कर लूं, जैसे पहले उसके भाई (यूसुफ़) पर भरोसा किया था? मगर अल्लाह सबसे बेहतर निगहबान है, और वह सब रहम करने वालों में सबसे ज्यादा रहम करने वाला है!"

65. जब उन्होंने अपना सामान खोला, तो देखा कि उनका माल उन्हें वापस मिल गया है। उन्होंने कहा: “ए हमारे वालिद! और क्या चाहिए? यह हमारा माल भी वापस मिल गया है! अब हम अपने घर वालों के लिए फिर से राशन लाएंगे, अपने भाई की हिफाजत करेंगे और एक ऊंट का और बोझ बढ़ाकर लाएंगे। यह तो एक आसान सा नाप है!”
66. याकूब ने कहा: “मैं उसे तुम्हारे साथ हरगिज़ नहीं भेजूंगा, जब तक तुम अल्लाह का वादा नहीं करते कि उसे वापस लाओगे, मगर हां, अगर तुम घिर गए (और मजबूर हो गए), तो और बात है।” जब उन्होंने अपनी क़स्म खा ली, तो उन्होंने कहा: “अल्लाह हमारी बात का गवाह है।”
67. फिर याकूब ने कहा: “मेरे बेटों! एक दरवाजे से मत दाखिल होना, बल्कि अलग-अलग दरवाजों से अंदर जाना। मगर मैं अल्लाह की तक़दीर से तुम्हें बचा नहीं सकता। हुक्म सिर्फ अल्लाह का चलता है। मैं उसी पर भरोसा करता हूं, और भरोसा करने वालों को भी उसी पर भरोसा करना चाहिए।”
68. जब वे उस तरीके से दाखिल हुए जैसा कि उनके वालिद ने कहा था, तो यह अल्लाह की तक़दीर को नहीं बदल सका। बस एक बात थी जो याकूब के दिल में थी, और उसने अपनी तसल्ली के लिए ऐसा कहा। वह तो इल्म रखता था, जो हमने उसे दिया था, मगर ज्यादा लोग नहीं जानते।
69. जब यूसुफ़ के पास आए, तो उसने अपने भाई को अपने पास अलग किया और कहा: “मैं तेरा भाई हूं, तो जो कुछ ये लोग करते रहे हैं, उस पर ग़म न कर।”
70. जब उनका सामान तैयार कर दिया, तो यूसुफ़ ने एक नापने का प्याला अपने भाई के थैले में रख दिया। फिर एक ऐलान करने वाले ने आवाज़ दी: “ए काफ़िला वालों! तुम सब चोर हो!”
71. उन्होंने मुड़कर कहा: “तुम्हारी क्या कमी हो गई है?”
72. उन्होंने कहा: “हम बादशाह का नापने का प्याला नहीं पा रहे, और जो इसे ला दे, उसके लिए एक ऊंट का बोझ इनाम है, और मैं इसका ज़िम्मेदार हूँ!”
73. भाइयों ने कहा: “अल्लाह की क़सम! तुम तो जानते हो कि हम इस मुल्क में फसाद करने नहीं आए, और न ही हम कभी चोर रहे हैं!”
74. उन्होंने कहा: “अगर तुम झूठे निकले, तो तुम्हारा क्या अंजाम होगा?”
75. भाइयों ने कहा: “जिसके पास वह सामान मिलेगा, वही इसका बदला होगा! हमारे कानून के मुताबिक़ ज़ालिमों को ऐसी ही सजा मिलती है!”
76. यूसुफ़ ने उनका सामान तलाशना शुरू किया और पहले दूसरों के थैले देखे, फिर अपने भाई के थैले से वह प्याला निकाल लिया। हमने यूसुफ़ के लिए यही तदबीर की थी। वह बादशाह के कानून के मुताबिक़ अपने भाई को नहीं रख सकता था, मगर अल्लाह जो चाहता है, वही करता है। हम जिसे चाहें, दर्जात में बुलंद करते हैं, और हर इल्म वाले के ऊपर एक और बड़ा इल्म रखने वाला है।
77. भाइयों ने कहा: “अगर इसने चोरी की है, तो इससे पहले इसका एक भाई भी चोरी कर चुका है।” मगर यूसुफ़ ने यह बात अपने दिल में रखी और उन्हें नहीं बताया। उसने सिर्फ इतना कहा: “तुम लोग कैसे लोग हो!

अल्लाह बेहतर जानता है जो तुम कह रहे हो!"

78. उन्होंने कहा: "ऐ अज़ीज़! इसका एक बूढ़ा वालिद है, तो इसकी जगह हममें से किसी को रख लो। हम देख रहे हैं कि तुम एहसान करने वाले हो!"

79. यूसुफ़ ने कहा: "अल्लाह की पनाह! हम उस शख़्स के सिवा किसी और को कैसे रख सकते हैं, जिसके पास हमारा माल मिला? अगर ऐसा करें, तो हम ज़ालिम होंगे!"

80. जब भाई इससे मायूस हो गए, तो अकेले बैठकर मशवरा करने लगे। सबसे बड़ा भाई बोला: "क्या तुम्हें याद नहीं कि तुम्हारे वालिद ने तुमसे अल्लाह का वादा लिया था? और पहले तुम यूसुफ़ के मामले में नाकाम हो चुके हो? तो मैं इस मुल्क से नहीं जाऊँगा, जब तक मेरे वालिद इजाज़त न दें या अल्लाह मेरे हक में कोई फ़ैसला न कर दे, और वह सब से बेहतर फ़ैसला करने वाला है!"

81. "तुम अपने वालिद के पास वापस जाओ और कहना: 'ऐ हमारे वालिद! आपके बेटे ने चोरी कर ली है! हमने सिर्फ वही गवाही दी जो हमें मालूम थी, और हम ग़ैब की निगहबानी नहीं कर सकते!'"

82. "आप उस बस्ती के लोगों से पूछ लीजिए जिसमें हम थे, और उस काफ़िले से भी पूछ लीजिए जिसमें हम आए हैं। और हम बिल्कुल सच हैं!"

83. याक़ूब ने कहा: "नहीं! तुम्हारे नफ़्स ने तुम्हें एक और बात सुझाई है! तो मैं अब सिर्फ़ सब्र करूंगा। शायद अल्लाह उन्हें मेरे पास ले आए। बेशक, वह बेहद इल्म रखने वाला, हिकमत वाला है!"

84. फिर याक़ूब उनसे मुँह फेरकर कहने लगे: "हाय, यूसुफ़ की जुदाई!" और ग़म के मारे उनकी आँखें सफेद हो गईं, मगर वह अपने दुख को छिपाए रखते थे।

85. भाइयों ने कहा: "अल्लाह की क़सम! आप यूसुफ़ को इतना याद करेंगे कि या तो बीमार हो जाएंगे या मर जाएंगे!"

86. याक़ूब ने जवाब दिया: "मैं अपना दुख और ग़म सिर्फ़ अल्लाह से शिकायत करता हूँ, और मैं अल्लाह से वो जानता हूँ जो तुम नहीं जानते!"

87. "मेरे बेटों! जाओ, यूसुफ़ और उसके भाई की तलाश करो, और अल्लाह की रहमत से न उम्मीद मत हो! अल्लाह की रहमत से सिर्फ़ काफ़िर ही न उम्मीद होते हैं!"

88. जब भाई यूसुफ़ के पास पहुँचे, तो उन्होंने कहा: "ऐ अज़ीज़! हमें और हमारे घरवालों को मुसीबत ने घेर लिया है। हम कमती कीमती माल लाए हैं, मगर हमें पूरा नाप दो और हम पर एहसान करो! अल्लाह एहसान करने वालों को अज्र देता है!"

89. यूसुफ़ ने कहा: "क्या तुमे याद है जो तुमने यूसुफ़ और उसके भाई के साथ किया जब तुम जाहिल थे?"

90. भाइयों ने हैरान होकर कहा: "क्या तुम वाक़ई यूसुफ़ हो?" यूसुफ़ ने जवाब दिया: "हाँ, मैं यूसुफ़ हूँ और यह मेरा भाई है। अल्लाह ने हम पर फ़ज़ल किया है। जो अल्लाह से डरते हैं और सब्र करते हैं, अल्लाह उनके नेक अमल का अज्र ज़ाया नहीं करता।"

91. भाइयों ने कहा: "अल्लाह की क़सम! अल्लाह ने तुमें हम पर फ़ज़ीलत दी है, और बेशक हम गुनाहगार

थे।"
92. यूसुफ़ ने कहा: "आज तुम पर कोई इल्ज़ाम नहीं। अल्लाह तुमें माफ़ करे! और वह सबसे ज़्यादा रहम करने वाला है।"
93. "मेरा ये क़मीस ले जाओ और मेरे वालिद के चेहरे पर डाल दो, वह फिर से देखने लगेंगे। और अपने सभी घरवालों को लेकर मेरे पास आ जाओ।"
94. जब काफ़िला मिस्र से रवाना हुआ, तो याकूब ने कहा: "मुझे यूसुफ़ की खुशबू आ रही है, अगर तुम मुझे बूढ़ा न समझो!"
95. लोगों ने कहा: "अल्लाह की क़सम! आप अब भी अपनी पुरानी भूल में हैं!"
96. जब खुशख़बरी देने वाला आया, तो उसने यूसुफ़ का क़मीस याकूब के चेहरे पर डाल दिया, और उनकी बिनाई वापस आ गई। उन्होंने कहा: "क्या मैंने तुमसे नहीं कहा था कि मैं अल्लाह से वह जानता हूँ जो तुम नहीं जानते?"
97. भाइयों ने कहा: "ऐ हमारे वालिद! हमारे गुनाहों की माफ़ी के लिए दुआ कीजिए। हम वाक़ई गुनाहगार थे।"
98. याकूब ने कहा: "मैं अपने रब से तुम्हारी माफ़ी की दुआ करूंगा। बेशक, वही बख़्शने वाला, मेहरबान है।"
99. जब सब यूसुफ़ के पास पहुंचे, तो उसने अपने वालिद और माँ को अपने पास रखा और कहा: "अल्लाह की मर्जी से मिस्र में अमन और सलामती के साथ दाखिल हो जाओ!"
100. यूसुफ़ ने अपने वालिद और माँ को अपने तख़्त पर बैठाया, और सब उसके सामने सजदा में गिर गए। यूसुफ़ ने कहा: "ऐ मेरे वालिद! यह मेरे उस सपने की ताबीर है जो मैं पहले देखा करता था। मेरे रब ने उसे सच कर दिया। उसने मुझ पर एहसान किया जब मुझे क़ैद से निकाल दिया और आप लोगों को देहात से यहाँ ले आया, जबकि शैतान ने मेरे और मेरे भाइयों के बीच फ़साद डाल दिया था। बेशक, मेरा रब जो चाहता है, बड़ा नाज़ुक अंदाज़ रखता है। बेशक, वही सब कुछ जानने वाला, हकीम है।"
101. "ऐ मेरे रब! तूने मुझे हुकूमत दी और मुझे ख़्वाबों की ताबीर सिखाई। आसमान और ज़मीन के पैदा करने वाले! तू ही दुनिया और आख़िरत में मेरा वली है। मुझे इस्लाम पर मरने दे और मुझे नेक लोगों में शामिल कर दे!"
102. (ऐ मुहम्मद!) यह उन ग़ैब की ख़बरों में से है जो हम तुम पर वाही कर रहे हैं। तुम उस वक्त उनके पास मौजूद नहीं थे जब वे अपने मामले पर मशवरा कर रहे थे और चाल चल रहे थे।
103. और अकसर लोग चाहे तुम कितना भी चाहो, ईमान लाने वाले नहीं हैं।
104. और तुम उनसे (इस पैग़ाम पर) किसी अज़्र का मुतालबा भी नहीं करते। यह तो बस तमाम जहान वालों के लिए एक नसीहत है।
105. और आसमान और ज़मीन में कितनी ही निशानियाँ हैं जिनसे ये गुज़रते हैं, मगर वो उनसे मुँह मोड़ लेते

हैं।

106. और उनमें से ज़्यादा तर लोग अल्लाह पर ईमान नहीं लाते मगर (साथ ही) शिर्क भी करते हैं।

107. क्या ये लोग इस बात से बे-ख़ौफ़ हो गए हैं कि अल्लाह का अज़ाब उनपर आ जाए या अचानक क़यामत आ पहुँचें जबकि उन्हें एहसास भी न हो?

108. (ऐ मुहम्मद!) कह दो: “यह मेरी राह है। मैं अल्लाह की तरफ़ बुलाता हूँ, पूरी बसीरत के साथ, मैं भी और जो मेरे रास्ते पर चले, वह भी। अल्लाह पाक है, और मैं शिर्क करने वालों में से नहीं हूँ!”

109. और हमने तुमसे पहले सिर्फ उन्हीं आदमियों को रसूल बना कर भेजा जो बस्तियों के रहने वाले थे और जिन पर हम वाही भेजते थे। क्या ये लोग ज़मीन में घूम कर नहीं देखते कि उन लोगों का क्या अंजाम हुआ जो उनसे पहले थे? और आख़िरत का घर उन लोगों के लिए बेहतर है जो अल्लाह से डरते हैं। क्या तुम समझते नहीं?

110. (यह सब चलता रहा) यहाँ तक कि जब रसूल (अपनी क़ौम से) मायूस हो गए और उन्हें लगा कि उन्हें झूठा समझा गया, तो हमारी मदद उन तक आ पहुँची। फिर हमने जिसे चाहा, बचा लिया, और हमारा अज़ाब मुजरिमों से टलता नहीं।

111. उनके क़िस्सों में अक़लमंद लोगों के लिए एक सबक है। यह (क़ुरआन) कोई घड़ी हुई बात नहीं, बल्कि यह पहले की किताबों की तसदीक़ है, हर चीज़ की तफ़सील है, हिदायत है, और ईमान लाने वालों के लिए रहमत है।

13. सूरह अर-रअद

बिस्मिल्लाह-हिर्रहमान-निर्रहीम

1. अलिफ, लाम, मीम, रा। ये किताब की आयतें हैं; और जो कुछ तुम्हारे रब की तरफ से तुम पर नाज़िल किया गया है, वह हक़ है, मगर अक्सर लोग ईमान नहीं लाते।
2. अल्लाह ही है जिसने आसमान को बिना किसी देखे जाने वाले सहारे के उठाया, फिर अर्श पर इस्तिवा फ़रमाया, और सूरज और चाँद को अपने हुक्म का मुती बना दिया। हर एक एक मुक़र्रर मुद्दत तक चलता रहता है। वह तमाम मामलात को चाल चलाता है, निशानियाँ तफ़सील से बयान करता है, ताकि तुम अपने रब की मुलाक़ात का यक़ीन करो।
3. और वही है जिसने ज़मीन को फैला दिया, उसमें मज़बूत पहाड़ और दरिया बना दिए, और हर किस्म के फल दो-दो जोड़ियों में पैदा किए। वह रात को दिन पर ढालता है। बेशक इसमें उन लोगों के लिए निशानियाँ हैं जो ग़ौर-ओ-फ़िक्र करते हैं।
4. और ज़मीन में मुख़्तलिफ़ किस्म की खेती-बाड़ी, अंगूरों के बाग़, खेतियाँ और नक़्ल के दरख़्त हैं— कुछ एक ही जड़ से निकले हुए और कुछ अलग-अलग। उन्हें एक ही पानी से सींचा जाता है, मगर हम उनमें से किसी को किसी पर फ़ज़ीलत देते हैं फलों में। इसमें अक़्लमंद लोगों के लिए निशानियाँ हैं।
5. और अगर तुम्हारी हैरानी का कोई सबब है, तो यह है कि वे कहते हैं: "क्या जब हम मिट्टी हो जाएँगे तो क्या हम नए सिरे से पैदा किए जाएँगे?" यही लोग अपने रब का इनकार कर रहे हैं, यही लोग होंगे जिनके गलों में तौक़ होगा, और यही दोज़ख़ वाले हैं, जिसमें वे हमेशा रहेंगे।
6. ये लोग तुमसे भलाई से पहले बुराई जल्दी माँग रहे हैं, हालाँकि इनसे पहले कितनी ही सज़ाएँ गुज़र चुकी हैं। और बेशक तुम्हारा रब लोगों के लिए मग़फ़िरत वाला है उनके ज़ुल्म के बावजूद, और बेशक तुम्हारा रब सज़ा देने में भी सख़्त है।

7. और जो लोग कुफ़्र कर रहे हैं, कहते हैं: “इस पर उसके रब की तरफ से कोई निशानी क्यों नहीं नाज़िल की गई?” तुम सिर्फ़ एक डर सुनाने वाले हो, और हर क़ौम के लिए एक रहनुमा है।
8. अल्लाह जानता है जो कुछ हर एक माँ (औरत) अपनी रहमत में उठाए हुए है, और जो कुछ रहमत कम करती है और जो कुछ इज़ाफ़ा करती है। और हर चीज़ अल्लाह के पास एक मिक़दार के साथ है।
9. वह ग़ैब और ज़ाहिर का जानने वाला है, अज़ीम और बुलंद मर्तबा है।
10. तुम में से जो भी अपनी बात छुपाए या उसे ज़ाहिर करे, जो भी रात के अंधेरों में छुपा हो या दिन के उजाले में चलता फिरता हो, सब अल्लाह की नज़र में बराबर है।
11. हर शख़्स के लिए उसके आगे और पीछे देख-भाल करने वाले फरिश्ते मुक़र्रर हैं जो अल्लाह के हुक्म से उसकी हिफ़ाज़त करते हैं। बेशक अल्लाह किसी क़ौम की हालत तब तक नहीं बदलता जब तक वह खुद अपनी हालत न बदल ले। और जब अल्लाह किसी क़ौम पर अज़ाब का इरादा कर लेता है, तो फिर कोई उसे टाल नहीं सकता, और उसके सिवा उनका कोई मददगार नहीं होता।
12. वही है जो तुम्हें बिजली दिखाता है, जो ख़ौफ़ और उम्मीद दोनों जगाती है, और भारी बादल उठाता है।
13. और रअद (गरज) अल्लाह की हम्द के साथ उसकी तसबीह करती है, और फरिश्ते भी उसके ख़ौफ़ के मारे तसबीह करते हैं। और वह बिजलियों को भेजता है, जिसे जिसे चाहता है उस पर गिराता है, फिर भी ये लोग अल्लाह के बारे में झगड़ रहे हैं, हालाँकि वह सख़्त क़ुव्वत वाला है।
14. सिर्फ़ अल्लाह के लिए है हक़ीक़ी दुआ। और जिन्हें ये लोग उसके सिवा पुकारते हैं, वे उनकी किसी भी चीज़ में सुनवाई नहीं करते, मगर बिल्कुल उस शख़्स की तरह जो दूर से अपने हाथों से पानी बुलाता है कि उसके मुँह तक आ जाए, मगर वह उस तक नहीं पहुँचेगा। और काफ़िरों की दुआ बस बहकावे के सिवा कुछ नहीं।
15. जो कुछ भी आसमान और ज़मीन में है, सब अल्लाह के सामने चाह कर या मजबूरी में सज्दा कर रहा है, और उनके साए भी सुबह-ओ-शाम सज्दा करते हैं।
16. पूछो, “आसमान और ज़मीन का रब कौन है?” कहो, “अल्लाह!” फिर पूछो, “क्या फिर तुमने उसके सिवा ऐसे मददगार बना लिए जो अपने लिए भी न किसी फ़ायदे का इख़्तियार रखते हैं, न किसी नुक़सान का?” कहो, “क्या अंधा और देखने वाला बराबर हो सकते हैं? क्या अंधेरे और रोशनी बराबर हो सकते हैं?” क्या उन्होंने अल्लाह के ऐसे शरीक बना लिए हैं जो उसी की तरह पैदा करते हैं, कि उनके लिए ख़ल्क़ (तख़लीक़) मुशाबिहत रखने लगी? कहो, “अल्लाह हर चीज़ का ख़ालिक़ है, और वही वाहिद और क़ह्हार है।”
17. वह आसमान से पानी बरसाता है, और दरिया अपनी क़ुदरत के मुताबिक़ बहते हैं। पानी की सतह पर झाग उभर आती है। ऐसी ही झाग लोहा गलाने के वक़्त भी उठती है, जब लोग ज़ीनत और इस्तेमाल की चीज़ें बनाने के लिए उसे गलाते हैं। इसी तरह अल्लाह हक़ और बातिल की मिसाल बयान करता है। जो झाग है, वह बेकार होकर निकल जाती है, मगर जो लोगों के लिए मुफ़ीद चीज़ है, वह ज़मीन पर ठहर जाती है।

इसी तरह अल्लाह मिसाल बयान करता है।

18. जो लोग अपने रब की बात मान लेते हैं, उनके लिए बेहतरीन सिला है। और जो उसकी बात नहीं मानते, अगर उनके पास दुनिया भर की दौलत भी हो और इतनी और भी, तो वे उसे अज़ाब से बचने के लिए फ़िदये में देना चाहें, मगर उनका फ़िदया क़बूल नहीं होगा। उन्हीं लोगों के लिए सख़्त हिसाब है, और उनका ठिकाना जहन्नम है, जो बहुत ही बुरी जगह है।

19. क्या जो यह जानता है कि जो कुछ तुम्हारे रब की तरफ़ से नाज़िल किया गया है, वह हक़ है, उस शख़्स के बराबर हो सकता है जो अंधा है? समझ तो वही लोगते हैं जो अक़्ल रखते हैं।

20. जो अल्लाह के अहद को पूरा करते हैं और उसे तोड़ते नहीं,

21. और जो उन रिश्तों को जोड़ते हैं जिन्हें अल्लाह ने जोड़ने का हुक्म दिया है, और अपने रब से डरते हैं और अपने हिसाब की बुराई से ख़ौफ़ रखते हैं,

22. और जो सब्र करते हैं अपने रब की रज़ा की तलब में, नमाज़ क़ायम करते हैं, और जो हमने उन्हें दिया है उसमें से ख़ुफ़िया और खुल्लम-खुल्ला ख़र्च करते हैं, और बुराई को भलाई से टाल देते हैं—यही लोग हैं जिनके लिए आख़िरत का बेहतरीन ठिकाना है।

23. हमेशा रहने वाले बाग़, जिनमें ये दाख़िल होंगे, और उनके बाप-दादा, उनकी बीवियां और उनकी औलाद में से जो भी नेक होंगे, उनके साथ होंगे। और फ़रिश्ते हर दरवाज़े से उनके पास आएंगे,

24. (और कहेंगे) "तुम पर सलाम हो, कि तुमने सब्र किया। पस क्या ही बेहतरीन अंजाम है यह घर!"

25. और जो लोग अल्लाह के अहद को तोड़ देते हैं उसके मज़बूत करने के बाद, और उन ताल्लुक़ात को काट देते हैं जिन्हें अल्लाह ने जोड़ने का हुक्म दिया है, और ज़मीन में फ़साद फैलाते हैं—उनके लिए लानत है और उनका ठिकाना सबसे बुरा है।

26. अल्लाह जिसे चाहता है, रिज़्क़ कुशादा कर देता है और जिसे चाहता है, तंग कर देता है। और ये लोग दुनिया की ज़िंदगी पर ख़ुश हैं, हालाँकि दुनिया की ज़िंदगी आख़िरत के मुक़ाबले में सिर्फ़ एक थोड़ी सी लुत्फ़-अंदोज़ी है।

27. और जो लोग कुफ़्र कर रहे हैं, कहते हैं: "इस पर उसके रब की तरफ़ से कोई निशानी क्यों नहीं नाज़िल की गई?" कहो, "बेशक, अल्लाह जिसे चाहता है गुमराह कर देता है, और जो उसकी तरफ़ रुजू करता है, उसको हिदायत दे देता है।"

28. जो लोग ईमान लाए और जिनके दिल अल्लाह की याद से मुतमइन हो गए। बेशक, अल्लाह की याद से ही दिलों को सुकून मिलता है।

29. जो लोग ईमान लाए और नेक आमाल किए, उनके लिए बेहतरीन हालात हैं और अच्छा अंजाम है।

30. हमने तुम्हें एक ऐसी क़ौम में भेजा है जिससे पहले भी कई क़ौमें गुज़र चुकी हैं, ताकि तुम उन्हें वह क़ुरआन सुना दो जो हमने तुम पर नाज़िल किया है। मगर ये रहमान का इंकार कर रहे हैं। कहो, "वही मेरा रब है, उसके सिवा कोई माबूद नहीं। उसी पर मैंने भरोसा किया है और उसी की तरफ़ मैं रुजू करता हूँ।"

31. अगर कोई क़ुरआन ऐसा होता जिससे पहाड़ चला दिए जाते, या ज़मीन चीर दी जाती, या मुर्दों से बात करवाई जा सकती, तो यही होता। मगर तमाम इख़्तियार अल्लाह के हाथ में है। क्या अब तक ईमान लाने वालों को यह बात समझ नहीं आई कि अगर अल्लाह चाहता तो सब लोगों को हिदायत दे देता? और जो लोग कुफ़्र कर रहे हैं, उन्हें उनके करतूतों की वजह से मुसीबत लगातार आती रहेगी, या उनके घर के क़रीब नाज़िल होती रहेगी, यहाँ तक कि अल्लाह का वादा पूरा हो जाए। बेशक, अल्लाह अपने वादे के ख़िलाफ़ नहीं करता।
32. तुमसे पहले भी बहुत से रसूल मज़ाक का निशाना बनाए गए, मगर मैंने इनकार करने वालों को मोहलत दी, फिर मैंने उन्हें पकड़ लिया। तो देखो, मेरी सज़ा कैसी थी!
33. क्या जो हर जान की निगहबानी कर रहा है, जो उसके आमाल से बाख़बर है, वह किसी और के बराबर हो सकता है? मगर इन लोगों ने अल्लाह के साझी ठहरा लिए हैं। कहो, "उनका नाम लो! या तुम अल्लाह को ऐसी बात बता रहे हो जिसे वह ज़मीन में जानता ही नहीं? या ये बस ख़ाली ख़याली बातों का इज़हार कर रहे हो?" मगर हक़ीक़त यह है कि इन लोगों के फ़रेब उनके लिए ख़ुशनुमा बना दिए गए हैं और ये राह-ए-रास्त से रोक दिए गए हैं। और जिसे अल्लाह गुमराह कर दे, उसके लिए कोई रहनुमा नहीं।
34. उनके लिए दुनिया की ज़िंदगी में अज़ाब है, और आख़िरत का अज़ाब तो उससे भी सख़्त है। और उनके लिए अल्लाह से कोई बचाने वाला नहीं होगा।
35. उस जन्नत का जो मुत्तक़ियों से वादा किया गया है, यह हाल है कि उसके नीचे नहरें बह रही हैं, उसके फल दायमी हैं, और उसका साया भी। यह अंजाम है मुत्तक़ियों का, और काफ़िरों का अंजाम आग है।
36. और जिन लोगों को हमने पहली किताब दी थी, उनमें जो ईमान लाए हैं, वो इस पर ख़ुशी मनाते हैं जो तुम पर नाज़िल किया गया है। मगर इन गिरोहों में कुछ ऐसे हैं जो इसका कुछ हिस्सा मानकर बाक़ी का इनकार करते हैं। कहो, "मुझे सिर्फ़ यह हुक्म दिया गया है कि मैं अल्लाह की इबादत करूँ और उसके साथ किसी को शरीक न करूँ। मैं उसी की तरफ़ बुलाता हूँ और मेरी रुजू भी उसी की तरफ़ है।"
37. और इसी तरह हमने इस क़ुरआन को एक अरबी शरीअत के तौर पर नाज़िल किया। और अगर तुम उनकी ख़्वाहिशात की पैरवी कर लोगे इस इल्म के आने के बाद जो तुम्हारे पास आ चुका है, तो तुम्हारे लिए अल्लाह के मुक़ाबिल न कोई मददगार होगा और न कोई बचाने वाला।
38. और हम तुमसे पहले भी रसूल भेज चुके हैं, उन्हें बीवियाँ और औलाद भी दी थी। और किसी रसूल के बस में न था कि कोई निशानी ले आए मगर अल्लाह के इज़्न से। हर वक़्त के लिए एक लिखा हुआ फ़ैसला होता है।
39. अल्लाह जो चाहता है मिटा देता है और जो चाहता है बाक़ी रख लेता है, और असल किताब (लौह-ए-महफ़ूज़) उसी के पास है।
40. और अगर हम तुम्हें दिखा दें वह चीज़ जिसका हमने इन काफ़िरों से वादा किया है या तुम्हें पहले ही उठा लें (वफ़ात दे दें), तो तुम्हारा काम सिर्फ़ पैग़ाम पहुँचा देना है, और हिसाब लेना हमारा काम है।
41. क्या उन्होंने देखा नहीं कि हम ज़मीन को उसके चारों तरफ़ से कम कर रहे हैं? और अल्लाह फ़ैसला

करता है, उसके फ़ैसले को कोई टालने वाला नहीं, और वह हिसाब लेने में बहुत तेज़ है।

42. और जो लोग इनकार कर रहे हैं, उनसे पहले भी लोगों ने चालें चली थीं, मगर तमाम तदबीर अल्लाह ही के हाथ में है। वह जानता है जो भी हर एक जान कमाती है, और काफ़िर जल्द जान लेंगे कि आख़िरत का बेहतरीन ठिकाना किसका है।

43. और ये लोग जो कुफ़्र कर रहे हैं, कहते हैं: "तुम रसूल नहीं हो!" कहो, "मेरे और तुम्हारे दरमियान गवाही के लिए अल्लाह काफ़ी है, और वह भी जिसके पास किताब का इल्म है।"

14. सूरह इब्राहीम

बिस्मिल्लाह-हिर्रहमान-निर्रहीम

1. अलिफ, लाम, रा। यह एक किताब है जो हमने तुम पर नाज़िल की है ताकि तुम लोगों को उनके रब के हुक्म से अंधेरों से निकालकर रौशनी की तरफ ले आओ—उस राह की तरफ जो ज़बरदस्त और निहायत सताइश के लायक है।

2. अल्लाह ही का है जो कुछ भी आसमानों और ज़मीन में है। और तबाही है उन लोगों के लिए जो कुफ्र करते हैं, एक सख्त अज़ाब की वजह से।

3. जो लोग दुनिया की ज़िंदगी को आखिरत पर तर्जीह देते हैं, और अल्लाह के रास्ते से लोगों को रोकते हैं, और उसको टेढ़ा बनाना चाहते हैं, ये लोग सख्त गुमराही में हैं।

4. और हमने किसी रसूल को उसी की क़ौम की ज़ुबान में भेजा ताकि वह उनके लिए बात वाज़ेह कर सके। फिर अल्लाह जिसे चाहता है गुमराह कर देता है और जिसे चाहता है हिदायत देता है। और वह ज़बरदस्त, हकीम है।

5. और हमने मूसा को अपनी निशानियों के साथ भेजा कि, "अपनी क़ौम को अंधेरों से निकालकर रौशनी की तरफ ले जाओ, और उन्हें अल्लाह के दिन याद दिलाओ।" इसमें हर सब्र करने वाले शुक्रगुज़ार के लिए निशानियाँ हैं।

6. और याद करो जब मूसा ने अपनी क़ौम से कहा, "अल्लाह की वह नेमत याद करो जो उसने तुम पर की, जब उसने तुम्हें फिरऔन की क़ौम से निजात दी, जो तुम्हें बड़े सख्त अज़ाब में मुब्तिला रखते थे, तुम्हारे बेटों को क़त्ल करते थे और तुम्हारी औरतों को ज़िंदा छोड़ देते थे। और इसमें तुम्हारे लिए तुम्हारे रब की तरफ से एक अज़ीम आज़माइश थी।"

7. और जब तुम्हारे रब ने ऐलान किया, "अगर तुम शुक्र गुज़ार बनोगे तो मैं तुम्हें और ज़्यादा दूँगा, और अगर तुम कुफ्र करोगे तो मेरा अज़ाब सख्त है।"

8. और मूसा ने कहा, "अगर तुम और जो भी ज़मीन में है सब मिलकर कुफ़्र कर लो तो भी अल्लाह बे-नियाज़ और निहायत तारीफ के लायक है।"

9. क्या तुम तक उन लोगों की खबरें नहीं आईं जो तुमसे पहले गुज़र चुके हैं — नूह की क़ौम, आद, समूद और जो उनके बाद आए, जिनका इल्म सिर्फ़ अल्लाह को है? उनके रसूल रौशन दलीलें लेकर आए, मगर उन लोगों ने अपने हाथ अपने मुँह में डाल लिए (उनसे मुँह फेर लिया) और कहने लगे, "हम उस चीज़ का इनकार करते हैं जो तुम लेकर आए हो, और जिस बात की तरफ़ तुम हमें बुला रहे हो, उसमें हमें सख़्त शक है।"

10. उनके रसूलों ने कहा, "क्या अल्लाह के बारे में कोई शक है? वह जो आसमानों और ज़मीन का ख़ालिक़ है! वह तुम्हें बुला रहा है ताकि तुम्हारे गुनाह माफ़ करे और तुम्हें एक मुक़र्रर मुद्दत तक मोहलत दे।" उन लोगों ने कहा, "तुम तो सिर्फ़ हमारे जैसे आदमी हो, तुम हमें उन चीज़ों से रोकना चाहते हो जिनकी इबादत हमारे बाप-दादा करते आए हैं। तो कोई वाज़ेह दलील लाओ।"

11. उनके रसूलों ने जवाब दिया, "हाँ, हम भी तुम्हारे जैसे ही इंसान हैं, मगर अल्लाह अपने बंदों में से जिसे चाहता है फ़ज़ीलत देता है। और हमारे इख़्तियार में नहीं कि हम तुम्हें कोई दलील दिखा सकें मगर सिर्फ़ अल्लाह के हुक्म से। और मोमिनों को सिर्फ़ अल्लाह पर भरोसा करना चाहिए।"

12. "और हम क्यों अल्लाह पर भरोसा न करें, जबकि उसने हमें सीधे रास्ते दिखा दिए हैं? हम सब्र करेंगे तुम्हारी दी हुई तकलीफ़ों पर। और जो भरोसा करें, उन्हें सिर्फ़ अल्लाह पर ही भरोसा करना चाहिए।"

13. और जिन लोगों ने कुफ़्र किया, उन्होंने अपने रसूलों से कहा, "हम या तो तुम्हें अपनी सरज़मीन से निकाल देंगे या फिर तुम्हें हमारे मज़हब में वापस आना होगा।" तब उनके रब ने उनके पास वह्यी भेजी, "हम ज़ालिमों को ज़रूर तबाह कर देंगे।"

14. "और उनके बाद तुम्हें ज़मीन में बसाएंगे। यह उसके लिए है जो मेरे हुज़ूर ख़ौफ़ रखता है और मेरी धमकी से डरते हैं।"

15. और उन रसूलों ने अल्लाह से फ़ैसला तलब किया, तो हर सरकश दुश्मन नाकाम हो गया।

16. उसके आगे जहन्नम है, और उसको पीने के लिए पीप मिलाई जाएगी।

17. वह उसे घूँट-घूँट पीएगा, मगर उसे गले से उतार न सकेगा। और मौत हर तरफ़ से उस पर आएगी, मगर वह मरेगा नहीं। और उसके आगे एक और सख़्त अज़ाब होगा।

18. जिन लोगों ने अपने रब का इंकार किया, उनका हाल ऐसे है जैसे एक राख हो जो तेज़ आँधी वाले दिन हवा उड़ाकर ले जाए। वह अपनी कमाई में से किसी चीज़ पर इख़्तियार नहीं रखते। यही तो सबसे बड़ी गुमराही है।

19. क्या तुमने देखा नहीं कि अल्लाह ने आसमान और ज़मीन को बरहक़ पैदा किया? अगर वह चाहे तो तुम्हें ले जाए और एक नई मख़लूक़ ले आए।

20. और यह अल्लाह के लिए कोई मुश्किल बात नहीं है।

21. और सब लोग अल्लाह के सामने हाज़िर होंगे, और कमज़ोर लोग उन लोगों से जो दुनिया में बड़ाई करते

थे कहेंगे, “हम तुम्हारे ही पैरवी करने वाले थे, तो क्या तुम हमें अल्लाह के अज़ाब से कुछ बचा सकते हो?” वो कहेंगे, “अगर अल्लाह हमें हिदायत देता तो हम तुम्हें भी हिदायत देते। अब हमारे लिए सब्र करना हो या बेचैनी दिखाना, हमारे लिए कोई बचाव नहीं।”

22. और जब फ़ैसला हो चुका होगा, तो शैतान कहेगा, “अल्लाह ने तुमसे सच्चा वादा किया था, और मैंने तुमसे वादा किया, मगर मैंने धोखा दिया। मेरा तुम पर कोई ज़ोर नहीं था, बस मैंने तुम्हें बुलाया और तुमने मेरी बात मान ली। तो मुझे मलामत न करो, बल्कि अपने आप को मलामत करो। न मैं तुम्हारी मदद कर सकता हूँ और न तुम मेरी मदद कर सकते हो। मैं पहले ही तुम्हारे शिर्क से बरी-उज़-ज़िम्मा हूँ।” यक़ीनन जो ज़ालिम हैं, उनके लिए दर्दनाक अज़ाब है।

23. और जो ईमान लाए और नेक अमल करते रहे, उन्हें ऐसे बाग़ों में दाख़िल किया जाएगा जिनके नीचे नहरें बह रही होंगी। वे अपने रब की इजाज़त से उनमें हमेशा रहने वाले होंगे, और उनका इस्तक़बाल इस तरह होगा: ‘तुम पर सलामती हो।’

24. क्या तुमने नहीं देखा कि अल्लाह एक मिसाल बयान करता है—एक अच्छी बात एक अच्छे दरख़्त की तरह है, जिसकी जड़ मज़बूती से जमी हुई है और जिसकी शाख़ें आसमान तक पहुँची हुई हैं।

25. वो हर वक़्त अपने रब के हुक्म से फल लाता है। और अल्लाह मिसालें बयान करता है ताकि लोग नसीहत हासिल करें।

26. और बुरी बात की मिसाल एक बुरे दरख़्त की तरह है, जो ज़मीन के ऊपर से उखाड़ दिया गया हो, जिसे कोई स्थायित्व (इस्तिहकाम) न हो।

27. अल्लाह ईमान वालों को मज़बूत बात (कलिमा-ए-तय्यिबा) पर दुनिया और आख़िरत में साबित क़दम रखता है। और अल्लाह ज़ालिमों को गुमराह कर देता है, और अल्लाह जो चाहता है करता है।

28. क्या तुमने नहीं देखा उन लोगों को जिन्होंने अल्लाह की नेमत को कुफ़्र से बदल दिया और अपनी क़ौम को हलाकत के घर (जहन्नम) में ला बसाया।

29. वह जहन्नम है, जिसमें वे जलेंगे। और वह कितना बुरा ठिकाना है।

30. और उन्होंने अल्लाह के साथी ठहरा लिए ताकि लोगों को उसके रास्ते से भटका दें। कह दो, “थोड़ी देर मज़े कर लो, तुम्हारा आख़िरी ठिकाना आग है।”

31. (ऐ मुहम्मद ﷺ) मेरे बंदों से कह दो जो ईमान लाए हैं कि नमाज़ क़ायम करें और जो कुछ हमने उन्हें दिया है उसमें से ख़र्च करें, छुपकर भी और खुले आम भी, उस दिन के आने से पहले जिसमें न तो कोई सौदा-सुलफ होगा और न ही दोस्ती काम आएगी।

32. अल्लाह ही है जिसने आसमान और ज़मीन को पैदा किया, और आसमान से पानी बरसाया, फिर उससे तुम्हारे लिए फल पैदा किए (जो तुम्हारी गुज़र-बसर का ज़रिया बनें)। और उसने कश्तियाँ तुम्हारे लिए मुसख़्ख़र कर दीं जो उसके हुक्म से समुंदर में चलती हैं, और नदियों को तुम्हारे लिए मुसख़्ख़र किया।

33. और उसने तुम्हारे लिए सूरज और चाँद को मुसख़्ख़र किया जो लगातार (अपने मदर पर) चल रहे हैं,

और रात और दिन को तुम्हारे लिए मुसख़्ख़र किया।

34. और उसने तुम्हें हर वह चीज़ दी जो तुमने उससे माँगी। और अगर तुम अल्लाह की नेमतों को गिनना चाहो तो तुम उन्हें गिन नहीं सकते। बेशक, इंसान बड़ा ही ज़ालिम और नाशुक्रा है।

35. और (याद करो) जब इब्राहीम ने कहा: "ऐ मेरे रब, इस शहर (मक्का) को अमन का गढ़ बना दे, और मुझे और मेरी औलाद को बुत-परस्ती से दूर रख।"

36. "ऐ मेरे रब! इन (बुतों) ने बहुत से लोगों को गुमराह कर दिया है। जो मेरी पैरवी करे वह मुझसे है, और जो मेरी नाफरमानी करे, तो बेशक तू बख़्शने वाला, मेहरबान है।"

37. "ऐ हमारे रब! मैंने अपनी औलाद में से एक हिस्से को तेरे मुक़द्दस घर के क़रीब एक बे-आब-ओ-गियाह वादी में बसाया है ताकि ये नमाज़ क़ायम करें। पस तू लोगों के दिल उनकी तरफ़ मेल कर दे, और उन्हें फलों से रोज़ी दे ताकि ये शुक्रगुज़ार बनें।"

38. "ऐ हमारे रब! जो कुछ हम छुपाते हैं और जो कुछ हम ज़ाहिर करते हैं, तू उसे जानता है। और ज़मीन और आसमान में कोई चीज़ अल्लाह से छुपी हुई नहीं है।"

39. "सब तारीफ़ अल्लाह के लिए है जिसने मुझे बुढ़ापा आने के बावजूद इस्माईल और इस्हाक़ अता फ़रमाए। बेशक, मेरा रब दुआ सुनने वाला है।"

40. "ऐ मेरे रब! मुझे और मेरी औलाद को नमाज़ क़ायम करने वाला बना। ऐ हमारे रब! मेरी दुआ क़बूल फ़रमा।"

41. "ऐ हमारे रब! मुझे, मेरे वालिदैन को, और सब मोमिनों को उस दिन बख़्श देना जब हिसाब-किताब होगा।"

42. और हरगिज़ यह मत समझना कि अल्लाह ज़ालिमों के अमल से बेख़बर है। वह बस उन्हें उस दिन तक मोहलत दे रहा है जब आँखें ख़ौफ़ से पथरा जाएँगी।

43. वो (सामने भागने की कोशिश में) अपने सर उठाए दौड़ रहे होंगे, उनकी निगाहें उनकी तरफ़ पलटेंगी नहीं, और उनके दिल ख़ाली होंगे (दहशत से)।

44. और (ऐ मुहम्मद ﷺ) लोगों को उस दिन से डरा दो जब अज़ाब उन पर आएगा, और जो ज़ालिम होंगे वो कहेंगे, "ऐ हमारे रब! हमें थोड़ी सी मोहलत दे दे, हम तेरी बात मान लेंगे और रसूलों की पैरवी करेंगे।" (मगर उन्हें जवाब मिलेगा) "क्या तुम पहले यह क़सम नहीं खाया करते थे कि तुम पर कोई ज़वाल नहीं आएगा?"

45. "और तुम उन लोगों के घरों में रहते थे जिन्होंने अपने ऊपर ज़ुल्म किया था, और तुम्हें यह भी मालूम था कि हमने उनके साथ क्या सुलूक किया। और हमने तुम्हारे सामने मिसालें भी पेश की थीं।"

46. और उन्होंने अपनी चाल चली, लेकिन अल्लाह के यहाँ उनका मक्र लिखा हुआ है, अगरचे उनका यह मक्र ऐसा हो कि पहाड़ों को भी हिला दे।

47. पस यह हरगिज़ न समझना कि अल्लाह अपने रसूलों से की गई वादा-ख़िलाफ़ी करेगा। बेशक, अल्लाह

ज़बरदस्त है, इंतिक़ाम लेने वाला है।

48. (वो दिन होगा) जब यह ज़मीन किसी और ज़मीन से बदल दी जाएगी, और आसमान भी, और सब लोग निकल कर अल्लाह के सामने हाज़िर होंगे—वो एक है, सब पर ग़ालिब है।

49. और उस दिन तुम देखोगे कि मुजरिम ज़ंजीरों में जकड़े हुए एक साथ बाँध कर लाए जा रहे होंगे।

50. उनका लिबास तारकोल का होगा और उनके चेहरे आग से ढके होंगे।

51. यह सब इसलिए होगा ताकि अल्लाह हर एक जान को उसके किए का बदला दे। बेशक, अल्लाह हिसाब लेने में बहुत तेज़ है।

52. यह (क़ुरआन) एक पैग़ाम है तमाम लोगों के लिए ताकि वे इसके ज़रिए डरा दिए जाएँ, और ताकि वे जान लें कि अल्लाह एक ही माबूद है, और ताकि अक़्ल वाले नसीहत लें।

15. सूरह अल-हिज्र

बिस्मिल्लाह-हिर्रहमान-निर्रहीम

1. अलिफ़, लाम, रा। ये किताब की आयतें हैं और एक रौशन क़ुरआन।
2. कभी ऐसा होगा कि काफ़िर तमन्ना करेंगे कि काश! वो मुसलमान होते।
3. उन्हें छोड़ दो, वो खाएँ, मज़े करें और झूठी उम्मीद में लगे रहें, अनक़रीब उन्हें मालूम हो जाएगा।
4. और हमने किसी बस्ती को हलाक नहीं किया मगर उसके लिए एक मुक़र्रर वक़्त लिखा गया था।
5. कोई क़ौम अपने मुक़र्रर वक़्त से न आगे बढ़ सकती है और न पीछे रह सकती है।
6. और वो कहते हैं, "ऐ वो शख़्स जिस पर ये ज़िक्र (वही) नाज़िल किया गया है! बेशक तुम पागल हो।"
7. "अगर तुम सच्चे हो तो हमारे पास फ़रिश्ते क्यों नहीं लाते?"
8. हम फ़रिश्ते सिर्फ़ हक़ के साथ भेजते हैं, और जब वो आ जाएँगे तो फिर इन्हें मोहलत नहीं दी जाएगी।
9. बेशक, ये हम ही हैं जिन्होंने ये ज़िक्र (क़ुरआन) नाज़िल किया है, और हम ही इसकी हिफ़ाज़त करने वाले हैं।
10. और हम तुमसे पहले भी गुज़िश्ता उम्मतों में रसूल भेज चुके हैं।
11. और कोई रसूल उनके पास आता मगर वो उसका मज़ाक़ उड़ाते।
12. हम ये (इंकार और इंकार का असर) मुजरिम लोगों के दिलों में दाख़िल कर देते हैं।
13. ये लोग इस (क़ुरआन) पर ईमान नहीं लाएँगे, जबकि पहले लोगों की मिसाल गुज़र चुकी है।
14. अगर हम उनके लिए आसमान का कोई दरवाज़ा खोल दें और वो इसमें चढ़ने लगें,
15. तब भी ये कहेंगे, "हमारी आँखें धोखा खा गई हैं, बल्कि हम पर जादू कर दिया गया है।"
16. और हमने आसमान में चमकदार सितारे बनाए और देखने वालों के लिए उसे रौशन किया।

17. और हमने उसे हर शैतान-ए-रजीम (ठुकराए हुए शैतान) से महफ़ूज़ रखा।
18. सिवाय उसके जो चोरी-छुपे सुनने की कोशिश करे, तो एक रौशन शोला उसका पीछा करता है।
19. और ज़मीन को हमने फैला दिया, इसमें मज़बूत पहाड़ गाड़ दिए, और हर तरह की तवाज़ुन वाली चीज़ उगाई।
20. और इसमें तुम्हारे लिए और उनके लिए भी जो तुम पर निर्भर नहीं हैं, रोज़ी का इंतज़ाम किया।
21. और कोई चीज़ ऐसी नहीं जो हमारे पास ख़ज़ानों में न हो, मगर हम उसे एक मुक़र्रर अंदाज़े के मुताबिक़ नाज़िल करते हैं।
22. और हमने हवाओं को मददगार बनाया, जो बारिश बरसाती हैं, फिर हमने आसमान से पानी नाज़िल किया और तुम्हें उससे पानी पिलाया, और तुम इसे ज़ाहिर करने वाले नहीं हो।
23. और बेशक, यही हम हैं जो ज़िंदगी देते हैं और मौत देते हैं, और हम ही वारिस हैं।
24. और हम उन लोगों को भी जानते हैं जो तुमसे पहले गुज़र चुके, और उन्हें भी जो अभी आने वाले हैं।
25. और बेशक तुम्हारा रब सबको जमा करेगा, बेशक, वह हकीम है, जानने वाला है।
26. और हमने इंसान को काले बदलती हुई चिकनी मिट्टी से बनाया।
27. और जिन्न को हमने इस से पहले तेज़ आग से पैदा किया।
28. और याद करो जब तुम्हारे रब ने फ़रिश्तों से कहा, "मैं एक बशर को मिट्टी की काली, बदलती हुई चिकनी मिट्टी से बनाने वाला हूँ।"
29. "फिर जब मैं उसे पूरा बना दूं और उसमें अपनी रूह फूँक दूं, तो तुम सभी उसके सामने सज्दा में गिर जाना।"
30. तो सभी फ़रिश्तों ने सज्दा किया,
31. सिवाय इब्लीस के; उसने सज्दा करने वालों में शामिल होने से इंकार कर दिया।
32. अल्लाह ने फ़रमाया, "ऐ इब्लीस! तुझें क्या हुआ कि तू सज्दा करने वालों में शामिल नहीं हुआ?"
33. उसने कहा, "मैं कभी किसी बशर को सज्दा नहीं करूंगा जिसे आपने काली, बदलती हुई चिकनी मिट्टी से बनाया है।"
34. अल्लाह ने फ़रमाया, "तो निकल जा यहाँ से, बेशक तू रद्दी शुदा है।"
35. "और बेशक, तू पर क़ियामत के दिन तक मेरी लानत रहेगी।"
36. इब्लीस बोला, "मेरे रब! फिर मुझे उस दिन तक मोहलत दे जब सब उठाए जाएंगे।"
37. अल्लाह ने फ़रमाया, "तुझे मोहलत दी गई।"
38. "उस वक्त तक जो मुक़र्रर है।"
39. इब्लीस बोला, "मेरे रब! जैसे आपने मुझे गुमराह किया, मैं भी उनके लिए ज़मीन पर गुमराही को सुहाना बना दूंगा, और सबको बहका दूंगा।"
40. "सिवाय आपके चुने हुए बंदों के।"

41. अल्लाह ने फ़रमाया, "यह रास्ता जो मेरी तरफ जाता है, सीधा है।"
42. "मेरे बंदों! तेरा उन पर कोई इख़्तियार नहीं चलेगा, सिवाय उन लोगों के जो गुमराही का रास्ता अपनाएं।"
43. "और बेशक, जहन्नम उन सब के लिए वादा की हुई जगह है।"
44. "उसके सात दरवाज़े हैं, हर दरवाज़े के लिए एक मुक़र्रर हिस्सा है।"
45. बेशक, मुत्ताकी लोग बग़ातों और चश्मों में होंगे।
46. उनसे कहा जाएगा, "इसमें सलामती के साथ दाखिल हो जाओ।"
47. और हम उनके दिलों में जो भी गिला-शिकवा होगा, निकाल देंगे; वे एक-दूसरे के सामने तख़्तों पर भाइयों की तरह बैठेंगे।
48. वहाँ न उन्हें कोई तकलीफ़ पहुँचेगी और न ही वहाँ से कभी निकाले जाएंगे।
49. (ऐ मुहम्मद ﷺ!) मेरे बंदों को बता दो कि मैं ही बख़्शने वाला, मेहरबान हूँ।
50. और यह भी कि मेरी सजा बहुत दर्दनाक है।
51. और उन्हें इब्राहीम के मेहमानों के बारे में भी बता दो।
52. जब वे उनके पास आए और कहा, "सलाम।" इब्राहीम ने जवाब दिया, "हम आपसे कुछ ख़ौफ़ महसूस कर रहे हैं।"
53. उन्होंने कहा, "डर मत! हम तुम्हें एक समझदार लड़के की खुशखबरी देते हैं।"
54. इब्राहीम ने कहा, "क्या मुझे बुढ़ापे में खुशखबरी दे रहे हो? फिर यह कैसी बात सुना रहे हो?"
55. उन्होंने कहा, "हम तुम्हें सही बात पर खुशखबरी दे रहे हैं, तो तुम मायूस न हो।"
56. इब्राहीम ने कहा, "अपने रब की रहमत से सिर्फ गुमराह लोग ही मायूस होते हैं।"
57. फिर उनसे पूछा, "तुम्हारा असल मकसद क्या है, ऐ रसूलों?"
58. उन्होंने कहा, "हम एक मुजरिम क़ौम की तरफ भेजे गए हैं।"
59. "सिवाय लूत के घर वालों के, हम उन्हें सबको बचा लेंगे।"
60. "सिवाय उनकी बीवी के, क्योंकि हमने फ़ैसला कर दिया है कि वह पिछे रह जाने वालों में से होगी।"
61. जब रसूल (फरिश्ते) लूत के घर आए,
62. तो उन्होंने कहा, "तुम तो अजनबी लग रहे हो।"
63. उन्होंने जवाब दिया, "हम वह अज़ाब लेकर आए हैं जिसके बारे में ये लोग शक कर रहे थे।"
64. "और हम तुम्हारे पास बिल्कुल सच लेकर आए हैं, और हम सच कहने वाले हैं।"
65. "तो रात के एक हिस्से में अपने घर वालों को ले कर निकल जाओ, और खुद उनके पीछे चलो, और तुम में से कोई भी पीछे मुड़ कर न देखे। जिस जगह तुम्हें हुक्म दिया गया है, वहीं चले जाओ।"
66. और हमने लूत को यह फ़ैसला सुना दिया कि सुबह होने तक ये सब हलाक कर दिए जाएंगे।
67. और शहर के लोग खुशी मनाते हुए आ गए।

68. लूत ने कहा, “यह मेरे मेहमान हैं, मुझे रुसवा मत करो।”
69. “और अल्लाह से डरो, मुझे ज़लील न करो!”
70. उन लोगों ने कहा, “क्या हमने तुम्हें मना नहीं किया था कि लोगों की हिफाज़त न करो?”
71. लूत ने कहा, “यह मेरी बेटियाँ हैं, अगर तुम हलाल रास्ता इख़्तियार करना चाहते हो।”
72. “तुम्हारी जान की क़स्म (ऐ मुहम्मद ﷺ), यह लोग अपनी शराब में मस्त बेहक रहे थे।”
73. फिर सुबह होने पर एक सख़्त चीख़ ने उन्हें आ लिया।
74. और हमने उस बस्ती को उलट दिया, और उन पर पक्की मिट्टी के पत्थर बरसाए।
75. बेशक, इसमें देखने वालों के लिए निशानियाँ हैं।
76. और ये बस्तियाँ एक लगातार चलने वाले रास्ते पर मौजूद हैं।
77. “बेशक, इसमें इमान लाने वालों के लिए निशानियाँ हैं।”
78. “और अशाब-ए-इक़ा (मद्यान के लोग) भी ज़ुल्म करने वाले थे।”
79. “तो हमने उनसे बदला लिया, और ये दोनों [शहर] साफ रास्ते पर हैं।”
80. “और अशाब-ए-आहक़ाफ़ (थमूद के लोग) ने भी रसूलों का इंकार किया।”
81. “और हमने उन्हें अपनी निशानियाँ दी थीं, लेकिन वो उनसे मुँह मोड़ रहे थे।”
82. “और वो पहाड़ों में घर बनाते थे, अपनी सुरक्षा में महसूस करते हुए।”
83. “फिर उन्हें सुबह के वक्त एक ज़ोरदार चीख़ ने पकड़ लिया।”
84. “और जो कुछ भी उन्होंने कमाया था, उससे कुछ भी फायदा न हुआ।”
85. “और हमने आसमान और ज़मीन को और जो कुछ भी इन दोनों के बीच है, सिर्फ़ हक़ के साथ बनाया है। और बेशक, क़ियामत आने वाली है; तो तुम अच्छे तरीके से माफ़ कर दो।”
86. “बेशक, तुम्हारा रब, वह सब कुछ जानने वाला और सब का बनाने वाला है।”
87. “और हमने तुम्हें, [ऐ मुहम्मद ﷺ], सात बार के ज़िकर वाली आयतें दी हैं और अज़ीम क़ुरआन।”
88. “तुम उन चीज़ों की तरफ अपनी नज़र न करो जो हमने कुछ लोगों को ज़्यादा तमसीर दी हैं [यानि, काफ़िरों को], और उन पर ग़म न करो। और ईमान वालों के लिए अपना पंख नीचे रख दो।”
89. “और कह दो, ‘बेशक, मैं साफ़-साफ़ धमकी देने वाला हूँ।’”
90. “जैसे हमने [किताबें] उन लोगों पर नाज़िल की थीं जो फ़र्क करते थे।”
91. “जो लोग क़ुरआन को हिस्सा-हिस्सा बना देते हैं।”
92. “तो तुम्हारे रब की क़स्म, हम उनसे ज़रूर पूछेंगे,”
93. “उनका किया हुआ सब कुछ।”
94. “फिर जो तुम्हें हुक्म दिया गया है, उसका इज़हार कर दो, और मुशरिकों से मुँह मोड़ लो।”
95. “बेशक, हम तुम्हारे लिए इस मज़हक़त करने वालों के ख़िलाफ़ काफ़ी हैं।”
96. “जो अल्लाह के साथ किसी और को इलाह बना देते हैं। लेकिन उन्हें इस बात का इल्म हो जाएगा।”

97. “और हम जानते हैं कि जो कुछ वे कह रहे हैं, उससे तुम्हारा दिल परेशान है।”

98. “तो अपने रब की तसब्बीह करते हुए उसकी हम्द करो, और सजदा करने वालों में से हो जाओ।”

99. “और अपने रब की इबादत करो, यहाँ तक कि तुम्हारे पास यकीन [यानि, मौत] आ जाए।”

16. सूरह अन-नहल

बिस्मिल्लाह-हिर्रहमान-निर्रहीम

1. अल्लाह का हुक्म आ गया है, तो उसके लिए जल्दी न करें। वह सबसे ऊँचा है और उन चीज़ों से दूर है जो वे उसका शामिल करते हैं।
2. वह अपने हुक्म के साथ फरिश्तों को अपने बंदों में से जिस पर चाहता है, भेजता है, और उनसे कहता है, "डरो, कि मेरे सिवा कोई माबूद नहीं, तो मुझसे डरो।"
3. उसने आसमान और ज़मीन को हक़ के साथ पैदा किया। वह उन चीज़ों से ऊँचा है जो वे उसका शामिल करते हैं।
4. उसने इंसान को एक नशेब से पैदा किया; फिर वह तुरन्त एक साफ़ दुश्मन बन गया।
5. और उसने तुम्हारे लिए चारा-धानदार जानवर पैदा किए, जिनमें गर्मी और [कई] फायदे हैं, और उनमें से तुम खाते हो।
6. और तुम्हारे लिए उनमें ख़ूबसूरती है, जब तुम उन्हें शाम को लाते हो और जब तुम उन्हें चरने के लिए भेजते हो।
7. और वे तुम्हारे बोझ को उन जगहों तक ले जाते हैं जहाँ तक तुम खुद मुश्किल से पहुँच पाते। बेशक तुम्हारा रब मेहरबान और रहीम है।
8. और उसने घोड़े, खच्चर और गधे भी तुम्हारे लिए पैदा किए, ताकि तुम उन पर सवारी कर सको और यह तुम्हारे लिए ज़ीनत हैं। और वह जो कुछ तुम नहीं जानते, वह भी पैदा करता है।
9. और अल्लाह ही है जो रास्ता दिखाता है, और उनमें से कुछ रास्ते भटक रहे हैं। और अगर वह चाहता, तो तुम सबको सीधा रास्ता दिखाता।
10. वह है जो आसमान से बारिश भेजता है; उससे तुम पीने का पानी पाते हो और उसी से तुम्हारे लिए ग़िज़ा उगती है जिसमें तुम अपने जानवरों को चराते हो।

11. वह तुम्हारे लिए उसी से फसलें उगाता है, जैतून, खजूर, अंगूर की लहराती डालियाँ, और हर किस्म के फल। बेशक, इसमें सोचने वालों के लिए एक निशान है।

12. और उसने तुम्हारे लिए रात और दिन को तुम्हारी सेवा में लगा दिया है, और सूरज और चाँद को भी, और सितारे भी उसके हुक्म के ताबे हैं। बेशक, इसमें उन लोगों के लिए निशानियाँ हैं जो समझ-बूझ रखते हैं।

13. और जो कुछ भी उसने तुम्हारे लिए ज़मीन पर पैदा किया है, उसके रंगों में फ़र्क है। बेशक, इसमें उन लोगों के लिए एक निशान है जो याद रखते हैं।

14. और वही है जिसने समुद्र को तुम्हारे लिए वशीभूत किया, ताकि तुम उसमें से नर्म गोश्त खा सको और उसमें से ज़ीनत के सामान निकाल सको जो तुम पहनते हो। और तुम देखते हो कि जहाज़ उसमें चलते हैं, और इसलिए उसने इसे तुम्हारे लिए इस तरह बनाया, ताकि तुम उसकी फ़ज़ीलत (नेमत) की तलाश कर सको; शायद तुम शुक्रगुज़ार बनो।

15. और उसने ज़मीन में मज़बूत पहाड़ डाले, ताकि वह तुम्हारे साथ हिल न जाए, और नदियाँ और रास्ते बनाए, ताकि तुम रास्ता पा सको।

16. और निशान भी बनाए। और तारों के ज़रिए भी तुम रास्ता पा लेते हो।

17. तो क्या वह जो पैदा करता है, उनके जैसा है जो कुछ नहीं पैदा करते? तो क्या तुम नसीहत नहीं लेते?

18. अगर तुम अल्लाह की नेमतों को गिनने लगो, तो तुम उन्हें गिन नहीं सकते। बेशक, अल्लाह दरगुज़र करने वाला और मेहरबान है।

19. और अल्लाह जानता है जो तुम छुपाते हो और जो तुम ज़ाहिर करते हो।

20. और जो अल्लाह के सिवा दूसरों की इबादत करते हैं, वे कुछ भी पैदा नहीं करते, बल्कि वे खुद पैदा किए गए हैं।

21. वह बेशक मरे हुए हैं, ज़िंदा नहीं हैं, और उन्हें पता नहीं होता कि वे किस वक्त ज़िंदा किए जाएँगे।

22. तुम्हारा माबूद एक ही अल्लाह है। लेकिन जो आख़िरत को नहीं मानते, उनके दिल नफ़रत से भरे हुए हैं और वे तकब्बुर करते हैं।

23. बेशक, अल्लाह जानता है जो तुम छुपाते हो और जो तुम ज़ाहिर करते हो। बेशक, वह तकब्बुर करने वालों को पसंद नहीं करता।

24. और जब उनसे कहा जाता है, "तुम्हारे रब ने क्या नाज़िल किया?" तो वे कहते हैं, "पहले के लोगों की कहानियाँ।"

25. ताकि वे अपनी बुराइयों का बोझ अपने ऊपर उठाएँ और उन लोगों का भी बोझ जो उन्हें बेजा इल्म से गुमराह करते हैं। बेशक, जो वे उठाते हैं, वह बहुत बुरा है।

26. उनसे पहले लोगों ने भी चाल चलने की कोशिश की थी, लेकिन अल्लाह ने उनकी इमारत को उसकी बुनियाद से उड़ा दिया, और उनके ऊपर उनकी छत गिर गई, और उन्हें ऐसे अंदाज़ में सज़ा मिली जहाँ से उन्हें अंदाज़ा नहीं था।

27. फिर आख़िरत के दिन वह उन्हें ज़िल्लत देगा और कहेगा, "मेरे साथी कहाँ हैं, जिनके लिए तुम मोमिनों से टकराते थे?" जिनको इल्म दिया गया है, वे कहेंगे, "बेशक, इस दिन ज़िल्लत और बुराई काफ़िरों पर है।"
28. वे लोग जिन्हें फ़रिश्ते उनके अपने ऊपर ज़ुल्म करते हुए ले जाते हैं, और फिर वे तस्लीम करते हैं, कहने लगते हैं, "हमने कोई बुराई नहीं की थी।" पर हाँ! बेशक, अल्लाह तुम्हारे किए का इल्म रखता है।
29. तो जहन्नम के दरवाज़ों में दाख़िल हो जाओ और हमेशा के लिए उनमें रहो। और जो तकब्बुर करते हैं, उनके लिए क्या ही बुरी है वह जगह।
30. और जो लोग अल्लाह से डरते हैं, उनसे कहा जाएगा, "तुम्हारे रब ने क्या नाज़िल किया?" वे कहेंगे, "[वह] अच्छा है।" जो लोग इस दुनिया में अच्छा करते हैं, उनके लिए अच्छी बात है; और आख़िरत का घर बेहतर है। और क्या ही अच्छा है वह घर जो डरने वालों का है।
31. हमेशा के लिए रहने वाले बाग़, जिनमें वे दाख़िल होंगे, जिनके नीचे दरिया बहते हैं। उन्हें उसमें जो चाहेंगे मिलेगा। इस तरह अल्लाह ने डरने वालों का इनाम दिया है।
32. वे लोग जिन्हें फ़रिश्ते मौत के वक्त ले जाते हैं, [वे] पाक और अच्छे होते हैं; फ़रिश्ते कहेंगे, "तुम पर सलाम हो। तुम जो कुछ करते थे, उसके बदले में जन्नत में दाख़िल हो जाओ।"
33. क्या वे [यानी, काफ़िर] इंतज़ार कर रहे हैं कि फ़रिश्ते उनके पास आएँ या तुम्हारे रब का हुक्म आए? वैसे ही उन लोगों ने पहले किया था। और अल्लाह ने उन पर ज़ुल्म नहीं किया, मगर वे अपने आप पर ज़ुल्म कर रहे थे।
34. इसलिए उन्हें उनके किए का बुरा नतीजा चखना पड़ा, और उन्हें वही घेर लिया गया, जिसका वे मज़ाक उड़ाते थे।
35. और जो लोग अल्लाह के सिवा दूसरों को उसका शरीक बनाते हैं, वे कहते हैं, "अगर अल्लाह चाहता, तो हम उसके सिवा किसी की इबादत न करते, न हम और न हमारे बुज़ुर्ग। और न हम किसी चीज़ को उसके सिवा हराम ठहराते।" वैसे ही उन लोगों ने पहले किया था। तो क्या रसूलों पर बस साफ़ तौर पर पैग़ाम देने का ही फ़र्ज़ है?
36. और हमने हर उम्मत में एक रसूल भेजा, जो उनसे कहता था, "अल्लाह की इबादत करो और ताग़ूत से बचो।" और उनमें से कुछ लोग अल्लाह की हिदायत पाने वाले थे, और कुछ लोग वे थे जो ग़लत रास्ते पर चलने वाले थे। तो ज़मीन पर सफ़र करो और देखो कि झूठ बोलने वालों का क्या अंजाम हुआ।
37. अगर तुम उनकी हिदायत के लिए कोशिश करो, [ऐ मुहम्मद], तो बेशक अल्लाह उन्हें हिदायत नहीं देगा, जिन्हें उसने गुमराह कर दिया है, और उनका कोई मददगार नहीं होगा।
38. और वे अल्लाह के नाम की ज़्यादा से ज़्यादा क़सम खाते हैं कि अल्लाह उन्हें कभी ज़िंदा नहीं करेगा। हाँ, यह एक सच्चा वादा है उस पर, लेकिन ज़्यादातर लोग नहीं जानते।
39. यह इसलिए कि वह अपनी बेहूदा बातों के साथ उन्हें बता दे, जो उन्होंने अलग कर लिया है, और ताकि जो उन्होंने इनकार किया, उन्हें यह पता चल सके कि वे झूठ बोल रहे थे।

40. जब हम किसी चीज़ का इरादा करते हैं, तो बस हमारा यह कह देना होता है कि "हो जा," और फिर वह हो जाती है।
41. और जो लोग अल्लाह के लिए हिजरत करते हैं जब उन्हें ज़ुल्म का सामना होता है – हम उन्हें दुनिया में अच्छी जगह देकर बसाएँगे; लेकिन आख़िरत का इनाम उससे भी बेहतर है, अगर वे समझ पाते।
42. ये वे लोग हैं जो सब्र करते हैं और अपने रब पर भरोसा करते हैं।
43. और हमने तुमसे पहले सिर्फ़ मर्द भेजे थे, जिनको हमने अपना पैग़ाम दिया। तो अगर तुम नहीं जानते, तो इल्म वालों से पूछ लो।
44. हमने उन्हें वाज़ेह दलाइल और लिखी हुई हदें देकर भेजा। और हमने तुम्हारे पास यह पैग़ाम (क़ुरआन) नाज़िल किया, ताकि तुम उन्हें वाज़ेह कर सको जो उनके पास भेजा गया, ताकि वे ग़ौर व फ़िक्र करें।

45. क्या जो लोग बुरे काम करते हैं, वे यह समझते हैं कि अल्लाह उन्हें ज़मीन में समा नहीं देगा या उन्हें ऐसी सज़ा नहीं देगा जहाँ से वे महसूस भी नहीं करेंगे?
46. या यह कि वह उन्हें उनके काम के दौरान पकड़ नहीं लेगा, और वे इससे बचने में कामयाब नहीं हो सकते?
47. या यह कि वह उन्हें धीरे-धीरे अपने हुक्म से पकड़ नहीं लेगा? बेशक, तुम्हारा रब मेहरबान और रहीम है।
48. क्या उन्होंने नहीं देखा कि जो कुछ अल्लाह ने पैदा किया है? उनके साये दाएँ और बाएँ झुकते हैं, अल्लाह के लिए सज्दा करते हैं, जबकि वे सब अपने आपको नमाज़ों में झुकाते हैं।
49. और जो कुछ भी आसमानों और ज़मीन में है, सब अल्लाह के लिए सज्दा करते हैं, और फ़रिश्ते भी, और वे तकब्बुर (घमंड) नहीं करते।
50. वे अपने ऊपर के रब से डरते हैं, और जो उन्हें हुक्म दिया गया, उसका पालन करते हैं।
51. और अल्लाह ने कहा, "अपने लिए दो माबूद न बना लो। अल्लाह एक ही है, तो सिर्फ़ मुझसे डरो।"
52. और जो कुछ भी आसमानों और ज़मीन में है, वह सब उसी का है, और उसी की लगातार इबादत की जाती है। तो क्या तुम अल्लाह के सिवा किसी और से डरते हो?
53. और जो भी तुम्हारे पास नेमत है – वह अल्लाह की तरफ़ से है। फिर जब तुम्हें कोई मुश्किल पहुँचती है, तो तुम उसी से मदद माँगते हो।
54. फिर जब वह मुश्किल तुमसे दूर हो जाती है, तो तुममें से एक हिस्सा अपने रब के साथ दूसरों को शरीक कर लेता है।
55. तो वे उन चीज़ों का इनकार करेंगे जिनका उन्हें ज्ञान नहीं था। फिर तुम ख़ुशी से अपना वक़्त गुज़ार लो, क्योंकि तुम जान लोगे।
56. और वे अल्लाह के सिवा जिन चीज़ों को उन्होंने नहीं जाना, उन्हें अल्लाह की तरफ़ से दिए गए माल का

हिस्सा देते हैं। अल्लाह की क़सम, तुमसे उन चीज़ों के बारे में पूछा जाएगा जो तुम गढ़ते थे।
57. और वे अल्लाह को बेटियाँ ठहराते हैं – वह पाक है – और अपने लिए वह रखते हैं जो वे चाहते हैं [यानी बेटे]।
58. और जब उनमें से किसी को बेटी के जन्म की ख़बर दी जाती है, तो उसका चेहरा उदास हो जाता है, और वह ग़म को छुपाता है।
59. वह लोगों से छुपता है इस ग़म की वजह से जो उसे सुनाया गया था। क्या वह इसे शर्म के साथ ज़िंदगी में रखे या ज़मीन में दफ़ना दे? बेशक, जो वे फ़ैसला करते हैं, वह बहुत बुरा है।
60. जो लोग आख़िरत को नहीं मानते, उनके लिए बुराई की तसवीर है; और अल्लाह के लिए सबसे बेहतरीन तसवीर है। और वह अज़ीम क़ुदरत वाला और हिकमत वाला है।
61. और अगर अल्लाह लोगों को उनके बुरे अमल की वजह से पकड़ लेता, तो ज़मीन पर कोई भी जानदार न रहता। लेकिन वह उन्हें एक मुक़र्रर वक़्त तक मोहलत दे रहा है। और जब उनकी मोहलत पूरी हो जाती है, तो वे न एक पल पीछे रह सकते हैं और न आगे बढ़ सकते हैं।
62. और वे अल्लाह के लिए वही ठहराते हैं जो उन्हें पसंद नहीं [यानी बेटियाँ], और उनकी ज़बानें झूठ बोलती हैं कि उनके लिए अच्छी चीज़ होगी। बेशक, उनके लिए आग है, और वे उसी में धकेले जाएँगे।
63. अल्लाह की क़सम, हमने तुमसे पहले भी रसूल भेजे, लेकिन शैतान ने उनके अमल को उन्हें ख़ूबसूरत बना दिखाया। और वह आज भी उनका साथी बना हुआ है, और उनके लिए दर्दनाक अज़ाब है।
64. और हमने तुम पर यह किताब बस इसलिए नाज़िल की है, [ऐ मुहम्मद], ताकि तुम उन्हें वे बातें साफ़ कर सको जिनमें उन्होंने इख़्तिलाफ़ किया है, और यह ईमान लाने वालों के लिए हिदायत और रहमत है।
65. और अल्लाह ने आसमान से बारिश उतारी और ज़मीन को उसकी मौत के बाद ज़िंदगी दी। बेशक, इसमें उन लोगों के लिए एक निशानी है जो सुनते हैं।
66. और तुम्हारे लिए चौपायों में भी एक इबरत है। हम उनके पेटों से तुम्हें दूध पिलाते हैं—जो ख़ून और गंदगी के बीच से निकलता है—पाक दूध, जो पीने वालों के लिए लज़ीज़ होता है।
67. और खजूर के पेड़ों और अंगूरों से तुम नशीली चीज़ और अच्छी रोज़ी हासिल करते हो। बेशक, इसमें अक़्ल से काम लेने वालों के लिए एक निशानी है।
68. और तुम्हारे रब ने मधुमक्खी को वही की, "पहाड़ों में अपने लिए घर बना, और पेड़ों में और जो कुछ इंसान बनाते हैं।
69. फिर हर तरह के फलों से खा, और अपने रब के रास्ते पर चल। उनके पेटों से एक शराब निकलती है, जिसमें तरह-तरह के रंग होते हैं, और उसमें लोगों के लिए शिफ़ा (स्वास्थ्य) है। बेशक, इसमें उन लोगों के लिए एक निशानी है जो ग़ौर करते हैं।
70. और अल्लाह ने तुम्हें पैदा किया, फिर वह तुम्हें मौत देगा। और तुम में से कुछ ऐसे हैं जो बहुत बूढ़े हो जाते हैं, ताकि वे इल्म हासिल करने के बाद कुछ न जानें। बेशक, अल्लाह सब कुछ जानने वाला और पूरी

ताक़त रखने वाला है।

71. और अल्लाह ने तुममें से कुछ को दूसरों पर रोज़ी में फ़ज़्ल दिया है। लेकिन जिन्हें ज़्यादा दिया गया है, वे अपनी रोज़ी अपने ग़ुलामों (जो उनके दाएँ हाथ के क़ब्ज़े में हैं) को नहीं देते, ताकि वे उनमें बराबर हो जाएँ। तो क्या वे अल्लाह के एहसान का इनकार करते हैं?

72. और अल्लाह ने तुम्हारे लिए तुम्हीं में से जोड़े बनाए, और तुम्हारे जोड़ों से तुम्हें बेटे और पोते दिए, और तुम्हें अच्छी चीज़ों से रोज़ी दी। तो क्या वे बातिल में ईमान लाते हैं और अल्लाह के एहसान का इनकार करते हैं?

73. और वे अल्लाह के सिवा उन चीज़ों की इबादत करते हैं जो न आसमान से उन्हें रोज़ी दे सकती हैं और न ज़मीन से; और वे ख़ुद अपनी मदद करने में भी मजबूर हैं।

74. तो अल्लाह के लिए मिसालें मत गढ़ो। बेशक, अल्लाह जानता है और तुम नहीं जानते।

75. अल्लाह एक मिसाल देता है: एक ग़ुलाम जो किसी चीज़ का मालिक नहीं और कुछ भी करने में क़ाबिल नहीं, और एक वह जिसे हमने अपनी तरफ़ से अच्छी रोज़ी दी, जिससे वह छिपे और खुले तौर पर ख़र्च करता है। क्या ये दोनों बराबर हो सकते हैं? अल्लाह की हम्द है, लेकिन उनमें से ज़्यादातर नहीं जानते।

76. और अल्लाह एक और मिसाल देता है: दो शख़्स—एक ऐसा जो गूँगा है, कुछ भी करने में क़ाबिल नहीं, अपने मालिक पर बोझ है। उसे जहाँ भी भेजा जाए, वह कोई भला नहीं करता। क्या वह उस शख़्स के बराबर हो सकता है जो इंसाफ़ का हुक्म देता है और सीधे रास्ते पर है?

77. और अल्लाह के पास आसमानों और ज़मीन की छिपी हुई बातें हैं। और क़यामत का हुक्म बस एक आँख झपकने या उससे भी कम वक़्त में होगा। बेशक, अल्लाह हर चीज़ पर पूरी ताक़त रखने वाला है।

78. और अल्लाह ने तुम्हें तुम्हारी माँ के पेट से इस हालत में निकाला कि तुम कुछ नहीं जानते थे, और उसने तुम्हें सुनने, देखने और सोचने की ताक़त दी, ताकि तुम शुक्र अदा करो।

79. क्या उन्होंने परिंदों को नहीं देखा जो आसमान में उड़ रहे हैं? उन्हें कोई भी नहीं थाम सकता सिवाय अल्लाह के। बेशक, इसमें उन लोगों के लिए निशानियाँ हैं जो ईमान लाते हैं।

80. और अल्लाह ने तुम्हारे लिए तुम्हारे घरों को सुकून और आराम का ठिकाना बनाया, और चौपायों की खालों से तुम्हारे लिए तंबू बनाए, जो सफ़र और ठहरने के वक़्त हल्के होते हैं, और उनके ऊन, रोंए और बालों से तुम्हें बिस्तर और रोज़ी का सामान दिया।

81. और अल्लाह ने तुम्हारे लिए जो कुछ भी पैदा किया, उसमें छाँव और पहाड़ों से पनाहगाह बनाए, और तुम्हारे लिए कपड़े बनाए जो तुम्हें गर्मी से बचाते हैं और जंग में तुम्हारी हिफ़ाज़त करते हैं। इस तरह अल्लाह अपने एहसान को तुम पर पूरा करता है ताकि तुम बस उसी की इबादत करो।

82. अगर वे लोग मुँह फेर लें, [ऐ मुहम्मद], तो तुम्हारा काम बस साफ़ तौर पर पैग़ाम पहुँचाना है।

83. वे अल्लाह के एहसान को पहचानते हैं, फिर उसका इनकार करते हैं। और उनमें से ज़्यादातर लोग कुफ़्र करते हैं।

84. और वह दिन याद करो जब हम हर उम्मत से एक गवाह उठाएँगे [यानी उनका नबी]। उस दिन काफ़िरों को अपनी माफ़ी का इज़हार करने की इजाज़त नहीं दी जाएगी और न ही उन्हें कोई मोहलत दी जाएगी।
85. और जब जो लोग ज़ुल्म करेंगे अपनी सज़ा को देखेंगे, तो उनके लिए वह हल्की नहीं की जाएगी और न ही उन्हें कोई राहत दी जाएगी।
86. और जब जो लोग अल्लाह के साथ दूसरों को शरीक ठहराते हैं, अपने "साथियों" को देखेंगे, तो वे कहेंगे, "हमारे रब, ये हैं हमारे साथी जिन्हें हम तेरे सिवा पुकारते थे।" मगर वे उन्हें जवाब देंगे, "तुम झूठ बोल रहे हो।"
87. और वे इस दिन अल्लाह के लिए अपनी बात की तसदीक़ करेंगे, और जो कुछ भी वे पहले करते थे, वह छिप जाएगा।
88. जो लोग काफ़िर होते हैं और अल्लाह के रास्ते से दूसरों को रोकते हैं—हम उन्हें उनके गुनाहों के बदले उनके गुनाहों से ज़्यादा अज़ाब देंगे।
89. और उस दिन का ज़िक्र करो जब हम हर उम्मत से उनके लिए एक गवाह उठाएँगे, जो उन्हीं में से होगा [यानी उनका नबी]। और हम तुम्हें [ऐ मुहम्मद] इन लोगों पर गवाह बनाएँगे। और हमने तुम पर किताब नाज़िल की है जो हर चीज़ का साफ़ बयान है, और एक हिदायत, रहमत, और मुसलमानों के लिए ख़ुशख़बरी है।
90. बेशक, अल्लाह इंसाफ़, अच्छे तालमेल और रिश्तों को निभाने का हुक्म देता है, और बुराइयों, बुरे कामों और ज़ुल्म से बचने का हुक्म देता है। वह तुम्हें नसीहत देता है ताकि तुम याद रखो।
91. और अल्लाह के अहद (रिश्तों) को पूरा करो जब तुमने उन्हें लिया हो, [ऐ मोमिनों], और अपनी क़समों को पक्का करने के बाद न तोड़ो, जब तुमने अल्लाह को अपना गवाह बनाया हो। यक़ीनन, अल्लाह जानता है तुम जो करते हो।
92. और उनके जैसे मत हो जाना जो अपनी मज़बूत हुई डोरी को फिर से उलट देते हैं, जब वह मज़बूत थी, अपनी क़समों को बे-इमानी के ज़रिए आपस में दावे का सबब बना लेते हैं, क्योंकि एक क़ौम दूसरी क़ौम से ज़्यादा तादाद या दौलत वाली होती है। अल्लाह तुम्हें बस इस तरह इम्तिहान में डाल रहा है। और वह तुम्हें उस दिन बताएगा जिस दिन तुम उस चीज़ के बारे में इख़्तिलाफ़ कर रहे थे।
93. और अगर अल्लाह चाहता तो वह तुम्हें एक ही मिल्लत बना सकता था, लेकिन वह जिसे चाहता है, उसे गुमराही में डाल देता है और जिसे चाहता है, उसे हिदायत देता है। और तुमसे पूछा जाएगा जो कुछ तुम कर रहे थे।
94. और अपनी क़समों को बे-इमानी का सबब मत बनाओ, ताकि एक पाँव मज़बूत होने के बाद फिर से फिसल न जाए, और तुम अपने ही बुरे अमल का सामना करो इस वजह से कि तुमने अल्लाह के रास्ते से लोगों को भटका दिया, और आख़िरत में तुम्हारे लिए बड़ा अज़ाब होगा।
95. और अल्लाह के अहद को छोटी सी कीमत के लिए न बदलो। यक़ीनन, जो अल्लाह के पास है, वह

तुम्हारे लिए सबसे बेहतर है, अगर तुम जानते।
96. तुम्हारे पास जो कुछ भी है वह ख़त्म हो जाएगा, लेकिन जो अल्लाह के पास है, वह बाक़ी रहेगा। और हम यक़ीनन उन लोगों को उनके सब्र के बदले में उनका इनाम देंगे, जो अच्छे इरादे से काम करते थे।
97. जो भी नेक अमल करेगा, चाहे वह मर्द हो या औरत, और उसने ईमान लाया हो, हम उसे बेहतर ज़िंदगी दिखाएँगे, और हम उसे उसका इनाम देंगे, जो उसने आख़िरत में अच्छे इरादे से किया था।
98. जब तुम क़ुरआन पढ़ो, तो पहले अल्लाह की पनाह में आओ शैतान से, जो उसकी रहमत से बाहर कर दिया गया है।
99. बेशक, उसका कोई अधिकार नहीं है उन लोगों पर जो ईमान लाए हैं और अपने रब पर भरोसा करते हैं।
100. उसका अधिकार सिर्फ़ उन लोगों पर है जो उसे अपना सहायक बना लेते हैं और जो उसके ज़रिए अल्लाह के साथ शिर्क करते हैं।
101. और जब हम एक आयत को दूसरी आयत के बदले लाते हैं – और अल्लाह को हर चीज़ का इल्म है जो वह नाज़िल करता है – तो वह कहते हैं, "आप [ऐ मुहम्मद] तो बस झूठ बना रहे हैं।" लेकिन उनमें से ज़्यादातर नहीं जानते।
102. कहो, [ऐ मुहम्मद], "पाक रूह [यानी जिब्रील] इसे तुम्हारे रब से हक़ के साथ नाज़िल करता है, ताकि जो लोग ईमान लाएँ उनके ईमान में मज़बूती आए और यह हिदायत और खुशख़बरी हो मुसलमानों के लिए।"
103. और हम जानते हैं कि वह कहते हैं, "यह सिर्फ़ एक इंसान है जो उसे सिखाता है [यानी पैगंबर (ﷺ)]।" वह इंसान जिसकी वह ज़ुबान का ज़िक्र करते हैं, उसकी ज़ुबान अजनबी है, और यह [क़ुरआन] एक साफ़ अरबी ज़ुबान में है।
104. यक़ीनन, जो लोग अल्लाह की आयतों पर ईमान नहीं लाते – अल्लाह उन्हें हिदायत नहीं देता, और उनके लिए एक दर्दनाक अज़ाब है।
105. वह सिर्फ़ झूठ बनाते हैं जो लोग अल्लाह की आयतों पर ईमान नहीं लाते, और वही झूठ बोलने वाले हैं।
106. जो भी अल्लाह का इनकार करेगा [यानी अल्लाह का इनकार करेगा] अपने ईमान के बाद... सिवाय उसके जो मजबूर हो गया हो [अपने दीन का इनकार करने पर] जबकि उसका दिल ईमान में स्थिर हो। लेकिन जो अपने दिल को कुफ़्र से खोलकर रखे, उन पर अल्लाह का ग़ज़ब है, और उनके लिए बड़ा अज़ाब है।
107. यह इस वजह से है कि उन्होंने दुनिया की ज़िंदगी को आख़िरत पर तरजीह दी और अल्लाह कुफ़्र करने वालों को हिदायत नहीं देता।
108. यह वे हैं जिनके दिल, कान और आँखों पर अल्लाह ने मोहर लगा दी है, और ये वही हैं जो ग़ाफ़िल हैं।
109. यक़ीनन, यह वही हैं जो आख़िरत में घाटे में रहेंगे।
110. फिर, यक़ीनन तुम्हारे रब ने उन लोगों के लिए जो हिजरत करते हैं जब उन्हें मजबूर किया गया था

[कुछ कुफ़री बातें कहने पर] और फिर अल्लाह के रास्ते में जंग की और सब्र किया – यक़ीनन, तुम्हारा रब उनसे माफ़ करने वाला और रहम करने वाला है।

111. उस दिन का ज़िक्र करो जब हर रूह अपने लिए बहस करते हुए आएगी, और हर रूह को उसके किए हुए अमल का पूरा बदला मिलेगा, और उन पर कोई ज़ुल्म नहीं होगा।

112. और अल्लाह एक मिसाल देता है: एक शहर [यानी मक्का] जो अमन और सुकून में था, जिसका रिज़्क हर जगह से ढेर सारा आता था, लेकिन उसने अल्लाह के एहसान का इनकार किया। तो अल्लाह ने उन्हें भूख और डर का अज़ाब दिया उनके अमल की वजह से।

113. और उनके पास उन्हीं में से एक रसूल आया था, लेकिन उन्होंने उसे झुठला दिया; तो अज़ाब ने उन्हें पकड़ लिया, जबकि वे ज़ालिम थे।

114. फिर जो कुछ अल्लाह ने तुम्हें रोज़ी दी है, उसमें से हलाल और पाक खाना खाओ। और अल्लाह के एहसान का शुक्र अदा करो, अगर तुम उसकी इबादत करते हो।

115. उसने तुम पर सिर्फ़ दो चीज़ों को हराम किया है: मुर्दा जानवर, ख़ून, सुअर का मांस, और वह जो अल्लाह के सिवा किसी और के लिए ज़बह किया गया हो। लेकिन जो मजबूर हो [ज़रूरत के लिए], न चाहकर और न हद से गुज़रकर – तो यक़ीनन, अल्लाह माफ़ करने वाला और रहम करने वाला है।

116. और जो कुछ तुम्हारी ज़बान से बे-ईमानी का ज़िक्र हो, "यह हलाल है और यह हराम," अल्लाह पर झूठ बनाने की कोशिश न करो। यक़ीनन, जो अल्लाह पर झूठ बनाएँगे, वे कामयाब नहीं हो सकते।

117. [यह] कुछ वक़्त का मज़ा है, और उनके लिए दर्दनाक अज़ाब होगा।

118. और जो लोग यहूदी हैं, उन्हें हमने वही चीज़ें हराम की थीं जो हमने तुम्हें पहले बयान की थीं। और हमने उन पर कोई ज़ुल्म नहीं किया, लेकिन उन्होंने ख़ुद अपने ऊपर ज़ुल्म किया।

119. फिर यक़ीनन, तुम्हारे रब ने उन लोगों के लिए जो जहालत की वजह से ज़ुल्म करते हैं, फिर उसके बाद तौबा करते हैं और अपने आप को सुधार लेते हैं – यक़ीनन, तुम्हारा रब उस वक़्त माफ़ करने वाला और रहम करने वाला है।

120. यक़ीनन, इब्राहीम [अ.स.] एक पूरी तरह से रहनुमा थे, जो अल्लाह की इबादत में रहते हुए हक़ की तरफ़ रुझान रखते थे, और वह उन लोगों में से नहीं थे जो अल्लाह के साथ शिर्क करते थे।

121. वे अल्लाह के एहसान का शुक्र अदा करते थे। अल्लाह ने उन्हें अपना पसंदीदा बनाया और उन्हें सीधे रास्ते की हिदायत दी।

122. और हमने उन्हें इस दुनिया में अच्छी ज़िंदगी दी, और यक़ीनन, आख़िरत में वे नेक लोगों में से होंगे।

123. फिर हमने तुम्हें, [ऐ मुहम्मद], हुक्म दिया कि तुम इब्राहीम के मिल्लत की ताबीअत अपनाओ, जो हक़ की तरफ़ रुझान रखते थे; और वे उन लोगों में से नहीं थे जो शिर्क करते थे।

124. हज बस उन लोगों के लिए फ़र्ज़ किया गया था जो इस मामले में इख़्तिलाफ़ करते थे। और यक़ीनन, तुम्हारे रब ने उस दिन उनके बीच में इस फ़ैसले में हुक्म देना है, जब वे अपनी इख़्तिलाफ़ी मसलों पर आपस

में बातचीत कर रहे थे।

125. तुम अपने रब के रास्ते की तरफ़ हिकमत और अच्छी नसीहत से दावत दो, और उनसे बेहतर तरीके से बहस करो। यक़ीनन, तुम्हारा रब सबसे बेहतर जानता है कौन उसके रास्ते से गुमराह है, और कौन रास्ता पा गया है।

126. और अगर तुम अपने दुश्मन को सज़ा दो, [ऐ मोमिन], तो वही सज़ा देना जो तुम्हें नुक़सान पहुँचाया गया हो। लेकिन अगर तुम सब्र करते हो – तो यह उन लोगों के लिए बेहतर है जो सब्र करते हैं।

127. और सब्र करो, [ऐ मुहम्मद], और तुम्हारा सब्र सिर्फ़ अल्लाह के ज़रिए है। और उन लोगों पर ग़म न करो और उनके चालों पर शिकायत न करो।

128. यक़ीनन, अल्लाह उन लोगों के साथ है जो उससे डरते हैं और जो अच्छे काम करते हैं।

17. सूरह अल- इसरा

बिस्मिल्लाहिर-रहमानिर-रहीम

1. पाक है वह जो अपने बंदे [हज़रत मुहम्मद ﷺ] को एक रात मस्जिद-ए-हराम से मस्जिद-ए-अक्सा ले गया, जिसके चारों ओर हमने बरकत रखी, ताकि हम अपनी निशानियाँ दिखा सकें। बेशक, वह सब सुनने और देखने वाला है।
2. और हमने मूसा को किताब दी और उसे बनी इस्राइल के लिए हिदायत बनाया, ताकि तुम सिर्फ मुझे अपना वकील और मालिक समझो।
3. ऐ उन लोगों की औलाद, जिन्हें हमने नूह के साथ कश्ती में उठाया था! बेशक, वह एक शुकरगुजार बंदा था।
4. और हमने बनी इस्राइल को किताब में यह बता दिया था कि तुम ज़मीन में दो बार फसाद पैदा करोगे और बहुत ज्यादा घमंड भी दिखाओगे।
5. फिर जब पहली बार का वादा पूरा होने का वक्त आया, तो हमने तुम्हारे खिलाफ अपने ऐसे बंदे भेजे जो बहुत शिद्दत वाली जंग करने वाले थे। वह तुम्हारे घरों तक घुस आए, और यह वादा पूरा होकर रहा।
6. फिर हमने तुम्हें उन पर दोबारा फतह दी, और तुम्हें माल और औलाद से मदद दी, और तुम्हारी ताकत बढ़ा दी।
7. और कहा, "अगर तुम नेकियाँ करोगे, तो अपनी ही खातिर करोगे, और अगर बुराई करोगे, तो भी अपनी ही खातिर करोगे।" फिर जब दूसरी बार का वादा पूरा होने का वक्त आया, तो हमने तुम्हारे दुश्मनों को भेजा

ताकि वे तुम्हारे चेहरों को उदास करें, और जैसे पहली बार वे मस्जिद में घुसे थे, वैसे ही फिर घुसें, और जो कुछ हाथ आए, उसे तबाह और बर्बाद कर दें।

8. फिर अल्लाह ने फरमाया, "अगर तुम तौबा करोगे, तो तुम्हारे रब की रहमत तुम पर हो सकती है, लेकिन अगर तुम फिर से फसाद की तरफ लौटोगे, तो हम भी सज़ा वापस ला देंगे।" और हमने काफिरों के लिए जहन्नम को क़ैदख़ाना बना दिया है।

9. यह कुरआन उस रास्ते की हिदायत देता है जो सबसे ज्यादा बेहतरीन है, और जो लोग नेकियाँ करते हैं, उन्हें खुशखबरी देता है कि उनके लिए बड़ा इनाम है।

10. और जो लोग आख़िरत को नहीं मानते, हमने उनके लिए दर्दनाक सज़ा तैयार कर रखी है।

11. इंसान कभी-कभी गुस्से में अपने लिए बुराई की दुआ मांग लेता है, जैसे वह भलाई की दुआ मांगता है, और इंसान बहुत जल्दबाज़ है।

12. हमने रात और दिन को दो निशानियाँ बनाया, रात की निशानी को धुंधला कर दिया और दिन को रोशन किया, ताकि तुम अपने रब का फज़्ल तलाश करो, सालों का हिसाब रखो, और हर चीज को हमने तफसील से बयान कर दिया है।

13. हर शख्स के लिए हमने उसका मुक़द्दर उसके गले में लटका दिया है, और क़यामत के दिन उसके लिए एक किताब निकालेंगे जो उसके सामने खुली होगी।

14. उससे कहा जाएगा, "अपनी किताब पढ़ लो। आज तुम खुद अपने हिसाब के लिए काफ़ी हो।"

15. जो हिदायत पाता है, सिर्फ अपने फायदे के लिए पाता है, और जो गुमराह होता है, सिर्फ अपने ही खिलाफ होता है। कोई किसी का बोझ नहीं उठाएगा, और हम कभी अज़ाब नहीं देते जब तक कोई पैग़ाम्बर न भेज दें।

16. जब हम किसी बस्ती को तबाह करना चाहते हैं, तो उसके आमिरों को हुक्म देते हैं, मगर वे सरकशी दिखाते हैं। फिर उन पर अज़ाब वाजिब हो जाता है, और हम उन्हें पूरी तरह तबाह कर देते हैं।

17. और नूह के बाद कितनी ही क़ौमें हमने हलाक कर दीं। तुम्हारा रब अपने बंदों के गुनाहों से वाक़िफ़ और देखने वाला है।

18. जो सिर्फ दुनिया का सुकून चाहता है, हम जो चाहें उसे देते हैं, मगर फिर उसके लिए जहन्नम तैयार कर देते हैं, जिसमें वह ज़लील होकर जलेगा।

19. और जो आख़िरत की तमन्ना करता है और ईमान के साथ उसके लिए मेहनत करता है, उनकी मेहनत अल्लाह की नज़र में मक़बूल होती है।

20. हम सबको अपने रब के फज़्ल से कुछ न कुछ देते हैं—चाहे यह हो या वह। तुम्हारे रब का फज़्ल किसी पर रोका नहीं गया।

21. देखो, हमने दुनिया में एक को दूसरे से ज्यादा नवाज़ा है। मगर आख़िरत में दरेजात और फर्क और भी ज्यादा होंगे।

22. अल्लाह के साथ किसी और को न मिलाओ, वरना तुम ज़लील और अकेला छोड़ दिए जाओगे।

23. तुम्हारे रब ने हुक्म दिया है कि उसके सिवा किसी की इबादत न करो, और माँ-बाप के साथ अच्छा बरताव करो। अगर उनमें से कोई या दोनों बुढ़ापे को पहुँचें, तो उनसे "उफ" तक न कहो, और न ही उन्हें झिड़को, बल्कि उनसे इज्जत और नरमी से बात करो।

24. और उनके सामने अपनी नरमी का पर्दा बिछा दो और दुआ करो, "मेरे रब, इन पर रहम फरमा, जैसे इन्होंने मुझे बचपन में पाला।"

25. तुम्हारा रब तुम्हारे दिलों की बातें जानता है। अगर तुम नेक इरादे रखते हो, तो वह तौबा करने वालों के लिए बड़ा माफ करने वाला है।

26. रिश्तेदारों, गरीबों और मुसाफिरों का हक अदा करो, और बे-फिजूल खर्ची मत करो।

27. बेशक, बे-फिजूल खर्ची करने वाले शैतान के भाई हैं, और शैतान अपने रब का बहुत न-शुक्रा है।

28. अगर तुम उन गरीबों से दूर हो इस इंतजार में कि तुम्हारा रब तुम्हें कुछ दे, तो भी उनसे नरमी से बात करो।

29. अपने हाथ को न बिलकुल बंद रखो, और न ही इतना खोल दो कि तुम मलामत के लायक और मुफलिस हो जाओ।

30. बेशक, तुम्हारा रब जिसे चाहे रेज़ी फराहम करता है, और जिसे चाहे कम देता है। वह अपने बंदों से बख़बर और देखने वाला है।

31. अपनी औलाद को फक्र (गरीबी) के डर से न मारो। हम उन्हें भी रेज़ी देते हैं और तुम्हें भी। उनका क़तल बहुत बड़ा गुनाह है।

32. और ज़िना के करीब भी मत जाओ, क्योंकि यह एक बदकार और बुरी राह है।

33. और किसी जान को न मारो जिसे अल्लाह ने हराम करार दिया है, मगर हक के साथ। जो न-हक़ क़तल किया गया, हमने उसके वारिस को हक दिया है, मगर वह हद से न बढ़े। बेशक, उसका मददगार (क़ानून) मौजूद है।

34. और यतीम के माल के करीब मत जाओ मगर बेहतरीन तरीके से, जब तक कि वह अपनी बालिगी को न पहुँच जाए। और हर वादा पूरा करो, बेशक हर वादे के बारे में पूछा जाएगा।

35. और पूरा नाप दो जब नापना, और सही तराज़ू से तोलना। यह तरीका बेहतरीन है और अंजाम के लिहाज से भी बेहतर है।

36. और उस चीज़ के पीछे मत चलो जिसका तुम्हें इल्म नहीं। बेशक, कान, आँख और दिल—सब के बारे में सवाल किया जाएगा।

37. और ज़मीन पर अकड़ कर मत चलो, क्योंकि तुम न तो ज़मीन चीर सकते हो और न ही पहाड़ों की ऊँचाई तक पहुँच सकते हो।

38. यह सारी चीज़ें तुम्हारे रब के नज़दीक नापसंदीदा हैं।

39. यह वह हिकमत है जो तुम्हारे रब ने तुम पर नाज़िल की है। और देखो, अल्लाह के साथ किसी और को माबूद मत बनाओ, वरना तुम जहन्नम में डाल दिए जाओगे, ज़लील और रुसवा होकर।

40. क्या तुम्हारे रब ने सिर्फ तुम्हारे लिए लड़के पसंद किए हैं और फ़रिश्तों को अपनी बेटियाँ बना लिया है? यह तो बहुत बड़ा इल्ज़ाम है जो तुम लगाते हो।

41. हमने इस कुरआन में हर तरह से समझाया ताकि लोग नसीहत लें, मगर यह इन लोगों के लिए सिर्फ नफरत को बढ़ाता है।

42. कह दो: "अगर अल्लाह के साथ कोई और माबूद होते जैसे ये लोग कहते हैं, तो वह अर्श वाले के पास कोई रास्ता ढूंढते।"

43. पाक है वह और बहुत ऊँचा है उन बातों से जो ये लोग कहते हैं।

44. सातों आसमान और ज़मीन और जो कुछ उनमें है, सब अल्लाह की तसब्बीह करते हैं, मगर तुम उनकी तसब्बीह को समझ नहीं सकते। बेशक, अल्लाह बड़ा बर्दबार और बख्शने वाला है।

45. और जब तुम कुरआन पढ़ते हो, तो हम तुम्हारे और उन लोगों के बीच जो आखिरत पर इमान नहीं रखते एक छुपी हुई रुकावट डाल देते हैं।

46. और उनके दिलों पर परदा डाल देते हैं ताकि वह समझ न सकें, और उनके कानों में बोझ डाल देते हैं। और जब तुम अपने रब का सिर्फ ज़िक्र करते हो कुरआन में, तो यह बेइज़्ज़ती के साथ पीठ फेर लेते हैं।

47. हम खूब जानते हैं कि ये कैसे कैसे तुम्हारी बात सुनते हैं जब ये तुमसे बात करते हैं, और जब ये आपस में गुफ्तगु करते हैं तो यह ज़ालिम कहते हैं: "तुम तो बस एक जादू किया हुआ आदमी का पीछा कर रहे हो।"

48. देखो, ये तुम्हारे लिए कैसे मिसालें देते हैं, मगर ये राह से भटक चुके हैं और अब ये किसी रास्ते पर नहीं आ सकते।

49. ये कहते हैं: "जब हम हड्डियाँ और मिट्टी बन जाएंगे, तो क्या हमें नए सिरे से जिंदा किया जाएगा?"

50. कह दो: "तुम पत्थर बन जाओ या लोहे,

51. या जो चीज़ भी तुम्हारे ज़ेहन में सबसे बड़ी हो!" तब ये तुमसे पूछेंगे: "हमें कौन वापस लाएगा?" कह दो: "वही जो तुम्हें पहली बार पैदा कर चुका है।" तब ये अपने सर हिलाएंगे और कहेंगे: "अच्छा, ये कब होगा?" कह दो: "शायद यह बहुत क़रीब हो!"

52. जिस दिन अल्लाह तुमसे पुकारेगा, तुम उसकी तारीफ़ करते हुए जवाब दोगे और तुम्हें ऐसा लगेगा कि दुनिया में सिर्फ थोड़ी देर रुके थे।

53. और अपने बंदों से कह दो कि वह सबसे बेहतरीन बात कहें। बेशक, शैतान उनके बीच फसाद डालता है। बेशक, शैतान इंसान का खुला दुश्मन है।

54. तुम्हारा रब तुम्हें बेहतर जानता है। अगर वह चाहे तो तुम पर रहमत कर सकता है, और अगर वह चाहे तो तुम्हें अज़ाब दे सकता है। और हमने तुम्हें उन पर कोई मुकर्रर (प्रबंधक) बना कर नहीं भेजा।

55. और तुम्हारा रब हर उस शख्स को बेहतर जानता है जो आसमानों और ज़मीन में है। हमने कुछ पैग़म्बरों

को दूसरों पर फ़ज़ीलत दी, और दावूद को हमने ज़बूर अता की।
56. कह दो, “उन्हें पुकारो जिन्हें तुमने अल्लाह के सिवा माबूद समझ रखा है। वे न तुमसे तकलीफ हटा सकते हैं और न उसे कहीं और फेर सकते हैं।”
57. जिनको ये लोग पुकारते हैं, वे ख़ुद अपने रब का क़ुर्ब ढूंढते हैं, देखें कौन उसके क़रीब होता है, और वह उसकी रहमत की उम्मीद और उसके अज़ाब का ख़ौफ़ रखते हैं। बेशक, तुम्हारे रब का अज़ाब दरअसल डरने लायक है।
58. कोई भी बस्ती ऐसी नहीं है जिसे हम क़यामत से पहले हलाक न कर दें या सख़्त अज़ाब न दे दें। यह सब लिखा हुआ है एक किताब में।
59. हमने निशानियाँ भेजने से सिर्फ इस वजह से रोका कि पहले लोग उन्हें झुटला चुके हैं। हमने सामूद को एक नुमायां निशानी (ऊंटनी) दी, मगर उन्होंने उसपर ज़ुल्म किया। और हम निशानियाँ सिर्फ डराने के लिए भेजते हैं।
60. और याद करो जब हमने तुमसे कहा, “बेशक तुम्हारा रब लोगों को घेरने वाला है।” और जो हमने तुम्हें दिखाया, वह सिर्फ एक फ़ित्ना था लोगों के लिए, जैसे कि क़ुरआन में मल'ऊन दरख़्त का ज़िक्र है। हम उन्हें डराते हैं, मगर यह सिर्फ उनका गुमराही बढ़ाता है।
61. याद करो जब हमने फ़रिश्तों से कहा, “आदम को सज्दा करो,” तो सबने सज्दा किया सिवाय इब्लीस के। उसने कहा, “क्या मैं इस शख़्स को सज्दा करूँ जिसे तूने मिट्टी से बनाया है?”
62. फिर उसने कहा, “बताओ, यह जिसे तूने मुझ पर फ़ज़ीलत दी, अगर तू मुझे क़यामत तक मोहलत दे, तो मैं उसकी औलाद को गुमराह कर के रख दूँगा, सिवाय चंद एक के।”
63. अल्लाह ने फ़र्माया, “जा! जो तेरा कहना मान ले, तो जहन्नम तुम्हारा अंजाम होगा, एक बड़ी सज़ा।”
64. “और तू जिनको बना सकता है, उन्हें अपनी आवाज़ से बहका, अपने सवार और पैदल लश्कर उन पर चला, उनके माल और औलाद में हिस्सा दार बन जा, और उन्हें वादे दे।” मगर शैतान उन्हें सिर्फ़ फरेब के वादे देता है।
65. “मेरे बंदे तेरे क़ब्ज़े में नहीं होंगे, और तेरा रब काफ़ी है मददगार बनने के लिए।”
66. तुम्हारा रब ही है जो तुम्हारे लिए समुद्र में कश्ती चलाता है ताकि तुम उसका फ़ज़ल तलाश करो। बेशक वह तुम पर बेहद मेहरबान है।
67. जब तुम समुद्र में मुसीबत में फंसते हो तो सब गायब हो जाते हैं सिवाय अल्लाह के। मगर जब वह तुम्हें किनारे पर पहुँचा देता है, तो तुम फिर मुँह फेर लेते हो। इंसान बड़ा नाशुक्रा है!
68. क्या तुम इस बात से बेख़ौफ हो कि अल्लाह तुम्हें ज़मीन में धंस न दे या तुम पर पत्थर बरसाने वाली आंधी न भेज दे? फिर तुम कोई मददगार न पाएंगे।
69. या फिर तुम यह समझते हो कि अल्लाह तुम्हें दुबारा समुद्र में ले जाए और एक तेज़ आंधी भेज दे जो तुम्हें डुबो दे, सिर्फ़ इस वजह से कि तुमने इनकार किया? फिर तुम अपने लिए कोई बदला लेने वाला न

पाएंगे।
70. और हमने आदम की औलाद को इज़्ज़त दी, उन्हें सूखी और ताज़ा ज़मीन और समुद्र में सवारी दी, उन्हें पाक चीज़ें दी और अपनी मखलूक़ में से बहुत से लोगों पर उन्हें फ़ज़ीलत दी।
71. याद करो जब हम हर उम्मत को उसके इमान के साथ बुलाएंगे, फिर जिसका दफ्तर-ए-आमल उसके दाएँ हाथ में दिया जाएगा, वह अपनी किताब पढ़ेगा, और उन पर ज़रा बराबर भी ज़ुल्म न होगा।
72. और जो इस दुनिया में अंधा रहा, वह आखिरत में भी अंधा होगा, बल्कि और ज़्यादा भटकता हुआ।
73. वह तुम्हें उस चीज़ से हटाने की कोशिश कर रहे थे जो हमने तुम्हारी तरफ वाही की, ताकि तुम हम पर झूठ गढ़ लो। अगर तुम ऐसा करते तो वह तुम्हें अपना दोस्त बना लेते।
74. और अगर हम तुम्हें मज़बूती न देते तो हो सकता है तुम उनकी तरफ थोड़ा झुक जाते।
75. फिर हम तुम्हें दुनिया और आखिरत, दोनों में दोहरा अज़ाब चखाते, फिर तुम हमारे मुकाबले में कोई मददगार न पाते।
76. वह तुम्हें इस सरज़मीन से निकालने की साज़िश कर रहे थे, ताकि तुम्हारे बाद खुद भी ज़्यादा देर न रह सकें।
77. यह हमारा ही तरीक़ा है जो पहले पैग़म्बरों के साथ भी चला आया है, और तुम इस तरीक़े में कोई तबदीली न पाओगे।
78. नमाज़ क़ायम करो सूरज ढलने से लेकर रात के अंधेरे तक, और फ़ज्र की क़ुरआन की तिलावत को भी। फ़ज्र की तिलावत वाक़ई गवाही होती है।
79. और रात के कुछ हिस्सों में भी क़ुरान की तिलावत करो (तहज्जुद), शायद तुम्हारा रब तुम्हें मक्सब मक़ाम पर खड़ा करे।
80. और कहना, "मेरे रब, मुझे बेहतरीन तरीके से दाखिल कर और बेहतरीन तरीके से निकल, और अपनी तरफ से मुझे एक मददगार क़ुदरत अता कर।"
81. और कह दो, "हक आ गया, और बातिल मिट गया। बेशक बातिल मिटने वाला है।"
82. और हम क़ुरआन में वह चीज़ उतारते हैं जो मोमिनों के लिए शिफा और रहमत है, मगर ज़ालिमों के लिए सिर्फ नुक्सान बढ़ाता है।
83. जब हम इंसान पर एहसां करते हैं तो वह मुँह फेर लेता है, और जब मुसीबत आती है तो बेचैन हो जाता है।
84. कह दो, "हर शख्स अपने तरीके से अमल करता है, और तुम्हारा रब बेहतरीन जानता है कि कौन सबसे बेहतरीन तरीके पर है।"
85. और वह तुमसे रूह के मुतालिक पूछते हैं। कह दो, "रूह मेरे रब का एक अमर है, और तुम्हें इल्म सिर्फ थोड़ा सा दिया गया है।"
86. अगर हम चाहें तो जो वाही हमने तुम्हारी तरफ भेजी है, उसे मिटा दें। फिर तुम हमारे मुकाबले में कोई

मददगार न पा सकोगे।
87. मगर यह तुम्हारे रब की रहमत है, और उसका फजल तुम पर वाकई बहुत बड़ा है।
88. कह दो, "अगर इंसान और जिन मिल कर भी इस कुरआन जैसा लाना चाहें, तो वह इसकी मिसाल नहीं ला सकेंगे, चाहे एक-दूसरे की मदद भी कर लें।"
89. और हमने क़ुरआन में हर तरह की मिसालें लोगों के लिए बयान की हैं, मगर ज़्यादा लोग सिर्फ कुफ़्र पर ही क़ायम रहे।
90. और वह कहते हैं, "हम तब तक तुम पर इमान नहीं लाएंगे जब तक तुम ज़मीन से एक चश्मा न बहा दो..."
91. या तुम्हारे पास खजूरों और अंगूरों का एक बाग़ हो और तुम उसमें नदियाँ बहा दो,
92. या जैसा तुमने दावा किया है, तुम आसमान को टुकड़े टुकड़े कर के हमारे ऊपर गिरा दो, या अल्लाह और फ़रिश्तों को सामने ले आओ,
93. या तुम्हारे पास सोने का एक घर हो, या तुम आसमान में चढ़ जाओ। और हम तुम्हारे चढ़ने को भी कभी न मानेंगे जब तक तुम हमारे लिए एक किताब न ले आओ जिसे हम पढ़ सकें।" कह दो, "मेरा रब पाक है! क्या मैं एक बशर रसूल के सिवा कुछ और हो सकता हूँ?"
94. और जब हिदायत उनके पास आ गई तो उनके इमान लाने में सिर्फ यह बात रुकावट बनी कि उन्होंने कहा, "क्या अल्लाह ने एक इंसान को रसूल बना दिया?"
95. कह दो, "अगर ज़मीन पर फ़रिश्ते इत्मिनान से चलते फिरते होते, तो हम उनके लिए आसमान से एक फ़रिश्ता रसूल बना कर भेजते।"
96. कह दो, "मेरे और तुम्हारे दरमियान अल्लाह ही गवाह काफ़ी है। बेशक वह अपने बंदों से ख़ूब वाक़िफ़ और देखनें वाला है।"
97. जिसे अल्लाह हिदायत दे, वही हिदायत पर है, और जिसे वह गुमराह कर दे, तो तुम उसके लिए अल्लाह के सिवा कोई मददगार न पा सकोगे। और हम उन्हें क़यामत के दिन उनके मुँह के बल उठाएंगे – अंधे, गूँगे और बहरे। उनका ठिकाना जहन्नुम है। जब कभी वह बुझने लगेगी, हम उन्हें और भड़काएंगे।
98. यह उनका बदला है क्योंकि उन्होंने हमारी आयतों का इंकार किया और कहा, "क्या जब हम हड्डियाँ बनकर चूर-चूर हो जाएँगे, तब भी नए सिर से उठाए जाएंगे?"
99. क्या उन्होंने नहीं देखा कि जिस अल्लाह ने आसमान और ज़मीन बनाए, वह उन जैसे लोगों को दोबारा पैदा करने की भी ज़रूरत रखता है? और उसने उनके लिए एक मुकर्रर वक्त तय कर दिया है जिसमें कोई शक नहीं। मगर ज़ालिम सिर्फ़ कुफ़्र पर ही अड़े रहते हैं।
100. कह दो, "अगर तुम्हारे पास मेरे रब की रहमत के खज़ाने होते, तो भी तुम खर्च करने से गुरेज़ करते, और इंसान वाक़ई बखील है।"
101. और हमने मूसा को नौ रोशन निशानियाँ दी थीं। बनी - इसराइल से पूछो, जब मूसा उनके पास आए तो

फिरौन ने कहा, “ऐ मूसा, मुझे लगता है कि तू जादू की मार खाया हुआ है।”

102. मूसा ने जवाब दिया, “तू अच्छे से जानता है कि ये निशानियाँ सिर्फ आसमान और ज़मीन के रब ने नाजिल की हैं, रोशनी और दलील के साथ। और ऐ फिरौन, मुझे लगता है कि तू हलाक होने वाला है।”

103. फिर उसने इरादा किया कि उन्हें वहाँ से निकाल दे, मगर हमने उसे और उसके साथियों को पानी में डुबो दिया।

104. और उसके बाद हमने बनी इसराइल से कहा, “इस ज़मीन में रहो, और जब आख़िरत का वादा पूरा होने का वक्त आएगा, तो हम तुम्हें एक जगह जमा कर देंगे।”

105. और हमने क़ुरआन को हक के साथ नाजिल किया, और हक के साथ ही वह उतरा। और (ऐ नबी) हमने तुम्हें सिर्फ़ बशारत देने वाला और डराने वाला बना कर भेजा है।

106. और यह क़ुरआन हमने तोड़-तोड़ कर नाजिल किया ताकि तुम इसे आस्ते-आस्ते लोगों को सुना सको। और हमने इसे धीरे-धीरे नाजिल किया।

107. कह दो, “चाहे तुम इस पर इमान लाओ या न लाओ। मगर जिन्हें इससे पहले इल्म दिया गया, जब उनके सामने इसकी तिलावत होती है, तो वे सजदे में गिर जाते हैं।”

108. और कहते हैं, “हमारा रब पाक है! बेशक हमारे रब का वादा पूरा हो गया।”

109. और वे रोते हुए सजदे में गिर जाते हैं, और यह क़ुरआन उनके लिए और ज़्यादा अज्ज़ी का सबब बनता है।

110. कह दो, “अल्लाह को पुकारो या रहमान को पुकारो, जिस नाम से भी पुकारो, उसके सभी अच्छे नाम हैं।” और अपनी नमाज़ न बहुत ऊँची आवाज़ से पढ़ो, न ही बहुत धीमी, बल्कि इसके दरमियाँ का एक रास्ता इख्तियार करो।

111. और कह दो, “सभी तारीफ अल्लाह के लिए है, जिसने न किसी को बेटा बनाया, न उसकी हुकूमत में कोई शरीक है, न उसको किसी कमजोरी की वजह से कोई मददगार चाहिए। और उसकी बड़ी शान बयान करो।”

18.सूरह अल-कहफ

बिस्मिल्लाह-हिर्रहमान-निर्रहीम

1. सारी तारीफ अल्लाह के लिए है जिसने अपने बंदे (मुहम्मद ﷺ) पर यह किताब नाज़िल की और इसमें कोई टेढ़ापन नहीं रखा।

2. यह सीधी राह दिखाने वाली है, ताकि लोगों को उसकी तरफ़ से सख्त अज़ाब से डराए और जो लोग नेक अमल करते हैं उन्हें खुशखबरी दे कि उनके लिए बेहतरीन सिला (जन्नत) है।

3. जिसमें वे हमेशा रहेंगे।

4. और उन लोगों को भी डराए जो कहते हैं कि "अल्लाह ने बेटा बना लिया है।"

5. न इनके पास इसका कोई इल्म है, न इनके बाप-दादा के पास। ये जो बात करते हैं, बहुत अज़ीम झूठ बोलते हैं।

6. अगर ये लोग इस बात पर ईमान न लाए तो लगता है कि आप ग़म के मारे अपनी जान ही दे देंगे।

7. हमने जो कुछ ज़मीन पर है, उसे इसलिए सजाया ताकि देखें कि कौन बेहतरीन अमल करता है।

8. और यक़ीनन हम एक दिन ज़मीन को एक चटाई हुई मिट्टी बना देंगे।

9. क्या तुमने सोचा कि ग़ार वाले (असहाब-ए-कहफ) और उनकी निशानियां हमारी निशानियों में अजीब हैं?

10. जब वे नौजवान ग़ार में जा बैठे और दुआ की: "ऐ हमारे रब! हम पर अपनी रहमत बरसा और हमें हमारे मामले में राह दिखा दे।"

11. फिर हमने उनके कानों पर (गहरी नींद का) पर्दा डाल दिया बहुत सालों तक।

12. फिर हमने उनको उठाया ताकि देखें कि दोनों गिरोह में से कौन इस बात का बेहतर हिसाब लगाता है कि वो कितने दिन सोए रहे।

13. हम तुम्हें उनका सच्चा वाक़िया सुनाते हैं। वो चंद नौजवान थे जो अपने रब पर ईमान लाए और हमने उनकी हिदायत और ज़्यादा बढ़ा दी।

14. और हमने उनके दिल मज़बूत कर दिए जब उन्होंने उठ कर कहा: “हमारा रब तो वही है जो आसमानों और ज़मीन का मालिक है, हम उसके सिवा किसी को माबूद नहीं मानने वाले। अगर ऐसा किया तो बहुत बड़ा झूठ होगा।”
15. ये हमारी क़ौम के लोग हैं जो अल्लाह के सिवा दूसरों को माबूद बनाए बैठे हैं। कोई तो दलील लाए जो उनके हक़्क़ होने को साबित करे! और जो झूठ गढ़ लेता है उससे ज़्यादा ज़ालिम कौन हो सकता है?
16. उनमें से एक बोला: “जब तुमने उनसे और उनके माबूदों से अलग होने का फैसला कर लिया है तो चलो ग़ार में चलते हैं। तुम्हारा रब तुम पर अपनी रहमत बरसाएगा और तुम्हारे मामलात को आसान बना देगा।”
17. और अगर तुम देखो तो तुम पाओगे कि जब सूरज निकलता है तो उनके ग़ार से दायीं तरफ़ झुक जाता है और जब डूबता है तो बायीं तरफ़। ये अल्लाह की निशानियों में से है। जिसे अल्लाह हिदायत दे वही रास्ते पर है और जिसे वो भटका दे तो उसका कोई रहनुमा नहीं।
18. और तुम समझते कि वो जागे हुए हैं, हालाँकि वो सो रहे थे। हम उन्हें दायीं और बायीं तरफ़ पलट देते थे और उनका कुत्ता ग़ार के दहलीज़ पर दोनों पाँव फैलाए बैठा था। अगर तुम उन्हें देखते तो उनसे दूर भाग जाते और उनका दीदार देख के ख़ौफ़ में पड़ जाते।
19. फिर हमने उन्हें उठाया ताकि वो आपस में सवाल-जवाब करें। उनमें से एक बोला: “तुम कितनी देर यहाँ रहे?”
दूसरे बोले: “शायद एक दिन या आधा दिन।” फिर उन्होंने कहा: “तुम्हारा रब ही बेहतर जानता है कि तुम कितनी देर यहाँ रहे। अब तुम एक आदमी को अपने चाँदी के सिक्के देकर शहर भेजो, ताकि वो देखे कि कौन सा खाना बेहतरीन है और वहाँ से तुम्हारे लिए कुछ खाने का ले आए। मगर वो एहतियात से काम ले और किसी को तुम्हारे बारे में ना बताए।”
20. “अगर शहर वालों को तुम्हारे बारे में पता चल गया, तो या तो वो तुम्हें संगसार (पत्थर मार-मार कर) कर देंगे या फिर ज़बरदस्ती तुम्हें अपने दीन पर वापस ले आएंगे। और अगर ऐसा हुआ तो तुम कभी कामयाब नहीं हो पाओगे।”
21. हमने इस तरह उन्हें दोबारा सामने ले आए ताकि लोग जान लें कि अल्लाह का वादा सच है और क़यामत आने में कोई शक नहीं। जब उन लोगों ने उनके मामले पर बहस की तो कहने लगे: “उनके आस-पास एक इमारत बना दो, उनका रब ही उनको बेहतर जानता है।”
मगर जो लोग इस मामले में ग़ालिब रहे, उन्होंने कहा: “हम तो यहाँ एक मस्जिद बनाएंगे।”
22. कुछ लोग कहने लगे: “वो तीन थे, चौथा उनका कुत्ता।” कुछ बोले: “वो पाँच थे, छठा उनका कुत्ता।” और कुछ कहने लगे: “वो सात थे, आठवां उनका कुत्ता।” ये सब अंदाज़ा लगाने वाली बातें हैं। (हक़ीक़त सिर्फ़ अल्लाह ही जानता है।) ऐ मुहम्मद ﷺ, कह दो: “मेरा रब ही उनकी तादाद जानता है, कम ही लोग इस हक़ीक़त से वाक़िफ़ हैं। तुम बस उन पर बेकार बहस मत करो, और न ही उनके मामले में किसी से कोई सवाल करो।”

23. और कभी भी किसी काम के बारे में ये मत कहना कि तुम उसे कल करोगे।
24. तुम कुछ नहीं कर सकते, बस जो अल्लाह चाहे। अगर ग़लती से ऐसी बात तुम्हारी ज़ुबान से निकल जाए, तो फ़ौरन अपने रब को याद करो और कहना, "मुझे उम्मीद है कि मेरा रब इस मामले में मुझे राह-ए-रुश्द से क़रीब बात की तरफ़ रहनुमाई करेगा।"
25. और वो अपने ग़ार में तीन सौ साल रहे, और कुछ लोगों ने और नौ साल भी जोड़ दिए।
26. कहो, "अल्लाह बेहतर जानता है कि वो कितनी देर तक रहे। उसके पास आसमान और ज़मीन की सारी छुपी हुई बातें हैं। कितना वाज़ेह है वो देखने और सुनने वाला! उसकी हुकूमत में कोई भी उसका शरीक नहीं है, और वो अपनी ताक़त में किसी को शामिल नहीं करता।"
27. और (ऐ मुहम्मद ﷺ) अपने रब की किताब की तिलावत किया करो जो तुम पर वही के ज़रिए नाज़िल हुई है।

कोई भी अल्लाह के कलामात को बदल नहीं सकता, और तुम उसके सिवा कोई पनाह भी नहीं पा सकते।
28. और अपने आप को उन लोगों के साथ सब्र से बाँध लो जो सुबह-शाम अपने रब को पुकारते हैं, उसकी रज़ा के तलबगार हैं। और दुनिया की चमक-दमक के चक्कर में उनसे नज़र मत हटाओ। और उस शख़्स की इताअत मत करो जिसके दिल को हमने अपनी याद से ग़ाफ़िल कर दिया है, जो अपनी ख़्वाहिशात का ग़ुलाम बन गया है और जिसका मामला हद से बढ़ गया है।
29. और कह दो: "हक़ तुम्हारे रब की तरफ़ से है, जो चाहे ईमान लाए और जो चाहे इनकार करे।" लेकिन जो ज़ालिम हैं, हमने उनके लिए एक ऐसी आग तैयार की है जिसकी दीवारें उनको हर तरफ़ से घेर लेंगी।

और अगर वो मदद के लिए चीखें तो उनको ऐसा पानी दिया जाएगा जो पिघले हुए तांबे जैसा होगा जो उनके चेहरों को जला देगा। क्या ही बुरा मशरूब है और क्या ही बुरी जगह है जो इन्हें नसीब होगी।
30. जो लोग ईमान लाए और अच्छे अमल किए, उनके लिए हम हरगिज़ उनका अज्र ज़ाया नहीं करेंगे, जो नेकी करते हैं।
31. उनके लिए हमेशा रहने वाले बाग़ हैं, जिनके नीचे नहरें बहती हैं। वहाँ उन्हें सोने के कंगन पहनाए जाएँगे और हल्की रेशमी और मोतबर ब्रोकेड के हरे लिबास पहनाए जाएँगे। वहाँ आरास्ता तख़्तों पर आराम फ़रमा होंगे। क्या ही बेहतरीन सिला है और क्या ही बेहतरीन रहने की जगह!
32. और इन लोगों के सामने एक मिसाल पेश करो: दो आदमियों की, जिनमें से एक को हमने दो अंगूर के बाग़ दिए, और उनके इर्द-गिर्द खजूर के दरख़्त लगाए।
33. और इन दोनों के बीच में खेती उगा दी। दोनों बाग़ अपने फल लाते और किसी भी क़िस्म की कमी नहीं होती थी। और हमने उनमें एक नहर चला दी, जो हमेशा उन्हें पानी देती रही।
34. उसके पास बहुत सारे फल थे, तो उसने अपने साथी से गुफ़्तगू करते हुए कहा, "मैं माल और आदमियों की तादाद में तुझसे ज़्यादा ताक़तवर हूँ।"
35. और जब अपनी बाग़ में दाख़िल हुआ, तो अपने ही ऊपर ज़ुल्म कर रहा था। उसने कहा, "मुझे नहीं

लगता कि ये कभी तबाह होगा।"
36. और उसने कहा, "मुझे नहीं लगता कि क़यामत आएगी। अगर मुझे वापस मेरे रब के पास ले भी जाया गया, तो वहाँ भी मुझे इससे बेहतर मिलेगा।"
37. उसके साथी ने गुफ़्तगू करते हुए कहा, "क्या तू उस अल्लाह का इनकार कर रहा है जिसने तुझे मिट्टी से बनाकर नुत्फ़े से इंसान की सूरत में लाया?"
38. "मेरे लिए तो बस अल्लाह ही मेरा रब है, और मैं कभी अपने रब के साथ किसी को शरीक नहीं करता।"
39. और जब तू अपने बाग़ में दाख़िल हुआ, तो क्यों न कहा, "माशा अल्लाह, ला क़ुव्वता इल्ला बिल्लाह" (जो अल्लाह चाहे, वही होता है; अल्लाह के सिवा कोई ताक़त नहीं)। अगर तू मुझे माल और औलाद में अपने से कम देखता है,
40. तो हो सकता है मेरा रब मुझे इससे बेहतर दे और तेरे बाग़ पर आसमान से कोई मुसीबत भेज दे, और यह एक चमकदार, चटाई हुई ज़मीन बन जाए।
41. या इसका पानी इतना नीचे उतर जाए कि तू उसे ढूंढने भी न पा सके।
42. और उसके फल तबाह कर दिए गए, तो वह अपने हाथों को पीटने लगा जो कुछ उसने इस बाग़ पर खर्च किया था, जबकि उसकी लतरें गिर चुकी थीं। और कहने लगा, "काश! मैं अपने रब के साथ किसी को शरीक न बनाता।"
43. और उसके पास कोई मददगार न था, सिवाय अल्लाह के, और वह खुद भी अपनी मदद नहीं कर सकता था।
44. उस वक़्त हुकूमत सिर्फ अल्लाह की थी, जो हक़ है। और वही बेहतरीन अजर देने वाला और बेहतरीन अंजाम वाला है।
45. और उन्हें इस दुनिया की ज़िंदगी की मिसाल सुनाओ, जो उस बारिश की तरह है जो हम आसमान से बरसाते हैं, फिर ज़मीन की सब्ज़ाई उससे मिल जाती है, और फिर वह सूखकर एक बिखरने वाली भूसे की तरह बन जाती है। और अल्लाह हर चीज़ पर पूरी क़ुदरत रखता है।
46. माल और औलाद सिर्फ़ दुनिया की ज़ीनत हैं, मगर जो नेक आमाल हमेशा के लिए क़ायम रहने वाले हैं, वह तेरे रब के नज़दीक अजर में बेहतर हैं और उम्मीद के लिए बेहतर हैं।
47. और उस दिन से डराओ जब हम पहाड़ों को हटा देंगे, और तुम ज़मीन को साफ़ देखोगे, और हम सबको जमा करेंगे, और किसी को भी छोड़ेंगे नहीं।
48. और वह सब तेरे रब के सामने सफ़ बंधाकर पेश किए जाएंगे, और अल्लाह फ़रमाएगा, "तुम वाक़ई हमारे पास आ गए जैसे हमने तुम्हें पहली दफ़ा पैदा किया था, मगर तुमने तो यह गुमान भी नहीं किया था कि हम तुम्हारे लिए कोई मुलाक़ात तय करेंगे।"
49. और आमाल की किताब खोलकर रख दी जाएगी, और मुजरिम लोग इसमें जो लिखा होगा, उससे डर रहे होंगे, और कहेंगे, "हाय हमारी तबाही! यह कैसी किताब है जो न छोटी बात छोड़ती है, न बड़ी, बल्कि हर

चीज़ को गिन कर लिख दिया है?" और जो कुछ उन्होंने किया होगा, वह अपने सामने पाएंगे। और तेरा रब किसी पर ज़ुल्म नहीं करता।

50. और याद करो जब हमने फ़रिश्तों से कहा, "आदम को सज्दा करो," तो सबने सज्दा किया मगर इब्लीस ने नहीं किया। वह जिन्न में से था, और अपने रब के हुक्म की नाफ़रमानी की। अब क्या तुम मुझे छोड़कर उसको और उसकी नस्ल को अपना दोस्त बनाओगे, जबकि वह तुम्हारे दुश्मन हैं? कितना बुरा बदल है जो ज़ालिमों ने अपनाया!

51. मैंने उन्हें न आसमान और ज़मीन की तख्लीक का गवाह बनाया, और न उनके अपने खुद के खल्क़ का, और मैं गुमराह करने वालों को अपनी मदद में कभी नहीं लेता।

52. और उस दिन से डराओ जब वह कहेगा, "अपने उस मुश्रिकों को बुलाओ, जिनके बारे में तुमने दावा किया था," तो वह उन्हें बुलाएंगे लेकिन वह उनका जवाब नहीं देंगे। और हम उनके बीच एक खुदाई फासला रख देंगे।

53. और मुजरिम लोग आग को देखेंगे और यकीन करेंगे कि वह उसमें गिरने वाले हैं, और उन्हें उससे बचने का कोई रास्ता नहीं मिलेगा।

54. और हमने इस कुरान में लोगों के लिए हर तरह के मिसाल दिए हैं, लेकिन इंसान हर बात में ज्यादा से ज्यादा झगड़े करने वाला है।

55. और कुछ नहीं रोका लोगों को ईमान लाने से जब उनके पास हिदायत आई, और अपने रब से माफी मांगने से, मगर इस बात ने कि उन पर पहले के लोगों का तारेखी अंदाज़ गुज़रेगा, या उन्हें सजा वक्त से पहले मिल जाएगी।

56. और हम रसूलों को सिर्फ खुशखबरी देने वाले और डराने वाले बनाकर भेजते हैं। और जो लोग कुफ्र करते हैं वह झूठ के ज़रिए सच्चाई को मिटाने की कोशिश करते हैं, और मेरी आयतों और उन चीज़ों का मज़ाक उड़ाते हैं जिनके बारे में उन्हें डराया गया है।

57. और उससे बढ़ा ज़ालिम कौन होगा जो अपने रब की आयतों को याद किया जाए, लेकिन उनसे मुँह मोड़ ले और अपने हाथों से किया हुआ भूल जाए? और हमने उनके दिलों पर पर्दे डाल दिए हैं, ताकि वह समझ न सकें, और उनके कानों में भी बहरी डाल दी है। और अगर तुम उन्हें हिदायत देने की दावत दोगे, तो वह कभी भी हिदायत नहीं पाएंगे।

58. और तुम्हारा रब माफ करने वाला और रहम करने वाला है। अगर वह उनके कामों का इलज़ाम डाल दे, तो वह उन्हें सज़ा जल्दी दे देता, मगर उनके लिए एक मुकर्रर वक्त है, जहाँ से उन्हें कभी भी निजात नहीं मिलेगी।

59. और वह शहर – हमने उन्हें तबाह कर दिया जब उन्होंने ज़ुल्म किया, और उनकी तबाही के लिए एक मुकर्रर वक्त तय कर दिया था।

60. और (याद करो) जब मूसा ने अपने नौकर से कहा, "मैं तब तक रुकने वाला नहीं हूँ जब तक दो

दरियाओं के मिलने की जगह न पहुँच जाऊं, या फिर बहुत लंबा सफर कर लूँ।"

61. लेकिन जब वह दोनों दरियाओं के मिलने की जगह पहुँच गए, तो वह अपनी मछली भूल गए, और वह मछली पानी में रास्ता बना कर बह गई।

62. फिर जब वह उस जगह से गुज़रे तो मूसा ने अपने नौकर से कहा, "हमारा नाश्ता लाओ, बेशक इस सफर में हमने बहुत थकान महसूस की है।"

63. नौकर ने कहा, "क्या तुमने देखा जब हम चट्टान के पास आए थे? बेशक मैं वहाँ मछली भूल गया। और मुझे शैतान के सिवा किसी ने नहीं भुलाया – कि मैं उसका ज़िक्र करूँ। और वह मछली अजीब तरह से दरिया में रास्ता बनाकर बह गई।"

64. मूसा ने कहा, "यही तो वह चीज़ है जिसकी हम तलाश कर रहे थे।" फिर वह अपने क़दमों के निशान को देख कर वापस चल दिए।

65. और उन्हें हमारे बंदों में से एक बंदा (ख़िद्र) मिला जिसे हम ने अपनी तरफ से रहमत दी थी और उसे अपनी तरफ से ख़ास इल्म सिखाया था।

66. मूसा ने उससे कहा, "क्या मैं तुम्हारे साथ चल सकता हूँ ताकि तुम मुझे वह इल्म सिखाओ जो तुम्हें सिखाया गया है?"

67. ख़िद्र ने कहा, "बेशक तुम मेरे साथ कभी सब्र नहीं कर सकोगे।"

68. "और तुम उस चीज़ पर कैसे सब्र कर सकते हो जिसका तुम्हें इल्म नहीं है?"

69. मूसा ने कहा, "अगर अल्लाह ने चाहा तो तुम मुझे सब्र करने वाला पाओगे, और मैं तुम्हारे किसी हुक्म की नाफरमानी नहीं करूँगा।"

70. ख़िद्र ने कहा, "अगर तुम मेरे साथ चलना चाहते हो तो किसी चीज़ के बारे में सवाल न करना जब तक मैं खुद उसका ज़िक्र न करूँ।"

71. फिर वह दोनों चल दिए, यहाँ तक कि जब वह कश्ती में सवार हुए तो ख़िद्र ने उसमें छेद कर दिया। मूसा ने कहा, "क्या तुमने इसमें छेद इस लिए किया कि इसके सवारियों को डुबो दो? तुमने यकीनन बहुत भारी गलती की है।"

72. ख़िद्र ने कहा, "क्या मैंने तुमसे नहीं कहा था कि तुम मेरे साथ कभी सब्र नहीं कर सकोगे?"

73. मूसा ने कहा, "मुझे उस चीज़ के लिए न डांटो जो मैं भूल गया, और मेरे मामले में मुझे सख्त न करो।"

74. तो वह सफर करते रहे, जब तक उन्होंने एक लड़के से मुलाकात नहीं की, तो उस बंदे (ख़िद्र) ने उसे मार डाला। मूसा ने कहा, "क्या तुमने एक पाक जान को मार डाला, बस इस लिए कि उसने जान ले ली थी? तुमने तो बहुत बुरे काम किए।"

75. उसने कहा, "क्या मैंने तुमसे नहीं कहा था कि मेरे साथ तुम सब्र नहीं कर सकते?"

76. मूसा ने कहा, "अगर मैं तुमसे इसके बाद किसी चीज़ के बारे में पूछूं, तो मुझे अपना साथी न समझना। तुमने मुझसे एक माफी ले ली है।"

77. तो वह सफर करते रहे, जब तक वह एक बस्ती के लोगों से नहीं मिले, तो उन्होंने उनसे खाना मांगा, लेकिन उन्होंने उन्हें मेहमाननवाज़ी देने से मना कर दिया। और वहाँ उन्होंने एक दीवार देखी जो गिरने वाली थी, तो उस बंदे (ख़िद्र) ने उस दीवार को ठीक कर दिया। मूसा ने कहा, "अगर तुम चाहते तो इस काम के लिए कुछ बदला ले सकते थे।"
78. उसने कहा, "यह अब हमारे बीच अलगाव है। मैं तुम्हें उस बात की तफसील देना चाहता हूँ, जिसमें तुम सब्र नहीं कर पाए थे।"
79. जहाँ तक जहाज का तालुक़ है, यह गरीब लोगों का था जो समुंदर में काम करते थे। तो मैंने इसमें खता डालने की सोची, क्योंकि उनके बाद एक बादशाह आने वाला था जो हर अच्छी नाव को जबरदस्ती अपने क़ब्ज़े में कर लेता।
80. और जो लड़का था, उसके वालिद ईमान वाले थे, और हम डर रहे थे कि वह उन्हें अपने गुनाहों और कुफ्र के ज़रिए परेशान करेगा।
81. "तो हमने यह इरादा किया कि उनके रब उनके लिए उससे बेहतर एक लड़का दे, जो सफाई में उससे बेहतर हो और रहमत में उसके करीब हो।"
82. "और जो दीवार थी, वह दो यतीम लड़कों की थी, और उसके नीचे उनका खजाना था, और उनके वालिद ने नेक काम किए थे। तो तुम्हारे रब का इरादा था कि वह लड़के बड़े हो जाएं और उनका खजाना निकाल लें, जो कि तुम्हारे रब की रहमत थी। और मैंने अपने आप से यह काम नहीं किया। यह उस बात की तफसील है, जिसमें तुम सब्र नहीं कर पाए थे।"
83. और वह आप से, [ओ मुहम्मद], धुल-करणैन के बारे में पूछते हैं। कहो, "मैं तुम्हें उसके बारे में एक खबर सुनाता हूँ।"
84. "यकीनन, हमने उसे ज़मीन पर क़ुadrat दी थी, और हमने उसे हर चीज़ के लिए एक रास्ता दिया था [यानि उसके लिए ज़रिया]।"
85. तो वह एक रास्ता इख़्तियार करते रहे।
86. जब तक वह सूरज के गुज़रने की जगह (मग़रिब) तक नहीं पहुँच गए, उन्होंने वहाँ एक साया देखा, जो गहरे के अंधेरे और गड्ढे में गिर रहा था, और उनके पास एक क़ौम थी। हम (अल्लाह) ने कहा, "ओ धुल-करणैन, या तो तुम उन्हें सज़ा दो, या फिर उनमें से कुछ को अच्छाई दिखाओ।"
87. उसने कहा, "जो इंसान ज़ुल्म करेगा, उससे हम सज़ा देंगे। फिर वह अपने रब के पास वापस जाएगा, और वह उसे एक भयंकर सज़ा देगा।"
88. "लेकिन जो ईमान लाएगा और अच्छे काम करेगा, उसके लिए बेहतरीन इनाम होगा [यानि जन्नत], और हम उससे अपने हुक्म के मुताबिक़ आसानी से बात करेंगे।"
89. फिर वह एक और रास्ता इख़्तियार करते रहे।
90. जब तक वह सूरज के उबालन की जगह (पुरब) तक नहीं पहुँच गए, उन्होंने देखा कि वह एक क़ौम पर

उबाल रहा था, जिनके लिए हमने उस सूरज से बचने का कोई रोकावट नहीं बनाई थी।

91. इस तरह से। और हमने उसके इल्म में जो कुछ भी था, सबको अपनी पूरी क़ुदरत से घेर लिया था।

92. फिर वह एक और रास्ता इख़्तियार करते रहे।

93. जब तक वह दो पहाड़ों के बीच एक रास्ता तक नहीं पहुँच गए, उन्होंने वहाँ एक क़ौम देखी जो मुश्किल से उनकी बात समझ पाती थी।

94. उन्होंने कहा, "ओ धुल-करणैन, यकीनन गोग और मागोग ज़मीन में फसाद करते हैं। तो क्या हम आपके लिए एक खर्च तय करें, ताकि हम और उनके बीच एक रुकावट बना दें?"

95. उसने कहा, "जो चीज़ मेरी रब ने मुझे दी है, वह तुम जो ऑफर करते हो, उससे बेहतर है, लेकिन मेरे साथ ताकत में मदद करो; मैं तुम और उनके बीच एक बांध बना दूँगा।"

96. "मुझे लोहे के टुकड़े लाओ" – जब तक उन्होंने दोनों पहाड़ों के बीच उन्हें बराबर नहीं कर दिया, उसने कहा, "फिर इसमें हवा भरो (फूंक मारो)," जब तक उसने उसे आग जैसा गर्म नहीं कर लिया, उसने कहा, "मुझे लाकर उस पर पिघला हुआ तांबा डाल दो।"

97. तो उन (गोग और मागोग) के लिए इस पर चढ़ाई करना मुमकिन नहीं था, न ही वे इसमें किसी तरह से घुस पाए।

98. [धुल-करणैन] ने कहा, "यह मेरी रब की रहमत है, लेकिन जब मेरी रब का वादा [यानी वक्त] आ जाएगा, तो वह इसे बराबर कर देगा, और मेरे रब का वादा हमेशा सच होता है।"

99. और हम उन्हें उस दिन छोड़ देंगे, जो एक दूसरे पर चढ़ते होंगे, और फिर सूर (ट्रंपेट) को फूंका जाएगा, और हम उन्हें एक ही जगह जमा करेंगे।

100. और हम उस दिन जहन्नम को काफिरों के सामने दिखाएंगे, उनकी तारीफ के लिए –

101. उन लोगों की जो मेरी याद से अनजान थे, और वो सुनने में भी लायक नहीं थे।

102. क्या काफ़िर लोग समझते हैं कि वो मेरी बंदों को मेरे सिवा अपना साथी बना सकते हैं? यक़ीनन हमने काफ़िरों के लिए जहन्नम तैयार कर रखी है, एक असर की जगह।

103. कहो, [ओ मुहम्मद], "क्या हम आपको सबसे बड़े नुक़सान में पड़ने वालों के बारे में बताएं, उनके आमाल के हवाले से?"

104. [वो हैं] जो दुनिया की ज़िन्दगी में अपना मेहनत बेकार कर देते हैं, जबकि वो समझते हैं कि वो काम अच्छे से कर रहे हैं।

105. ये वो हैं जो अपने रब के निशानियों को और उनसे मिलने के बारे में इंकार करते हैं, इसलिए उनके आमाल बेकार हो गए हैं, और हम उन्हें क़ियामत के दिन किसी भी अहमियत नहीं देंगे।

106. यह उनका बदला है – जहन्नम – इसलिए कि उन्होंने इंकार किया और मेरी निशानियों और मेरे रसूलों का मज़ाक उड़ाया।

107. यक़ीनन, जो लोग ईमान लाए और अच्छे आमाल करें – उनके लिए जन्नत के बाग़ हैं,

108. जहाँ वो हमेशा के लिए रहते हैं। वो वहाँ से किसी भी तरह का बदलाव नहीं चाहेंगे।

109. कहो, "अगर समुंदर मेरे रब के लफ़्ज़ों को लिखने के लिए इंक होता, तो समुंदर खत्म हो जाता उससे पहले कि मेरे रब के लफ़्ज़ खत्म होते, अगर हम उसकी तरह और समुंदर लाते।"

110. कहो, "मैं सिर्फ़ एक इंसान हूँ, जो तुम्हारे पास ये वाही (इलाही पैग़ाम) लाई गई है कि तुम्हारा माबूद एक ही अल्लाह है। तो जो अपने रब से मुलाक़ात की उम्मीद रखता हो – उसे चाहिए कि वो अच्छा काम करे, और अपने रब की इबादत में किसी को भी उसका शरीक न बनाए।"

19. सूरह मरियम

बिस्मिल्लाह-हिर्रहमान-निर्रहीम

1. काफ़, हा, या, ऐन, सीन।

2. (यह) तुम्हारे रब की अपने बंदे ज़क़रिया पर रहमत का ज़िक्र है,

3. जब उसने अपने रब को चुपके से पुकारा।

4. उसने कहा, "ऐ मेरे रब, बेशक मेरी हड्डियाँ कमजोर हो गई हैं, और मेरे सर में सफेद बाल आ गए हैं, और मैं कभी भी अपनी दुआ में तुमसे, ऐ मेरे रब, मायूस नहीं हुआ।

5. और बेशक मुझे अपने बाद आने वालों का खौफ है, और मेरी बीवी बांझ है, पास मुझे अपनी तरफ से एक वारिस अता फरमा,

6. जो मेरा वारिस हो और याकूब के खानदान का वारिस हो। और उसे, ऐ मेरे रब, पसंदीदा बना।"

7. (उसे कहा गया), "ऐ ज़क़रिया, बेशक हम तुम्हें एक लड़के की खुशखबरी देते हैं जिसका नाम याहया है। हमने इससे पहले किसी को यह नाम नहीं दिया।"

8. ज़क़रिया ने कहा, "ऐ मेरे रब, मेरा लड़का कैसे होगा जब मेरी बीवी बांझ है और मैं बहुत ज्यादा बुढ़ापे को पहुँच चुका हूँ?"

9. (फरिश्ते ने) कहा, "ऐसा ही होगा; तुम्हारा रब फरमाता है, 'यह मेरे लिए आसान है, क्योंकि मैंने तुम्हें पहले भी पैदा किया था जब तुम कुछ नहीं थे।'"

10. ज़क़रिया ने कहा, "ऐ मेरे रब, मेरे लिए एक निशानी बना।" उसने कहा, "तुम्हारी निशानी यह है कि तुम लोगों से तीन रात तक बात नहीं कर सकोगे, (लेकिन) बिलकुल ठीक ठाक रहोगे।"

11. फिर वह अपनी क़ौम के पास इबादतगाह से निकला और उन्हें इशारा किया कि सुबह और शाम को (अल्लाह की) तसबीह करो।

12. (अल्लाह ने कहा), “ऐ याह्या, किताब (तौरत) को मज़बूती से पकड़ना।” और हमने उसे बचपन ही में हिकमत दी,

13. और अपनी तरफ़ से मोहब्बत और पाकीज़गी, और वह अल्लाह से डरता था,

14. और अपने मां-बाप का फरमाबदार था, और वह जिद्दी और ज़ालिम नहीं था।

15. और उस पर सलाम हो उस दिन जब वह पैदा हुआ, और उस दिन जब वह मरा, और उस दिन जब वह ज़िंदा उठाया जाएगा।

16. और (ऐ नबी), किताब (क़ुरआन) में मरीयम का ज़िक्र करो, जब वह अपने घरवालों से अलग होकर मशरिक की तरफ़ एक जगह चली गई।

17. और उसने उनसे अलग होकर एक पर्दा किया। फिर हमने उसकी तरफ़ अपने फरिश्ते (जिब्रील) को भेजा, और वह एक खूबसूरत इंसान की शक्ल में उसके सामने हाज़िर हुआ।

18. मरीयम ने कहा, “अगर तुम अल्लाह से डरते हो तो मैं तुमसे रहमान की पनाह मांगती हूं।”

19. फरिश्ते ने कहा, “मैं तो सिर्फ तुम्हारे रब का रसूल हूं, तुम्हें एक पाक लड़का (ईसा) देने के लिए।”

20. मरीयम ने कहा, “मेरा लड़का कैसे होगा जब किसी मर्द ने मुझे छुआ तक नहीं और न ही मैं बदकार हूं?”

21. फरिश्ते ने कहा, “ऐसा ही होगा; तुम्हारा रब फरमाता है, ‘यह मेरे लिए आसान है, और हम इसे लोगों के लिए एक निशानी और अपनी तरफ से रहमत बनाएंगे। और यह एक फैसला किया हुआ मामला है।’”

22. फिर मरीयम ने उसे पेट में धारण किया, और वह उसके साथ एक दूर-दराज जगह चली गई।

23. और उसे दर्द-ए-विलादत ने खजूर के पेड़ के तने तक पहुंचा दिया। उसने कहा, “काश! मैं इससे पहले मर चुकी होती और भूल चुकी होती।”

24. लेकिन उसने (ईसा ने या जिब्राइल ने) उसे नीचे से पुकारा, “ग़म न कर, तेरे रब ने तेरे नीचे एक नहर बहा दी है।”

25. और तू अपनी तरफ खजूर के पेड़ के तने को हिला, यह तेरे ऊपर ताज़ा, पक्के हुए खजूर गिरेंगे।

26. तो खा, पी और खुश रह। और अगर तू इंसानों में किसी को देखे, तो कह, ‘मैंने रहमान के लिए रोजा (खामोशी का) मन्नत ली है, तो आज मैं किसी इंसान से बात नहीं करूंगी।’

27. फिर मरीयम उसे (बच्चे को) अपनी क़ौम के पास लेकर आई, उठाए हुए। उन्होंने कहा, “ऐ मरीयम! तूने तो एक अजीब काम कर डाला।”

28. “ऐ हारून की बहन! न तेरा बाप कोई बुरा आदमी था, और न तेरी माँ बदकार थी।”

29. तो मरीयम ने उस बच्चे की तरफ इशारा किया। उन्होंने कहा, “हम एक गोद (झूले) वाले बच्चे से कैसे बात करें?”

30. तब (बच्चा) ईसा ने कहा, “मैं अल्लाह का बंदा हूँ। उसने मुझे किताब दी है और मुझे नबी बनाया है।”

31. और जहाँ कहीं भी मैं हूँ, मुझे बरकत वाला बनाया है, और जब तक ज़िंदा हूँ, मुझे नमाज़ और ज़कात

का हुक्म दिया है।
32. और मुझे अपनी माँ का फरमाबदार बनाया है, मुझे ज़ालिम और बदबख़्त नहीं बनाया।
33. और मुझ पर सलाम है जिस दिन मैं पैदा हुआ, जिस दिन मैं मरूंगा, और जिस दिन मुझे दोबारा जिंदा उठाया जाएगा।
34. यह है ईसा बिन मरीम – हक़ की बात जिसमें लोग इख़्तिलाफ़ कर रहे हैं।
35. अल्लाह के लिए यह मुनासिब नहीं कि वह किसी को बेटा बनाए। वह पाक है! जब वह किसी काम का फ़ैसला करता है, तो बस कहता है 'हो जा,' और वह हो जाता है।
36. (ईसा ने कहा) 'और यकीनन अल्लाह मेरा भी रब है और तुम्हारा भी रब है, तो उसी की इबादत करो। यही सीधा रास्ता है।'
37. फिर लोग ईसा के बारे में अलग-अलग हो गए, तो जो लोग क़ुफर कर गए, उन पर अफसोस है एक अज़ीम दिन के मंज़र से।
38. कितने साफ़ सुनेंगे और देखेंगे उस दिन जब वह हमारे पास आएंगे, मगर आज ये ज़ालिम खुले गुमराही में हैं।
39. और (ऐ मुहम्मद ﷺ) उन्हें डराओ उस दिन से जो नदामत का दिन होगा, जब फ़ैसला हो चुका होगा। मगर ये लोग ग़फलत में पड़े हैं और ईमान नहीं लाते।
40. यकीनन हम ही ज़मीन के और जो कुछ इस पर है, उसके वारिस हैं, और सब हमारी तरफ लौटा दिए जाएंगे।
41. और किताब में इब्राहीम का ज़िक्र करो। बेशक, वह एक सच्चे आदमी और नबी थे।
42. जब उन्होंने अपने बाप से कहा, 'ऐ मेरे वालिद! आप ऐसी चीज़ की इबादत क्यों करते हैं जो न सुन सकती है, न देख सकती है, और न आपको कोई फायदा दे सकती है?'
43. 'ऐ मेरे वालिद! मेरे पास वह इल्म आया है जो आपके पास नहीं आया, तो मेरी पैरवी कीजिए, मैं आपको सीधा रास्ता दिखाता हूँ।'
44. 'ऐ मेरे वालिद! शैतान की इबादत मत कीजिए। बेशक, शैतान रहमान का नाफरमान है।'
45. 'ऐ मेरे वालिद! मुझे डर है कि कहीं आप पर रहमान की तरफ से अज़ाब न आ जाए, फिर आप शैतान के साथी बन जाएंगे।'
46. उसने कहा: "ऐ इब्राहीम! क्या तू हमारे माबूदों से मुँह मोड़ रहा है? यक़ीनन, अगर तू बाज़ न आया तो मैं तुझे ज़रूर संगसार कर दूँगा, और तू एक मुद्दत तक मुझसे दूर हो जा!"
47. (इब्राहीम ने) कहा: "आप पर सलाम हो! मैं अपने परवरदिगार से आप की बख़्शिश की दुआ ज़रूर करूँगा। बे-शक वो हमेशा से मुझ पर निहायत मेहरबान है।"
48. "और मैं आप लोगों से और उन (माबूदों) से जिन्हे आप अल्लाह के सिवा पुकारते हैं, किनारा कश होता हूँ। और मैं अपने परवरदिगार को पुकारता रहूँगा। उम्मीद है कि मैं अपने रब्ब को पुकार कर नामरद नहीं हूँ

गा।”

49. फिर जब वो उनसे और उन (माबूदों) से जिन की वो अल्लाह के सिवा इबादत करते थे, अलग हो गया, तो हमने उसे इस्हाक़ और याक़ूब अता किए, और हर एक को हमने नबी बनाया।

50. और हमने उन्हे अपनी रहमत से हिस्सा दिया और उन्हे बुलंद दर्जे की सच्ची नम्वारी अता की।

51. और आप इस किताब में मूसा का ज़िक्र करें। बे-शक वो बरग़ज़ीदा थे और रसूल व नबी थे।

52. और हमने उसे कोह-ए-तूर के दाएँ जानिब से पुकारा और राज़ ओ नियाज़ के साथ उसे करीब कर लिया।

53. और हमने अपनी रहमत से उसके भाई हारून को नबी बना कर उसे अता किया।

54. और इस किताब में इस्माईल का ज़िक्र करें। बे-शक वो वादे के सच्चे, और रसूल नबी थे।

55. और वो अपने घर वालों को नमाज़ और ज़कात का हुक्म देते थे, और वो अपने परवरदिगार के नज़दीक पसंदीदा थे।

56. और इस किताब में इदरीस का ज़िक्र करें। बे-शक वो बड़े सच्चे नबी थे।

57. और हमने उसे बुलंद मक़ाम पर उठा लिया।

58. ये वो लोग हैं जिन पर अल्लाह ने इनाम फरमाया, नबियों में से, आदम की औलाद में से, और उन लोगों में से जिन्हें हमने नूह के साथ कश्ती में सवार किया, और इब्राहीम व इस्राइल की औलाद में से, और उनमें से जिन्हें हमने हिदायत दी और मुंतख़िब किया। जब उन पर रहमान की आयत तिलावत की जाती थी, तो वो सज्दे में गिर जाते और रोते रहते थे।

59. फिर उनके बाद ऐसे ना-अहिल जानशीन आए, जिन्होंने नमाज़ को ज़ाया कर दिया और अपनी ख़्वाहिशात के पीछे लग गए, तो अंक़रीब वो गुमराही का अंजाम देखेंगे।

60. मगर जिसने तौबा की, ईमान लाया और नेक अमल किए, तो यही लोग जन्नत में दाख़िल होंगे और उन पर कुछ भी ज़ुल्म नहीं किया जाएगा।

61. हमेशा रहने वाले बाग़ात में, जिन का रहमान ने अपने बंदों से बग़ैर देखे वादा किया है। बे-शक उसका वादा पूरा होकर रहने वाला है।

62. वो उसमें सलाम के सिवा कोई बेहूदा बात नहीं सुनेंगे, और उनके लिए उसमें सुबह ओ शाम रिज़्क़ मुहैया होगा।

63. यही वो जन्नत है जिसका वारिस हम अपने बंदों में से उसे बनाते हैं जो परहेज़गार हो।

64. और हम नहीं उतरते मगर आप के रब्ब के हुक्म से, उसी का है जो हमारे आगे है, जो हमारे पीछे है, और जो उसके दरमियान है, और आप का रब्ब भूलने वाला नहीं है।

65. जो आसमानों और ज़मीन और उनके दरमियान की तमाम चीज़ों का परवरदिगार है, पास उसी की इबादत करें और उसकी इबादत में सबित क़दम रहें। क्या आप उसका कोई हम नाम जानते हैं?

66. और इंसान कहता है: “क्या जब मैं मर जाऊँगा तो वाक़ई दोबारा ज़िंदा कर के निकाला जाऊँगा?”

67. और क्या इंसान याद नहीं करता कि बे-शक हमने उसे इस से पहले पैदा किया, जबकि वो कुछ भी नहीं था?

68. तो क़सम है आप के परवरदिगार की! बे-शक हम उन्हें और शैतानों को ज़रूर इकट्ठा करेंगे, फिर हम उन्हें जहन्नम के गिर्द घुटनों के बल गिरा हुआ ज़रूर हाज़िर करेंगे।

69. फिर यक़ीनन हम हर गिरोह में से उस शख़्स को ज़रूर निकालेंगे जो रहमान के मुक़ाबले में सब से ज़्यादा सरकश था।

70. फिर यक़ीनन हम उन लोगों को ख़ूब जानते हैं जो उस (जहन्नम) में झोंके जाने के ज़्यादा हक़दार हैं।

71. और तुम में से हर एक उस (जहन्नम) पर से गुज़रने वाला है, ये आप के परवरदिगार के ज़िम्मे एक तय शुदा फ़ैसला है जिसे पूरा करना लाज़िम है।

72. फिर हम परहेज़गारों को निजात दे देंगे, और ज़ालिमों को उस में घुटनों के बल गिरा हुआ छोड़ देंगे।

73. और जब उन के सामने हमारी वाज़ेह आयात पढ़ी जाती हैं तो काफ़िर लोग ईमान वालों से कहते हैं: "दोनों गिरोहों में से किस का मक़ाम बेहतर है और मजलिस के लिहाज़ से कौन ज़्यादा शानदार है?"

74. और हम उन से पहले कितनी ही उम्मतों को हलाक कर चुके हैं, जो साज़ो सामान और शक्लो सूरत में उन से कहीं बेहतर थी।

75. (ऐ नबी!) आप कह दीजिए कि जो शख़्स गुमराही में पड़ा हुआ है, तो रहमान उसे एक मुद्दत तक मोहलत देता है, यहाँ तक कि जब वो उस चीज़ को देख लेंगे जिस का उन से वादा किया जाता है, ख़्वाह अज़ाब हो या क़यामत, तब वो ज़रूर जान लेंगे कि किस का मक़ाम ज़्यादा बुरा और लश्कर के लिहाज़ से ज़्यादा कमज़ोर है।

76. और अल्लाह हिदायत याफ़्ता लोगों की हिदायत में और इज़ाफ़ा कर देता है, और बाक़ी रहने वाली नेकियाँ आप के परवरदिगार के नज़दीक सवाब के लिहाज़ से बेहतर और अंजाम के ऐतबार से ज़्यादा अच्छी हैं।

77. तो क्या (ऐ नबी!) आप ने उस शख़्स को देखा जिसने हमारी आयात का इन्कार किया और कहा: "मुझे यक़ीनन माल और औलाद दी जाएगी?"

78. क्या उसने ग़ैब में झाँक कर देख लिया है, या रहमान से कोई एहद ले रखा है?

79. हरगिज़ नहीं! हम ज़रूर लिख लेंगे जो कुछ वो कह रहा है, और हम उस के लिए अज़ाब में बहुत ज़्यादा इज़ाफ़ा करेंगे।

80. और हम उस के वारिस होंगे उस चीज़ के जो वो कह रहा है, और वो अकेला हमारे पास आएगा।

81. और उन्होंने अल्लाह के सिवा दूसरे माबूद बना लिए, ताके वो उन के लिए इज़्ज़त का सबब हों।

82. हरगिज़ नहीं! वो जल्द ही उन की इबादत का इन्कार कर देंगे और उन के ख़िलाफ़ मुख़ालिफ़ बन जाएँगे।

83. क्या आप ने नहीं देखा कि हमने शैतानों को काफ़िरों पर छोड़ रखा है, जो उन्हें बराबर उकसाते रहते हैं?

84. पस आप उन पर जल्दी न करें, हम तो बस उन के लिए (दिन) गिन रहे हैं।
85. जिस दिन हम परहेज़गारों को रहमान के पास मेहमान बना कर इकट्ठा करेंगे।
86. और हम गुनहगारों को जहन्नम की तरफ प्यासे हाँक कर ले जाएँगे।
87. वे (किसी की) सिफारिश का हक़ नहीं रखते, सिवाय उसके जिसने रहमान { "रहमान" अल्लाह के नामों में से एक है, जिसका मतलब है The Most Merciful (अत्यंत दयालु।) यह अल्लाह की बेपनाह और आम रहमत को ज़ाहिर करता है, जो हर मख़लूक़ पर शामिल है।
} के पास कोई वादा ले रखा हो।
88. और उन्होंने कहा: 'रहमान ने (अपने लिए) एक बेटा बना लिया है।'
89. बेशक तुम बहुत बड़ी भारी बात गढ़ लाए हो।
90. क़रीब है कि इस क़ौल की वजह से आसमान फट पड़ें, ज़मीन शक़्क़ हो जाए और पहाड़ गिर कर तबाह हो जाएँ।
91. इस बात पर कि उन्होंने रहमान की औलाद होने का दावा किया।
92. हालाँकि रहमान के शायान-ए-शान नहीं कि वह किसी को औलाद बनाए।
93. जो भी है आसमान-ओ-ज़मीन में, सब के सब रहमान के सामने बंदे की तरह हाज़िर होने वाले हैं।
94. बे-शक उसने उन्हें (अपने इल्म के साथ) घेर रखा है और उन्हें ख़ूब शुमार कर रखा है।
95. और उन में से हर एक क़यामत के दिन उसके पास अकेला आने वाला है।
96. यक़ीन मानो, जो लोग ईमानदार बने और अच्छे काम किए, अल्लाह उनके लिए सबके दिलों में प्यार पैदा कर देगा।
97. पस (ऐ नबी!) हमने इसे आपकी ज़ुबान में आसान बना दिया है, ताके आप इसके ज़रिए परहेज़गारों को ख़ुशख़बरी दें और उन लोगों को डराएँ जो सख़्त झगड़ालू हैं।
98. और हमने उनसे पहले कितनी ही क़ौमों को हलाक कर दिया। अब बताओ, क्या तुम इनमें से कोई दिखाई देता है? या उनका कोई शोर सुनाई देता है?!"

20.सूरह ता-हा

बिस्मिल्लाह-हिर्रहमान-निर्रहीम

1. ता, हा।
2. हमने तुम पर ये क़ुरआन इस लिए नहीं उतारा कि तुम मुसीबत में पड़ जाओ,
3. बल्कि सिर्फ उन लोगों के लिए नसीहत के तौर पर जो अल्लाह से डरते हैं।
4. यह एक वाही है उसकी तरफ से जिसने ज़मीन और ऊंचे आकाश बनाए।
5. जो रहमान है और अर्श पर विराजमान है।
6. उसी का है जो कुछ आसमानों में है, जो कुछ ज़मीन में है, जो कुछ इनके बीच है, और जो कुछ ज़मीन के नीचे है।
7. और अगर तुम ऊंची आवाज़ में बोलो या चुप रहो, वह सिर्फ ज़ाहिर बातों को नहीं, बल्कि छिपी हुई और इससे भी ज्यादा गोपनीय बातों को जानता है।
8. अल्लाह—उसके सिवा कोई माबूद नहीं। उसके लिए हैं सबसे बेहतरीन नाम।
9. क्या तुम तक मूसा की कहानी पहुँची है?
10. जब उसने एक आग देखी और अपने घरवालों से कहा, "यहां रुकिए, मैंने एक आग देखी है। शायद मैं वहां से तुम्हारे लिए कोई चिंगारी ले आऊं या वहां से मुझे हिदायत का कोई पता मिल जाए।"
11. जब वह वहाँ पहुंचा, तो एक आवाज़ आई, "ए मूसा!
12. बेशक, मैं ही तेरा रब हूँ। अपनी जूती उतार दे, क्योंकि तू मुक़द्दस वादी तुवा में है।
13. और मैंने तुझे चुन लिया है, तो सुन, जो तुझ पर वही की जा रही है।
14. बेशक, मैं अल्लाह हूँ, मेरे सिवा कोई माबूद नहीं। तो मेरी इबादत कर और नमाज़ क़ायम कर मेरी याद के लिए।
15. क़ियामत आने वाली है—मैं उसे लगभग छुपाकर रखता हूँ—ताकि हर शख्स अपने आमाल का बदला

पा ले।

16. जो इसका इनकार करे और अपनी हवाओं और इच्छाओं के पीछे चले, कहीं ऐसा न हो कि वह तुझे इस से रोक दे, वरना तू हलाक हो जाएगा।

17. और ये तेरे दाहिने हाथ में क्या है, ए मूसा?"

18. मूसा ने कहा, "यह मेरी लाठी है। इस पर मैं सहारा लेता हूँ, और इससे अपनी बकरियों के लिए पत्ते गिराता हूँ, और इसमें मेरे और भी फायदे हैं।"

19. अल्लाह ने फ़र्माया, "इसे ज़मीन पर फेंको, ए मूसा!"

20. तो मूसा ने उसे फेंका, और देखा कि वह तेज़ रफ्तार साँप बन चुकी है।

21. अल्लाह ने फ़र्माया, "इसे पकड़ ले और मत घबराओ, हम इसे दुबारा उसी सूरत में लौटा देंगे।"

22. और अपना हाथ अपनी बग़ल में डाल, वह बिना किसी बीमारी के चमकदार निकल आएगा—यह एक और निशानी है।

23. ताकि हम तुझे अपनी बड़ी निशानियाँ दिखाएं।

24. फिरौन के पास जा, क्योंकि उसने हद से तजावुज कर लिया है।"

25. मूसा ने कहा, "मेरे रब, मेरा सीना खोल दे,

26. और मेरा काम आसान कर दे,

27. और मेरी ज़बान की गाँठ खोल दे,

28. ताकि लोग मेरी बात समझ सकें।

29. और मेरे घरवालों में से एक मददगार मुकर्रर कर दे,

30. हारून, जो मेरा भाई है।

31. उसके ज़रिए मेरी ताकत बढ़ा दे,

32. और उसे मेरे काम में शरीक कर दे,

33. ताकि हम तेरा बहुत ज़्यादा तसबीह करें,

34. और तुझे बहुत याद करें।

35. बेशक, तू हमेशा हमें देख रहा है।"

36. अल्लाह ने फ़र्माया, "ऐ मूसा, जो तू ने माँगा, वह तुझे दे दिया गया।"

37. और हमने पहले भी तुम पर एक और एहसान किया था,

38. जब हमने तुम्हारी माँ के दिल में यह बात डाल दी थी जो हमने वही की,

39. कि "इस बच्चे को संदूक में डाल दो, फिर इसे दरिया में डाल दो, और दरिया इसे तट पर फेंक देगा। वहाँ एक शख्स इसे अपना दुश्मन समझकर उठाएगा, जो मेरा भी दुश्मन है और इसका भी।" और मैंने तुम पर अपनी मोहब्बत डाल दी, ताकि तुम मेरी निगरानी में पालन-पोषण पाओ।

40. और जब तुम्हारी बहन गई और कहने लगी, "क्या मैं तुम्हें एक ऐसे शख्स का पता दूँ जो इसका अच्छी

तरह ख्याल रखे?" तो हमने तुम्हें तुम्हारी माँ की तरफ वापस लौटा दिया ताकि उसका दिल सुकून पाए और वह ग़म न करे। फिर तुमने एक आदमी को क़तल कर दिया, लेकिन हमने तुम्हें उस मुसीबत से बचा लिया और तुम्हें सख़्त आज़माइश से गुज़ारा। फिर तुम कुछ साल लोगों के बीच मदीयन में रहे। फिर तुम मुकर्रर वक़्त पर यहाँ आ गए, ऐ मूसा!

41. और मैंने तुम्हें सिर्फ अपने लिए तैयार किया।

42. तुम और तुम्हारा भाई, दोनों मेरे निशानियों के साथ जाओ, और मेरी याद में सुस्ती मत करो।

43. फिरौन के पास जाओ, क्योंकि उसने हद पार कर दी है।

44. और उससे नरम लहजे में बात करना, शायद वह नसीहत माने या डर जाए।

45. दोनों ने कहा, "ऐ हमारे रब, हम डरते हैं कि वह हम पर तेज़ हो जाए या ज़्यादा ज़ालिम बन जाए।"

46. अल्लाह ने फ़र्माया, "मत डरो, मैं तुम दोनों के साथ हूँ, सुनता भी हूँ और देखता भी हूँ।"

47. फिर जाओ और उससे कहो, "हम तुम्हारे रब के भेजे हुए रसूल हैं। बनी इस्राईल को हमारे साथ भेज दे और उन पर ज़ुल्म मत कर। हम तुम्हारे पास तुम्हारे रब की तरफ से एक निशानी लेकर आए हैं, और सलाम है उस पर जो हिदायत का पालन करे।"

48. "हमें वही की गई है कि जो झुटलाए और मुँह मोड़ ले, उस पर अज़ाब आएगा।"

49. फिरौन ने कहा, "ऐ मूसा, तुम दोनों का रब कौन है?"

50. मूसा ने जवाब दिया, "हमारा रब वह है जिसने हर चीज़ को उसकी सूरत दी, फिर उसे सीधा रास्ता दिखाया।"

51. फिरौन ने कहा, "तो जो पहले के लोग थे, उनका क्या होगा?"

52. मूसा ने कहा, "उनका इल्म मेरे रब के पास एक किताब में है। मेरा रब न गलती करता है, न भूलता है।"

53. "वही है जिसने तुम्हारे लिए ज़मीन को बिछौना बनाया, उसमें तुम्हारे लिए रास्ते बनाए, आसमान से पानी बरसाया, और उसी से विभिन्न किस्म के पौधे उगाए।"

54. "खाओ और अपने मवाशी चराओ। इसमें अक्लमंदों के लिए निशानियाँ हैं।"

55. "उसी ज़मीन से हमने तुम्हें पैदा किया, और उसी में तुम्हें लौटाएंगे, और उसी से फिर दोबारा निकालेंगे।"

56. और हमने फिरौन को अपनी सारी निशानियाँ दिखाई, मगर उसने झुटला दिया और न माना।

57. फिरौन ने कहा, "क्या तुम हमें अपने जादू के ज़रिए हमारी ज़मीन से निकालना चाहते हो, ऐ मूसा?"

58. "अगर ऐसा है तो हम भी तुम्हारे सामने ऐसा जादू ले आएंगे। हमारे और तुम्हारे बीच एक वक्त मुकर्रर कर लो, जिसमें न हम पीछे हटें और न तुम।"

59. मूसा ने कहा, "तुम्हारा वादा ईद के दिन का है, जब लोग दोपहर के वक्त जमा होंगे।"

60. फिरौन चला गया, अपनी चाल सोची और वापस आया।

61. मूसा ने जादूगरों से कहा, "तुम पर तबाही हो! अल्लाह पर झूठ मत घड़ना, वरना वह तुम्हें अजाब से तबाह कर देगा। और जो झूठ घड़ता है, वह कभी कामयाबी नहीं पाता।"

62. फिर उन्होंने आपस में अपनी बात पर बहस की और अपनी बातें छुपा लीं।
63. उन्होंने कहा, "ये दोनों जादूगर हैं जो अपने जादू के ज़रिए तुम्हें तुम्हारी ज़मीन से निकालना चाहते हैं और तुम्हारी बेहतरीन तरीक़े-ए-ज़िन्दगी (मज़हब या रिवायत) का सफाया करना चाहते हैं।"
64. "तो तुम अपना प्लान तय कर लो, फिर एक सख़्त लाइन में खड़े हो जाओ। और आज कामयाबी उसकी होगी जो बाज़ी ले जाएगा।"
65. उन्होंने कहा, "ऐ मूसा! तुम फेंको या हम पहले फेंकें?"
66. मूसा ने कहा, "तुम ही फेंको।" फिर अचानक उनके रस्सी और लाठियाँ जादू की वजह से मूसा को ऐसा महसूस होने लगीं जैसे वे दौड़ रही हैं।
67. मूसा के दिल में हल्की सी घबराहट महसूस हुई।
68. हमने फ़रमाया, "मत डरो, तुम ही बेहतर हो।"
69. "और जो तुम्हारे हाथ में है, उसे फेंको, यह उनके बनाए हुए जादू को निगल जाएगा। जो कुछ उन्होंने बनाया है, वह सिर्फ़ एक जादूगर का धोखा है, और जादूगर कभी कामयाब नहीं होता, चाहे कहीं भी हो।"
70. फिर वह जादूगर सजदे में गिर गए और कहने लगे, "हम हारून और मूसा के रब पर ईमान ले आए।"
71. फिरौन ने कहा, "तुमने उस पर ईमान ले लिया, इस से पहले कि मैं तुम्हें इजाज़त दूं? यक़ीनन यह तुम्हारा गुरु है जिसने तुम्हें जादू सिखाया है। अब मैं तुम्हारे हाथ और पैर अलग-अलग तरफ से काट दूँगा और तुम्हें खजूर के तनों पर सूली चढ़ा दूँगा, फिर तुम जान लोगे कि हम दोनों में से किसका अज़ाब ज़्यादा सख्त और ज़्यादा देर तक रहने वाला है।"
72. उन्होंने कहा, "हम तुम्हें कभी तरजीह नहीं दे सकते उस पर जो हमें साफ़ निशानियाँ मिल चुकी हैं और जो हमें पैदा करने वाला है। तुम जो भी करना चाहते हो, कर लो। तुम सिर्फ़ यह दुनिया का फ़ैसला कर सकते हो।"
73. "हम अपने रब पर ईमान ले आए, ताकि वह हमें हमारी ख़ताएँ माफ़ कर दे और वह भी जो तुमने हमें मजबूर करके जादू करवाया। और अल्लाह बेहतर है और सबसे ज़्यादा बाक़ी रहने वाला है।"
74. जो शख्स अपने रब के पास मुज्रिम बनकर आएगा, उसके लिए जहन्नम है, जिसमें न वह मरेगा और न जिएगा।
75. मगर जो ईमान ले आया और नेक काम किए, उनके लिए सबसे ऊँची मरतबे की जगह होगी।
76. हमेशा रहने वाली जन्नत, जिनके नीचे से नहरें बहती हैं, जिसमें वे हमेशा रहेंगे। और यह उसकी सजा है जो अपने आप को पाक करे।
77. और हमने मूसा को वहई की, "रातों-रात मेरे बंदों को लेकर निकल जाओ, और उनके लिए दरिया में एक सुखा रास्ता बना दो। तुम्हें न फिरौन के पकड़ने का डर होगा और न ही डूबने का।"
78. तो फिरौन अपनी फ़ौज के साथ उनका पीछा करने निकला, मगर दरिया की लहरों ने उसे और उसकी लश्कर को घेर लिया।

79. और फिरौन ने अपनी कौम को गुमराह किया, हिदायत नहीं दी।
80. "ऐ बानी इसराइल! हमने तुम्हें तुम्हारे दुश्मन से निजात दी और हमने तुम्हारे साथ तूर के दाएँ किनारे एक वादा किया और तुम पर मन्ना और सव्ला नाज़िल किया।"
81. "जो पाक चीज़ें हमने तुम्हें दी हैं, उनको खाओ और इसमें हद से न गुज़रो, वरना मेरा ग़ज़ब तुम पर टूट पड़ेगा। और जिस पर मेरा ग़ज़ब टूट पड़ा, वह ज़रूर हलाक हो गया।"
82. "मगर जो तौबा करे, ईमान लाए, नेक अमल करे और हिदायत पर क़ायम रहे, तो मैं उसे बख़्शने वाला हूँ।"
83. (अल्लाह ने मूसा से फ़रमाया), "ऐ मूसा! तुम इतनी जल्दी अपनी क़ौम को छोड़ कर क्यों चले आए?"
84. मूसा ने कहा, "वो लोग मेरे क़दमों के साथ आ रहे हैं, और मैं जल्दी इस लिए आया हूँ ताकि आप मुझसे राज़ी हो जाएं।"
85. अल्लाह ने फ़रमाया, "मगर हमने तुम्हारी क़ौम को तुम्हारे बाद एक फ़ितने में डाल दिया, और सामरी ने उन्हें गुमराह कर दिया।"
86. फिर मूसा अपनी क़ौम के पास ग़ुस्से और ग़म में भर कर वापस आए। उन्होंने कहा, "ऐ मेरी क़ौम! क्या तुम्हारे रब ने तुमसे अच्छा वादा नहीं किया था? क्या तुम पर इस वादे का वक़्त लंबा हो गया, या तुमने यह चाहा कि तुम पर तुम्हारे रब का अज़ाब नाज़िल हो, जो तुमने मुझसे किया हुआ वादा तोड़ दिया?"
87. उन्होंने जवाब दिया, "हमने अपनी मर्जी से तुमसे अपना वादा नहीं तोड़ा, मगर हम पर लोगों के गहनों (ज़ेवरात) का बोझ डाल दिया गया था, तो हमने उन्हें आग में डाल दिया, और इसी तरह सामरी ने भी डाल दिया।"
88. फिर उसने उनके लिए एक बच्छड़ा (स्वर्णमूल बछड़ा) निकाला जो आवाज़ निकालता था, और उन्होंने कहा, "यही तुम्हारा माबूद है और मूसा का भी, लेकिन मूसा भूल गया है।"
89. क्या उन्होंने यह नहीं देखा कि वह न उनसे बात कर सकता है, न उन्हें किसी नुक्सान या फायदा का मालिक है?
90. हारून ने पहले ही उनसे कह दिया था, "ऐ मेरी क़ौम! तुम सिर्फ़ एक फ़ितने में मुब्तला किए गए हो, और तुम्हारा असली रब तो रहमान है। तो मेरी पवित्रता करो और मेरी बात मानो।"
91. उन्होंने कहा, "हम इसकी इबादत करना नहीं छोड़ेंगे जब तक मूसा हमारे पास वापस न आ जाए।"
92. मूसा ने कहा, "ऐ हारून! जब तुमने देखा कि ये गुमराह हो रहे हैं, तो तुम्हें क्या चीज़ रोक रही थी?"
93. "क्या तुमने मेरी इताअत छोड़ दी?"
94. हारून ने जवाब दिया, "ऐ मेरी माँ के बेटे! मेरी दाढ़ी और सर से मत पकड़ो। मुझे डर था कि कहीं तुम कहने लगो कि तुमने बनी इस्राईल में तफ़रीक़ डाल दी और मेरी बात का इंतजार नहीं किया।"
95. मूसा ने कहा, "ऐ सामरी! यह क्या मामला है?"
96. उसने कहा, "मैंने वह देखा जो उन्होंने नहीं देखा, तो मैंने एक मुट्ठी रसूली (जिब्राईल) के नक़्शे क़दम से

उठाई और उसे (बच्छड़े की मूर्ति में) डाल दिया। ऐसे ही मेरी नफ़्स ने मुझे बहका दिया।"

97. मूसा ने कहा, "तो जा, इस ज़िंदगी में तेरे लिए यह है कि तू कहेगा: 'मुझसे मत छुओ।' और तेरे लिए एक वादा है जो तुझसे टलने वाला नहीं। और देख, यह तेरा माबूद जिसे तू पूजता था, हम इसे जला कर उसकी राख को दरिया में उड़ा देंगे।"

98. "तुम्हारा असली माबूद सिर्फ़ अल्लाह है, जिसके सिवा कोई माबूद नहीं। उसका इल्म हर चीज़ का इहाता किए हुए है।"

99. (ऐ मुहम्मद), इस तरह हम तुम्हें पहले गुज़र चुकी बातों की ख़बरें सुनाते हैं, और हमने तुम्हें अपनी तरफ़ से एक ज़िक्र (क़ुरआन) दिया है।

100. जो इससे मुँह मोड़ेगा, वह क़यामत के दिन एक भारी बोझ उठाएगा।

101. जिसमें वह हमेशा रहेगा, और क़यामत के दिन यह उनके लिए एक बुरा बोझ होगा।

102. जिस दिन सूर फूंका जाएगा, और हम उस दिन मुजरिमों को इस हाल में जमा करेंगे कि उनकी आँखें नीली (उदासी और ग़म में मब्तला) होंगी।

103. वे आपस में कहेंगे, "तुम बस सिर्फ दस दिन जिंदा रहे।"

104. हम उनकी बात से ज़्यादा वाकिफ़ हैं जब सबसे समझदार शख़्स कहेगा, "तुम बस एक दिन ही जिंदा रहे।"

105. और लोग तुमसे पहाड़ों के बारे में सवाल करते हैं, तो कह दो, "मेरा रब इनको उड़ा कर बिखेर देगा।"

106. "और ज़मीन को एक समतल मैदान बना देगा।"

107. "जिसमें न कोई उथल-पुथल होगी न कोई बुलंदी।"

108. उस दिन सब लोग एक बुलाने वाले की तरफ़ चल पड़ेंगे, जिसमें कोई इन्किलाफ़ नहीं होगा, और सब आवाज़ें रहमान के सामने दबा दी जाएंगी, सिर्फ़ हल्की हल्की चाल की आवाज़ सुनाई देगी।

109. उस दिन कोई सिफ़ारिश काम नहीं आएगी मगर जो रहमान इज़न दे और जिसके कहने को पसंद करे।

110. वह जानता है जो उनके सामने है और जो उनके पीछे है, मगर लोग इसका इल्म नहीं रखते।

111. सब चेहरे ज़िंदा और क़ायम रहने वाले के सामने झुक जाएंगे, और जो ज़ुल्म उठाए हुए होगा, वह नुक्सान में रहेगा।

112. मगर जो नेक काम करेगा और वह मोमिन होगा, उसको न किसी ज़ुल्म का खौफ होगा, न किसी हक़ मरने का।

113. इस तरह हमने इस क़ुरआन को अरबी में नाज़िल किया और इसमें विभिन्न तंभीहात की हैं, शायद लोग परहेज़गार बन जाएं या उन्हें कोई नसीहत मिल जाए।

114. तो अल्लाह, जो हकीकी बादशाह है, सबसे बुलंद है। (ए मुहम्मद), क़ुरआन की वही पूरी होने से पहले उसकी तिलावत जल्दी मत किया करो, और दुआ करो: "मेरे रब, मुझे इल्म में इज़ाफ़ा अता फरमा।"

115. और हमने आदम से एक वादा लिया, मगर वह भूल गया, और हमने उसमें अज़्म नहीं पाया।

116. और (याद करो) जब हमने फरिश्तों से कहा, "आदम को सजदा करो," तो सब ने सजदा किया मगर इबलीस ने इंकार कर दिया।
117. फिर हमने कहा, "ए आदम! यह तुम्हारा और तुम्हारी बीवी का दुश्मन है, कहीं ऐसा न हो कि यह तुम दोनों को जन्नत से निकाल दे, वरना तुम मुसीबत में पड़ जाओगे।"
118. "यहां तुम्हें कभी भूख नहीं लगेगी और न तुम नंगे रहोगे।"
119. "और यहां तुम्हें कभी प्यास नहीं लगेगी और न धूप सताएगी।"
120. मगर शैतान ने उसको वसवासा दिया और कहा, "ए आदम! क्या मैं तुम्हें हमेशा रहने वाली जन्नत और ऐसी हुकूमत का रास्ता बताऊं जो कभी खत्म न हो?"
121. फिर दोनों ने उस दरख़्त का फल चखा, तो उनके सत्र (शर्मगाह) खुल गए, और दोनों अपने जिस्म पर जन्नत के पत्ते चिपकाने लगे। और आदम अपने रब की नाफ़रमानी कर बैठा और राह भटक गया।
122. फिर उसके रब ने उसको चुना, उसकी तौबा क़बूल की और उसको हिदायत दी।
123. अल्लाह ने फरमाया, "तुम सब यहाँ से उतर जाओ, एक-दूसरे के दुश्मन बनकर। फिर अगर तुम्हारे पास मेरी तरफ से हिदायत आए, तो जो मेरी हिदायत की पैरवी करेगा, वह न तो गुमराह होगा और न मुसीबत में पड़ेगा।"
124. "और जो मेरी याद से मुँह मोड़ेगा, उसकी ज़िन्दगी तंग हो जाएगी, और हम उसे क़ियामत के दिन अँधा उठाएंगे।"
125. वह कहेगा, "ए मेरे रब! तूने मुझे अँधा क्यों उठाया जबकि मैं देखता था?"
126. अल्लाह फरमाएगा, "इसी तरह, जब तुम्हारे पास हमारी निशानियाँ आई थीं, तो तुमने उन्हें भूल दिया, तो आज तुम भुला दिए गए हो।"
127. और इस तरह हम उसे सज़ा देते हैं जो हद से गुजरता है और अपने रब की निशानियों पर ईमान नहीं लाता। और आख़िरत का अज़ाब ज्यादा सख्त और ज्यादा बाक़ी रहने वाला है।
128. क्या उन लोगों को यह बात समझ नहीं आई कि हम उनसे पहले कितनी ही क़ौमें हलाक कर चुके हैं जिनके रहने की जगहों में यह आज चलते फिरते हैं? इसमें अक़्लमंद लोगों के लिए निशानियाँ हैं।
129. और अगर तुम्हारे रब की एक बात पहले से तय न होती और एक मुकर्रर वक्त न होता, तो इन पर अज़ाब लाज़िम हो जाता।
130. तो सब्र करो जो वह कहते हैं और अपने रब की तसबीह करो दिन निकलने से पहले और उसके ढलने से पहले, और रात के कुछ पहरों में और दिन के किनारे तसबीह करो ताकि तुम राज़ी हो जाओ।
131. और अपनी नज़र उन चीज़ों की तरफ न उठाओ जो हमने इनमें से कुछ लोगों को दुनिया की चमक-धमक के तौर पर दी हैं, ताकि हम उनका इम्तिहान लें। और तुम्हारे रब का दिया हुआ रिज़्क़ सबसे बेहतरीन और ज़्यादा बाक़ी रहने वाला है।
132. अपने घर वालों को नमाज़ का हुक्म दो और खुद भी उसपर क़ायम रहो। हम तुमसे रोज़ी नहीं मांगते,

बल्कि हम तुम्हें रोज़ी देते हैं। और बेहतरीन अंजाम परहेज़गारों का है।

133. और यह कहते हैं, "यह अपने रब की तरफ से कोई निशानी क्यों नहीं लाता?" क्या इनके पास पहले की किताबों का सबूत नहीं आया?

134. अगर हम इन्हें अज़ाब से पहले हलाक कर देते, तो यह कहते, "ए रब! तू ने हमारे पास कोई रसूल क्यों नहीं भेजा ताकि हम तेरे आयात की पैरवी कर लेते और रुसवा न होते?"

135. कह दो, "हर एक इंतजार कर रहा है, तो तुम भी इंतजार करो। तुम्हें जल्द मालूम हो जाएगा कि कौन सीधी राह पर है और कौन हिदायत-याफ़्ता है।"

21. सूरह अल-अंबिया

बिस्मिल्लाहिर-रहमानिर-रहीम

1. लोगों के हिसाब का वक्त क़रीब आ गया है, मगर वे ग़फ़लत में मुँह मोड़े हुए हैं।
2. उनके पास उनके रब की तरफ़ से कोई नया ज़िक्र (वही) नहीं आता मगर वे उसे इस हालत में सुनते हैं कि बेपरवाह होते हैं।
3. उनके दिल मस्तियों में डूबे हुए हैं। और ज़ालिम आपस में छुपकर बातें करते हैं, "क्या यह बस एक इंसान है, हमारी तरह? क्या तुम जानते-बूझते जादू की तरफ़ जाओगे?"
4. नबी ने फ़रमाया, "मेरा रब उन सब बातों को जानता है जो आसमान और ज़मीन में कही जाती हैं, और वह सुनने वाला, जानने वाला है।"
5. मगर वे कहते हैं, "ये सिर्फ़ बेकार ख्वाब हैं, बल्कि इसने इसे गढ़ लिया है, बल्कि यह एक शायर है। तो यह हमारे पास वही निशानी लाए जो पहले वाले रसूल लाए थे।"
6. उनसे पहले हमने जो बस्तियाँ तबाह कीं, उनमें से कोई भी ईमान नहीं लाई। तो क्या ये ईमान लाएँगे?
7. और हमने तुमसे पहले सिर्फ़ मर्द भेजे जिन पर वही की, तो अहल-ए-ज़िक्र (पहली किताबों वालों) से पूछ लो अगर तुम नहीं जानते।
8. और हमने उन रसूलों को ऐसे जिस्म नहीं दिए जो खाना न खाते हों, और न ही वे हमेशा रहने वाले थे।
9. फिर हमने उनसे किया हुआ वादा पूरा किया और उनको और जिसे हमने चाहा बचा लिया, और हद से गुज़रने वालों को हलाक कर दिया।
10. हमने तुम्हारी तरफ़ एक किताब नाज़िल की है जिसमें तुम्हारा ज़िक्र है। क्या तुम समझते नहीं?
11. और कितनी ही बस्तियाँ जो ज़ालिम थीं, हमने तबाह कर दीं, और उनके बाद दूसरी क़ौम को पैदा किया।
12. जब उन्होंने हमारा अज़ाब महसूस किया, तो भाग निकले।
13. (फ़रिश्तों ने कहा) "मत भागो, बल्कि जाओ वापस अपनी उसी ऐश-ओ-आसूदगी और अपने घरों की तरफ़, शायद तुमसे सवाल किया जाए।"

14. वह कहने लगे, “हाय अफ़सोस, हम ही ज़ालिम थे!”
15. यह उनका हाल रहा जब तक कि हमने उन्हें कटी फ़सल की तरह काट नहीं दिया और आग की तरह बुझा नहीं दिया।
16. और हमने आसमान और ज़मीन को बेकार नहीं बनाया।
17. अगर हम खेल-तमाशा बनाना चाहते, तो अपने पास से बनाते—अगर हमें ऐसा करना होता।
18. मगर हम हक़ को बातिल पर पटख़ते हैं, तो वह उसका सिर कुचल देता है, और वह मिट जाता है। और तुम्हारे लिए हलाकत है जो तुम बयान करते हो।
19. जो कुछ आसमानों और ज़मीन में है, सब उसी का है, और जो उसके क़रीब हैं (फ़रिश्ते), वे न उसकी इबादत से अकड़ते हैं और न थकते हैं।
20. वे रात-दिन उसकी तसबीह करते हैं, बिना रुकावट के।
21. क्या उन्होंने ज़मीन से कुछ माबूद बना लिए हैं जो मुर्दों को ज़िंदा करते हैं?
22. अगर आसमान और ज़मीन में अल्लाह के सिवा और भी माबूद होते, तो ये दोनों तबाह हो जाते। पस, अल्लाह अर्श का मालिक है, वह उन बातों से पाक है जो ये लोग बयान करते हैं।
23. उससे कोई सवाल नहीं कर सकता जो वह करे, मगर लोगों से सवाल किया जाएगा।
24. क्या उन्होंने उसके सिवा दूसरे माबूद बना लिए हैं? कह दो, “अपनी दलील लाओ। यह किताब उन लोगों के लिए नसीहत है जो मेरे साथ हैं, और यह उन लोगों की नसीहत है जो मुझसे पहले थे।” मगर इनमें से अक़्सर लोग हक़ को नहीं जानते, इसलिए मुँह मोड़ लेते हैं।
25. और हमने तुमसे पहले कोई रसूल नहीं भेजा मगर उसी की तरफ़ यह वही की कि “मेरे सिवा कोई माबूद नहीं, तो मेरी इबादत करो।”
26. और ये कहते हैं, “रहमान ने बेटा बना लिया।” सुब्हानअल्लाह! बल्कि वे इज़्ज़त वाले बंदे हैं।
27. वे उसके हुक्म के बग़ैर बात नहीं करते और उसी के हुक्म पर अमल करते हैं।
28. वह जानता है जो उनके सामने है और जो उनके पीछे है, और वे किसी की सिफ़ारिश नहीं करते मगर उसके लिए जिसे वह पसंद करे। और वे उसके ख़ौफ़ से डरे रहते हैं।
29. और जो उनमें से कहे, “मैं भी उसके सिवा एक माबूद हूँ,” तो हम उसे जहन्नम की सज़ा देंगे। हम ज़ालिमों को ऐसे ही बदला देते हैं।
30. क्या उन लोगों ने देखा नहीं कि आसमान और ज़मीन एक साथ थे, तो हमने उन्हें अलग किया? और हर ज़िंदा चीज़ को पानी से पैदा किया। क्या फिर भी ये ईमान नहीं लाते?
31. और हमने ज़मीन में मज़बूत पहाड़ रख दिए ताकि यह हिलती ना रहे, और उसमें रास्ते बना दिए ताकि यह हिदायत पाएं।
32. और हमने आसमान को एक महफ़ूज़ छत बनाया, मगर ये उसकी निशानियों से मुँह मोड़ लेते हैं।
33. और वही है जिसने रात और दिन, और सूरज और चाँद को पैदा किया। सब एक-एक फ़लक (कक्षा) में

तैर रहे हैं।

34. और हमने तुमसे पहले किसी इंसान को ज़िंदगी नहीं दी, तो अगर तुम मर जाओ तो क्या ये लोग हमेशा ज़िंदा रहेंगे?

35. हर रूह को मौत का स्वाद चखना है। और हम तुम्हें बुराई और अच्छाई से इम्तिहान करते हैं; और तुम्हें हमारी तरफ़ ही वापस जाना है।

36. और जब काफ़िर तुम्हें देखते हैं, [ऐ मुहम्मद], तो सिर्फ़ मज़ाक़ उड़ाते हैं, कहते हैं, "क्या यह वही इंसान है जो तुम्हारे माबूदों का ज़िक्र करता है?" और वे रहमान के ज़िक्र से कुफ़्र करते हैं।

37. इंसान जल्दी में पैदा किया गया है। मैं तुम्हें अपनी निशानियाँ दिखाऊँगा, तो मुझसे बेताबी से काम न लो।

38. और वे कहते हैं, "यह वादा कब होगा अगर तुम सच्चे हो?"

39. अगर काफ़िर जानते कि उन पर वह वक्त आएगा जब न वे अपने चेहरों से आग को हटा सकेंगे, न अपनी पीठों से, और न ही उन्हें कोई मदद मिलेगी...

40. बल्कि वह अचानक उनके पास आ जाएगी और उन्हें हैरान कर देगी, और न वे इसे रोक पाएंगे, न उन्हें देर से छुट्टी मिलेगी।

41. तुमसे पहले भी जो रसूल थे, उनका मज़ाक उड़ाया गया था, मगर जिन चीज़ों का उन्होंने मज़ाक बनाया था, वही उन्हें घेर लिया।

42. कह दो, "कौन तुम्हें रात या दिन के वक़्त रहमान से बचाएगा?" लेकिन वे अपने रब के ज़िक्र से मुँह मोड़ते हैं।

43. क्या उनके पास अल्लाह के सिवा कोई दूसरा माबूद है जो उनकी हिफ़ाज़त करे? वे अपने आप की भी मदद नहीं कर सकते, और न ही वे हमसे बच सकते हैं।

44. बल्कि, हमने इन काफ़िरों को और उनके बाप-दादाओं को अच्छी चीज़ों से राहत दी, यहाँ तक कि ज़िंदगी लंबी हो गई। क्या फिर भी वे नहीं देखते कि हम ज़मीन को धीरे-धीरे उसकी हदों से कम कर रहे हैं? क्या ये हमें मात दे देंगे?

45. कह दो, "मैं तुम्हें सिर्फ़ वही (अल्लाह की ओर से आई वह्नी) के ज़रिए डराता हूँ।" लेकिन बहरे लोग जब उन्हें डराया जाता है, तो वे नहीं सुनते।

46. और अगर तुम्हारे रब के अज़ाब की हल्की सी झलक भी उन पर आ जाए, तो वे कह देंगे, "हाय, हमें अफ़सोस! हम तो ग़लत करने वाले थे।"

47. और हम क़यामत के दिन इंसाफ़ का तराज़ू रखेंगे, ताकि किसी जान पर ज़ुल्म न हो। और अगर राई के दाने के बराबर भी कोई चीज़ हो, तो हम उसे ले आएँगे। और हम हिसाब लेने में काफ़ी हैं।

48. और हमने मूसा और हारून को वह किताब (तौरेत) दी, जो हक़ और बातिल में फ़र्क़ करने वाली (फ़ुरक़ान), रौशनी और नसीहत थी, ताकि वे दूसरों के लिए हिदायत बन सकें।

49. जो लोग अपने रब से बिना देखे डरते हैं, और वे अपनी आख़िरी घड़ी (आख़िरत) का खौफ़ रखते हैं।

50. और यह (क़ुरआन) एक मुबारक पैग़ाम है, जो हमने नाज़िल किया है। क्या तुम इससे अनजान हो?
51. और हमने इब्राहीम को उनका फ़ैसला और हिदायत दी थी, और हम उसे भली-भांति जानने वाले थे।
52. जब उसने अपने वालिद और अपनी क़ौम से कहा, "ये जो तुम लोग मूर्तियाँ बनाकर उनकी इबादत करते हो, ये क्या हैं?"
53. उन्होंने कहा, "हमने अपने बाप-दादा को इनकी ही इबादत करते देखा है।"
54. उसने कहा, "तुम और तुम्हारे बाप-दादा बिल्कुल ग़लती में थे।"
55. उन्होंने कहा, "क्या तुम हमारे पास सच्चाई लेकर आए हो या हमसे मज़ाक कर रहे हो?"
56. उसने कहा, "[नहीं], बल्कि तुम्हारा रब वह है जो आसमान और ज़मीन का मालिक है, उसी ने इन्हें पैदा किया, और मैं इस पर गवाही देने वालों में से हूँ।"
57. "और अल्लाह की क़सम, मैं तुम्हारे माबूदों के ख़िलाफ़ ज़रूर कोई चाल चलूँगा जब तुम मुझसे मुँह मोड़ लोगे।"
58. तो उसने उन्हें टुकड़ों में तोड़ दिया, सिवाय एक बड़ी मूर्ति के, ताकि वे उसी की तरफ़ लौटकर उससे पूछें।
59. उन्होंने कहा, "हमारे माबूदों के साथ यह किसने किया? यक़ीनन यह ज़ुल्म करने वालों में से है।"
60. उन्होंने कहा, "हमने एक जवान को सुना है जो इन मूर्तियों का ज़िक्र करता है, उसका नाम इब्राहीम है।"
61. उन्होंने कहा, "तो उसे हमारे सामने लाओ ताकि लोग उसकी गवाही दें।"
62. उन्होंने कहा, "इब्राहीम, क्या तुमने हमारे माबूदों के साथ यह किया है?"
63. उसने कहा, "नहीं, बल्कि इसने, जो सबसे बड़ा था, यह किया है। तो तुम इनसे पूछ लो, अगर ये बात कर सकते हैं।"
64. फिर उन्होंने अपनी ग़लतियों को खुद पर डाल दिया और कहा, "तुम ही ग़लत कर रहे हो।"
65. फिर वे अपनी सोच से पलट गए और कहने लगे, "तुम जानते हो कि ये मूर्तियाँ बोल नहीं सकतीं!"
66. उसने कहा, "तो तुम अल्लाह के सिवा उस चीज़ की इबादत करते हो जो न तुम्हें कोई फ़ायदा पहुँचा सकती है और न कोई नुक़सान?"
67. "तुम पर और तुम्हारे माबूदों पर लानत हो! क्या तुम समझ नहीं रहे?"
68. उन्होंने कहा, "इसे जला दो और अपने माबूदों की मदद करो, अगर तुम कुछ करने वाले हो!"
69. हमने कहा, "ऐ आग, इब्राहीम के लिए ठंडी और सुरक्षित हो जा!"
70. और उन्होंने उसे नुक़सान पहुँचाने का इरादा किया, लेकिन हमने उन्हें सबसे बड़ा नुक़सान उठाने वाला बना दिया।
71. और हमने इब्राहीम और लूत को उनके पसंदीदा इलाके में बसा दिया, जिसे हमने दुनिया के लिए मुबारक बनाया।
72. और हमने उन्हें इस्हाक और याकूब भी दिए, और सबको हमने सच्चाई दी।
73. और हमने उन्हें हिदायत देने वालों का इमाम बनाया, अपने हुक्म से, और उन्हें नेक कामों की तरफ़ राह

दिखाई—नमाज़ क़ायम करने और ज़कात देने की। और वे हमारी इबादत किया करते थे।
74. और लूत को हमने हिकमत और इल्म दिया, और हमने उसे उस शहर से बचाया जिसमें बुराइयाँ फैली हुई थीं। यक़ीनन, वे लोग बुरे और सरकश थे।
75. और हमने उसे अपनी रहमत में दाख़िल किया, और वह हमारे सच्चे बंदों में से था।
76. और [याद करो] नूह को, जब उसने अपने रब को पुकारा, तो हमने उसकी दुआ क़बूल की और उसे और उसके घरवालों को बड़ी मुसीबत (तूफ़ान) से बचाया।
77. और हमने उसे उन लोगों से नजात दी जो हमारी निशानियों को झुटला रहे थे। यक़ीनन, वे लोग बुरे थे, और हमने उन्हें पूरा-पूरा डूबा दिया।
78. और [याद करो] दाऊद और सुलेमान को, जब उन दोनों ने एक ज़मीन के केस का फ़ैसला किया—जब एक क़ौम की भेड़ें रातभर खेती में घुस गई थीं, और हम उनके फ़ैसले के गवाह थे।
79. और हमने सुलेमान को इस फ़ैसले की समझ दी, और दोनों को हिकमत और इल्म दिया। और हमने पहाड़ों और परिंदों को उनके साथ तसबीह में लगा दिया, और हम यही करने वाले थे।
80. और हमने उन्हें जंग में काम आने वाली ज़िरह (कवच) बनाने की तालीम दी, ताकि तुम्हें हमले से बचाए। तो क्या तुम अब भी शुक्र करोगे?
81. और सुलेमान के लिए हमने हवा को उनके हुक्म के मुताबिक़ चला दिया, जो तेज़ी से उस ज़मीन की तरफ़ बढ़ती थी जिसे हमने बरकत दी थी। और हम हर चीज़ को जानने वाले हैं।
82. और जिन्नों में से कुछ उसके लिए ग़ोता लगाने वाले थे, और इसके अलावा वे दूसरे काम भी करते थे। और हम उन पर निगहबान थे।
83. और अय्यूब का ज़िक्र करो, जब उसने अपने रब को पुकारा, "बेशक, मुसीबत ने मुझे छू लिया है, और तू सबसे ज़्यादा रहम करने वाला है।"
84. तो हमने उसकी दुआ क़बूल की और जो तकलीफ़ उसे लगी थी, उसे दूर कर दिया। और हमने उसे उसका परिवार लौटाया और उसके साथ उतने ही और, अपनी रहमत के तौर पर, और यह इबादतगुज़ार लोगों के लिए एक नसीहत थी।
85. और इस्माईल, इदरीस और ज़ुल-किफ़्ल का भी ज़िक्र करो, ये सब सब्र करने वालों में से थे।
86. और हमने उन्हें अपनी रहमत में दाख़िल कर लिया। बेशक, ये सब नेक लोगों में से थे।
87. और मछली वाले (यूनुस) का ज़िक्र करो, जब वह ग़ुस्से में चला गया और समझा कि हम उस पर कोई क़ैद न लगाएंगे। फिर उसने अंधेरों में पुकारा, "तेरे सिवा कोई माबूद नहीं, तू हर कमी से पाक है। बेशक, मैं गुनहगारों में से हूँ।"
88. तो हमने उसकी दुआ क़बूल की और उसे ग़म से निजात दी। और इसी तरह हम मोमिनों को बचा लिया करते हैं।
89. और ज़करिया का ज़िक्र करो, जब उसने अपने रब को पुकारा, "मेरे रब! मुझे अकेला न छोड़, और तू

सबसे बेहतरीन वारिस है।"

90. तो हमने उसकी दुआ क़बूल की, और उसे यह्या अता किया, और उसकी पत्नी को योग्य बना दिया। बेशक, ये सब नेक कामों में जल्दी करने वाले थे, हमें उम्मीद और डर के साथ पुकारते थे, और हमारे आगे झुके रहते थे।

91. और उस औरत का ज़िक्र करो जिसने अपनी इस्मत की हिफ़ाज़त की (मरयम), तो हमने उसमें अपनी रूह फूँक दी, और उसे और उसके बेटे को दुनिया वालों के लिए एक निशानी बना दिया।

92. बेशक, तुम्हारा यह दीन एक ही दीन है, और मैं तुम्हारा रब हूँ, तो सिर्फ मेरी इबादत करो।

93. लेकिन उन लोगों ने अपने दीन में तफरक़ा डाल लिया, मगर सबको हमारी तरफ़ लौटना है।

94. जो भी नेक अमल करेगा जबकि वह मोमिन होगा, उसके अमल का इनकार नहीं किया जाएगा, और हम उसके आमाल लिखने वाले हैं।

95. और जिस बस्ती को हमने तबाह कर दिया, उस पर हमेशा के लिए वापसी हराम है।

96. जब तक कि याजूज और माजूज खोल दिए जाएँ और हर ऊँची जगह से तेज़ी से नीचे उतरें।

97. और जब सच्चे वादे (क़यामत) का वक्त क़रीब आ जाए, तो अचानक काफ़िरों की आँखें फटी की फटी रह जाएँगी, और कहेंगे, "हाय अफ़सोस! हम इससे बेख़बर थे, बल्कि हम ही ज़ालिम थे।"

98. "तुम और तुम्हारे वे माबूद जिन्हें तुम अल्लाह के सिवा पूजते थे, सब जहन्नम के इंधन हो। तुम सब उसमें दाख़िल होने वाले हो।"

99. "अगर ये माबूद होते तो इसमें न जाते, मगर सब हमेशा इसमें रहने वाले हैं।"

100. उनके लिए वहाँ सिर्फ़ आहें और अफ़सोस होगा, और वहाँ वे कुछ सुन भी न सकेंगे।

101. लेकिन जिन्हें पहले से हमारी तरफ़ से भलाई लिख दी गई, उन्हें इससे दूर रखा जाएगा।

102. वे इसकी आवाज़ भी नहीं सुनेंगे, और अपनी पसंदीदा जगह हमेशा के लिए रहेंगे।

103. उन्हें बड़ा ख़ौफ़ भी परेशान नहीं करेगा, और फ़रिश्ते उनसे मिलेंगे और कहेंगे, "यह तुम्हारा वही दिन है जिसका तुमसे वादा किया गया था।"

104. जिस दिन हम आसमान को इस तरह लपेट देंगे जैसे लिखी हुई किताब को लपेटा जाता है। जैसे पहली मर्तबा हमने पैदा किया, वैसे ही हम फिर वापस करेंगे। यह हमारा पक्का वादा है, और हम इसे ज़रूर पूरा करेंगे।

105. और हमने ज़बूर में लिख दिया था, पहले से लिखे गए ज़िक्र के बाद, कि "ज़मीन मेरे नेक बंदों की विरासत होगी।"

106. बेशक, इस क़ुरआन में इबादत-गुज़ार लोगों के लिए एक पैग़ाम है।

107. और हमने तुम्हें (मुहम्मद ﷺ) सिर्फ़ दुनिया वालों के लिए रहमत बनाकर भेजा है।

108. कह दो, "मुझ पर यही वही की गई है कि तुम्हारा माबूद सिर्फ़ एक ही है, तो क्या तुम उसके फ़रमाबरदार बनोगे?"

109. अगर वे मुँह मोड़ लें, तो कह दो, “मैं सबको बराबर तरीक़े से ख़बरदार कर चुका हूँ। और मुझे नहीं मालूम कि जिससे तुम्हें डराया गया है, वह क़रीब है या दूर।”

110. बेशक, अल्लाह जानता है जो कुछ तुम ज़ाहिर करते हो और जो कुछ तुम छुपाते हो।

111. और मुझे नहीं मालूम, शायद यह तुम्हारे लिए एक इम्तिहान है और एक वक़्त तक का मज़ा।

112. नबी ﷺ ने फ़रमाया, “मेरे रब, सच्चाई के साथ फ़ैसला फ़रमा। और हमारा रब रहमान है, और वही है जिससे तुम्हारी बातों के मुक़ाबले मदद माँगी जाती है।”

22. सूरह अल - हज

बिस्मिल्लाहिर-रहमानिर-रहीम

1. ऐ इंसानो, अपने रब से डरो। बेशक क़यामत का ज़ोर एक बड़ी चीज़ है।

2. जिस दिन तुम उसे देखोगे, हर दूध पिलाने वाली माँ अपने बच्चे से ग़ाफ़िल हो जाएगी, और हर गर्भवती औरत अपने पेट का बोझ गिरा देगी, और तुम लोगों को देखोगे कि वो मदहोश नजर आते हैं, हालांकि वो मदहोश नहीं होंगे, लेकिन अल्लाह का अज़ाब सख्त है।

3. और लोगों में से कोई ऐसा है जो अल्लाह के बारे में अज्ञानता से झगड़ता है और हर सरकश शैतान की पैरवी करता है।

4. उसके लिए (हर शैतान के लिए) यह लिख दिया गया है कि जो कोई उसकी तरफ रुजू करेगा, वो उसे गुमराह करेगा और उसे जहन्नम के अज़ाब की तरफ ले जाएगा।

5. ऐ लोगों, अगर तुम्हें क़यामत के बारे में कोई शक हो, तो (सोचो) कि हमने तुम्हें मिट्टी से पैदा किया, फिर एक नुट्फ़े से, फिर एक लोथड़े से, फिर एक मांस के टुकड़े से, जो बनावट वाला हो या बे-गुनाह हो, ताकि हम तुम्हें अपनी कुदरत दिखाएं। और हम जिसे चाहते हैं, पेट में एक मुक़र्रर मुददत तक ठहराते हैं, फिर तुम्हें बच्चों की शक्ल में बाहर निकालते हैं, फिर (तुम्हें पलते हैं) ताकि तुम अपनी जवानी को पहुंचो। और तुम में से कोई जल्दी ही मौत को पहुंच जाता है, और कोई बुढ़ापे की इंतिहा तक पहुंचाया जाता है, ताकि वो कुछ भी न जाने, जो पहले जानता था। और तुम ज़मीन को सूखा हुआ देखते हो, लेकिन जब हम उस पर पानी बरसाते हैं, तो वह हिलती है और फूल जाती है और हर खूबसूरत किस्म की चीज़ उगाती है।

6. ये इस लिए कि अल्लाह ही हक़ है और वही मुर्दों को ज़िंदा करता है और वह हर चीज़ पर क़ादिर है।

7. और (ये भी कि) क़यामत ज़रूर आने वाली है, इसमें कोई शक नहीं, और अल्लाह क़ब्रों वालों को उठाएगा।

8. और लोगों में से कोई ऐसा है जो अल्लाह के बारे में बिना इल्म, बिना हिदायत और बिना रौशन किताब के

झगड़ता है।

9. वह घमंड से अपनी गर्दन हिलाता है ताकि लोगों को अल्लाह के रास्ते से भटकाए। दुनिया में उसके लिए रुसवाई है, और क़यामत के दिन हम उसे जहन्नम के अज़ाब का मज़ा चखाएंगे, (कहकर)

10. "ये उसके लिए है जो तुम्हारे हाथों ने आगे भेजा और इस लिए कि अल्लाह बंदों पर ज़ुल्म नहीं करता।"

11. और लोगों में से कोई ऐसा है जो अल्लाह की इबादत किनारे (edge) पर करता है। अगर उसको कोई भलाई (नेकी) मिलती है तो उससे इत्मिनान पा लेता है, और अगर उसको कोई तकलीफ़ पहुँचती है तो वह अपना मुँह फेर लेता है। वह दुनिया और आख़िरत दोनों में घाटे में है। यही वाज़ेह नुक़सान है।

12. वह अल्लाह को छोड़कर उसकी इबादत करता है जो न उसको नुक़सान पहुँचा सकता है न फ़ायदा। यही सख़्त गुमराही है।

13. वह उसकी इबादत करता है जिसका नुक़सान उसके फ़ायदे से ज़्यादा क़रीब है। क्या ही बुरा है वह दोस्त और क्या ही बुरा है वह साथी।

14. बेशक अल्लाह उन लोगों को जन्नत में दाख़िल करेगा जो ईमान लाए और नेक अमल किए, जिनके नीचे नहरें बह रही होंगी। बेशक अल्लाह जो चाहता है वही करता है।

15. जो यह समझता है कि अल्लाह उसे (नबी मुहम्मद ﷺ को) दुनिया और आख़िरत में मदद नहीं करेगा, तो वह छत से एक रस्सी लटकाए, फिर उससे अपना दम घोंट ले, और देखे कि क्या उसकी यह कोशिश उस चीज़ को दूर कर सकती है जो उसे ग़ुस्से में लाती है?

16. और इस तरह हमने इस (क़ुरआन) को वाज़ेह आयात के रूप में नाज़िल किया है और इस लिए कि अल्लाह जिसे चाहता है हिदायत देता है।

17. बेशक जो लोग ईमान लाए और जो यहूदी थे और साबई (Sabeans) थे और मसीही (Christians) थे और मजूसी (Magians) थे और जो मुशरिक थे, अल्लाह क़यामत के दिन उनके दरमियान फ़ैसला करेगा। बेशक अल्लाह हर चीज़ का गवाह है।

18. क्या तुम नहीं देखते कि जो कोई आसमानों में है और जो कोई ज़मीन पर है, और सूरज, चाँद, सितारे, पहाड़, दरख़्त, चलने वाले जानवर और बहुत से लोग अल्लाह को सजदा करते हैं? लेकिन बहुत से लोगों पर अज़ाब वाजिब हो चुका है। और जिसे अल्लाह ज़िल्लत दे, उसको इज़्ज़त देने वाला कोई नहीं। बेशक अल्लाह जो चाहता है वही करता है।

19. ये दो मुख़ालिफ़ (adversaries) हैं जो अपने रब के बारे में झगड़े हैं। लेकिन जिन लोगों ने कुफ़्र किया उनके लिए आग के कपड़े तैयार किए गए हैं। उनके सर पर खौलता हुआ पानी डाला जाएगा,

20. जिससे उनके पेटों और खाल का माल पिघल जाएगा।

21. और उनके लिए लोहे के ग़ुर्ज़ (हथौड़े) होंगे।

22. हर बार जब वे ग़म से बाहर निकलना चाहेंगे, उन्हें वापस उसी में डाल दिया जाएगा, और कहा जाएगा, "जलाने वाली आग के अज़ाब का मज़ा चखो!"

23. बेशक अल्लाह उन लोगों को जन्नत में दाख़िल करेगा जो ईमान लाए और नेक अमल किए, जिनके नीचे नहरें बह रही होंगी। उन्हें वहाँ सोने और मोतियों के कंगन पहनाए जाएँगे, और उनके कपड़े रेशम के होंगे।
24. और उन्हें दुनिया में नेक बातों की हिदायत दी गई थी, और वे सीधे रास्ते (तरीक़-ए-मुस्तक़ीम) की तरफ़ रहनुमाई किए गए थे।
25. बेशक जिन लोगों ने कुफ्र किया और लोगों को अल्लाह के रास्ते से और मस्जिद-ए-हराम से रोका, जिसे हमने सब लोगों के लिए बराबर बनाया है, चाहे वहाँ रहने वाला हो या बाहर से आने वाला—और जो कोई वहाँ गुमराही या ज़ुल्म का इरादा करे, हम उसे दर्दनाक अज़ाब का मज़ा चखाएँगे।
26. और (याद करो) जब हमने इब्राहीम (عليه السلام) को ग़ार (काबा) की जगह मुक़र्रर की, (कहकर) "मेरे साथ किसी को शरीक न करो, और मेरे घर को तवाफ़ करने वालों, नमाज़ पढ़ने वालों और रुकू व सज्दा करने वालों के लिए पाक रखो।"
27. और लोगों को हज का एलान करो, वे तुम्हारे पास पैदल और हर दुबले ऊँट पर सवार होकर आएंगे, वे हर दूर-दराज़ रास्ते से आएंगे,
28. ताकि वे अपने लिए फायदे हासिल करें और मुक़र्रर दिनों में उन जानवरों पर अल्लाह का नाम लें जो अल्लाह ने उन्हें दिए हैं। तो उनमें से खुद खाओ और ग़रीब और मोहताज को खिलाओ।
29. फिर वे अपनी गंदगी को दूर करें और अपनी मन्नतें पूरी करें और क़दीम घर (काबा) का तवाफ़ करें।
30. यह (हुक्म) है, और जो कोई अल्लाह की हरमत वाली चीज़ों की इज़्ज़त करे, तो यह उसके लिए उसके रब के नज़दीक बेहतर है। और तुम्हारे लिए चरने वाले जानवर हलाल किए गए हैं, सिवाय उनके जो तुम्हें सुनाए गए हैं। तो बुतों की गंदगी से बचो और झूठी बातों से बचो।
31. सिर्फ़ अल्लाह की तरफ़ झुकना, उसके साथ किसी को शरीक न करना। और जो अल्लाह के साथ किसी को शरीक करे, तो गोया वो आसमान से गिर गया और उसे परिंदे उठा ले गए या हवा उसे किसी दूर-दराज़ जगह ले गई।
32. यह (हुक्म) है। और जो कोई अल्लाह की निशानियों (rites) की इज़्ज़त करे, तो यह दिलों की परहेज़गारी है।
33. तुम्हारे लिए उनमें (कुर्बानी के जानवरों में) एक मुक़र्रर मुद्दत तक फ़ायदे हैं, फिर उनकी कुर्बानी की जगह क़दीम घर (काबा) के पास है।
34. और हर एक मज़हब के लिए हमने एक कुर्बानी का तरीक़ा मुक़र्रर किया ताकि लोग उन जानवरों पर जो अल्लाह ने उन्हें अता किए हैं, उसका नाम लें। तुम्हारा माबूद सिर्फ़ एक ही है, तो सिर्फ़ उसी के आगे सर झुका दो। और (ऐ मुहम्मद ﷺ) उन लोगों को खुशख़बरी दे दो जो अपने रब के सामने नर्म दिल हैं।
35. जो जब अल्लाह का ज़िक्र होता है, तो उनके दिल लरज़ जाते हैं, और जो मुसीबत आने पर सब्र करते हैं, नमाज़ क़ायम करते हैं और जो कुछ हमने उन्हें दिया है, उसमें से ख़र्च करते हैं।
36. और हमने उन ऊँटों और मवेशी जानवरों को अल्लाह की निशानियों में शामिल किया है, उनमें तुम्हारे

लिए फ़ायदा है। तो जब वो कुर्बानी के लिए सफ़-बस्ता (कतार में खड़े) हो जाएँ, तो उन पर अल्लाह का नाम लो। फिर जब वो ज़मीन पर गिर जाएँ, तो उनमें से खाओ और ग़रीब-मुहताज और मांगने वाले को खिलाओ। इस तरह हमने इन जानवरों को तुम्हारे क़ाबू में दिया ताकि तुम शुक्रगुज़ार बनो।

37. अल्लाह तक न इनका गोश्त पहुँचेगा और न इनका ख़ून, मगर उस तक तुम्हारी तक़वा पहुँचेगी। इस तरह अल्लाह ने इन जानवरों को तुम्हारे क़ाबू में दिया ताकि तुम उसकी दी गई हिदायत पर उसकी तसबीह करो। और नेक लोगों को ख़ुशख़बरी सुना दो।

38. बेशक अल्लाह उन लोगों का दिफ़ा (रक्षा) करता है जो ईमान लाए। यक़ीनन अल्लाह किसी भी दग़ाबाज़ और नाशुक्रे को पसंद नहीं करता।

39. जिन लोगों पर ज़ुल्म किया जा रहा है, उन्हें जंग की इजाज़त दी गई है, क्योंकि उन पर ज़ुल्म हुआ है। और बेशक अल्लाह उन्हें फ़तह देने पर क़ादिर है।

40. ये वो लोग हैं जो बेज़रर (बिना किसी गुनाह के) अपने घरों से निकाल दिए गए, सिर्फ़ इस वजह से कि वो कहते हैं: "हमारा रब अल्लाह है।" और अगर अल्लाह लोगों को एक-दूसरे से न रोके, तो गिरजाघर, कलीसाएँ, यहूदी इबादतगाहें और मस्जिदें मिटा दी जातीं, जहाँ अल्लाह का नाम बहुत ज़्यादा लिया जाता है। और अल्लाह उन लोगों की मदद ज़रूर करेगा जो उसकी मदद करते हैं। बेशक अल्लाह क़वी (शक्तिशाली) है, ग़ालिब (प्रबल) है।

41. ये वो लोग हैं कि अगर हम उन्हें ज़मीन में इक्तिदार (सत्ता) दें, तो वो नमाज़ क़ायम करें, ज़कात अदा करें, नेकी का हुक्म दें और बुराई से रोकें। और सब मामलों का अंजाम अल्लाह के हाथ में है।

42. और अगर ये लोग (ऐ मुहम्मद ﷺ) तुम्हें झुटलाएँ, तो इनसे पहले नूह की क़ौम, आद और समूद भी (अपने पैग़म्बरों को) झुटला चुकी है।

43. और इब्राहीम की क़ौम और लूत की क़ौम ने भी (अपने पैग़म्बरों को) झुटलाया।

44. और मद्यन के लोगों ने भी। और मूसा को भी झुटलाया गया, तो मैंने काफ़िरों को कुछ वक्त के लिए मोहलत दी, फिर उन्हें पकड़ लिया, और मेरी पकड़ कितनी सख़्त थी!

45. और कितनी ही बस्तियाँ हैं जो ज़ुल्म कर रही थीं, हमने उन्हें तबाह कर दिया, तो आज वो उजड़ चुकी हैं – और कितने ही कुएँ वीरान हो गए, और कितने ही ऊँचे-अलीशान महल ख़ाली पड़े हैं!

46. क्या इन लोगों ने ज़मीन पर सफर नहीं किया, ताकि उनके दिल समझ सकें और उनके कान सुन सकें? दरहक़ीक़त, ये आँखें अंधी नहीं होतीं, बल्कि वो दिल अंधे हो जाते हैं जो सीनों के अंदर हैं।

47. ये लोग तुमसे अज़ाब जल्दी लाने का मुतालबा करते हैं, मगर अल्लाह अपने वादे के ख़िलाफ़ नहीं करता। और बेशक तुम्हारे रब के नज़दीक एक दिन तुम्हारी गिनती के हज़ार सालों के बराबर है।

48. और कितनी ही बस्तियों को मैंने चंद वक्त के लिए मज़े लेने दिए, जब कि वो ज़ुल्म कर रही थीं। फिर मैंने उन्हें पकड़ लिया। और आखिर में सबको मेरे पास ही आना है।

49. कह दो, "ऐ लोगों, मैं तुम्हारे लिए सिर्फ़ एक खुली डराने वाली पैग़ाम लेकर आया हूँ।"

50. जो लोग ईमान लाए और नेकियाँ कीं, उनके लिए मग़फ़िरत (बख़्शिश) है और बेहतरीन रिज़्क़ (रोज़ी)।
51. मगर जो लोग हमारी आयात के मुख़ालिफ़ चले और उन्हें नाकाम बनाने की कोशिश की, वो दोज़ख़ के लोग हैं।
52. और हमने तुमसे पहले कोई रसूल या नबी नहीं भेजा, मगर जब भी वो कुछ कहने लगता, तो शैतान उसकी बात में खलल डालने की कोशिश करता। मगर अल्लाह शैतान की डाली हुई बात को मिटा देता है, फिर अल्लाह अपनी आयात को मुस्तहकम (मज़बूत) बना देता है। और अल्लाह सब कुछ जानने वाला, हकीम (हिकमत वाला) है।
53. ये सब इस लिए होता है ताकि अल्लाह शैतान की डाली हुई बात को उन लोगों के लिए फ़ितना बना दे जिनके दिलों में बीमारी है और जो सख्त दिल हैं। और बेशक जालिम लोग सख्त मुख्तलिफ़ राहों में भटक रहे हैं।
54. और ताकि जो लोग इल्म से नवाज़े गए हैं, वो जान लें कि ये हक़ है तुम्हारे रब की तरफ़ से, फिर वो इस पर ईमान ले आएं और उनके दिल इसके आगे झुक जाएं। और बेशक अल्लाह ईमान लाने वालों को सीधा रास्ता दिखाने वाला है।
55. मगर जो लोग कुफ्र करते हैं, वो इस बात में शक ही करते रहेंगे, जब तक उन पर अचानक क़यामत न आ जाए, या फिर उन पर एक ऐसे दिन का अज़ाब न आ जाए जो बेरहम हो।
56. उस दिन सारी बादशाहत सिर्फ़ अल्लाह की होगी, वो सबके दरमियान फैसला करेगा। तो जो लोग ईमान लाए और नेकियाँ कीं, वो नेमतों भरी जन्नतों में होंगे।
57. और जो लोग कुफ्र कर गए और हमारी आयात को झुठलाया, उनके लिए रुसवा-कुन अज़ाब होगा।
58. और जो लोग अल्लाह की राह में हिजरत कर गए, फिर क़त्ल कर दिए गए या वफ़ात पा गए, तो अल्लाह उन्हें बेहतरीन रिज़्क़ अता करेगा। और बेशक अल्लाह सबसे बेहतरीन रिज़्क़ देने वाला है।
59. वो उन्हें ज़रूर ऐसे जगह दाख़िल करेगा जिससे वो राज़ी होंगे। और बेशक अल्लाह सब कुछ जानने वाला, बुर्दबार (सब्र करने वाला) है।
60. ये सब इस लिए है, और जो शख्स ज़ुल्म का जवाब उतनी ही बराबर सज़ा से दे, जितना उस पर ज़ुल्म हुआ, फिर उस पर फिर से ज़ुल्म किया जाए, तो अल्लाह उसकी मदद ज़रूर करेगा। बेशक अल्लाह माफ़ करने वाला, दरगुज़र करने वाला है।
61. यह इस लिए है कि अल्लाह रात को दिन में दाख़िल करता है और दिन को रात में दाख़िल करता है, और अल्लाह सुनने वाला, देखने वाला है।
62. यह इस लिए है कि अल्लाह ही हक़ है, और जो लोग उसके अलावा पुकारते हैं, वो झूठ है। और अल्लाह सबसे ऊँचा, अज़ीम है।
63. क्या तुम नहीं देखते कि अल्लाह ने आसमान से बारिश भेजी और ज़मीन सब्ज़ हो गई? बेशक अल्लाह नाज़ुक (लतीफ़) है, और हर चीज़ से वाक़िफ़ है।

64. उसके लिए है जो कुछ आसमान में है और जो कुछ ज़मीन पर है। और बेशक अल्लाह ग़नी (बेनियाज़) है, महसूद (सिफारिश के लायक़) है।
65. क्या तुम नहीं देखते कि अल्लाह ने ज़मीन पर जो कुछ है, उसे तुम्हारे लिए मुसख़्ख़िर (ताबे) कर दिया, और जहाज़ उसके हुक्म से समुंदर में चल रहे हैं? और वो आसमान को ज़मीन पर गिरने से रोक लेता है, सिवाय इसके कि उसके हुक्म से। बेशक अल्लाह लोगों पर मेहरबान और रहम वाला है।
66. और वही है जिसने तुम्हें ज़िंदगी दी, फिर तुम्हें मारने का सबब बनाता है और फिर तुम्हें दोबारा ज़िंदा करेगा। बेशक इंसान नाशुक्रा है।
67. हर मज़हब के लिए हमने उसके रिवायत मुक़र्रर की हैं, जो वो अदा करते हैं। तो (ऐ मुहम्मद ﷺ) उनसे इस मामले में झगड़ा न करो, बस उन्हें अपने रब की तरफ़ दावत दो। बेशक तुम सीधे रास्ते पर हो।
68. अगर वो तुमसे झगड़ते हैं, तो कह दो, "अल्लाह तुम्हारे काम को बेहतर जानता है।"
69. अल्लाह तुम्हारे बीच क़यामत के दिन उस बात का फैसला करेगा जिसमें तुम फ़र्क़ करते थे।
70. क्या तुम नहीं जानते कि अल्लाह को जो कुछ आसमान और ज़मीन में है, सब मालूम है? बेशक वो एक किताब में दर्ज है। और बेशक यह अल्लाह के लिए आसान है।
71. और वो अल्लाह के अलावा उन चीज़ों की इबादत करते हैं, जिनके लिए उसने कोई सनद (दलील) नहीं भेजी और जो उन्हें मालूम नहीं। और ज़ालिम लोगों का कोई मददगार नहीं होगा।
72. और जब हमारी आयतें उन्हें दिखाई जाती हैं जो बिल्कुल वाज़ेह (स्पष्ट) हैं, तो तुम देखते हो कि जो लोग कुफ्र करते हैं, उनके चेहरों पर नफरत नज़र आती है। वो लगभग उन लोगों पर हमला करने वाले होते हैं जो उन्हें हमारी आयतें सुनाते हैं। कह दो, "फिर क्या मैं तुम्हें इससे भी बुरा बताऊँ? वो है वो आग जो अल्लाह ने उन लोगों के लिए तैयार की है जो कुफ्र करते हैं, और बहुत बुरा है वो मंज़िल।"
73. ऐ लोगो, एक मिसाल दी गई है, इसे ध्यान से सुनो। बेशक, जिनको तुम अल्लाह के अलावा पुकारते हो, वो एक मक्खी भी नहीं बना सकते, चाहे वो सब मिलकर कोशिश करें। अगर मक्खी उनसे कुछ छीनकर ले जाए, तो वो उसे वापस नहीं ला सकते। कमज़ोर हैं वो जो इबादत करते हैं और वो जिनकी इबादत की जाती है।
74. उन्होंने अल्लाह की सच्चे तरीक़े से तदबीर (कद्र) नहीं की। बेशक अल्लाह क़ुदरत वाला और अज़ीम (महान) है।
75. अल्लाह अपने फरिश्तों में से पैग़ंबर चुनता है, और लोगों में से भी। बेशक अल्लाह सुनने वाला, देखने वाला है।
76. अल्लाह को मालूम है जो उनके आगे है और जो उनके बाद है। और अल्लाह के पास सब काम लौट कर जाएंगे।
77. ऐ ईमान लाने वालों, रुकू करो और सज्दा करो, अपने रब की इबादत करो और अच्छे काम करो, ताकि तुम कामयाब हो जाओ।

78. और अल्लाह के लिए उसकी हक़ीक़ी मेहनत करो। उसने तुम्हें चुना है और तुम्हारे लिए दीन में कोई मुश्किल नहीं रखी। यह तुम्हारे वालिद इब्राहीम का दीन है। अल्लाह ने तुम्हें 'मुस्लिम' नाम दिया था पहले भी [पुरानी किताबों में] और इस [वही] में भी, ताकि रसूल तुम पर गवाह हो और तुम लोग लोगों पर गवाह बन सको। तो नमाज़ क़ायम करो, ज़कात दो और अल्लाह से मज़बूती से थाम लो। वह तुम्हारा मौला है; और बहुत अच्छा मौला है, और बहुत अच्छा मददगार है।

23. सूरह अल-मुमिनुन

बिस्मिल्लाहिर-रहमानिर-रहीम

1. बेशक, मोमिनों की जीत हो गई है।
2. जो अपनी नमाज़ों में ख़ुशू' व ख़ुदू' (अदब और ध्यान) इख़्तियार करते हैं।
3. और जो बेकार बातों से दूर रहते हैं।
4. और जो ज़कात देने वाले हैं।
5. और जो अपनी नाजायज़ हरकतों से बचकर अपनी शराफ़त को संभालते हैं।
6. मगर अपनी बीवियों से या जो उनके हाथ के मालिक हैं, इसमें कोई बुराई नहीं –
7. जो इससे आगे चाहते हैं, वही ज़ालिम हैं।
8. और जो अपनी अमानतों और अपने वादों को पूरा करते हैं।
9. और जो अपनी नमाज़ों का ख़याल रखते हैं –
10. यही वो लोग हैं जो विरासत पाएंगे।
11. जो अल-फ़िरदौस को विरासत में पाएंगे। वहाँ वो हमेशा के लिए रहेंगे।
12. और हमने इंसान को मिट्टी के एक निचोड़ से पैदा किया।
13. फिर हमने उसे एक ठोस जगह पर, एक अंडे के रूप में रखा [यानी, माँ के पेट में]।
14. फिर हमने उस अंडे को ख़ून की एक ठोस सी चीज़ बनाया, और उस ख़ून को एक माँस का टुकड़ा, और उस टुकड़े को हड्डी में बदला, और हड्डी को माँस से ढक दिया; फिर उससे एक और नई चीज़ बनाई। कितना बरकत वाला है अल्लाह, सबसे अच्छा बनाने वाला।
15. फिर यक़ीनन, इसके बाद तुम्हें मौत आएगी।
16. फिर यक़ीनन, तुम सब को क़ियामत के दिन ज़िंदा किया जाएगा।
17. और हमने तुम्हारे ऊपर सात आसमान बनाए हैं, और कभी हम अपनी पैदाइश से बेख़बर नहीं रहे।
18. और हमने आसमान से एक तयशुदा मिक़दार में बारिश भेजी है और उसे ज़मीन में बसाया है। और

यक़ीनन, हम उसे हटा देने की ताक़त रखते हैं।
19. और हमने तुम्हारे लिए इन्हीं के ज़रिए खजूर के दरख़्तों और अंगूरों के बाग़ उगाए हैं, जिनमें तुम्हारे लिए बेशुमार फल हैं, और जिनसे तुम खाते हो।
20. और हमने एक दरख़्त भी उगाया है, जो तूर सिना से निकलता है, जो तेल और खाना [ज़ैतून] पैदा करता है उन लोगों के लिए जो खाते हैं।
21. और यक़ीनन, तुम्हारे लिए जानवरों में एक नसीहत है। हम तुम्हें उनकी पेट से पीने के लिए पानी देते हैं, और तुम्हारे लिए उनमें कई फ़ायदे हैं, और तुम उनमें से खाते हो।
22. और उन पर और जहाज़ों पर तुम्हें सवारी कराई जाती है।
23. और हमने यक़ीनन नूह को उनकी क़ौम की तरफ़ भेजा, और उन्होंने कहा, "ऐ मेरे लोगों, अल्लाह की इबादत करो; तुम्हारा कोई माबूद उसके सिवा नहीं है; तो क्या तुम उससे डरते नहीं?"
24. लेकिन जो लोग कुफ़्र करते थे, उनमें से मशहूर लोगों ने कहा, "यह तो बस एक आदमी है जो तुम्हारे जैसे ही है, लेकिन तुमसे आगे निकलना चाहता है; और अगर अल्लाह चाहता तो [रसूल भेजने के लिए] फ़रिश्ते भेजता। हमने अपने बाप-दादाओं से ऐसा कुछ नहीं सुना।
25. "यह बस एक आदमी है जो पागलपन से भरा हुआ है, तो इसके बारे में थोड़ा इंतज़ार करो।"
26. [नूह] ने कहा, "मेरे रब, मुझे मदद दे क्योंकि उन्होंने मुझे झुठला दिया है।"
27. तो हमने उसे वह्यी की, "हमारी निगरानी में और हमारे इल्हाम से कश्ती बनाओ, और जब हमारा हुक्म आएगा और चूल [i.e., ग़र्मी से] उबल पड़ेगा, उसमें हर क़िस्म के दो-दो जानदार और अपने घरवालों को दाख़िल करना, मगर जिनके लिए अज़ाब तय हो चुका है उनको नहीं। और जो लोग ज़ुल्म कर रहे हैं, उनसे बात मत करना; यक़ीनन, उन्हें डुबो दिया जाएगा।"
28. और जब तुम कश्ती पर चढ़ जाओ, तुम और जो तुम्हारे साथ हैं, तो कहना, 'अल्लाह का शुक्र है जिसने हमें ज़ुल्म करने वाले लोगों से बचा लिया।'
29. और कहना, 'मेरे रब, हमें एक मुबारक मंज़िल पर उतारना, और तू सबसे बेहतरीन है जो हमारी मेहमान-नवाज़ी करने वाला है।'
30. यक़ीनन, इसमें निशानियाँ हैं, और हम अपने बंदे को हर वक़्त इम्तिहान करते हैं।
31. फिर हमने उनके बाद दूसरी नस्ल पैदा की।
32. और हमने उनमें से एक रसूल भेजा, जो उन्हीं में से था, [कहता] "अल्लाह की इबादत करो; तुम्हारा कोई माबूद उसके सिवा नहीं है; तो क्या तुम उससे डरते नहीं?"
33. और उनकी क़ौम के जो मशहूर कुफ़्र करने वाले थे और जो आख़िरत की मुलाक़ात को झुठला रहे थे, जबकि हमने उन्हें दुनिया में ऐश-ओ-आश्रत दी थी, उन्होंने कहा, "यह बस एक आदमी है तुम्हारे जैसा। जो तुम खाते हो, वही वह खाता है और जो तुम पीते हो, वही वह पीता है।
34. "और अगर तुम किसी इंसान की बात मानोगे जो तुम्हारे जैसा ही है, तो तुम ज़रूरी तौर पर नुक़सान में

पड़ जाओगे।
35. “क्या वह तुम्हें यह वादा करता है कि जब तुम मर जाओगे और मिट्टी और हड्डियाँ बन जाओगे, तुम दोबारा ज़िंदा कर दिए जाओगे?”
36. “कितना दूर, कितना दूर है वह जो तुमसे वादा किया गया है!”
37. “यह बस हमारी दुनिया की ज़िंदगी है – हम मरते हैं और जीते हैं, लेकिन हम दोबारा ज़िंदा नहीं किए जाएँगे।”
38. “यह बस एक आदमी है जो अल्लाह पर झूठ गढ़ रहा है, और हम इस पर यक़ीन नहीं करेंगे।”
39. उसने कहा, “मेरे रब, मुझे मदद दे क्योंकि उन्होंने मुझे झुठला दिया है।”
40. [अल्लाह] ने कहा, “थोड़ी ही देर में, वे ज़रूर पछताएँगे।”
41. तो उन्हें सच-मुच का शोर सुनाई दिया, और हमने उन्हें सूखा सा दबा डाला, फिर वो ज़ालिम लोग दूर हो गए।
42. फिर हमने उनके बाद दूसरी नस्ल पैदा की।
43. हर उम्मत अपने वक़्त के गुज़रने से पहले नहीं आ सकती, और न ही वो उसके बाद रुकती हैं।
44. फिर हमने अपने रसूलों को एक के बाद एक भेजा। हर बार जब एक क़ौम को उसका रसूल आता, उन्होंने उसे झुठला दिया, तो हमने उन्हें एक-दूसरे के पीछे छोड़ दिया और उन्हें क़िस्से बना दिया। तो उन लोगों के लिए दूरी हो जो ईमान नहीं लाते।
45. फिर हमने मूसा और उनके भाई हारून को अपनी निशानियों के साथ और वाज़ेह हुकूमत के साथ भेजा,
46. फिरऔन और उसकी हुकूमत के पास, लेकिन उन्होंने इनकार किया और वो एक फ़ख़्र करने वाले लोग थे।
47. उन्होंने कहा, “क्या हम अपने जैसे दो इंसानों पर ईमान लाएँ, जबकि उनके लोग हमारे लिए ग़ुलाम हैं?”
48. तो उन्होंने उन्हें झुठला दिया और वो उन लोगों में से थे जो तबाह कर दिए गए।
49. और हमने यक़ीनन मूसा को किताब दी थी, ताकि शायद वो हिदायत पाएँ।
50. और हमने मरयम के बेटे और उनकी माँ को एक निशानी बनाया और उन्हें एक ऊँचा मकान दिया जिसमें ठहराव और बहता पानी था।
51. [अल्लाह ने कहा], “ऐ रसूलो, अच्छी चीज़ों से खाओ और नेक काम करो। यक़ीनन मैं तुम्हारे कामों को जानने वाला हूँ।”
52. “और यक़ीनन यह, तुम्हारा दीन एक ही दीन है, और मैं तुम्हारा रब हूँ, तो मुझसे डरो।”
53. लेकिन उन्होंने अपने दीन को फिरके-फिरके में बाँट लिया – हर फिरका अपने पास जो कुछ था, उस पर ख़ुश था।
54. तो उन्हें उनकी उलझन में कुछ वक़्त के लिए छोड़ दो।
55. क्या वे समझते हैं कि जो हम उन्हें माल और बच्चे देते हैं...

56. क्या यह इस लिए है कि हम उनके लिए अच्छी चीज़ें जल्दी-जल्दी भेज रहे हैं? बल्कि, उन्हें इस बात का एहसास नहीं होता।

57. यक़ीनन, जो अपने रब के ख़ौफ़ से डर कर...

58. और जो अपने रब की निशानियों पर ईमान लाते हैं...

59. और जो अपने रब के साथ किसी चीज़ को शरीक नहीं करते...

60. और जो उस चीज़ को देते हैं जो उन्होंने दिया है, जबकि उनके दिल डर के मारे हुए हैं, क्योंकि उन्हें अपने रब की तरफ़ लौट कर जाना है...

61. वही हैं जो अच्छे कामों की तरफ़ जल्दी करते हैं, और इसमें दूसरों को पीछे छोड़ देते हैं।

62. हम किसी भी जान को उसकी क़ुदरत से ज़्यादा महसूस नहीं कराते, और हमारे पास एक किताब है जो सच के साथ बात करती है; और उन्हें किसी तरह से नुक़सान नहीं पहुँचाया जाएगा।

63. लेकिन उनके दिल इस बात से घबराहट में डूबे हुए हैं, और उनके पास इसके अलावा और भी बुरे काम हैं (जो उन्होंने ईमान के बजाय किए हैं),

64. जब हम उनके अमीरों को अज़ाब से पकड़ लेते हैं, तो तुरंत वे अल्लाह से मदद माँगने लगते हैं।

65. आज मदद न माँगना। यक़ीनन, तुम्हें हमारी तरफ़ से मदद नहीं मिलेगी।

66. मेरी आयतें तुम्हारे सामने पहले भी पढ़कर सुनाई गई थीं, लेकिन तुम उनसे अपने पिछले रास्ते पर लौट जाते थे।

67. उन पर घमंड करते हुए, रात को उनके बारे में बुराई की बातें करते हुए।

68. क्या फिर उन्होंने क़ुरआन पर ग़ौर नहीं किया, या उनके पास कोई ऐसी बात आई है जो उनके पुरखों के पास नहीं आई थी?

69. या उन्होंने अपने रसूल को नहीं जाना, तो उनके लिए उसके साथ इनकार करना है?

70. या क्या वे कहते हैं, "इसमें पागलपन है"? बल्कि, उसने उनको सच दिया, लेकिन उनमें से ज़्यादातर लोग सच से नफ़रत करते हैं।

71. अगर सच (अल्लाह) उनकी ख़्वाहिशात के पीछे चलता, तो आसमान और ज़मीन और जो कुछ भी उनमें है, सब तबाह हो जाता। बल्कि, हमने उनके पास उनका पैग़ाम भेजा, लेकिन वे अपने पैग़ाम से मुँह मोड़ रहे हैं।

72. या क्या तुम उनसे कुछ बदला माँगते हो? तुम्हारे रब का इनाम सबसे बेहतर है, और वही सबसे बेहतर रिज़्क़ देने वाला है।

73. यक़ीनन, तुम उन्हें सीधा रास्ता दिखाते हो।

74. लेकिन जो आख़िरत पर ईमान नहीं लाते, वे रास्ते से भटक रहे हैं।

75. अगर हम उन पर रहम करें और उनसे जो मुसीबत थी, उसे दूर कर दें, तो भी वे अपनी ज़ुल्म और फ़िस्क़ में बरक़रार रहेंगे, अंधा होकर भटकते रहेंगे।

76. हमने उन्हें एक अज़ाब से धक्का दिया था [एक नसीहत के तौर पर], लेकिन उन्होंने अपने रब के आगे झुकने से इनकार कर दिया, न उन्होंने अपने दिल से दुआ की, और यह सिलसिला जारी रहेगा।

77. जब तक हम उनके सामने एक सख़्त अज़ाब का दरवाज़ा खोल देंगे, तो वे तुरंत उसमें शिकस्त खाएँगे।

78. और वही है जिसने तुम्हारे लिए सुनने, देखने और समझने वाले दिल दिए हैं; तुम बहुत कम शुक्रिया अदा करते हो।

79. और वही है जिसने तुम्हें ज़मीन पर फैला दिया, और उसी के पास तुम सब इकट्ठा किए जाओगे।

80. और वही है जो ज़िंदगी देता है और मौत देता है, और उसी के पास रात और दिन का आना-जाना है। क्या तुम समझ नहीं पाते?

81. बल्कि, उन्होंने वही कहा जो पहले के लोग कह चुके हैं।

82. उन्होंने कहा, "जब हम मर जाएँगे और रेख (हड्डियाँ) और राख हो जाएँगे, क्या हम फिर से ज़िंदा किए जाएँगे?"

83. "हमसे यह वादा किया गया था, हमारे पूर्वजों से भी, मगर यह बस पुरानी कहानियाँ हैं।"

84. कहो, [हे मुहम्मद], "अगर तुम जान सको तो बताओ, ज़मीन और उसमें जो कुछ है, वह किसका है?"

85. वे कहेंगे, "अल्लाह का है।" कहो, "फिर तुम ध्यान क्यों नहीं देते?"

86. कहो, "सात आसमानों का और अज़ीम अर्श का रब कौन है?"

87. वे कहेंगे, "[वह] अल्लाह का है।" कहो, "फिर तुम उससे नहीं डरते?"

88. कहो, "उसके हाथ में हर चीज़ की हुकूमत है – और वही हिफ़ाज़त करता है जबकि उसके ख़िलाफ़ कोई हिफ़ाज़त नहीं कर सकता – अगर तुम जान सको?"

89. वे कहेंगे, "[सब अल्लाह का है।]" कहो, "फिर तुम किस तरह बहकाए जा रहे हो?"

90. बल्कि, हमने उनके पास हक़ लाया है, और वाक़ई वे झूठ बोल रहे हैं।

91. अल्लाह ने अपना कोई बेटा नहीं बनाया, और ना ही उसके साथ कोई इलाह है। [अगर ऐसा होता], तो हर इलाह अपनी बनाई हुई चीज़ को अपना बना लेता, और कुछ अपने दूसरे इलाह पर क़ाबू पाने की कोशिश करते। अल्लाह उन बातों से बहुत ऊपर है, जो वे उसके बारे में कहते हैं।

92. वह ग़ैब और शहीद (छिपी और प्रकट) का इल्म रखता है, और वह उन चीज़ों से बहुत ऊँचा है, जिन्हें वे उसके साथ शरीक करते हैं।

93. कहो, [हे मुहम्मद], "मेरे रब, अगर आप मुझे वह दिखाएँ जो उन्हें दिया गया है (अर्थात् उनका अंजाम),

94. तो, मेरे रब, मुझे ज़ालिम लोगों में ना डालना।"

95. और वाक़ई, हम तुमको वह दिखाने पर सक्षम हैं, जिसका हमने उनसे वादा किया है।

96. बुराई का जवाब अच्छे तरीके से दो। हम उनकी कही गई बातों को सबसे बेहतर जानने वाले हैं।

97. और कहो, "मेरे रब, मैं शैतानों की उकसाहटों से तेरी पनाह चाहता हूँ,

98. और मैं तेरी पनाह चाहता हूँ, मेरे रब, कि वे मेरे पास न आएँ।"

99. [यह हाल है काफ़िरों का] जब उनमें से किसी के पास मौत आती है, तो वह कहता है, “मेरा रब, मुझे वापस भेज दे,
100. ताकि मैं अपने छोड़े हुए कामों को ठीक कर सकूँ।”
नहीं! यह बस एक बात है जो वह कह रहा है; और उनके सामने एक रुकावट (बरज़ख़) है, जब तक कि वे क़ियामत के दिन फिर से नहीं उठाए जाएँगे।
101. तो जब सूर फूंका जाएगा, उस दिन उनमें कोई रिश्ता न होगा, न ही वे एक-दूसरे से पूछेंगे।
102. और जिनका आमालनामा भारी होगा [अच्छे कर्मों से], वही सफल होंगे।
103. लेकिन जिनका आमालनामा हल्का होगा – वही लोग अपनी रूहों का नुक़सान करेंगे, [जहन्नम में], हमेशा के लिए।
104. आग उनके चेहरों को जला देगी, और वे उसमें मुँह टेढ़े किए हुए होंगे।
105. [यह कहा जाएगा], “क्या मेरी आयतें तुम्हें नहीं सुनाई गई थीं और तुम उन्हें झुठला रहे थे?”
106. वे कहेंगे, “हमारे रब, हमारे ऊपर हमारी मुसीबत छाई थी, और हम गुमराह लोग थे।
107. हमारे रब, हमें इससे निकाल दे, और अगर हम फिर बुराई करें, तो हम सचमुच ज़ालिम होंगे।”
108. [अल्लाह] कहेगा, “यहीं पड़े रहो और मुझसे बात न करो।”
109. निःसंदेह, मेरे कुछ बंदों का एक समूह था जो कहता था, ‘हमारे रब, हम ईमान लाए, तो हमें माफ़ कर दे और हम पर रहम कर, और तू सबसे बेहतर रहम करने वाला है।’
110. लेकिन तुमने उन्हें मज़ाक बना लिया, यहाँ तक कि तुम मेरे ज़िक्र को भूल गए और उन पर हँसते रहे।
111. निःसंदेह, मैंने उन्हें इस दिन उनके सब्र के बदले इनाम दिया – वही सफल होंगे।
112. [अल्लाह] कहेगा, “तुम ज़मीन पर कितने समय तक रहे, कितने साल?”
113. वे कहेंगे, “हम एक दिन या एक दिन का कुछ हिस्सा रहे, उनसे पूछिए जो हिसाब रखते हैं।”
114. अल्लाह कहेगा, “तुम बहुत कम समय रहे – काश तुमने जाना होता।”
115. फिर क्या तुम्हें यह लगा था कि हमने तुम्हें बेकार पैदा किया और तुम्हें हमारे पास वापस नहीं आना होगा?”
116. तो अल्लाह, जो सच्चाई का मालिक है, उनकी हर बात से ऊँचा है; उसके सिवा कोई माबूद नहीं, वही अज़ीम अर्श का मालिक है।
117. और जो अल्लाह के सिवा किसी और माबूद को पुकारेगा, जिसका उसके पास कोई प्रमाण नहीं – तो उसका हिसाब सिर्फ उसके रब के पास है। निःसंदेह, काफ़िर कभी सफल नहीं होंगे।
118. और, [ऐ मुहम्मद], कह दो, “मेरा रब, मुझे माफ़ कर दे और मुझ पर रहम कर, और तू सबसे बेहतरीन रहम करने वाला है।”

24. सूरह अन-नूर

बिस्मिल्लाह-हिर्रहमान-निर्रहीम

1. यह एक सूरह है जो हमने नाज़िल की और इसमें जो कुछ है उसे फ़र्ज़ बनाया, और इसमें रौशन आयतें उतारी ताकि तुम सबक़ लो।
2. जो भी ग़ैर-शादीशुदा मर्द या औरत ज़िना (व्यभिचार) का इर्तिकाब करे, उन दोनों को 100 कोड़े मारो। और अल्लाह के दीन (क़ानून) में उन पर रहम न करो अगर तुम अल्लाह और आख़िरत पर ईमान रखते हो। और उनकी सज़ा पर एक गिरोह मोमिनीन का गवाह होना चाहिए।
3. ज़ानी (व्यभिचारी) सिर्फ किसी ज़ानिया (व्यभिचारिणी) या मुशरिक औरत से निकाह करता है, और कोई भी ज़ानिया सिर्फ किसी ज़ानी या मुशरिक मर्द से निकाह करती है। और यह मोमिनीन के लिए हराम क़रार दिया गया है।
4. जो लोग पाकदामन औरतों पर तोहमत (झूठा इल्ज़ाम) लगाएं और फिर चार गवाह पेश न कर सकें, उन्हें 80 कोड़े मारो और उनकी गवाही कभी क़बूल न करो। ऐसे लोग फ़ासिक़ हैं।
5. मगर जो बाद में तौबा कर लें और अपनी इस्लाह कर लें, तो बेशक अल्लाह माफ़ करने वाला, मेहरबान है।
6. और जो अपनी बीवियों पर (ज़िना का) इल्ज़ाम लगाएं और उनके पास गवाह न हो, तो उनमें से एक शख़्स चार मर्तबा अल्लाह की क़सम खा कर गवाही दे कि वह वाक़ई सच कह रहा है।
7. और पाँचवीं बार यह कहे कि अगर वह झूठा हो तो अल्लाह की लानत उस पर हो।
8. लेकिन अगर औरत चार मर्तबा अल्लाह की क़सम खा कर गवाही दे कि उसका शौहर झूठा है, तो उस पर सज़ा नहीं दी जाएगी।
9. और पाँचवीं मर्तबा यह कहे कि अगर मर्द सच्चा हो तो अल्लाह का ग़ज़ब मुझ पर हो।
10. और अगर तुम पर अल्लाह का फ़ज़्ल और उसकी रहमत न होती... और बेशक अल्लाह तौबा क़बूल

करने वाला और हकीम है।

11. जो लोग झूठ लेकर आए, वे तुम में से एक गिरोह हैं। इसे अपने लिए बुरा न समझो, बल्कि यह तुम्हारे हक़ में बेहतर है। हर शख़्स ने जितना गुनाह किया, उतनी सज़ा मिलेगी, और जिसने इसका सबसे बड़ा हिस्सा लिया, उसके लिए अज़ीम अज़ाब है।

12. जब तुमने यह सुना, तो मोमिन मर्दों और मोमिन औरतों ने क्यों न अपने दिलों में अच्छा गुमान रखा और यह क्यों न कहा कि "यह तो खुला झूठ है"?

13. उन लोगों ने इस बात पर चार गवाह क्यों न पेश किए? जब वे गवाह पेश न कर सके, तो अल्लाह के नज़दीक वही झूठे हैं।

14. और अगर तुम पर अल्लाह का फ़ज़्ल और उसकी रहमत दुनिया और आख़िरत में न होती, तो जो झूठी बात तुमने फैलाई थी, उसकी वजह से तुम पर सख़्त अज़ाब आ जाता।

15. जब तुमने इसे अपनी ज़ुबानों से उठा लिया और अपने मुँह से वे बातें कह दीं जिनका तुम्हें इल्म तक न था, और तुमने इसे छोटी बात समझा, हालाँकि अल्लाह के नज़दीक यह बहुत अज़ीम जुर्म था।

16. जब तुमने यह सुना, तो तुमने क्यों न कहा: "हमें यह बात कहनी शोभा नहीं देती, ऐ अल्लाह! तू पाक है, यह तो बहुत बड़ा बोहतान है!"

17. अल्लाह तुम्हें तंबीह करता है कि दोबारा कभी ऐसे काम न करना, अगर तुम सच्चे मोमिन हो।

18. और अल्लाह तुम्हारे लिए अपनी आयतें स्पष्ट करता है, और अल्लाह सब कुछ जानने वाला, हकीम है।

19. जो लोग चाहते हैं कि मोमिनों में फ़हाशी और बदकारी का शोर मचाएँ, उनके लिए दुनिया और आख़िरत में दर्दनाक अज़ाब है। और अल्लाह सब जानता है, तुम नहीं जानते।

20. और अगर तुम पर अल्लाह का फ़ज़्ल और उसकी रहमत न होती… और बेशक अल्लाह निहायत मेहरबान और रहीम है।

21. ऐ ईमान वालो! शैतान के नक्शे-कदम पर न चलो। जो शैतान की पैरवी करता है, तो वह फ़हाशी और बुराई का हुक्म देता है। और अगर तुम पर अल्लाह का फ़ज़्ल और उसकी रहमत न होती, तो तुम में से कोई भी पाक न होता, मगर अल्लाह जिसे चाहता है पाक कर देता है। और अल्लाह सब कुछ सुनने वाला, सब कुछ जानने वाला है।

22. तुम में जो फ़ज़ीलत और माल-ओ-दौलत रखते हैं, वे यह क़सम न खाएँ कि रिश्तेदारों, ग़रीबों और अल्लाह की राह में हिजरत करने वालों को कुछ नहीं देंगे। बल्कि उन्हें माफ़ करना और दरगुज़र करना चाहिए। क्या तुम यह पसंद नहीं करते कि अल्लाह तुम्हें माफ़ कर दे? और अल्लाह माफ़ करने वाला, मेहरबान है।

23. जो लोग पाकदामन, बेख़बर और मोमिन औरतों पर झूठी तोहमत लगाते हैं, उन पर दुनिया और आख़िरत में लानत है, और उनके लिए अज़ीम अज़ाब है।

24. उस दिन जब उनकी ज़ुबान, उनके हाथ और उनके पाँव उनके ख़िलाफ़ गवाही देंगे कि यह क्या कुछ

किया करते थे।
25. उस दिन अल्लाह उन्हें उनके पूरे हिस्से की सज़ा देगा जो उनका हक़ है, और वे जानेंगे कि अल्लाह ही है जो हक़ में सबसे अज़ीम और आदिल है।
26. बुरी बातें बुरे लोगों के लिए होती हैं, और बुरे लोग बुरी बातों के लायक़ होते हैं। और अच्छी बातें अच्छे लोगों के लिए होती हैं, और अच्छे लोग अच्छी बातों के लायक़ होते हैं। उन अच्छे लोगों को जो कुछ ये लोग (तोहमत लगाने वाले) कहते हैं, उनसे पाक और बेअज़्म हैं। उनके लिए माफ़ी और अज़ीम रिज़्क़ है।
27. ऐ ईमान वालो! तुम्हारे लिए यह जो तुम्हारे घरों के इलावा दूसरे घरों में दाख़िल होने का है, उससे पहले उन लोगों का इस्तिक़बाल और उनको सलाम करना ज़रूरी है। यह तुम्हारे लिए बेहतर है, शायद तुम्हें नसीहत मिले।
28. और अगर तुम्हें अंदर कोई न मिले, तो उन घरों में न दाख़िल हो, जब तक तुम्हें उनसे इजाज़त न मिले। अगर तुमसे कहा जाए, "वापस चलो," तो वापस चलो, यह तुम्हारे लिए पाक रहेगा। और अल्लाह तुम्हारे काम जो करते हो, उससे ख़ूब जानने वाला है।
29. तुम पर कोई परेशानी नहीं है अगर तुम्हें उन घरों में दाख़िल होने का कोई नकारात्मक असर न हो, जिनमें तुम्हारे लिए राहत हो। और अल्लाह जानता है जो तुम छुपाते हो और जो तुम दिखाते हो।
30. मोमिन मर्दों से कह दो कि अपनी नज़र को नीचे रखें और अपनी हदूद की हिफ़ाज़त करें। यह उनके लिए ज़्यादा पाक है। बेशक अल्लाह उनके काम से वाक़िफ़ है।
31. और मोमिन औरतों से कह दो कि अपनी नज़र को नीचे रखें और अपनी हदूद की हिफ़ाज़त करें और अपनी ज़ीनत को न दिखाएँ सिवाय उसके जो अपनी फ़ितरत के मुताबिक़ सामने आए। और अपने घूँघट (हेड-कवर) अपने सीने पर डालें और अपनी ज़ीनत को न दिखाएँ सिवाय अपने शौहर, अपने वालिद, अपने शौहर के वालिद, अपने बेटों, अपने शौहर के बेटों, अपने भाइयों, अपने भाइयों के बेटों, अपनी बहनों के बेटों, अपनी औरतों, जो उनके क़ब्ज़े में हों (यानी ग़ुलाम), या उन लोगों को जो अपनी हवस से नावाक़िफ़ हैं, या उन बच्चों को जो अभी तक औरतों की छुपी बातें नहीं समझते। और अपनी ज़ीनत को ज़ाहिर करने के लिए ज़मीन पर ज़ोर से क़दम न मारें। और तुम सब अल्लाह की तरफ़ तौबा करो, ऐ मोमिनीन, ताकि तुम्हें कामयाबी मिले।
32. और जो तुम में से बे-शादी हैं, उनका और तुम्हारे ग़ुलामों का, जो पाक और सालेह हैं, निकाह कर दो। अगर वे ग़रीब हैं, तो अल्लाह अपनी फ़ज़्ल से उन्हें ग़नी कर देगा। और अल्लाह सब कुछ अपने ज्ञान से जानने वाला है।
33. लेकिन जो लोग निकाह का साधन नहीं पा रहे, वे अपनी हवस को क़ाबू में रखें, जब तक अल्लाह उन्हें अपनी फ़ज़्ल से ग़नी न कर दे। और जो तुम्हारे हाथ के मालिक ग़ुलामों में से, आज़ादी का क़रार (मुक्ति का समझौता) करना चाहें, तो अगर तुम उनमें कुछ अच्छाई देखो, तो उनसे क़रार कर लो, और उन्हें अल्लाह के माल से जो तुम्हें दिया गया है, दो। और अपनी ग़ुलाम लड़कियों को बुराई की तरफ़ न धकेलो, अगर वे अपनी

हया चाहती हैं, दुनिया के तात्कालिक लाभ के लिए। अगर कोई उन्हें मजबूर करे, तो अल्लाह उनकी मजबूरी के बाद भी उन्हें माफ़ करने वाला और रहीम है।

34. और हमने तुम्हारी तरफ़ स्पष्ट आयतें और उनसे पहले गुज़रे लोगों के हालात की मिसालें भेजी हैं, और उन लोगों के लिए नसीहत है जो अल्लाह से डरते हैं।

35. अल्लाह आसमानों और ज़मीन का नूर है। उसके नूर की मिसाल एक ताक़ (निश) की तरह है जिसमें एक दिया है। वह दिया एक शीशे के अंदर है, और वह शीशा ऐसा चमकता है जैसे एक चमकदार सितारा हो, जो एक मुबारक ज़ैतून के दरख़्त के तेल से रौशन हो—ऐसा दरख़्त जो न पूरी तरह मशरिक़ का है, न पूरी तरह मग़रिब का। उसका तेल बिना आग छुए ही चमकने को हो। नूर पर नूर! अल्लाह जिसे चाहता है, अपने नूर की हिदायत देता है। और अल्लाह लोगों के लिए मिसालें बयान करता है, और अल्लाह हर चीज़ का इल्म रखता है।

36. ये ताक़ें उन घरों (मसाजिद) में हैं, जिनके बुलंद किए जाने और उनमें अल्लाह के नाम का ज़िक्र करने का हुक्म अल्लाह ने दिया है, जहाँ सुबह-ओ-शाम उसकी तसबीह की जाती है।

37. ऐसे मर्द, जिन्हें न कोई तिजारत और न ही कोई लेन-देन अल्लाह की याद से, नमाज़ क़ायम करने से, और ज़कात देने से ग़ाफ़िल करता है। ये उस दिन से डरते हैं, जिसमें दिल और आँखें उलट-पलट हो जाएँगी।

38. ताकि अल्लाह उन्हें उनके बेहतरीन आमाल का बदला दे और अपने फ़ज़्ल से और ज़्यादा नवाज़े। और अल्लाह जिसे चाहता है, बेहिसाब रिज़्क़ देता है।

39. मगर जो कुफ़्र करते हैं, उनके आमाल एक मैदान के सराब (मृगतृष्णा) की तरह हैं, जिसे प्यासा पानी समझता है, लेकिन जब उसके पास पहुँचता है, तो कुछ नहीं पाता—बल्कि वहाँ अल्लाह को पाता है, जो उसका पूरा हिसाब चुका देता है। और अल्लाह हिसाब लेने में बहुत तेज़ है।

40. या फिर उनके आमाल गहरे समंदर की उन अंधेरों की तरह हैं, जो लहरों से ढका है, लहरों के ऊपर और लहरें हैं, और उनके ऊपर बादल हैं—एक के ऊपर एक अंधेरा। जब कोई वहाँ हाथ निकालता है, तो उसे कुछ दिखाई नहीं देता। जिसे अल्लाह नूर न दे, उसके लिए कोई नूर नहीं।

41. क्या तुम नहीं देखते कि जो कुछ भी आसमानों और ज़मीन में है, और वे परिंदे जो अपने पर फैलाए हुए हैं—सब अल्लाह की तसबीह कर रहे हैं? हर एक ने अपनी इबादत और तसबीह का तरीक़ा जान लिया है, और अल्लाह उनके आमाल से ख़ूब वाक़िफ़ है।

42. और अल्लाह ही के लिए है आसमानों और ज़मीन की बादशाहत, और सबको अल्लाह की तरफ़ ही लौटना है।

43. क्या तुम नहीं देखते कि अल्लाह बादलों को चलाता है, फिर उन्हें मिलाकर एक झुरमट बना देता है, फिर तुम देखते हो कि उसके बीच से बारिश निकलती है? और वह आसमान से बड़े बादलों में से ओले बरसाता है—जिसे चाहता है, उससे तक़राता है, और जिसे चाहता है, बचा लेता है। उसकी बिजली की चमक निगाहों को चौंधिया देती है।

44. अल्लाह रात और दिन को बराबर बदलता रहता है। इसमें देखने वालों के लिए एक सबक़ है।

45. अल्लाह ने हर ज़िंदा चीज़ को पानी से पैदा किया। कोई पेट के बल चलता है, कोई दो पैरों पर, और कोई चार पर। अल्लाह जो चाहता है, पैदा करता है। बेशक, अल्लाह हर चीज़ पर क़ादिर है।

46. हमने वाज़ेह आयतें नाज़िल की हैं, और अल्लाह जिसे चाहता है, सीधा रास्ता दिखाता है।

47. लेकिन ये (मुनाफ़िक़) कहते हैं, "हम अल्लाह और उसके रसूल पर ईमान लाए और हमने इत्तिबा की," मगर इनमें से एक गिरोह इसके बाद भी रुख़ मोड़ लेता है, और ये असल में मोमिन नहीं हैं।

48. जब इन्हें अल्लाह और उसके रसूल के हुक्म की तरफ़ बुलाया जाता है ताकि उनके दरमियान फ़ैसला हो, तो इनमें से एक गिरोह मुँह फेर लेता है।

49. मगर जब फ़ैसला उनके हक़ में हो, तो तुरंत आकर फ़रमाबरदार बन जाते हैं।

50. क्या इनके दिलों में कोई बीमारी है? या ये शक में मुब्तिला हैं? या इन्हें ये डर है कि अल्लाह और उसका रसूल उन पर ज़ुल्म करेंगे? असल में तो यही लोग ज़ालिम हैं।

51. जब मोमिन लोगों को अल्लाह और उसके रसूल के हुक्म पर बुलाया जाता है ताकि उनके दरमियान फैसला हो, तो उनका सिर्फ़ एक ही जवाब होता है: "हमने सुना और हमने मान लिया।" और यही लोग फ़लाह पाने वाले हैं।

52. और जो अल्लाह और उसके रसूल की इताअत करे, और अल्लाह का डर रखे, और उसकी तरफ़ मुतवज्जह रहे, वही कामयाबी पाने वाले हैं।

53. ये लोग अल्लाह की क़सम खाकर कहते हैं कि अगर आप उन्हें हुक्म दें तो ये ज़रूर (अल्लाह की राह में) निकलेंगे। कह दो, "क़सम न खाओ, तुम्हारी इताअत का हाल मालूम है। बेशक, जो कुछ तुम करते हो, अल्लाह उससे ख़ूब वाक़िफ़ है।"

54. कह दो, "अल्लाह की इताअत करो और रसूल की भी। लेकिन अगर तुम मुँह मोड़ लो, तो रसूल पर वही ज़िम्मेदारी है जो उस पर डाली गई, और तुम पर वही जो तुम पर डाली गई। और अगर तुम उसकी (रसूल की) इताअत करोगे तो हिदायत पा लोगे। और रसूल पर सिर्फ़ साफ़ तौर पर पैग़ाम पहुँचा देने की ज़िम्मेदारी है।"

55. अल्लाह ने तुम में से जो लोग ईमान लाए और नेक अमल किए, उनसे वादा किया है कि उन्हें ज़मीन में हुकूमत देगा, जैसे उनसे पहले लोगों को दी थी, और उनके लिए उनका दीन मज़बूती से क़ायम करेगा, जो उसने उनके लिए पसंद किया है, और उनके ख़ौफ़ को अमन में बदल देगा—बस वो मेरी इबादत करें और किसी को मेरा शरीक न ठहराएँ। और जो इसके बाद कुफ़्र करें, वही नाफ़रमान हैं।

56. और नमाज़ क़ायम करो, ज़कात दो, और रसूल की इताअत करो, ताकि तुम पर रहम किया जाए।

57. ये मत समझना कि जो कुफ़्र कर रहे हैं, वो ज़मीन में अल्लाह को आज़िज़ कर देंगे। उनका ठिकाना दोज़ख़ है—और वो कितनी बुरी जगह है।

58. ऐ ईमान वालों! तुम्हारे ग़ुलाम और तुम्हारे वो बच्चे जो अभी बालिग़ नहीं हुए, तीन औक़ात में तुमसे

इजाज़त लेकर तुम्हारे पास आया करें—फ़ज्र की नमाज़ से पहले, दोपहर जब तुम अपने कपड़े उतारकर आराम करते हो, और इशा की नमाज़ के बाद। ये तीन औक़ात तुम्हारे लिए परदे के हैं। इनके अलावा न तुम पर कोई गुनाह है, न उन पर, कि ये तुम्हारे पास आते-जाते रहें। इसी तरह अल्लाह तुम्हारे लिए अपनी आयात वाज़ेह करता है, और अल्लाह सब कुछ जानने वाला, हकीम है।

59. और जब तुम्हारे बच्चे बालिग़ हो जाएँ, तो उन्हें भी वही इजाज़त लेनी चाहिए जैसे उनसे पहले लोग लेते आए हैं। इसी तरह अल्लाह अपनी आयात तुम्हारे लिए वाज़ेह करता है, और अल्लाह हर चीज़ का इल्म रखता है, हकीम है।

60. और जो औरतें बुज़ुर्ग हो चुकी हैं (जिनका हायज़ का ज़माना गुज़र चुका है) और शादी की उम्मीद नहीं रखतीं, उन पर कोई हरज नहीं अगर वो अपने बाहरी लिबास उतार दें, मगर ज़ीनत का इज़हार न करें। और अगर वो भी न करें तो ये उनके लिए बेहतर है। और अल्लाह सब कुछ सुनता और जानता है।

61. और न अंधे पर कोई हरज है, न लंगड़े पर, न बीमार पर, और न तुम पर—अगर तुम अपने घरों से, या अपने बाप के घर से, या अपनी माँ के घर से, या अपने भाइयों के घर से, या अपनी बहनों के घर से, या अपने चाचा के घर से, या अपनी फूफी के घर से, या अपने मामा के घर से, या अपनी खाला के घर से, या जिन चाबियों के तुम मालिक हो, उनके घर से, या अपने दोस्त के घर से कुछ खाओ। तुम पर इसमें भी कोई हरज नहीं कि तुम मिलकर खाओ या अलग-अलग। लेकिन जब तुम घरों में दाख़िल हो, तो एक-दूसरे को सलाम करो—यह अल्लाह की तरफ़ से मुबारक और पाकीज़ा सलाम है। इसी तरह अल्लाह तुम्हारे लिए अपनी आयात वाज़ेह करता है, ताकि तुम समझ सको।

62. मोमिन तो सिर्फ़ वही हैं जो अल्लाह और उसके रसूल पर ईमान लाते हैं, और जब किसी अहम काम के लिए रसूल के साथ होते हैं, तो जब तक उनसे इजाज़त न लें, वहाँ से नहीं जाते। जो लोग तुमसे इजाज़त माँगते हैं, वही अल्लाह और उसके रसूल पर ईमान रखने वाले हैं। पस जब ये लोग किसी अपने काम के लिए तुमसे इजाज़त माँगें, तो तुम उनमें से जिसे चाहो इजाज़त दे सकते हो, और उनके लिए अल्लाह से मग़फिरत की दुआ करो। बेशक, अल्लाह बड़ा बख़्शने वाला, मेहरबान है।

63. रसूल की बुलाहट को तुम आपस में एक-दूसरे को बुलाने जैसा न समझो। अल्लाह उन लोगों को ख़ूब जानता है जो चुपके से निकल जाते हैं। तो जो लोग उसके हुक्म की मुख़ालिफ़त करते हैं, उन्हें डरना चाहिए कि कहीं उन पर कोई मुसीबत न आ जाए, या कोई दर्दनाक अज़ाब न आ जाए।

64. ख़बरदार! जो कुछ आसमानों और ज़मीन में है, सब अल्लाह का है। वह ख़ूब जानता है कि तुम किस हालत में हो, और जिस दिन ये सब उसकी तरफ़ लौटाए जाएँगे, वह उन्हें उनके आमाल से आगाह करेगा। और अल्लाह हर चीज़ का इल्म रखता है।

25. सूरह फुरकान

बिस्मिल्लाह-हिर्रहमान-निर्रहीम

1. बरकत वाला है वह जिसने अपने बंदे (मुहम्मद ﷺ) पर फ़ुरक़ान नाज़िल की, ताकि वह तमाम जहान वालों के लिए एक डराने वाला हो।
2. वही जो आसमानों और ज़मीन की बादशाहत का मालिक है, जिसे न किसी बेटे की ज़रूरत है और न ही उसकी हुकूमत में कोई शरीक है। और उसने हर चीज़ को पैदा किया और उसके लिए एक मुक़र्रर तक़दीर बनाई।
3. मगर लोगों ने अल्लाह के सिवा ऐसे माबूद बना लिए जो किसी चीज़ को पैदा नहीं कर सकते, बल्कि वे खुद पैदा किए गए हैं। न उनके पास अपने लिए किसी नुक़सान या फ़ायदे का इख़्तियार है, न मौत, न ज़िंदगी, और न ही दोबारा उठाने की कोई ताक़त।
4. और जो लोग कुफ़्र करते हैं, कहते हैं, "यह क़ुरआन सिर्फ़ एक झूठी बात है जो उसने (मुहम्मद ﷺ ने) गढ़ ली है, और कुछ दूसरे लोगों ने उसकी मदद की है।" ये लोग यक़ीनन नाइंसाफ़ी और झूठ का इर्तिकाब कर रहे हैं।
5. और वे कहते हैं, "यह तो पहले लोगों की कहानियाँ हैं जो उसने लिख ली हैं, और ये सुबह-ओ-शाम उसे सुनाई जाती हैं।"
6. कह दो, (ऐ मुहम्मद ﷺ), "इसे उसने नाज़िल किया है जो आसमानों और ज़मीन के हर राज़ को जानता है। बेशक, वह बड़ा माफ़ करने वाला, मेहरबान है।"
7. और वे कहते हैं, "यह कैसा रसूल है जो खाना खाता है और बाज़ारों में चलता है? इस पर कोई फ़रिश्ता क्यों नहीं उतारा गया जो इसके साथ एक डराने वाला होता?"
8. "या फिर इसे आसमान से कोई ख़ज़ाना मिलता, या इसके पास कोई बाग़ होता जिससे यह खाता?" और

ज़ालिम लोग कहते हैं, “तुम सिर्फ़ एक जादू की मार वाले आदमी की ही तो पैरवी कर रहे हो।”

9. देख लो! ये तुम्हारे लिए कैसी-कैसी मिसालें देते हैं, मगर ये रास्ता पाने से महरूम हैं, इसलिए इन्हें कोई राह मिलती ही नहीं।

10. बरकत वाला है वह जो अगर चाहता तो तुम्हारे लिए इससे भी बेहतर चीज़ें बना देता—ऐसे बाग़ जिनके नीचे नहरें बहती हैं, और तुम्हारे लिए महल बना देता।

11. मगर ये लोग क़यामत को झुठलाते हैं, और हमने जो लोग क़यामत को झुठलाते हैं उनके लिए एक भड़कती आग तैयार कर रखी है।

12. जब वह (जहन्नम) उन्हें दूर से देखेगी, तो वे इसकी ग़ुस्से भरी आवाज़ और गरज सुनेंगे।

13. और जब उन्हें तंग जगह डाल दिया जाएगा, जहाँ वे ज़ंजीरों में जकड़े होंगे, तो वहाँ वे अपनी हलाकत को पुकारेंगे।

14. (उनसे कहा जाएगा) “आज एक बार नहीं, बल्कि बार-बार अपनी हलाकत को पुकारो!”

15. कहो (ऐ मुहम्मद ﷺ), “क्या यह (अज़ाब) बेहतर है या वह जन्नत-उल-ख़ुल्द जो मुत्तक़ियों से वादा की गई है? जो उनके लिए इनाम और मंज़िल है?”

16. जिसमें जो चाहें मिलता रहेगा, और वे उसमें हमेशा रहेंगे। यह तुम्हारे रब का पक्का वादा है, जो पूरा होने वाला है।

17. और (उस दिन याद करो) जब अल्लाह सबको जमा करेगा और उन सभी चीज़ों को भी जिन्हें ये अल्लाह के सिवा पूजते थे, फिर उनसे पूछेगा, “क्या तुमने मेरे बंदों को गुमराह किया, या ये खुद रास्ते से भटक गए?”

18. वे (माबूद) कहेंगे, “पाक है तू! हमें यह हक़ नहीं था कि तुझे छोड़कर किसी और को अपना दोस्त बनाते। मगर तूने इन्हें और इनके आबा-ओ-अजदाद को इतना ऐश-ओ-आराम दिया कि ये तेरा ज़िक्र ही भूल गए और हलाक होने वाले लोग बन गए।”

19. अब ये जो कुछ कहते थे, वह उनकी झूठी गवाही को झुठला देंगे, और तुम न अज़ाब को टाल सकोगे, न किसी मदद को पा सकोगे। और जो तुम में से ज़ुल्म करेगा, उसे हम बड़ा सख्त अज़ाब चखाएँगे।

20. और हमने तुमसे पहले भी ऐसे रसूल भेजे जो खाना खाते थे और बाज़ारों में चलते-फिरते थे। और हमने तुममें से एक को दूसरे के लिए आज़माइश बनाया है—क्या तुम सब्र करते हो? और तुम्हारा रब सब कुछ देख रहा है।

21. और जो लोग हमसे मुलाकात की उम्मीद नहीं रखते, कहते हैं, “हम पर फ़रिश्ते क्यों नहीं उतारे गए? या हम अपने रब को क्यों नहीं देख सकते?” ये लोग अपने अंदर हद से ज़्यादा अकड़ और घमंड रखते हैं।

22. जिस दिन ये फ़रिश्तों को देखेंगे, उस दिन मुजरिम लोगों के लिए कोई खुशखबरी नहीं होगी, और फ़रिश्ते कहेंगे, “तुम्हारे लिए हर चीज़ मना है, तुम बिलकुल महरूम हो।”

23. और हम उनके किए हुए आमाल की तरफ देखेंगे, मगर उन्हें उड़ती हुई गर्द-ओ-ग़ुबार बना देंगे।

24. लेकिन उस दिन जन्नत वालों की जगह सबसे बेहतरीन होगी, और उनका आराम का ठिकाना सबसे

बेहतर होगा।
25. और याद करो वो दिन जब आसमान फट जाएगा, और इसमें से बादल उभरेंगे, और फ़रिश्ते मुसलसल नाज़िल होंगे।
26. उस दिन असल बादशाहत सिर्फ़ रहमान की होगी, और वह दिन काफ़िरों पर बहुत सख़्त होगा।
27. और उस दिन ज़ालिम आदमी अपने हाथ चबाएगा (पछताएगा) और कहेगा, "काश! मैं रसूल के साथ एक रास्ता अपना लेता!"
28. "हाय अफ़सोस! काश! मैंने फ़लां शख़्स को अपना दोस्त न बनाया होता।"
29. "उसने मुझे याद-दिहानी से भटका दिया जब वह मेरे पास आ चुकी थी।" और शैतान तो हमेशा आदमी को धोखे में डालकर अकेला छोड़ देता है।
30. और रसूल ﷺ कह चुके हैं, "ऐ मेरे रब! मेरी क़ौम ने इस क़ुरआन को बेपरवाह होकर छोड़ दिया।"
31. और इसी तरह हमने हर नबी के लिए एक दुश्मन बनाया है जो मुजरिम लोगों में से होता है। मगर तेरा रब ही हिदायत देने वाला और मदद करने के लिए काफ़ी है।
32. और जो लोग कुफ़्र करते हैं, कहते हैं, "ये क़ुरआन एक ही बार क्यों नहीं नाज़िल कर दिया गया?" हमने इसे इस तरह (तदरीज में) नाज़िल किया ताकि तेरे दिल को इससे मज़बूत कर दें, और हमने इसे धीरे-धीरे समझाया।
33. और ये लोग जो भी शुबहा डालते हैं, हम उसका बेहतरीन जवाब और हक़ सामने ले आते हैं।
34. जो लोग अपने मुँह के बल जहन्नम की तरफ़ घसीटे जाएँगे, वही सबसे बदतर जगह वाले और सबसे ज़्यादा गुमराह हैं।
35. और हमने मूसा को किताब दी थी और उनके साथ उनके भाई हारून को मददगार बनाया था।
36. और हमने उनसे कहा, "दोनों जाओ उन लोगों के पास जिन्होंने हमारी आयतों को झुटला दिया।" फिर हमने उन्हें पूरी तरह तबाह कर दिया।
37. और नूह की क़ौम जब रसूलों को झुटला चुकी, तो हमने उन्हें पानी में ग़र्क़ कर दिया, और उन्हें लोगों के लिए एक निशानी बना दिया। और हमने ज़ालिमों के लिए दर्दनाक अज़ाब तैयार कर रखा है।
38. और आद और समूद को भी हलाक किया, और कुंवे वालों को भी, और इनके दरमियान कई और नस्लें थीं।
39. हमने हर एक को मिसाल के तौर पर समझाया, और हर एक को पूरी तरह तबाह कर दिया।
40. और ये लोग उस बस्ती पर गुज़र चुके हैं जहाँ बुरे अज़ाब की बारिश हुई थी (लूत की क़ौम पर)। क्या इन्होंने इसे नहीं देखा? मगर ये दोबारा उठाए जाने की उम्मीद नहीं रखते।
41. और जब ये तुम्हें (ऐ मोहम्मद ﷺ) देखते हैं, तो सिर्फ़ मज़ाक़ उड़ाते हैं और कहते हैं, "क्या यही वह है जिसे अल्लाह ने रसूल बना कर भेजा है?"
42. ये लोग (मुक़ाबला करते हुए) कहते हैं, "अगर हम अपने माबूदों पर साबित क़दम न रहते, तो ये हमें

गुमराह कर देता।" लेकिन जब ये अज़ाब देखेंगे, तब समझ लेंगे कि असल में कौन सबसे ज़्यादा गुमराह था।
43. क्या तुमने उस शख़्स को देखा जो अपनी ख्वाहिश को ही अपना माबूद बना लेता है? क्या तुम उसके ज़िम्मेदार बन सकते हो?
44. क्या तुम समझते हो कि इनमें से ज़्यादातर सुनते या समझते हैं? ये तो सिर्फ़ जानवरों की तरह हैं, बल्कि उनसे भी ज़्यादा गुमराह।
45. क्या तुमने देखा कि तुम्हारे रब ने साये को कैसे फैला दिया? अगर वह चाहता तो उसे रोक देता। फिर हमने सूरज को उसका पैमाना बना दिया।
46. फिर हम धीरे-धीरे उसे अपनी तरफ समेट लेते हैं।
47. और वही है जिसने तुम्हारे लिए रात को लिबास बनाया, नींद को सुकून का ज़रिया और दिन को उठने का वक्त।
48. और वही है जो अपनी रहमत (बारिश) से पहले खुशबू भरी हवाएँ भेजता है, और हम आसमान से पाक पानी बरसाते हैं।
49. ताकि उसके ज़रिए मुर्दा ज़मीन को ज़िंदा करें और इसे बहुत से जानवरों और इंसानों को पिलाएँ।
50. हमने इस पानी को लोगों के दरमियान अलग-अलग तरीकों से तक़सीम किया ताकि वे नसीहत लें, लेकिन ज़्यादातर लोग सिर्फ़ इंकार ही करते हैं।
51. अगर हम चाहते तो हर बस्ती में एक डराने वाला भेज देते।
52. तो तुम काफ़िरों की बात न मानो, और क़ुरआन के ज़रिए उनसे बड़ी जिहाद करो।
53. और वही है जिसने दो समुद्रों को एक साथ छोड़ा, एक मीठा और एक खारा, और उनके दरमियान एक दीवार और रुकावट बना दी।
54. और वही है जिसने पानी (नुत्फ़ा) से इंसान को पैदा किया और उसे नस्ल और रिश्तेदारी दी। और तुम्हारा रब हर चीज़ पर क़ादिर है।
55. लेकिन ये लोग अल्लाह के अलावा उन चीज़ों की इबादत करते हैं जो न उनको फ़ायदा दे सकती हैं, न नुक़सान, और काफ़िर तो हमेशा अपने रब के मुक़ाबले में शैतान का मददगार बनता है।
56. और (ऐ मोहम्मद ﷺ) हमने तुम्हें सिर्फ़ ख़ुशख़बरी देने वाला और डराने वाला बना कर भेजा है।
57. कहो, "मैं तुमसे इस (तबलीग़) का कोई अज्र (बदला) नहीं चाहता, मगर जो चाहे अपने रब की तरफ़ रास्ता इख़्तियार करे।"
58. और तुम ज़िंदा और हमेशा बाक़ी रहने वाले (अल्लाह) पर भरोसा रखो, जो कभी नहीं मरेगा, और उसकी हम्द के साथ तसबीह करो। और अपने बंदों के गुनाहों से वाक़िफ़ होने के लिए वही काफ़ी है।
59. वही है जिसने आसमान और ज़मीन और जो कुछ इनके दरमियान है, छह दिनों में पैदा किया, फिर अर्श पर इस्तिवा फरमाया। वह रहमान है, तो किसी दानिशमंद से उसके बारे में पूछ लो।
60. और जब इनसे कहा जाता है कि "रहमान को सजदा करो," तो ये कहते हैं, "रहमान क्या है? क्या हम

उसे सजदा करें जिसे तू कह रहा है?" इस वजह से वे और ज़्यादा रूगर्दानी (मुंह मोड़ना) करने लगते हैं।
61. बरकत वाला है वह जिसने आसमान में तारों को बनाया, और उसमें एक रोशन चराग़ (सूरज) और चमकदार चाँद रखा।
62. और वही है जिसने रात और दिन को एक-दूसरे के बाद आने वाला बनाया, हर उस शख़्स के लिए जो नसीहत लेना चाहे या शुक्रगुज़ार बनना चाहे।
63. और रहमान के बंदे वे हैं जो ज़मीन पर नरमी के साथ चलते हैं, और जब जाहिल उनसे उलझते हैं तो बस कह देते हैं, "सलाम (शांति)।"
64. और जो अपनी रात अपने रब के सामने सजदा और क़याम में गुज़ारते हैं।
65. और जो दुआ करते हैं, "ऐ हमारे रब! हमसे जहन्नम का अज़ाब दूर रख, बेशक इसका अज़ाब सख़्त लाज़िम होने वाला है।
66. वह तो एक बुरी जगह है, क़याम और रहने की जगह।
67. और जो ख़र्च करते हैं तो न फुज़ूल उड़ाते हैं और न कंजूसी करते हैं, बल्कि दोनों के दरमियान रास्ते पर रहते हैं।
68. और जो अल्लाह के साथ किसी दूसरे माबूद को नहीं पुकारते, और किसी जान को नाहक़ क़त्ल नहीं करते, और ज़िना भी नहीं करते। जो भी यह करेगा, वह सज़ा भुगतेगा।
69. क़यामत के दिन उसका अज़ाब दुगुना कर दिया जाएगा, और वह इसमें हमेशा ज़िल्लत के साथ रहेगा।
70. मगर जो तौबा करें, ईमान ले आएं और नेक आमाल करें, तो अल्लाह उनके बुरे आमाल को नेकियों से बदल देगा। और अल्लाह बहुत बख़्शने वाला, निहायत मेहरबान है।
71. और जो तौबा करे और नेक अमल करे, तो बेशक वह अल्लाह की तरफ सही तौर पर लौट आता है।
72. और जो झूठी गवाही नहीं देते, और जब किसी बेहूदा चीज़ के पास से गुज़रते हैं तो इज़्ज़त और वक़ार के साथ गुज़र जाते हैं।
73. और जब उन्हें उनके रब की आयतें याद दिलाई जाती हैं तो वे उन पर बहरे और अंधे बनकर नहीं गिरते।
74. और जो दुआ करते हैं, "ऐ हमारे रब! हमें हमारी बीवियों और औलाद से आंखों की ठंडक अता फ़रमा, और हमें मुत्तक़ियों का ईमान वाला (पेशवा) बना।
75. ये वे लोग हैं जिन्हें उनकी सब्र की वजह से बुलंद मरतबा घर (जन्नत) दिया जाएगा, और वहाँ उन्हें सलाम और अमन का पैग़ाम दिया जाएगा।
76. वहाँ वे हमेशा रहेंगे, क्या ही बेहतरीन ठिकाना और क़याम की जगह है!
77. (ऐ नबी ﷺ) कहो, "अगर तुम्हारी दुआ न हो तो मेरा रब तुम्हारी परवाह क्यों करेगा? मगर तुमने झुठला दिया है, इसलिए अब (अज़ाब) लाज़िम होकर रहेगा।"

26. सूरह अस-शुअरा

बिस्मिल्लाहिर-रहमानिर-रहीम

1. ता, सीन, मीम।
2. ये स्पष्ट किताब की आयतें हैं।
3. (ऐ नबी ﷺ) शायद तुम अपनी जान इस ग़म में घुला डालोगे कि ये लोग ईमान नहीं लाते।
4. अगर हम चाहते तो इन पर आसमान से एक ऐसी निशानी नाज़िल कर देते कि उसके सामने इनकी गर्दनें झुकी रह जातीं।
5. और इनके पास जब भी रहमान की तरफ से कोई नई नसीहत आती है, तो ये उससे मुँह मोड़ लेते हैं।
6. यक़ीनन इन्होंने झुटला दिया, मगर जल्द ही इनके सामने उस चीज़ की ख़बर आ जाएगी जिसे ये मज़ाक बनाते रहे हैं।
7. क्या इन्होंने ज़मीन की तरफ देखा नहीं? हमने उसमें हर क़िस्म की बेहतरीन चीज़ें किस क़दर अफ़रात (अधिक मात्रा) से उगा दी हैं।
8. बेशक इसमें एक निशानी है, मगर इनमें से अधिकतर ईमान लाने वाले नहीं हैं।
9. और यक़ीनन तुम्हारा रब ज़बरदस्त भी है और निहायत मेहरबान भी।
10. और (याद करो) जब तुम्हारे रब ने मूसा को पुकारा कि: "ज़ालिम लोगों के पास जाओ,"
11. "(यानी) फ़िरऔन की क़ौम के पास। क्या वे तक़्वा (धर्मभय) इख़्तियार नहीं करेंगे?"
12. मूसा ने कहा, "मेरे रब! मुझे डर है कि वे मुझे झुटला देंगे।"
13. "और मेरा सीना तंग होता है, मेरी ज़ुबान खुल नहीं सकती, तो हारून की तरफ़ रिसालत (संदेश) भेज दे।"
14. "और उन पर मेरा एक जुर्म का इल्ज़ाम भी है, तो कहीं वे मुझे क़त्ल ही न कर दें।"
15. अल्लाह ने फ़रमाया, "हरगिज़ नहीं, तुम दोनों हमारी निशानियों के साथ जाओ, हम तुम्हारे साथ सब

कुछ सुन रहे हैं।”
16. “फिर जाओ फ़िरऔन के पास और कहना, ‘हम रब्बुल-आलमीन (सारे जहानों के मालिक) के रसूल हैं।’”
17. “(और हमें यह हुक्म दिया गया है कि) बनी इस्राईल को हमारे साथ भेज दे।”
18. फ़िरऔन ने कहा, “क्या हमने तुझे अपने यहाँ बचपन में पाला नहीं था? और तू अपनी ज़िंदगी के कितने साल हमारे साथ रहा?”
19. “और फिर तू अपनी वह हरकत कर गया जो तू कर चुका है, और तू बड़ा नाशुक्रा है!”
20. मूसा ने जवाब दिया, “मैंने यह काम उस वक़्त किया था जब मैं गुमराह लोगों में से था।”
21. “फिर जब मुझे तुमसे डर लगा, तो मैं भाग गया। मगर मेरे रब ने मुझे हुक्म और इल्म अता फ़रमाया और मुझे अपने रसूलों में शामिल कर दिया।”
22. “और यह तेरा मुझ पर एहसान है कि तूने बनी इस्राईल को ग़ुलाम बना रखा?”
23. फिरऔन ने पूछा, “यह रब्बुल-आलमीन क्या चीज़ है?”
24. मूसा ने जवाब दिया, “आसमानों और ज़मीन का रब, और जो कुछ इनके दरमियान है, अगर तुम यक़ीन लाना चाहो।”
25. फिरऔन ने अपने इर्द-गिर्द के लोगों से कहा, “क्या तुम सुन नहीं रहे?”
26. मूसा ने कहा, “तुम्हारे पहले के आबा-ओ-अज्दाद (पूर्वजों) का भी रब।”
27. फिरऔन ने कहा, “तुम्हारा यह रसूल जो तुम्हारे पास भेजा गया है, बिलकुल दीवाना है!”
28. मूसा ने कहा, “पूरब और पश्चिम का रब, और जो कुछ इनके दरमियान है, अगर तुम अक़्ल से काम लो।”
29. फिरऔन ने कहा, “अगर तू मेरे सिवा किसी और को माबूद (पूजनीय) बनाएगा, तो मैं तुझे क़ैदियों में डाल दूँगा।”
30. मूसा ने कहा, “अगर मैं तुझे एक वाज़ेह दलील (स्पष्ट चमत्कार) दिखा दूँ, तो भी?”
31. फिरऔन ने कहा, “अगर तुम सच्चे हो तो (अपनी दलील) ले आओ!”
32. तब मूसा ने अपना असा (लाठी) फेंका, तो वह अचानक एक खुला हुआ अजदहा (साँप) बन गया।
33. और उसने अपना हाथ निकाला, तो वह देखने वालों के लिए चमकने लगा।
34. फिरऔन ने अपने दरबारियों से कहा, “यह तो यक़ीनन एक बड़ा माहिर जादूगर है!”
35. “यह चाहता है कि अपने जादू के ज़रिए तुम्हें तुम्हारी ज़मीन से निकाल दे, तो तुम क्या मशविरा देते हो?”
36. उन्होंने कहा, “उसे और उसके भाई को मोहलत दो, और शहरों में जमात भेजो,”
37. “ताकि हर बड़े माहिर जादूगर को तुम्हारे पास ले आएँ।”
38. फिर जादूगर एक मुक़र्रर रोज़ (निर्धारित दिन) पर जमा किए गए।

39. और लोगों से कहा गया, "क्या तुम भी जमा हो जाओ?"

40. "शायद हम जादूगरों की पैरवी करें अगर वे ग़ालिब रहें?"

41. और जब जादूगर आ गए, तो उन्होंने फिरऔन से कहा, "अगर हम जीत गए तो हमें कोई बदला मिलेगा?"

42. उसने कहा, "हाँ! और तुम उस वक़्त मेरे क़रीबी (मोअतबर) लोगों में शामिल हो जाओगे।"

43. मूसा ने उनसे कहा, "फेंको जो कुछ तुम्हें फेंकना है।"

44. फिर उन्होंने अपनी रस्सियाँ और लाठियाँ फेंकी और कहा, "फिरऔन की इज़्ज़त की क़सम! हम ही ग़ालिब रहेंगे।"

45. फिर मूसा ने अपना असा (लाठी) फेंका, तो उसने फ़ौरन उनकी बनाई हुई झूठी चीज़ को निगल लिया।

46. तो जादूगर सजदे में गिर गए।

47. और कहने लगे, "हम रब्बुल आलमीन पर ईमान ले आए,"

48. "जो मूसा और हारून का रब्ब है!"

49. फिरऔन ने कहा, "तुम उस पर ईमान ले आए क़ब्ल इसके कि मैं तुम्हें इजाज़त दूँ? यक़ीनन यह तुम्हारा बड़ा (उस्ताद) है जिसने तुम्हें जादू सिखाया है! तुम्हें जल्द ही मालूम हो जाएगा, मैं ज़रूर तुम्हारे हाथ और पाँव मुख़्तलिफ़ जानिब से कटवा दूँगा और तुम सब को सूली पर चढ़ा दूँगा!"

50. उन्होंने कहा, "कोई हर्ज नहीं, हम अपने रब की तरफ़ रुजू करने वाले हैं।"

51. "हम इस आशा (उम्मीद) में हैं कि हमारा रब हमारी ख़ताओं को माफ़ कर दे, इस वजह से कि हम सबसे पहले ईमान लाने वालों में से हैं।"

52. और हमने मूसा की तरफ़ वही भेजी कि "मेरे बंदों को लेकर रातों-रात निकल जाओ, तुम्हारा पीछा किया जाएगा।"

53. फिर फिरऔन ने शहरों में निगहबान भेजे (और कहा),

54. "ये लोग बस एक छोटी सी जमात हैं,"

55. "और हमें ग़ुस्सा दिलाए हुए हैं,"

56. "और हम यक़ीनी तौर पर एक मुहतात (बचने वाले) लोग हैं।"

57. तो हमने उन्हें बागों और चश्मों से निकाल दिया।

58. और ख़ज़ानों और इज़्ज़त वाले मकानात से भी।

59. इस तरह, और हमने इन चीज़ों का वारिस बनी इसराईल को बना दिया।

60. फिर उन्होंने उनका ता'क़ुब (पीछा) किया सुबह के वक़्त।

61. जब दोनों गिरोह आमने-सामने हो गए तो मूसा के साथियों ने कहा, "अब तो हम पकड़े गए!"

62. मूसा ने कहा, "हरगिज़ नहीं! मेरा रब मेरे साथ है, वह मुझे रास्ता दिखा देगा।"

63. तब हमने मूसा की तरफ़ वही की कि "अपनी असा (लाठी) से समुद्र पर मारो," तो वह फट गया और

हर हिस्सा एक बड़े पहाड़ की तरह हो गया।

64. और हमने दूसरे गिरोह को वहां ले आए।

65. और मूसा और उसके साथियों को बचा लिया।

66. फिर हमने दूसरों को डुबो दिया।

67. बेशक इसमें एक निशानी है, मगर इनमें से अक़्सर ईमान लाने वाले नहीं हैं।

68. और यक़ीनन तुम्हारा रब ज़बरदस्त भी है, और निहायत मेहरबान भी।

69. और इन्हें इब्राहीम की कहानी सुनाओ।

70. जब उसने अपने बाप और उसकी क़ौम से कहा, "तुम क्या पूजते हो?"

71. उन्होंने कहा, "हम बुतों की इबादत करते हैं और उन्हीं के सामने लगे रहते हैं।"

72. उसने कहा, "क्या ये तुम्हारी सुनते हैं जब तुम पुकारते हो?"

73. "या तुम्हें कोई फ़ायदा या नुक़सान पहुँचा सकते हैं?"

74. उन्होंने कहा, "नहीं, मगर हमने अपने आबा-ओ-अजदाद को ये काम करते देखा है।"

75. इब्राहीम ने कहा, "तो क्या तुमने देखा जो तुम पूजते रहे हो?"

76. "तुम भी और तुम्हारे पूर्वज (बाप-दादा) भी!"

77. "बेशक ये सब मेरे दुश्मन हैं, मगर रब्बुल-आलमीन नहीं!"

78. "जिसने मुझे पैदा किया, फिर वही मेरी हिदायत करेगा।"

79. "और वही मुझे खिलाता है और पिलाता है।"

80. "और जब मैं बीमार होता हूँ तो वही मुझे शिफ़ा देता है।"

81. "और वही मुझे मौत देगा फिर ज़िंदा करेगा।"

82. "और मुझे उम्मीद है कि वह रोज़-ए-जज़ा (क़यामत) के दिन मेरी मग़फ़िरत करेगा।"

83. (और इब्राहीम ने दुआ की), "मेरे रब! मुझे हुक्म अता फ़रमा और मुझे नेक लोगों में शामिल कर।"

84. "और मुझको बाद वालों में अच्छी याद बख़्श।"

85. "और मुझे ने'मत भरी जन्नत के वारिसों में बना।"

86. "और मेरे बाप को भी माफ़ कर दे, बेशक वह गुमराह लोगों में से था।"

87. "और मुझे उस दिन रुसवा न कर जब सब उठाए जाएंगे।"

88. "जिस दिन न माल किसी के काम आएगा और न बेटे,"

89. "मगर जो अल्लाह के पास एक साफ़ दिल लेकर आया होगा।"

90. और उस दिन (जन्नत) मुत्तक़ियों के क़रीब लायी जाएगी।

91. और जहन्नम गुमराह लोगों के सामने ज़ाहिर की जाएगी।

92. और उनसे कहा जाएगा, "कहाँ हैं वो जिनकी तुम पूजा किया करते थे?"

93. "अल्लाह के सिवा? क्या वो तुम्हारी मदद कर सकते हैं, या अपनी ही मदद कर सकते हैं?"

94. फिर वो और वो गुमराह लोग उल्टा करके जहन्नम में डाल दिए जाएंगे।
95. और इब्लीस के लश्कर भी, सब के सब।
96. वहाँ वो आपस में झगड़ते हुए कहेंगे,
97. "ख़ुदा की क़सम! हम तो सरीह गुमराही में थे,"
98. "जब हम तुम्हें रब्ब-उल-आलमीन के बराबर कर रहे थे!"
99. "और हमें सिर्फ मुजरिम लोगों ने गुमराह किया।"
100. "अब तो हमारे कोई सिफ़ारिशी भी नहीं।"
101. "और न कोई घनिष्ठ दोस्त।"
102. "काश! हम एक मर्तबा फिर (दुनिया में) लौट सकते तो मोमिन बन जाते!"
103. बेशक इसमें एक निशानी है, मगर इन में से अकसर ईमान लाने वाले नहीं हैं।
104. और यक़ीनन तुम्हारा रब ज़बरदस्त भी है, और निहायत मेहरबान भी।
105. नूह की क़ौम ने रसूलों को झुठला दिया।
106. जब उनके भाई नूह ने उनसे कहा, "क्या तुम अल्लाह से नहीं डरते?"
107. "मैं तुम्हारे लिए एक अमानतदार रसूल हूँ।"
108. "तो अल्लाह से डरो और मेरी इताअत करो।"
109. "और मैं तुमसे इसका कोई अज्र नहीं माँगता, मेरा अज्र तो सिर्फ़ रब्ब-उल-आलमीन के ज़िम्मे है।"
110. "तो अल्लाह से डरो और मेरी इताअत करो।"
111. उन्होंने कहा, "क्या हम तुम पर ईमान ले आएं जबकि तुम्हें बेकार लोगों ने फ़ॉलो किया है?"
112. नूह ने कहा, "मुझे क्या मालूम उनका अमल कैसा है?"
113. "उनका हिसाब सिर्फ़ मेरे रब के ज़िम्मे है, अगर तुम समझते हो।"
114. "और मैं मोमिन लोगों को हटा नहीं सकता।"
115. "मैं तो सिर्फ़ एक खुली दलील देने वाला हूँ।"
116. उन्होंने कहा, "अगर तुम बाज़ न आए, नूह, तो यक़ीनन तुम्हें संगसार किया जाएगा!"
117. नूह ने कहा, "मेरे रब! मेरी क़ौम मुझे झुठला चुकी है।"
118. "तो मेरे और उनके दरमियान फ़ैसला फ़रमा दे और मुझे और मेरे साथी मोमिनीन को बचा ले।"
119. फिर हमने उसे और उसके साथियों को एक भरी हुई कश्ती में बचा लिया।
120. और बाक़ी सब को पानी में ग़रक कर दिया।
121. बेशक इसमें एक निशानी है, मगर इनमें से अकसर ईमान लाने वाले नहीं हैं।
122. और यक़ीनन तुम्हारा रब ज़बरदस्त भी है, और निहायत मेहरबान भी।
123. आद की क़ौम ने रसूलों को झुठला दिया।
124. जब उनके भाई हूद ने उनसे कहा, "क्या तुम अल्लाह से नहीं डरते?"

125. “मैं तुम्हारे लिए एक अमानतदार रसूल हूँ।”
126. “तो अल्लाह से डरो और मेरी इताअत करो।”
127. “और मैं तुमसे इसका कोई अजर नहीं माँगता, मेरा अजर तो सिर्फ़ रब्बुल-आलमीन के ज़िम्मे है।”
128. “क्या तुम हर ऊँची जगह पर एक निशानी बनाते हो सिर्फ़ मज़े लेने के लिए?”
129. “और तुम पक्की इमारतें बनाते हो इस ख़याल में कि तुम हमेशा यहीं रहोगे?”
130. “और जब तुम किसी पर हाथ डालते हो तो ज़ालिम बनकर डालते हो?”
131. “तो अल्लाह से डरो और मेरी इताअत करो।”
132. “और उससे डरो जिसने तुम्हें वह सब दिया जो तुम जानते हो,”
133. “तुम्हें मवेशी दिए और औलाद दी,”
134. “और बाग़ दिए और चश्मे दिए।”
135. “मैं तुम पर एक बड़े दिन के अज़ाब का ख़ौफ़ रखता हूँ।”
136. उन्होंने कहा, “चाहे तुम नसीहत करो या न करो, हमारे लिए बराबर है!”
137. “यह तो सिर्फ़ पहले लोगों की आदत है,”
138. “और हम कभी अज़ाब में मुब्तला नहीं होंगे।”
139. फिर उन्होंने हूद को झुठला दिया, तो हमने उन्हें हलाक कर दिया।
बेशक इसमें एक निशानी है, मगर इनमें से अकसर ईमान लाने वाले नहीं हैं।
140. और यक़ीनन तुम्हारा रब ज़बरदस्त भी है, और निहायत मेहरबान भी।
141. समूद की क़ौम ने रसूलों को झुठला दिया।
142. जब उनके भाई सालेह ने उनसे कहा, “क्या तुम अल्लाह से नहीं डरते?”
143. “मैं तुम्हारे लिए एक अमानतदार रसूल हूँ।”
144. “तो अल्लाह से डरो और मेरी इताअत करो।”
145. “और मैं तुमसे इसका कोई अजर नहीं माँगता, मेरा अजर तो सिर्फ़ रब्बुल-आलमीन के ज़िम्मे है।”
146. “क्या तुम यहाँ जो कुछ है, उसमें बेख़ौफ़ रहने दिए जाओगे?”
147. “बाग़ों और चश्मों में?”
148. “और खेतों और खजूर के दरख़्तों में जिनके गुच्छे नर्म हैं?”
149. “और तुम पहाड़ों को तराश कर घर बनाते हो बड़े हुनर से?”
150. “तो अल्लाह से डरो और मेरी इताअत करो।”
151. “और मुतिअ (सरकश) लोगों की बात न मानो,”
152. “जो ज़मीन में फ़साद मचाते हैं और इस्लाह नहीं करते।”
153. उन्होंने कहा, “तुम तो सिर्फ जादू किए गए लोगों में से हो!”
154. “तुम सिर्फ़ एक इंसान हो, हमारी तरह। तो कोई निशानी ले आओ अगर तुम सच्चे हो।”

155. सालेह ने कहा, “यह एक ऊँटनी है, इसके लिए एक दिन पानी पीने का है, और तुम्हारे लिए एक दिन।”

156. “और इसे तकलीफ़ न देना वरना एक बड़े दिन का अज़ाब तुम्हें आ घेरेगा!”

157. मगर उन्होंने उसका पैर काट दिया, फिर पशेमान हुए।

158. और अज़ाब ने उन्हें आ घेरा। बेशक इसमें एक निशानी है, मगर इनमें से अक्सर ईमान लाने वाले नहीं हैं।

159. और यक़ीनन तुम्हारा रब ज़बरदस्त भी है, और निहायत मेहरबान भी।

160. लूत की क़ौम ने रसूलों को झुठला दिया।

161. जब उनके भाई लूत ने उनसे कहा, “क्या तुम अल्लाह से नहीं डरते?”

162. “मैं तुम्हारे लिए एक अमानतदार रसूल हूँ।”

163. “तो अल्लाह से डरो और मेरी इताअत करो।”

164. “और मैं तुमसे इसका कोई अज्र नहीं माँगता, मेरा अज्र तो सिर्फ़ रब्बुल-आलमीन के ज़िम्मे है।”

165. “क्या तुम मर्दों के पास जाते हो, दुनिया के अंदर?”

166. “और तुमने अपनी बीवियों को छोड़ दिया, जो तुम्हारे रब ने तुम्हारे लिए बनाई हैं? बल्कि तुम एक हद से बढ़ने वाली क़ौम हो!”

167. उन्होंने कहा, “अगर तुम बाज़ न आए, लूत, तो तुम्हें यहाँ से निकाल दिया जाएगा!”

168. लूत ने कहा, “मैं तुम्हारे इस अमल से सख़्त नफ़रत करता हूँ!”

169. “मेरे रब! मुझे और मेरे घरवालों को इनके बुरे अमल से बचा ले।”

170. तो हमने उसको और उसके घरवालों को बचा लिया।

171. मगर एक बुढ़ी औरत जो पीछे रह गई।

172. फिर हमने बाकी सब को हलाक कर दिया।

173. और उन पर पत्थरों की बारिश बरसाई गई, जो दर्दनाक थी!

174. बेशक इसमें एक निशानी है, मगर इनमें से अक्सर ईमान लाने वाले नहीं हैं।

175. और यक़ीनन तुम्हारा रब ज़बरदस्त भी है, और निहायत मेहरबान भी।

176. झाड़ियों वालों ने [यानी मदयन के लोगों ने] रसूलों को झुटला दिया।

177. जब शुऐब ने उनसे कहा, “क्या तुम अल्लाह से नहीं डरते?”

178. “मैं तुम्हारे लिए एक अमानतदार रसूल हूँ।”

179. “तो अल्लाह से डरो और मेरी इताअत करो।”

180. “और मैं इस (दावत) का तुमसे कोई बदला नहीं माँगता। मेरा बदला सिर्फ़ रब्बुल-आलमीन के ज़िम्मे है।”

181. “पूरा नाप दो और लोगों को नुक़सान पहुँचाने वालों में मत हो।”

182. “और ठीक तराज़ू से वज़न करो।”

183. "लोगों को उनका हक़ कम मत दो, और ज़मीन में फ़साद मचाने वाले मत बनो।"
184. "और उससे डरो जिसने तुम्हें और तुमसे पहले वालों को पैदा किया।"
185. उन लोगों ने कहा, "तुम सिर्फ़ एक जादू-ज़दा आदमी हो।"
186. "तुम भी सिर्फ़ हमारी तरह एक इंसान हो, और हम तो ये समझते हैं कि तुम झूठ बोलने वालों में से हो।"
187. "अगर तुम सच्चे हो तो हमारे ऊपर आसमान का एक टुकड़ा गिरा दो!"
188. शुऐब ने कहा, "मेरा रब बेहतरीन जानता है जो तुम कर रहे हो।"
189. फिर उन्होंने झुटला दिया, तो सियाह बादल के अज़ाब ने उन्हें आ घेरा। यह एक बहुत ही हैबतनाक दिन का अज़ाब था।
190. इसमें यक़ीनन एक निशानी है, मगर ज़्यादातर लोग ईमान लाने वाले नहीं हैं।
191. "और यक़ीनन तुम्हारा रब ग़ालिब और रहीम है।"
192. "और यह (क़ुरआन) रब-उल-आलमीन का नाज़िल किया हुआ है।"
193. "इसे रूह-उल-अमीन (जिब्रील) लेकर आए हैं।"
194. "तुम्हारे दिल पर नाज़िल किया गया है (ऐ मुहम्मद ﷺ), ताकि तुम लोगों को डरा सको।"
195. "साफ़ और वाज़ेह अरबी ज़ुबान में।"
196. "और यक़ीनन यह (क़ुरआन) पहले वालों की किताबों में भी लिखा हुआ है।"
197. "क्या उनके लिए यह निशानी काफ़ी नहीं कि बनी इसराइल के उलमा इसे पहचानते हैं?"
198. "और अगर हम इसे किसी अजनबी पर भी नाज़िल कर देते,"
199. "और वह उन्हें बेहतरीन तरीक़े से सुना भी देता, तब भी ये ईमान न लाते।"
200. "इसी तरह हमने इस (इंकारी सोच) को मुजरिम लोगों के दिलों में दाख़िल कर दिया है।"
201. "यह तब तक ईमान नहीं लाएंगे जब तक दर्दनाक अज़ाब न देख लें।"
202. "और वह उन पर अचानक आ जाएगा, और ये उसका एहसास भी नहीं कर सकेंगे।"
203. "तब ये कहेंगे, 'क्या हमें थोड़ी सी मोहलत मिल सकती है?'"
204. "तो क्या ये हमारे अज़ाब के लिए जल्दी मचा रहे हैं?"
205. "ज़रा सोचो, अगर हम इन्हें कुछ साल तक मज़े की ज़िंदगी भी दे दें,"
206. "और फिर वह अज़ाब आ जाए जिसका इनसे वादा किया गया था,"
207. "तो इन्हें दिए गए मज़े का कुछ भी फ़ायदा न होगा।"
208. "और हमने किसी बस्ती को तबाह नहीं किया मगर यह कि वहां पहले डर सुनाने वाले आ चुके थे।"
209. "यह याद दिलाने के लिए था, और हम कभी ज़ालिम नहीं रहे।"
210. "और शैतान इस (वही) को लेकर नहीं आए।"
211. "ना यह उनके लिए जायज़ है, और ना ही वह इस पर क़ाबिल हैं।"

212. “यक़ीनन वह इसकी सुनवाई से दूर रखे गए हैं।”

213. “तो तुम अल्लाह के साथ किसी और को न पुकारो, वरना अज़ाब भुगतने वालों में से हो जाओगे।”

214. “और (ऐ मुहम्मद ﷺ), अपने क़रीबी रिश्तेदारों को डराओ।”

215. “और जो तुम्हारे मानने वाले मोमिन हैं, उनके लिए अपनी शफ़क़त (ममता और दयालुता) का बाज़ू झुका दो।”

216. “और अगर वह तुम्हारी बात न मानें, तो कह दो, ‘मैं तुम्हारे अमल से बरी-उल-ज़िम्मा हूँ।’”

217. “और तुम ग़ालिब और रहीम (अल्लाह) पर भरोसा रखो।”

218. “जो तुम्हें देख रहा होता है जब तुम उठते हो,”

219. “और तुम्हारा सजदा करने वालों में उठना-बैठना भी देखता है।”

220. “यक़ीनन, वह सब कुछ सुनने वाला, जानने वाला है।”

221. “क्या मैं तुम्हें बताऊँ कि शयातीन किस पर उतरते हैं?”

222. “वो हर झूठे, गुनहगार पर नाज़िल होते हैं।”

223. “वो इधर-उधर की सुनी-सुनाई बातें आगे पहुँचाते हैं, और उनमें से ज़्यादातर झूठे होते हैं।”

224. “और जो शायर हैं, उनका तो सिर्फ़ गुमराह लोग ही इत्तिबा करते हैं।”

225. “क्या तुमने नहीं देखा कि वे हर वादी में भटकते फिरते हैं?”

226. “और वे ऐसी बातें कहते हैं जो खुद करते नहीं?”

227. “मगर जो शायर ईमान लाए, नेक अमल किए, अल्लाह का अक्सर ज़िक्र करते हैं, और जब उन पर ज़ुल्म होता है तो अपना बचाव करते हैं— उनके लिए यह बात नहीं। और जो ज़ालिम हैं, उन्हें जल्द ही पता चल जाएगा कि वे किस अंजाम से दो-चार होंगे।”

27. सूरह अन-नम्ल

बिस्मिल्लाह-हिर्रहमान-निर्रहीम

1. ता, सीन। यह क़ुरआन और एक रौशन किताब की आयतें हैं।
2. जो मोमिनों के लिए हिदायत और खुशखबरी है।
3. जो नमाज़ क़ायम करते हैं, ज़कात देते हैं, और आख़िरत पर यक़ीन रखते हैं।
4. बेशक जो लोग आख़िरत पर ईमान नहीं रखते, हमने उनके आमाल को उनके लिए सुहाना बना दिया है, तो ये अंधों की तरह भटक रहे हैं।
5. यही वो लोग हैं जिनके लिए सख़्त तरीन अज़ाब है, और आख़िरत में ये सबसे ज़्यादा घाटे में रहेंगे।
6. और (ऐ मोहम्मद ﷺ), यक़ीनन तुम्हें यह क़ुरआन एक हकीम और अलीम (बड़े ज्ञान वाले) की तरफ़ से मिल रहा है।
7. (याद करो) जब मूसा ने अपने घर वालों से कहा, “मुझे एक आग नज़र आई है। मैं वहाँ से तुम्हारे लिए कोई ख़बर लाऊँगा, या एक जलता हुआ शोला लाऊँगा ताकि तुम गर्म हो सको।”
8. मगर जब वो वहाँ पहुँचे, तो आवाज़ आई, “बरकत है उसके लिए जो आग में है, और जो उसके आस-पास है। और अल्लाह, रब्बुल-आलमीन, पाक और बुज़ुर्ग है।”
9. “ऐ मूसा! बेशक, यह मैं हूँ—अल्लाह, ग़ालिब और हकीम।”
10. और (मूसा से कहा गया), “अपनी लाठी डाल दो।”

मगर जब देखा कि वो साँप की तरह हिल रही है, तो पलटकर भागने लगे और पीछे मुड़कर भी नहीं देखा। (अल्लाह ने फ़रमाया), “ऐ मूसा! मत डरो। बेशक, मेरे हुज़ूर रसूलों को डरना नहीं चाहिए।”

11. मगर जो ज़ुल्म करे, फिर बुराई के बाद नेकी से बदल ले, तो बेशक मैं बहुत बख़्शने वाला, निहायत

मेहरबान हूँ।
12. और अपने हाथ को अपनी जेब (कपड़े के अंदर) डाल लो, तो वह बिना किसी बीमारी के चमकता हुआ निकल आएगा। यह नौ निशानियों में से है, जो तुम फिरऔन और उसकी क़ौम के लिए लेकर जाओगे। बेशक, ये एक नाफ़रमान क़ौम है।
13. मगर जब हमारी साफ़ निशानियाँ उनके पास आईं, तो कहने लगे, "यह तो खुला जादू है।"
14. और उन्होंने उन्हें झुठला दिया, हालाँकि उनके दिल उन्हें मान चुके थे, सिर्फ़ ज़ुल्म और अकड़ की वजह से। तो देखो, फ़साद फैलाने वालों का अंजाम कैसा हुआ!
15. और बेशक, हमने दाऊद और सुलैमान को इल्म अता किया, और उन दोनों ने कहा, "सब तारीफ़ अल्लाह के लिए है, जिसने हमें अपने बहुत से मोमिन बंदों पर फ़ज़ीलत दी।"
16. और सुलैमान ने दाऊद की विरासत पाई। और कहा, "लोगो! हमें परिंदों की बोली सिखाई गई है, और हमें हर चीज़ दी गई है। यक़ीनन, यह एक खुली इनायत है।"
17. और सुलैमान के लिए उनके लश्कर जमा किए गए—जिनमें जिन्न, इंसान और परिंदे थे—और वे तरतीब से सफ़ बाँधे हुए थे।
18. यहाँ तक कि जब वे चींटियों की वादी में पहुँचे, तो एक चींटी बोली, "ऐ चींटियों! अपने बिलों में चले जाओ, कहीं सुलैमान और उनका लश्कर तुम्हें कुचल न दे, और उन्हें इसका एहसास भी न हो।"
19. तो (सुलैमान) मुस्कुराए, उसकी बात सुनकर, और कहा, "ऐ मेरे रब! मुझे तौफ़ीक़ दे कि मैं तेरी उस नेमत का शुक्र अदा करूँ जो तूने मुझे और मेरे वालिदैन को दी,
और ऐसे नेक अमल करूँ जो तुझे पसंद आए।
और मुझे अपनी रहमत से अपने नेक बंदों में शामिल कर ले।"
20. और (सुलैमान ने) परिंदों का जायज़ा लिया और कहा, "मुझे हुडहुड नज़र क्यों नहीं आ रहा? क्या वह ग़ायब है?"
21. "मैं उसे सख़्त सज़ा दूँगा, या उसे ज़बह कर दूँगा, मगर अगर वह कोई वाज़ेह दलील ले आए।"
22. थोड़ी देर न गुज़री कि हुडहुद आ गया और कहा, "मुझे वह मालूम हुआ जो आपको मालूम नहीं, और मैं सबा से आपके पास एक यक़ीनी ख़बर लेकर आया हूँ।"
23. "बेशक, मैंने वहाँ एक औरत को देखा जो उन पर हुक्मरान है, और उसे हर चीज़ दी गई है, और उसका एक अज़ीम तख़्त भी है।"
24. "मैंने देखा कि वह और उसकी क़ौम अल्लाह को छोड़कर सूरज की इबादत करती है, और शैतान ने उनके आमाल को उनके लिए सुहाना बना दिया है, और उन्हें राह से हटा दिया है, इसलिए वे हिदायत नहीं पाते।"
25. "कि वे अल्लाह के लिए सज्दा करें, जो आसमान और ज़मीन की छुपी हुई चीज़ों को ज़ाहिर करता है, और जो कुछ तुम छुपाते हो और जो इज़हार करते हो, सब जानता है।"

26. “अल्लाह—उसके सिवा कोई माबूद नहीं, अर्श-ए-अज़ीम का मालिक है।”

27. (सुलैमान ने) कहा, “अब देखते हैं कि तू सच बोला या झूठ।”

28. “मेरा यह ख़त ले जा और उन तक फेंक दे, फिर पीछे हटकर देख कि वे क्या जवाब देते हैं।”

29. (रानी ने कहा), “ऐ दरबार के बुज़ुर्ग, मेरे पास एक मोअज़्ज़ज़ ख़त भेजा गया है।”

30. “जो सुलैमान की तरफ़ से है और जो बख़्शिश करने वाले, मेहरबान अल्लाह के नाम से शुरू है।”

31. ‘मुझसे अकड़ न करो, बल्कि तसलीमशुदा होकर मेरे पास आ जाओ।’

32. उसने कहा, “ऐ मेरे दरबार के बुज़ुर्गों, मुझे मेरी बात पर मशवरा दो। मैं किसी मामले का फैसला नहीं करती जब तक तुम मेरे सामने गवाह न हो।”

33. उन्होंने कहा, “हम ताक़तवर हैं और ज़बरदस्त लश्कर रखते हैं, मगर फैसला आपका है, देखिए आप क्या हुक्म देती हैं।”

34. उसने कहा, “बेशक, जब बादशाह किसी बस्ती में दाख़िल होते हैं, तो उसे तबाह कर देते हैं और वहाँ के इज़्ज़तदार लोगों को ज़लील कर देते हैं। और यही उनका तरीक़ा है।”

35. “लेकिन मैं उनकी तरफ़ एक तोहफ़ा भेजती हूँ और देखती हूँ कि पैग़ामरसां क्या जवाब लेकर लौटते हैं।”

36. जब वे लोग सुलैमान के पास आए, तो उन्होंने कहा, “क्या तुम मुझे माल से राज़ी करना चाहते हो? जो अल्लाह ने मुझे दिया है, वह उससे बेहतर है जो तुम्हें दिया गया है। बल्कि तुम ही अपने तोहफ़े पर खुश हो रहे हो।”

37. “उनके पास वापस जाओ, हम उन पर ऐसे लश्कर के साथ आएंगे जिसे वे बर्दाश्त नहीं कर सकेंगे, और हम उन्हें ज़लील व ख़्वार करके वहाँ से निकाल देंगे।”

38. सुलैमान ने कहा, “ऐ जिन्नात के गिरोह, तुम में से कौन है जो मुझे उसका तख़्त लाकर दे, इससे पहले कि वे लोग इताअत में मेरे पास आ जाएं?”

39. एक ताक़तवर जिन्न बोला, “मैं आपको यह तख़्त आपकी मजलिस से उठने से पहले ला दूँगा, और मैं इस काम के लिए क़वी और अमानतदार हूँ।”

40. एक शख़्स, जिसे किताब का इल्म अता था, बोला, “मैं आपको यह तख़्त एक पलक झपकने से पहले ला दूँगा।” जब सुलैमान ने देखा कि तख़्त उनके सामने रखा गया है, तो उन्होंने कहा, “यह मेरे रब का फ़ज़्ल है, ताकि वह मुझे आज़माए कि मैं शुक्रगुज़ार बनता हूँ या नाशुक्री करता हूँ। जो शुक्र अदा करे, वह अपने ही फ़ायदे के लिए करता है, और जो नाशुक्री करे, तो बेशक, मेरा रब बे-नियाज़ और करीम है।”

41. सुलैमान ने कहा, “उसके तख़्त की शक्ल बदल दो, देखें कि वह इसे पहचानती है या उन लोगों में से है जो हिदायत नहीं पाते।”

42. जब वह आई, तो उससे कहा गया, “क्या तेरा तख़्त ऐसा ही है?” उसने कहा, “जैसे यही है!” (सुलैमान ने कहा), “और हमें इससे पहले ही इल्म दे दिया गया था, और हम मुस्लिम हो चुके हैं।”

43. “लेकिन उसको अल्लाह के सिवा जो कुछ वह पूजा करती थी, उसने अल्लाह की तरफ़ से रोके रखा था। बेशक, वह एक काफ़िर क़ौम से थी।”
44. उससे कहा गया, “महल में दाख़िल हो जाओ।” जब उसने देखा, तो समझी कि यह गहरा पानी है, तो उसने अपने पैरों से कपड़ा हटा दिया। सुलैमान ने कहा, “यह एक शीशे का चमकदार फ़र्श है।”
तब उसने कहा, “ऐ मेरे रब! मैंने अपने ऊपर ज़ुल्म किया, और अब मैं सुलैमान के साथ अल्लाह, जो आलमीन का रब है, उसी की इताअत करती हूँ।”
45. और हमने समूद की क़ौम की तरफ़ उनके भाई सालेह को भेजा, कि “अल्लाह की इबादत करो।” मगर उनमें दो गिरोह हो गए जो आपस में लड़ने लगे।
46. सालेह ने कहा, “ऐ मेरी क़ौम, तुम भलाई से पहले बुराई के लिए जल्दी क्यों मचाते हो? अल्लाह से मग़फ़िरत माँगो, शायद तुम पर रहम किया जाए।”
47. उन्होंने कहा, “हम तुझे और तेरे साथियों को मनहूस समझते हैं।” सालेह ने जवाब दिया, “तुम्हारी मनहूसी का सबब अल्लाह के हाथ में है, बल्कि तुम आज़माए जा रहे हो।”
48. शहर में नौ बदमाश लोग थे जो ज़मीन में फ़साद फैला रहे थे, और इस्लाह नहीं करते थे।
49. उन्होंने कहा, “आपस में क़सम खा लो कि हम सालेह और उसके घरवालों को रात ही रात मार डालेंगे, फिर उसके वारिसों से कह देंगे, ‘हम उसके घरवालों के क़त्ल के गवाह नहीं हैं, और हम बिल्कुल सच्चे हैं।’”
50. उन्होंने चाल चली, और हमने भी अपनी तदबीर की, मगर उन्हें इसका एहसास तक न हुआ।
51. फिर देखो उनकी चाल का क्या अंजाम हुआ—कि हमने उन्हें और उनकी क़ौम को बिल्कुल तबाह कर दिया।
52. और देखो, उनके घर उजड़े पड़े हैं उनके ज़ुल्म की वजह से। बेशक, इसमें उन लोगों के लिए एक निशानी है जो इल्म रखते हैं।
53. और हमने उन लोगों को बचा लिया जो ईमान लाए और अल्लाह से डरते रहे।
54. और लूत का वाक़िया भी याद करो, जब उसने अपनी क़ौम से कहा, “क्या तुम खुली बेहयाई करते हो, जबकि तुम देख रहे हो?”
55. “क्या तुम औरतों को छोड़कर मर्दों के पास जाते हो अपनी शहवत पूरी करने के लिए? हक़ीक़त ये है कि तुम लोग सख़्त जहालत का काम करते हो।”
56. मगर उसकी क़ौम का जवाब सिर्फ़ ये था कि उन्होंने कहा, “लूत के घरवालों को अपने शहर से निकाल दो, क्योंकि ये लोग बहुत पाकबाज़ी इख़्तियार करते हैं।”
57. फिर हमने उसको और उसके घरवालों को बचा लिया, सिवाय उसकी बीवी के; हमने उसको उन्हीं लोगों में रखने का फ़ैसला किया जो पीछे रह गए।
58. और हमने उन पर एक अज़ाब की बारिश बरसाई, और क्या ही बुरी थी ये बारिश उन लोगों के लिए जिन्हें पहले से डराया गया था।

59. कहो (ऐ मुहम्मद), "सना है अल्लाह के लिए, और सलाम है उनके बंदों पर जिन्हें उसने चुना। क्या अल्लाह बेहतर है या वो जिन्हें ये लोग उसके साथ शरीक ठहराते हैं?"
60. "क्या वो बेहतर नहीं जो आसमान और ज़मीन का ख़ालिक़ है, और तुम्हारे लिए आसमान से पानी बरसाता है, जिससे हम ख़ूबसूरत बाग़ात उगाते हैं जिनके दरख़्त तुम नहीं उगा सकते? क्या अल्लाह के साथ कोई और माबूद है? मगर ये लोग (ग़लत तौर पर) अल्लाह के बराबर औरों को ठहराते हैं।"
61. क्या वो बेहतर नहीं जिसने ज़मीन को मज़बूत बनाया, इसमें दरिया बनाए, इसके लिए मज़बूत पहाड़ बनाए, और दो समुंदरों के दरमियान एक रुकावट बनाई? क्या अल्लाह के साथ कोई और माबूद है? मगर ज़्यादातर लोग नहीं जानते।
62. क्या वो बेहतर नहीं जो मुसीबतज़दा की दुआ क़बूल करता है जब वो पुकारता है, और बुराई को दूर करता है, और तुम्हें ज़मीन का वारिस बनाता है? क्या अल्लाह के साथ कोई और माबूद है? तुम लोग बहुत कम नसीहत लेते हो।
63. क्या वो बेहतर नहीं जो तुम्हें ख़ुश्की और समुंदर के अंधेरों में रास्ता दिखाता है, और अपनी रहमत से पहले ख़ुशख़बरी देने के लिए हवाएँ भेजता है? क्या अल्लाह के साथ कोई और माबूद है? अल्लाह उन सब बातों से पाक है जो ये लोग उसके साथ शरीक ठहराते हैं।
64. क्या वो बेहतर नहीं जो ख़ल्क़ (पैदा) करता है, फिर उसका इआदा (दोबारा जन्म) करता है, और जो तुम्हें आसमान और ज़मीन से रिज़्क़ अता करता है? क्या अल्लाह के साथ कोई और माबूद है? कहो, "अगर तुम सच्चे हो तो अपनी दलील पेश करो।"
65. कहो, "आसमान और ज़मीन में अल्लाह के सिवा कोई ग़ैब का इल्म नहीं रखता, और न ही ये लोग ये समझते हैं कि कब उन्हें उठाया जाएगा।"
66. बल्कि ये लोग आख़िरत के इल्म में मुख़्तलिफ़ हैं, बल्कि ये इस बारे में शक में हैं, बल्कि ये इससे अंधे हैं।
67. और जिन लोगों ने कुफ़्र किया कहते हैं, "जब हम और हमारे बाप-दादा मिट्टी बन चुके होंगे, तो क्या हमें निकालकर लाया जाएगा?"
68. "हमें और हमारे बाप-दादा को इसका वादा दिया गया था पहले भी। ये सिर्फ़ पहले के लोगों की कहानियाँ हैं।"
69. कहो (ऐ मुहम्मद), "ज़मीन में घूम कर देखो कि गुनहगारों का क्या अंजाम हुआ।"
70. और तुम इन लोगों के लिए ना अफ़सोस करो, ना उनकी साज़िशों से परेशान हो।
71. और ये कहते हैं, "अगर ये वादा सच है तो बताओ कब पूरा होगा?"
72. कहो, "शायद वो चीज़ जो तुम जल्दी माँग रहे हो, तुम्हारे क़रीब ही हो।"
73. और बेशक तुम्हारा रब लोगों पर बड़ा फ़ज़्ल फ़रमाने वाला है, मगर अक्सर लोग शुक्र नहीं करते।
74. और बेशक तुम्हारा रब जानता है जो उनके सीने छुपाते हैं और जो वो ज़ाहिर करते हैं।
75. और आसमान और ज़मीन में कोई भी चीज़ छुपी नहीं जो एक वाज़ेह किताब में लिखी न हो।

76. बेशक ये क़ुरआन बनी इसराईल को उन बातों की तफ़सील बताता है जिनमें वो इख़्तिलाफ़ करते हैं।
77. और बेशक ये ईमान वालों के लिए हिदायत और रहमत है।
78. बेशक तुम्हारा रब उनके दरमियान अपनी हिकमत भरे फ़ैसले से फ़ैसला करेगा, और वो ज़ात अज़ीम शान और सब कुछ जानने वाली है।
79. तो अल्लाह पर भरोसा रखो, बेशक तुम हक़ पर हो, एक साफ़ रास्ते पर।
80. बेशक तुम मुर्दों को नहीं सुना सकते, और ना ही बहरों को अपनी सदा सुना सकते हो जब वो पीठ फेर कर भाग रहे हों।
81. और न ही तुम अंधों को उनकी गुमराही से निकालकर राह दिखाने वाले हो। तुम सिर्फ़ उन लोगों को सुना सकते हो जो हमारी आयतों पर ईमान लाते हैं, और फिर वे फ़रमाबरदार बन जाते हैं।
82. और जब उन पर हमारा फ़ैसला नाज़िल होगा, तो हम उनके लिए ज़मीन से एक मख़लूक़ निकालेंगे जो उनसे बातें करेगी, और कहेगी कि लोग हमारी आयतों पर यक़ीन नहीं रखते थे।
83. और याद दिलाओ उस दिन का जब हम हर क़ौम में से एक गिरोह जमा करेंगे जो हमारी निशानियों को झुटलाते थे, और उन्हें सफ़ों की शक्ल में लाएंगे।
84. जब वे सब (फ़ैसले की जगह) आ जाएंगे, तो अल्लाह पूछेगा, "क्या तुमने मेरी निशानियों को झुटलाया बिना ये समझे कि ये क्या थी? या तुम क्या कर रहे थे?"
85. फिर उन पर अज़ाब का फ़ैसला लागू हो जाएगा उनके ज़ुल्म की वजह से, और वे कुछ कह नहीं सकेंगे।
86. क्या उन्होंने नहीं देखा कि हमने रात बनाई ताकि वे इसमें सुकून पाएं, और दिन को रौशन बनाया? बेशक इसमें ईमान लाने वालों के लिए निशानियां हैं।
87. और याद दिलाओ उस दिन का जब सूर फूंका जाएगा, तो जो भी आसमानों और ज़मीन में होगा, सब घबरा जाएंगे सिवाय उनके जिन्हें अल्लाह चाहेगा, और सब उसके हुज़ूर अपनी गर्दन झुकाए चले आएंगे।
88. और तुम पहाड़ों को देखोगे और समझोगे कि ये जमे हुए हैं, जबकि ये बादलों की तरह चल रहे होंगे। ये अल्लाह का काम है जो हर चीज़ को निहायत बेहतरीन तरीक़े से तख़लीक़ करता है। बेशक, वह जो कुछ तुम करते हो, उससे बाख़बर है।
89. जो कोई क़यामत के दिन एक नेक अमल लेकर आएगा, उसके लिए उससे बेहतर बदला होगा, और वह उस दिन की दहशत से महफ़ूज़ रहेंगे।
90. और जो कोई एक बुरा अमल लेकर आएगा, उनके चेहरे आग में उल्टा डाल दिए जाएंगे, और कहा जाएगा, "क्या तुम्हें सिर्फ़ तुम्हारे ही आमाल का बदला दिया जा रहा है?"
91. (ऐ मुहम्मद ﷺ) कह दो, "मुझे सिर्फ़ इस शहर के रब की इबादत का हुक्म दिया गया है, जिसे उसने मुक़द्दस बनाया है, और जो हर चीज़ का मालिक है। और मुझे यह हुक्म भी दिया गया है कि मैं फ़रमाबरदार बनूं (मुस्लिम)।"
92. "और क़ुरआन की तिलावत करूं।" जो हिदायत पाए, तो वह अपनी भलाई के लिए हिदायत पाता है,

और जो गुमराह हो, तो कह दो, “मैं सिर्फ़ एक डर सुनाने वाला हूं।”
93. और कह दो, “सारी तारीफ़ अल्लाह के लिए है। वह तुम्हें अपनी निशानियां दिखाएगा, और तुम उन्हें पहचान लोगे। और तुम्हारा रब तुम्हारे आमाल से बेख़बर नहीं है।”

28. सूरह अल-क़सस

बिस्मिल्लाहिर-रहमानिर-रहीम

1. ता, सीन, मीम।
2. ये एक रौशन किताब की आयतें हैं।
3. हम तुम्हें मूसा और फ़िरऔन के वास्तविक वाक़ियात सुना रहे हैं, उन लोगों के लिए जो ईमान लाते हैं।
4. यक़ीनन फ़िरऔन ने ज़मीन में अपने आपको बड़ा समझा और वहाँ के लोगों को गुटों में बाँट दिया। उसने एक गुट पर ज़ुल्म करते हुए उनके बेटों को क़त्ल करवाया और उनकी औरतों को ज़िंदा रखा। बेशक, वह फ़साद फैलाने वालों में से था।
5. और हम चाहते थे कि जो लोग ज़मीन में मज़लूम हैं, उन पर एहसान करें, उन्हें क़ौम के रहनुमा बनाएँ और उन्हें वारिस बना दें।
6. और उन्हें ज़मीन में ताक़त दें और फ़िरऔन, हामान और उनके लश्करों को वही चीज़ दिखाएँ जिससे वे डरते थे।
7. और हमने मूसा की माँ के दिल में यह बात डाल दी: "उसे दूध पिलाओ, लेकिन जब तुम्हें उसके बारे में डर हो, तो उसे दरिया में डाल दो और न डरो, न ग़म करो। हम उसे तुम्हारी तरफ़ वापस लाएँगे और उसे अपने पैग़म्बरों में से बनाएँगे।"
8. फ़िरऔन के घरवालों ने उस बच्चे को दरिया से उठा लिया, बिना जाने कि वह उनके लिए एक दुश्मन और दुख का कारण बनने वाला है। बेशक, फ़िरऔन, हामान और उनके लश्कर खुली ग़लती पर थे।
9. फ़िरऔन की बीवी ने कहा, "यह मेरी और तुम्हारी आँखों की ठंडक बन सकता है। इसे क़त्ल मत करो, शायद यह हमें फ़ायदा दे या हम इसे बेटा बना लें।" लेकिन उन्हें इसका एहसास न था।
10. मूसा की माँ का दिल बेचैन हो गया और वह सिर्फ़ उसी की फ़िक्र में लग गई। वह इस बात को ज़ाहिर करने ही वाली थी, अगर हमने उसके दिल को मज़बूती न दी होती ताकि वह ईमान लाने वालों में से रहे।
11. और उसने अपनी बेटी से कहा, "इसका पीछा करो।" तो वह उसे दूर से देखती रही और लोगों को

इसका एहसास भी न हुआ।
12. और हमने पहले से ही उस पर दूध पिलाने वाली औरतों को हराम कर दिया। तब उसकी बहन बोली, “क्या मैं तुम्हें एक ऐसे घर का पता दूँ जो इसकी देखभाल करे और इसके हक़ में सच्चे दिल से ख़्याल रखे?”
13. इस तरह हमने मूसा को उसकी माँ की तरफ़ वापस ला दिया ताकि उसकी आँखें ठंडी हो जाएँ, वह ग़म न करे और जान ले कि अल्लाह का वादा सच्चा है। लेकिन अधिकतर लोग नहीं जानते।
14. जब वह अपनी जवानी को पहुँचा और समझदार हो गया, तो हमने उसे हिकमत और इल्म अता किया। और हम नेकी करने वालों को इसी तरह बदला देते हैं।
15. एक दिन वह शहर में ऐसे वक़्त दाख़िल हुआ जब लोग बेख़बर थे। उसने वहाँ दो आदमियों को झगड़ते हुए देखा—एक उसकी क़ौम का था और दूसरा उसके दुश्मनों में से। उसकी क़ौम वाले ने दुश्मन के ख़िलाफ़ मदद माँगी, तो मूसा ने उसे एक मुक्का मारा और उसका काम तमाम कर दिया। मूसा बोला, “यह शैतान का काम है, बेशक वह खुला गुमराह करने वाला दुश्मन है।”
16. फिर उसने कहा, “मेरे रब! मैंने अपने ऊपर ज़ुल्म किया, तो मुझे माफ़ कर दे।” तो अल्लाह ने उसे माफ़ कर दिया। बेशक, वही ग़फ़ूर (बख़्शने वाला) और रहीम (मेहरबान) है।
17. फिर मूसा ने कहा, “मेरे रब! जो एहसान तूने मुझ पर किया, मैं कभी मुजरिम लोगों का मददगार न बनूँगा।”
18. मूसा शहर में डरता-सहमता बैठा रहा और इंतज़ार करता रहा (कि अब क्या होगा)। तभी अचानक वही शख़्स जो कल उससे मदद माँग रहा था, आज फिर पुकारने लगा। मूसा ने कहा, “तू तो खुला गुमराह आदमी है!”
19. और जब मूसा उस आदमी पर हाथ डालने लगा जो दोनों का दुश्मन था, तो उसने कहा, “ऐ मूसा! क्या तुम मुझे भी मार डालना चाहते हो जैसे कल एक आदमी को क़त्ल कर चुके हो? तुम तो बस ज़मीन में ज़बरदस्ती करना चाहते हो, इस्लाह (भलाई) नहीं!”
20. फिर एक आदमी शहर के दूर हिस्से से दौड़ता हुआ आया और बोला, “ऐ मूसा! वज़ीरों की महफ़िल में तुम्हारे क़त्ल का मशवरा हो रहा है, तो यहाँ से निकल जाओ। मैं तुम्हारा ख़ैरख़्वाह (भला चाहने वाला) हूँ!”
21. मूसा वहाँ से डर और आशंका के साथ निकल पड़े। उन्होंने दुआ की, “ऐ मेरे रब! मुझे इन ज़ालिमों से बचा ले!”
22. जब मूसा ने अपना रुख़ मदीयन की तरफ़ किया, तो कहा, “उम्मीद है, मेरा रब मुझे सीधा रास्ता दिखा देगा।”
23. जब वह मदीयन के कुएँ पर पहुँचे, तो देखा कि लोग अपने जानवरों को पानी पिला रहे हैं, और एक तरफ़ दो औरतें अपनी बकरियों को रोके खड़ी हैं। मूसा ने उनसे पूछा, “तुम्हारा क्या मामला है?”
उन्होंने कहा, “हम तब तक पानी नहीं भर सकतीं जब तक ये चरवाहे अपना काम न कर लें, और हमारा बाप बहुत बूढ़ा है।”

24. मूसा ने उनके लिए पानी निकाल दिया, फिर एक साये में जा बैठे और दुआ की, "ऐ मेरे रब! जो भी भलाई तू मेरी तरफ़ भेज दे, मैं उसका मोहताज हूँ।"
25. थोड़ी देर बाद, उनमें से एक लड़की शर्म और हया के साथ चलती हुई आई और बोली, "मेरे वालिद तुम्हें बुला रहे हैं ताकि जो तुमने हमारे लिए पानी निकाला, उसकी मजदूरी दें।"
जब मूसा उस बुज़ुर्ग के पास पहुँचे और अपनी कहानी सुनाई, तो उन्होंने कहा, "घबराओ मत, तुम ज़ालिमों से बच चुके हो।"
26. उनमें से एक लड़की ने कहा, "ऐ वालिद! इन्हें नौकर रख लीजिए। बेहतरीन नौकर वही होता है जो ताक़तवर और ईमानदार हो।"
27. बुज़ुर्ग ने कहा, "मैं चाहता हूँ कि अपनी दो बेटियों में से एक का निकाह तुमसे कर दूँ, इस शर्त पर कि तुम आठ साल तक मेरी खेती-बाड़ी में काम करो। अगर दस साल पूरे कर लो, तो यह तुम्हारी मर्ज़ी। मैं तुम पर कोई सख़्ती नहीं करना चाहता, और इंशाअल्लाह, तुम मुझे नेक लोगों में पाओगे।"
28. मूसा ने कहा, "यह मामला मेरे और आपके दरमियान तय हो गया। मैं दोनों मुद्दतों में से जो भी पूरी करूँ, उस पर मुझ पर कोई ज़्यादा बोझ न डाला जाए, और अल्लाह हमारे इस वादे पर गवाह है।"
29. जब मूसा ने अपनी मुद्दत पूरी कर ली और अपने घरवालों के साथ सफ़र पर निकले, तो उन्होंने एक पहाड़ की तरफ़ आग देखी। अपनी बीवी से कहा, "रुको, मैंने आग देखी है। शायद वहाँ से कोई ख़बर या जलती लकड़ी ले आऊँ ताकि तुम लोग गरम हो सको।"
30. जब मूसा उस जगह पहुँचे, तो वहाँ एक पैग़ाम आया: "ऐ मूसा! मैं अल्लाह हूँ, जो तमाम जहानों का रब है।"
31. "अपना असा (लाठी) डाल दो!" जब मूसा ने देखा कि वह साँप की तरह हिल रही है, तो डरकर पीठ फेर ली। अल्लाह ने फ़रमाया, "ऐ मूसा! आगे बढ़ो और डरो मत, तुम महफ़ूज़ हो।"
32. "अपना हाथ अपनी जेब में डालकर निकालो, वह बिना किसी बीमारी के चमक उठेगा। और अपना हाथ दबा लो, ताकि ख़ौफ़ दूर हो जाए। ये दोनों तुम्हारे रब की निशानियाँ हैं, फिरऔन और उसके लश्करों के लिए, जो नाफ़रमानी करते हैं।"
33. मूसा ने कहा, "मेरे रब! मैंने एक आदमी का क़त्ल कर दिया है, मुझे डर है कि वे मुझे क़त्ल कर देंगे।"
34. "मेरा भाई हारून मुझसे ज़्यादा फ़सीह (स्पष्ट बोलने वाला) है, उसे मेरे साथ मददगार बना दे ताकि वह मेरी तस्दीक़ (सत्यापन) करे। मुझे डर है कि वे मुझे झुटला देंगे।"
35. अल्लाह ने फ़रमाया, "हम तुम्हारी बाज़ू तुम्हारे भाई के ज़रिए मज़बूत कर देंगे, और तुम दोनों को ग़लबा (प्रभावशाली ताक़त) देंगे, तो वे तुम तक नहीं पहुँच सकेंगे। हमारी निशानियों के साथ तुम दोनों और तुम्हारे मानने वाले ग़लबा पाएँगे।"
36. जब मूसा उनके पास रौशन निशानियाँ लेकर आए, तो उन्होंने कहा, "यह सिर्फ़ झूठा जादू है, हमने इस तरह की बात अपने बाप-दादा से नहीं सुनी।"

37. मूसा ने जवाब दिया, “मेरा रब बेहतर जानता है कि कौन उसकी तरफ़ से हिदायत लेकर आया है और किसका अंजाम बेहतरीन होगा। ज़ालिम कभी कामयाब नहीं होते।”

38. फिरऔन ने अपने वज़ीरों से कहा, “ऐ मेरे दरबार के लोगों! मैंने अपने सिवा तुम्हारा कोई माबूद (ईश्वर) नहीं देखा। हामान! मेरा एक ऊँचा मीनार बनाओ ताकि मैं मूसा के रब को देख सकूँ। मुझे लगता है कि वह झूठा है!”

39. वह और उसके लश्कर ज़मीन में बेवजह तकब्बुर (अहंकार) कर रहे थे और समझते थे कि उन्हें हमारे पास लौटकर नहीं आना।

40. तो हमने उन्हें और उनके लश्करों को समुद्र में गिरा दिया। देखो! ज़ालिमों का अंजाम कैसा होता है!

41. हमने उनको आग की तरफ़ बुलाने वाला बना दिया, और क़यामत के दिन उनकी कोई मदद नहीं करेगा।

42. इस दुनिया में भी उन पर लानत बरसाई गई, और क़यामत के दिन भी वे ज़लील होंगे।

43. और हमने मूसा को किताब दी, ताकि पिछली नस्लों की हलाकत के बाद लोगों के लिए हिदायत, रौशनी और रहमत बन सके, ताकि वे नसीहत हासिल करें।

44. और तुम (ऐ मुहम्मद), जब हमने मूसा को हुक्म दिया, तो उस वक़्त तुम तूर पहाड़ के पास नहीं थे, और न ही उस वक़्त के गवाह थे।

45. लेकिन हमने मूसा के बाद कई नस्लों को पैदा किया, और उनका वक़्त लंबा था। तुम मदयन के लोगों में से नहीं थे जो हमारी आयतें उन्हें सुनाते, लेकिन हम ही तुम्हें भेजने वाले थे।

46. और तुम उस वक़्त भी तूर पहाड़ के पास नहीं थे जब हमने मूसा को बुलाया, लेकिन यह तुम्हारे रब की रहमत है कि उसने तुम्हें भेजा, ताकि तुम एक ऐसी क़ौम को डराने वाले बनो जहाँ तुमसे पहले कोई डराने वाला नहीं आया था, ताकि वे नसीहत ले सकें।

47. अगर ऐसा न होता कि वे अपने किए हुए गुनाहों की वजह से अज़ाब में मुब्तिला होते और कहते, “ऐ हमारे रब! तूने हमें कोई रसूल क्यों नहीं भेजा, ताकि हम तेरी आयतों पर अमल करते और मोमिनों में शामिल हो जाते?”

48. लेकिन जब उनके पास हमारी तरफ़ से सच्चाई आ गई, तो उन्होंने कहा, “इसे मूसा की तरह कुछ क्यों नहीं दिया गया?” क्या उन्होंने पहले मूसा को दिए गए चीज़ों को नहीं माना था? उन्होंने कहा, “[ये दोनों] बस झूठे जादू हैं जो एक-दुसरे की मदद कर रहे हैं, और हम इन दोनों का इनकार करते हैं।”

49. कह दो, “फिर अल्लाह की तरफ़ से कोई ऐसी किताब लाओ जो इन दोनों से ज़्यादा हिदायत देने वाली हो, ताकि मैं उसका पीछा करूँ, अगर तुम सच्चे हो।”

50. लेकिन अगर वे तुम्हें जवाब न दें, तो जान लो कि वे बस अपनी ख़्वाहिशात का पीछा कर रहे हैं। और उससे ज़्यादा गुमराह कौन हो सकता है जो अल्लाह की हिदायत के बिना अपनी ख़्वाहिशात का पीछा करे? बेशक, अल्लाह ज़ालिमों को हिदायत नहीं देता।

51. और हमने उन्हें बार-बार यह पैग़ाम दिया, ताकि वे नसीहत ले सकें।

52. जिन लोगों को हमने इससे पहले किताब दी थी – वे इस (क़ुरआन) पर ईमान लाते हैं।
53. और जब इसे उनके सामने पढ़ा जाता है, तो वे कहते हैं, "हम इस पर ईमान ला चुके हैं; यह तो हमारे रब की सच्चाई है। हम तो इससे पहले भी मुस्लिम (अल्लाह के लिए अपने आप को झुकाने वाले) थे।"
54. उन्हें उनके सब्र के बदले दो गुना इनाम दिया जाएगा, और वे बुराइयों से बचकर भलाई करते हैं, और जो कुछ हमने उन्हें दिया है, उससे वे ख़र्च करते हैं।
55. और जब वे बुराई सुनते हैं, तो उससे मुँह मोड़ लेते हैं और कहते हैं, "हमारे लिए हमारे अमल हैं और तुम्हारे लिए तुम्हारे अमल। तुम पर सलाम हो; हम जाहिलों का साथ नहीं चाहते।"
56. (ऐ मुहम्मद!) तुम जिसे चाहो हिदायत नहीं दे सकते, लेकिन अल्लाह जिसे चाहता है हिदायत देता है। और वही सबसे बेहतर जानने वाला है कि कौन हिदायत पाएगा।
57. और वे कहते हैं, "अगर हम तुम्हारे साथ हिदायत पर चलते, तो हमें हमारे मक़ाम से निकाल दिया जाता।" क्या हमने उनके लिए एक महफ़ूज़ जगह नहीं बनाई, जहाँ हर चीज़ के फल हमारे पास से उन्हें फ़राहम किए जाते हैं? लेकिन उनमें से अधिकतर लोग नहीं जानते।
58. और कितनी ही बस्तियाँ हमने तबाह कर दीं, जो अपनी ज़िंदगी के तरीक़े पर इतराती थीं, और उनकी बस्तियाँ ऐसे लोगों के लिए छोड़ दी गईं जो उनके बाद आए, बस थोड़ी देर के लिए। और हम ही वारिस थे।
59. और तुम्हारे रब का यह क़ानून नहीं कि वह बस्तियों को तबाह कर दे, जब तक उनके नगर के प्रमुख स्थान में एक रसूल न भेज दे, जो उन्हें हमारी आयतों की तिलावत करे। और हम बस्तियों को तबाह नहीं करते जब तक उनके लोग ज़ुल्म करने वाले न हों।
60. और जो कुछ भी तुम्हें दिया गया है, वह केवल दुनिया की ज़िंदगी का आनंद और सजावट है। और जो कुछ अल्लाह के पास है, वह बेहतर और अधिक स्थायी है; तो क्या तुम समझते नहीं?
61. तो क्या वह शख़्स, जिसे हमने अच्छा वादा दिया था जिसे वह पूरा करेगा, उसके बराबर हो सकता है जिसे हमने बस दुनिया की ज़िंदगी का मज़ा दिया, और फिर वह क़यामत के दिन अज़ाब के लिए पेश किया जाएगा?
62. और (याद दिलाओ) उस दिन का जब अल्लाह उन्हें बुलाएगा और कहेगा, "मेरे वे 'हिस्सेदार' कहाँ हैं जिनके बारे में तुम लोग दावा किया करते थे?"
63. जिन पर हमारा आदेश पूरी तरह लागू हो चुका होगा, वे कह देंगे, "हमारे रब! यही वे लोग हैं जिन्होंने हमें गुमराह किया। हमने उन्हें गुमराह किया, बिलकुल वैसे ही जैसे हम खुद गुमराह हुए थे। हम अपने आपको उनसे अलग करते हैं; वे हमारी इबादत नहीं किया करते थे।"
64. और कहा जाएगा, "अपने (ग़लत) साझेदारों को बुलाओ," और वे उन्हें बुलाएँगे, लेकिन वे उनका जवाब नहीं देंगे, और वे सज़ा देखकर निराश रह जाएँगे। "काश! उन्होंने हिदायत का रास्ता अपनाया होता!"
65. और (याद दिलाओ) उस दिन का जब वह उन्हें बुलाएगा और कहेगा, "तुमने रसूलों का क्या जवाब दिया?"

66. लेकिन उस दिन वे ख़ुद को जवाब देने में असमर्थ होंगे, और वे एक-दूसरे से कुछ भी नहीं पूछ सकेंगे।
67. लेकिन जिसने तौबा की, ईमान लाया, और अच्छे अमल किए, तो उम्मीद (यानी अल्लाह का वादा) है कि वह कामयाब होने वालों में होगा।
68. और तुम्हारा रब जो चाहे बनाता है और चुनता है; (मगर) उन्हें ख़ुद कोई चुनाव का अधिकार नहीं है। अल्लाह की महिमा बड़ी है और वह उनके साझेदार ठहराने से पाक है।
69. और तुम्हारा रब जानता है जो कुछ उनके दिलों में छुपा है और जो वे ज़ाहिर करते हैं।
70. और वही अल्लाह है; उसके सिवा कोई इबादत के लायक नहीं। पहली जिंदगी में भी उसी का शुक्रिया है और आख़िरत में भी। और फैसला उसी का है, और तुम्हें उसी की ओर लौटकर जाना है।
71. कहो, "क्या तुमने सोचा है: अगर अल्लाह तुम्हारे लिए रात को क़यामत तक लगातार बना दे, तो अल्लाह के सिवा कौन सा माबूद है जो तुम्हारे लिए रोशनी ला सके? फिर क्या तुम सुनते नहीं हो?"
72. कहो, "क्या तुमने सोचा है: अगर अल्लाह तुम्हारे लिए दिन को क़यामत तक लगातार बना दे, तो अल्लाह के सिवा कौन सा माबूद है जो तुम्हारे लिए रात ला सके जिसमें तुम आराम कर सको? फिर क्या तुम देखते नहीं हो?"
73. और अपनी रहमत से उसने तुम्हारे लिए रात और दिन बनाए ताकि तुम उसमें आराम कर सको और दिन में उसकी फ़ज़्ल से अपनी रोज़ी तलाश कर सको, और ताकि तुम शुक्र अदा करो।
74. और (याद दिलाओ) उस दिन का जब वह उन्हें बुलाएगा और कहेगा, "वे मेरे शरीक कहाँ हैं जिनके बारे में तुम दावा किया करते थे?"
75. और हम हर उम्मत से एक गवाह निकालेंगे और कहेंगे, "अपना सबूत लाओ," और वे जान लेंगे कि हक़ सिर्फ़ अल्लाह का है, और जो कुछ भी वे गढ़ते थे, वह सब उनसे खो जाएगा।
76. यक़ीनन, क़ारून मूसा की क़ौम में से था, लेकिन उसने उन पर ज़ुल्म किया। और हमने उसे ऐसे खज़ाने दिए थे जिनकी चाबियाँ उठाने से एक ताक़तवर गिरोह भी थक जाता। उसके लोग उससे कह रहे थे, "घमंड मत करो, अल्लाह घमंड करने वालों को पसंद नहीं करता।"

77. बल्कि, उस माल-दौलत के ज़रिए जो अल्लाह ने तुम्हें दिया है, आख़िरत का घर तलाश करो। और दुनिया में से अपना हिस्सा मत भूलो। और जिस तरह अल्लाह ने तुम पर भलाई की है, वैसे ही भलाई करो। और ज़मीन में फ़साद फैलाने की इच्छा मत करो, यक़ीनन अल्लाह फ़साद फैलाने वालों को पसंद नहीं करता।
78. उसने कहा, "मुझे यह सब कुछ इसलिए दिया गया है क्योंकि मुझे इल्म है!" क्या उसने नहीं जाना कि अल्लाह ने उससे पहले उससे भी ज़्यादा ताक़तवर और ज़्यादा मालदार लोगों को हलाक कर दिया? लेकिन मुजरिमों से उनके गुनाहों के बारे में पूछा नहीं जाता।
79. फिर वह अपनी ज़िंदगी की शान-ओ-शौकत के साथ अपनी क़ौम के सामने निकला। तो जो लोग दुनिया की ज़िंदगी की चाहत रखते थे, उन्होंने कहा, "काश! हमें भी वही मिलता जो क़ारून को दिया गया। यक़ीनन,

वह तो बहुत बड़े नसीब वाला है।"
80. लेकिन जो लोग इल्म रखते थे, उन्होंने कहा, "अफ़सोस तुम पर! अल्लाह का इनाम उससे कहीं बेहतर है जो ईमान लाता है और नेक अमल करता है। और यह (इनाम) सिर्फ़ उन्हीं को मिलता है जो सब्र करते हैं।"
81. और हमने ज़मीन को उसे और उसके घर को निगल जाने दिया। और उसके पास अल्लाह के सिवा कोई मददगार नहीं था, और न ही वह ख़ुद को बचा सका।
82. और जो लोग कल तक उसके मक़ाम (माल-दौलत) की चाहत कर रहे थे, वे कहने लगे, "आह! कैसा है अल्लाह, जो अपने बंदों में से जिसे चाहता है, उसे रोज़ी देता है और जिससे चाहता है, उसकी रोज़ी रोक लेता है! अगर अल्लाह ने हम पर फ़ज़्ल न की होती, तो वह हमें भी ज़मीन में समा देता। आह! यक़ीनन, काफ़िर कभी कामयाब नहीं होते!"
83. आख़िरत का घर हम उन लोगों को देते हैं जो ज़मीन में न तो घमंड करने की इच्छा रखते हैं और न ही फ़साद फैलाते हैं। और बेहतरीन नतीजा उन्हीं का होता है जो तक़्वा (अल्लाह का डर) रखते हैं।
84. जो शख़्स भलाई लेकर आएगा, उसे उससे भी बेहतर मिलेगा; और जो बुराई लेकर आएगा, तो वे लोग जिन्होंने बुरे अमल किए, उन्हें उसी के बराबर बदला मिलेगा।
85. यक़ीनन, (ऐ मुहम्मद!), जिसने तुम पर क़ुरआन नाज़िल किया है, वही तुम्हें उस मक़ाम की तरफ़ वापस ले जाएगा जहाँ तुम्हें जाना है। कहो, "मेरा रब बेहतर जानता है कि कौन हिदायत लाता है और कौन खुली गुमराही में है।"
86. और तुम्हारे लिए यह मुमकिन नहीं था कि तुम्हें यह किताब (क़ुरआन) मिलती, लेकिन यह तुम्हारे रब की ख़ास रहमत है। तो तुम काफ़िरों के सहायक मत बनो।
87. और इस बात से सावधान रहो कि ये काफ़िर तुम्हें अल्लाह की आयतों के पैग़ाम से न रोक दें, जबकि वे तुम्हारी तरफ़ नाज़िल की गई हैं। अपने रब की तरफ़ बुलाते रहो और मुशरिकों में से मत बनो।
88. और अल्लाह के साथ किसी और माबूद को मत पुकारो। उसके सिवा कोई माबूद नहीं। हर चीज़ फ़ना हो जाएगी, बस उसका चेहरा (यानी, उसकी सत्ता) ही बाक़ी रहेगा। सारे फ़ैसले उसी के हैं, और तुम सबको उसी की तरफ़ लौटना है।

29. सूरह अल-अनकबूत

बिस्मिल्लाहिर-रहमानिर-रहीम

1. अलिफ़, लाम, मीम।
2. क्या लोग यह समझते हैं कि वे बस यह कह देंगे, "हम ईमान लाए हैं," और उन्हें आज़माया नहीं जाएगा?
3. यक़ीनन, हमने उन लोगों को भी आज़माया था जो उनसे पहले थे, और अल्लाह ज़रूर सच्चे लोगों को ज़ाहिर करेगा और झूठ बोलने वालों को भी साफ़ कर देगा।
4. या जो लोग बुरे अमल करते हैं, क्या वे यह समझते हैं कि वे हमसे बचकर निकल जाएँगे? बुरा है जो वे फ़ैसला करते हैं।
5. जो कोई अल्लाह से मिलने की उम्मीद रखता है—यक़ीनन, अल्लाह का मुक़र्रर वक़्त आने वाला और वह सब कुछ सुनता और जानता है।
6. और जो कोशिश करता है, वह बस अपने ही लिए कोशिश करता है। यक़ीनन, अल्लाह सारे जहाँ से बेनियाज़ है।
7. और जो लोग ईमान लाए और नेक अमल किए—हम ज़रूर उनके बुरे अमल को मिटा देंगे, और उन्हें उनके बेहतरीन अमल का सबसे बेहतर बदला देंगे।
8. और हमने इंसान को अपने माँ-बाप के साथ अच्छा सुलूक करने का हुक्म दिया है। लेकिन अगर वे तुमसे यह कोशिश करें कि तुम मेरे साथ किसी को शरीक ठहराओ, जिसका तुम्हें कोई इल्म नहीं, तो उनकी बात न मानो। तुम्हारी वापसी मेरी तरफ़ है, और मैं तुम्हें उस काम की ख़बर दूँगा जो तुम करते थे।
9. और जो लोग ईमान लाए और नेक अमल किए—हम यक़ीनन उन्हें सच्चे लोगों (जन्नतियों) में शामिल करेंगे।
10. और लोगों में कुछ ऐसे भी हैं जो कहते हैं, "हम अल्लाह पर ईमान लाए," लेकिन जब उन्हें अल्लाह के रास्ते में कोई तकलीफ़ पहुँचती है, तो वे लोगों की यातना को अल्लाह के अज़ाब के बराबर समझते हैं। लेकिन जब तुम्हारे रब की तरफ़ से कोई मदद (फ़तह) आती है, तो वे कहते हैं, "हाँ, हम तो तुम्हारे साथ थे।" क्या

अल्लाह उन बातों से बेख़बर है जो उनके दिलों में हैं?
11. और अल्लाह ज़रूर ईमान वालों को साफ़ कर देगा, और मुनाफ़िक़ों को भी साफ़ कर देगा।
12. और जो लोग कुफ्र करते हैं, वे ईमान वालों से कहते हैं, "हमारे रास्ते पर चलो, और हम तुम्हारे गुनाहों का बोझ उठा लेंगे।" लेकिन वे उनके गुनाहों का ज़रा भी बोझ नहीं उठाएँगे। यक़ीनन, वे झूठ बोल रहे हैं।
13. बल्कि वे अपने बोझ को और दूसरों के बोझ को भी अपने साथ उठाएँगे, और क़यामत के दिन उनसे उनके गढ़े हुए झूठों के बारे में ज़रूर पूछा जाएगा।
14. और हमने नूह (अ.स.) को उनकी क़ौम की तरफ़ भेजा, और वे उनके बीच नौ सौ पचास साल तक रहे। फिर जब वे ज़ालिम बने रहे, तो उन्हें तूफ़ान की ऊँची लहरों ने घेर लिया।
15. लेकिन हमने उन्हें और कश्ती के साथियों को बचा लिया, और इसे दुनिया वालों के लिए एक निशानी बना दिया।
16. और (हमने) इब्राहीम (अ.स.) को भेजा, जब उन्होंने अपनी क़ौम से कहा, "अल्लाह की इबादत करो और उसी से डरो। यही तुम्हारे लिए बेहतर है, अगर तुम समझो।"
17. तुम तो बस अल्लाह को छोड़कर ख़ुद गढ़े हुए माबूदों की इबादत कर रहे हो, और तुमने एक झूठ गढ़ रखा है। वे जिनकी तुम अल्लाह के अलावा इबादत करते हो, वे तुम्हें कोई रोज़ी नहीं दे सकते। तो तुम अल्लाह से ही रोज़ी माँगो, और उसकी इबादत करो और उसका शुक्र अदा करो। तुम सबको उसी की तरफ़ लौटकर जाना है।
18. और अगर तुम इन्कार करते हो, तो तुमसे पहले भी बहुत-सी उम्मतों ने इन्कार किया था। और रसूल (पैग़म्बर) पर बस साफ़ पैग़ाम पहुँचा देने की ज़िम्मेदारी है।
19. क्या उन्होंने यह नहीं देखा कि अल्लाह किस तरह पैदाइश की शुरुआत करता है, फिर उसे दोबारा पैदा करता है? यक़ीनन, यह अल्लाह के लिए बहुत आसान है।
20. (ऐ मुहम्मद!) कहो, "ज़मीन में घूमो-फिरो और देखो कि अल्लाह ने पैदाइश की शुरुआत कैसे की। फिर वह (इंसानों को) आख़िरी बार दोबारा ज़िंदा करेगा। यक़ीनन, अल्लाह हर चीज़ पर पूरी ताक़त रखता है।"
21. वह जिसे चाहे अज़ाब देता है और जिसे चाहे अपनी रहमत (कृपा) देता है, और तुम सबको उसी की तरफ़ लौटकर जाना है।
22. और तुम न तो ज़मीन में अल्लाह को बेबस कर सकते हो और न ही आसमान में। और तुम्हारे लिए अल्लाह के सिवा कोई मददगार और कोई सहारा नहीं है।
23. और जो लोग अल्लाह की निशानियों और उससे मिलने पर ईमान नहीं लाते—
उन्होंने मेरी रहमत से निराशा अपना ली है, और उनके लिए दर्दनाक अज़ाब है।
24. और उनकी क़ौम का जवाब बस इतना था कि वे कहने लगे, "इसे मार डालो या इसे जला दो!" लेकिन अल्लाह ने उसे (इब्राहीम को) आग से बचा लिया। यक़ीनन इसमें ईमान लाने वालों के लिए निशानियाँ हैं।
25. और (इब्राहीम ने) कहा, "तुमने अल्लाह को छोड़कर बस मूर्तियों को ही अपने बीच दोस्ती का ज़रिया

बना लिया है। फिर क़यामत के दिन तुम एक-दूसरे का इन्कार करोगे और एक-दूसरे पर लानत भेजोगे। और तुम्हारा ठिकाना आग होगी, और तुम्हारे लिए कोई मददगार न होगा।"

26. और लूत (अ.स.) उन पर ईमान ले आए। (इब्राहीम ने) कहा, "यक़ीनन मैं अपने रब की तरफ़ हिजरत करूँगा। यक़ीनन वह ग़ालिब और हिकमत वाला है।"

27. और हमने उसे इस्हाक़ (अ.स.) और याक़ूब (अ.स.) अता किए, और उसकी औलाद में नुबूवत (पैग़म्बरी) और किताब रखी। और हमने उसे इस दुनिया में भी उसका इनाम दिया, और यक़ीनन वह आख़िरत में नेक लोगों में से होगा।

28. और (याद करो) लूत (अ.स.) का ज़िक्र, जब उन्होंने अपनी क़ौम से कहा, "तुम ऐसी बदकारी कर रहे हो जो तुमसे पहले दुनिया में किसी ने नहीं की!"

29. "यक़ीनन तुम मर्दों के पास जाते हो, और रास्तों में रुकावट डालते हो, और अपनी मजलिसों में बुरी बातें करते हो।" और उनकी क़ौम का जवाब बस इतना था कि वे कहने लगे, "अगर तुम सच्चे हो, तो अल्लाह का अज़ाब हम पर ले आओ।"

30. (लूत ने) कहा, "ऐ मेरे रब! मुझे इस बदकार क़ौम के ख़िलाफ़ मदद अता कर।"

31. और जब हमारे रसूल (यानी फ़रिश्ते) इब्राहीम (अ.स.) के पास खुशख़बरी लेकर आए, तो उन्होंने कहा, "यक़ीनन हम इस बस्ती के लोगों को हलाक कर देंगे। यक़ीनन इसके लोग ज़ालिम थे।"

32. (इब्राहीम ने) कहा, "इसमें लूत (अ.स.) भी हैं!" उन्होंने कहा, "हम इससे बेहतर जानते हैं कि इसमें कौन है। हम उसे और उसके घर वालों को ज़रूर बचाएँगे, सिवाय उसकी बीवी के। वह उन लोगों में से होगी जो पीछे रह जाएँगी।"

33. और जब हमारे रसूल (फ़रिश्ते) लूत (अ.स.) के पास आए, तो वह उनके वजूद से परेशान हो गए और बहुत घबराहट महसूस की। उन्होंने कहा, "मत डरो, और न ही ग़मगीन हो। हम तुम्हें और तुम्हारे घर वालों को ज़रूर बचाएँगे, सिवाय तुम्हारी बीवी के; वह उन लोगों में से होगी जो पीछे रह जाएँगी।"

34. "यक़ीनन, हम इस शहर के लोगों पर आसमान से अज़ाब (सज़ा) उतारेंगे, क्योंकि उन्होंने बिना किसी रोक-टोक के बदकारी फैलाई थी।"

35. "और हमने इस शहर से एक साफ़ निशानी छोड़ी है, जो उन लोगों के लिए दिखाई देती है जो अक़्ल से काम लेते हैं।"

36. और मदयन की तरफ़ हमने उनके भाई शुऐब (अ.स.) को भेजा, और उन्होंने कहा, "ऐ मेरी क़ौम! अल्लाह की इबादत करो, और आख़िरत के दिन की उम्मीद रखो, और ज़मीन में फ़साद मत फैलाओ।"

37. लेकिन उन्होंने (शुऐब को) झुठला दिया, तो उन्हें एक भयंकर ज़लज़ले ने पकड़ लिया, और वे अपने घरों में औंधे पड़े रह गए।

38. और आद और समूद (क़ौमें) को हमने हलाक कर दिया। तुम वह जगह देख चुके हो जहाँ वे रहते थे। शैतान ने उनके अमल को उनके लिए ख़ूबसूरत बना दिया, और उन्हें सीधे रास्ते से रोक दिया, हालाँकि वे

समझदार थे।
39. और हमने क़ारून, फ़िरऔन और हामान को भी हलाक कर दिया। और मूसा (अलैहिस्सलाम) उनके पास साफ़ निशानियों के साथ आए, लेकिन उन्होंने ज़मीन में तकब्बुर किया, और वे हमारे अज़ाब से बच न सके।
40. तो हर एक को हमने उसके गुनाह की वजह से पकड़ लिया; उनमें से कुछ ऐसे थे जिन पर हमने पत्थरों की बारिश भेजी, और कुछ ऐसे थे जो एक ख़ौफ़नाक गर्ज़ के साथ पकड़े गए, और कुछ ऐसे थे जिन्हें ज़मीन में धंसा दिया गया, और कुछ ऐसे थे जिन्हें हमने डुबो दिया। अल्लाह ने उन पर कोई ज़ुल्म नहीं किया, बल्कि उन्होंने खुद अपने ऊपर ज़ुल्म किया।
41. जो लोग अल्लाह के सिवा दूसरों को अपना संरक्षक बनाते हैं, उनकी मिसाल उस मकड़ी की तरह है जो अपना घर बनाती है। और यक़ीनन मकड़ी का घर सबसे कमज़ोर घर है, काश वे जान लेते।
42. यक़ीनन अल्लाह जानता है कि वे उसके सिवा किनको पुकारते हैं। और वह ताक़त में बहुत बड़ा और हिकमत वाला है।
43. और ये मिसालें हम लोगों के सामने पेश करते हैं, लेकिन उन्हें सिर्फ़ वही समझ सकते हैं जो इल्म रखते हैं।
44. अल्लाह ने आसमानों और ज़मीन को हक़ के साथ पैदा किया। यक़ीनन इसमें ईमान लाने वालों के लिए निशानियां हैं।
45. (ऐ नबी!) पढ़ो, जो कुछ तुम्हें इस किताब में दिया गया है, और नमाज़ क़ायम करो। यक़ीनन नमाज़ बुराई और बेहयाई से रोकती है। और अल्लाह का ज़िक्र सबसे बड़ा है। और अल्लाह जानता है जो कुछ तुम करते हो।
46. और अहल-ए-किताब से सिर्फ़ अच्छे तरीक़े से बहस करो, सिवाय उन लोगों के जो उनमें से ज़ुल्म करते हैं, और कह दो, "हम उस चीज़ पर ईमान लाते हैं जो हम पर नाज़िल की गई है, और जो तुम पर नाज़िल की गई है। और हमारा और तुम्हारा माबूद एक ही है, और हम उसी के फ़रमांबरदार हैं।"
47. और इसी तरह हमने तुम पर ये किताब नाज़िल की। और जो लोग हमसे पहले किताब पा चुके थे, उनमें से कुछ इस पर ईमान लाते हैं, और इन (अरब) लोगों में से भी कुछ इस पर ईमान लाते हैं। और हमारी निशानियों का इनकार सिर्फ़ वही करते हैं जो कुफ़्र में डूबे हुए हैं।
48. और (ऐ नबी!) तुम इससे पहले कोई किताब नहीं पढ़ते थे, और न अपने हाथ से कुछ लिखते थे। अगर ऐसा होता तो झूठे लोग शक करते।
49. बल्कि ये (क़ुरआन) साफ़ आयतें हैं, जो उन लोगों के दिलों में हैं जिन्हें इल्म दिया गया है। और हमारी आयतों का इनकार सिर्फ़ ज़ालिम ही करते हैं।
50. लेकिन वे कहते हैं, "इसके पास इसके रब की तरफ़ से कोई निशानी क्यों नहीं भेजी गई?" कह दो, "निशानियां सिर्फ़ अल्लाह के पास हैं, और मैं तो सिर्फ़ साफ़-साफ़ डराने वाला हूँ।"

51. क्या यह उनके लिए काफ़ी नहीं है कि हमने तुम पर यह किताब नाज़िल की, जो उन्हें पढ़कर सुनाई जाती है? यक़ीनन इसमें रहमत और नसीहत है उन लोगों के लिए जो ईमान लाते हैं।

52. कह दो, "अल्लाह मेरे और तुम्हारे दरमियान गवाह के तौर पर काफ़ी है। वह जानता है जो कुछ आसमानों और ज़मीन में है। और जो लोग झूठ पर ईमान लाते हैं और अल्लाह का इनकार करते हैं—वही लोग नुक़सान में हैं।"

53. और वे तुमसे अज़ाब को जल्दी लाने की दरख़्वास्त करते हैं। अगर एक मुक़र्रर वक़्त न होता, तो अज़ाब उन तक पहुँच चुका होता। लेकिन वह उन पर अचानक आएगा, जब उन्हें उसका एहसास भी न होगा।

54. वे तुमसे अज़ाब को जल्दी लाने की दरख़्वास्त करते हैं। और यक़ीनन जहन्नम काफ़िरों को घेर लेगी।

55. जिस दिन अज़ाब उन्हें उनके ऊपर से और उनके पैरों के नीचे से घेर लेगा, और कहा जाएगा, "जो कुछ तुम करते थे, उसका मज़ा चखो।"

56. ऐ मेरे बंदों, जो ईमान लाए हो! यक़ीनन मेरी ज़मीन वसीह (विस्तृत) है, लिहाज़ा सिर्फ़ मेरी ही इबादत करो।

57. हर ज़िंदा को मौत का मज़ा चखना है। फिर तुम सब हमारी तरफ़ लौटाए जाओगे।

58. और जो लोग ईमान लाए और नेक अमल किए—हम उन्हें जन्नत के बुलंद महलों में दाख़िल करेंगे, जिनके नीचे नहरें बहती होंगी, जहाँ वे हमेशा रहेंगे। यह नेक अमल करने वालों का बदला है।

59. जो सब्र करने वाले हैं और अपने रब पर भरोसा रखते हैं।

60. और कितने ही ज़िंदा हैं जो अपना रिज़्क़ खुद नहीं उठाते। अल्लाह उन्हें भी और तुम्हें भी रिज़्क़ देता है। और वह सुनने वाला, जानने वाला है।

61. अगर तुम उनसे पूछो, "किसने आसमान और ज़मीन बनाए और सूरज और चाँद को अपने हुक्म के ताबे किया?" तो वे ज़रूर कहेंगे, "अल्लाह।" फिर वे कैसे भटकाए जाते हैं?

62. अल्लाह अपने बंदों में से जिसे चाहता है, उसका रिज़्क़ वसीह कर देता है, और जिसे चाहता है, उसका रिज़्क़ तंग कर देता है। यक़ीनन अल्लाह हर चीज़ का इल्म रखता है।

63. और अगर तुम उनसे पूछो, "किसने आसमान से बारिश बरसाई और ज़मीन को उसकी मौत के बाद ज़िंदगी बख़्शी?" तो वे ज़रूर कहेंगे, "अल्लाह।" कह दो, "अल्लाह का शुक्र है," लेकिन इनमें से अक्सर लोग नहीं समझते।

64. और यह दुनियावी ज़िंदगी सिर्फ़ एक खेल और तमाशा है। और यक़ीनन आख़िरत का घर—वही हक़ीक़ी ज़िंदगी है, अगर वे समझें।

65. और जब वे किसी जहाज़ पर सवार होते हैं, तो अल्लाह को पूरी यक्सुई के साथ पुकारते हैं। लेकिन जब वह उन्हें महफ़ूज़ ख़ुशकी तक पहुँचा देता है, तो फ़ौरन वे उसके साथ दूसरों को शरीक ठहरा लेते हैं।

66. ताकि वे उस नेमत का इनकार करें जो हमने उन्हें दी है, और अपनी ज़िंदगी में लुत्फ़ उठाएँ। लेकिन जल्द ही वे जान लेंगे।

67. क्या उन्होंने नहीं देखा कि हमने मक्का को एक महफ़ूज़ हरम बनाया, जबकि इसके आस-पास के लोग लूटे जा रहे हैं? फिर भी वे बातिल पर ईमान लाते हैं और अल्लाह की नेमतों का इनकार करते हैं?
68. और उस शख़्स से बड़ा ज़ालिम कौन हो सकता है जो अल्लाह पर झूठ बांधे, या जब उसके पास हक़ आ जाए, तो उसका इनकार करे? क्या काफ़िरों के लिए जहन्नम काफ़ी नहीं है?
69. जो लोग हमारे रास्ते में कोशिश करते हैं, हम उन्हें अपने रास्तों की तरफ़ ज़रूर हिदायत देंगे। और यक़ीनन अल्लाह नेकोकारों के साथ है।

30. सूरह अर-रूम

बिस्मिल्लाह-इर-रहमान-इर-रहीम

1. अलिफ़, लाम, मीम।
2. रोमियों (बिज़ेन्टाइन्स) को शिकस्त हो चुकी है।
3. सबसे क़रीबी ज़मीन में, मगर वे अपनी हार के बाद जल्द ही विजय प्राप्त कर लेंगे।
4. तीन से नौ (3-9) साल के अंदर। अल्लाह का हुक्म पहले भी था और बाद में भी उसी का होगा। उस दिन मोमिन ख़ुशी मनाएंगे।
5. अल्लाह की मदद से। वह जिसे चाहता है, जीत अता करता है। और वह ज़बरदस्त है, रहम करने वाला है।
6. यह अल्लाह का वादा है। अल्लाह अपने वादे की ख़िलाफ़वरज़ी नहीं करता, मगर अधिकतर लोग जानते नहीं हैं।
7. यह लोग सिर्फ़ दुनिया की ज़िंदगी का बाहरी पहलू देखते हैं, लेकिन आख़िरत से बिल्कुल बेख़बर हैं।
8. क्या ये लोग अपने अंदर ग़ौर-ओ-फ़िक्र नहीं करते? अल्लाह ने आसमान और ज़मीन को सिर्फ़ सच्चाई के साथ और एक निश्चित समय तक के लिए बनाया है। लेकिन अधिकतर लोग अपने रब से मुलाक़ात का इनकार करते हैं।
9. क्या ये लोग ज़मीन में घूमकर नहीं देखते कि उनसे पहले के लोगों का क्या अंजाम हुआ? वे ताक़त में इनसे ज़्यादा मज़बूत थे, उन्होंने ज़मीन को ज़्यादा तराशा और आबाद किया जितना इन लोगों ने नहीं किया। और उनके पास उनके रसूल रौशन दलीलों के साथ आए। लेकिन अल्लाह ने उन पर ज़ुल्म नहीं किया, बल्कि वे ख़ुद अपने ऊपर ज़ुल्म कर रहे थे।
10. फिर जिन लोगों ने बुरे आमाल किए, उनका अंजाम बहुत ही बुरा निकला, क्योंकि उन्होंने अल्लाह की निशानियों का इनकार किया और उनका मज़ाक उड़ाया।
11. अल्लाह ही ख़ल्क़ (सृष्टि) की शुरुआत करता है, फिर वही उसे दोबारा पैदा करेगा, और फिर तुम उसी

की तरफ़ लौटाए जाओगे।

12. और जिस दिन क़यामत क़ायम होगी, उस दिन मुजरिम मायूस हो जाएंगे।

13. और उनके मुशरिक साथी, जिन्हें वे अपना सिफ़ारिशी समझते थे, उनके किसी काम नहीं आएंगे। बल्कि उस दिन वे अपने उन्हीं शरीकों का इनकार कर देंगे।

14. और जब क़यामत बरपा होगी, उस दिन सब लोग अलग-अलग हो जाएंगे।

15. जो लोग ईमान लाए और अच्छे आमाल किए, वे जन्नत के बाग़ों में ख़ुशी मनाएंगे।

16. मगर जो लोग कुफ़्र कर गए, हमारी आयतों को झुठलाया और आख़िरत की मुलाक़ात का इनकार किया, उन्हें अज़ाब (सज़ा) में दाख़िल किया जाएगा, जहाँ वे हमेशा रहेंगे।

17. पस, अल्लाह की तस्बीह करो जब तुम शाम करो और जब तुम सुबह करो।

18. और आसमान और ज़मीन में हर जगह उसी की हम्द (प्रशंसा) बयान की जाए, और रात को भी, और जब तुम दोपहर करो।

19. वही ज़िंदा को मुर्दा से निकालता है, और मुर्दा को ज़िंदा से, और ज़मीन को उसकी मौत के बाद ज़िंदा करता है। इसी तरह तुम भी (दोबारा) ज़िंदा किए जाओगे।

20. और उसकी निशानियों में से एक यह है कि उसने तुम्हें मिट्टी से पैदा किया, फिर अचानक तुम इंसान बनकर ज़मीन पर हर तरफ़ फैल गए।

21. और उसकी निशानियों में से एक यह भी है कि उसने तुम्हारे लिए तुम्हीं में से जोड़ीदार बनाए, ताकि तुम उनके पास सुकून पाओ, और उसने तुम्हारे दरमियान मोहब्बत और रहमत पैदा की। बेशक, इसमें उन लोगों के लिए निशानियाँ हैं जो ग़ौर व फ़िक्र करते हैं।

22. और उसकी निशानियों में से एक यह भी है कि उसने आसमान और ज़मीन को पैदा किया, और तुम्हारी ज़ुबानों और रंगों में अंतर रखा। बेशक, इसमें इल्म रखने वालों के लिए निशानियाँ हैं।

23. और उसकी निशानियों में से एक यह है कि तुम्हारा रात और दिन में सोना और उसके फ़ज़्ल (रिज़्क़) की तलाश करना। बेशक, इसमें उन लोगों के लिए निशानियाँ हैं जो ध्यान से सुनते हैं।

24. और उसकी निशानियों में से एक यह है कि वह तुम्हें बिजली दिखाता है, जो ख़ौफ़ भी पैदा करती है और उम्मीद भी, और वह आसमान से बारिश बरसाता है, जिससे ज़मीन को उसकी मौत के बाद ज़िंदा करता है। बेशक, इसमें अक़्ल वालों के लिए निशानियाँ हैं।

25. और उसकी निशानियों में से एक यह है कि आसमान और ज़मीन उसके हुक्म से क़ायम हैं। फिर जब वह तुम्हें सिर्फ़ एक आवाज़ देकर ज़मीन से बुलाएगा, तो तुम फ़ौरन निकल आओगे।

26. और जो कुछ आसमान और ज़मीन में है, सब उसी का है। सब उसी के इताअत-गुज़ार (आज्ञाकारी) हैं।

27. और वही है जो सृष्टि की शुरुआत करता है, फिर उसी को दोबारा करेगा, और यह उसके लिए और भी आसान है। आसमान और ज़मीन में उसी की सबसे ऊँची सिफ़त (गुण) है, और वही ज़बरदस्त, हिकमत वाला है।

28. वह तुम्हारी समझ के लिए एक मिसाल देता है। क्या तुम्हारे ग़ुलाम, तुम्हारे दिए गए माल में तुम्हारे बराबर के शरीक हैं कि तुम उनसे उसी तरह डरते हो जैसे अपने बराबर वालों से डरते हो? इस तरह हम अक़्ल वालों के लिए अपनी आयतें तफ़्सील से बयान करते हैं।
29. मगर जो लोग ज़ुल्म करते हैं, वे बिना इल्म के अपनी ख़्वाहिशात के पीछे लग जाते हैं। फिर जिसे अल्लाह गुमराह कर दे, उसे कौन हिदायत दे सकता है? और उनके लिए कोई मददगार नहीं।
30. पस, अपना रुख़ सच्चे दीन की तरफ़ जमा लो, जो अल्लाह की फ़ितरत है, जिस पर उसने इंसानों को पैदा किया। अल्लाह की ख़ल्क़ में कोई तब्दीली नहीं। यही सही दीन है, मगर अक्सर लोग नहीं जानते।
31. अल्लाह की तरफ़ रुजू करते रहो, उसका डर रखो, नमाज़ क़ायम करो, और उन लोगों में से मत हो जाओ जो शिर्क करते हैं।
32. जो अपने दीन को टुकड़े-टुकड़े करके फ़िरक़ों में बंट गए, हर एक गिरोह अपनी बात पर ख़ुश हो रहा है।
33. जब लोगों पर कोई मुसीबत आती है तो अपने रब को पुकारते हैं, उसी की तरफ़ रुजू करते हैं। मगर जब अल्लाह अपनी रहमत का मज़ा चखाता है तो उनमें से एक गिरोह उसके साथी बना लेता है।
34. ताकि वे उन नेमतों का इनकार कर दें जो हमने उन्हें दी हैं। तो थोड़े दिन मज़े ले लो, तुम्हें अंजाम का पता चल जाएगा।
35. क्या हमने उन पर कोई दलील नाज़िल की है जो उनके शिर्क की तस्दीक़ करती हो?
36. जब हम लोगों को अपनी रहमत का मज़ा चखाते हैं तो वे ख़ुश हो जाते हैं, मगर जब उन पर कोई मुसीबत आती है जो उनके अपने हाथों की कमाई होती है, तो वे बिल्कुल मायूस हो जाते हैं।
37. क्या उन्होंने नहीं देखा कि अल्लाह जिसे चाहता है रोज़ी कुशादा कर देता है और जिसे चाहता है तंग कर देता है? बेशक, इसमें ईमान वालों के लिए निशानियाँ हैं।
38. पस, रिश्तेदारों का हक़ दो, और मोहताज और मुसाफ़िर का भी। यह उन लोगों के लिए बेहतरीन तरीक़ा है जो अल्लाह की रज़ा चाहते हैं। और वही फ़लाह पाने वाले हैं।
39. जो भी तुम सूद देते हो ताकि लोगों के माल में इज़ाफ़ा हो, वह अल्लाह के नज़दीक इज़ाफ़ा नहीं होता। मगर जो तुम ज़कात देते हो सिर्फ़ अल्लाह की रज़ा के लिए, वही बढ़ता है।
40. अल्लाह ही है जिसने तुम्हें पैदा किया, फिर तुम्हें रोज़ी दी, फिर तुम्हें मौत देगा, फिर दोबारा ज़िंदा करेगा। क्या तुम्हारे किसी शरीक़ में कोई ऐसी शक्ति है? अल्लाह पाक है और उन लोगों के शिर्क से बरी है।
41. ज़मीन और समुंदर में फ़साद (तबाही) फैल गया है लोगों के अपने हाथों की वजह से, ताकि अल्लाह उन्हें उनके कुछ आमाल का मज़ा चखाए, शायद कि वे बाज़ आ जाएं।
42. कह दो (ऐ मुहम्मद ﷺ), "ज़मीन में घूम फिर कर देखो, पहले के लोगों का क्या अंजाम हुआ। उनमें से अधिकतर मुशरिक थे।"
43. पस, अपना रुख़ सच्चे दीन की तरफ़ कर लो, इससे पहले कि अल्लाह की तरफ़ से एक ऐसा दिन आ जाए जिसे कोई टाल नहीं सकता। उस दिन लोग अलग-अलग हो जाएंगे।

44. जो कुफ़्र करेगा, उसका नुक़सान उसी को होगा। और जो नेकी करेगा, वह अपने लिए तैयारी कर रहा है।
45. ताकि अल्लाह ईमान वालों और नेक आमाल करने वालों को अपनी रहमत से जज़ा दे। बेशक, अल्लाह काफ़िरों को पसंद नहीं करता।
46. और उसकी निशानियों में से एक यह भी है कि वह हवाएँ भेजता है, जो खुशखबरी लेकर आती हैं, ताकि तुम्हें अपनी रहमत (बारिश) का मज़ा चखाए, और कश्तियाँ उसके हुक्म से चलें, और तुम उसका फ़ज़्ल तलाश करो, और शायद कि तुम शुक्रगुज़ार बनो।
47. और हमने तुमसे पहले भी अपने पैग़ंबर उनकी क़ौमों की तरफ़ भेजे, और वे उनके पास रौशन दलीलों के साथ आए। फिर जो लोग जुर्म करने वाले थे, उनसे हमने बदला लिया। और मोमिनों की मदद करना हमारा हक़ था।
48. अल्लाह ही है जो हवाएँ भेजता है, फिर वे बादल उठाती हैं, फिर अल्लाह उन्हें जहाँ चाहता है फैला देता है, और उन्हें टुकड़ों में तक़सीम करता है। फिर तुम देखते हो कि बारिश उन बादलों से निकलती है। फिर जब वह अपने बंदों में से जिसे चाहता है इस बारिश से नवाज़ता है, तो लोग ख़ुशी से झूम उठते हैं।
49. हालाँकि इससे पहले, जब बारिश नहीं होती थी, तो ये मायूस हो रहे होते थे।
50. पस देखो अल्लाह की रहमत के असर, किस तरह वह ज़मीन को उसकी मौत के बाद ज़िंदा करता है। बेशक, वही मुर्दों को भी ज़िंदा करेगा, और वह हर चीज़ पर क़ुदरत रखता है।
51. और अगर हम कोई ऐसी हवा भेज दें जो फ़सल को ज़र्द कर दे, तो ये लोग फ़ौरन कुफ़्र करने लगते हैं।
52. पस (ऐ मुहम्मद ﷺ), तुम मुर्दों को नहीं सुना सकते, और न ही बहरों को अपनी पुकार सुना सकते हो जब कि वे पीठ फेरकर भाग रहे हों।
53. और न ही तुम अंधों को उनकी गुमराही से हिदायत दे सकते हो। तुम सिर्फ उन्हीं लोगों को सुना सकते हो जो हमारी आयतों पर ईमान लाते हैं और फिर फ़रमाबरदार बन जाते हैं।
54. अल्लाह ही है जिसने तुम्हें कमज़ोरी की हालत में पैदा किया, फिर कमज़ोरी के बाद ताक़त दी, फिर ताक़त के बाद फिर से कमज़ोरी और बुढ़ापा दिया। वह जो चाहता है पैदा करता है। और वह सब कुछ जानने वाला, हर चीज़ पर क़ुदरत रखने वाला है।
55. और जिस दिन क़यामत क़ायम होगी, मुजरिम क़सम खाएँगे कि हम सिर्फ़ एक घड़ी रुके थे। इसी तरह वे (दुनिया में भी) धोखा खाते रहे।
56. मगर जिन लोगों को इल्म और ईमान दिया गया, वे कहेंगे: "तुम अल्लाह के हुक्म के मुताबिक़ क़यामत के दिन तक रुके रहे। और यही क़यामत का दिन है, मगर तुम समझने वाले न थे।"
57. पस उस दिन ज़ालिमों के लिए उनकी कोई माफ़ी का बहाना फ़ायदा नहीं देगा, और न ही उनसे कोई राज़ी होने की दरख़्वास्त की जाएगी।
58. और हमने इस क़ुरआन में हर क़िस्म की मिसाल लोगों के लिए बयान की है। मगर (ऐ मुहम्मद ﷺ) अगर तुम कोई निशानी भी ले आओ, तो ये काफ़िर ज़रूर कहेंगे: "तुम झूठे हो!"

59. इसी तरह अल्लाह उन लोगों के दिलों पर मुहर लगा देता है जो इल्म नहीं रखते।

60. पस सब्र करो, बेशक अल्लाह का वादा सच है। और जो लोग यक़ीन नहीं रखते, वे तुम्हें बेचैन न कर दें।

31. सूरह लुक़मान

बिस्मिल्लाह-हिर्रहमान-निर्रहीम

1. अलिफ़, लाम, मीम।
2. ये हिकमत से भरपूर किताब की आयतें हैं।
3. ये नेक लोगों के लिए हिदायत और रहमत है।
4. जो नमाज़ क़ायम करते हैं, ज़कात देते हैं और जो आख़िरत पर यक़ीन रखते हैं।
5. यही लोग अपने रब की हिदायत पर हैं और यही कामयाब होने वाले हैं।
6. और लोगों में से कुछ ऐसे भी हैं जो बेकार बातों को ख़रीदते हैं ताकि अल्लाह के रास्ते से बग़ैर इल्म के भटका दें और इस रास्ते का मज़ाक़ उड़ाएँ। ऐसे लोगों के लिए ज़िल्लत का अज़ाब है।
7. और जब उन्हें हमारी आयतें सुनाई जाती हैं, तो अपनी अकड़ में मुँह फेर लेते हैं जैसे कि उन्होंने सुना ही नहीं, जैसे उनके कानों में बहरापन हो। तो ऐसे लोगों को दर्दनाक अज़ाब की ख़ुशख़बरी सुना दो।
8. मगर जो लोग ईमान लाए और नेक अमल किए, उनके लिए नेमतों भरी जन्नतें हैं।
9. जिनमें वे हमेशा रहेंगे। ये अल्लाह का सच्चा वादा है, और वही ज़बरदस्त है, हिकमत वाला है।
10. उसने आसमान को बिना किसी सहारे के बनाया जिसे तुम देख सकते हो। और ज़मीन में मज़बूत पहाड़ रख दिए ताकि ये तुम्हें लहराने न लगे। और हर क़िस्म के जानवर इसमें फैला दिए। और हमने आसमान से पानी बरसाया और इसमें हर क़िस्म के उम्दा पौधे उगा दिए।
11. ये है अल्लाह की तख़्लीक़! बताओ तो सही, जो कुछ अल्लाह के सिवा तुम पूजते हो, उसने क्या पैदा किया है? असल में ये ज़ालिम खुली गुमराही में हैं।
12. और हमने लुक़मान को हिकमत दी, और कहा: "अल्लाह का शुक्र अदा करो।" जो कोई शुक्र अदा करता है, तो वह अपने ही फ़ायदे के लिए करता है। और जो नाशुक्री करता है, तो अल्लाह बेनियाज़ है,

तारीफ़ के लायक़ है।
13. और जब लुक़मान ने अपने बेटे से कहा, जबकि वह उसे नसीहत कर रहा था: "ऐ मेरे बेटे! अल्लाह के साथ किसी को शरीक मत बनाना, बेशक शिर्क बहुत बड़ा ज़ुल्म है।"
14. और हमने इंसान को उसके वालिदैन के साथ नेकी करने का हुक्म दिया। उसकी माँ ने उसे कमज़ोरी पर कमज़ोरी उठाकर अपने पेट में रखा, और दो साल तक उसका दूध छुड़ाया। (और कहा:) "मेरा शुक्र अदा कर और अपने वालिदैन का भी। आख़िर तुझे मेरी ही तरफ़ लौटना है।"
15. लेकिन अगर वे तुझे इस बात पर मजबूर करें कि तू मेरे साथ किसी को शरीक ठहराए जिसका तुझे इल्म नहीं, तो उनका कहना मत मान। मगर दुनिया में उनके साथ अच्छे तरीक़े से गुज़ारा करना। और उन लोगों का रास्ता इख़्तियार कर जो मेरी तरफ़ रुजू करते हैं। फिर तुम सबको मेरी ही तरफ़ लौटना है, फिर मैं तुम्हें बता दूँगा जो तुम करते थे।
16. (लुक़मान ने कहा:) "ऐ मेरे बेटे! अगर कोई अमल राई के दाने के बराबर भी हो, फिर चाहे वह किसी पत्थर के अंदर हो या आसमानों में या ज़मीन के अंदर छुपा हो, अल्लाह उसे ले आएगा। बेशक अल्लाह निहायत बारीक़बीन और बाख़बर है।"
17. "ऐ मेरे बेटे! नमाज़ क़ायम कर, भलाई का हुक्म दे, बुराई से रोक, और जो मुसीबत आए, उस पर सब्र कर। बेशक ये हिम्मत वालों के काम हैं।"
18. और लोगों से अकड़कर बात न करो, और ज़मीन में घमंड से मत चलो। बेशक अल्लाह किसी अकड़ने वाले और फ़ख़्र करने वाले को पसंद नहीं करता।
19. और चलने में इति'दाल इख़्तियार करो, और अपनी आवाज़ धीमी रखो, क्योंकि सबसे बुरी आवाज़ गधे की आवाज़ है।
20. क्या तुमने नहीं देखा कि अल्लाह ने जो कुछ आसमानों और ज़मीन में है, तुम्हारे लिए मुसख़्खर कर दिया है, और अपनी ज़ाहिर और बातिन नेमतें तुम पर न्योछावर कर दी हैं? फिर भी कुछ लोग बिना इल्म, बिना हिदायत और बिना रौशन किताब के अल्लाह के बारे में झगड़ते हैं!
21. और जब उनसे कहा जाता है, "उस चीज़ की पैरवी करो जो अल्लाह ने नाज़िल की है," तो कहते हैं, "नहीं, हम तो वही चलाएंगे जो हमने अपने बाप-दादा को करते देखा।" क्या अगर शैतान उन्हें भड़कती आग के अज़ाब की तरफ़ बुला रहा हो तब भी?
22. जो शख़्स अपने आप को अल्लाह के हवाले कर दे और वह नेक अमल करे, तो उसने मज़बूत रस्सी को थाम लिया। और सब मामलात का अंजाम अल्लाह के हाथ में है।
23. और जो शख़्स कुफ़्र इख़्तियार करे, तो उसका कुफ़्र तुम्हें ग़मगीन न करे। उनका लौटना तो हमारी तरफ़ है, फिर हम उन्हें बता देंगे जो कुछ वे करते रहे। बेशक अल्लाह दिलों के राज़ जानता है।
24. हम उन्हें थोड़ी देर तक मज़े करने देते हैं, फिर हम उन्हें सख़्त अज़ाब की तरफ़ खींच ले जाएंगे।
25. और अगर तुम उनसे पूछो, "आसमानों और ज़मीन को किसने पैदा किया?" तो वे ज़रूर कहेंगे,

"अल्लाह ने।" कहो, "सब तारीफ़ अल्लाह के लिए है," मगर उनमें से अक्सर लोग नहीं जानते।
26. आसमानों और ज़मीन में जो कुछ है, सब अल्लाह का है। बेशक अल्लाह बेनियाज़ है, तारीफ़ के लायक़ है।
27. और अगर ज़मीन के सब दरख़्त क़लम बन जाएं और समुंदर (स्याही बन जाए), और उसके बाद सात और समुंदर मिल जाएं, तब भी अल्लाह के कलिमात ख़त्म न होंगे। बेशक अल्लाह ज़बरदस्त और हकीम है।
28. तुम सबका पैदा होना और फिर दोबारा उठाया जाना सिर्फ़ एक जान की तरह है। बेशक अल्लाह सब कुछ सुनने वाला, देखने वाला है।
29. क्या तुम नहीं देखते कि अल्लाह रात को दिन में दाख़िल करता है और दिन को रात में? और उसने सूरज और चांद को मुसख़्ख़र कर दिया है, हर एक एक मुक़र्रर मुद्दत तक चल रहा है। और जो कुछ तुम करते हो, अल्लाह उससे वाक़िफ़ है।
30. यह सब इसलिए है कि अल्लाह ही हक़ है, और जिन्हें ये लोग उसके सिवा पुकारते हैं, वे सब झूठ हैं। और अल्लाह ही सबसे बुलंद, सबसे अज़ीम है।
31. क्या तुम नहीं देखते कि कश्तियां समुंदर में अल्लाह के फ़ज़्ल से चलती हैं, ताकि वह तुम्हें अपनी निशानियां दिखाए? बेशक इसमें हर सब्र करने वाले और शुक्र करने वाले के लिए निशानियां हैं।
32. जब इनपर लहरें साए की तरह छा जाती हैं, तो ये अल्लाह को सिर्फ़ उसी की बंदगी करते हुए पुकारते हैं। मगर जब वह उन्हें बचाकर खुश्की तक ले आता है, तो उनमें से कुछ लोग बीच का रास्ता अपनाते हैं। और हमारी निशानियों का इनकार सिर्फ़ हर बदअहद और नाशुक्रा ही करता है।
33. ऐ लोगों! अपने रब से डरो और उस दिन का ख़ौफ़ करो जब न कोई बाप अपने बेटे के किसी काम आएगा, और न कोई बेटा अपने बाप के किसी काम आएगा। बेशक अल्लाह का वादा सच है, तो दुनिया की ज़िंदगी तुम्हें धोखे में न डाल दे, और न वह धोखेबाज़ (शैतान) तुम्हें अल्लाह के बारे में धोखे में डाले।
34. बेशक अल्लाह ही के पास क़यामत का इल्म है, वही बारिश बरसाता है, और मां के पेट में जो कुछ है, उसे जानता है। कोई जान नहीं जानती कि कल क्या कमाई करेगी, और कोई जान नहीं जानती कि किस ज़मीन में मरेगी। बेशक अल्लाह सब कुछ जानने वाला, हर बात से वाक़िफ़ है।

32. सूरह अस-सजदा

बिस्मिल्लाह-हिर्रहमान-निर्रहीम

1. अलिफ़, लाम, मीम।
2. यह किताब का नुज़ूल है, जिसमें कोई शक नहीं, रब्बुल-आलमीन की तरफ़ से।
3. क्या ये लोग कहते हैं कि इसे उसने गढ़ लिया है? नहीं, बल्कि ये तेरे रब की तरफ़ से हक़ है, ताकि तू उन लोगों को डराए जिनके पास तुझसे पहले कोई डराने वाला नहीं आया, शायद वे हिदायत पा लें।
4. अल्लाह ही है जिसने आसमान और ज़मीन और जो कुछ इनके दरमियान है, छह दिनों में पैदा किया, फिर अर्श पर मुस्तवि हो गया। उसके सिवा न तुम्हारा कोई वली है, न कोई सिफारिश करने वाला। क्या तुम नसीहत नहीं लेते?
5. वह आसमान से ज़मीन तक हर मामला चलाता है, फिर यह उसके पास एक दिन में उठता है, जिसका अंदाज़ा तुम्हारे शुमार के मुताबिक़ हज़ार साल का है।
6. यह वही है जो हर छुपी और ज़ाहिर चीज़ का इल्म रखता है, वह ज़बरदस्त और रहीम है।
7. उसने हर चीज़ को बेहतरीन तरीक़े से बनाया, और इंसान की तख़लीक मिट्टी से शुरू की।
8. फिर उसकी नस्ल को एक ज़लील पानी (नुत्फ़े) से चलाया।
9. फिर उसे दुरुस्त किया और उसमें अपनी रूह फूंक दी। और तुम्हारे लिए सुनने, देखने और समझने की सलाहियत बना दी, मगर तुम कम ही शुक्र करते हो।
10. और ये लोग कहते हैं, "क्या जब हम मिट्टी में मिल जाएंगे तो नई तख़लीक में आएंगे?" बल्कि ये लोग अपने रब की मुलाक़ात का इंकार कर रहे हैं।
11. कह दो, "तुम्हें मौत का फ़रिश्ता (मलाकुल मौत) ले जाएगा जो तुम पर मुक़र्रर किया गया है, फिर तुम अपने रब की तरफ़ लौटाए जाओगे।"

12. काश तुम देख सकते जब ये मुजरिम अपने रब के सामने सर झुका देंगे और कहेंगे,
"ऐ हमारे रब! हमने देख लिया और सुन लिया, अब हमें वापस भेज दे, ताकि हम नेकी करें। अब हम यक़ीन रखते हैं।"
13. अगर हम चाहते तो हर एक इंसान को हिदायत दे देते, मगर मेरे फ़ैसले के मुताबिक़ ये लाज़मी है कि: "मैं जहन्नम को जिन्नों और इंसानों से भर दूँगा।"
14. तो चखो अज़ाब, क्योंकि तुमने इस दिन की मुलाक़ात को भुला दिया था,अब हमने तुम्हें भुला दिया।
तुम अपने आमाल के बदले अबदी अज़ाब का मज़ा चखो।
15. हमारी आयतों पर सिर्फ वही लोग ईमान लाते हैं, जो जब उन्हें नसीहत दी जाती है, तो सज्दे में गिर जाते हैं और अपने रब की तस्बीह व तारीफ़ करते हैं, और तकब्बुर नहीं करते।
16. ये लोग अपनी जानिब से बिस्तर छोड़कर उठते हैं, अपने रब से डर और उम्मीद के साथ दुआएं माँगते हैं, और जो कुछ हमने उन्हें दिया है, उसमें से ख़र्च करते हैं।
17. कोई जान नहीं जानती कि उनके लिए किस क़िस्म की आँखों की ठंडक छुपाई गई है, जो उनके आमाल का सिला होगा।
18. क्या वह शख़्स जो मोमिन है, उस शख़्स के बराबर हो सकता है जो फ़ासिक़ है?
ये बराबर नहीं हो सकते।
19. जो लोग ईमान लाए और नेकियाँ कीं, उनके लिए जन्नतुल-म'वा है, उनके आमाल के बदले में।
20. और जो लोग नाफ़रमान हुए, उनका ठिकाना जहन्नम है। जब कभी वे उससे निकलना चाहेंगे, वापस उसी में धकेल दिए जाएंगे, और कहा जाएगा, "चखो अब अज़ाबे जहन्नम का मज़ा, जो तुम झुटलाया करते थे।"
21. हम उन्हें बड़े अज़ाब से पहले हल्का अज़ाब चखाएंगे, शायद वे बाज़ आ जाएं।
22. और उस शख़्स से बड़ा ज़ालिम कौन होगा जिसे उसके रब की आयतें याद दिलाई गई हों, फिर भी उसने उनसे मुँह मोड़ लिया? बेशक, हम ऐसे मुजरिम लोगों से इंतिक़ाम लेने वाले हैं।
23. हमने मूसा को किताब दी, तो तुम उसकी मुलाक़ात में शक न करो।और हमने उस किताब को बनी इसराईल के लिए हिदायत बनाया।
24. और हमने उनमें से ऐसे रहनुमा बनाए जो हमारे हुक्म से लोगों की रहनुमाई करते थे, जब उन्होंने सब्र किया और हमारी आयतों पर यक़ीन रखा।
25. बेशक, तेरा रब क़यामत के दिन उनके दरमियान फ़ैसला करेगा जिन बातों में वे इख़्तिलाफ़ करते थे।
26. क्या इन्हें यह बात नहीं समझ आई कि हम उनसे पहले कितनी क़ौमें हलाक कर चुके हैं, जिनके घरों में ये चलते-फिरते हैं?इसमें निशानियाँ हैं, तो क्या ये सुनते नहीं?
27. क्या इन्होंने नहीं देखा कि हम बारिश को बंजर ज़मीन की तरफ़ ले जाते हैं, फिर उससे ऐसे पौधे निकालते हैं जिन्हें इनके मवेशी और ये ख़ुद खाते हैं? क्या ये नहीं देखते?
28. और ये कहते हैं, "अगर तुम सच्चे हो तो यह फ़ैसला कब होगा?"

29. कह दो, “जिस दिन यह फ़ैसला होगा, उस दिन काफ़िरों का ईमान लाना उन्हें कुछ फ़ायदा नहीं देगा, और न उन्हें कोई मोहलत दी जाएगी।”

30. तो उनसे मुँह मोड़ लो और इंतिज़ार करो, बेशक, वे भी मुन्तज़िर हैं।

33. सूरह अल-अहज़ाब

बिस्मिल्लाह-हिर्रहमान-निर्रहीम

1. ऐ नबी! अल्लाह से डरो और काफ़िरों और मुनाफ़िक़ों की इताअत न करो। बेशक, अल्लाह हर चीज़ का इल्म रखता है और हिकमत वाला है।
2. और उस चीज़ की पैरवी करो जो तुम्हारे रब की तरफ़ से तुम पर नाज़िल की गई है। बेशक, अल्लाह तुम्हारे कामों से ख़ूब वाक़िफ़ है।
3. और अल्लाह पर भरोसा रखो। और अल्लाह काफ़ी है हर काम को संभालने वाला।
4. अल्लाह ने किसी भी इंसान के अंदर दो दिल नहीं बनाए। और तुम जो अपनी ज़िंदगी की बेहूदगी से अपनी बीवियों को अपनी माँ बनाने का इल्ज़ाम लगा लेते हो, उन्हें तुम्हारी माँ नहीं बनाया। और तुम्हारे जो गोद लिए हुए बेटे हैं, वे तुम्हारे असली बेटे नहीं हैं। यह सिर्फ़ तुम्हारी ज़बान का कहना है, लेकिन अल्लाह सच कहता है और वही सही रास्ता दिखाता है।
5. उन्हें उनके बाप के नाम से बुलाओ, यह अल्लाह के नज़दीक इंसाफ़ के मुताबिक़ है। अगर तुम उनके बाप को नहीं जानते हो, तो फिर वे तुम्हारे दीन के भाई हैं और तुम्हारे पास उनकी अमानत हैं। अगर तुम कुछ भूल गए हो, तो उसमें तुम पर कोई गुनाह नहीं, बस वही जो तुम्हारे दिल में था, उसकी हिफ़ाज़त करो। और अल्लाह हमेशा माफ़ करने वाला और रहम वाला है।
6. नबी, मोमिनों के लिए उनसे ज़्यादा हक़दार हैं उनके अपने आप पर, और उनकी बीवियाँ उनकी माँओं की तरह हैं। और ख़ून के रिश्तों वाले आपस में ज़्यादा हक़दार हैं विरासत के फ़ैसले में मोमिनों और मुहाजिरीन से, मगर यह कि तुम अपने क़रीबी रिश्तेदारों को नेक काम करते हुए दावत दो, यह किताब में लिखा गया है।
7. याद करो जब हमने अपने नबीयों से अहद लिया, और नूह, इब्राहीम, मूसा और ईसा, मरयम के बेटे से भी, और हमने उनसे मज़बूत अहद लिया।
8. ताकि वह सच्चों से उनकी सच्चाई के बारे में पूछ सके। और अल्लाह ने काफ़िरों के लिए दर्दनाक अज़ाब

तैयार किया है।
9. ऐ ईमान लाने वालों! अल्लाह के उस फ़ज़्ल को याद करो जब फ़ौजें तुम्हारे ख़िलाफ़ आईं और हमने उन पर एक हवा और वे फ़ौजें भेजीं जिन्हें तुमने नहीं देखा था। और अल्लाह हर चीज़ को देखने वाला है जो तुम करते हो।
10. याद करो जब वे तुम्हारे ऊपर से और नीचे से तुम्हारे पास आए, और तुम्हारी आँखों की रौशनी चली गई, और तुम्हारे दिल ग़म से भर गए, और तुम अल्लाह से मुख़्तलिफ़ अंदाज़ में सोचने लगे।
11. उस वक्त मोमिनों का इम्तिहान लिया गया और वे बहुत ज़्यादा हिल गए।
12. और याद करो जब मुनाफ़िक़ों और उन लोगों ने, जिनके दिल में बीमारी थी, कहा, "अल्लाह और उसके रसूल ने हमसे सिर्फ़ झूठा वादा किया है।"
13. और जब उनमें से एक जमाअत ने कहा, "ऐ यसरिब वालो! तुम्हारे लिए यहाँ कोई पुरसुकून जगह नहीं है, तो घर वापस चले जाओ।"और उनमें से एक हिस्सा रसूल के पास यह कहने आया, "बेशक, हमारे घर नंगे (असुरक्षित) हैं," जबकि वे असल में नंगे नहीं थे। उनका इरादा सिर्फ़ भाग जाना था।
14. और अगर वे तमाम शहरों से इस तरह घिरे होते और उनसे कुफ्र माँग लिया जाता, तो वे बेशक कुछ लम्हों के लिए भी ठहरते नहीं।
15. और वे अल्लाह से पहले ही वादा कर चुके थे कि कभी अपनी पीठ नहीं मोड़ेंगे। और जो अल्लाह से वादा करते हैं, उनसे उसके बारे में पूछा जाएगा।
16. कह दो, "कभी नहीं! अगर तुम मौत से या क़त्ल से भाग भी जाओगे, तो तुम्हें सिर्फ़ कुछ लम्हों की ज़िंदगी का मज़ा मिलेगा।"
17. कह दो, "अगर अल्लाह तुम्हें कोई बुरा करना चाहे या तुम्हारे लिए रहमत चाहता हो, तो तुम्हारे लिए अल्लाह के सिवा कोई भी बचाने वाला नहीं होगा।"
18. अल्लाह ने तुम्हारे अंदर से उन लोगों को पहचान लिया जो रोकते हैं, और उन मुनाफ़िक़ों को भी जो अपने भाइयों से कहते हैं, "हमारे पास आओ," और जो जंग में नहीं जाते, बस कुछ ही लोग हैं।
19. जब ख़ौफ़ का वक़्त आता है, तुम उन्हें देखते हो कि उनकी आँखों में मौत की चमक होती है।
मगर जब ख़ौफ़ हट जाता है, तो वे अपनी तेज़ ज़ुबान से तुम्हें नुक़सान पहुँचाते हैं, और अच्छे कामों में हिस्सा नहीं लेते। उन्होंने ईमान नहीं लाया, इसलिए अल्लाह ने उनके कामों को बेकार कर दिया,
और यह अल्लाह के लिए आसान है।
20. उन्हें लगता है कि जो दुश्मन की फ़ौज है, वह वापस नहीं गई। अगर वह फ़ौज लौट आई, तो वे चाहेंगे कि वे रेगिस्तान में बद्दूओं के बीच होते, और तुम्हारी ख़बरें दूर से पूछते। और अगर वे तुम्हारे बीच होते, तो उन्हें सिर्फ़ कुछ वक़्त के लिए ही जंग लड़ने का हौसला होता।
21. यक़ीनन तुम्हारे लिए रसूल अल्लाह में उम्दा नमूना मौजूद है, हर उस शख़्स के लिए जो अल्लाह तआ'ला की और क़यामत के दिन की उम्मीद रखता है, और बहुत ज़्यादा अल्लाह तआ'ला को याद करता है।

22. और जब मोमिनों ने उन फ़ौजों को देखा, तो उन्होंने कहा, "यही वो है जिसका अल्लाह और उसके रसूल ने हमसे वादा किया था, और अल्लाह और उसके रसूल ने सच्च कहा।" और यह उनके ईमान और तस्लीम में और इज़ाफ़ा कर गया।

23. मोमिनों में से कुछ लोग अपने अल्लाह से किए गए वादे में सच्चे निकले। उनमें से कोई वो है जो अपने वादे को (जान तक) पूरा कर गया, और कोई वो है जो अपने मौके का इंतज़ार कर रहा है।
और उन्होंने अपने वादे में कोई बदलाव नहीं किया।

24. ताकि अल्लाह सच्चों को उनके सच के बदले इनाम दे, और मुनाफ़िकों को, अगर चाहे तो सज़ा दे या उनकी तौबा क़बूल करे। बेशक, अल्लाह हमेशा माफ़ करने वाला और रहीम है।

25. और अल्लाह ने काफ़िरों को उनके ग़ुस्से में डालकर दूर कर दिया, और उन्हें कोई फ़ायदा नहीं हुआ। और जंग में मोमिनों के लिए अल्लाह काफ़ी था। और अल्लाह हमेशा क़ुदरत और ताक़त वाला है।

26. और उसने उन लोगों को जो उनकी मदद करते थे, अहल-ए-किताब में से, उनके किलों से नीचे उतार दिया और उनके दिलों में ख़ौफ़ डाल दिया। जिससे तुमने एक हिस्से को क़त्ल किया और एक हिस्से को क़ैद कर लिया।

27. और उसने तुम्हें उनका माल, उनके मकान, उनकी जायदाद और ऐसी ज़मीन दी जिसे तुमने कभी नहीं छुआ था। और अल्लाह हर चीज़ पर क़ुदरत रखता है।

28. ऐ नबी! अपनी बीवियों से कह दो, "अगर तुम दुनिया की ज़िंदगी और उसकी साज-सज्जा चाहती हो, तो आओ, मैं तुम्हें रोज़ी दूँगा और तुम्हें इज़्ज़त से रिहा कर दूँगा।"

29. "लेकिन अगर तुम अल्लाह, उसके रसूल और आख़िरत की रहमत चाहती हो, तो बेशक, अल्लाह ने तुममें से नेक काम करने वालों के लिए बड़ा इनाम तैयार किया है।"

30. ऐ रसूल की बीवियों! अगर तुम में से कोई खुली बुराई करे, तो उसके लिए सज़ा दोगुनी होगी, और यह अल्लाह के लिए आसान है।

31. और जो तुम में से अल्लाह और उसके रसूल की इताअत करते हुए अच्छे नेक काम करे, हम उसे दो गुना इनाम देंगे और उसके लिए एक इज़्ज़त वाली ज़िंदगी तैयार की है।

32. ऐ रसूल की बीवियों! तुम औरतों के मुक़ाबले में किसी और औरत से कोई भी मुक़ाबला नहीं। अगर तुम अल्लाह से डरो, तो आवाज़ में नाज़ुक न हो, कि कहीं उन लोगों को, जो अपने दिल में बीमारी रखते हैं, ख़्वाहिश न हो जाए। और अच्छी बातें ही कहना।

33. अपने घरों में रहो और जाहिलियत के ज़माने की तरह अपनी ज़िंदगी को न दिखलाओ। और नमाज़ क़ायम करो, ज़कात दो और अल्लाह और उसके रसूल की इताअत करो। अल्लाह का इरादा सिर्फ़ यह है कि तुमसे गुनाहों की गंदगी निकाल दे, और तुम्हें ख़ूबसूरती से पाक-साफ़ कर दे।

34. और तुम्हारे घरों में जो अल्लाह की आयात और हिकमत पढ़ी जाती है, उन्हें याद करो। बेशक, अल्लाह हर चीज़ का गहरा इल्म रखता है।

35. बेशक, मुसलमान मर्द और मुसलमान औरतें, ईमान वाले मर्द और ईमान वाली औरतें, फरमानबरदार मर्द और फरमानबरदार औरतें, सच्चे मर्द और सच्ची औरतें, सब्र करने वाले मर्द और सब्र करने वाली औरतें, नफ्स को झुकाने वाले मर्द और नफ्स को झुकाने वाली औरतें, सदका देने वाले मर्द और सदका देने वाली औरतें, रोज़ा रखने वाले मर्द और रोज़ा रखने वाली औरतें, अपनी शरम व हया की हिफाज़त करने वाले मर्द और औरतें, और जो अल्लाह को कसरत से याद करते हैं, मर्द और औरतें— अल्लाह ने इन सब के लिए बख्शिश और अज़ीम अजर तैयार कर रखा है।

36. कोई भी ईमान वाला मर्द या औरत, जब अल्लाह और उसके रसूल किसी बात का फ़ैसला कर दें, उन्हें अपने फ़ैसले पर कोई शक नहीं होना चाहिए। और जो अल्लाह और उसके रसूल की इताअत नहीं करता, तो वह साफ़ ग़लत रास्ते पर है।

37. और याद करो जब तुमने उस शख़्स से कहा, जिसे अल्लाह ने अपनी फ़ज़ल से नवाज़ दिया, और तुमने भी उस पर फ़ज़ल किया, "अपनी पत्नी को रख लो और अल्लाह से डरो," जबकि तुम अपने अंदर उस बात को छुपाए हुए थे, जो अल्लाह को बेशक खोल देना था। और तुम लोगों से डर रहे थे, जबकि अल्लाह का तुमसे डरना ज़्यादा हक़ बनता है। फिर जब ज़ैद की उसके लिए ज़रूरत ख़त्म हो गई, तो हमने उसे तुमसे शादी के लिए दे दिया, ताकि मोमिनों को अपने मुँह बोले बेटों की बीवियों के बारे में किसी क़िस्म की शर्मिंदगी का सामना न हो, जब उनकी ज़रूरत न रहे। और अल्लाह का हुक्म हमेशा पूरा होता है।

38. नबी पर उस चीज़ के बारे में कोई शर्मिंदगी नहीं है, जो अल्लाह ने उन पर फ़र्ज़ की है। यह अल्लाह का क़ानून है, जो गुज़र चुके नबियों के लिए भी था। और अल्लाह का हुक्म हमेशा एक मुसल्लम तक़दीर होता है।

39. वे लोग जो अल्लाह के पैग़ाम को पहुँचाते हैं, अल्लाह से डरते हैं, और किसी को अल्लाह के सिवा नहीं डरते, उनकी हिसाब-किताब काफ़ी है।

40. मुहम्मद (सल्लल्लाहु अलैहि वसल्लम) तुम्हारे मर्दों में से किसी के वालिद नहीं हैं, लेकिन वे अल्लाह के रसूल हैं और नबियों की आख़िरी कड़ी हैं। और अल्लाह हर चीज़ का इल्म रखता है।

41. ऐ ईमान वालो, अल्लाह को बहुत ज़्यादा याद करो,

42. और सुबह-शाम उसकी तस्बीह करो।

43. वही है जो तुम पर अपनी रहमत भेजता है, और उसके फ़रिश्ते तुम्हारे लिए दुआ करते हैं, ताकि तुम्हें अंधेरों से रोशनी की तरफ़ निकाले। और अल्लाह मोमिनों पर हमेशा रहम करने वाला है।

44. उस दिन जब वे अल्लाह से मिलेंगे, उनका सलाम होगा, "सलाम," और अल्लाह ने उनके लिए इज़्ज़त वाली जज़ा तैयार की है।

45. ऐ नबी! बेशक हमने तुम्हें गवाह, खुशखबरी देने वाला और डराने वाला बना कर भेजा है,

46. और तुम अल्लाह की तरफ़ बुलाने वाले हो, उसकी इजाज़त से, और एक रोशनी से चमकता हुआ दीया हो।

47. और मोमिनों को खुशखबरी दो कि उन्हें अल्लाह की तरफ़ से बहुत बड़ा इनाम मिलेगा।

48. और काफ़िरों और मुनाफ़िक़ों की इताअत न करो, लेकिन उन्हें नुक़सान भी न पहुँचाओ, और अल्लाह पर भरोसा रखो। अल्लाह काफ़ी है अपने काम को अंजाम देने वाला।

49. ऐ ईमान वालो! जब तुम मोमिना औरतों से निकाह करो और फिर उन्हें हाथ लगाने से पहले तलाक़ दे दो, तो तुम्हारी तरफ़ से उन पर कोई इद्दत लाज़िम नहीं है, जिसके पूरे होने का तुम मुतालबा कर सको। लिहाज़ा उन्हें कुछ माल दो और भले तरीक़े से रुख़्सत करो।

50. ऐ नबी! बेशक हमने तुम्हारे लिए तुम्हारी उन बीवियों को हलाल कर दिया है, जिन्हें तुमने उनका महर दे दिया है, और तुम्हारे दाहिने हाथ में जो हैं (वो क़ैदी जो अल्लाह ने तुम्हारे लिए छोड़े हैं), और तुम्हारे चाचा की बेटियाँ, तुम्हारी ख़ाला की बेटियाँ, तुम्हारे मामा की बेटियाँ, और तुम्हारे मौसी की बेटियाँ जो तुम्हारे साथ हिजरत कर चुकी हैं, और कोई ईमान वाली औरत, अगर वह अपने आपको नबी के लिए पेश करे, और अगर नबी चाहें तो उससे निकाह कर लें—तो यह सिर्फ़ तुम्हारे लिए है, बाक़ी मोमिनों के लिए नहीं। हम जानते हैं कि हमने मोमिनों पर उनकी बीवियों और उनके दाहिने हाथ में जो हैं, उसके बारे में क्या फ़र्ज़ किया है, लेकिन यह तुम्हारे लिए ख़ास है ताकि तुम पर कोई मुश्किल न हो। और अल्लाह हमेशा माफ़ करने वाला और रहम करने वाला है।

51.(ऐ नबी!) तुम इनमें से जिसे चाहो अपने पास रख सकते हो, और जिसे चाहो अपने पास बुलाने में कोई गुनाह नहीं है। यह ज़्यादा मुनासिब है ताकि वे मुतमइन रहें, ग़मगीन न हों और जो कुछ तुम उन्हें दे रहे हो, उस पर राज़ी हो जाएँ। और अल्लाह तुम्हारे दिलों को अच्छी तरह जानता है। और अल्लाह हमेशा जानने वाला और बर्दाश्त करने वाला है।

52. (ऐ नबी!) तुम्हारे लिए इनके अलावा कोई और औरतें हलाल नहीं हैं, और न ही तुम उन्हें अपनी दूसरी बीवियों से बदल सकते हो, चाहे उनकी खूबसूरती तुम्हें पसंद आए, मगर जो तुम्हारे दाहिने हाथ में हैं, उनके अलावा। और अल्लाह हर चीज़ का हमेशा निगरानी करने वाला है।

53. ऐ ईमान वालो! जब तक तुम्हें खाने के लिए बुलाया न जाए, तब तक नबी के घरों में दाखिल न हो, और जब बुलाया जाए, तो दाखिल हो जाओ, मगर जब खाना खा लो तो तुरंत चले जाओ, और बात-चीत में न लगो। बेशक यह बात नबी को तकलीफ देती थी, मगर वह (तुम्हें रोकने में) शर्माते थे। लेकिन अल्लाह सच्चाई कहने में नहीं शर्माता। और जब तुम उनकी बीवियों से कुछ माँगना चाहो, तो पर्दे के पीछे से माँगो। यह तुम्हारे दिलों और उनके दिलों के लिए ज़्यादा पाक है। और यह भी (हरगिज़) न हो कि तुम अल्लाह के रसूल को तकलीफ दो, या उनके बाद उनकी बीवियों से कभी भी निकाह करो। बेशक यह अल्लाह के नज़दीक बहुत बड़ी बुराई है।

54. चाहे तुम किसी बात को छुपाओ या उसे ज़ाहिर करो, बेशक अल्लाह हर चीज़ को जानता है।

55. (नबी की बीवियों के लिए) उनके बाप, उनके बेटे, उनके भाई, उनके भाई के बेटे, उनकी बहन के बेटे, उनके (मुस्लिम) खानदान के मर्द, या उनके दाहिने हाथ में जो हैं, उनके सामने आने में कोई पाबंदी नहीं

है।और अल्लाह से डरो। बेशक अल्लाह हर चीज़ पर गवाह है।

56. बेशक अल्लाह नबी पर रहमत भेजता है, और उसके फ़रिश्ते उसकी दुआ करते हैं। ऐ ईमान वालो! तुम भी उन पर रहमत भेजो और उन्हें सलाम करो।

57. बेशक जो लोग अल्लाह और उसके रसूल को तकलीफ़ देते हैं, अल्लाह ने उन्हें दुनिया और आख़िरत में लानत की है और उनके लिए ज़िल्लत भरी सज़ा तय्यार की है।

58. और जो लोग ईमान वालों को तकलीफ़ देते हैं, उन चीज़ों की वजह से जो उन्होंने (ईमान वालों ने) की ही नहीं, बेशक उन्होंने अपने ऊपर इल्ज़ाम और बड़ा गुनाह ले लिया है।

59. ऐ नबी! अपनी बीवियों, अपनी बेटियों और ईमान वाली औरतों से कह दो कि वे अपने बाहरी लिबास अपने ऊपर डाल लिया करें। यह ज़्यादा मुनासिब है ताकि वे पहचानी जाएँ और बेइज़्ज़त न की जाएँ। और अल्लाह हमेशा माफ़ करने वाला और रहम करने वाला है।

60. अगर मुनाफ़िक़ और जिनके दिलों में बीमारी है,और जो मदीना में अफ़वाहें फैलाते हैं, अगर वे अपनी हरकतें बंद नहीं करते,तो हम तुम्हें उनके ख़िलाफ़ भड़का देंगे। फिर वे तुम्हारे साथ ज़िंदगी गुज़ारने के लिए नहीं रहेंगे, सिवाय कुछ ही समय के।

61. जहाँ भी वे मिलेंगे, उन पर लानत होगी, उन्हें पकड़ लिया जाएगा और पूरी तरह से क़त्ल कर दिया जाएगा।

62. यह अल्लाह का तरीक़ा है जो पहले गुज़रे हुए लोगों के साथ भी था; और तुम अल्लाह के तरीक़े में कभी कोई बदलाव नहीं पाओगे।

63. लोग तुमसे क़ियामत के बारे में पूछते हैं। कह दो, "उसका इल्म सिर्फ़ अल्लाह के पास है। और तुम्हें क्या पता, शायद क़ियामत क़रीब ही हो।"

64. बेशक, अल्लाह ने कुफ़्र करने वालों पर लानत की है, और उनके लिए एक भयानक आग तैयार कर रखी है।

65. उसमें वे हमेशा के लिए रहेंगे, न उनका कोई साथी होगा और न कोई मददगार।

66. उस दिन उनके चेहरे आग में उलट-पलट किए जाएंगे, और वे कहेंगे, "काश! हम अल्लाह और उसके रसूल की इताअत करते।"

67. और वे कहेंगे, "हमारे रब! बेशक, हमने अपने आकाओं और अपने बड़ों की इताअत की थी, और उन्होंने हमें रास्ते से भटका दिया।"

68. "हमारे रब! उन्हें दोगुनी सज़ा दे और उन पर एक बड़ी लानत कर।"

69. ऐ ईमान वालो! उन लोगों की तरह मत हो जाना जिन्होंने मूसा (अलैहिस्सलाम) को तकलीफ़ दी थी। फिर अल्लाह ने उन्हें उन आरोपों से पाक कर दिया, और वे अल्लाह के नज़दीक इज़्ज़त वाले थे।

70. ऐ ईमान वालो! अल्लाह से डरो और सच्ची बात कहो।

71. फिर वह तुम्हारे आमाल सुधार देगा और तुम्हारे गुनाह माफ़ कर देगा।

और जो अल्लाह और उसके रसूल की इताअत करे, उसने बेशक एक अज़ीम कामयाबी हासिल की।
72. बेशक, हमने अमानत (ईमान और फ़र्ज़) को आसमानों, ज़मीन और पहाड़ों के सामने पेश किया, लेकिन उन्होंने इसे उठाने से इनकार कर दिया और इससे डर गए। मगर इंसान ने इसे अपना लिया। बेशक, वह बहुत ज़ालिम और जाहिल था।
73. (यह इसलिए हुआ) ताकि अल्लाह मुनाफ़िक़ मर्दों और मुनाफ़िक़ औरतों को, और उन मर्दों और औरतों को जो अल्लाह के साथ किसी को शरीक करते हैं, सज़ा दे। और ताकि अल्लाह मोमिन मर्दों और मोमिन औरतों की तौबा क़बूल करे। और अल्लाह हमेशा माफ़ करने वाला और रहम करने वाला है।

34. सूरह सबा

بِسْمِ اللّٰهِ الرَّحْمٰنِ الرَّحِيم
(In the name of Allah, the Most Gracious, the Most Merciful.)

1. तमाम तारीफ़ अल्लाह के लिए है, जो कुछ भी आसमानों में है और जो कुछ भी ज़मीन में है, उसी का है। और आख़िरत में भी उसी के लिए तारीफ़ है। और वह हिकमत वाला, हर चीज़ से वाक़िफ़ है।
2. वह जानता है जो ज़मीन में दाख़िल होता है और जो उसमें से निकलता है, और जो आसमान से उतरता है और जो उसमें चढ़ रहा है। और वह रहम वाला, माफ़ करने वाला है।
3. मगर जो कुफ़्र करते हैं, वे कहते हैं, "क़यामत हम पर नहीं आएगी।" तुम कह दो, "बिलकुल, मेरे रब की क़सम, वह तुम पर ज़रूर आएगी।" अल्लाह ही है जो ग़ैब को जानता है। उससे न तो आसमान में एक ज़र्रा भर चीज़ छुप सकती है, और न ज़मीन में, और न इससे भी छोटी या बड़ी चीज़, मगर वह सब एक वाज़ेह किताब में लिखी हुई है।
4. ताकि वह उन लोगों को जो ईमान लाए हैं और अच्छे काम किए हैं,
उनको उनकी माफ़ी और अज़ीम रोज़ी दे।
5. लेकिन जो हमारी आयतों के ख़िलाफ़ कोशिश करते हैं, ताकि उनको नामुकम्मल करें,
उनके लिए एक दर्दनाक सज़ा है, जो बहुत बुरी होगी।
6. और जो इल्म वाले हैं, वे देखते हैं कि जो तुम्हारे रब की तरफ़ से तुम पर नाज़िल किया गया,
वह हक़ है, और यह उसके रास्ते की तरफ़ रहनुमाई करता है जो अज़ीज़ (ज़ोरदार) और हमीद (मक़बूल) है।
7. लेकिन जो कुफ़्र करते हैं, वे कहते हैं, "क्या हम तुम्हें ऐसे आदमी की तरफ़ राह दिखाएँ, जो तुम्हें यह बता दे कि जब तुम पूरी तरह से नष्ट हो जाओगे, फिर तुम नए तरीक़े से पैदा किए जाओगे?"

8. "क्या उसने अल्लाह पर झूठ बोहतान बाँधा है, या उसमें कोई पागलपन है?" बल्कि जो आख़िरत पर ईमान नहीं लाते, वे अज़ाब में हैं और बहुत ग़लत रास्ते पर हैं।

9. फिर क्या वे लोग अपने सामने और अपने पीछे, जो आसमान और ज़मीन हैं, उनको नहीं देखते? अगर हम चाहें, तो हम उन्हें ज़मीन में डुबा दें या उन पर आसमान से टुकड़े गिरा दें। इसमें हर उस बंदे के लिए निशान है जो अल्लाह की तरफ़ रुजू करे।

10. और हमने दाऊद (अ.स.) को अपनी तरफ़ से बख़्शिश दी थी। हमने कहा, "ऐ पहाड़ो, उनके साथ हमारी तसबीह करो, और परिंदे भी।" और हमने उनके लिए लोहा भी नर्म कर दिया।

11. हमने उनसे कहा, "पूरे छत्ते बनाओ और जोड़ने का हिसाब सही से लगाओ, और सब अच्छा काम करो। मैं जो तुम करते हो, उससे वाक़िफ़ हूँ।"

12. और सुलेमान (अ.स.) के लिए हमने हवा को उनके क़ाबू में कर दिया, उनकी सुबह की यात्रा एक महीने के बराबर थी, और उनकी शाम की यात्रा भी एक महीने के बराबर थी। और हमने उनके लिए एक दरिया बहा दिया, जिसमें पिघला हुआ तांबा था। और जिन्नात में से कुछ उनके लिए काम करते थे, अल्लाह के हुक्म से। और जो भी उनमें से हमारे हुक्म से हट गया, हम उसे भड़कती हुई आग का अज़ाब देंगे।

13. उन्होंने सुलेमान (अ.स.) के लिए वह सब कुछ बना दिया जो उन्होंने चाहा—ऊँचाइयों वाले कमरे, मूर्तियाँ, बड़े तालाब जैसे हौज़, और जमे रहने वाले बड़े पतीले। हमने कहा, "ऐ दाऊद के घरवालो, शुक्र अदा करो।" और मेरे बंदे कम ही शुक्र अदा करते हैं।

14. जब हमने सुलेमान (अ.स.) के लिए मौत का फ़ैसला कर दिया, तो उनकी मौत का इल्म बस एक ज़मीन के कीड़े ने दिया, जो उनकी लकड़ी की छड़ी को खा गया। जब वह गिर पड़े, तब जिन्नों को समझ में आया कि अगर उन्हें ग़ैब का इल्म होता, तो वे इस ज़िल्लत भरी मेहनत में न रहते।

15. सबा के लोगों के लिए उनकी रहने की जगह में एक निशान था—उनके पास दो बाग़ थे, एक दाएँ और दूसरा बाएँ। उनसे कहा गया, "अपने रब की रोज़ी में से खाओ और उसका शुक्र अदा करो। तुम्हारा शहर अच्छा है और तुम्हारा रब माफ़ करने वाला है।"

16. मगर उन्होंने इनकार किया, तो हमने उन पर बाँध के पानी का तूफान भेज दिया, और उनके दोनों बाग़ों को खट्टे फलों और कंटीली झाड़ियों में बदल दिया।

17. हमने उन्हें यह सज़ा इसलिए दी क्योंकि उन्होंने कुफ़्र किया। और हम सिर्फ़ नाशुक्रों को ही ऐसी सज़ा देते हैं।

18. हमने उनके बीच उन शहरों को रखा था जिन्हें हमने बरकत दी थी। और उनके सफर के लिए रास्ता तय किया था, और कह दिया, "रात या दिन के वक्त इन शहरों के बीच सफर करो और महफ़ूज़ रहो।"

19. लेकिन उन्होंने कहा, "हमारे सफर की दूरी और ज़्यादा बढ़ा दो," और अपने ऊपर ज़ुल्म किया। तो हमने उन्हें क़िस्से बनाकर बिखेर दिया और हर जगह छांट दिया। इसमें उन लोगों के लिए निशान हैं जो सब्र करते हैं और शुक्र अदा करते हैं।

20. और इब्लीस ने उनमें अपनी सोच को सही साबित कर दिया, और उन्होंने उसकी बात मानी, मगर कुछ ईमान वाले लोग बच गए।

21. और उनके ऊपर इब्लीस का कोई बस नहीं था, बस यह था कि हम ईमान वालों को उन लोगों से अलग करने के लिए उन्हें परखना चाहते थे। तुम्हारा रब हर चीज़ पर हावी है।

22. तुम कह दो, "उन सब लोगों को बुलाओ जिन्हें तुम अल्लाह के अलावा इलाह समझते हो।" वो आसमान और ज़मीन में एक दाना भी नहीं रखते, न उनके पास अल्लाह के साथ कोई शरीक है, और न ही उनमें से कोई उसका मददगार है।

23. और अल्लाह के पास जो सिफारिश करने वाले हैं, वो उस वक्त सिफारिश नहीं कर सकते जब तक अल्लाह न चाहे। और जब उनके दिलों से घबराहट दूर हो जाएगी, तो वो आपस में कहने लगेंगे, "तुम्हारे रब ने क्या कहा?" वो कहेंगे, "हक़," और वो सबसे ऊँचा, अज़ीम है।

24. तुम कह दो, "आसमान और ज़मीन से तुम्हें रोज़ी कहाँ से मिलती है?" कह दो, "अल्लाह से।" और यक़ीनन हम या तुम रास्ते पर हैं या खुली गुमराही में।

25. कह दो, "तुमसे नहीं पूछा जाएगा जो हम करते हैं, और हमसे नहीं पूछा जाएगा जो तुम करते हो।"

26. कह दो, "हमारे रब हमें इकट्ठा करेगा, फिर हमारे दरमियान हक़ के साथ फ़ैसला करेगा। और वो हर चीज़ का इल्म रखने वाला है।"

27. कह दो, "वो दिखाओ जिन्हें तुमने उसका शरीक समझा।" नहीं! बल्कि वो सिर्फ़ अल्लाह है, जो अज़मत और हिकमत में सबसे ऊँचा है।

28. और हमने तुम्हें सिर्फ़ इंसानियत के लिए ख़ुशख़बरी देने वाला और डराने वाला बनाकर भेजा है। लेकिन ज़्यादातर लोग नहीं जानते।

29. और वो कहते हैं, "यह वादा कब होगा अगर तुम सच्चे हो?"

30. तुम कह दो, "तुम्हारे लिए एक दिन का वादा है, जिसमें न तुम एक घंटा ज़्यादा रुक सकते हो और न उससे पहले जा सकते हो।"

31. और जो लोग कुफ्र करते हैं, वो कहते हैं, "हम इस क़ुरआन पर कभी ईमान नहीं लाएंगे, और न ही इससे पहले वाली किताबों पर।" अगर तुम देख सकते, जब ज़ालिम अपने रब के सामने खड़े किए जाएंगे, एक-दूसरे से अपने अल्फ़ाज़ का इनकार करते हुए... जो लोग मज़लूम थे, वो उन लोगों से जो घमंड करते थे, कहने लगेंगे, "अगर तुम न होते, तो हम ईमान लाते।"

32. जो लोग घमंड कर रहे थे, वो उन लोगों से जो मज़लूम थे, कहेंगे, "क्या हमने तुम्हें हिदायत से रोका जब वो तुम्हारे पास आई थी? नहीं, तुम खुद ही पाप कर रहे थे।"

33. जो मज़लूम थे, वो उन लोगों से जो घमंड कर रहे थे, कहेंगे, "नहीं, यह तुम्हारी चाल थी, रात-दिन की, जब तुम हमें अल्लाह से कुफ्र करने और उसके साथ शरीक बनाने के लिए कह रहे थे।" लेकिन जब वो अज़ाब देख लेंगे, तो उन्हें शर्मिंदा होना पड़ेगा। और हम उन लोगों के गले में ज़ंजीर डाल देंगे जो कुफ्र करते

हैं। क्या उन्हें उनके काम के अलावा कुछ दिया जाएगा?

34. हमने किसी भी शहर में कोई दावत देने वाला (नबी) नहीं भेजा, सिवाय इसके कि उस शहर के अमीर लोग कहते थे, "जो कुछ तुम लाए हो, हम उसे इनकार करते हैं।"

35. और उन्होंने कहा, "हम माल और बच्चों में तुमसे ज़्यादा हैं, और हमें सज़ा नहीं दी जाएगी।"

36. तुम कह दो, "मेरा रब अपने बंदों में से जिसे चाहता है, उसे रोज़ी देता है और जिसे चाहता है, उसे रोक लेता है, लेकिन ज़्यादातर लोग नहीं जानते।"

37. और ये तुम्हारा माल और तुम्हारे बच्चे नहीं हैं जो तुम्हें हमारे पास इज़्ज़त बढ़ाते हैं, बल्कि ये ईमान लाना और अच्छा काम करना है। उनके लिए जो कुछ उन्होंने किया, उसका दोगुना इनाम होगा, और वो जन्नत के ऊँचे कमरों में रहेंगे, सुरक्षित।

38. और जो लोग हमारी आयतों के ख़िलाफ़ जिहद करते हैं, ताकि उन्हें नाकाम बना दें, वो अज़ाब में डाले जाएंगे।

39. तुम कह दो, "मेरा रब अपने किसी भी बंदे के लिए रोज़ी बढ़ाता है या उसे रोक लेता है। तुम जो भी चीज़ खर्च करते हो, वो उसका बदला देगा, और वो सबसे बेहतरीन रोज़ी देने वाला है।"

40. और उस दिन का ज़िक्र करो जब वो उन सब को इकट्ठा करेगा, फिर फरिश्तों से पूछेगा, "क्या ये लोग तुम्हारी पूजा करते थे?"

41. वो कहेंगे, "तेरी शान पाक है, तू ही हमारा मालिक है, इनसे नहीं। ये लोग तो जिन्न की इबादत करते थे, इनमें से ज़्यादातर लोग उन्हीं पर ईमान लाते थे।"

42. मगर आज तुम्हारे पास आपस में न फायदा देने की ताकत है और न नुकसान की। और हम उन ज़ालिमों से कह देंगे, "अब उस आग के अज़ाब का मज़ा चखो, जिसका तुम इनकार करते थे।"

43. जब हमारी आयतें उन्हें साफ़ तौर पर सुनाई जाती हैं, तो वो कहते हैं, "ये तो बस एक आदमी है जो तुम्हें उस चीज़ से रोक रहा है, जिसकी पूजा तुम्हारे बाप-दादों ने की थी।" और वो कहते हैं, "ये बस एक झूठ है जो इसने बना लिया है।" और जब काफ़िरों के पास हक़ आता है, तो कहते हैं, "ये तो बस खुला जादू है।"

44. हमने उन्हें कोई ऐसी किताब नहीं दी थी, जिसे वो पढ़ सकते, और हमने तुमसे पहले कोई दावत देने वाला नहीं भेजा था।

45. और जो लोग इनसे पहले इनकार कर चुके थे, उनके पास जो कुछ हमने दिया, वो इन (मक्का वालों) से भी कम था। लेकिन उन्होंने हमारे रसूलों को झुठलाया, तो फिर मेरा गुस्सा कैसा था!

46. तुम कह दो, "मैं तुम्हें बस एक बात की नसीहत करता हूँ—तुम अल्लाह के लिए खड़े हो जाओ, चाहे दो मिलकर या अकेले, फिर अच्छे से सोच-समझकर फैसला करो। तुम्हारे साथी में कोई जुनून नहीं है। वह तो बस एक डराने वाला है, जो तुम्हें एक सख्त अज़ाब से पहले सचेत कर रहा है।"

47. तुम कह दो, "जो कुछ मैंने तुमसे माँगा था, वो तुम्हारा ही है। मेरा बदला तो अल्लाह के ज़िम्मे है, और वही हर चीज़ पर गवाह है।"

48. तुम कह दो, “मेरा रब हक़ को पेश करता है, और वही ग़ैब का इल्म रखता है।”
49. तुम कह दो, “हक़ आ गया, और बातिल न कुछ नया शुरू कर सकता है, न उसे दोहरा सकता है।”
50. तुम कह दो, “अगर मैं ग़लत हूँ, तो मेरी ग़लती का वबाल मुझ पर ही है। लेकिन अगर मैं हिदायत पर हूँ, तो यह उसी चीज़ से है जो मेरा रब मुझे दिखाता है। यही सच्चाई है, और वही सुनने वाला और क़रीब है।”
51. काश तुम देख सकते, जब वे डर से काँप रहे होंगे, लेकिन उनके पास कोई बचने का रास्ता न होगा, और वे वहीं से पकड़ लिए जाएंगे।
52. फिर वे कहेंगे, “हम ईमान ले आए!” लेकिन उनके लिए ईमान लाना अब कैसे मुमकिन होगा, जबकि पहले ही वे इसे दूर से ठुकरा चुके थे?
53. और पहले भी उन्होंने इसका इनकार किया था, और ग़ैब की बातों पर दूर से तीर चलाते थे।
54. और उनके बीच और उनकी तमन्नाओं के बीच एक रुकावट डाल दी जाएगी, जैसे उनसे पहले के लोगों के साथ किया गया था। वे तो शक में संदेह और इनकार में उलझे हुए थे।

35. सूरह फ़ातिर

बिस्मिल्लाह हिर रहमानिर रहीम

1. तमाम तारीफ़ अल्लाह के लिए है, जो आसमान और ज़मीन का पैदा करने वाला है, जो फ़रिश्तों को पैग़ाम पहुंचाने वाला बनाता है, जिनके पंख होते हैं – दो, तीन या चार। वह अपनी मख़लूक़ में जो चाहता है, बढ़ा देता है। बेशक, अल्लाह हर चीज़ पर क़ादिर है।
2. जो अल्लाह अपनी रहमत से लोगों को देता है, कोई उसे रोक नहीं सकता, और जिसे वह रोक ले, कोई उसे छुड़ा नहीं सकता। और वही इज़्ज़त वाला, हिकमत वाला है।
3. ऐ इंसानों, अल्लाह के उस फ़ज़ल को याद करो जो उसने तुम पर किया। क्या अल्लाह के सिवा कोई और पैदा करने वाला है जो तुम्हें आसमान और ज़मीन से रोज़ी दे? उसके सिवा कोई इलाह नहीं, फिर तुम किस तरह बहकाए जा रहे हो?
4. और अगर वे तुम्हें झुठलाते हैं, [ऐ मुहम्मद], तो तुमसे पहले भी पैग़म्बरों को झुठलाया गया था। और सब काम अल्लाह ही की तरफ़ लौटते हैं।
5. ऐ इंसानों, बेशक, अल्लाह का वादा सच्चा है, तो दुनिया की ज़िंदगी तुम्हें न बहकाए, और अल्लाह के बारे में शैतान के झूठ से धोखा न खाओ।
6. बेशक, शैतान तुम्हारा दुश्मन है, तो उसे दुश्मन समझो। वह अपने साथियों को आग का साथी बनाने की दावत देता है।
7. जो लोग इनकार करते हैं, उनके लिए दर्दनाक सज़ा है, और जो लोग ईमान लाते हैं और अच्छे काम करते हैं, उनके लिए माफ़ी और बड़ा इनाम है।
8. फिर क्या वह शख़्स, जिसे उसके बुरे काम अच्छे दिखाए गए हों और वह उन्हें अच्छा समझता हो, वैसा ही

है जैसे राह पर चलने वाला? बेशक, अल्लाह जिसे चाहता है, गुमराह करता है, और जिसे चाहता है, हिदायत देता है। तो तुम अपने आपको उनके लिए शर्मिंदा न करो। बेशक, अल्लाह जानता है जो वे कर रहे हैं।

9. और वही अल्लाह है जो हवाओं को भेजता है, और वे बादलों को उठाती हैं, फिर हम उन्हें एक मुर्दा ज़मीन की तरफ़ ले जाते हैं, और उसे उसकी मौत के बाद ज़िंदा कर देते हैं। इसी तरह होगा क़ियामत का दिन।

10. जो शख़्स इज़्ज़त चाहता है (ताक़त के ज़रिए), तो अल्लाह के पास ही सारी इज़्ज़त है। उसके पास अच्छी बातें पहुंचती हैं, और अच्छे काम उन्हें ऊपर उठाते हैं। मगर जो बुरे कामों की चाल चलता है, उसके लिए दर्दनाक सज़ा होगी, और उनका मक्कारी भरा प्लान मिटा दिया जाएगा।

11. और अल्लाह ने तुम्हें मिट्टी से पैदा किया, फिर एक बूंद (मनी) से, फिर तुम्हें जोड़े बनाए। और कोई औरत न तो गर्भ ठहराती है और न ही जन्म देती है, मगर अल्लाह के इल्म से। और कोई बूढ़ा व्यक्ति न तो अपनी उम्र बढ़ा सकता है और न ही उसमें कमी कर सकता है। यह सब कुछ एक किताब (लौह-ए-महफ़ूज़) में लिखा हुआ है। यह सब अल्लाह के लिए आसान है।

12. और दोनों दरिया (पानी के) एक जैसे नहीं होते। एक मीठा और ताज़ा होता है, जो पीने लायक है, और दूसरा खारा और कड़वा। और हर एक से तुम ताज़ा गोश्त निकालते हो, और ज़ेवर निकालते हो, जिन्हें तुम पहनते हो। और तुम देखते हो कि जहाज़ उनमें सफर करते हैं, ताकि तुम अल्लाह के फज़ल से रोज़ी कमाओ और शायद तुम उसका शुक्र अदा करो।

13. वही रात को दिन में दाख़िल करता है और दिन को रात में। उसने सूरज और चाँद को उनके रास्ते पर चलने पर मजबूर किया है—हर एक तयशुदा वक़्त तक। यही अल्लाह है, तुम्हारा रब; उसी की हुकूमत है। और जिनको तुम उसके सिवा पुकारते हो, उनके पास तो इतना भी नहीं कि वे एक खजूर की गुठली के छिलके के बराबर भी काबिलियत रखते हों।

14. अगर तुम उन्हें पुकारो, तो वे तुम्हारी दुआ नहीं सुनते, और अगर वे सुन भी लें, तो तुम्हें जवाब नहीं देंगे। और क़ियामत के दिन वे तुम्हारे शिर्क से इंकार कर देंगे। और तुम्हें कोई ऐसा नहीं बता सकता, जो सब कुछ जानने वाला हो।

15. ऐ इंसानों, तुम सब अल्लाह के मोहताज हो, जबकि अल्लाह बेनियाज़ है, हर चीज़ से बेपरवाह और सबसे महान।

16. अगर अल्लाह चाहे, तो तुम्हें हटा कर नई मख़लूक़ ला सकता है।

17. और यह अल्लाह के लिए कुछ भी मुश्किल नहीं है।

18. और कोई बोझ उठाने वाला, किसी और का बोझ नहीं उठाएगा। और अगर कोई भारी बोझ वाली रूह (शख्स) किसी को अपना बोझ उठाने के लिए बुलाए, तो उसमें से कुछ भी नहीं उठाया जाएगा, चाहे वह करीबी रिश्तेदार ही क्यों न हो। तुम सिर्फ उन्हीं लोगों को डरा सकते हो जो अपने रब से बिना देखे डरते हैं और नमाज़ क़ायम करते हैं। और जो शख्स अपने आप को पाक करता है, वह अपने ही फायदे के लिए पाक करता है। और अल्लाह ही की तरफ सबको लौटना है।

19. अंधा और देखने वाला कभी बराबर नहीं हो सकते।

20. न ही अंधेरा और रोशनी बराबर है।

21. न ही छाँव और गर्मी बराबर हैं।

22. और न ही ज़िंदा और मुर्दा बराबर हैं। बेशक अल्लाह जिसे चाहे सुना दे, लेकिन तुम क़ब्रों वालों को नहीं सुना सकते।

23. ऐ नबी (मुहम्मद ﷺ)! तुम बस एक डराने वाले हो।

24. हमने तुम्हें सच्चाई के साथ ख़ुशख़बरी सुनाने वाला और डराने वाला बना कर भेजा है। और कोई भी क़ौम ऐसी नहीं जिसमें एक डराने वाला न आया हो।

25. और अगर वे तुम्हें झुटलाते हैं, तो उनसे पहले भी लोग झुटला चुके हैं। उनके पास उनके रसूल साफ़ दलील, लिखी हुई किताबें, और रोशनी वाली किताब लेकर आए थे।

26. फिर मैंने उन्हें पकड़ लिया जो इनकार करने वाले थे, और मेरा अज़ाब कितना सख़्त था!

27. क्या तुम नहीं देखते कि अल्लाह आसमान से बारिश बरसाता है, और हम उसके ज़रिए रंग-बिरंगे फल निकालते हैं? और पहाड़ों में सफ़ेद, लाल और गहरे काले रंग की शक्लें हैं।

28. और लोगों में, चलने-फिरने वाले जानवरों में, और चरने वाले मवेशियों में भी रंग-बिरंगे रंग हैं। अल्लाह के बंदों में से वही लोग उससे डरते हैं जो इल्म रखते हैं। बेशक अल्लाह ज़बरदस्त और बख़्शने वाला है।

29. जो लोग अल्लाह की किताब पढ़ते हैं, नमाज़ क़ायम करते हैं, और जो कुछ हमने उन्हें दिया है उसमें से खुल्लम-खुल्ला और छुपकर खर्च करते हैं, वे ऐसे सवाब की उम्मीद रखते हैं जो कभी ख़त्म नहीं होगा।

30. ताकि अल्लाह उन्हें उनका पूरा-पूरा बदला दे और अपने फ़ज़्ल से उन्हें और ज़्यादा अता करे। बेशक वह बख़्शने वाला और क़दर करने वाला है।

31. और जो कुछ हमने तुम पर (ऐ मुहम्मद ﷺ) किताब में से नाज़िल किया है, वह हक़ है, जो पहली किताबों की तस्दीक़ करता है। बेशक अल्लाह अपने बंदों से पूरी तरह वाक़िफ़ और देखने वाला है।

32. फिर हमने अपने बंदों में से जिन्हें चुना, उन्हें किताब का वारिस बनाया। उनमें से कोई अपने नफ़्स पर ज़ुल्म करने वाला है, कोई बीच का रास्ता अपनाने वाला है, और कोई अल्लाह की इजाज़त से नेकी में सबसे आगे बढ़ने वाला है। यह बहुत बड़ा फ़ज़्ल है।

33. उनके लिए हमेशा रहने वाले बाग़ात हैं, जिनमें वे दाख़िल होंगे। वहाँ वे सोने और मोतियों के कंगनों से सजाए जाएँगे, और उनके कपड़े रेशम के होंगे।

34. और वे कहेंगे, "सब तारीफ़ अल्लाह के लिए है जिसने हमसे ग़म दूर कर दिया। बेशक हमारा रब बख़्शने वाला और क़दर करने वाला है।"

35. "जिसने अपने फ़ज़्ल से हमें हमेशा रहने वाले घर (जन्नत) में जगह दी। यहाँ न हमें कोई थकान होगी और न कोई परेशानी।"

36. और जो लोग इनकार करते हैं, उनके लिए दोज़ख़ की आग है। उनके लिए मौत का फ़ैसला नहीं होगा

ताकि वे मर जाएँ, और न ही उनके अज़ाब में कोई कमी की जाएगी। हम हर नाशुक्रे को ऐसा ही बदला देते हैं।

37. और वे वहाँ चीखेंगे, “ऐ हमारे रब! हमें यहाँ से निकाल दे, हम नेकी करेंगे, जो हम पहले नहीं कर रहे थे!”

(अल्लाह फ़रमाएगा:) “क्या हमने तुम्हें इतनी ज़िंदगी नहीं दी थी कि जो समझना चाहता, वह समझ लेता, और तुम्हारे पास डराने वाला भी आ चुका था? अब यह अज़ाब चखो, क्योंकि ज़ालिमों का कोई मददगार नहीं!”

38. बेशक अल्लाह आसमान और ज़मीन के ग़ैब को जानता है। वह दिलों की बातों से पूरी तरह वाक़िफ़ है।

39. वही है जिसने तुम्हें ज़मीन में ख़लीफ़ा बनाया। और जो शख़्स इनकार करे, उसका इनकार उसी के लिए है। और इनकार करने वालों का इनकार उनके रब की नज़र में सिर्फ़ नफ़रत को बढ़ाता है, और उनका इनकार उन्हें सिर्फ़ नुक़सान में डालता है।

40. (ऐ नबी!) आप पूछिए, “क्या तुमने अपने उन शरीकों को देखा, जिन्हें तुम अल्लाह के सिवा पुकारते हो? मुझे दिखाओ कि उन्होंने ज़मीन में क्या पैदा किया है, या आसमानों में उनका कोई हिस्सा है? या हमने उन्हें कोई किताब दी है जिससे वे कोई दलील रखते हों?” नहीं! बल्कि ज़ालिम लोग एक-दूसरे को सिर्फ़ धोखे की उम्मीद दिलाते हैं।

41. बेशक अल्लाह आसमान और ज़मीन को पकड़े हुए है ताकि वे गिर न जाएँ। और अगर वे गिर जाएँ, तो उसके बाद कोई नहीं है जो उन्हें पकड़ सके। बेशक वह बड़ा हलीम (सब्र करने वाला) और बख़्शने वाला है।

42. और उन्होंने अल्लाह की क़समें खाकर कहा था कि अगर उनके पास कोई डराने वाला आए, तो वे सब क़ौमों से ज़्यादा हिदायत पाने वाले होंगे। लेकिन जब उनके पास डराने वाला आया, तो उनका सिर्फ़ इनकार ही बढ़ा।

43. ज़मीन में घमंड करने और बुराइयाँ करने की वजह से। लेकिन बुराई करने वाले सिर्फ़ अपने आप को ही नुक़सान पहुँचाते हैं। क्या वे पहली क़ौमों के अंजाम का इंतज़ार कर रहे हैं? तुम अल्लाह के तरीक़े में कोई तब्दीली नहीं पाओगे, और न ही अल्लाह के तरीक़े में कोई बदलाव देखोगे।

44. क्या उन्होंने ज़मीन में सफ़र नहीं किया ताकि देख सकते कि उनसे पहले वालों का क्या अंजाम हुआ? वे ताक़त में उनसे ज़्यादा थे। लेकिन अल्लाह को कोई चीज़ आसमान या ज़मीन में नाकाम नहीं कर सकती। बेशक वह सब कुछ जानने वाला और क़ादिर (सर्वशक्तिमान) है।

45. और अगर अल्लाह लोगों को उनके कर्मों की सज़ा देना चाहे, तो ज़मीन पर कोई जानवर भी न बचे। लेकिन वह उन्हें एक मुक़र्रर वक़्त तक मोहलत देता है। और जब उनका वक़्त आ जाता है, तो बेशक अल्लाह अपने बंदों को देखने वाला है।

36. सूरह यासीन

बिस्मिल्लाह-इर-रहमान-इर-रहीम

1. या, सीन।
2. हिकमत से भरी कुरान की क़सम,
3. बेशक, तुम (ऐ मुहम्मद ﷺ) पैग़म्बरों में से हो,
4. सीधे रास्ते पर हो।
5. यह उस ज़ात की तरफ़ से नाज़िल की गई है जो अज़ीम और रहम करने वाली है,
6. ताकि तुम उस क़ौम को डराओ जिनके बाप-दादा को कभी कोई डराने वाला नहीं आया, इसलिए वे बेख़बर हैं।
7. उनमें से ज़्यादातर पर अज़ाब का फ़ैसला लागू हो चुका है, इसलिए वे ईमान नहीं लाएंगे।
8. हमने उनकी गर्दनों में तौक़ डाल दिए हैं, जो उनकी ठोड़ी तक हैं, इसलिए उनके सर ऊपर उठे हुए हैं।
9. और हमने उनके आगे एक दीवार और उनके पीछे एक दीवार बना दी, और उन पर पर्दा डाल दिया, इसलिए वे देख नहीं सकते।
10. और उनके लिए बराबर है कि तुम उन्हें डराओ या न डराओ, वे ईमान नहीं लाएंगे।
11. तुम सिर्फ़ उसी को डरा सकते हो जो नसीहत माने और बिना देखे रहमान से डरे, तो उसे मग़फ़िरत और अज़ीम अजर की ख़ुशख़बरी दे दो।
12. बेशक, हम ही मुर्दों को ज़िंदा करते हैं और जो उन्होंने आगे भेजा और जो पीछे छोड़ा, सब लिख रहे हैं, और हर चीज़ को हमने एक साफ़ किताब में गिन रखा है।
13. और उन्हें एक मिसाल दो – उस बस्ती वालों की, जब उनके पास रसूल आए।
14. जब हमने दो भेजे, मगर उन्होंने झुटला दिया, तो हमने तीसरे से उन्हें मज़बूती दी, और उन सब ने कहा,

"बेशक, हम तुम्हारे पास अल्लाह के भेजे हुए रसूल हैं।"
15. उन लोगों ने कहा, "तुम तो सिर्फ़ हमारे जैसे इंसान हो, और रहमान ने कुछ भी नाज़िल नहीं किया। तुम सिर्फ़ झूठी बातें कर रहे हो।"
16. पैग़म्बरों ने जवाब दिया, "हमारे रब को मालूम है कि हम तुम्हारे पास उसके भेजे हुए रसूल हैं,"
17. "और हमारा काम सिर्फ़ साफ़ और वाज़ेह तरीक़े से पैग़ाम पहुँचाना है।"
18. उन लोगों ने कहा, "हमें तुम्हारी मौजूदगी मनहूस लगती है। अगर तुम बाज़ न आए तो हम तुम्हें संगसार (पत्थर मार-मार कर) कर देंगे, और तुम्हें हमारी तरफ़ से दर्दनाक अज़ाब मिलेगा।"
19. रसूलों ने जवाब दिया, "तुम्हारी मनहूसी तुम्हारी अपनी वजह से है। क्या सिर्फ़ इस वजह से कि तुम्हें नसीहत की गई? नहीं, बल्कि तुम हद से बढ़ने वाले लोग हो!"
20. फिर एक शख़्स, जो शहर की दूरियों पर था, भागता हुआ आया और बोला, "ऐ मेरी क़ौम, इन पैग़म्बरों की बात मानो!"
21. उन लोगों की पैरवी करो जो तुमसे किसी भी किस्म का बदला नहीं मांगते, और जो राह-ए-रास्त पर हैं।"
22. "और मुझे क्या हो गया कि मैं उस ज़ात की इबादत न करूँ जिसने मुझे पैदा किया, और जिसके पास तुम्हें भी लौट कर जाना है?
23. क्या मैं उसके सिवा दूसरे माबूद बना लूँ, जब कि अगर रहमान मुझ पर कोई मुसीबत डाल दे तो ये (फर्ज़ी माबूद) न मुझे फ़ायदा दे सकेंगे, न मुझे बचा सकेंगे?
24. अगर मैं ऐसा करूँ तो मैं खुली गुमराही में हूँ।
25. मैं तो तुम्हारे रब पर ईमान ला चुका हूँ, तो मेरी बात सुनो!
26. (मगर लोगों ने उसको शहीद कर दिया, तो) कहा गया, "जन्नत में दाख़िल हो जाओ!" उसने कहा, "काश मेरी क़ौम को मालूम होता,"
27. कि मेरा रब मुझे माफ़ कर चुका है और मुझे इज़्ज़त वालों में शामिल कर दिया है!
28. और हमने उसकी क़ौम पर उसके बाद आसमान से कोई लश्कर नहीं उतारा, और न ही हम ऐसा करने वाले थे।
29. बस एक ही ज़ोर की चीख़ (अज़ाब) आई, और वो सब के सब ख़त्म कर दिए गए।
30. अफ़सोस है इन बंदों पर! जब भी उनके पास कोई रसूल आया, तो ये उसका मज़ाक़ उड़ाते रहे।
31. क्या इन्होंने देखा नहीं कि हम इनसे पहले कितनी क़ौमें तबाह कर चुके हैं? जो अब कभी वापस नहीं आएंगे।
32. और बेशक, सब के सब एक दिन हमारे सामने पेश किए जाएंगे।
33. और एक निशानी उनके लिए यह मुर्दा ज़मीन है, जिसे हमने ज़िंदा किया और उसमें से अनाज उगाया, जिसे ये खाते हैं।
34. और हमने उसमें खेतियाँ, खजूरों और अंगूरों के बाग़ बनाए, और उसमें चश्मे जारी किए।

35. ताकि ये उसके फलों से खाएं, जो उनके हाथों ने नहीं उगाए। क्या ये शुक्रगुज़ार नहीं होते?

36. वो ज़ात पाक है जिसने हर चीज़ के जोड़े बनाए – जो कुछ ज़मीन उगाती है, जो खुद ये हैं, और जो चीज़ें ये जानते भी नहीं।

37. और एक निशानी उनके लिए रात है, जिसमें हम दिन का नूर हटा देते हैं, तो वो अंधेरे में डूब जाते हैं।

38. और सूरज अपनी एक मुक़र्रर मंज़िल की तरफ़ चल रहा है। ये है उस ज़ात का तक़दीर किया हुआ निज़ाम जो अज़ीम क़ुदरत वाला और सब कुछ जानने वाला है।

39. और चाँद के लिए हमने मंज़िलें मुक़र्रर की हैं, जब तक कि वो पुरानी खजूर की टहनी जैसी शक्ल का हो जाए।

40. ना तो सूरज के लिए ये मुमकिन है कि वो चाँद तक पहुँचे, और ना रात दिन से पहले आ सकती है। हर एक अपनी-अपनी राह में घूम रहा है।

41. और एक निशानी उनके लिए यह है कि हमने उनके बाप-दादा को एक भरी हुई कश्ती में सवार किया।

42. और हमने उनके लिए इसी तरह की और सवारियाँ भी बनाई जिन पर ये सफ़र करते हैं।

43. अगर हम चाहें तो इन्हें डुबो दें, फिर न कोई इनकी फ़रियाद सुनने वाला हो और न ही कोई इन्हें बचा सके।

44. मगर ये सिर्फ़ हमारी रहमत है और एक वक़्त तक की रोज़ी।

45. लेकिन जब इन्हें कहा जाता है, 'अपने आगे और पीछे (आमाल) का ख़याल करो, शायद तुम पर रहमत की जाए,'

46. "तो हर निशानी जो उनके रब की तरफ़ से आती है, उससे ये मुँह मोड़ लेते हैं।"

47. और जब इन्हें कहा जाता है, 'जो अल्लाह ने तुम्हें दिया है, उसमें से ख़र्च करो,' तो ये काफ़िर मोमिनों से कहते हैं, 'क्या हम उन्हें खिलाएँ जिन्हें अल्लाह चाहता तो खुद खिला देता? तुम तो बस खुली गुमराही में हो।'

48. और ये कहते हैं, 'यह वादा कब पूरा होगा अगर तुम सच्चे हो?'

49. बस एक ज़ोर की चीख़ होगी, और ये आपस में झगड़ रहे होंगे कि अचानक उन्हें आ पकड़ेगी।

50. फिर न इन्हें किसी को कोई वसीयत करने का मौक़ा मिलेगा, और न ही ये अपने घरवालों के पास लौट सकेंगे।

51. और जब सूर फूँका जाएगा तो ये सब क़ब्रों से निकल कर अपने रब की तरफ़ दौड़ पड़ेंगे।

52. कहेंगे, 'हाय हमारी तबाही! हमें किसने हमारी नींद से जगाया?' (जवाब दिया जाएगा), 'यह वही है जिसका रहमान ने वादा किया था, और पैग़म्बरों ने सच कहा था।'

53. बस एक ही चीख़ होगी, और सब के सब हमारे सामने हाज़िर कर दिए जाएँगे।

54. तो आज किसी पर भी कोई ज़ुल्म नहीं किया जाएगा, और तुम्हें बस वही मिलेगा जो तुम किया करते थे।

55. बेशक, जन्नती लोग उस दिन ख़ुशी और मसरूफ़ियत में होंगे।

56. वे और उनकी बीवियाँ, साये में आराम कर रहे होंगे, सजाए हुए तख़्तों पर।

57. वहाँ उनके लिए हर क़िस्म के फल होंगे, और जो चाहेंगे उनके लिए मुहैया होगा।

58. 'सलाम हो तुम पर, यह एक कलाम होगा रहमान की तरफ़ से।'

59. (और गुनहगारों से कहा जाएगा) 'आज अलग हो जाओ, ऐ मुजरिम लोगो!'

60. 'क्या मैंने तुमसे कहा नहीं था, ऐ औलाद-ए-आदम! कि शैतान की इबादत मत करना, क्योंकि वह तुम्हारा खुला दुश्मन है?"

61. और सिर्फ मेरी इबादत करना, यही सीधा रास्ता है।

62. मगर उसने तुम में से एक बड़े हिस्से को गुमराह कर दिया। क्या तुम समझ नहीं सकते थे?

63. यह वही जहन्नम है जिसका तुमसे वादा किया गया था।

64. आज इसमें दाख़िल हो जाओ, उसी का बदला जो तुम झुठलाया करते थे।

65. उस दिन हम उनके मुँह पर मुहर लगा देंगे, उनके हाथ हमसे बात करेंगे और उनके पाँव गवाही देंगे जो कुछ ये कमाया करते थे।

66. और अगर हम चाहें तो इनकी आँखें मिटा दें, फिर ये रास्ते की तरफ़ दौड़ें, मगर कहाँ देख सकेंगे?

67. और अगर हम चाहें तो इन्हें इनकी जगह पर ही बिगाड़ दें (नाकारा बना दें), फिर ये न आगे चल सकें और न लौट सकें।

68. और जिसे हम लंबी उम्र देते हैं, उसकी हालत उलट देते हैं (बचपन जैसी कमजोरी ला देते हैं)। क्या ये समझते नहीं?

69. और हमने नबी मुहम्मद ﷺ को शायरी नहीं सिखाई, और न ही यह उनके लायक़ है। यह सिर्फ़ एक नसीहत है और साफ़ क़ुरआन।

70. ताकि जो ज़िंदा है उसको डरा सके, और काफ़िरों पर अल्लाह का फ़ैसला सच हो जाए।

71. क्या ये नहीं देखते कि हमने उनके लिए अपने हाथों से मवेशी (चारा खाने वाले जानवर) बनाए, और अब ये उनके मालिक हैं?

72. हमने इन्हें इनके लिए मतिअ' (फ़रमाबरदार) बनाया, कुछ पर ये सवारी करते हैं, और कुछ को ये खाते हैं।

73. और इन्हें इन जानवरों से और भी फ़ायदे मिलते हैं, और पीने की चीज़ें भी। क्या ये शुक्र नहीं करेंगे?

74. लेकिन ये लोग अल्लाह के सिवा दूसरे माबूद बना लेते हैं, इस उम्मीद में कि शायद उनकी मदद की जाए।

75. हालाँकि वो उनकी मदद नहीं कर सकते, बल्कि ये ख़ुद उनके लिए तैयार सिपाही हैं (जो इन्हें छोड़कर भाग नहीं सकते)।

76. तो ऐ नबी ﷺ, इनकी बातें आपको ग़मगीन न करें। हम जानते हैं जो ये छुपाते हैं और जो ज़ाहिर करते हैं।

77. क्या इंसान ने नहीं देखा कि हमने उसे सिर्फ़ एक बूंद से पैदा किया, और देखो, आज ये खुला हुआ झगड़ने वाला बन गया?

78. और ये हमारी एक मिसाल देता है, मगर अपनी पैदाइश भूल जाता है। कहता है, 'कौन इन हड्डियों को ज़िंदा करेगा जब ये बिखर चुकी होंगी?'

79. कह दो, 'वही इन्हें ज़िंदा करेगा जिसने इन्हें पहली दफ़ा पैदा किया, और वही हर मख़लूक़ का इल्म रखता है।'

80. वही है जिसने तुम्हारे लिए हरे दरख़्त से आग बनाई, और तुम इसे जलाते हो।

81. क्या जो आसमान और ज़मीन बनाने वाला है, वो इन जैसे इंसानों को फिर से पैदा करने पर क़ादिर नहीं? क्यों नहीं! वही तो हर चीज़ बनाने वाला है।

82. जब वह किसी चीज़ का इरादा करता है तो सिर्फ़ कह देता है 'हो जा', और वह हो जाती है।

83. तो पाक है वह जिसके हाथ में हर चीज़ की बादशाहत है, और तुम सब उसी की तरफ़ लौटाए जाओगे।

37. सूरह अस-साफ़्फ़ात

बिस्मिल्लाह-हिर्रहमान-निर्रहीम

1. क़सम है उन फ़रिश्तों की जो सफ़ बांधते हैं,

2. और जो बादलों को चलाते हैं,

3. और जो अल्लाह का पैग़ाम सुनाते हैं,

4. तुम्हारा रब बस एक ही है,

5. जो आसमान, ज़मीन और जो कुछ इनके दरमियान है उसका मालिक है, और सूरज के उगने का भी मालिक है।

6. हमने सबसे क़रीबी आसमान को सितारों से सजाया,

7. और हर बाग़ी शैतान से हिफ़ाज़त के लिए।

8. ताकि वो ऊँचे मलाअ-ए-अला (फ़रिश्तों की महफ़िल) की बातें न सुन सकें, और हर तरफ़ से उन पर मार पड़ती है।

9. उन्हें हटा दिया जाता है, और उनके लिए लगातार अज़ाब है,

10. मगर जो छुपकर बात चुराने की कोशिश करता है, तो एक तेज़ चमकदार आग उसका पीछा करती है।

11. ऐ नबी ﷺ, इनसे पूछो, “क्या इनका बनाना ज़्यादा मुश्किल है या जो हमने पहले पैदा किया?” हमने इन्हें चिपकने वाले गारे से बनाया है।

12. मगर तुम हैरान होते हो, और ये मज़ाक उड़ाते हैं।

13. और जब इन्हें नसीहत की जाए, तो ध्यान नहीं देते।

14. और जब कोई निशानी देखते हैं, तो मज़ाक बनाते हैं,

15. और कहते हैं, “ये तो बस खुला जादू है!”

16. “क्या जब हम मरकर मिट्टी और हड्डियां बन जाएंगे, तो हमें दोबारा उठाया जाएगा?”

17. “और हमारे बाप-दादा भी?”

18. कह दो, “हाँ, और तुम ज़लील कर दिए जाओगे!”

19. सिर्फ़ एक ज़ोर की चीख़ होगी, और अचानक ये सब देख रहे होंगे।

20. और कहेंगे, “हाय तबाही! ये तो बदले का दिन है!”

21. “हाँ, यही तो फ़ैसले का दिन है, जिसे तुम झुटलाया करते थे!”

22. (फ़रिश्तों से कहा जाएगा), “इकट्ठा करो ज़ालिमों को, उनके साथियों को, और उन चीज़ों को जिन्हें ये पूजा करते थे।”

23. “अल्लाह के सिवा जिन्हें ये मानते थे, उन सबको जहन्नम की तरफ़ ले चलो!”

24. “और इन्हें रोको! इनसे सवाल किया जाएगा।”

25. “तुम्हें क्या हो गया? आज एक-दूसरे की मदद क्यों नहीं कर रहे?”

26. मगर आज सब तस्लीम (हर मान) कर चुके हैं।

27. और एक-दूसरे की तरफ़ पलटकर इल्ज़ाम देने लगेंगे।

28. “तुम तो हमेशा हमारे पास सीधी राह दिखाने आते थे!”

29. वो (बदकार लोग) कहेंगे, “नहीं, बल्कि तुम ख़ुद ही ईमान नहीं लाते थे!”

30. “हमारे पास तुम पर कोई हुकूमत नहीं थी, तुम ख़ुद ही हद से बढ़ने वाले थे।”

31. “अब हम पर हमारे रब का फ़ैसला लागू हो चुका है, हम अब अज़ाब चखने वाले हैं!”

32. “हमने तुम्हें गुमराह किया, क्योंकि हम ख़ुद गुमराह थे!”

33. तो आज ये सब मिलकर अज़ाब भुगत रहे हैं।

34. यही तरीक़ा है जिसे हम मुजरिम लोगों के साथ अपनाते हैं।

35. जब उनसे कहा गया कि “अल्लाह के सिवा कोई माबूद नहीं,” तो उन्होंने घमंड किया।

36. और कहने लगे, “क्या हम अपने माबूदों को छोड़ दें एक पागल शायर के कहने पर?”

37. नहीं! बल्कि ये नबी ﷺ हक़ लेकर आए हैं, और पहले के पैग़म्बरों की तस्दीक़ करते हैं।

38. (मगर तुम लोग) दर्दनाक अज़ाब का मज़ा चखोगे!

39. और तुम्हें बस वही बदला दिया जाएगा जो तुम किया करते थे।

40. मगर अल्लाह के चुनिंदा बंदे (इस अज़ाब से महफ़ूज़ रहेंगे)।

41. उनके लिए एक मुक़र्रर रिज़्क़ है –

42. लज़ीज़ फल, और उन्हें इज़्ज़त दी जाएगी।

43. नेमत भरे बाग़ों में।

44. आरामदेह तख़्तों पर एक-दूसरे के सामने बैठे होंगे।

45. एक शरबत का जाम उनके दरमियान घूम रहा होगा, जो एक बेहतरीन चश्मे से निकला होगा।

46. साफ़, चमकदार और पीने वालों के लिए लज़ीज़ होगा।

47. न उसमें कोई बुराई होगी, न वह नशे का सबब बनेगा।
48. और उनके पास नज़र झुकाने वाली हसीन औरतें होंगी,
49. जो ऐसे होंगी जैसे मोती, सुरक्षित और नरम-दिल।
50. और वे एक-दूसरे से बातें कर रहे होंगे, सवाल-जवाब कर रहे होंगे।
51. एक उनमें से कहेगा, "मेरा एक साथी था जो मुझे कहा करता था,
52. 'क्या तुम वाक़ई इस बात पर ईमान रखते हो?
53. कि जब हम मर कर मिट्टी और हड्डियाँ बन जाएंगे, तो हमें दोबारा उठाया जाएगा?'"
54. वह कहेगा, "क्या तुम देखना चाहोगे?"
55. फिर वह झांक कर देखेगा और अपने उस साथी को जहन्नम के बीच में पाएगा।
56. वह कहेगा, "अल्लाह की क़सम! तुम तो मुझे भी तबाह करने वाले थे!"
57. अगर मेरे रब का फ़ज़्ल न होता, तो मैं भी अज़ाब भुगत रहा होता।
58. तो क्या अब हमें फिर कभी मौत नहीं आएगी?
59. बस सिर्फ़ पहली मौत हुई थी, और अब हम अज़ाब नहीं भुगतने वाले?
60. यह तो वाक़ई बड़ी कामयाबी है!
61. ऐसे ही इनाम के लिए लोगों को मेहनत करनी चाहिए।
62. क्या यह जन्नत बेहतर है या वह ज़क़्क़ूम का दरख़्त?
63. हमने उसे ज़ालिम लोगों के लिए अज़ाब बनाया है।
64. वह जहन्नम के तह से उगने वाला एक दरख़्त है।
65. उसके फल ऐसे होंगे जैसे शयातीन के सर।
66. वे लोग उसे खाएँगे और अपने पेट भर लेंगे।
67. फिर उसके बाद उनको गरम पानी का एक मिश्रण मिलेगा।
68. और फिर उनका आख़िरी ठिकाना जहन्नम होगा।
69. उन्होंने अपने बाप-दादा को गुमराह पाया।
70. और उन्हीं के नक़्श-ए-क़दम पर चल पड़े।
71. पहले भी अक्सर उम्मतें गुमराह हो चुकी हैं।
72. और हम उनमें पैग़म्बर भेज चुके थे।
73. फिर देखो, जिन्हें डराया गया था उनका अंजाम क्या हुआ!
74. मगर अल्लाह के चुनिंदा बंदे (इस अज़ाब से महफ़ूज़ रहे)।
75. और यक़ीनन नूह ने हमें पुकारा, और हम सबसे बेहतरीन जवाब देने वाले हैं।
76. और हमने उन्हें और उनके घर वालों को बड़े अज़ाब से बचा लिया।
77. और हमने नूह (अ.स.) की औलाद को दुनिया में बाक़ी रखा।

78. और उनके लिए बाद की नस्लों में अच्छा नाम छोड़ दिया।
79. सलाम हो नूह पर तमाम जहान वालों में!
80. यह है हमारा इनाम नेकी करने वालों के लिए।
81. वो वाकई हमारे सच्चे मोमिन बंदे थे।
82. फिर हमने दूसरों को (जो मुनकिर थे) ग़रक कर दिया।
83. और नूह की क़ौम में से एक शख़्स इब्राहीम (अ.स.) भी थे।
84. जब वो अपने रब के हुज़ूर एक पाक दिल के साथ आए।
85. और जब उन्होंने अपने बाप और क़ौम से कहा, "तुम किस चीज़ की इबादत करते हो?"
86. क्या तुम झूठी मूर्तियों को अपना मक़सद बनाए बैठे हो?
87. फिर तुम्हारा परवरदिगार के बारे में क्या ख़याल है?"
88. फिर उन्होंने आसमान की तरफ़ देखा।
89. और कहा, "मैं बीमार होने वाला हूँ।"
90. तो वो लोग उनसे मुँह मोड़ कर चले गए।
91. फिर इब्राहीम (अ.स.) उनके देवताओं की तरफ़ पलट कर बोले, "क्या तुम लोग खाते नहीं?"
92. "तुम लोग बोलते क्यों नहीं?"
93. फिर उन्होंने अपने दायें हाथ से एक ज़ोर का वार किया (और मूर्तियाँ तोड़ दीं)।
94. तो लोग घबरा कर उनकी तरफ़ दौड़ पड़े।
95. इब्राहीम (अ.स.) ने कहा, "क्या तुम उस चीज़ की इबादत करते हो जिसे तुमने ख़ुद तराशा है?"
96. "हालाँकि अल्लाह ने तुम्हें भी पैदा किया और जो कुछ तुम बनाते हो उसे भी!"
97. उन्होंने कहा, "इसके लिए एक भट्टी बनाओ और इसे जलती आग में डाल दो!"
98. उन्होंने इसके ख़िलाफ़ चाल चली, मगर हमने उन्हीं को नीचा दिखा दिया।
99. फिर इब्राहीम (अ.स.) ने कहा, "मैं अपने रब की तरफ़ जा रहा हूँ, वह मुझे ज़रूर रास्ता दिखाएगा।"
100. "मेरे रब, मुझे एक ऐसा लाडला बख़्श जो अच्छों में से हो।"
101. तो हमने उन्हें एक सब्र वाला लड़का देने की खुशखबरी दी।
102. और जब लड़का उनके साथ काम करने के लायक हुआ, तो इब्राहीम (अ.स.) ने कहा, "मेरे बेटे, मैंने एक ख़्वाब में देखा कि मुझे तुझे कुर्बानी देना है, तू अपना ख़याल बता।"
103. वह बोला, "मेरे अब्बू, जो हुक्म दिया गया है, वह कर लो, अगर अल्लाह चाहे, तो तुम मुझे सब्र करने वालों में पाओगे।"
104. और जब दोनों ने अपने आपको अल्लाह के हुक्म के लिए झुका दिया और इब्राहीम (अ.स.) ने अपने बेटे को उसके माथे के बल लिटा दिया,
105. तो हमने उनसे कहा, "ऐ इब्राहीम, तूने अपना ख़्वाब सच कर दिखाया।"

106. यह वाक़ई एक सख़्त इम्तिहान था।

107. और हमने उन्हें एक अज़ीम क़ुर्बानी के साथ बदल दिया।

108. और हमने उनके लिए बाद में आने वालों में अच्छा नाम छोड़ दिया।

109. “सलाम हो इब्राहीम पर!”

110. यह है हमारा इनाम नेकी करने वालों के लिए।

111. वो वाक़ई हमारे मोमिन बंदे थे।

112. और हमने उन्हें इसहाक़ (अ.स.) की खुशखबरी दी, जो एक नबी थे और अच्छे लोगों में से थे।

113. और हमने उन्हें और इसहाक़ (अ.स.) को बरकत दी। लेकिन उनके नस्लों में अच्छे भी थे और अपने आप पर ज़ुल्म करने वाले भी।

114. और हमने मूसा (अ.स.) और हारून (अ.स.) पर भी अपनी ने’मत बख़्शी।

115. और हमने उन्हें और उनकी क़ौम को अज़ीम मुसीबत से बचाया।

116. और हमने उन्हें मदद दी, तो वही लोग जीत गए।

117. और हमने उनको साफ़ और वाज़ेह किताब [यानी तौरात] दी।

118. और हमने उन्हें सीधे रास्ते की हिदायत दी।

119. और हमने उनके लिए बाद की नस्लों में अच्छी याद छोड़ दी।

120. “सलाम हो मूसा और हारून पर।”

121. बेशक, हम नेकी करने वालों को ऐसे ही बदला देते हैं।

122. बेशक, वो हमारे मोमिन बंदों में से थे।

123. और बेशक, इल्यास भी रसूलों में से थे।

124. जब उन्होंने अपनी क़ौम से कहा: “क्या तुम अल्लाह से नहीं डरते?”

125. “क्या तुम बाल को पुकारते हो और बेहतरीन ख़ालिक़ को छोड़ देते हो—

126. अल्लाह जो तुम्हारा और तुम्हारे पहले बाप-दादा का रब है?”

127. मगर उन्होंने इल्यास को झुटला दिया, इस लिए वो ज़रूर सज़ा के लिए लाए जाएंगे।

128. मगर अल्लाह के चुने हुए बंदे (इस से महफ़ूज़ होंगे)।

129. और हमने उनके लिए बाद की नस्लों में अच्छी याद छोड़ दी।

130. “सलाम हो इल्यास पर।”

131. बेशक, हम नेकी करने वालों को ऐसे ही बदला देते हैं।

132. बेशक, वो हमारे मोमिन बंदों में से थे।

133. और बेशक, लूत भी रसूलों में से थे।

134. जब हमने उन्हें और उनके घर वालों को बचा लिया—सब को,

135. सिवाय एक बूढ़ी औरत [यानि उनकी बीवी] के, जो गुनहगारों के साथ रह गई।

136. फिर हमने बाकी सब को तबाह कर दिया।

137. और बेशक, तुम सुबह और रात उनके मक़ामात से गुज़रते हो।

138. क्या तुम समझने की कोशिश नहीं करते?

139. और बेशक, यूनुस भी रसूलों में से थे।

140. [याद करो] जब वह भरी हुई कश्ती की तरफ़ भाग गए।

141. और उन्होंने क़ुर्रा-अंदाज़ी की, तो वो हारने वालों में से हो गए।

142. फिर एक मछली ने उन्हें निगल लिया, जबकि वो गुनहगार थे।

143. और अगर वो अल्लाह की तस्बीह करने वालों में से न होते,

144. तो वो क़यामत तक उस मछली के पेट में ही रहते।

145. मगर हमने उन्हें एक खुली ज़मीन पर फेंक दिया, जबकि वो बीमार थे।

146. और हमने उनके ऊपर एक कद्दू का दरख़्त उगा दिया।

147. और हमने उन्हें एक लाख या उससे ज़्यादा लोगों की क़ौम की तरफ़ भेजा।

148. और उन्होंने ईमान ले आया, तो हमने उन्हें एक मुद्दत तक ज़िंदगी का लुत्फ़ दिया।

149. तो इनसे पूछो (ऐ मुहम्मद ﷺ), "क्या तुम्हारा रब बेटियों वाला है, जबकि तुम्हारे पास बेटे हैं?"

150. या हमने फ़रिश्तों को औरतों की सूरत में पैदा किया, जबकि तुम वहाँ मौजूद भी नहीं थे?"

151. सुन लो! ये सिर्फ़ उनकी बनाई हुई झूठी बात है जो ये कहते हैं,

152. "अल्लाह ने औलाद पैदा की," जबकि ये बिलकुल झूठे हैं।

153. क्या अल्लाह ने बेटियों को बेटों पर तरजीह दी है?

154. तुम्हें क्या हो गया है? तुम कैसी फैसला-साज़ी करते हो?

155. क्या तुम नसीहत नहीं लेते?

156. क्या तुम्हारे पास कोई साफ़ दलील है?

157. तो अपनी किताब ले आओ अगर तुम सच्चे हो।

158. और उन्होंने अल्लाह और जिन्नों के दरमियान रिश्ता जोड़ दिया है, मगर जिन्न ये जान चुके हैं कि जिन्होंने ये दावा किया, उन्हें ज़रूर पकड़ कर लाया जाएगा (और सज़ा दी जाएगी)।

159. अल्लाह हर उस बात से पाक है जो ये लोग बयान करते हैं,

160. मगर अल्लाह के चुने हुए बंदे (जो इस गुनाह में शामिल नहीं हैं)।

161. तो बेशक, तुम और जो कुछ तुम पूजते हो,

162. तुम अल्लाह से किसी को हटा नहीं सकते,

163. सिवाय उसके जो दोज़ख़ में झुलसने वाला है।

164. (फ़रिश्तों ने कहा), "हमारे दरमियान हर एक की एक मुक़र्रर जगह है,"

165. "और बेशक, हम वही हैं जो सफ़ बांधते हैं,"

166. "और बेशक, हम वही हैं जो अल्लाह की तसबीह करते हैं।"

167. और बेशक, ये (कुफ़्फ़ार) कहा करते थे,

168. "अगर हमें पहले लोगों की कोई नसीहत मिलती,"

169. "तो हम अल्लाह के चुने हुए बंदे होते।"

170. मगर उन्होंने इस (नसीहत) का इंकार कर दिया,
तो अब अनक़रीब उन्हें (अपनी ग़लती का) पता चल जाएगा।

171. और हमारा वादा हमारे रसूलों के हक़ में पहले ही हो चुका है,

172. कि बेशक, उन्हें ज़रूर फ़तह दी जाएगी,

173. और बेशक, हमारी लश्कर (यानी मोमिन) ही ग़ालिब आने वाले हैं।

174. तो (ऐ मुहम्मद ﷺ), तुम उन्हें कुछ वक़्त के लिए छोड़ दो।

175. और देखो (ऐ मुहम्मद ﷺ), इन पर क्या आने वाला है, क्योंकि ये भी अनक़रीब देख लेंगे।

176. क्या ये हमारी सज़ा जल्दी देखना चाहते हैं?

177. मगर जब वह उनके इलाक़े में उतरेगी,
तो उन लोगों की सुबह कितनी बुरी होगी जिन्हें डराया गया था।

178. और उन्हें थोड़ी देर के लिए छोड़ दो।

179. और देखो, ये भी अनक़रीब देख लेंगे।

180. पाक है तुम्हारा रब, जो इज़्ज़त का मालिक है,
उन बातों से जो ये लोग बयान करते हैं।

181. और सलाम हो रसूलों पर।

182. और सारी तारीफ़ अल्लाह के लिए है, जो सारे जहान का रब है।

38. सूरह स'आद

बिस्मिल्लाह-हिर्रहमान-निर्रहीम

1. साद। (कसम है) उस क़ुरआन की जो नसीहत देने वाला है...
2. मगर जो लोग कुफ्र कर रहे हैं, वे अकड़ और मुख़ालफ़त में पड़े हैं।
3. हमने कितनी ही उम्मतों को उनसे पहले तबाह कर दिया, फिर उन्होंने चीख-पुकार की, मगर उस वक्त भागने का कोई रास्ता न था।
4. और ये हैरान हैं कि इनके पास एक डराने वाला (नबी मुहम्मद ﷺ) आया है, जो इन्हीं में से है। और काफिर कहते हैं: "यह एक जादूगर और झूठा है!"
5. "क्या इसने सब माबूदों को एक ही माबूद बना दिया? यह तो बड़ी अजीब बात है!"
6. और इनके सरदारों ने आगे बढ़कर कहा, "अपने माबूदों पर जमे रहो और सब्र करो, यह तो बस एक योजना है!"
7. "हमने इस बात को पिछली धार्मिक शिक्षाओं में कभी नहीं सुना, यह तो बस एक बनाई हुई बात है!"
8. "क्या हमारे बीच सिर्फ इसी पर वही (प्रकाशना) उतार दी गई?" नहीं, बल्कि ये लोग मेरी नसीहत के बारे में शक में हैं, और अभी तक इन्होंने मेरे अज़ाब (सज़ा) का मज़ा नहीं चखा।
9. क्या इनके पास तुम्हारे रब की रहमत (दया) के ख़ज़ाने हैं, जो बड़े जलाल और बख्शिश करने वाले हैं?
10. या इनके हाथ में आसमान और ज़मीन का इख्तियार (नियंत्रण) है और जो कुछ इनके दरमियान है? तो फिर ये कोई रास्ता ढूंढकर ऊपर चढ़ जाएं!
11. यह सिर्फ़ एक लश्कर है जो यहाँ (दूसरे मुनकिरों के) गिरोह में शिकस्त खाएगा।
12. उनसे पहले नूह की क़ौम, आद और फ़िरऔन (जो महलों वाला था) ने भी झुठलाया था।
13. और समूद, लूत की क़ौम, और अइका वाले (यानी मदीयन वाले), ये सब भी गुज़रे हैं—यही वे गिरोह

हैं।
14. हर एक ने रसूलों को झुठलाया, तो मेरी सज़ा उन पर वाजिब हो गई।
15. और ये सिर्फ़ एक ज़ोर की चीख़ का इंतज़ार कर रहे हैं, जिसमें कोई देर नहीं होगी।
16. और ये कहते हैं: "ऐ हमारे रब! हिसाब के दिन से पहले ही हमें हमारी सज़ा जल्दी दिखा दे।"
17. (ऐ मुहम्मद ﷺ!) इनकी बातों पर सब्र करो, और हमारे बंदे दाऊद को याद करो, जो शक्ति वाले थे—और बेशक, वे बार-बार अल्लाह की तरफ़ रुजू करने वाले थे।
18. हमने पहाड़ों को उनके साथ मुसख्खर कर दिया था, जो असर-ए-शाम और सुबह अल्लाह की तसबीह किया करते थे।
19. और परिंदे भी जमा किए गए, जो सब मिलकर तसबीह किया करते थे।
20. और हमने उनकी सल्तनत को मज़बूत किया, और उन्हें हिकमत और फैसले की साफ़ समझ अता की।
21. और क्या तुम तक उन मुख़ालिफ़ीन की ख़बर पहुँची, जब वे (दाऊद के) इबादतगाह की दीवार पर चढ़कर आ गए?
22. जब वे दाऊद के सामने आए, तो वे घबरा गए। उन्होंने कहा: "डरने की ज़रूरत नहीं, हम दोनों एक-दूसरे के मुख़ालिफ़ हैं—हम में से एक ने दूसरे पर ज़ुल्म किया है। तो आप सच्चाई के साथ फ़ैसला करें, हद से न गुज़रें, और हमें सीधा रास्ता दिखाएँ।"
23. "मेरा यह भाई—इसके पास 99 भेड़-बकरियाँ हैं, और मेरे पास सिर्फ़ एक है। फिर इसने कहा कि 'अपनी यह भी मुझे दे दो,' और इसने मुझ पर गुफ़्तगू में ग़लबा पा लिया।"
24. (दाऊद ने कहा): "इसने तुम पर ज़ुल्म किया है कि अपनी भेड़ों के साथ तुम्हारी एक भी माँग ली।" "और बेशक, अकसर शरीक़ एक-दूसरे पर ज़ुल्म करते हैं, सिवाय उनके जो ईमान लाए और नेक अमल किए—मगर ऐसे लोग बहुत कम हैं!" (यह सुनकर) दाऊद को यक़ीन हो गया कि हमने उनका इम्तिहान लिया है, तो उन्होंने अपने रब से माफ़ी माँगी, सजदे में गिर गए, और (पूरी लगन के साथ) अल्लाह की तरफ़ रुजू किया।
25. तो हमने उनकी वह ग़लती माफ़ कर दी, और बेशक उनका दर्जा हमारे नज़दीक क़रीब है, और उनका अंजाम बेहतरीन है।
26. (और हमने फ़रमाया): "ऐ दाऊद! हमने तुम्हें ज़मीन पर अपना ख़लीफ़ा बनाया है, तो लोगों के दरमियान हक़ के साथ फ़ैसला करो, और अपनी ख़्वाहिश की पैरवी मत करो, वरना यह तुम्हें अल्लाह के रास्ते से हटा देगी।" "जो लोग अल्लाह के रास्ते से भटक जाते हैं, उनके लिए सख़्त अज़ाब है, क्योंकि उन्होंने हिसाब के दिन को भुला दिया।"
27. "और हमने आसमान और ज़मीन को बे-मक़सद नहीं बनाया।" "यह सिर्फ़ उन लोगों का गुमान है जो कुफ़्र करते हैं।" "तो काफ़िरों के लिए आग का अंजाम कितना बुरा है!"
28. "क्या हम ईमान वालों और नेक अमल करने वालों को वैसा ही कर देंगे जैसे ज़मीन में फ़साद मचाने

वाले?” “या अल्लाह से डरने वालों को बदकार लोगों के बराबर कर देंगे?”

29. “यह एक बरकत वाली किताब है जो हमने तुम पर नाज़िल की, ताकि लोग इसके आयात पर ग़ौर करें, और समझदार लोग नसीहत हासिल करें।”

30. और हमने दाऊद को सुलेमान अता किया—कितना बेहतरीन बंदा था! बेशक वह बार-बार अल्लाह की तरफ़ रुजू करने वाले थे।

31. (याद करो) जब उनके सामने शाम के वक्त तेज़ दौड़ने वाले घोड़े पेश किए गए।

32. और उन्होंने कहा, “मुझे अच्छी चीज़ों की मुहब्बत ने मेरे रब की याद से ज़्यादा मशग़ूल कर दिया, यहाँ तक कि (सूरज) पर्दे के पीछे छुप गया।”

33. फिर उन्होंने कहा, “उन्हें वापस लाओ,” और (जब वापस आए) तो उनके पैरों और गर्दनों पर हाथ मारना शुरू कर दिया।

34. और हमने सुलेमान का इम्तिहान लिया, और उनके तख़्त पर एक जिस्म रख दिया, फिर उन्होंने (अल्लाह की तरफ़) रुजू किया।

35. उन्होंने कहा, “मेरे रब! मुझे माफ़ फ़रमा, और मुझे ऐसी बादशाहत अता कर जो मेरे बाद किसी और को न मिले। बेशक, तू ही बड़ा देने वाला है।”

36. तो हमने उनके लिए हवा को मुसख़्ख़र कर दिया, जो उनके हुक्म से नरमी से चलती थी जहाँ वे चाहते।

37. और शयातीन भी—हर तरह के राज़ मिस्त्री (इमारत बनाने वाले) और ग़ोता खोर (पानी में गोता लगाने वाले)।

38. और दूसरे जो ज़ंजीरों में जकड़े हुए थे।

39. हमने फ़रमाया, “यह हमारी अता है, चाहो तो इन्हें दो, और चाहो तो रोको, इसमें कोई हिसाब नहीं।”

40. और बेशक उनका हमारे नज़दीक एक मुक़ाम क़रीबी है, और बेहतरीन अंजाम है।

41. और याद करो हमारे बंदे अय्यूब को, जब उसने अपने रब से पुकारा: “बेशक, शैतान ने मुझे तकलीफ़ और दुख पहुँचा दिया है।”

42. तो उनसे कहा गया, “अपना पाँव ज़मीन पर मारो—यह ठंडा पानी है नहाने और पीने के लिए।”

43. और हमने उन्हें उनका ख़ानदान वापस दिया, और उनके साथ उतना ही और, अपनी रहमत के तौर पर और समझदार लोगों के लिए एक नसीहत।

44. और हमने फ़रमाया, “अपने हाथ में एक गुच्छा लो (डंडों का) और उससे मारो, और अपनी क़सम न तोड़ो।” बेशक हमने उन्हें सब्र करने वाला पाया—कितना बेहतरीन बंदा था! बेशक वो बार-बार अल्लाह की तरफ़ रुजू करने वाले थे।

45. और याद करो हमारे बंदों को—इब्राहीम, इस्हाक़, और याक़ूब—जो बुज़ुर्गी और बसीरत वाले थे।

46. हमने उन्हें एक ख़ास सिफ़त के लिए चुना: आख़िरत का ध्यान रखना।

47. और बेशक वो हमारे नज़दीक चुने गए और नेक लोग थे।

48. और याद करो इस्माईल, अल-यसा, और ज़ुल-किफ़्ल को—सब नेक लोगों में से थे।
49. यह एक नसीहत है। और बेशक मुत्तक़ी लोगों के लिए बेहतरीन ठिकाना है।
50. हमेशा रहने वाली जन्नतें, जिनके दरवाज़े उनके लिए खुले होंगे।
51. वो वहाँ आराम से तकिए लगाए बैठेंगे, और मज़ीद फलों और शरबतों की फ़रमाइश करेंगे।
52. और उनके साथ ऐसी औरतें होंगी जो सिर्फ़ अपने शौहरों की तरफ़ निगाह रखती हैं, और हम उम्र भी होंगी।
53. यह वो जन्नत है जिसका तुमसे हिसाब के दिन वादा किया गया था।
54. यह हमारा दिया हुआ रिज़्क़ है, जो कभी ख़त्म होने वाला नहीं।
55. मगर जो सरकश हैं, उनके लिए बुरा ठिकाना है।
56. जहन्नम, जिसमें वो जलाए जाएंगे, और कितना बुरा है उनका ठिकाना!
57. यह है उनकी सज़ा—तो अब इसका मज़ा चखो—ख़ून और पीप मिले हुए पानी का!
58. और इसके इलावा भी हर तरह के अज़ाब उनके लिए तैयार हैं।
59. जहन्नमी एक-दूसरे से कहेंगे, "यह एक और टोली तुम्हारे साथ जहन्नम में दाख़िल हो गई।" "इनके लिए कोई आप का नहीं है! बेशक यह भी आग में जलने वाले हैं।"
60. वो जवाब देंगे, तुम भी! तुम्हारे लिए भी कोई आप का नहीं! तुम ही ने हमें इस अज़ाब तक पहुँचाया, और कितना बुरा है यह ठिकाना!
61. और वो कहेंगे, "ऐ हमारे रब! जो हमें इस अज़ाब तक ले आया, उसके लिए दोहरा अज़ाब बढ़ाओ आग में।"
62. और वो कहेंगे, "हमें वो लोग क्यों नज़र नहीं आ रहे जिन्हें हम दुनिया में सबसे ज़लील समझते थे?"
63. क्या हमने उनका मज़ाक उड़ाया था, या हमारी नज़र ही उनसे हट गई?
64. यक़ीनन यह हक़ीक़त है—जहन्नम वालों की आपस की लड़ाई।
65. कह दो (ऐ मुहम्मद ﷺ), "मैं सिर्फ़ एक डराने वाला हूँ, और अल्लाह के सिवा कोई माबूद नहीं—वह एक है, सब पर ग़ालिब।"
66. आसमान और ज़मीन का मालिक, और जो कुछ इन दोनों के दरमियान है, वह इज़्ज़त वाला है, बार-बार माफ़ करने वाला।
67. कह दो, "यह एक अज़ीम खबर है,"
68. जिससे तुम मुँह मोड़ रहे हो।
69. "मुझे उन बुलंद मरतबा फरिश्तों की मजलिस का इल्म न था जब वो [आदम की तख़्लीक़ पर] बहस कर रहे थे।"
70. "मुझ पर यह वही सिर्फ़ इस लिए की गई है कि मैं खुला डराने वाला हूँ।"
71. (याद करो) जब तुम्हारे रब ने फरिश्तों से फ़रमाया, "मैं मिट्टी से एक बशर बनाने वाला हूँ।"

72. “फिर जब मैं उसे पूरी तरह से बना दूँ और उसमें अपनी रूह फूँक दूँ, तो तुम उसके सामने सजदे में गिर जाना।”

73. तो सभी फरिश्तों ने सजदा किया,

74. मगर इबलीस ने इनकार किया, वह अकड़ गया और मुंकिरीनों में शामिल हो गया।

75. अल्लाह ने फ़रमाया, “ऐ इबलीस! तुझे किस चीज़ ने रोका उस चीज़ को सजदा करने से जो मैंने अपने हाथों से बनाई?”

“क्या तू अकड़ गया, या पहले से ही तकब्बुर करने वालों में था?”

76. इबलीस बोला, “मैं उससे बेहतर हूँ! आपने मुझे आग से बनाया है, और उसे मिट्टी से।”

77. अल्लाह ने फ़रमाया, “तो निकल जा यहाँ से, बेशक तू रद्द किया गया है!”

78. “और बेशक तुझ पर मेरी लानत है, क़यामत के दिन तक।”

79. इबलीस बोला, “मेरे रब! मुझे उस दिन तक की मोहलत दे दे जब ये सब उठाए जाएँगे।”

80. अल्लाह ने फ़रमाया, “बेशक, तुझे मोहलत दी गई है,”

81. “एक तयशुदा वक्त तक।”

82. इबलीस बोला, “तेरी इज़्ज़त की कसम! मैं उन सबको गुमराह कर दूँगा,”

83. “मगर तेरे चुने हुए बंदे इससे महफ़ूज़ रहेंगे।”

84. अल्लाह ने फ़रमाया, “यह हक़ है, और मैं हक़ ही कह रहा हूँ,”

85. “मैं जहन्नम को तुझसे और तेरे उन सभी पैरोकारों से भर दूँगा!”

86. कह दो (ऐ मुहम्मद ﷺ), “मैं इस [कुरआन] का तुमसे कोई अज्र नहीं माँगता, और न मैं बनावटी लोगों में से हूँ।”

87. “यह सिर्फ़ एक नसीहत है तमाम जहान वालों के लिए।”

88. “और तुम अनक़रीब इसकी सच्चाई जान लोगे एक वक्त के बाद।”

39. सूरह अज-ज़ुमर

बिस्मिल्लाह-हिर्रहमान-निर्रहीम

1. इस किताब का नुज़ूल अल्लाह की तरफ़ से है, जो ज़बरदस्त और हकीम है।
2. बेशक, हमने ये किताब हक़ के साथ तुम पर नाज़िल की है (ऐ मुहम्मद ﷺ), तो अल्लाह की इबादत करो, सिर्फ़ उसके लिए अपनी बंदगी को ख़ालिस रखते हुए।
3. सुन लो! ख़ालिस दीन सिर्फ़ अल्लाह का हक़ है। और जिन लोगों ने अल्लाह के सिवा दूसरे रखवाले बना लिए हैं, वो कहते हैं: "हम उनकी इबादत सिर्फ़ इस लिए करते हैं ताकि वो हमें अल्लाह के क़रीब कर दें।" बेशक, अल्लाह फ़ैसला करेगा उनके दरमियान उस बात में जिसमें वो इख़्तिलाफ़ कर रहे हैं। अल्लाह हरगिज़ उस शख़्स को हिदायत नहीं देता जो झूठा और सख़्त इंकार करने वाला हो।
4. अगर अल्लाह किसी को बेटा बनाना चाहता, तो वो जो चाहता अपनी मख़लूक़ में से चुन लेता। मगर वो पाक है (ऐसी बात से)! वही अल्लाह है—एक, सब पर ग़ालिब।
5. उसने आसमान और ज़मीन को बरहक़ पैदा किया। वो रात को दिन पर लपेट देता है, और दिन को रात पर। उसने सूरज और चाँद को मुसख़्ख़र कर दिया, हर एक एक मुक़र्रर मुद्दत तक चलता रहता है। आगाह रहो! वो ज़बरदस्त है, बार-बार माफ़ करने वाला।
6. उसने तुम्हें एक जान से पैदा किया, फिर उसी में से उसका जोड़ा बनाया। और उसने तुम्हारे लिए मवेशियों में से आठ (8) जोड़े उत्पन्न किए। वो तुम्हें तुम्हारी माँओं के पेट में पैदा करता है, एक पैदाइश के बाद दूसरी पैदाइश, तीन अंधेरों के अंदर। यही अल्लाह तुम्हारा रब है—उसका मालिक होना यक़ीनी है। उसके सिवा कोई माबूद नहीं। फिर तुम कहाँ फिराए जा रहे हो?
7. अगर तुम कुफ़्र करो तो अल्लाह तुमसे बे-नियाज़ है, और वो अपने बंदों के लिए कुफ़्र को पसंद नहीं करता। और अगर तुम शुक्र अदा करो, तो वो तुमसे राज़ी होता है। कोई एक दूसरे का बोझ नहीं उठाएगा। फिर तुम्हारे रब की तरफ़ तुम्हारा लौटना है, और जो कुछ तुम करते रहे हो, वो तुम्हें बता देगा। बेशक, वो सीने

के अंदर की बातों से वाक़िफ़ है।

8. जब इंसान को कोई मुसीबत छूती है, तो वो अपने रब को पुकारता है, उसकी तरफ़ रुजू करते हुए। मगर जब अल्लाह उसको अपनी तरफ़ से एक नेअमत अता कर देता है, तो वो उसको भूल जाता है, जो पहले वो पुकार रहा था, और अल्लाह के साथी बनाता है ताकि लोगों को उसकी राह से भटका दे। कह दो: "थोड़ी देर अपनी नाशुक्री का लुत्फ़ उठा लो," बेशक तुम दोज़ख़ियों में से हो।

9. क्या वो जो रात के घंटों में सज्दा और क़याम में होता है, आख़िरत का ख़ौफ़ रखता है और अपने रब की रहमत की उम्मीद करता है, उस जैसा हो सकता है जो ऐसा नहीं करता? कह दो: "क्या जानने वाले और ना जानने वाले बराबर हो सकते हैं?" सिर्फ़ समझ वाले ही नसीहत लेते हैं।

10. कह दो: "ऐ मेरे वो बंदों जो ईमान लाए हो! अपने रब से डरो। जिन लोगों ने इस दुनिया में नेकी की, उनके लिए भलाई है। और अल्लाह की ज़मीन वसी है।" बेशक, सब्र करने वालों को उनका अजर बेहिसाब दिया जाएगा।

11. कह दो: "मुझे हुक्म दिया गया है कि सिर्फ़ अल्लाह की इबादत करूं, अपनी बंदगी को उसी के लिए ख़ालिस रखते हुए।"

12. "और मुझे यह भी हुक्म दिया गया है कि सबसे पहले मैं मुसलमान बनूं।"

13. कह दो: "अगर मैं अपने रब की नाफ़रमानी करूं, तो मुझे एक अज़ीम दिन के अज़ाब का ख़ौफ़ है।"

14. कह दो: "मैं सिर्फ़ अल्लाह की इबादत करता हूँ, अपनी बंदगी को उसी के लिए ख़ालिस रखते हुए।"

15. "अब तुम उसके सिवा जिसे चाहो पूजो।" कह दो: "हासिल-ए-ज़िंदगी वही लोग खो बैठे, जो क़यामत के दिन अपने आप को और अपने घरवालों को गुमा बैठेंगे। सुन लो! यही है सबसे बड़ा घाटा।"

16. उनके ऊपर भी आग की छतें होंगी और नीचे भी छतें। इस तरह अल्लाह अपने बंदों को धमकी (warning) देता है। "मेरे बंदों! तो फिर मुझसे डरो।"

17. लेकिन जो लोग तागूत से बचे रहे, इस लिए कि उसकी इबादत न करें, और उन्होंने अल्लाह की तरफ़ रुजू किया – उनके लिए खुशखबरी है। तो (ऐ नबी) मेरे बंदों को खुशखबरी सुना दो।

18. जो बात को ध्यान से सुनते हैं और उसमें से बेहतरीन बात की पैरवी करते हैं। यही लोग हैं जिन्हें अल्लाह ने हिदायत दी है, और यही समझदार लोग हैं।

19. तो क्या जो शख़्स अज़ाब का हक़दार बन चुका है, उसको हिदायत मिल सकती है? क्या तुम उस शख़्स को बचा सकते हो जो आग में जल रहा हो?

20. लेकिन जो अपने रब से डरते रहे – उनके लिए ऊँची मक़ानात (chambers) हैं, जिनके ऊपर भी ऊँची मक़ानात बनी हुई हैं, जिनके नीचे नहरें बह रही हैं। यह अल्लाह का वादा है, और अल्लाह अपने वादे के ख़िलाफ़ नहीं करता।

21. क्या तुमने देखा नहीं कि अल्लाह आसमान से पानी बरसाता है, फिर उसे ज़मीन में चश्मे (springs) और नहरें बनाकर बहाता है? फिर उसी से मुख़्तलिफ़ रंगों के फ़सल उगाता है, फिर वो सूख जाती हैं और तुम

देखते हो कि वो ज़र्द हो गई हैं, फिर अल्लाह उन्हें चूर-चूर कर देता है। बेशक इसमें समझदार लोगों के लिए एक सबक़ है।

22. तो क्या वो शख़्स जिसका दिल अल्लाह ने इस्लाम के लिए खोल दिया है और वो अपने रब की रोशनी पर है, (क्या वो उस शख़्स की तरह हो सकता है जो इस हिदायत से महरूम हो)? तो तबाही है उन लोगों के लिए जिनके दिल अल्लाह की याद से सख़्त हो गए हैं। यही लोग खुली गुमराही में हैं।

23. अल्लाह ने बेहतरीन कलाम नाज़िल किया है – एक ऐसी किताब जो एक जैसी है (मुक़र्रर बयानी है)। जो लोग अपने रब से डरते हैं, उनकी खाल इससे कांप उठती है, फिर उनकी खाल और दिल अल्लाह की याद से नरम हो जाता है। यही अल्लाह की हिदायत है, जिसे चाहता है हिदायत देता है। और जिसे अल्लाह गुमराह कर दे, उसके लिए कोई हिदायत देने वाला नहीं।

24. तो क्या वो शख़्स जो अपने चेहरे से क़यामत के दिन के बदतर अज़ाब को बचा रहा होगा, वो उस शख़्स के बराबर हो सकता है जो महफ़ूज़ होगा? और ज़ालिमों से कहा जाएगा, "चख लो जो तुम कमाते थे।"

25. उनसे पहले के लोग झुटला चुके हैं, तो उन पर अज़ाब वहां से आ पड़ा जहां से उनका गुमान भी न था।

26. तो अल्लाह ने उन्हें दुनिया की ज़िंदगी में रुसवाई का मज़ा चखाया, मगर आख़िरत का अज़ाब तो इससे भी बड़ा है – काश वो समझते!

27. और हमने इस क़ुरआन में लोगों के लिए हर क़िस्म की मिसालें बयान की हैं, ताकि वो नसीहत लें।

28. ये एक अरबी क़ुरआन है, जिसमें कोई टेढ़ (ग़लत बात) नहीं, ताकि वो परहेज़गार बन जाएं।

29. अल्लाह एक मिसाल बयान करता है: एक ग़ुलाम जो मुख़्तलिफ़ झगड़ने वाले मालिक रखता हो और एक दूसरा जो सिर्फ़ एक मालिक का हो – क्या दोनों बराबर हो सकते हैं? अल्हम्दुलिल्लाह! लेकिन ज़्यादातर लोग नहीं जानते।

30. बेशक तुम्हें भी मरना है, और बेशक उन्हें भी मरना है।

31. फिर क़यामत के दिन, तुम सब अपने रब के सामने एक-दूसरे से झगड़ रहे होगे।

32. तो उस शख़्स से बड़ा ज़ालिम कौन होगा जो अल्लाह पर झूठ बोले और जब उसके पास हक आ जाए तो उसे झुटलाए? क्या काफ़िरों के लिए जहन्नम का ठिकाना नहीं है?

33. और जो शख़्स हक लेकर आया (यानी नबी ﷺ) और जो लोग इस पर ईमान लाए – वही परहेज़गार हैं।

34. उनके लिए उनके रब के पास जो चाहें मिलेगा। यही एहसान करने वालों का बदला है।

35. ताकि अल्लाह उनके बुरे आमाल उनसे दूर कर दे और उन्हें उनके बेहतर आमाल का पूरा बदला दे।

36. क्या अल्लाह अपने बंदे (नबी ﷺ) के लिए काफ़ी नहीं है? और फिर भी ये लोग तुम्हें अल्लाह के सिवा जिनसे ये पूजते हैं, उनसे डरते हैं? और जिसे अल्लाह गुमराह कर दे, उसके लिए कोई हिदायत देने वाला नहीं।

37. और जिसे अल्लाह हिदायत दे, उसके लिए कोई भटकाने वाला नहीं। क्या अल्लाह ज़बरदस्त और

इंतकाम लेने वाला नहीं है?
38. और अगर तुम इनसे पूछो, “आसमान और ज़मीन को किसने पैदा किया?” तो ये जरूर कहेंगे, “अल्लाह ने।” तो कह दो, “तो फिर जो तुम अल्लाह के सिवा पुकारते हो, क्या तुमने सोचा है? अगर अल्लाह मुझे नुकसान पहुंचाना चाहे, तो क्या ये उसके नुकसान को दूर कर सकते हैं? या अगर वो मुझ पर अपनी रहमत का इरादा करे, तो क्या ये उसकी रहमत को रोक सकते हैं?” कह दो, “मेरे लिए अल्लाह ही काफ़ी है, और जो सच्चे भरोसा करने वाले हैं, वो सिर्फ उसी पर भरोसा करते हैं।”
39. कह दो, “ए मेरी क़ौम, अपनी जगह अमल कर लो, मैं भी अपना काम कर रहा हूं। तुम अनक़रीब जान लोगे।”
40. “किस पर वो अज़ाब आएगा जो उसे रुसवा करेगा, और किस पर एक दाइमी (हमेशा रहने वाला) अज़ाब नाज़िल होगा?”
41. बेशक, हमने लोगों के लिए सच्चाई के साथ ये किताब नाज़िल की है। तो जो हिदायत पाए, वो अपनी ही फ़ायदे के लिए हिदायत पाता है, और जो गुमराह हो, तो उसकी गुमराही का नुक़सान भी उसी को होगा। और तुम उनपर कोई ज़िम्मेदार (निगेहबान) नहीं हो।
42. अल्लाह ही है जो मौत के वक्त रूहों को क़ब्ज़ करता है, और जो नहीं मरते, उनकी रूहें नींद के दौरान ले लेता है। फिर जिसे मौत का फ़ैसला हो चुका होता है, उसकी रूह रोक लेता है, और बाकी रूहों को एक मुकर्रर वक़्त तक के लिए वापस भेज देता है। इसमें उन लोगों के लिए निशानियाँ हैं जो सोचने वाले हैं।
43. क्या इन लोगों ने अल्लाह के सिवा सिफारिश करने वाले बना लिए हैं? कह दो, “क्या ये सिफारिश करेंगे जबकि न तो इनके पास कोई इख़्तियार है, और न ही ये समझते हैं?”
44. कह दो, “सारी सिफारिश का इख़्तियार सिर्फ अल्लाह के हाथ में है। आसमान और ज़मीन की बादशाही उसी की है, और तुम सब को उसी की तरफ लौटकर जाना है।”
45. और जब सिर्फ अल्लाह का ज़िक्र किया जाता है तो जो लोग आख़िरत पर ईमान नहीं रखते, उनके दिल संकुच जाते हैं (नफ़रत महसूस करते हैं)। लेकिन जब अल्लाह के सिवा दूसरों का ज़िक्र होता है, तो वो फ़ौरन खुश हो जाते हैं।
46. कह दो, “ए अल्लाह! आसमान और ज़मीन के पैदा करने वाले, पोशीदा और ज़ाहिर सब कुछ जानने वाले! तू अपने बंदों के बीच उन बातों का फ़ैसला करेगा जिसमें वो इख़्तिलाफ़ करते हैं।”
47. और अगर ज़ुल्म करने वालों के पास ज़मीन की सारी दौलत होती, और उसके बराबर एक और भी, तो वो क़यामत के दिन के बदतर अज़ाब से बचने के लिए सब फिदा कर देते। लेकिन अल्लाह की तरफ से वो चीज़ उनपर ज़ाहिर होगी जिसका उन्हें अंदाज़ा भी नहीं था।
48. और उनके किए गए बुरे आमाल उनके सामने आ जाएंगे, और जिनका मज़ाक उड़ाते थे, वही अज़ाब उन्हें घेर लेगा।
49. और जब इंसान को कोई तकलीफ़ पहुँचती है तो वो हमें पुकारता है, लेकिन जब हम उसे अपनी तरफ

से कोई नाइमत देते हैं तो कहता है, "ये तो मुझे मेरी अपनी समझ की वजह से मिला है।" बल्कि ये एक आज़माइश है, मगर ज़्यादा तर लोग नहीं जानते।

50. यही बात इनसे पहले के लोग भी कह चुके हैं, लेकिन जो कुछ उन्होंने कमाया था, वो उनके किसी काम न आया।

51. और उनके बुरे आमाल के नतीजे उन पर आ पड़े। और जो लोग ज़ुल्म कर रहे हैं, उन पर भी उनके आमाल का बुरा अंजाम जरूर आएगा, और वे अल्लाह को हरा नहीं सकेंगे।

52. क्या ये नहीं जानते कि अल्लाह जिसे चाहता है, रिज़्क को बढ़ाता है और जिसे चाहता है, तंग कर देता है? बेशक इसमें ईमान रखने वालों के लिए निशानियाँ हैं।

53. कह दो, "ऐ मेरे बंदों, जिनसे अपनी जान पर ज़ुल्म हो गया (गुनाह कर बैठे), अल्लाह की रहमत से मायूस न हो। बेशक अल्लाह तमाम गुनाहों को माफ कर देता है। यकीनन वही ग़फूर-ओ-रहीम है।"

54. और अपने रब की तरफ पलट आओ, उसके फ़रमान बरदार बन जाओ, इससे पहले कि तुम पर अज़ाब आ जाए, फिर तुम्हारी कोई मदद न की जा सके।

55. और जो बेहतरीन बात तुम्हारे रब की तरफ से नाज़िल हुई है (यानी क़ुरआन), उसका पालन करो, इससे पहले कि तुम पर अचानक अज़ाब आ जाए और तुम्हें एहसास भी न हो।

56. कहीं कोई नफ़्स यह न कहे, "अफ़सोस! मैंने अल्लाह के मामले में जो कोताही की, काश मैं उन लोगों में से न होता जो मज़ाक उड़ाते थे!"

57. या यह न कहे, "अगर अल्लाह मुझे हिदायत देता तो मैं भी परहेज़गारों में से होता।"

58. या जब अज़ाब देखे तो कहे, "काश मुझे एक और मौका मिलता तो मैं नेक आमल करने वालों में शामिल हो जाता!"

59. मगर हाँ! तुम्हारे पास मेरी आयतें आ चुकी थीं, तुमने उन्हें झुटला दिया, तकरुर किया, और तुम काफिरों में से बन गए।

60. और क़ियामत के दिन तुम देखोगे कि जो लोग अल्लाह पर झूठ बोलते थे, उनके चेहरे काले हो जाएंगे। क्या तकरुर करने वालों के लिए जहन्नम का ठिकाना नहीं है?

61. और जो लोग अल्लाह से डरते रहे, अल्लाह उन्हें उनकी कामयाबी के सबब बचा लेगा। उन्हें न कोई तकलीफ छू सकेगी और न ही वे ग़मगीन होंगे।

62. अल्लाह हर चीज़ का पैदा करने वाला है, और वही हर चीज़ का इंतज़ाम करने वाला है।

63. आसमान और ज़मीन की कुंजियाँ (चाबियाँ) उसी के हाथ में हैं। और जो लोग अल्लाह की आयतों का इनकार करते हैं, वही असल में नुकसान उठाने वाले हैं।

64. कह दो (ऐ मुहम्मद ﷺ), "क्या तुम मुझे अल्लाह के सिवा किसी और की इबादत करने का हुक्म देते हो, ऐ नादान लोगों?"

65. और तुम पर और तुमसे पहले वालों पर ये वाही की जा चुकी है कि अगर तुमने शिर्क किया तो तुम्हारे

सारे अमल ज़ाया हो जाएंगे, और तुम नुकसान उठाने वालों में से हो जाओगे।

66. बल्कि सिर्फ अल्लाह की इबादत करो और शुकरगुज़ार बंदे बनो।

67. उन्होंने अल्लाह की क़द्र जैसी करनी चाहिए थी, वैसी नहीं की। हालाँकि क़ियामत के दिन सारी ज़मीन उसकी मुट्ठी में होगी और आसमान उसके दाहिने हाथ में लपेटे हुए होंगे। वह हर शिर्क से पाक है और उन सब से बलाओं और बर्तर है जो उसके साथ मिलाते हैं।

68. और जब सोर फूंका जाएगा, तो जो भी आसमानों और ज़मीन में होगा, सब बेहोश होकर गिर पड़ेगा, सिवाय उसके जिसे अल्लाह चाहेगा। फिर दुबारा सोर फूंका जाएगा, तो अचानक सब उठकर देखने लगेंगे।

69. और ज़मीन अपने रब के नूर से चमक उठेगी, अमलनामा रखा जाएगा, पैगंबर और गवाह लाए जाएंगे, और लोगों के बीच हक़ के साथ फैसला किया जाएगा, और उनपर जुल्म नहीं होगा।

70. हर शख्स को उसके किए का पूरा-पूरा बदला दिया जाएगा, और अल्लाह उनके सभी आमाल से खूब वाक़िफ है।

71. और जो लोग कुफ्र करते रहे, उन्हें गिरोह-गिरोह करके जहन्नम की तरफ़ हांक दिया जाएगा। जब वे वहाँ पहुँच जाएंगे, तो उसके दरवाजे खोल दिए जाएंगे, और उसके दरोग़ा उनसे कहेंगे, "क्या तुम्हारे पास तुम ही में से रसूल नहीं आए थे जो तुम्हें तुम्हारे रब की आयतें सुनाते और इस दिन की मुलाकात से डराते?" वे कहेंगे, "हां, आए थे, लेकिन अज़ाब का फैसला काफ़िरों पर लागू हो चुका है।"

72. उनसे कहा जाएगा, "जाहन्नम के दरवाजों में दाखिल हो जाओ, हमेशा उसी में रहने के लिए।" कितनी बुरी है तकरब्बुर करने वालों की जगह!

73. लेकिन जो लोग अपने रब से डरते रहे, उन्हें गिरोह-गिरोह करके जन्नत की तरफ ले जाया जाएगा। जब वे वहाँ पहुँच जाएंगे, और उसके दरवाजे पहले ही खुले होंगे, तो उसके मुहाफ़िज़ उनसे कहेंगे, "तुम पर सलामती हो, तुम पाक हो चुके, अब इसमें हमेशा रहने के लिए दाखिल हो जाओ।"

74. और वे कहेंगे, "हम्द है अल्लाह के लिए, जिसने अपना वादा हमसे पूरा किया और हमें ज़मीन का वारिस बना दिया, जहाँ चाहें अपनी जन्नत में क़ियाम करें। क्या ही बेहतरीन सिला है नेक अमल करने वालों का!"

75. और तुम देखोगे कि फ़रिश्ते अरश के गिर्द घेरा बनाए, अपने रब की हम्द के साथ तस्बीह कर रहे होंगे। लोगों के दरमियान हक़ के साथ फैसला कर दिया जाएगा, और कहा जाएगा, "सब तारीफ अल्लाह के लिए है, जो सब जहानों का रब है!"

40. सूरह ग़ाफ़िर

बिस्मिल्लाह-हिर्रहमान-निर्रहीम

1. हा, मीम।

2. इस किताब (क़ुरआन) का नाज़िल करना अल्लाह की तरफ़ से है, जो ज़बरदस्त, सब कुछ जानने वाला है।

3. वह जो गुनाहों को माफ़ करने वाला, तौबा क़बूल करने वाला, सख़्त सज़ा देने वाला और निहायत मेहरबान है। उसके सिवा कोई माबूद नहीं, और सबको उसी की तरफ़ लौटना है।

4. अल्लाह की निशानियों के बारे में सिर्फ़ वही लोग झगड़ा करते हैं जो कुफ़्र कर चुके हैं। तो उनका इधर-उधर आज़ाद घूमना तुम्हें धोखे में न डाल दे।

5. उनसे पहले नूह की क़ौम और उनके बाद के मुख़्तलिफ़ गिरोह भी (अपने पैग़म्बरों को) झुठला चुके हैं। हर उम्मत ने अपने रसूल को गिरफ़्तार करने का इरादा किया और बातिल दलीलों का सहारा लेकर हक़ को मिटाने की कोशिश की। तो मैंने उन्हें पकड़ लिया, फिर देखो मेरी सज़ा कैसी थी!

6. और इस तरह तुम्हारे रब का फ़ैसला उन काफ़िरों पर लागू हो चुका कि वे दोज़ख़ में जाने वाले हैं।

7. जो फ़रिश्ते अर्श को उठाए हुए हैं और जो उसके इर्द-गिर्द हैं, वे अपने रब की हम्द के साथ तस्बीह करते हैं, उस पर ईमान रखते हैं और ईमान वालों के लिए मग़फ़िरत की दुआ करते हैं: "ऐ हमारे रब! तू हर चीज़ को अपनी रहमत और इल्म से घेरे हुए है। तो जो लोग तौबा करें और तेरी राह इख़्तियार करें, उन्हें माफ़ फ़रमा और उन्हें जहन्नम के अज़ाब से बचा ले।"

8. "और उन्हें हमेशा रहने वाली जन्नतों में दाख़िल फ़रमा, जिसका तूने उनसे वादा किया है, और उनके बाप-दादा, बीवियों और औलाद में से जो नेक हों, उनको भी (जन्नत में ले जा)। बेशक, तू ही ज़बरदस्त और हकीम है!"

9. "और उन्हें बुरे अंजाम से बचा ले। जिसे तू उस दिन बुरे अंजाम से बचा लेगा, उस पर तूने रहमत की, और

यही अज़ीम कामयाबी है।"

10. बेशक, जो लोग कुफ़्र कर चुके हैं, उनसे कहा जाएगा, "अल्लाह की नफ़रत तुमसे ज़्यादा थी उस वक़्त जब तुम्हें ईमान की दावत दी गई थी, मगर तुमने इनकार कर दिया था।"

11. वे कहेंगे, "ऐ हमारे रब! तूने हमें दो बार मौत दी और दो बार ज़िंदगी दी। अब हम अपने गुनाहों का इकरार करते हैं। तो क्या अब कोई निकलने का रास्ता है?"

12. (जवाब दिया जाएगा,) "यह इस वजह से है कि जब सिर्फ़ अल्लाह को पुकारा जाता था, तो तुम कुफ़्र करते थे। और जब उसके साथ किसी और को शरीक किया जाता, तो तुम मान लेते थे। तो अब फ़ैसला अल्लाह, सबसे बुलंद, सबसे अज़ीम के हाथ में है।"

13. वही है जो तुम्हें अपनी निशानियाँ दिखाता है और तुम पर आसमान से रिज़्क़ नाज़िल करता है। मगर नसीहत सिर्फ़ वही लोग लेते हैं जो अल्लाह की तरफ़ रुजू करते हैं।

14. तो अल्लाह को पुकारो, अपनी इबादत को उसके लिए ख़ालिस करते हुए, चाहे काफ़िरों को नागवार गुज़रे।

15. वही बुलंद दर्जों वाला, अर्श का मालिक है। वही अपने बंदों में से जिसे चाहता है, अपने हुक्म का इल्हाम (वही) नाज़िल करता है, ताकि वह मुलाक़ात के दिन से डरा दे।

16. वह दिन जब सब लोग सामने आ जाएँगे, और अल्लाह से कोई बात छुपी नहीं रहेगी। उस दिन हुकूमत किसकी होगी? सिर्फ़ अल्लाह, वाहिद और क़ह्हार की।

17. आज हर जान को उसके किए का बदला दिया जाएगा। आज किसी पर ज़ुल्म नहीं होगा। बेशक, अल्लाह हिसाब लेने में बहुत तेज़ है।

18. (ऐ नबी!) उन्हें उस क़रीब आने वाले दिन (क़यामत) से डरा दो, जब दिल घबराहट से गले तक आ चुके होंगे। उस दिन ज़ालिमों का न कोई दोस्त होगा, न कोई सिफ़ारिशी जो मानी जाए।

19. अल्लाह वह सब जानता है जो आँखों की छलकी (धोकेबाज़ निगाहें) और जो दिलों में छुपा है।

20. और अल्लाह सच्चाई के साथ फ़ैसला करता है, जबकि जिन्हें लोग उसके सिवा पुकारते हैं, वे किसी चीज़ का फ़ैसला नहीं कर सकते। बेशक, अल्लाह ही सुनने वाला, देखने वाला है।

21. क्या इन लोगों ने ज़मीन में सफ़र नहीं किया कि देखें उन लोगों का अंजाम जो इनसे पहले थे? वे ताक़त में इनसे ज़्यादा थे और उनका असर-ओ-रसूख़ भी ज़्यादा था, मगर अल्लाह ने उन्हें उनके गुनाहों की वजह से पकड़ लिया, और उनके लिए अल्लाह से बचाने वाला कोई न था।

22. यह इस वजह से हुआ कि उनके पास उनके रसूल रौशन दलीलों के साथ आते रहे, मगर उन्होंने इंकार कर दिया। तो अल्लाह ने उन्हें पकड़ लिया। बेशक, वह निहायत ज़बरदस्त और सख़्त सज़ा देने वाला है।

23. और बेशक, हमने मूसा को अपनी निशानियों और वाज़ेह दलील के साथ भेजा।

24. फिरऔन, हामान और क़ारून की तरफ़, मगर उन्होंने कहा, "यह जादूगर और झूठा है!"

25. फिर जब मूसा उनके पास हमारी तरफ़ से हक़ लेकर आया, तो उन्होंने कहा, "उन लोगों के बेटों को क़त्ल

कर दो जो इसके साथ ईमान लाए हैं, और उनकी औरतों को ज़िंदा छोड़ दो।" मगर काफ़िरों की चाल सिर्फ़ ग़लती में ही होती है।

26. फिरऔन ने कहा, "मुझे मूसा को क़त्ल करने दो, और वह अपने रब को बुला ले। मुझे डर है कि वह तुम्हारा दीन न बदल दे, या मुल्क में फ़साद न पैदा कर दे।"

27. मूसा ने जवाब दिया, "मैंने अपने और तुम्हारे रब की पनाह ले ली हर तकब्बुर करने वाले से जो दिन-ए-हिसाब पर ईमान नहीं रखता।"

28. और एक ईमान वाला शख़्स जो फिरऔन के घराने से था, मगर अपने ईमान को छुपाए रखता था, उसने कहा, "क्या तुम एक शख़्स को सिर्फ़ इस वजह से क़त्ल करना चाहते हो कि वह कहता है 'मेरा रब अल्लाह है' जबकि वह तुम्हारे पास तुम्हारे रब की तरफ़ से रौशन दलील लेकर आया है? अगर वह झूठा है, तो उसका झूठ उसी पर पड़ेगा। और अगर वह सच्चा है, तो जो अज़ाब वह तुम्हें डरा रहा है, उसमें से कुछ न कुछ तुम पर आ पड़ेगा। बेशक, अल्लाह हद से बढ़ने वाले और झूठे को हिदायत नहीं देता।"

29. "ऐ मेरी क़ौम! आज हुकूमत तुम्हारी है और तुम ज़मीन में ग़ालिब हो। मगर अगर अल्लाह का अज़ाब हम पर आ गया, तो हमें उससे कौन बचा सकेगा?" फिरऔन ने कहा, "मैं सिर्फ़ वही बात तुम्हें बता रहा हूँ जो मुझे नज़र आती है, और मैं तुम्हें सिर्फ़ राह-ए-रास्त की तरफ़ ही ले जा रहा हूँ।"

30. और जो शख़्स ईमान ला चुका था, उसने कहा, "ऐ मेरी क़ौम! मुझे तुम्हारे बारे में पिछली उम्मतों जैसा अंजाम होने का डर है।"

31. "नूह की क़ौम, आद, समूद और उनके बाद आने वालों की मिसाल जैसी। अल्लाह अपने बंदों पर ज़ुल्म करना नहीं चाहता।"

32. "और ऐ मेरी क़ौम! मुझे उस दिन का डर है जब एक-दूसरे को पुकारा जाएगा,"

33. "जिस दिन तुम पीठ फेर कर भागोगे, मगर तुम्हें अल्लाह से बचाने वाला कोई न होगा। और जिसे अल्लाह गुमराह कर दे, उसके लिए कोई रहनुमा नहीं होता।"

34. "यूसुफ़ तुम्हारे पास पहले रौशन दलीलों के साथ आए थे, फिर भी तुम उन बातों में शक करते रहे जो वे लाए। जब वे वफ़ात पा गए, तो तुमने कहा कि 'अल्लाह उसके बाद कोई रसूल नहीं भेजेगा!' इस तरह अल्लाह हर हद से बढ़ने वाले शक करने वाले को गुमराह कर देता है।"

35. "जो लोग अल्लाह की निशानियों के बारे में बिना किसी दलील के झगड़ते हैं, उनका यह अमल अल्लाह और ईमान वालों के नज़दीक बहुत नापसंदीदा है। इस तरह अल्लाह हर मुतकब्बिर और ज़ालिम के दिल पर मुहर लगा देता है।"

36. और फिरऔन ने कहा, "ऐ हामान! मेरे लिए एक ऊँची इमारत बना दो, शायद मैं रास्ते तक पहुँच सकूँ—

37. आसमान के रास्ते तक, ताकि मैं मूसा के माबूद को देख सकूँ, मगर मुझे लगता है कि वह झूठा है।" इस तरह फिरऔन के लिए उसके बुरे आमाल ख़ूबसूरत बना दिए गए, और वह राह-ए-रास्त से रोक दिया गया।

और फिरऔन की चाल सिर्फ़ तबाही का ही सबब बनी।
38. और जो शख़्स ईमान ला चुका था, उसने कहा, "ऐ मेरी क़ौम! मेरा कहना मानो, मैं तुम्हें राह-ए-रास्त की तरफ़ ले चलूँगा।"
39. "ऐ मेरी क़ौम! यह दुनिया की ज़िंदगी सिर्फ़ एक थोड़ी सी फ़ायदा उठाने की चीज़ है, जबकि आख़िरत ही असल रहने की जगह है।"
40. "जो कोई बुरा अमल करेगा, उसको उतनी ही सज़ा मिलेगी जितनी उसने बुराई की। और जो कोई नेकी करेगा—मर्द हो या औरत—और वह ईमान वाला हो, तो ऐसे लोग जन्नत में दाख़िल होंगे, जहाँ उन्हें बेहिसाब रिज़्क़ दिया जाएगा।"
41. "ऐ मेरी क़ौम! क्या बात है कि मैं तुम्हें निजात की तरफ़ बुला रहा हूँ और तुम मुझे दोज़ख़ की तरफ़ बुला रहे हो?"
42. "तुम मुझे इस बात की तरफ़ बुला रहे हो कि मैं अल्लाह का इनकार कर दूँ और उसके साथ किसी को शरीक ठहरा दूँ जिसका मुझे इल्म भी नहीं, जबकि मैं तुम्हें उस ज़ात की तरफ़ बुला रहा हूँ जो ज़बरदस्त है और हर दफ़ा माफ़ करने वाला है।"
43. "बेशक, जिस तरफ़ तुम मुझे बुला रहे हो, उसका न दुनिया में कोई वजूद है, न आख़िरत में। और बेशक, हम सबको अल्लाह की तरफ़ ही लौटना है, और जो लोग हद से बढ़ने वाले हैं, वे दोज़ख़ में दाख़िल होंगे।"
44. "और जो कुछ मैं आज कह रहा हूँ, तुम्हें याद रहेगा, और मैं अपना मामला अल्लाह के हवाले करता हूँ। बेशक, अल्लाह अपने बंदों को देख रहा है।"
45. तो अल्लाह ने उस शख़्स को उनकी चालों के शर से बचा लिया, और फिरऔन के लोगों को सबसे बुरे अज़ाब ने घेर लिया—
46. आग, जिसे हर सुबह और शाम उनके सामने पेश किया जाता है। और जिस दिन क़यामत बरपा होगी (हुक्म दिया जाएगा), "फिरऔन के लोगों को सबसे सख़्त अज़ाब में दाख़िल कर दो।"
47. और जब वे दोज़ख़ में एक-दूसरे से झगड़ेंगे, तो कमज़ोर लोग तकब्बुर करने वालों से कहेंगे, "हम तुम्हारे ही पीछे चलने वाले थे, क्या तुम हमारे अज़ाब का कुछ हिस्सा दूर कर सकते हो?"
48. तकब्बुर करने वाले कहेंगे, "हम सब यहाँ एक ही हालत में हैं। अल्लाह ने अपने बंदों के दरमियान फ़ैसला कर दिया है।"
49. और जो दोज़ख़ में होंगे, वे जहन्नम के दरोग़ों से कहेंगे, "अपने रब से गुज़ारिश करो कि वह एक दिन के लिए हमारे अज़ाब को हल्का कर दे।"
50. वे जवाब देंगे, "क्या तुम्हारे पास तुम्हारे रसूल रौशन दलीलों के साथ नहीं आए थे?" वे कहेंगे, "हाँ, आए थे।" दरोग़ा कहेंगे, "तो अब तुम ही दुआ करो! मगर काफ़िरों की दुआ सिर्फ़ ग़लत जगह जाने वाली है।"
51. बेशक, हम अपने रसूलों और जो ईमान लाए, उनकी मदद दुनिया की ज़िंदगी में भी करेंगे, और उस दिन भी जब गवाह खड़े होंगे—

52. जिस दिन ज़ालिमों के लिए उनकी कोई भी माफ़ी काम नहीं आएगी, और उन पर अल्लाह की लानत होगी, और उनका ठिकाना बुरा होगा।
53. और बेशक, हमने मूसा को हिदायत दी थी, और बनी इस्राईल को किताब का वारिस बनाया—
54. हिदायत और समझ रखने वालों के लिए नसीहत के तौर पर।
55. पस सब्र करो (ऐ मुहम्मद), बेशक, अल्लाह का वादा सच है। और अपने गुनाह की माफ़ी माँगो और सुबह और शाम अपने रब की हम्द के साथ तसबीह करो।
56. बेशक, जो लोग बिना किसी दलील के अल्लाह की निशानियों के बारे में झगड़ते हैं, उनके दिलों में सिर्फ़ तकब्बुर है, जो वे कभी हासिल नहीं कर सकेंगे। तो अल्लाह की पनाह माँगो, बेशक, वह सब कुछ सुनने और देखने वाला है।
57. आसमान और ज़मीन की तख़लीक़, इंसानों की तख़लीक़ से ज़्यादा अज़ीम है, मगर ज़्यादातर लोग इस बात को नहीं जानते।
58. अंधा और देखने वाला बराबर नहीं हो सकते, न ही वे लोग जो ईमान लाए और नेक आमाल किए, बुरे लोगों के बराबर हो सकते हैं। तुम लोग बहुत कम समझते हो।
59. बेशक, क़यामत आने वाली है, इसमें कोई शक नहीं, मगर ज़्यादातर लोग इस पर ईमान नहीं लाते।
60. और तुम्हारा रब कहता है, "मुझसे दुआ करो, मैं तुम्हारी दुआ क़बूल करूँगा।" जो लोग मेरी इबादत से अकड़ेंगे, वे ज़लील होकर जहन्नम में दाख़िल होंगे।
61. अल्लाह ही है जिसने तुम्हारे लिए रात बनाई ताकि तुम इसमें सुकून पाओ, और दिन को रोशन बनाया। मगर ज़्यादातर लोग शुक्र अदा नहीं करते।
62. यही अल्लाह तुम्हारा रब्ब है, हर चीज़ का ख़ालिक़ (स्रष्टा)। उसके सिवा कोई माबूद (पूज्य) नहीं। फिर तुम कहाँ भटक रहे हो?
63. ऐसे ही वे लोग गुमराह किए गए जो अल्लाह की निशानियों को झुठलाते रहे।
64. अल्लाह ही है जिसने तुम्हारे लिए ज़मीन को टिकाऊ जगह बनाया, आसमान को एक छत बनाया, तुम्हारी सूरत बनाई और उसे खूबसूरत बनाया, और तुम्हें पाक चीज़ें अता कीं। यही अल्लाह तुम्हारा रब्ब है, तो कितना बरकत वाला है अल्लाह, जो सारी कायनात का मालिक है!
65. वही हमेशा ज़िंदा रहने वाला है, उसके सिवा कोई माबूद नहीं। तो उसी को पुकारो, अपनी इबादत को उसके लिए ख़ालिस (शुद्ध) करते हुए। सारी तारीफ़ सिर्फ़ अल्लाह के लिए है, जो तमाम जहानों का रब्ब है।
66. (ऐ मुहम्मद ﷺ) कह दो, "मुझे मना कर दिया गया है कि मैं उनकी इबादत करूँ जिन्हें तुम अल्लाह के सिवा पुकारते हो, जब मुझे मेरे रब्ब की तरफ़ से रौशन दलीलें मिल चुकी हैं। और मुझे यह हुक्म दिया गया है कि मैं तमाम जहानों के रब्ब के सामने झुक जाऊँ।"
67. वही है जिसने तुम्हें मिट्टी से पैदा किया, फिर नुत्फ़ा (बीज) से, फिर एक जमे हुए लोथड़े (अलक़ा) से, फिर तुम्हें एक बच्चा बनाकर निकाला, फिर तुम्हें जवानी तक पहुँचाया, फिर बुढ़ापे तक। तुम में से कुछ लोग

इससे पहले ही वफ़ात पा जाते हैं, और कुछ एक मुक़र्रर मियाद तक रहते हैं, ताकि तुम समझ सको।
68. वही ज़िंदगी देता है और वही मौत देता है। जब किसी चीज़ का फ़ैसला करता है, तो सिर्फ़ कहता है, "हो जा," और वह हो जाती है।
69. क्या तुमने नहीं देखा उन लोगों को जो अल्लाह की निशानियों पर झगड़ते हैं? वे कहाँ मोड़े जा रहे हैं?
70. जो लोग अल्लाह की किताब और उन चीज़ों को झुठलाते हैं जो हमने अपने रसूलों के साथ नाज़िल की, वे अनक़रीब जान लेंगे।
71. जब इनके गलों में तौक़ (ज़ंजीरें) डाले जाएंगे, और ये घसीटकर ले जाए जाएंगे,
72. उबलते हुए गर्म पानी में, फिर आग में झोंक दिए जाएंगे।
73. फिर इनसे कहा जाएगा, "कहाँ हैं तुम्हारे वो माबूद जिन्हें तुम अल्लाह के सिवा पूजा करते थे?"
74. वो कहेंगे, "वो सब हमें छोड़कर चले गए। बल्कि, हम पहले किसी चीज़ को पुकारते ही नहीं थे।" इस तरह अल्लाह काफ़िरों को गुमराही में डाल देता है।
75. (फ़रिश्ते कहेंगे) "ये सब इस वजह से है कि तुम ज़मीन में बग़ैर किसी हक़ के अकड़ गए और अपनी बदमस्ती में लगे रहे।"
76. "अब जहन्नम के दरवाज़ों से दाख़िल हो जाओ, जहाँ तुम हमेशा रहोगे। यह तकब्बुर करने वालों का कितना बुरा ठिकाना है!"
77. पस सब्र करो (ऐ मुहम्मद ﷺ), बेशक, अल्लाह का वादा सच है। चाहे हम तुम्हें कुछ वो चीज़ें दिखा दें जिनका हमने इनसे वादा किया है, या तुम्हें (इस दुनिया से) उठा लें, हर हाल में ये हमारी ही तरफ़ लौटकर आने वाले हैं।
78. और हम तुमसे पहले भी रसूल भेज चुके हैं। उनमें से कुछ के वाक़िआत हमने तुम्हें सुनाए, और कुछ के वाक़िआत नहीं सुनाए। और किसी रसूल के बस की बात न थी कि वो कोई निशानी ले आए मगर अल्लाह की इजाज़त से। जब अल्लाह का हुक्म आ जाता है, तो सच्चाई के साथ फ़ैसला कर दिया जाता है, और झूठ बोलने वाले घाटे में पड़ जाते हैं।
79. अल्लाह ही है जिसने तुम्हारे लिए चौपाए (जानवर) पैदा किए, जिनमें से कुछ पर तुम सवारी करते हो और कुछ को तुम खाते हो।
80. और तुम्हारे लिए उनमें और भी फ़ायदे हैं, और ताकि तुम अपनी दिल की ज़रूरत पूरी कर सको। और तुम उन पर भी सवार होते हो और कश्तियों पर भी।
81. और अल्लाह तुम्हें अपनी निशानियाँ दिखाता है। तो तुम अल्लाह की कौन-कौन सी निशानियों का इनकार करोगे?
82. क्या इन लोगों ने ज़मीन में सफर नहीं किया, ताकि देखें कि उन लोगों का क्या अंजाम हुआ जो इनसे पहले थे? वो इनसे ज़्यादा थे, ताकत में भी बढ़कर थे, और ज़मीन पर अपना ज़्यादा असर छोड़ गए थे। मगर जो कुछ वो कमाते थे, वो उनके किसी काम न आ सका।

83. जब उनके रसूल उनके पास रौशन दलीलें लेकर आए, तो वो अपने इल्म पर इतराते रहे। मगर जिस चीज़ का वो मज़ाक उड़ाते थे, वही उन पर मुसल्लत हो गई।

84. फिर जब उन्होंने हमारा अज़ाब देख लिया, तो कहने लगे, "हम अल्लाह पर ईमान लाते हैं, और जिन चीज़ों को हम उसका शरीक बनाते थे, उनका इनकार करते हैं।"

85. मगर जब उन्होंने हमारा अज़ाब देख लिया, तो उनका ईमान उनके किसी काम न आया। यही अल्लाह का हमेशा से चला आता दस्तूर है, जो उसके बंदों पर लागू होता है। और इस तरह काफ़िर लोग तबाही में चले गए।

41. सूरह फुसिलत

बिस्मिल्लाह-हिर्रहमान-निर्रहीम

1. हा, मीम।
2. यह उतारी गई है रहमान और रहीम की तरफ़ से।
3. यह एक किताब है जिसकी आयतें ख़ूबसूरती से विस्तार से बयान की गई हैं—एक अरबी क़ुरआन, उन लोगों के लिए जो इल्म रखते हैं।
4. यह ख़ुशख़बरी देने वाली और डराने वाली है, मगर ज़्यादातर लोग रुख़ मोड़ लेते हैं और सुनते ही नहीं।
5. और कहते हैं, "हमारे दिल उस चीज़ से पर्दों में हैं, जिसकी तरफ़ तुम हमें बुला रहे हो। हमारे कानों में बोझ है, और हमारे और तुम्हारे दरमियान एक दीवार है। तुम अपना काम करो, हम अपना काम कर रहे हैं।"
6. (ऐ मुहम्मद ﷺ) कह दो, "मैं सिर्फ़ एक इंसान हूँ तुम्हारी तरह। मुझ पर यह वही की गई है कि तुम्हारा माबूद सिर्फ़ एक अल्लाह है। तो तुम उसी की तरफ़ सीधी राह इख़्तियार करो और उससे मग़फ़िरत तलब करो।" और तबाही है उन लोगों के लिए जो अल्लाह के साथ शिर्क करते हैं।
7. जो ज़कात नहीं देते और आख़िरत पर ईमान भी नहीं रखते।
8. मगर जो लोग ईमान लाए और नेक आमाल किए, उनके लिए लगातार मिलने वाला अजर है।
9. (ऐ मुहम्मद ﷺ) कह दो, "क्या तुम उस अल्लाह का इनकार करते हो जिसने ज़मीन को दो दिनों में पैदा किया? और तुम उसके लिए शरीक ठहराते हो? वही तो सारे जहान का रब है।"
10. उसने ज़मीन पर मज़बूत पहाड़ रख दिए, उसमें बरकत रखी, और चार दिनों में वहाँ हर चीज़ की रोज़ी मुक़र्रर कर दी—सब पूछने वालों के लिए बराबर।
11. फिर उसने आसमान की तरफ़ रुख़ किया जब वह धुआँ था, और उससे और ज़मीन से कहा, "तुम दोनों चाहो या न चाहो, लेकिन आ जाओ।" दोनों ने कहा, "हम ख़ुशी से आ गए।"
12. फिर उसने उन्हें दो दिनों में सात आसमान बना दिया, और हर आसमान में उसका हुक्म वही कर दिया।

और हमने सबसे क़रीबी आसमान को रोशनियों (सितारों) से सजाया और हिफ़ाज़त का ज़रिया बनाया। यही है ज़बरदस्त, सब कुछ जानने वाले का मुक़र्रर किया हुआ निज़ाम।

13. अगर ये लोग रुख़ मोड़ लें, तो कह दो, "मैं तुम्हें उसी तरह के अज़ाब से डराता हूँ जैसा 'आद' और 'समूद' पर आया था।"

14. जब उनके पास रसूल आए—उनके आगे से भी और पीछे से भी—और कहने लगे, "सिर्फ़ अल्लाह की इबादत करो," तो उन्होंने कहा, "अगर हमारा रब चाहता तो फ़रिश्ते भेज देता। तो जो कुछ तुम लेकर आए हो, हम उस पर बिल्कुल भी ईमान लाने वाले नहीं।"

15. 'आद' की क़ौम ज़मीन पर नाहक़ अकड़ गई और कहने लगी, "कौन हमसे ताक़त में ज़्यादा है?" क्या उन्होंने नहीं देखा कि अल्लाह जिसने उन्हें पैदा किया, वह उनसे ज़्यादा ताक़तवर है? मगर वे हमारी निशानियों का इनकार करते रहे।

16. तो हमने उन पर एक ज़ोरदार तूफ़ानी हवा भेज दी, जो उन्हें बदनामी वाले अज़ाब का मज़ा चखा गई इस दुनिया में। और आख़िरत का अज़ाब और भी ज़्यादा रुसवा करने वाला है, और वहाँ उनकी कोई मदद न होगी।

17. और जहाँ तक 'समूद' का ताल्लुक़ है, तो हमने उन्हें राह दिखाई, मगर उन्होंने हिदायत की बजाय अंधेरी राह पसंद की। तो जो कुछ वे कमाते रहे, उसी की वजह से उन्हें ज़लील करने वाला अज़ाब पकड़ गया।

18. और जो ईमान लाए और अल्लाह से डरते रहे, उन्हें हमने बचा लिया।

19. और [ऐ मुहम्मद ﷺ], उस दिन का ज़िक्र करो जब अल्लाह के दुश्मन जहन्नम की तरफ़ इकट्ठे किए जाएंगे, एक क़तार में हाँके जाएंगे।

20. जब वे उस तक पहुँचेंगे, तो उनके कान, उनकी आँखें और उनकी चमड़ियाँ उनके ख़िलाफ़ गवाही देंगी जो वे किया करते थे।

21. और वे अपनी चमड़ियों से कहेंगे, "तुमने हमारे खिलाफ़ गवाही क्यों दी?" वे कहेंगी, "हमें अल्लाह ने बोलने पर मजबूर किया, जिसने हर चीज़ को बोलने की ताकत दी है। और उसी ने तुम्हें पहली बार पैदा किया, और उसी की तरफ़ तुम वापस लौटाए जाओगे।"

22. "तुम अपने आमाल इसीलिए नहीं छुपा रहे थे कि कहीं तुम्हारे कान, तुम्हारी आँखें या तुम्हारी चमड़ियाँ तुम्हारे ख़िलाफ़ गवाही न दें। बल्कि तुम समझते थे कि अल्लाह तुम्हारे बहुत से आमाल से बेख़बर है।"

23. "और यही तुम्हारा वह गुमान था जो तुमने अपने रब के बारे में रखा, जो तुम्हारी तबाही का सबब बना, और तुम घाटे में पड़ गए।"

24. अब चाहे वे सब्र करें, तो भी आग ही उनका ठिकाना है। और अगर अल्लाह को राज़ी करना चाहेंगे, तो उन्हें राज़ी होने का मौका नहीं दिया जाएगा।

25. और हमने उनके लिए ऐसे साथी मुक़र्रर कर दिए जो उनके लिए उनके आगे-पीछे (गुनाह) ख़ुशनुमा बना दिए। और उन पर भी वही फ़ैसला लागू हो चुका जो उनसे पहले गुजर चुकी क़ौमों—जिन्न और इंसान—पर

हो चुका था। बेशक, सभी घाटे में रहे।

26. और जो कुफ़्र करते हैं, कहते हैं, "इस क़ुरआन को मत सुनो, और जब इसकी तिलावत हो तो शोर मचाओ, शायद तुम ग़ालिब आ जाओ।"

27. मगर हम काफ़िरों को ज़रूर सख़्त अज़ाब का मज़ा चखाएँगे, और जो बुरा से बुरा अमल वे करते थे, उसका पूरा बदला देंगे।

28. यही है अल्लाह के दुश्मनों की सज़ा—जहन्नम। उसमें उनके लिए हमेशा का घर होगा, क्योंकि वे हमारी आयात का इनकार करते थे।

29. और जो कुफ़्र करते थे, कहने लगेंगे, "ऐ हमारे रब, हमें वे लोग दिखा दे जिन्होंने हमें गुमराह किया—चाहे वे जिन्न हों या इंसान—ताकि हम उन्हें अपने पैरों के नीचे डाल दें और उन्हें सबसे नीचा बना दें!"

30. जो लोग कहते हैं, "हमारे रब अल्लाह हैं" और फिर सीधे रास्ते पर जम जाते हैं, उन पर फ़रिश्ते नाज़िल होते हैं और कहते हैं, "मत डरो, मत ग़मगीन हो, जन्नत की ख़ुशख़बरी लो जो तुमसे वादा की गई थी।"

31. "हम दुनिया में भी तुम्हारे दोस्त थे, और आख़िरत में भी तुम्हारे साथी हैं। तुम्हें वहाँ वह सब मिलेगा जो तुम्हारा दिल चाहेगा, और जो कुछ तुम माँगोगे।"

32. "यह सब एक मेहरबान और बख़्शने वाले रब की मेहमान-नवाज़ी है।"

33. और उस शख़्स से बेहतर कौन हो सकता है जो अल्लाह की तरफ़ बुलाए, नेकी करे और कहे, 'मैं तो मुसलमान हूँ।'

34. अच्छी और बुरी बात कभी बराबर नहीं हो सकती। बुराई को अच्छी तरीक़े से दफ़ा करो, तो देखो, जो तुम्हारा दुश्मन था, वह तुम्हारा गहरा दोस्त बन जाएगा।

35. मगर यह बात सिर्फ़ उन्हीं लोगों को नसीब होती है जो सब्र करते हैं, और सिर्फ़ उन्हीं को दी जाती है जो बड़े नसीब वाले होते हैं।

36. और अगर तुम्हें शैतान कोई बुराई का वस्वसा दे, तो अल्लाह की पनाह माँगो। बेशक, वह सब सुनने और जानने वाला है।

37. उसकी निशानियों में से यह भी है कि रात और दिन, सूरज और चाँद हैं। सूरज और चाँद को सज्दा मत करो, बल्कि उस अल्लाह को सज्दा करो जिसने इन्हें पैदा किया, अगर तुम उसी की इबादत करते हो।

38. और अगर ये लोग अकड़ दिखाएँ, तो याद रहे, जो फ़रिश्ते तुम्हारे रब के पास हैं, वे रात-दिन उसकी तस्बीह करते हैं और कभी थकते नहीं।

39. और उसकी एक और निशानी यह है कि तुम ज़मीन को मुर्दा (बेजान) देखते हो, मगर जब हम इस पर बारिश बरसाते हैं, तो यह हिलने लगती है और सरसब्ज़ हो जाती है। जो उसे ज़िंदा करता है, वही मुर्दों को ज़िंदा करेगा। बेशक, वह हर चीज़ पर क़ादिर है।

40. जो लोग हमारी आयात में हर तरीक़े से बिगाड़ डालते हैं, वे हमसे छुपे नहीं हैं। तो बताओ, जो आदमी आग में डाला जाए, वह बेहतर है या जो क़यामत के दिन महफ़ूज़ रहे? तुम जो चाहो करो, बेशक अल्लाह देख

रहा है जो तुम करते हो।

41. जो लोग इस क़ुरआन का इंकार करते हैं जबकि यह उन तक आ चुका है... बेशक, यह एक अज़ीम किताब है।

42. न सामने से इसमें कोई ग़लती आ सकती है, न पीछे से। यह एक ऐसे रब की तरफ़ से नाज़िल हुई है जो हकीम और हम्द वाला है।

43. (ऐ मुहम्मद ﷺ), तुमसे वही कहा जा रहा है जो तुमसे पहले के पैग़म्बरों से कहा गया था। बेशक, तुम्हारा रब बख़्शिश वाला भी है और सख़्त सज़ा देने वाला भी।

44. और अगर हम इस क़ुरआन को ग़ैर-अरबी बनाते, तो ये लोग कहते, "इसकी आयतें हमें तफ़सील से क्यों नहीं समझाई गईं? क्या यह अजनबी (ग़ैर-अरबी) कलाम है और रसूल अरबी?" कह दो, "यह उन लोगों के लिए हिदायत और शिफ़ा है जो ईमान लाते हैं। और जो ईमान नहीं लाते, उनके कान बहरे हैं, और यह उन पर अंधापन है। ये लोग ऐसे हैं जैसे किसी दूर जगह से पुकारे जा रहे हों।"

45. और हमने मूसा को भी किताब दी थी, मगर उसमें भी इख़्तिलाफ़ किया गया। अगर तुम्हारे रब का फ़ैसला पहले से न हो चुका होता, तो उनके दरमियान फ़ैसला हो चुका होता। और बेशक, ये लोग इस क़ुरआन के बारे में गहरी शंका में पड़े हुए हैं।

46. जो कोई नेकी करेगा, तो यह उसी के लिए है, और जो बुरा करेगा, तो उसका नुक़सान भी उसी को होगा। और तुम्हारा रब अपने बंदों पर कभी ज़ुल्म करने वाला नहीं है।

47. सिर्फ़ अल्लाह ही के पास क़यामत का इल्म है। कोई फल अपने छिलके से बाहर नहीं निकलता, कोई औरत हमल नहीं उठाती और न जन्म देती मगर उसके इल्म से। और जिस दिन अल्लाह उनसे पूछेगा, "कहाँ हैं मेरे वो शरीक?" तो वे कहेंगे, "ऐ रब, हम गवाह देते हैं कि आज हम में से कोई भी उन्हें नहीं पहचानता।"

48. और वे सब कुछ खो बैठेंगे जिन्हें पहले पुकारा करते थे, और उन्हें यक़ीन हो जाएगा कि अब कहीं भागने की जगह नहीं।

49. इंसान कभी अपने लिए भली चीज़ माँग-माँग कर थकता नहीं, लेकिन जब उस पर कोई मुसीबत आती है, तो बिल्कुल मायूस और निराशा हो जाता है।

50. और अगर हम उसे अपनी रहमत का मज़ा चखाएँ मुसीबत के बाद, जो उस पर आई थी, तो वह कहने लगता है, "यह तो मेरी अपनी मेहनत का नतीजा है, और मुझे नहीं लगता कि क़यामत कभी आएगी। और अगर मुझे वापस मेरे रब के पास ले भी जाया गया, तो वहाँ भी मेरे लिए अच्छा ही होगा।" मगर हम काफ़िरों को ज़रूर बता देंगे जो उन्होंने किया, और उन्हें सख़्त अज़ाब का मज़ा चखाएँगे।

51. जब हम इंसान पर अपनी नेमत बरसाते हैं, तो वह हमसे मुँह मोड़ लेता है और दूर चला जाता है। मगर जब उस पर मुसीबत आती है, तो लंबी-लंबी दुआएँ माँगने लगता है।

52. कह दो, "ज़रा सोचो, अगर यह क़ुरआन अल्लाह की तरफ़ से हो और तुमने इसका इनकार किया, तो उस शख़्स से ज़्यादा गुमराह कौन होगा जो सिर्फ़ ज़िद पर अड़ा हुआ हो?"

53. हम उन्हें अपनी निशानियाँ दुनिया के कोने-कोने में भी दिखाएँगे और उनके अपने अंदर भी, ताकि उन्हें साफ़ पता चल जाए कि यह हक़ है। और क्या तुम्हारे रब की यह गवाही काफ़ी नहीं कि वही हर चीज़ का गवाह है?

54. सुन लो! ये लोग अपने रब से मुलाक़ात के बारे में शक में हैं। सुन लो! अल्लाह हर चीज़ को अपने इल्म और क़ब्ज़े में लिए हुए है।

42. सूरह अश-शूरा

बिस्मिल्लाह-हिर्रहमान-निर्रहीम

1. हा, मीम।
2. ऐन, सीन, क़ाफ़।
3. इसी तरह अल्लाह ने तुम्हारी तरफ़ और तुमसे पहले वालों की तरफ़ वही की है—अल्लाह, जो ज़बरदस्त और हकीम है।
4. जो कुछ आसमानों में है और जो कुछ ज़मीन में है, सब उसी का है। और वही सबसे बुलंद और अज़ीम है।
5. आसमान ऊपर से फट पड़ने को हैं, और फ़रिश्ते अपने रब की हम्द के साथ तसबीह करते हैं और ज़मीन वालों के लिए मग़फिरत माँगते हैं। सुन लो! बेशक अल्लाह ही है जो बख़्शने वाला, मेहरबान है।
6. और जिन लोगों ने अल्लाह के सिवा और सहारे (मददगार) बना लिए हैं, अल्लाह उन पर निगहबान है, और (ऐ मुहम्मद ﷺ) तुम उनके ज़िम्मेदार नहीं हो।
7. और इसी तरह हमने तुम्हारी तरफ़ यह क़ुरआन अरबी में नाज़िल किया, ताकि तुम उम्म-उल-क़ुरा (मक्का) और उसके इर्द-गिर्द वालों को डराओ, और उस जमा होने वाले दिन से ख़बरदार करो जिसमें कोई शक नहीं। एक गिरोह जन्नत में होगा और एक गिरोह भड़कती आग में।
8. और अगर अल्लाह चाहता तो सबको एक ही दीन पर बना देता, मगर वह जिसे चाहता है अपनी रहमत में दाख़िल करता है। और जो ज़ालिम हैं, उनका कोई मददगार नहीं।
9. क्या उन्होंने अल्लाह के सिवा और मददगार बना लिए हैं? हक़ीक़त यह है कि सिर्फ़ अल्लाह ही वली है, वही मुर्दों को ज़िंदा करता है, और वही हर चीज़ पर क़ादिर है।
10. और जिस बात में तुम इख़्तिलाफ़ करते हो, उसका फ़ैसला अल्लाह के पास है। कह दो, "यह है अल्लाह, मेरा रब। मैं उसी पर भरोसा करता हूँ, और उसी की तरफ़ रुजू करता हूँ।"
11. वही आसमान और ज़मीन का ख़ालिक़ (रचनाकार) है। उसने तुम्हारे लिए तुम्हारी जाति से जोड़े बनाए, और मवेशियों में भी जोड़े बनाए, ताकि तुम्हारी नस्ल बढ़ती रहे। कोई चीज़ उसकी मिसाल की नहीं, और वही

सुनने वाला, देखने वाला है।
12. आसमानों और ज़मीन की कुंजियाँ उसी के पास हैं। वही जिसे चाहता है, रिज़्क़ को कुशादा करता है, और जिसे चाहता है, तंग कर देता है। बेशक, वह हर चीज़ का इल्म रखता है।
13. उसने तुम्हारे लिए वही दीन मुक़र्रर किया है जो नूह को दिया था, और जो हमने आप (मुहम्मद ﷺ) की तरफ़ वही किया, और जो इब्राहीम, मूसा और ईसा को हुक्म दिया था— कि दीन को क़ायम रखो और इसमें तफ़रक़ा न डालो। लेकिन मुशरिकों के लिए ये बात बहुत मुश्किल है जिसमें तुम उन्हें बुला रहे हो। अल्लाह जिसे चाहता है, अपने पास चुन लेता है, और जो उसकी तरफ़ रुजू करे, उसे हिदायत दे देता है।
14. और ये लोग सिर्फ़ इल्म आ जाने के बाद ही आपस में झगड़े में पड़ गए, और वो भी सिर्फ़ अपनी ज़िद और हसद की वजह से। अगर तुम्हारे रब का फैसला पहले से न हो चुका होता कि उन्हें एक मुक़र्रर वक़्त तक मोहलत दी जाएगी, तो उनका फैसला हो चुका होता। और जो लोग उनके बाद किताब के वारिस बनाए गए, वो भी इस बात में शक में पड़े हुए हैं।
15. तो (ऐ मुहम्मद ﷺ), तुम इसी दीन की तरफ़ बुलाओ, और जिस तरह तुम्हें हुक्म दिया गया है, उसी पर क़ायम रहो, और उनकी ख़्वाहिशात की पैरवी मत करो। और कह दो, "मैं हर उस किताब पर ईमान लाया हूँ जो अल्लाह ने नाज़िल की है। और मुझे हुक्म दिया गया है कि तुम्हारे दरमियान इंसाफ़ करूँ। अल्लाह हमारा भी रब है और तुम्हारा भी रब। हमारे आमाल हमारे लिए, तुम्हारे आमाल तुम्हारे लिए। हमारे और तुम्हारे दरमियान कोई झगड़ा नहीं। अल्लाह हम सब को जमा करेगा, और उसी की तरफ़ सबको लौटना है।"
16. और जो लोग अल्लाह के बारे में झगड़ते हैं, जबकि उसकी दावत क़ुबूल की जा चुकी है, तो उनकी ये दलीलें उनके रब के नज़दीक बेकार हैं, और उन पर अल्लाह का ग़ज़ब है, और उनके लिए सख़्त अज़ाब है।
17. अल्लाह ही ने हक़ के साथ किताब नाज़िल की और मीज़ान-ए-अदल भी। और तुम्हें क्या मालूम? शायद क़यामत क़रीब हो।
18. जो लोग इस पर ईमान नहीं रखते, वो इसे जल्दी लाना चाहते हैं, और जो ईमान वाले हैं, वो इससे डरते हैं और जानते हैं कि ये हक़ है। सुन लो! जो लोग क़यामत के बारे में झगड़ते हैं, वो गहरी गुमराही में हैं।
19. अल्लाह अपने बंदों के साथ बहुत मेहरबान है, जिसे चाहता है, रिज़्क़ देता है, और वो बहुत ताक़तवर और क़ादिर है।
20. जो आख़िरत की खेती चाहता है, हम उसकी खेती बढ़ा देंगे। और जो दुनिया की खेती चाहता है, उसे इसमें से कुछ दे देते हैं, लेकिन आख़िरत में उसका कोई हिस्सा नहीं।
21. क्या उन्होंने अल्लाह के सिवा और शरीक बना लिए हैं, जो उनके लिए वो दीन मुक़र्रर करते हैं, जिसकी अल्लाह ने इजाज़त नहीं दी? अगर पहले से अल्लाह का फ़ैसला न होता, तो इनका फ़ैसला हो चुका होता। और जो ज़ालिम हैं, उनके लिए दर्दनाक अज़ाब है।
22. तुम देखोगे कि ज़ालिम लोग अपने किए हुए आमाल से डर रहे हैं, और वह उन पर अंजाम पाकर रहेंगे। और जो लोग ईमान लाए और नेक अमल किए, वह जन्नत के हरियाली भरे बागों में होंगे, जहाँ उनका रब जो

चाहेगा, उनको देगा। यही तो सबसे बड़ा इनाम है!

23. यही वही बात है, जिसका अल्लाह अपने उन बंदों से वादा करता है, जो ईमान लाए और नेक अमल किए। (ऐ मुहम्मद ﷺ) कह दो: "मैं तुमसे इस काम का कोई सिला नहीं माँगता, बस सिर्फ़ क़राबत (रिश्तेदारी) की मोहब्बत चाहता हूँ।" और जो कोई नेक अमल करेगा, हम उसके अमल में इज़ाफ़ा कर देंगे। बेशक अल्लाह बड़ा बख़्शने वाला, बड़ा क़द्रदान है।

24. क्या ये लोग कहते हैं कि मुहम्मद ﷺ ने अल्लाह पर झूठा इल्ज़ाम लगाया है? अगर अल्लाह चाहता तो तुम्हारे दिल पर मुहर लगा देता। और वह बातिल को मिटा देता और अपनी बात से हक़ को क़ायम करता है। बेशक, वह दिलों के अंदर की बातें जानता है।

25. और वही है जो अपने बंदों की तौबा क़बूल करता है, गुनाहों को माफ़ करता है, और जो कुछ तुम करते हो, उसे जानता है।

26. और जो लोग ईमान लाए और नेक अमल किए, अल्लाह उनकी दुआ क़बूल करता है, और अपनी रहमत से उनको और ज़्यादा अता करता है। और जो काफ़िर हैं, उनके लिए सख़्त अज़ाब है।

27. और अगर अल्लाह अपने बंदों का रिज़्क़ फ़राख़ कर देता, तो वे ज़मीन में ज़्यादती (सरकशी) करने लगते, मगर वह जितना चाहता है, उतना उतारता है। बेशक, वह अपने बंदों से ख़ूब वाक़िफ़ और देखने वाला है।

28. और वही है जो बारिश भेजता है, जब लोग मायूस हो चुके होते हैं, और अपनी रहमत को फैला देता है। और वही है मददगार, क़ाबिल-ए-तारीफ़।

29. और उसकी निशानियों में से है आसमान और ज़मीन की तख़लीक़, और जो मख़लूक़ात उसने दोनों में फैला रखी हैं। और जब चाहेगा, सबको इकट्ठा करने पर क़ादिर है।

30. और जो मुसीबत तुम्हें पेश आती है, वह तुम्हारे अपने हाथों की कमाई की वजह से है, मगर वह बहुत से गुनाह माफ़ कर देता है।

31. और तुम ज़मीन में अल्लाह को हराने वाले नहीं हो, और तुम्हारा अल्लाह के सिवा कोई मददगार और हिमायती भी नहीं।

32. और उसकी निशानियों में से है समुंदर में चलते हुए जहाज़, जो पहाड़ों की तरह हैं।

33. अगर वह चाहे तो हवा को रोक दे, तो वे जहाज़ पानी की सतह पर थमे रह जाएँ। इसमें हर सब्र और शुक्र करने वाले के लिए निशानियाँ हैं।

34. या फिर वह उन जहाज़ों को उनके अपने आमाल की वजह से तबाह कर दे, मगर वह बहुत से गुनाह माफ़ कर देता है।

35. और यह सब इसलिए है, ताकि वे लोग जो हमारी निशानियों पर झगड़ते हैं, जान लें कि उनके लिए कोई भागने की जगह नहीं।

36. जो कुछ तुम्हें दिया गया है, वह सिर्फ़ दुनिया की चंद रोज़ा ज़िंदगी का लुत्फ़ है। और जो कुछ अल्लाह के

पास है, वह बेहतरीन और दवाम (हमेशा रहने वाला) है, उन लोगों के लिए जो ईमान लाए और सिर्फ़ अपने रब पर भरोसा करते हैं।

37. और जो बड़े गुनाहों और फ़हश (शर्मनाक) बातों से बचते हैं, और जब ग़ुस्सा आता है तो माफ़ कर देते हैं।

38. और जो अपने रब की बात को मानते हैं, नमाज़ क़ायम करते हैं, और अपने मामलों को आपस के मशवरे से चलाते हैं, और जो हमने दिया है, उसमें से ख़र्च करते हैं।

39. और जब उन पर ज़ुल्म होता है, तो वे अपना बदला लेते हैं।

40. और बुराई का बदला उसी जैसा होता है, मगर जो माफ़ कर दे और सुलह कर ले, उसका अज्र अल्लाह के ज़िम्मे है। बेशक, अल्लाह ज़ालिमों को पसंद नहीं करता।

41. और जो अपने ऊपर ज़ुल्म होने के बाद बदला ले, तो उन पर कोई इल्ज़ाम नहीं।

42. इल्ज़ाम सिर्फ़ उन लोगों पर है जो लोगों पर ज़ुल्म करते हैं, और ज़मीन में नाहक़ ज़्यादती (सरकशी) करते हैं। ऐसे लोगों के लिए दर्दनाक अज़ाब है।

43. और जो सब्र करे और माफ़ कर दे, तो यह बेशक अज़ीम हिम्मत का काम है!

44. जिसे अल्लाह गुमराह कर दे, उसका अल्लाह के सिवा कोई मददगार नहीं। और तुम देखोगे कि ज़ालिम लोग जब अज़ाब देखेंगे तो कहेंगे, "क्या वापस जाने का कोई रास्ता है?"

45. और तुम उन्हें देखोगे कि जब उनको दोज़ख़ के सामने लाया जाएगा, तो वे ज़लील और शर्मिंदा होंगे, और छुप-छुप कर देखेंगे। और जो लोग ईमान लाए होंगे, वे कहेंगे, "हक़ीक़ी नाकाम तो वे लोग हैं जो आज क़यामत के दिन अपने आप को और अपने घरवालों को खो बैठे।" बेशक, ज़ालिम लोग हमेशा रहने वाले अज़ाब में होंगे।

46. और उनके लिए अल्लाह के सिवा कोई मददगार नहीं होगा। जिसे अल्लाह गुमराह कर दे, उसके लिए कोई राह नहीं।

47. अपने रब की बात मान लो, क़ब्ल इस से कि वह दिन आ जाए जो अल्लाह की तरफ़ से टल नहीं सकता। उस दिन न कोई पनाह मिलेगी और न कोई इनकार का मौक़ा।

48. अगर ये लोग मुँह फेर लें, तो (ऐ मुहम्मद ﷺ) हमने तुम्हें इन पर निगेहबान बनाकर नहीं भेजा। तुम्हारा काम सिर्फ़ पैग़ाम पहुँचा देना है। और जब हम इंसान को अपनी रहमत का मज़ा चखाते हैं, तो वह खुश हो जाता है, लेकिन जब उस पर कोई मुसीबत आती है उसके अपने हाथों की कमाई की वजह से, तो वह बड़ा नाशुक्रा बन जाता है।

49. आसमान और ज़मीन की बादशाहत अल्लाह ही की है। वह जिसे चाहे बेटियाँ दे, जिसे चाहे बेटे दे।

50. या दोनों मिला कर दे, और जिसे चाहे बांझ (औलाद से महरूम) कर दे। बेशक, वह सब कुछ जानने वाला, हर चीज़ पर क़ादिर है।

51. और किसी भी इंसान के लिए यह मुमकिन नहीं कि अल्लाह उससे सीधा मुख़ातिब हो, मगर या तो वही के

ज़रिए, या पर्दे के पीछे से, या फिर कोई फ़रिश्ता भेज कर जो अल्लाह का हुक्म पहुँचाए। बेशक, अल्लाह सब से ऊँचा, सब से हकीम है।

52. और इसी तरह हमने तुम्हारी तरफ़ अपने हुक्म से वही भेजी (क़ुरआन)। तुम न तो किताब को जानते थे, न ईमान क्या होता है, मगर हमने इसको एक रौशनी बना दिया, जिससे हम अपने बंदों में जिसे चाहें हिदायत देते हैं। और बेशक, (ऐ मुहम्मद ﷺ), तुम राह-ए-रास्त दिखाने वाले हो।

53. उस अल्लाह की राह जिसके पास आसमान और ज़मीन की हर चीज़ है। सुन लो, सब मामलात अल्लाह की तरफ़ ही लौटने वाले हैं!

43. सूरह अज-जुखरूफ

बिस्मिल्लाह-हिर्रहमान-निर्रहीम

1. हा, मीम।

2. कसम है इस रौशन किताब की।

3. हमने इसको एक अरबी क़ुरआन बनाया है ताकि तुम समझ सको।

4. और बेशक यह उम्म-उल-किताब (असली किताब) में हमारे पास है, जो बुलंद मरतबा और हिकमत से भरी हुई है।

5. क्या हम इस पैग़ाम को तुमसे हटा दें सिर्फ इस वजह से कि तुम हद से बढ़ने वाले लोग हो?

6. और हमने कितने ही पैग़ंबर पहले की क़ौमों में भेजे।

7. मगर हर बार जब भी कोई नबी उनके पास आता, तो वे उसका मज़ाक उड़ाते।

8. और हमने उनसे भी ज्यादा ताक़तवर लोगों को तबाह कर दिया, और पिछली क़ौमों की मिसाल (इब्रत के लिए) गुज़र चुकी है।

9. अगर तुम इनसे पूछो, "आसमान और ज़मीन को किसने पैदा किया?" तो ये ज़रूर कहेंगे, "उन्हें जबरदस्त क़ुदरत और इल्म वाले अल्लाह ने बनाया है।"

10. वही है जिसने तुम्हारे लिए ज़मीन को फ़र्श बनाया और इसमें रास्ते बनाए, ताकि तुम हिदायत पाओ।

11. और वही है जो आसमान से एक मिक़दार के मुताबिक़ बारिश नाज़िल करता है, और उससे मुर्दा ज़मीन को ज़िंदा करता है। इसी तरह तुम भी (क़यामत के दिन) ज़िंदा किए जाओगे।

12. और उसी ने हर क़िस्म की मख़लूक़ात पैदा की, और तुम्हारे लिए कश्तियाँ और जानवर बनाए जिन पर तुम सवार होते हो।

13. ताकि जब तुम इनके ऊपर आराम से बैठो, तो अपने रब की ने'मत को याद करो, और कहो, "पाक है

वह जिसने इसको हमारे लिए मुसख़्ख़र कर दिया, वरना हम इसको क़ाबू में ला ही नहीं सकते थे!"
14. और बेशक, हम अपने रब की तरफ ही लौट जाने वाले हैं।
15. लेकिन इन लोगों ने अल्लाह के बंदों का एक हिस्सा उसकी तरफ़ मंसूब कर दिया! बेशक, इंसान बड़ा ही नाशुक्रा है।
16. क्या अल्लाह ने अपनी मख़लूक़ में से बेटियाँ चुनी और तुम्हें बेटे दिए?
17. और जब इनमें से किसी को उस चीज़ की ख़ुशख़बरी दी जाती है जो वे अल्लाह के लिए पसंद नहीं करते (यानी बेटी), तो उसका चेहरा सियाह हो जाता है और वह ग़म महसूस करता है।
18. क्या जो सिर्फ़ ज़ेवरों में पला बढ़ा हो और झगड़े में अपनी बात भी न समझा सके, उसको अल्लाह के साथ जोड़ा जा सकता है?
19. और इन लोगों ने फ़रिश्तों को, जो रहमान के बंदे हैं, औरतें बना दिया! क्या ये उनकी तख़्लीक़ पर मौजूद थे? इनका यह झूठा दावा लिख लिया जाएगा और उनसे सवाल किया जाएगा।
20. और ये कहते हैं, "अगर रहमान चाहता तो हम इनको न पूजते।" इनके पास इसका कोई इल्म नहीं, ये सिर्फ़ झूठ बोल रहे हैं।
21. क्या हमने इन्हें इससे पहले कोई किताब दी थी, जिसे ये मज़बूती से पकड़े हुए हैं?
22. बल्कि ये कहते हैं, "हमने अपने बाप-दादा को एक तरीक़े पर पाया, और हम उन्हीं के नक़्श-ए-क़दम पर चल रहे हैं।"
23. और इसी तरह, हमने तुमसे पहले जब भी किसी बस्ती में कोई डराने वाला भेजा, तो उसके अमीर और ऐश-परस्त लोग कहते, "हमने अपने बाप-दादा को एक तरीक़े पर पाया है, और हम उनके नक़्श-ए-क़दम पर चल रहे हैं।"
24. हर नबी ने कहा, "अगर मैं तुम्हारे बाप-दादा के तरीक़े से बेहतर हिदायत लेकर आया हूँ, तब भी?" मगर उन्होंने कहा, "जो भी तुम लेकर आए हो, हम उसका इनकार करते हैं!"
25. फिर हमने उनसे इंतिक़ाम लिया, देखो झुठलाने वालों का अंजाम कैसा हुआ!
26. और (याद करो) जब इब्राहीम ने अपने बाप और अपनी क़ौम से कहा, "मैं उन सबसे बेज़ार हूँ जिन्हें तुम पूजते हो!"
27. "सिवाय उसके जिसने मुझे पैदा किया, और वही मुझे हिदायत देगा।"
28. और उसने इस बात को अपनी आने वाली नस्लों के लिए छोड़ दिया, ताकि वो इसकी तरफ़ रुजू करें।
29. मगर मैंने इन लोगों (मक्का वालों) और उनके बाप-दादा को मज़े करने दिए, यहाँ तक कि उनके पास हक़ और एक रौशन रसूल आ गया।
30. मगर जब हक़ उनके पास आया तो उन्होंने कहा, "ये तो जादू है, और हम इस पर ईमान लाने वाले नहीं हैं!"
31. और उन्होंने कहा, "ये कुरआन इन दो शहरों (मक्का या ताइफ) के किसी बड़े आदमी पर क्यों नहीं

नाज़िल किया गया?”
32. क्या ये तुम्हारे रब की रहमत को तक़सीम करते हैं? हमने ही दुनिया में इनके रोज़गार को तक़सीम किया, और एक को दूसरे पर दर्जा दिया ताकि ये एक-दूसरे से काम लें। मगर तुम्हारे रब की रहमत उस माल से बेहतर है जो ये जमा करते हैं।
33. अगर ये न होता कि सब लोग एक ही गुमराह गिरोह बन जाते, तो हम रहमान के इनकार करने वालों के घर चाँदी के छतों और सीढ़ियों से सजा देते!
34. और उनके घरों के दरवाजे भी चाँदी के होते, और ऐसे तख़्त होते जिन पर वो आराम से बैठ सकते।
35. और सोने के ज़ेवर भी। मगर ये सब सिर्फ़ दुनिया का छोटा सा फ़ायदा है, और आख़िरत तुम्हारे रब के पास सिर्फ़ मुत्तक़ियों के लिए है।
36. और जो रहमान की याद से अंधा बन जाता है, हम उसके लिए एक शैतान मुक़र्रर कर देते हैं जो उसका साथी बन जाता है।
37. और ये शयातीन उन्हें राह-ए-रास्त से रोकते हैं, और ये समझते हैं कि वो सीधे रास्ते पर हैं!
38. जब वो (गुनहगार) हमारे पास आएगा तो कहेगा, “काश! मेरे और तेरे दरमियान मशरिक़ और मग़रिब जितना फ़ासला होता! तू तो बड़ा ही बुरा साथी निकला!”
39. मगर आज तुम्हें कोई फ़ायदा नहीं होगा, क्योंकि तुम सब अज़ाब में शरीक हो चुके हो।
40. क्या तुम बहरे को सुना सकते हो? या अंधे को राह दिखा सकते हो? या उसको जो खुली गुमराही में भटका हुआ है?
41. अगर हम तुम्हें (दुनिया से) उठा लें तब भी, हम इनसे इंतक़ाम लेकर रहेंगे!
42. और अगर हम तुम्हें वह (सज़ा) दिखा दें जो हमने इनके लिए वादा की है, तो भी हम पूरी क़ुदरत रखते हैं।
43. तो जो कुछ तुम पर वही किया गया है, उस पर मज़बूती से जम जाओ! बेशक तुम सीधे रास्ते पर हो।
44. और यह क़ुरआन तुम्हारे लिए और तुम्हारी क़ौम के लिए एक नसीहत है, और तुम सबसे इसके बारे में सवाल किया जाएगा।
45. उन रसूलों से पूछ लो जिन्हें हमने तुमसे पहले भेजा, क्या हमने रहमान के सिवा किसी और को पूजा जाने वाला बनाया था?
46. और हमने मूसा को अपनी निशानियों के साथ फ़िरऔन और उसके दरबारवालों के पास भेजा, और उसने कहा, “मैं रब्बुल आलमीन का रसूल हूँ!”
47. मगर जब मूसा उनके पास हमारी निशानियाँ लेकर आया, तो उन्होंने हंसना शुरू कर दिया।
48. और हमने एक के बाद एक ऐसी निशानियाँ दिखाई जो पहली से बड़ी थी, और हमने उनको अज़ाब में डाला ताकि शायद वे (अल्लाह की तरफ) लौट आएं।
49. मगर उन्होंने मूसा से कहा, “ऐ जादूगर! अपने रब से हमारे लिए दुआ कर जिसका तू ने हमसे वादा लिया

है, हम ज़रूर हिदायत पा लेंगे!"
50. मगर जैसे ही हमने उनसे अज़ाब हटा दिया, वो अपना वादा तोड़ देते!
51. और फिरऔन ने अपनी क़ौम में ऐलान किया: "ऐ मेरी क़ौम! क्या मिस्र की बादशाहत मेरी नहीं? और ये नदियाँ जो मेरे नीचे बह रही हैं, क्या तुम नहीं देखते?"
52. "क्या मैं इस शख़्स (मूसा) से बेहतर नहीं हूँ जो इतना बेक़द्र है और ढंग से अपनी बात भी नहीं समझा सकता?"
53. "अगर यह वाक़ई अल्लाह का रसूल है, तो इस पर सोने के कंगन क्यों नहीं उतारे गए? या फ़रिश्ते साथ क्यों नहीं आए?"
54. इस तरह फिरऔन ने अपनी क़ौम को बहला दिया, और उन्होंने उसकी इताअत की। बेशक, वो वैसे ही नाफ़रमान लोग थे।
55. और जब उन्होंने हमारे गुस्से को भड़का दिया, तो हमने उनसे इंतक़ाम लिया और सब को डूबा दिया!
56. और हमने उन्हें आने वाली नस्लों के लिए एक मिसाल और इबरत बना दिया।
57. और जब मरयम के बेटे (ईसा) का ज़िक्र किया गया, तो तुम्हारी क़ौम ज़ोर-ज़ोर से हंसने लगी!
58. और कहने लगे, "क्या हमारे माबूद बेहतर हैं या ये?" ये मिसाल सिर्फ़ झगड़ा करने के लिए देते हैं, असल में ये एक झगड़ालू क़ौम है!
59. ईसा (अ.स) सिर्फ़ एक बंदा था, जिसे हमने अपनी रहमत दी, और उसे बनी इस्राईल के लिए एक मिसाल बनाया।
60. अगर हम चाहते, तो तुम्हारी जगह फरिश्ते ज़मीन पर एक-दूसरे के बाद आते!
61. और बेशक, ईसा (अ.स) क़यामत की एक निशानी हैं, इसलिए तुम इसमें शक न करो और मेरी बात मानो। यही सीधा रास्ता है।
62. और शैतान तुम्हें हरगिज़ राह-ए-रास्त से न हटाने पाए, क्योंकि वह तुम्हारा खुला दुश्मन है।
63. और जब ईसा (अ.स) साफ़ दलीलें लेकर आए, तो उन्होंने कहा, "मैं तुम्हारे पास हिकमत (नबूवत) लेकर आया हूँ, और कुछ बातें जिनमें तुम आपस में इख़्तिलाफ़ करते हो, उन्हें वाज़ेह करने आया हूँ। तो अल्लाह से डरो और मेरी इताअत करो!"
64. "बेशक, अल्लाह मेरा भी रब है और तुम्हारा भी, तो उसी की इबादत करो, यही सीधा रास्ता है।"
65. मगर इनमें जो फिरक़े थे, उन्होंने इख़्तिलाफ़ कर लिया। तो ज़ालिमों के लिए दुख भरे दिन का अज़ाब है!
66. क्या ये सिर्फ़ इस बात का इंतज़ार कर रहे हैं कि अचानक क़यामत आ जाए, और उन्हें इसका एहसास भी न हो?
67. उस दिन दोस्तों के दरमियान दुश्मनी हो जाएगी, सिवाय मुत्तक़ियों के।
68. और अल्लाह उनसे फ़रमाएगा, "ऐ मेरे बंदों! आज तुम पर न कोई ख़ौफ़ है, न तुम उदास होगे!"
69. "वो जो हमारी आयतों पर ईमान लाए, और जो मुस्लिम थे।"

70. “जन्नत में दाख़िल हो जाओ, तुम भी और तुम्हारे घरवाले भी, ख़ुशी-ख़ुशी!”
71. वहाँ उनके दरमियान सोने के बर्तन और प्याले घूमाए जाएंगे। और जो कुछ उनका दिल चाहे और जो उनकी आँखें पसंद करें, सब वहाँ होगा! और तुम उसमें हमेशा रहोगे!
72. और यह जन्नत जो तुम्हें दी गई है, यह तुम्हारे अच्छे आमाल का सिला है।
73. वहाँ तुम्हारे लिए बहुत से फल होंगे, जिनसे तुम खाया करोगे!
74. मगर जो मुजरिम हैं, वह दोज़ख़ के अज़ाब में रहेंगे!
75. उनका अज़ाब कभी कम नहीं होगा, और वह उसमें मायूस होकर पड़े रहेंगे!
76. हमने उन पर ज़ुल्म नहीं किया, बल्कि उन्होंने खुद अपने ऊपर ज़ुल्म किया।
77. और वह जहन्नम के दारोग़ा (मालिक) से पुकार कर कहेंगे, “ऐ मालिक! हमारे रब से कह दो कि हमें ख़त्म कर दे!” वह कहेगा, “नहीं! तुम यहाँ हमेशा रहोगे!”
78. हम तुम्हारे पास हक़ लाए थे, मगर तुममें से ज़्यादातर लोग हक़ को पसंद नहीं करते थे।
79. क्या उन्होंने कोई चाल चल रखी है? तो हम भी अपनी चाल चल रहे हैं!
80. या ये समझते हैं कि हम उनके राज़ और उनकी गुफ़्तगू नहीं सुनते? बिल्कुल सुनते हैं! और हमारे फ़रिश्ते सब लिख रहे हैं।
81. (ऐ नबी) कह दो, “अगर रहमान का कोई बेटा होता, तो सबसे पहले मैं उसकी इबादत करता!”
82. पाक है वह (अल्लाह) जो आसमानों और ज़मीन का मालिक है, अर्श का रब है, और हर उस चीज़ से बाला-तर है जो ये लोग कहते हैं!
83. तो छोड़ दो इन्हें, ये बेकार बातें करते रहें, और मज़े लें जब तक अपने उस दिन का सामना न कर लें, जो उनसे वादा किया गया है।
84. और वही (अल्लाह) आसमान में भी माबूद है, और ज़मीन में भी वही माबूद है! और वही हकीम (दानीशमंद) और सब कुछ जानने वाला है!
85. बरकत वाला है वह जिसके हाथ में आसमानों और ज़मीन की बादशाहत है, और जो हर चीज़ का इल्म रखता है, और जिसके पास क़यामत का इल्म है, और जिसके पास तुम्हें लौटकर जाना है!
86. और जिन्हें ये लोग अल्लाह के सिवा पुकारते हैं, वो शफ़ाअत (सिफ़ारिश) का इख़्तियार नहीं रखते, सिवाय उनके जो हक़ की गवाही देते हैं और जो इसे जानते हैं।
87. और अगर तुम इनसे पूछो कि, “तुम्हें किसने पैदा किया?” तो ये ज़रूर कहेंगे, “अल्लाह ने!” फिर ये कहाँ बहक रहे हैं?
88. (और अल्लाह रसूल की यह बात सुन रहा है): “ऐ मेरे रब! ये लोग ईमान नहीं लाते!”
89. तो इनसे रुख़ फेर लो, और कह दो, “सलाम है तुम पर!” (यानी तुम मेरी तरफ़ से महफ़ूज़ हो, मैं तुम्हें कोई नुक़सान नहीं पहुँचाऊँगा। ये बात उस वक़्त की है जब अभी जिहाद की इजाज़त नहीं मिली थी।) मगर ये जल्द ही जान लेंगे!

44. सूरह अद-दुख़ान

बिस्मिल्लाह-हिर्रहमान-निर्रहीम

1. हा, मीम।
2. साफ़ (वाज़ेह) किताब की क़सम।
3. हमने इसे एक बरकत वाली रात में नाज़िल किया। बेशक, हमें इंसान को डराना था।
4. उस रात हर मामला वाज़ेह तौर पर अलग किया जाता है।
5. हर मामला जो हमारी तरफ़ से होता है। बेशक, हम एक रसूल भेजने वाले थे।
6. यह तुम्हारे रब की रहमत है। बेशक, वही सुनने वाला, जानने वाला है।
7. आसमानों और ज़मीन का, और जो कुछ इनके दरमियान है, उसका मालिक है—अगर तुम यक़ीन रखते हो।
8. कोई माबूद नहीं उसके सिवा, वही ज़िंदगी देता है और मौत देता है। वही तुम्हारा रब है और तुम्हारे पहले बाप-दादा का भी रब है।
9. मगर ये लोग शक में पड़े मज़े कर रहे हैं।
10. फिर देखना, जिस दिन आसमान एक खुला धुआँ लेकर आएगा।
11. जो लोगों को ढाँक लेगा—यह एक तकलीफ़देह अज़ाब होगा।
12. तब ये कहेंगे, "ऐ हमारे रब, हमसे यह अज़ाब दूर कर दे, बेशक हम अब ईमान ले आए हैं!"
13. लेकिन अब इनके लिए नसीहत कैसे फ़ायदा देगी? जबकि इनके पास एक साफ़ रसूल आ चुका था।
14. फिर भी ये लोग उससे मुँह मोड़ गए और कहने लगे, "इसे किसी ने सिखा दिया है, यह तो एक पागल आदमी है!"
15. हम थोड़ी देर के लिए अज़ाब हटा देंगे, मगर तुम फिर वही कुफ़्र की तरफ़ लौट जाओगे।
16. उस दिन जब हम सबसे बड़ा अज़ाब देंगे, तो हम बदला लेकर रहेंगे।

17. हमने इनसे पहले फिरऔन की क़ौम का इम्तिहान लिया, जब उनके पास एक इज़्ज़तदार रसूल (मूसा अ.S.) आए।

18. उन्होंने कहा, "अल्लाह के बंदे मुझे दे दो। बेशक, मैं तुम्हारे लिए एक अमानतदार रसूल हूँ।"

19. और यह भी कहा, "अल्लाह से सर ना उठाओ (मतकब्बिर मत बनो), बेशक मैं तुम्हारे पास साफ़ दलील के साथ आया हूँ।"

20. "और मैंने अपने और तुम्हारे रब की पनाह माँगी है, कहीं तुम मुझे संगसार (पत्थर मारकर क़त्ल) ना कर दो।"

21. "अगर तुम मुझ पर ईमान नहीं लाते तो कम से कम मुझे अपने हाल पर छोड़ दो।"

22. फिर उन्होंने अपने रब से दुआ की कि "ये तो एक मुजरिम क़ौम है।"

23. अल्लाह ने फ़रमाया, "मेरे बंदों को रात के वक्त लेकर निकल जाओ, तुम्हारा पीछा किया जाएगा।"

24. "और समुंदर को अपनी हालत पर छोड़ दो, बेशक ये लश्कर ग़र्क़ (डुबो) कर दिया जाएगा।"

25. कितने ही बाग़ और चश्मे छोड़ गए ये लोग,

26. और खेतियाँ और अज़ीम मकान,

27. और वो ऐश-ओ-आराम जो इनको मिल रही थी।

28. ऐसे ही होता है, और हमने दूसरे लोगों को इन चीज़ों का वारिस बना दिया।

29. ना तो आसमान इन पर रोया, ना ज़मीन, और ना ही इन्हें कोई मोहलत दी गई।

30. और हमने बनी इस्राईल को ज़िल्लत भरे अज़ाब से बचा लिया।

31. "फ़िरऔन से निजात दी। बेशक, वह हद से बढ़ने वाला, बड़ा मुतकब्बिर था।"

32. "और हमने उनको (बनी इस्राईल को) अपनी इल्म की बिनाह पर तमाम दुनिया वालों पर बरहकर चुना।"

33. "और हमने उन्हें ऐसी निशानियां दीं जो एक साफ़ इम्तिहान थीं।"

34. मगर ये (मुन्किर) लोग कहते हैं,

35. "हमारी सिर्फ़ एक ही मौत है, उसके बाद हम उठाए नहीं जाएंगे।"

36. "अगर तुम सच्चे हो तो हमारे बाप-दादा को ज़िंदा करके ले आओ।"

37. क्या ये लोग तुब्बा की क़ौम और उनसे पहले वाले लोगों से बेहतर हैं? हमने उनको हलाक कर दिया, क्योंकि वो सब मुजरिम थे।

38. हमने आसमान और ज़मीन और जो कुछ इनके दरमियान है, बिना किसी मक़सद के नहीं बनाया।

39. हमने इनको सिर्फ़ हक़ के साथ पैदा किया, मगर इनमें से अक्सर लोग नहीं जानते।

40. बेशक, फ़ैसले का दिन उन सब के लिए तय है।

41. "उस दिन कोई रिश्ता किसी काम नहीं आएगा, और न ही कोई मदद किया जाएगा।"

42. "मगर जो लोग अल्लाह की रहमत के मुस्तहिक़ होंगे, वही बचा लिए जाएंगे। बेशक, अल्लाह ज़बरदस्त

है, निहायत रहम करने वाला।”

43. “बेशक, ज़क़्क़ूम का दरख़्त,”

44. “गुनहगारों का खाना होगा।”

45. “वो तेल जैसा गाढ़ा होगा, जो पेटों में उबल रहा होगा,”

46. “जैसे तेज़ गर्म पानी का जोश।”

47. “(फिर हुक्म होगा), ‘इसे पकड़ो और इसे जहन्नम के बीच में घसीट कर ले जाओ!’”

48. “’फिर इसके सर पर खौलता हुआ अज़ाब का पानी डाल दो!’”

49. “(और कहा जाएगा), ‘चखो! तुम तो बड़े इज़्ज़तदार और बुज़ुर्ग बने फिरते थे!’”

50. “’बेशक, यही वो चीज़ है जिसके बारे में तुम झगड़ते थे!’”

51. “मगर जो परहेज़गार हैं, वो एक महफ़ूज़ जगह में होंगे।”

52. “बाग़ों और चश्मों में,”

53. “रेशम और सुंदर कपड़ों में आरास्ता, एक-दूसरे के सामने बैठे होंगे।”

54. “ऐसे ही होगा, और हम उनकी शादी हसीन आँखों वाली हूरों से करवा देंगे।”

55. “वहाँ वो हर किस्म के फलों को बुलाएँगे—पूरी हिफ़ाज़त और सुकून के साथ।”

56. “वहाँ उन्हें मौत का मज़ा सिर्फ़ एक मर्तबा (दुनिया की मौत) चखना पड़ा था, और अल्लाह ने उन्हें जहन्नम के अज़ाब से महफ़ूज़ रखा।”

57. “यह तुम्हारे रब का फ़ज़्ल है, और यही सबसे बड़ी कामयाबी है।”

58. “और बेशक, हमने इस (क़ुरआन) को तुम्हारी ज़बान में आसान बना दिया है, ताकि ये लोग नसीहत लें।”

59. “पस देखो (ऐ मुहम्मद ﷺ), ये भी इंतज़ार कर रहे हैं, और तुम भी इंतज़ार करो!”

45. सूरह अल-जाथीया

बिस्मिल्लाह-हिर्रहमान-निर्रहीम

1. हा, मीम।

2. यह किताब का नाज़िल होना अल्लाह की तरफ़ से है, जो ज़बरदस्त है, हकीम है।

3. बेशक, आसमान और ज़मीन में मोमिनों के लिए निशानियाँ हैं।

4. और तुम्हारी अपनी तख़्लीक़ (पैदाइश) में और जो चलने-फिरने वाली मख़लूक़ अल्लाह ने फैला रखी है, उनमें यक़ीन रखने वालों के लिए निशानियाँ हैं।

5. और रात और दिन के बदलने में, जो बारिश अल्लाह आसमान से नाज़िल करता है और उसके ज़रिए मुर्दा ज़मीन को ज़िंदा करता है, और हवाओं के मोड़ देने में, अक़्ल वालों के लिए निशानियाँ हैं।

6. यह अल्लाह की आयतें हैं जो हम तुम्हें ठीक-ठीक सुनाते हैं, तो फिर अल्लाह और उसकी आयतों के बाद और किस बात पर ईमान लाओगे?

7. हलाकत है हर झूठे और गुनाहगार इंसान के लिए,

8. जो अल्लाह की आयतें सुनता है, फिर अकड़ कर (ऐसा) चलता है जैसे उसने सुना ही नहीं। तो उसको दर्दनाक अज़ाब की बशारत दे दो।

9. और जब उसको हमारी आयतों में से कुछ मालूम होता है, तो उसका मज़ाक उड़ाता है। ऐसे लोगों के लिए ज़िल्लत वाला अज़ाब है।

10. उनके सामने जहन्नम है, जो कुछ उन्होंने कमाया होगा, वह उनके किसी काम नहीं आएगा, और न वह दोस्त जो उन्होंने अल्लाह के सिवा बना रखे थे। और उनके लिए बड़ा अज़ाब है।

11. यह क़ुरआन हिदायत है, और जो लोग अपने रब की आयतों का इनकार करते हैं, उनके लिए सख़्त दुख-दर्द वाला अज़ाब है।

12. अल्लाह ही है जिसने तुम्हारे लिए समुंदर को मुसख़्ख़र किया ताकि इसमें कश्ती उसके हुक्म से चले, और ताकि तुम उसके फज़्ल की तलाश करो, शायद तुम शुक्र अदा करो।

13. और जो कुछ आसमानों में है और जो कुछ ज़मीन में है, सब उसने तुम्हारे लिए मुसख्खर कर दिया, सब कुछ उसी की तरफ़ से है। बेशक, इसमें उन लोगों के लिए निशानियाँ हैं जो ग़ौर-ओ-फ़िक्र करते हैं।
14. (ऐ मुहम्मद ﷺ), मोमिनों से कह दो कि जो लोग अल्लाह के दिनों (अज़ाब) की उम्मीद नहीं रखते, उनको माफ कर दें, ताकि अल्लाह एक क़ौम को उनके आमाल का बदला दे।
15. जो भी नेकी करेगा, वह उसी के लिए है, और जो भी बुराई करेगा, तो उसका वबाल भी उसी पर है। फिर तुम सबको अपने रब की तरफ़ लौटना है।
16. और हमने बनी इसराईल को किताब, हुक्म और नबूवत अता की, उन्हें अच्छी चीज़ें दीं, और उन्हें तमाम दुनिया वालों पर बढ़कर फज़ीलत दी।
17. और हमने उन्हें दीन की साफ़ दलीलें दीं, मगर उन लोगों ने अपने दरमियान सिर्फ़ हसद और ज़िद की वजह से इख़्तिलाफ़ किया, जबकि उनके पास इल्म आ चुका था। बेशक, तुम्हारा रब क़यामत के दिन उनके दरमियान फैसला कर देगा जिसमें वे इख़्तिलाफ़ करते थे।
18. फिर (ऐ मुहम्मद ﷺ) हमने तुम्हें दीन के एक साफ़ तरीक़े पर लगा दिया, तो उसी का इत्तिबा करो, और उन लोगों की ख्वाहिशात की पैरवी मत करो जो इल्म नहीं रखते।
19. ये लोग अल्लाह के मुक़ाबिल तुम्हारे किसी काम नहीं आएंगे। और ज़ालिम एक-दूसरे के दोस्त हैं, मगर अल्लाह परहेज़गारों का दोस्त है।
20. यह (क़ुरआन) लोगों के लिए बसीरत है, और यक़ीन रखने वालों के लिए हिदायत और रहमत है।
21. क्या जो लोग बुराइयाँ करते हैं, ये समझते हैं कि हम उन्हें और जो ईमान लाए और नेक आमाल किए, दोनों को बराबर कर देंगे? उनका यह फैसला बहुत ही बुरा है।
22. अल्लाह ने आसमान और ज़मीन को ठीक और हक़ के साथ बनाया है, ताकि हर नफ़्स को उसके आमाल का बदला दिया जाए, और उन पर ज़ुल्म नहीं किया जाएगा।
23. क्या तुमने देखा उस शख़्स को जिसने अपनी ख़्वाहिश को अपना माबूद बना लिया? अल्लाह ने उसे इल्म के बावजूद गुमराह कर दिया, उसके कान और दिल पर मुहर लगा दी, और उसकी आँखों पर पर्दा डाल दिया? फिर अल्लाह के बाद कौन उसे हिदायत दे सकता है? क्या तुम नसीहत नहीं लेते?
24. और ये लोग कहते हैं, "बस यही दुनिया की ज़िंदगी है, यहीं मरेंगे और यहीं जीएंगे, और हमें सिर्फ़ वक़्त ही मिटाता है।" मगर इनके पास इसका कोई इल्म नहीं, ये सिर्फ़ गुमान करते हैं।
25. और जब उनको हमारी साफ़ आयतें सुनाई जाती हैं, तो इनका बस यही जवाब होता है: "अगर तुम सच्चे हो तो हमारे बाप-दादा को ले आओ (ज़िंदा कर के दिखाओ)।"
26. कह दो, "अल्लाह ही तुम्हें ज़िंदगी देता है, फिर वही तुम्हें मौत देगा, फिर क़यामत के दिन तुम सबको इकट्ठा करेगा, जिसमें कोई शक नहीं, मगर अक्सर लोग जानते नहीं।"
27. और अल्लाह ही के लिए है आसमानों और ज़मीन की बादशाहत। और जिस दिन क़यामत बरपा होगी, उस दिन झूठे नुक़सान उठाने वाले होंगे।

28. और तुम देखोगे हर क़ौम अपनी जगह पर घुटनों के बल बैठी होगी। हर क़ौम अपने आमाल नामे की तरफ़ बुलाई जाएगी, और कहा जाएगा: "आज तुम्हें तुम्हारे आमाल का बदला दिया जाएगा।"

29. यह हमारा लिखा हुआ है, जो सच-सच तुम्हारे सामने बोल रहा है। जो भी तुम करते थे, हम लिखवाते रहे।

30. फिर जो लोग ईमान लाए और नेक आमाल किए, उनका रब उन्हें अपनी रहमत में दाख़िल करेगा। यही सरीह (स्पष्ट) कामयाबी है।

31. मगर जो कुफ्र कर गए, उनसे कहा जाएगा: "क्या तुम्हारे सामने हमारी आयतें नहीं पढ़ी जाती थीं, मगर तुम अकड़ गए और मुजरिम बन गए?"

32. और जब तुमसे कहा गया कि अल्लाह का वादा बिलकुल सच है, और क़यामत का दिन आने वाला है, तो तुमने कहा: 'हम नहीं जानते क़यामत क्या है, बस एक गुमान है, और हम इसका यक़ीन नहीं रखते।'

33. फिर जो बुराइयाँ इन्होंने की थीं, उनके असरात सामने आ जाएँगे, और जिसका ये मज़ाक उड़ाते थे, वही उन्हें घेर लेगा।

34. और कहा जाएगा: "आज हम तुम्हें भुला देंगे जैसे तुमने इस दिन की मुलाक़ात को भुला दिया था, और तुम्हारा ठिकाना जहन्नम है, और कोई तुम्हारा मददगार नहीं होगा।"

35. "ये तुम्हारी सज़ा है, क्योंकि तुमने अल्लाह की आयतों का मज़ाक उड़ाया और दुनिया की ज़िंदगी ने तुम्हें धोखे में डाल दिया।" सो आज न तो ये दोज़ख़ से निकाले जाएँगे, और न इनसे कोई माफ़ी तलब की जाएगी।

36. तो सब तारीफ़ अल्लाह के लिए है, जो आसमानों का रब, ज़मीन का रब, और तमाम जहानों का मालिक है।

37. और उसी के लिए है सब बड़ाई आसमानों और ज़मीन में। और वही ज़बरदस्त है, हिकमत वाला है।

46. सूरह अल-अहक़ाफ़

बिस्मिल्लाह-हिर्रहमान-निर्रहीम

1. हा, मीम।
2. ये किताब का नुज़ूल अल्लाह की तरफ़ से है, जो ज़बरदस्त है, हकीम है।
3. हमने आसमान और ज़मीन और जो कुछ इनके दरमियान है, सिर्फ़ हक़ के साथ और एक मुक़र्रर मुद्दत के लिए बनाया है। लेकिन जो लोग कुफ़्र करते हैं, वो जिस चीज़ से डराए जा रहे हैं, उससे मुँह मोड़ रहे हैं।
4. कह दो (ऐ मुहम्मद ﷺ), "क्या तुमने कभी ग़ौर किया है उन चीज़ों पर जिन्हें तुम अल्लाह के सिवा पुकारते हो? मुझे दिखाओ कि उन्होंने ज़मीन में क्या पैदा किया है? या फिर क्या उनका आसमान की ख़ल्क़ में कोई हिस्सा है? कोई किताब लाओ जो इससे पहले नाज़िल हुई हो, या फिर कोई बचा हुआ इल्म अगर तुम सच्चे हो।"
5. और उससे ज़्यादा गुमराह कौन हो सकता है जो अल्लाह के सिवा ऐसे को पुकारे जो क़यामत तक उसकी दुआ का जवाब भी न दे सके, बल्कि उन्हें तो इस बात का एहसास भी न हो कि कोई उन्हें पुकार रहा है?
6. और जब सब लोग जमा किए जाएँगे, तो ये जो दुनिया में पूजे जा रहे थे, अपने पूजने वालों के दुश्मन बन जाएँगे और उनकी इबादत का इंकार कर देंगे।
7. जब हमारी आयतें उनके सामने वाज़ेह दलील के साथ पढ़ी जाती हैं, तो जो कुफ़्र करते हैं, वो हक़ के मुताल्लिक़ (जब वो उनके सामने आता है) कहते हैं, "ये तो खुला जादू है!"
8. या फिर कहते हैं, "इसे उसने घड़ लिया है?" कह दो, "अगर मैंने इसे घड़ लिया है, तो तुम अल्लाह की पकड़ से मुझे बचा नहीं सकते। जो बातें तुम बनाते हो, अल्लाह उनको ख़ूब जानता है। मेरे और तुम्हारे दरमियान अल्लाह ही गवाह काफ़ी है। और वही ग़फ़ूर (माफ़ करने वाला) है, रहीम (मेहरबान) है।"
9. कह दो, "मैं पहला रसूल नहीं हूँ और मुझे ये भी नहीं पता कि मेरे साथ क्या किया जाएगा और न तुम्हारे साथ। मैं सिर्फ़ वही फ़ॉलो करता हूँ जो मुझे वह़ी के ज़रिए दिया जाता है, और मैं सिर्फ़ एक साफ़-साफ़ डराने

वाला हूँ।"

10. कह दो, "ज़रा सोचो, अगर ये (क़ुरआन) अल्लाह की तरफ़ से है और तुमने इसका इंकार कर दिया, जबकि बनी इसराईल का एक गवाह इसके मिलने वाली किसी चीज़ पर गवाही दे चुका और वो ईमान ले आया, लेकिन तुम तकब्बुर कर रहे हो...? यक़ीनन अल्लाह ज़ालिम लोगों को हिदायत नहीं देता।"

11. और जो कुफ़्र करते हैं, वो ईमान लाने वालों के मुताल्लिक़ कहते हैं, "अगर ये सच होता तो ये हमसे पहले इस पर ईमान न लाते।" और जब वो ख़ुद इससे हिदायत नहीं पाते, तो कहते हैं, "ये तो पुरानी कहानियाँ हैं!"

12. और इससे पहले मूसा की किताब थी, जो रहनुमाई और रहमत थी। और ये (क़ुरआन) भी एक तस्दीक़ करने वाली किताब है, जो अरबी ज़ुबान में है, ताकि ज़ालिमों को डराए और नेकी करने वालों को ख़ुशख़बरी दे।

13. यक़ीनन जो लोग कहते हैं, "हमारा रब अल्लाह है," और फिर उस पर मुस्तक़िल रहते हैं, उन पर न कोई ख़ौफ़ होगा और न ही वो ग़मगीन होंगे।

14. ये लोग जन्नत के रहने वाले हैं, जो हमेशा उसमें रहेंगे, अपने किए गए आमाल के बदले में।

15. और हमने इंसान को उसके माँ-बाप के साथ अच्छा सुलूक करने का हुक्म दिया। उसकी माँ ने उसे दुख उठा कर अपने पेट में रखा, और दुख उठा कर उसे जन्म दिया। उसका दूध छुड़ाने और पलने-पोसने का पूरा अरसा तीस (30) महीने है। फिर जब वो अपनी जवानी की हद तक पहुँचता है और चालीस (40) साल का हो जाता है, तो कहता है, "ऐ मेरे रब! मुझे तौफ़ीक़ दे कि मैं तेरी उस नेमत का शुक्र अदा करूं जो तूने मुझ पर और मेरे माँ-बाप पर की, और ऐसे नेक आमाल करूं जो तुझे पसंद आएं, और मेरी औलाद को भी मेरे लिए नेक बना दे। मैं तेरे हुज़ूर तौबा करता हूँ, और मैं मुस्लिम हूँ।"

16. ये वो लोग हैं जिनके अच्छे आमाल हम क़ुबूल करेंगे और उनकी बुराइयों से दरगुज़र करेंगे। ये जन्नत के रहने वालों में होंगे। यही वो वादा है जो उनसे सच कहा गया था।

17. लेकिन जो अपने माँ-बाप से कहता है, "उफ़! क्या तुम मुझे ये कहकर डरा रहे हो कि मुझे ज़िंदा उठाया जाएगा? मुझसे पहले कितनी नस्लें गुज़र चुकी हैं!" जबकि उसके माँ-बाप अल्लाह से मदद मांग रहे होते हैं और कहते हैं, "तुझ पर अफ़सोस! ईमान ले आ, यक़ीनन अल्लाह का वादा सच है!" लेकिन वो कहता है, "ये तो सिर्फ़ पुराने लोगों की कहानियाँ हैं!"

18. ये वही लोग हैं जिनके लिए अल्लाह का अज़ाब फ़र्ज़ हो चुका है, और वो उन्हीं जिन्नों और इंसानों के गिरोहों में होंगे जो उनसे पहले गुज़र चुके हैं। यक़ीनन ये सभी नुक़सान उठाने वाले हैं।

19. हर एक के लिए उनके आमाल के मुताबिक़ दर्जात हैं, ताकि अल्लाह उनको उनके आमाल का पूरा बदला दे। उन पर ज़ुल्म नहीं किया जाएगा।

20. और जिस दिन काफ़िरों को दोज़ख़ के सामने लाया जाएगा, (उनसे कहा जाएगा), "तुमने अपनी दुनिया की ज़िंदगी में अपनी सारी नेमतों का लुत्फ़ उठा लिया और उनसे मज़े ले लिए। अब आज तुम्हें ज़लील करने वाला अज़ाब दिया जाएगा, क्योंकि तुमने दुनिया में नाहक़ तकब्बुर किया और नाफरमानी करते रहे।"

21. और (ऐ मुहम्मद ﷺ) आद के भाई (हज़रत हूद علیہ السلام) का क़िस्सा याद करो, जब उन्होंने अपनी क़ौम को अहक़ाफ़ के इलाक़े में डराया, जबकि उनसे पहले भी बहुत से नबी आ चुके थे और उनके बाद भी आते रहे। उन्होंने कहा, "सिर्फ़ अल्लाह की इबादत करो, मैं तुम्हारे लिए एक अज़ीम दिन के अज़ाब का डर रखता हूँ।"

22. उन्होंने कहा, "क्या तुम हमें हमारे माबूदों से भटकाने आए हो? अगर तुम सच्चे हो तो ले आओ वो अज़ाब जिससे तुम हमें डराते हो!"

23. हज़रत हूद (علیہ السلام) ने कहा, "उसका इल्म सिर्फ़ अल्लाह के पास है, मैं तो बस वही पैग़ाम तुम तक पहुँचा रहा हूँ जो मुझे दिया गया है। मगर मैं देख रहा हूँ कि तुम लोग जहालत का मामला कर रहे हो।"

24. फिर जब उन्होंने देखा कि एक बादल उनकी वादियों की तरफ़ आ रहा है, तो कहने लगे, "ये तो एक बादल है जो हमें बारिश देगा!" नहीं! बल्कि यही है वो अज़ाब जिससे तुम जल्दी मंगवा रहे थे—एक ऐसी हवा जो दर्दनाक अज़ाब लेकर आई है।

25. जो हर चीज़ को अपने रब के हुक्म से तबाह कर रही थी। और वो लोग इस तरह मिट गए कि सिर्फ़ उनके घर नज़र आते थे। हम मुजरिम क़ौम को ऐसे ही बदला देते हैं।

26. और हमने उन्हें ऐसी ताक़त दी थी जो तुम्हें नहीं दी गई। हमने उन्हें सुनने, देखने और समझने की सलाहियत दी थी, मगर जब उन्होंने अल्लाह की आयतों को झुटलाया, तो उनके कान, आँखें और दिल उनके किसी काम न आए। और जिस चीज़ का वो मज़ाक उड़ाते थे, वही उन पर मुसल्लत हो गई।

27. हम उन बस्तियों को तबाह कर चुके हैं जो तुम्हारे आस-पास थीं, और हमने अपनी निशानियाँ मुख़्तलिफ़ तरीक़ों से बयान कीं ताकि शायद ये लोग बाज़ आ जाएँ।

28. तो जिन्हें उन्होंने अल्लाह के सिवा अपना माबूद बना रखा था, जो उन्हें अल्लाह का क़ुर्ब दिलाने वाले थे, उन्होंने उनकी मदद क्यों न की? बल्कि वो तो उनसे ग़ायब हो गए। ये उनका झूठ था जो उन्होंने गढ़ रखा था।

29. (ऐ मुहम्मद ﷺ) वो वक़्त याद करो जब हमने कुछ जिन्न तुम्हारी तरफ़ भेजे जो क़ुरआन सुन रहे थे। जब वो उसके पास पहुँचे तो कहने लगे, "चुपचाप सुनो!" फिर जब तिलावत ख़त्म हुई, तो अपनी क़ौम की तरफ़ वापस गए और उन्हें डराने लगे।

30. उन्होंने कहा, "ऐ हमारी क़ौम! हमने एक किताब सुनी है जो मूसा (علیہ السلام) के बाद नाज़िल की गई है, जो पहले की किताबों की तस्दीक़ करती है, और सच्चाई और राह-ए-रास्त की तरफ़ रहनुमाई करती है।"

31. "ऐ हमारी क़ौम! अल्लाह के दाई (रसूल ﷺ) की बात मानो और उन पर ईमान लाओ, अल्लाह तुम्हारे गुनाह माफ़ कर देगा और तुम्हें दर्दनाक अज़ाब से बचा लेगा।"

32. "लेकिन जो अल्लाह के दाई की बात नहीं मानेगा, वह ज़मीन में अल्लाह को हरा नहीं सकता, और न ही उसका कोई मददगार होगा। ऐसे लोग खुली गुमराही में हैं।"

33. क्या उन्होंने नहीं देखा कि जिसने आसमान और ज़मीन बनाई और उन्हें बनाने में कोई कमजोरी महसूस न हुई, वही मुर्दों को ज़िंदा करने पर भी पूरी क़ुदरत रखता है? हाँ! यक़ीनन वह हर चीज़ पर क़ादिर है।

34. और जिस दिन कुफ़्र करने वालों को आग के सामने लाया जाएगा, (उनसे कहा जाएगा), “क्या ये हक़ नहीं है?” वो कहेंगे, “हाँ! हमारे रब की क़सम (ये बिलकुल हक़ है)!” तो (अल्लाह) फरमाएगा, “तो अब अज़ाब का मज़ा चखो जो तुम इंकार करते रहे!”

35. तो (ऐ मुहम्मद ﷺ) सब्र करो, जैसे अज़्म वाले रसूलों ने सब्र किया, और उनके लिए जल्दी न करो। जिस दिन वो उस अज़ाब को देखेंगे जिससे उन्हें डराया गया था, तो ये महसूस होगा कि जैसे ये सिर्फ़ एक दिन की एक घड़ी दुनिया में रहे। ये पैग़ाम है, और हलाक वही होंगे जो नाफ़रमानी करने वाले हैं।

47. सूरह मुहम्मद

बिस्मिल्लाह-हिर्रहमान-निर्रहीम

1. जिन लोगों ने कुफ़्र किया और अल्लाह के रास्ते से रोका, अल्लाह उनके आमाल ज़ाया कर देगा।
2. और जो लोग ईमान लाए, नेक आमाल किए, और जो कुछ मुहम्मद ﷺ पर नाज़िल किया गया उस पर ईमान लाए—जो कि उनके रब की तरफ़ से हक़ है—अल्लाह उनके गुनाह मिटा देगा और उनका हाल बेहतर कर देगा।
3. ये इस वजह से है कि जो कुफ़्र करते हैं, वो झूठ का दामन थामे रहते हैं, और जो ईमान वाले हैं, वो अपने रब की तरफ़ से सच्चाई का दामन थामे रहते हैं। इस तरह अल्लाह लोगों के लिए मिसाल बयान करता है।
4. जब तुम जंग में कुफ़्र करने वालों से सामना करो तो उनकी गर्दनें मारो, यहाँ तक कि जब तुम उन्हें अच्छी तरह तोड़ दो, तो फिर उन्हें मज़बूती से क़ैद कर लो। फिर या तो एहसान करके (आज़ाद कर दो) या फिर फ़िदिया ले लो, यहाँ तक कि जंग अपना बोझ उतार दे। अगर अल्लाह चाहता तो ख़ुद उनसे बदला ले लेता, मगर ये सब कुछ इसलिए है ताकि अल्लाह तुममें से कुछ लोगों का इम्तिहान ले। और जो अल्लाह के रास्ते में शहीद होते हैं, अल्लाह उनके आमाल हरगिज़ ज़ाया नहीं करता।
5. वो उन्हें हिदायत देगा और उनका हाल बेहतर करेगा।
6. और उन्हें उस जन्नत में दाख़िल करेगा जिसे उनके लिए पहचान बना दिया गया है।
7. ऐ लोगों जो ईमान लाए हो! अगर तुम अल्लाह की मदद करोगे, तो वह तुम्हारी मदद करेगा और तुम्हारे क़दम जमाएगा।
8. और जिन लोगों ने कुफ़्र किया, उनके लिए तबाही है और अल्लाह उनके आमाल ज़ाया कर देगा।
9. यह इस वजह से है कि उन्होंने अल्लाह के नाज़िल किए हुए हुक्म को पसंद नहीं किया, इसीलिए अल्लाह ने उनके आमाल बेकार कर दिए।
10. क्या उन्होंने ज़मीन में सफ़र नहीं किया कि देखें उन लोगों का क्या अंजाम हुआ जो उनसे पहले थे? अल्लाह ने उन पर अज़ाब नाज़िल कर दिया, और यह काफ़िरों के लिए भी एक मिसाल है।
11. यह इसलिए कि अल्लाह ईमान वालों का मददगार है, और काफिरों का कोई मददगार नहीं।

12. बेशक, अल्लाह उन लोगों को जो ईमान लाए और नेक अमल किए, ऐसे जन्नतों में दाख़िल करेगा जिनके नीचे नहरें बह रही होंगी। और जिन लोगों ने कुफ़्र किया, वे बस दुनिया की ज़िंदगी का लुत्फ़ उठा रहे हैं, जैसे जानवर चरते हैं, और उनका अंजाम जहन्नम है।

13. और कितनी ही बस्तियाँ जो तुम्हारी बस्ती (मक्का) से ज़्यादा मज़बूत थीं, हमने उन्हें तबाह कर दिया, और उनका कोई मददगार न था।

14. क्या वह शख़्स जो अपने रब की तरफ़ से एक वाज़ेह दलील पर है, उस शख़्स के बराबर हो सकता है जिसके बुरे आमाल उसे ख़ूबसूरत बना कर दिखाए गए हैं और जो सिर्फ़ अपनी ख़्वाहिशात की पैरवी करता है?

15. क्या वह जन्नत, जिसका वादा परहेज़गारों से किया गया है—जिसमें पानी की नहरें हैं जो कभी ख़राब नहीं होंगी, दूध की नहरें हैं जिनका ज़ायका कभी नहीं बदलेगा, शराब की नहरें हैं जो पीने वालों के लिए लज़ीज़ होंगी, और शहद की नहरें हैं जो बिलकुल ख़ालिस होंगी—और जिसमें हर क़िस्म के फल और उनके रब की तरफ़ से मग़फ़िरत होगी, क्या वह उस शख़्स के बराबर हो सकती है जो हमेशा जहन्नम में रहेगा और जिसे ऐसा खोलता हुआ पानी पिलाया जाएगा जो उसकी आँतें फाड़ देगा?

16. और उनमें से कुछ लोग ऐसे हैं जो तुम्हारी बात सुनते हैं, लेकिन जब तुम्हारे पास से निकलते हैं तो उन लोगों से जो इल्म रखते हैं, पूछते हैं, "अभी-अभी उन्होंने क्या कहा?" ये वही लोग हैं जिनके दिलों पर अल्लाह ने मोहर लगा दी है और जो सिर्फ़ अपनी ख़्वाहिशों के पीछे चलते हैं।

17. और जो लोग हिदायत पर हैं, अल्लाह उन्हें और हिदायत देता है और उन्हें तक़्वा अता करता है।

18. क्या ये लोग सिर्फ़ क़यामत का इंतज़ार कर रहे हैं कि वह अचानक उन पर आ जाए? उसके कुछ निशानियां तो पहले ही आ चुकी हैं। फिर जब वह आ जाएगी, तो उन्हें क्या फ़ायदा होगा कि उस वक़्त याद करें?

19. तो (ऐ मुहम्मद ﷺ) जान लो कि अल्लाह के सिवा कोई माबूद नहीं, और अपनी और मोमिन मर्दों और मोमिन औरतों की मग़फ़िरत की दुआ करो। और अल्लाह तुम्हारे चलने-फिरने और ठहरने से भी वाक़िफ़ है।

20. जो लोग ईमान लाए हैं, वे कहते हैं, "कोई सूरह क्यों नाज़िल नहीं की गई?" लेकिन जब कोई वाज़ेह सूरह नाज़िल की जाती है जिसमें जंग का ज़िक्र होता है, तो तुम देखते हो कि जिन लोगों के दिलों में निफ़ाक़ (मुनाफ़िक़त) है, वे तुम्हारी तरफ़ इस तरह देखते हैं जैसे उन पर मौत छा गई हो। लेकिन उनके लिए सबसे बेहतरीन तरीक़ा यह था...

21. कि वे हुक्म मानते और अच्छी बात कहते। और जब जंग का हुक्म दिया गया, अगर ये अल्लाह से सच्चे रहते, तो इनके लिए बेहतर होता।

22. तो क्या तुम ये उम्मीद रखते हो कि अगर तुम मुँह फेर लोगे, तो ज़मीन में फ़साद मचा दोगे और अपने रिश्तेदारों से ताल्लुक़ तोड़ दोगे?

23. ये वही लोग हैं जिन पर अल्लाह की लानत है, जिनकी सुनने की सलाहियत छीन ली गई है और जिनकी

आँखें अंधी कर दी गई हैं।

24. क्या ये लोग क़ुरआन पर ग़ौर व फ़िक्र नहीं करते, या इनके दिलों पर ताले लगे हुए हैं?

25. जो लोग हिदायत पाने के बाद फिर कुफ़्र की तरफ़ पलट गए, उन्हें शैतान ने बहका दिया और उन्हें लंबे अरमान दे दिए।

26. ये इस वजह से है कि उन्होंने उन लोगों से कहा जो अल्लाह के नाज़िल किए गए हुक्म को पसंद नहीं करते थे, "हम कुछ मामलों में तुम्हारी बात मान लेंगे।" और अल्लाह उनकी छुपी हुई बातों को जानता है।

27. तो उस वक़्त इनका क्या हाल होगा जब फ़रिश्ते इनकी रूह निकालेंगे, इनके चेहरों और पीठों पर मारते हुए?

28. यह इस कारण है कि उन्होंने उस चीज़ की पैरवी की जो अल्लाह को ग़ुस्सा दिलाती है, और उस चीज़ को पसंद नहीं किया जो उसकी रज़ा (संतोष) का कारण बनती है, इसलिए अल्लाह ने उनके आमाल ज़ाया कर दिए।

29. क्या वे लोग जिनके दिलों में निफ़ाक़ (मुनाफ़िक़त) है, यह समझते हैं कि अल्लाह उनके दिलों की नफरत को कभी ज़ाहिर नहीं करेगा?

30. अगर हम चाहें तो उन्हें तुम्हें दिखा दें, और तुम उन्हें उनकी निशानियों से पहचान लोगे। मगर तुम उन्हें उनके लहजे से ज़रूर जान लोगे। और अल्लाह तुम्हारे आमाल से वाक़िफ़ है।

31. और हम ज़रूर तुम्हारा इम्तिहान लेंगे, यहाँ तक कि जो लोग अल्लाह के रास्ते में जिहाद करने वाले हैं और सब्र करने वाले हैं, उन्हें ज़ाहिर कर दें। और हम तुम्हारे हाल का भी इम्तिहान लेंगे।

32. जो लोग कुफ़्र करते हैं, अल्लाह के रास्ते से रोकते हैं, और रसूल ﷺ की मुख़ालिफ़त करते हैं, जबकि उन्हें हिदायत साफ़-साफ़ नाज़िल हो चुकी थी—वे अल्लाह का कुछ भी नहीं बिगाड़ सकते, और अल्लाह उनके आमाल को बर्बाद कर देगा।

33. ऐ लोगों जो ईमान लाए हो! अल्लाह की इताअत करो, और रसूल की इताअत करो, और अपने आमाल ज़ाया मत करो।

34. जो लोग कुफ़्र पर रहे और लोगों को अल्लाह के रास्ते से रोकते रहे, फिर कुफ़्र की हालत में ही मर गए, अल्लाह उन्हें हरगिज़ माफ़ नहीं करेगा।

35. तो तुम कमज़ोर मत पड़ना और सुलह की दरख़्वास्त मत करना जबकि तुम ग़ालिब हो। और अल्लाह तुम्हारे साथ है, वह तुम्हारे आमाल का अजर हरगिज़ ज़ाया नहीं करेगा।

36. यह दुनिया की ज़िंदगी सिर्फ़ एक खेल-तमाशा है। और अगर तुम ईमान लाओ और तक़्वा इख़्तियार करो, तो अल्लाह तुम्हें तुम्हारा बदला देगा और तुमसे तुम्हारा माल तलब नहीं करेगा।

37. अगर वह तुमसे माल मांगे और तुम पर दबाव डाले, तो तुम बख़ील बन जाओगे, और तुम्हारे दिल की नफ़रत ज़ाहिर हो जाएगी।

38. सुनो! तुम्हीं लोग हो जिनको अल्लाह के रास्ते में ख़र्च करने के लिए बुलाया जाता है, मगर तुम में से कुछ

लोग बुख़्ल करते हैं। जो बख़ील है, वह सिर्फ़ अपने ही लिए बख़ील है। अल्लाह बेनियाज़ है, और तुम सब मोहताज हो। अगर तुम मुँह फेरोगे, तो अल्लाह किसी और क़ौम को तुम्हारी जगह ले आएगा, जो तुम्हारी तरह नहीं होगी।

48. सूरह अल-फ़तह

बिस्मिल्लाह-हिर्रहमान-निर्रहीम

1. हमने तुम्हें एक वाज़ेह फ़तह अता की है।
2. ताकि अल्लाह तुम्हारे पिछले और आने वाले सभी गुनाहों को माफ़ कर दे, तुम पर अपनी नेमत पूरी कर दे, और तुम्हें सीधा रास्ता दिखाए।
3. और अल्लाह तुम्हारी मदद एक ज़बरदस्त फ़तह के साथ करेगा।
4. वही है जो मोमिनों के दिलों में सुकून नाज़िल करता है, ताकि उनका ईमान और बढ़ जाए। और आसमान और ज़मीन के लश्कर सिर्फ़ अल्लाह के हैं, और अल्लाह हर चीज़ का ज्ञान रखता है, हर फ़ैसले में हकीम है।
5. ताकि वह मोमिन मर्दों और मोमिन औरतों को ऐसे बागों में दाख़िल करे जिनके नीचे नहरें बह रही हैं, जहाँ वे हमेशा रहेंगे, और उनके गुनाहों को मिटा दे—और अल्लाह की नज़र में यह सबसे बड़ी कामयाबी है।
6. और उन मुनाफ़िक मर्दों और मुनाफ़िक औरतों, और मुश्रिक मर्दों और मुश्रिक औरतों को सज़ा दे जो अल्लाह के बारे में बुरे-बुरे गुमान रखते हैं। उन पर अज़ाब का एक बुरा दायरा मुसल्लत है। अल्लाह उनसे नाराज़ हो चुका, उन्हें लानत दे चुका, और उनके लिए जहन्नम तैयार कर चुका—और वह कितनी बुरी जगह है।
7. और आसमान और ज़मीन के सभी लश्कर अल्लाह के हैं। और अल्लाह हर चीज़ पर ग़ालिब है, हकीम है।
8. (ऐ नबी!) हमने तुम्हें गवाह बनाकर, शुभ समाचार देने वाला और डराने वाला बनाकर भेजा है,
9. ताकि लोग अल्लाह और उसके रसूल पर ईमान लाएँ, उनका एहतराम करें, उनका आदर बजा लाएँ, और सुबह-शाम अल्लाह की तसबीह करें।
10. जो लोग तुमसे बैअत करते हैं, वे असल में अल्लाह से बैअत करते हैं। अल्लाह का हाथ उनके हाथों पर है। जो इस अहद को तोड़ता है, वह अपने ही नुक़सान में है, और जो अल्लाह से किया वादा पूरा करे, अल्लाह उसको बड़ा अजर अता करेगा।

11. वो बद्दू जो पीछे रह गए थे, कहेंगे: "हमारे माल और घरवालों ने हमें मशगूल कर दिया, तो हमारे लिए माफी मांग लो।" ये लोग अपनी ज़ुबान से वो कहते हैं जो उनके दिल में नहीं है। तुम कह दो: "अगर अल्लाह तुम्हें नुकसान या फायदा देना चाहे, तो कौन है जो अल्लाह को रोक सके?" अल्लाह तुम्हारे हर अमल से वाक़िफ़ है।

12. तुम लोगों ने ये समझा था कि रसूल और मोमिन अपने घर वापस नहीं लौटेंगे, और ये बात तुम्हारे दिलों को अच्छी लगती थी। तुमने बुरे गुमान रखे और तुम एक तबाह होने वाली क़ौम बन गए।

13. जो अल्लाह और उसके रसूल पर ईमान नहीं लाता, तो हमने ऐसे काफ़िरों के लिए भड़कती आग तैयार कर रखी है।

14. आसमान और ज़मीन की बादशाहत सिर्फ़ अल्लाह की है। वह जिसे चाहे माफ़ करे और जिसे चाहे सज़ा दे। और अल्लाह बड़ा माफ़ करने वाला, मेहरबान है।

15. जब तुम ग़नीमत लेने जाओगे, तो ये लोग जो पीछे रह गए थे, कहेंगे: "हमें भी अपने साथ ले चलो।" ये अल्लाह के कलाम को बदलना चाहते हैं। तुम कह दो: "तुम हरगिज़ हमारे साथ नहीं आ सकते। यह बात अल्लाह पहले ही कह चुका है।" तब ये कहेंगे: "नहीं, तुम हमसे जलन रखते हो।" हक़ीक़त ये है कि ये लोग बहुत कम समझते हैं।

16. तुम उन बद्दूओं से कह दो: "तुम्हें एक ऐसी क़ौम के खिलाफ़ बुलाया जाएगा जो बड़ी लड़ने वाली होगी। या तो तुम उनसे लड़ो या फिर वे इस्लाम क़बूल कर लें। अगर तुम अल्लाह का हुक्म मानोगे, तो वह तुम्हें बेहतरीन अजर देगा। लेकिन अगर तुम फिर पीठ फेरोगे, जैसे पहले किया था, तो वह तुम्हें दर्दनाक अज़ाब देगा।"

17. मगर जो अंधा है, लंगड़ा है या बीमार है, उन पर कोई गुनाह नहीं। और जो अल्लाह और उसके रसूल की आज्ञा मानेगा, अल्लाह उसे ऐसे बाग़ों में दाख़िल करेगा जिनके नीचे नहरें बह रही हैं। और जो रुख़ मोड़ लेगा, उसके लिए दर्दनाक अज़ाब है।

18. अल्लाह उन मोमिनों से राज़ी हो गया जो दरख़्त के नीचे तुमसे बैअत कर रहे थे। अल्लाह उनके दिलों में जो था, उसे जानता था। इसलिए उसने उन पर सुकून नाज़िल किया और उन्हें एक क़रीबी फ़तह से नवाज़ा।

19. और बहुत-सी ग़नीमत जो वे लेंगे। और अल्लाह सब पर ग़ालिब, हकीम है।

20. अल्लाह तुम्हें बहुत-सी ग़नीमतों का वादा देता है जो तुम हासिल करोगे, मगर इस (फ़तह) को उसने तुम्हारे लिए तुरंत मुक़र्रर कर दिया। और लोगों के हाथों को तुमसे रोका, ताकि ये मोमिनों के लिए एक निशानी बन जाए और अल्लाह तुम्हें सीधा रास्ता दिखाए।

21. और भी (फ़तह) जो तुम फिलहाल हासिल नहीं कर पाए, मगर अल्लाह ने उन्हें घेर लिया है। और अल्लाह हर चीज़ पर क़ादिर है।

22. अगर वो लोग जो कुफ्र कर रहे हैं तुमसे लड़ते, तो वो ज़रूर पीठ फेरकर भाग जाते, फिर न कोई उनका मददगार होता, न कोई हामी।

2. यह अल्लाह का क़ानून है जो पहले से चला आ रहा है, और तुम अल्लाह के क़ानून में कोई तब्दीली हरगिज़ नहीं पाओगे।

24. और वही है जिसने मक्का में उनके हाथों को तुमसे रोका और तुम्हारे हाथों को उनसे रोका, जबकि अल्लाह तुम्हें उन पर क़ादिर बना चुका था। और अल्लाह तुम्हारे सब आमाल से वाक़िफ़ है।

25. ये वही लोग हैं जो कुफ्र कर बैठे और तुम्हें मस्जिद अल-हराम से रोकने लगे, और क़ुर्बानी के जानवरों को उनके क़ुर्बानी की जगह तक पहुँचने से रोका। अगर ईमान लाने वाले मर्द और औरतें जो तुम्हारे लिए नामालूम थे, बेवजह क़त्ल हो जाते और तुम बेख़बर उनकी वजह से शर्मिंदा होते, तो अल्लाह तुम्हें मक्का में दाख़िल होने की इजाज़त दे देता। मगर अल्लाह जिस पर चाहता है, अपनी रहमत नाज़िल करता है। अगर ये अलग हो जाते, तो हम इन मुनकिर-ए-हक़ को दर्दनाक अज़ाब देते।

26. जब इन काफ़िरों ने अपने दिलों में जाहिलियत वाली अकड़ भर ली थी, तब अल्लाह ने अपने रसूल और मोमिनों के दिलों पर सुकून नाज़िल किया, और उन्हें तक़वा की बात पर क़ायम रखा। ये लोग इस बात के ज़्यादा हक़दार और उसके लायक़ थे। और अल्लाह हर चीज़ का इल्म रखता है।

27. यक़ीनन अल्लाह ने अपने रसूल को जो ख़्वाब दिखाया था, सच कर दिखाया। तुम लोग इंशाअल्लाह मस्जिद अल-हराम में अमन के साथ दाख़िल होगे, अपने सिर मुँडवाए या बाल छोटे करवाए, बिना किसी ख़ौफ़ के। अल्लाह वो बातें जानता था जो तुम नहीं जानते, इसलिए उसने इसके पहले एक क़रीबी फ़तह मुक़र्रर कर दी।

28. वही अल्लाह है जिसने अपने रसूल को हिदायत और सच्चे दीन के साथ भेजा ताकि उसे तमाम दीनों पर ग़ालिब कर दे। और अल्लाह गवाह बनने के लिए काफ़ी है।

29. मुहम्मद (ﷺ) अल्लाह के रसूल हैं, और जो लोग उनके साथ हैं, वो मुनकिर-ए-हक़ के मुक़ाबले सख़्त हैं, मगर आपस में एक-दूसरे पर मेहरबान। तुम उन्हें रुकू और सज्दे में देखोगे, वो सिर्फ़ अल्लाह का फ़ज़्ल और उसकी रज़ा के तालिब हैं। उनके चेहरों पर सज्दों का असर नुमायां है। यह उनकी पहचान तौरात में भी लिखी थी। और इंजील में उनका जो ज़िक्र है, वो एक ऐसे पौधे का है जो अपनी शाखें निकालता है, फिर उसे मज़बूत करता है, फिर वो गाढ़ से मज़बूत होकर अपनी तने पर खड़ा हो जाता है, जो खेती करने वालों को ख़ुशी देता है – ताकि अल्लाह उनके ज़रिए मुनकिर-ए-हक़ को ग़ुस्सा दिलाए। अल्लाह ने उन लोगों से जो ईमान लाए और अच्छे अमल किए, मग़फ़िरत और बड़ा अजर वादा किया है।

49. सूरह अल-हुजुरात

बिस्मिल्लाह हिर रहमान निर रहीम

1. ऐ ईमान वालों! अल्लाह और उसके रसूल से आगे न बढ़ो, और अल्लाह से डरो। बेशक, अल्लाह सब कुछ सुनने वाला, जानने वाला है।
2. ऐ ईमान वालों! अपनी आवाज़ नबी (ﷺ) की आवाज़ से ऊँची मत करो, और उनसे इस तरह तेज़ आवाज़ में बात मत करो जैसे तुम एक-दूसरे से करते हो, कहीं ऐसा न हो कि तुम्हारे अमल ज़ाया हो जाएँ और तुम्हें एहसास भी न हो।
3. जो लोग अल्लाह के रसूल (ﷺ) के सामने अपनी आवाज़ नीचे रखते हैं, वही लोग हैं जिनके दिलों को अल्लाह ने तक़्वा के लिए आज़मा लिया है। उनके लिए मग़फ़िरत और बड़ा अज्र है।
4. जो लोग (ऐ मुहम्मद ﷺ), तुम्हें हुजरे के पीछे से पुकारते हैं, उनमें से अक्सर समझ नहीं रखते।
5. अगर ये सब्र करते जब तक तुम खुद इनके पास न आते, तो इनके लिए बेहतर होता। मगर अल्लाह बड़ा माफ़ करने वाला, मेहरबान है।
6. ऐ ईमान वालों! अगर कोई फासिक़ तुम्हारे पास कोई खबर लेकर आए, तो पहले तहक़ीक़ कर लो, कहीं ऐसा न हो कि तुम किसी क़ौम को न जाने कोई नुकसान पहुँचा दो, फिर अपनी की गई ग़लती पर पछताना पड़े।
7. जान लो कि तुम्हारे दरमियान अल्लाह का रसूल (ﷺ) है। अगर वो हर मामले में तुम्हारी बात मान ले, तो तुम तकलीफ़ में पड़ जाओगे। लेकिन अल्लाह ने तुम्हारे लिए ईमान को पसंदीदा बनाया है और तुम्हारे दिलों में उसकी मोहब्बत डाल दी है, और कुफ़्र, फ़िस्क़ और नाफ़रमानी से तुम्हें नफ़रत दिलाई है। यही लोग हिदायत याफ़्ता हैं।
8. यह अल्लाह का फज़्ल और उसका एहसान है। और अल्लाह सब कुछ जानने वाला, हिकमत वाला है।
9. अगर मोमिनों के दो गिरोह आपस में लड़ पड़ें, तो उनके दरमियान सुलह करा दो। लेकिन अगर एक दूसरे पर ज़्यादती करे, तो जो ज़्यादती करे उसके खिलाफ लड़ो, जब तक वह अल्लाह के हुक्म की तरफ़ रुजू न करे। फिर अगर वह पलट आए, तो उनके दरमियान इंसाफ़ के साथ सुलह करा दो, और अदल से काम लो।

बेशक, अल्लाह इंसाफ़ करने वालों को पसंद करता है।
10. मोमिन एक-दूसरे के भाई हैं, तो अपने भाइयों के दरमियान सुलह करा दिया करो, और अल्लाह से डरो ताकि तुम पर रहम किया जाए।
11. ऐ ईमान वालों! कोई क़ौम दूसरी क़ौम का मज़ाक़ न उड़ाए, क्या पता वो उनसे बेहतर हो। और औरतें दूसरी औरतों का मज़ाक़ न उड़ाएँ, क्या पता वो इनसे बेहतर हों। और एक-दूसरे का मज़ाक़ न उड़ाओ, और एक-दूसरे को बुरे नामों से मत पुकारो। ईमान लाने के बाद बुरा नाम रखना अच्छी बात नहीं। जो इससे बाज़ न आए, वही ज़ालिम हैं।
12. ऐ ईमान वालों! बहुत से गुमान से बचो, क्योंकि कुछ गुमान गुनाह होते हैं। और तजस्सुस (तफ्तीश) मत करो, और न ही एक-दूसरे की ग़ीबत करो। क्या तुममें से कोई यह पसंद करेगा कि अपने मरे हुए भाई का गोश्त खाए? तुम इसे नफ़रत से देखोगे। अल्लाह से डरो, बेशक अल्लाह तौबा क़बूल करने वाला, मेहरबान है।
13. ऐ लोगों! हमने तुम्हें एक मर्द और एक औरत से पैदा किया, और तुम्हें क़बीलों और बिरादरियों में तक़सीम किया, ताकि तुम एक-दूसरे को पहचानो। अल्लाह के नज़दीक तुममें सबसे इज़्ज़त वाला वही है जो सबसे ज़्यादा तक़वा वाला है। बेशक, अल्लाह सब कुछ जानने वाला, बाक़बर है।
14. ये बद्दू कहते हैं, "हम ईमान ले आए।" कह दो, "तुम ईमान नहीं लाए, बल्कि यह कहो कि हमने इस्लाम क़बूल किया है, क्योंकि अभी ईमान तुम्हारे दिलों में पूरा उतरा नहीं। और अगर तुम अल्लाह और उसके रसूल की इताअत करोगे, तो अल्लाह तुम्हारे अमल का कोई अज्र कम नहीं करेगा। बेशक, अल्लाह बड़ा माफ़ करने वाला, मेहरबान है।"
15. मोमिन वही हैं जो अल्लाह और उसके रसूल पर ईमान लाए, फिर कभी शक न किया, और अपनी जान और माल से अल्लाह के रास्ते में जिहाद किया। वही सच्चे हैं।
16. कह दो, "क्या तुम अल्लाह को अपने दीन का इल्म देना चाहते हो, जबकि अल्लाह सब कुछ जानता है जो आसमानों और ज़मीन में है? और अल्लाह हर चीज़ का इल्म रखता है।"
17. ये लोग इस बात का एहसान जताते हैं कि इन्होंने इस्लाम क़बूल किया। कह दो, "अपने इस्लाम का एहसान मुझ पर मत रखो, बल्कि अल्लाह का एहसान है कि उसने तुम्हें ईमान की हिदायत दी, अगर तुम सच्चे हो।"
18. बेशक, अल्लाह आसमानों और ज़मीन के पोशीदा (छुपे हुए) मामलात जानता है। और जो कुछ तुम करते हो, अल्लाह उसका देखने वाला है।

50. सूरह क़ाफ़

बिस्मिल्लाह हिर रहमान निर रहीम

1. क़ाफ़। कसम है इस इज़्ज़त वाले क़ुरआन की...

2. मगर ये लोग हैरान हैं कि इन्हीं में से एक डर सुनाने वाला आया है, और ये मुनकिर (इंकार करने वाले) कहते हैं: "ये तो एक अजीब बात है!"

3. "क्या जब हम मरकर मिट्टी बन जाएंगे तो दोबारा जिंदा किए जाएंगे? ये तो एक बहुत दूर की सोच है!"

4. हम जानते हैं जो कुछ ज़मीन इन्हें घटाती है (इनके जिस्म को निगल लेती है), और हमारे पास हर चीज़ लिखी हुई है।

5. मगर जब इनके सामने हक़ आया तो इन्होंने उसे झुठला दिया, इस लिए अब ये उलझन में पड़े हैं।

6. क्या इन्होंने आसमान की तरफ़ नहीं देखा, कैसे हमने उसे बनाया, सजाया, और उसमें कोई दरार नहीं?

7. और ज़मीन को हमने फैला दिया, उसमें मज़बूत पहाड़ जमा दिए, और हर किस्म की खूबसूरत चीज़ उगाई,

8. ताकि ये सब देखकर हर बंदे के लिए निशानी हो जो अल्लाह की तरफ़ रुजू करे।

9. और हमने आसमान से बरकत वाली बारिश बरसाई, जिससे हमने बाग़ उगाए और खेती का अन्न तैयार किया।

10. और ऊँचे खजूर के दरख़्त जिनमें तह-ब-तह फल लगे होते हैं।

11. यह सब हमने अपने बंदों की रोज़ी के लिए किया, और हमने मुर्दा ज़मीन को ज़िंदा कर दिया। इसी तरह लोग भी दोबारा उठाए जाएंगे।

12. इनसे पहले नूह की क़ौम, रसूलों को झुठलाने वाले, और कुएं वालों ने भी झुठलाया।

13. और आद, समूद, फिरऔन, और लूत की क़ौम,

14. और एक जंगल वालों की क़ौम, और तुब्बा' की क़ौम—सबने रसूलों को झुठलाया, और मेरी सज़ा उन पर लाज़िम हो गई।

15. क्या हमने पहली दफ़ा पैदा करने में कोई कमी छोड़ी थी? मगर ये नए पैदा होने (दोबारा उठने) को लेकर शक में हैं।

16. और हमने इंसान को पैदा किया, और हम जानते हैं जो कुछ उसका दिल वस्वसा डालता है, और हम उसकी शाह-रग से भी ज़्यादा क़रीब हैं।
17. जब दो लिखने वाले (फरिश्ते) लिखने बैठे होते हैं, एक दाएं तरफ़ और एक बाएं तरफ़।
18. कोई भी बात मुंह से नहीं निकलती मगर एक लिखने वाला तैयार रहता है।
19. मौत की सख्तियां असल हक़ीक़त सामने ले आएंगी—यह वही चीज़ है जिसे तुम टाल रहे थे।
20. और जब सूर फूंका जाएगा, तो यह वादा पूरा होने का दिन होगा।
21. हर शख्स अपने साथ एक हांकने वाला और एक गवाह लेकर आएगा।
22. कहा जाएगा, "तुम इससे ग़ाफ़िल थे, मगर आज हमने तुम्हारी आँखों की पट्टी हटा दी, अब तुम्हारी नज़र तेज़ हो गई है!"
23. उसका साथी फ़रिश्ता कहेगा, "यह जो कुछ मेरे पास है, वह तैयार है।"
24. अल्लाह फ़रमाएगा, "हर ज़िद्दी मुनकिर को जहन्नम में डाल दो!"
25. जो भलाई रोकता था, हद से बढ़ता था, शक करता था,
26. और जो अल्लाह के साथ दूसरा माबूद बनाता था, उसे सख्त अज़ाब में डाल दो!
27. उसका शैतान साथी कहेगा, "ऐ रब! मैंने इसे गुमराह नहीं किया, बल्कि यह खुद ही बहक गया था!"
28. अल्लाह फ़रमाएगा, "मेरे सामने बहस मत करो! मैंने तुम्हें पहले ही डराया था।"
29. मेरी बात नहीं बदली जा सकती, और मैं अपने बंदों पर ज़ुल्म नहीं करता।
30. उस दिन हम जहन्नम से पूछेंगे, "क्या तू भर गई?" और वह कहेगी, "क्या और भी कोई है?"
31. और जन्नत मुत्तक़ियों के क़रीब ला दी जाएगी, दूर नहीं।
32. यह वही चीज़ है जिसका तुमसे वादा किया गया था—हर उस शख़्स के लिए जो अल्लाह की तरफ़ लौटने वाला और उसके अहकाम पर चलने वाला था।
33. जो बिना देखे रहमान से डरा और एक नरम दिल लेकर आया।
34. जन्नत में सलामती के साथ दाख़िल हो जाओ, यह हमेशा रहने का दिन है!
35. वहाँ तुम्हारी हर चाहत पूरी होगी, और हमारे पास और भी ज़्यादा है!
36. कितनी ही क़ौमें हमने उनसे पहले तबाह कर दीं जो ताक़त में इनसे ज़्यादा थीं और पूरी दुनिया घूम चुकी थीं—क्या उनके लिए कोई भागने की जगह थी?
37. इस सब में उसके लिए निशानी है जिसका दिल (ईमान से) ज़िंदा है या जो तवज्जो से सुनता है।
38. और हमने आसमान और ज़मीन को और जो कुछ उनके दरमियान है, सिर्फ़ 6 दिनों में बनाया, और हमें थकान नहीं हुई।
39. तो सब्र करो जो ये कह रहे हैं, और अपने रब की तसबीह करो सूरज के निकलने से पहले और उसके गुरूब होने से पहले।
40. और रात के कुछ हिस्सों में भी उसकी तसबीह करो, और सजदों के बाद भी।

41. और उस दिन सुनो जब पुकारने वाला एक नज़दीक जगह से पुकारेगा!

42. उस दिन सब सच्चाई के साथ सूर की आवाज़ सुनेंगे—यही उठने का दिन है!

43. हम ही ज़िंदगी देते हैं और मौत देते हैं, और हमारी ही तरफ़ सबको लौटना है।

44. उस दिन ज़मीन उन पर से फट कर उन्हें तेज़ रफ़्तारी से निकाल देगी—यह हमारे लिए बहुत आसान काम है!

45. हम उनकी बातें जानते हैं, और तुम उन पर कोई ज़बरदस्ती करने वाले नहीं हो। मगर तुम सिर्फ़ क़ुरआन से उसको नसीहत दो जो मेरे अज़ाब से डरने वाला है।

51. सूरह अज़-ज़ारियात

बिस्मिल्लाह हिर रहमान निर रहीम

1. क़सम है उन हवाओं की जो गर्द-ओ-गुबार उड़ा कर बिखेर देती हैं।
2. और उन बादलों की जो पानी का बोझ उठाए हुए हैं।
3. और उन कश्तियों की जो आसानी से तैर रही हैं।
4. और उन फ़रिश्तों की जो हर मामला तक़सीम करते हैं।
5. जो तुमसे वादा किया गया है, वह यक़ीनन सच है।
6. और बदला ज़रूर होगा।
7. क़सम है उस आसमान की जिसमें रास्ते हैं।
8. तुम लोग मुख़्तलिफ़ बातों में उलझे हुए हो।
9. वह जो गुमराह होने वाले हैं, क़ुरआन से दूर कर दिए गए हैं।
10. तबाही है झूठ गढ़ने वालों के लिए।
11. जो एक धोखे की हालत में हैं, ग़फ़लत में डूबे हुए हैं।
12. पूछते हैं, "बदले का दिन कब आएगा?"
13. जिस दिन उनको आग में अज़ाब दिया जाएगा।
14. और कहा जाएगा, "मज़ा चखो अपने अज़ाब का, जो तुम जल्दी मांग रहे थे।"
15. जो परहेज़गार हैं, वे बाग़ों और चश्मों में होंगे।
16. अपने रब की इनायत का लुत्फ़ उठाते हुए, क्योंकि वे दुनिया में नेक काम करने वाले थे।
17. रात को कम सोते थे।
18. और सुबह के वक़्त अल्लाह से मग़फिरत मांगते थे।
19. और अपने माल में हक़दारों का हिस्सा देते थे – मांगने वालों और बे-मांगने वालों दोनों का।
20. और ज़मीन में बहुत सी निशानियाँ हैं उन लोगों के लिए जो यक़ीन रखते हैं।

21. और तुम्हारी अपनी ज़ात में भी (निशानियाँ हैं), क्या तुम देखते नहीं?
22. और आसमान में तुम्हारा रिज़्क़ है, जो तुमसे वादा किया गया है।
23. तो आसमान और ज़मीन के रब की क़सम, ये बिल्कुल सच है, जैसे तुम बात करते हो।
24. क्या तुम तक इब्राहीम (अ.स.) के इज़्ज़तदार मेहमानों का क़िस्सा पहुँचा?
25. जब वे उनके पास आए और सलाम किया, तो इब्राहीम (अ.स.) ने जवाब दिया, "तुम अजीब लोग लगते हो।"
26. फिर अपने घरवालों के पास गए और एक मोटा ताज़ा भुना हुआ गोश्त ले आए।
27. और उनके सामने रखा और कहा, "क्या तुम नहीं खाओगे?"
28. फिर उनको एक अजीब-सी घबराहट महसूस हुई। मेहमान बोले, "डर मत।"
29. और उनको एक अक़्लमंद लड़के की खुशखबरी दी।
30. उनकी बीवी चीख पड़ी, अपने मुँह पर हाथ मारा और बोली, "मैं बुढ़िया और बांझ!"
31. मेहमान बोले, "ऐसा ही होगा, तुम्हारे रब का हुक्म है। वह हकीम (बड़ी हिकमत वाला) भी है और सब जानने वाला भी।"
32. फिर इब्राहीम (अ.स.) ने पूछा, "आप किस मकसद से आए हैं, ऐ रसूलों?"
33. उन्होंने कहा, "हम एक मुजरिम क़ौम पर अज़ाब देने आए हैं।"
34. "पत्थर बरसाने के लिए, जो निशान लगा कर भेजे गए हैं।"
35. "हमने सिर्फ मोमिनीन को वहाँ से निकाल दिया।"
36. "मगर सिर्फ एक घर मिला जो मुसलमान था।"
37. "और हमने उस जगह एक निशानी छोड़ दी उन लोगों के लिए जो दर्दनाक अज़ाब से डरते हैं।"
38. मूसा (अ.स.) में भी एक निशानी थी, जब हमने उनको फिरऔन के पास भेजा साफ़ दलील के साथ।
39. मगर फिरऔन ने मुँह फेर लिया और बोला, "ये जादूगर या पागल है।"
40. तो हमने उसको और उसके लश्कर को दरिया में फेंक दिया, और वह मलामतज़दा (निंदनीय) हो गया।
41. "और तुम्हारे लिए एक निशानी है आद में, जब हमने उन पर एक बंजर हवा भेज दी।"
42. "जिस चीज़ पर भी वह गुज़र गई, उसे बोसीदा (ख़ाक) करके रख दिया।"
43. "और समूद की कहानी में भी एक सबक़ था, जब उनसे कहा गया, 'बस थोड़ी देर तक मज़े कर लो।'"
44. "फिर उन्होंने अपने रब के हुक्म से सरकशी की, तो उन्हें बिजली की कड़क ने आ लिया जबकि वे देख रहे थे।"
45. "फिर न वे उठ सके और न ही अपनी मदद कर सके।"
46. "नूह (अ.स.) की क़ौम भी इनसे पहले ऐसी ही थी। बेशक, वे एक नाफ़रमान क़ौम थी।"
47. "और हमने आसमान को अपनी क़ुदरत से बनाया, और हम उसे बढ़ाने वाले हैं।"
48. "और ज़मीन को हमने बिछाया, और हम बेहतरीन बिछाने वाले हैं।"

49. "और हर चीज़ को हमने जोड़े-जोड़े बनाया, शायद तुम समझो।"

50. "तो अल्लाह की तरफ़ भागो! मैं तुम्हारे लिए उसकी तरफ़ से एक साफ़-साफ़ डराने वाला हूँ।"

51. "और अल्लाह के साथ किसी और को न बनाओ, मैं तुम्हारे लिए उसकी तरफ़ से एक खुला डराने वाला हूँ।"

52. "इसी तरह, जो भी रसूल उनसे पहले आए, उन लोगों ने कहा: 'ये तो जादूगर है या पागल!'"

53. "क्या इन पहले लोगों ने यह बात इन (कुरैश मुशरिकों) तक पहुँचाई है? नहीं, बल्कि ये ख़ुद ही हद से बढ़ने वाली क़ौम हैं!"

54. "(तो ऐ मुहम्मद ﷺ) इनसे मुँह मोड़ लो, तुम पर कोई इल्ज़ाम नहीं, क्योंकि तुमने अल्लाह का पैग़ाम पहुँचा दिया है।"

55. "और नसीहत करो (कुरआन के ज़रिए, ऐ मुहम्मद ﷺ), क्योंकि बेशक नसीहत मोमिनों को फ़ायदा देती है।"

56. "और मैंने जिन्न और इंसान को सिर्फ़ इस लिए पैदा किया है कि वे मेरी बंदगी करें।"

57. "मैं उनसे कोई रिज़्क़ नहीं चाहता, न यह चाहता हूँ कि वे मुझे खिलाएँ।"

58. "बेशक, अल्लाह ही है जो लगातार रिज़्क़ देने वाला है, जबरदस्त ताक़त वाला।"

59. "और जिन लोगों ने ज़ुल्म किया, उनका भी वही हिस्सा है जो उनके पहले लोगों का था, तो मुझे जल्दी मत दिखाओ।"

60. "और काफ़िरों के लिए तबाही है उस दिन से, जो उनसे वादा किया गया है।"

52. सूरह अत-तूर

बिस्मिल्लाह हिर रहमान निर रहीम

1. कसम है एक बुलंद पहाड़ की,
2. और एक लिखी हुई किताब की,
3. जो खुली पर्चियों में है,
4. और कसम है उस घर की जो अक्सर लोगों से भरा रहता है,
5. और ऊँची छत (आसमान) की,
6. और समुद्र की जो आग से भरा होगा।
7. तुम्हारे रब का अज़ाब यक़ीनन वाक़िया होने वाला है,
8. उसे कोई टाल नहीं सकता,
9. जिस दिन आसमान ज़ोर-ज़ोर से हिलने लगेगा,
10. और पहाड़ चल दिए जाएंगे।
11. उस दिन झुठलाने वालों की तबाही होगी,
12. जो बातिल बातों में लगे हुए हैं और मज़े कर रहे हैं,
13. जब उन्हें जहन्नम की आग में ज़ोर से धकेला जाएगा,
14. (और कहा जाएगा) "यह वही आग है जिसे तुम झूठ कहा करते थे।"
15. अब बताओ, यह जादू है या तुम देखने से क़ासिर हो?
16. जाओ, दाख़िल हो जाओ इसमें। चाहे सब्र करो या चीख़-पुकार करो, एक ही बात है। तुम्हें बस तुम्हारे आमाल का बदला दिया जा रहा है।"
17. मगर जो तक़वा वाले हैं, वो जन्नतों और नेमतों में होंगे,
18. जो कुछ उनका रब उन्हें देगा, उसे मज़े से लेंगे, और उनका रब उन्हें दोज़ख़ के अज़ाब से बचा लेगा।
19. (उनसे कहा जाएगा) "खाओ, पियो मज़े से, अपने किए का बदला पाकर।"

20. वो तख़्तों पर बैठे होंगे, जो सफ़ में लगे होंगे, और हम उन्हें ख़ूबसूरत, बड़ी सुरमई आँखों वाली बीवियाँ देंगे।

21. और जो लोग ईमान लाए, और उनकी औलाद भी उनके रास्ते पर चली, तो हम उन्हें उनकी औलाद के साथ मिला देंगे, और उनके अमल में से कुछ भी कम नहीं करेंगे। हर शख़्स जो कमाता है, उसी का गिरवी है।

22. और हम उन्हें हर तरह के फलों और गोश्त का इनाम देंगे, जो वो चाहेंगे।

23. वो एक-दूसरे से ऐसी शराब के जाम लेंगे, जो न बेहूदगी पैदा करेगी और न गुनाह।

24. और उनकी खिदमत के लिए नौजवान लड़के चल रहे होंगे, जो मोती की तरह चमक रहे होंगे।

25. और वो एक-दूसरे से पूछ रहे होंगे,

26. कह रहे होंगे, "हम दुनिया में अपनी फैमिली के साथ रहते हुए भी अल्लाह से डरते थे।"

27. तो अल्लाह ने हम पर एहसान फ़रमाया और हमें दोज़ख़ की जलती आग से बचा लिया।

28. हम पहले भी उसी से दुआ माँगते थे। बेशक, वो बड़ा मेहरबान, बड़ा रहम करने वाला है।

29. तो (ऐ नबी ﷺ) नसीहत करो, क्योंकि तुम अपने रब के फ़ज़्ल से न कोई काहिन हो और न दीवाने।

30. क्या ये लोग कहते हैं कि ये एक शायर है? और हम इसके लिए वक़्त का इंतज़ार कर रहे हैं?

31. कह दो: "तुम भी इंतज़ार करो, मैं भी तुम्हारे साथ इंतज़ार कर रहा हूँ।"

32. क्या इनकी सोच इन्हें यह कहने पर मजबूर करती है, या ये हद से गुजर चुके हैं?

33. या ये कहते हैं कि यह क़ुरआन उन्होंने खुद गढ़ लिया है? बल्कि ये ईमान ही नहीं लाते।

34. तो अगर ये सच्चे हैं, तो इस जैसा एक बयान बनाकर ले आएं!

35. क्या ये बिना किसी वजह के पैदा किए गए हैं? या खुद अपने ख़ालिक़ हैं?

36. क्या इन्होंने आसमान और ज़मीन को बनाया है? नहीं, ये यकीन तक नहीं रखते।

37. क्या इनके पास तुम्हारे रब के ख़ज़ाने हैं? या इनका उस पर कोई इख़्तियार है?

38. क्या इनके पास कोई रास्ता है जिससे ये सुन सकें? तो जो भी इनमें सुनने वाला है, वो कोई वाज़ेह दलील ले आए!

39. क्या अल्लाह के लिए बेटियाँ और तुम्हारे लिए बेटे?

40. या तुम इनसे कुछ माँग रहे हो, जिस वजह से ये क़र्ज़ के बोझ में डूब गए हैं?

41. या इनके पास ग़ैब का इल्म है जो ये लिख रहे हैं?

42. या ये कोई चाल चल रहे हैं? लेकिन कुफ़्र करने वाले खुद एक चाल में फंसे हुए हैं।

43. क्या इनका कोई माबूद है जो अल्लाह के सिवा है? अल्लाह पाक है उन सब चीज़ों से जो ये शिर्क करते हैं।

44. और अगर ये आसमान से एक टुकड़ा गिरता देख लें, तो कहेंगे: "ये तो बादल हैं जो घने हो रहे हैं।"

45. तो इन्हें छोड़ दो, जब तक ये अपने उस दिन से ना मिल लें, जिस दिन इन्हें होश उड़ा देने वाली मुसीबत आ जाएगी।

46. उस दिन इनकी कोई चाल काम ना आएगी, और ना ही कोई मददगार होगा।

47. और बेशक, जिन लोगों ने ज़ुल्म किया है, उनके लिए इससे पहले भी अज़ाब है, मगर अक्सर लोग इसका इल्म नहीं रखते।

48. और (ऐ नबी ﷺ) अपने रब के फैसले का सब्र से इंतज़ार करो, बेशक तुम हमारी निगाहों में हो। और जब तुम उठते हो, तो अपने रब की तसबीह करो और उसकी हम्द बयान करो।

49. और रात के एक हिस्से में भी उसकी तसबीह करो, और जब तारे छुप जाएं (सुबह हो जाए)।

53.सूरह अन-नज्म

बिस्मिल्लाह हिर रहमान निर रहीम

1. क़सम है सितारे की जब वह गिरता है,

2. तुम्हारे साथी (मुहम्मद ﷺ) न भटके हैं, न ग़लती की है,

3. और न ही वह अपनी ख़्वाहिश से बोलते हैं,

4. यह सिर्फ़ एक वह्ी है जो उन पर नाज़िल की गई है,

5. जिसे एक निहायत ताकतवर (जिब्राईल) ने उनको सिखाया,

6. जो क़ुव्वत वाला है, और अपनी असल सूरत में सामने आया,

7. जब वह बुलंद उफ़क़ (आसमान के कोने) में था,

8. फिर वह क़रीब आया और नीचे उतरा,

9. और दो क़ौसों की दूरी पर या उससे भी ज़्यादा नज़दीक हो गया,

10. फिर उसने अल्लाह के बंदे (मुहम्मद ﷺ) पर वह्ी नाज़िल की जो नाज़िल की गई।

11. नबी का दिल उस चीज़ पर झूठ न बोला जो उसने देखी,

12. क्या तुम लोग उनसे झगड़ रहे हो उस चीज़ पर जो उनकी निगाहों ने देखी?

13. और बेशक, उन्होंने एक और मर्तबा भी देखा,

14. सिदरत-उल-मुंतहा (आख़िरी हद के बेरी के दरख़्त) के पास,

15. जिसके क़रीब जन्नत-उल-मअवा है,

16. जब सिदरा पर वह चीज़ छा गई जो छा गई,

17. नबी ﷺ की नज़र न भटकी और न हद से आगे बढ़ी,

18. और बेशक, उन्होंने अपने रब्ब की बड़ी निशानियों में से कुछ देखा।

19. क्या तुमने लात और उज्ज़ा के बारे में सोचा?

20. और तीसरी मनात के बारे में भी?

21. क्या तुम्हारे लिए बेटा और अल्लाह के लिए बेटी?

22. यह तो एक नाइंसाफी की तक़सीम है।

23. ये सिर्फ कुछ नाम हैं जो तुमने और तुम्हारे बाप-दादा ने रख लिए हैं, जिन पर अल्लाह ने कोई सनद नाज़िल नहीं की। ये सिर्फ गुमान और अपनी नफ्सानी ख्वाहिशात के पीछे चल रहे हैं, जबकि उनके पास उनके रब्ब की तरफ़ से हिदायत आ चुकी है।

24. क्या इंसान के लिए वही है जो वह चाहता है?

25. नहीं! आखिरत भी अल्लाह की है और दुनिया भी।

26. और आसमान में कितने ही फरिश्ते हैं जिनकी सिफ़ारिश भी कुछ काम नहीं आएगी, मगर जब तक अल्लाह किसी के लिए इजाज़त न दे और पसंद न करे।

27. जो लोग आख़िरत पर ईमान नहीं रखते, वो फरिश्तों को औरतों के नाम दे देते हैं।

28. मगर इनके पास इसका कोई इल्म नहीं, ये सिर्फ़ गुमान के पीछे चल रहे हैं, और गुमान हक़ के मुक़ाबले में कुछ भी फायदा नहीं देता।

29. तो जो हमारी नसीहत से मुँह मोड़ता है और सिर्फ़ दुनिया की ज़िंदगी चाहता है, उसे छोड़ दो।

30. यही उनका पूरा इल्म है। तुम्हारा रब्ब बेहतरीन जानता है कौन उसके रास्ते से भटक गया और कौन हिदायत पा गया।

31. और जो कुछ भी आसमानों और ज़मीन में है, वह सब अल्लाह का है—

ताकि वह बुरे को उसके बुरे अमल के मुताबिक़ बदला दे और नेक लोगों को बेहतरीन सिला दे।

32. जो लोग बड़े गुनाहों और बेहयाइयों से बचते हैं, लेकिन छोटी ग़लतियाँ हो जाती हैं, उनके लिए अल्लाह की मग़फिरत वसीअ है। तुम्हारा रब तुम्हें ख़ूब जानता है जब उसने तुम्हें ज़मीन से पैदा किया और जब तुम अपनी माँ के पेट में जनीन थे। तो अपने आपको पाक-साफ़ साबित करने की ज़रूरत नहीं, अल्लाह बेहतर जानता है कौन उससे डरता है।

33. क्या तुमने उस शख़्स को देखा जो मुँह मोड़ गया?

34. जिसने थोड़ा दिया, फिर रुक गया?

35. क्या उसके पास ग़ैब का इल्म है कि वह देख रहा है?

36. क्या उसे मूसा की किताबों की कोई ख़बर नहीं मिली?

37. और इब्राहीम की, जिसने अपनी ज़िम्मेदारी पूरी की थी?

38. कि कोई भी शख़्स किसी दूसरे का बोझ नहीं उठाएगा,

39. और इंसान के लिए सिर्फ़ वही है जो उसने कोशिश की,

40. और उसकी मेहनत ज़रूर देखी जाएगी।

41. फिर उसका पूरा-पूरा बदला दिया जाएगा,

42. और तुम्हारे रब की तरफ़ ही सब कुछ लौटना है।

43. और वही है जो हंसाता भी है और रुलाता भी,

44. और वही है जो मौत देता है और ज़िंदगी भी,

45. और वही है जो जोड़ा बनाता है—मर्द और औरत,

46. एक क़तरे से जब वह गिरता है,

47. और दूसरी बार उठाना भी उसी पर लाज़िम है।

48. और वही है जो दौलत भी देता है और किफ़ायत भी।

49. और वही है जो शिअरा (एक निज़ाम का सितारा) का रब है।

50. और उसी ने पहली क़ौम 'आद' को हलाक किया।

51. और समूद को भी, बिना किसी रहम के।

52. और नूह की क़ौम को इससे पहले, जो सबसे ज़्यादा ज़ालिम और सरकश थी।

53. और उलट दी गई बस्तियों को उन पर पत्थर बरसा कर,

54. और उनको वह अज़ाब दिया जो दिया गया।

55. तो तुम अपने रब की कौन सी निशानियों पर शक करते हो?

56. ये नबी ﷺ भी उन्हीं पहले वालों की तरह एक डराने वाले हैं।

57. क़यामत का दिन क़रीब आ गया है।

58. उस दिन, अल्लाह के सिवा कोई उसे टाल नहीं सकता।

59. क्या तुम इस बात पर हैरान हो?

60. और तुम हंसी उड़ाते हो, रोते नहीं?

61. और मज़े ले रहे हो?

62. तो अल्लाह के आगे सज्दा करो और उसकी इबादत करो।

54. सूरह अल-कमर

बिस्मिल्लाह हिर रहमान निर रहीम

1. क़यामत क़रीब आ चुकी है, और चाँद दो टुकड़ों में बँट चुका है।

2. अगर ये लोग कोई निशानी देखते हैं तो मुँह फेर लेते हैं और कहते हैं, “ये तो सिर्फ़ जादू है जो गुज़र चुका है।”

3. उन्होंने झुटलाया और अपनी ख़्वाहिशात की पैरवी की। मगर हर मामला एक तयशुदा अंजाम तक पहुँचने वाला है।

4. और उनके पास पहले ही वो बातें आ चुकी हैं जो उनको समझाने के लिए काफ़ी थीं।

5. ये गहरी हिकमत वाली बातें हैं, मगर इनको किसी भी तंबीह (चेतावनी , डाँट-डपट, सजा ,सख्ती) का फ़ायदा नहीं होता।

6. तो (ऐ मुहम्मद ﷺ) इन्हें छोड़ दो। जब बुलाने वाला एक अजीब-ओ-ग़रीब चीज़ की तरफ़ बुलाएगा,

7. ये लोग नीचे झुकी नज़रों के साथ क़ब्रों से इस तरह निकलेंगे जैसे बिखरे हुए टिड्डे (locusts)।

8. बुलाने वाले की तरफ़ भागते हुए निकलेंगे, और काफ़िर कहेंगे, “ये दिन बड़ा सख़्त है!”

9. इनसे पहले नूह (अलैहिस्सलाम) की क़ौम ने झुटलाया, उन्होंने हमारे बंदे को झुटलाया और कहा, “ये तो एक पागल है,” और उसे धमकियाँ दी गईं।

10. नूह (अलैहिस्सलाम) ने अपने रब से दुआ की: “मैं बेबस हो गया हूँ, मेरी मदद फ़रमा!”

11. फिर हमने आसमान के दरवाज़े ज़ोरदार बारिश के साथ खोल दिए।

12. और ज़मीन को चश्मों से फाड़ दिया, और दोनों पानी मिल गए एक तयशुदा मामले के मुताबिक़।

13. और हमने नूह (अलैहिस्सलाम) को तख़्तियों और कीलों वाली कश्ती पर सवार कराया,

14. जो हमारी निगरानी में चल रही थी, एक बदला लेने के तौर पर उस शख़्स के लिए जिसे झुटलाया गया था।

15. और हमने इस वाक़िया को एक निशानी बना दिया, तो क्या कोई है जो नसीहत ले?
16. और मेरा अज़ाब और तंबीह कैसी सख़्त थी!
17. और हमने क़ुरआन को समझना आसान बना दिया, तो क्या कोई है जो समझने वाला हो?
18. आद की क़ौम ने झुटलाया, और मेरा अज़ाब और तंबीह कैसी सख़्त थी!
19. हमने उन पर एक तेज़ चलने वाली हवा भेजी जो मुसल्सल अज़ाब का दिन था।
20. जो लोगों को इस तरह उखाड़ रही थी जैसे खजूर के झड़े हुए तने।
21. और मेरा अज़ाब और तंबीह कैसी सख़्त थी!
22. और हमने क़ुरआन को समझना आसान बना दिया, तो क्या कोई है जो समझने वाला हो?
23. समूद की क़ौम ने भी तंबीह को झुटलाया।
24. और कहने लगे, "क्या हम सिर्फ़ एक आदमी की पैरवी करें? अगर ऐसा किया तो हम ग़लती और पागलपन में पड़ जाएंगे।"
25. "क्या हमारे दरमियान सिर्फ़ इसी पर वह्यी नाज़िल हुई है? बल्कि ये तो एक बदतमीज़ झूठा है!"
26. कल पता चल जाएगा कि कौन बदतमीज़ झूठा है।
27. हम एक ऊंटनी भेज रहे हैं, जो इनके लिए एक आज़माइश है। तो इन्हें देखो और सब्र करो।
28. और इन्हें बता दो कि पानी का एक दिन इनके लिए है और एक दिन ऊंटनी के लिए।
29. लेकिन उन्होंने अपने साथी को बुलाया, और उसने गुफ़्तगू न की और ऊंटनी को मार दिया।
30. और मेरा अज़ाब और तंबीह कैसी सख़्त थी!
31. हमने उन पर एक ज़ोरदार चीख़ भेजी, और वे उस तरह मुर्दा पड़े जैसे सूखे हुए तिनके।
32. और हमने क़ुरआन को समझना आसान बना दिया, तो क्या कोई है जो समझने वाला हो?
33. लूत (अलैहिस्सलाम) की क़ौम ने भी तंबीह को झुटलाया।
34. हमने उन पर पत्थर बरसाने वाली आंधी भेजी, मगर लूत (अलैहिस्सलाम) के घरवालों को सुबह से पहले बचा लिया।
35. यह हमारी तरफ़ से एक एहसान था, और हम इसी तरह शुक्रगुज़ार लोगों को बदला देते हैं।
36. लूत (अलैहिस्सलाम) ने इन्हें हमारे अज़ाब से डराया, मगर ये लोग तंबीह पर बहस करते रहे।
37. ये तो उनके मेहमानों की इज़्ज़त लूटना चाहते थे, मगर हमने इनकी आँखें मिटा दीं और कहा, "मेरा अज़ाब और तंबीह चख लो!"
38. फिर सुबह उन पर एक हमेशा का अज़ाब टूट पड़ा।
39. "तो अब मेरा अज़ाब और तंबीह चख लो!"
40. और हमने क़ुरआन को समझना आसान बना दिया, तो क्या कोई है जो समझने वाला हो?
41. और फिरऔन की क़ौम के पास भी तंबीह आई थी।
42. उन्होंने हमारी सब निशानियों को झुटलाया, तो हमने एक ज़बरदस्त क़ुदरती पकड़ में उन्हें पकड़ लिया।

43. क्या तुम्हारे ये काफ़िर उनसे बेहतर हैं जो पहले गुज़र चुके? या तुम्हारे पास कोई छुट्टी लिखी हुई है?

44. या ये कहते हैं, “हम एक-दूसरे के मददगार हैं!”

45. इनका लश्कर शिकस्त खाएगा, और ये लोग पीठ फेर कर भाग जाएंगे।

46. मगर उनका असल वक़्त (सज़ा का) क़यामत का दिन है, और क़यामत का दिन और भी सख़्त और कड़वा है।

47. बेशक, मुजरिम गुमराही और दीवानगी में मुब्तिला हैं।

48. जब वे अपने मुँह के बल घसीट कर जहन्नम की आग में डाले जाएँगे, उनसे कहा जाएगा, “चख लो साक़र की तपिश!”

49. बेशक, हर चीज़ को हमने एक मुक़र्रर तक़दीर के साथ पैदा किया है।

50. और हमारा हुक्म बस एक बार का होता है, जैसे आँख झपकने की देर।

51. और हमने तुम जैसे कितने ही गिरोहों को तबाह कर दिया, तो क्या कोई है जो नसीहत ले?

52. और जो कुछ भी उन्होंने किया, सब लिखा जा चुका है।

53. हर छोटी-बड़ी चीज़ लिखी जा चुकी है।

54. बेशक, मुत्तक़ी लोग बाग़ों और नदियों के दरमियान होंगे।

55. एक इज़्ज़त वाली जगह, एक क़ादिर और मालिक के क़रीब।

55. सूरह रहमान

बिस्मिल्लाहिर रहमानिर रहीम

1. रहमान ने (बंदों पर अपना करम फरमाया)।
2. क़ुरआन की तालीम दी।
3. इंसान को पैदा किया।
4. उसे बोलने और समझने की सलाहियत दी।
5. सूरज और चांद एक ठीक हिसाब से चल रहे हैं।
6. तारे और दरख्त सजदा करते हैं।
7. आसमान को बुलंद उठाया और वज़न का निज़ाम बनाया।
8. ताकि तुम वज़न में ज़्यादती न करो।
9. इंसाफ के साथ तोलना और वज़न में कमी न करना।
10. और ज़मीन मख़लूक़ात के लिए बिछाई।
11. उसमें हर तरह के फल और खजूर के छिलकों वाले गुच्छे हैं।
12. अनाज जो छिलकों में होता है और महकने वाली झाड़ियां।
13. तो तुम अपने रब की कौन-कौन सी नेमत को झुठलाओगे?
14. इंसान को मिट्टी से बनाया जो खनखनाती थी जैसे मिट्टी का बर्तन।
15. और जिन्न को बे-धुआं आग से पैदा किया।
16. तो तुम अपने रब की कौन-कौन सी नेमत को झुठलाओगे?
17. दो मशरिकों और दो मग़रिबों का मालिक वही है।
18. तो तुम अपने रब की कौन-कौन सी नेमत को झुठलाओगे?
19. उसने दो समंदर छोड़ दिए, जो एक-दूसरे से मिलते हैं।

20. मगर उन दोनों के बीच एक रुकावट है, जो उन्हें मिलने नहीं देती।
21. तो तुम अपने रब की कौन-कौन सी नेमत को झुठलाओगे?
22. दोनों समुंदरों से मोती और मर्ज़ान निकलते हैं।
23. तो तुम अपने रब की कौन-कौन सी नेमत को झुठलाओगे?
24. और उसी के लिए बड़ी-बड़ी कश्तियाँ हैं, जो समुंदर में पहाड़ों की तरह उभरी होती हैं।
25. तो तुम अपने रब की कौन-कौन सी नेमत को झुठलाओगे?
26. जो भी ज़मीन पर है सब फ़ना हो जाएगा।
27. और सिर्फ़ तुम्हारे रब का चेहरा बाक़ी रहेगा, जो अज़ीम जलाल और इज़्ज़त वाला है।
28. तो तुम अपने रब की कौन-कौन सी नेमत को झुठलाओगे?
29. आसमानों और ज़मीन में जितने हैं सब उसी से मांगते हैं, और वह हर रोज़ एक नए काम में मशगूल रहता है।
30. तो तुम अपने रब की कौन-कौन सी नेमत को झुठलाओगे?
31. हम तुमसे भी निपट लेंगे, ऐ दो वज़नी मख़लूक़ात (इंसान और जिन्न)!
32. तो तुम अपने रब की कौन-कौन सी नेमत को झुठलाओगे?
33. ऐ जिन्न और इंसानो! अगर तुम आसमान और ज़मीन के पार निकल सकते हो, तो निकल जाओ, मगर तुम सिर्फ़ उसी की इजाज़त से निकल सकते हो।
34. तो तुम अपने रब की कौन-कौन सी नेमत को झुठलाओगे?
35. तुम पर आग का शोला और धुआं छोड़ दिया जाएगा, और तुम इससे बच नहीं सकोगे।
36. तो तुम अपने रब की कौन-कौन सी नेमत को झुठलाओगे?
37. जब आसमान फट जाएगा और गुलाब की तरह सुरख़ हो जाएगा।
38. तो तुम अपने रब की कौन-कौन सी नेमत को झुठलाओगे?
39. उस दिन इंसानों और जिन्नों से उनके गुनाहों के बारे में सवाल नहीं होगा।
40. तो तुम अपने रब की कौन-कौन सी नेमत को झुठलाओगे?
41. मुजरिम अपनी निशानियों से पहचाने जाएंगे, और उन्हें पेशानियों और पैरों से पकड़ लिया जाएगा।
42. तो तुम अपने रब की कौन-कौन सी नेमत को झुठलाओगे?
43. यह वही जहन्नम है जिसे मुजरिम झुठलाते थे।
44. यह लोग इसमें और उबलते पानी के दरमियान इधर-उधर भटक रहे होंगे।
45. तो तुम अपने रब की कौन-कौन सी नेमत को झुठलाओगे?
46. जो अपने रब के सामने खड़े होने से डरा, उसके लिए दो बाग़ हैं।
47. तो तुम अपने रब की कौन-कौन सी नेमत को झुठलाओगे?
48. जिनमें हर तरफ़ घने शाख़ों वाले दरख़्त हैं।

49. तो तुम अपने रब की कौन-कौन सी नेमत को झुठलाओगे?
50. दोनों बाग़ों में दो चश्मे बह रहे हैं।
51. तो तुम अपने रब की कौन-कौन सी नेमत को झुठलाओगे?
52. दोनों में हर तरह के फलों के जोड़े मौजूद हैं।
53. तो तुम अपने रब की कौन-कौन सी नेमत को झुठलाओगे?
54. वो लोग रेशमी कपड़ों से आरी तख़्तों पर आराम फ़रमाए होंगे, और दोनों बाग़ों के फल उनके क़रीब लटक रहे होंगे।
55. तो तुम अपने रब की कौन-कौन सी नेमत को झुठलाओगे?
56. उनमें निगहबान और पुर्शरम औरतें हैं, जिन्हें इंसान या जिन्न ने कभी हाथ नहीं लगाया।
57. तो तुम अपने रब की कौन-कौन सी नेमत को झुठलाओगे?
58. वो ऐसे चमकदार होंगे जैसे लाल और मरजान।
59. तो तुम अपने रब की कौन-कौन सी नेमत को झुठलाओगे?
60. क्या एहसान का बदला एहसान के सिवा कुछ और हो सकता है?
61. तो तुम अपने रब की कौन-कौन सी नेमत को झुठलाओगे?
62. और इनके अलावा दो और बाग़ भी हैं।
63. तो तुम अपने रब की कौन-कौन सी नेमत को झुठलाओगे?
64. ये गहरे सब्ज़ रंग के होंगे।
65. तो तुम अपने रब की कौन-कौन सी नेमत को झुठलाओगे?
66. इन दोनों में भी दो चश्मे बह रहे होंगे।
67. तो तुम अपने रब की कौन-कौन सी नेमत को झुठलाओगे?
68. इनमें फल, खजूर और अनार होंगे।
69. तो तुम अपने रब की कौन-कौन सी नेमत को झुठलाओगे?
70. इनमें बेहतरीन हुस्न और ख़ूबसूरती वाली औरतें होंगी।
71. तो तुम अपने रब की कौन-कौन सी नेमत को झुठलाओगे?
72. वो नाज़ुक औरतें जो ख़ास महलों में महफ़ूज़ होंगी।
73. तो तुम अपने रब की कौन-कौन सी नेमत को झुठलाओगे?
74. जिनहें इंसान या जिन्न ने कभी हाथ नहीं लगाया।
75. तो तुम अपने रब की कौन-कौन सी नेमत को झुठलाओगे?
76. वो सब्ज़ रंग के गद्दों और नर्म व नाज़ुक क़ालीनों पर आराम फरमा होंगे।
77. तो तुम अपने रब की कौन-कौन सी नेमत को झुठलाओगे?
78. तुम्हारे रब का नाम बड़ा बरकत वाला है, जो अज़ीम जलाल और इज़्ज़त वाला है।

56. सूरह अल-वाकिया

बिस्मिल्लाहिर रहमानिर रहीम

1. जब वाकिअ (कयामत) वाकिअ होगी,
2. तो उसके होने में कोई झुठलाने वाला नहीं होगा।
3. वह कुछ लोगों को नीचा करेगी और कुछ को बुलंद करेगी।
4. जब ज़मीन जोर से हिलाई जाएगी,
5. और पहाड़ टुकड़े-टुकड़े होकर बिखर जाएंगे,
6. और हवा में उड़ती हुई गर्द बन जाएंगे,
7. तब तुम तीन गिरोह में तकसीम हो जाओगे।
8. तो दाहिने हाथ वाले लोग – क्या ही उम्दा हैं दाहिने हाथ वाले लोग!
9. और बाएं हाथ वाले लोग – क्या ही बुरा अंजाम है बाएं हाथ वालों का!
10. और जो सबसे आगे हैं, वही सबसे आगे रहेंगे।
11. यही लोग अल्लाह के करीब होंगे,
12. नेमत भरी जन्नतों में।
13. पहले के लोगों में से अक्सर,
14. और बाद के लोगों में से चंद ही होंगे।
15. सोने-चाँदी से सजाई गई तख्तों पर,
16. जिसमें वह आपस में एक-दूसरे की तरफ़ मुँह करके बैठे होंगे।
17. उनके इर्द-गिर्द हमेशा जवान रहने वाले नौकर घूम रहे होंगे।
18. हाथों में शरबत के बर्तन, सुराहियां और एक बहते चश्मे का जाम होंगे।
19. जिससे न उनके सर में दर्द होगा, न वह नशे में होंगे।

20. और उनके लिए हर किस्म के पसंदीदा फल होंगे।
21. और जो गोश्त वह चाहेंगे, वह भी मिलेगा।
22. और बड़े-बड़े खूबसूरत आँखों वाली हूरें,
23. जो मोतियों की तरह महफ़ूज़ और चमकदार होंगी।
24. यह उनके नेक आमाल का सिला होगा।
25. वहाँ कोई फ़िज़ूल बात या गुनाह की बात सुनाई नहीं जाएगी,
26. सिर्फ़ सलाम ही सलाम होगा।
27. और दाहिने हाथ वालों का क्या कहना!
28. वह काँटों से महफ़ूज़ बेर के दरख़्तों के दरमियान होंगे,
29. और केले के पेड़ जो एक-दूसरे के ऊपर तसलसुल से लगे होंगे,
30. और लंबे छाए हुए साए।
31. और चश्मों का बहता पानी,
32. और हर तरह के बेमिसाल फल,
33. जो न कभी खत्म होंगे, न कभी मना किए जाएंगे।
34. और उनके लिए बुलंद ओ बाला बिछाए हुए बिस्तर होंगे।
35. हमने उन हूरों को नए सिर से पैदा किया।
36. और उन्हें हमेशा नई रहने वाली कुंवारियां बनाया।
37. अपने शौहरों से मोहब्बत करने वाली और हम उम्र।
38. ये सब दाहिने हाथ वालों के लिए होगा।
39. पहले के लोगों में से एक बड़ा गिरोह,
40. और बाद के लोगों में से भी एक बड़ा गिरोह।
41. और जो बाएँ हाथ वाले हैं – उनका क्या बुरा अंजाम है!
42. वो भड़कती हुई आग और खौलते हुए पानी में होंगे,
43. और काले धुएँ वाली छाया में,
44. जो न ठंडी होगी और न ही कोई फ़ायदा दे सकेगी।
45. ये वो लोग हैं जो पहले दुनिया की ऐश-ओ-इशरत में मगन थे,
46. और बड़े गुनाहों पर हद से बढ़ कर अड़े रहते थे।
47. और कहते थे, “जब हम मर जाएँगे और मिट्टी और हड्डियाँ बन जाएंगे, तो क्या वाक़ई उठाए जाएँगे?”
48. “और हमारे बाप-दादा भी?”
49. कह दो (ऐ मुहम्मद ﷺ), “पहले और बाद के सभी लोग,
50. एक तय किए गए दिन पर जमा किए जाएँगे।”

51. फिर तुम, ऐ गुमराह और झुठलाने वालों,
52. ज़क़्क़ूम के दरख़्त के फल खाओगे,
53. और उसी से अपने पेट भर लोगे।
54. और उस पर उबलता हुआ पानी पियोगे,
55. प्यासे ऊँट की तरह घुट-घुट कर पियोगे।
56. यही है उनका आख़िरी ठिकाना, जज़ा (बदले) के दिन।
57. हमने तुम्हें पैदा किया, तो फिर तुम ईमान क्यों नहीं लाते?
58. क्या तुमने देखा जो नुत्फ़ा (मणी) तुम गिराते हो?
59. क्या तुम उसे इंसान बनाते हो या हम बनाने वाले हैं?
60. हमने तुम पर मौत को मुक़र्रर कर दिया है, और हम मजबूर नहीं हैं।
61. कि तुम्हारी शक्ल बदल कर नए तरीक़े से पैदा कर दें, जिसे तुम जानते भी नहीं।
62. और तुमने अपनी पहली तख़लीक़ (पैदाइश) देखी है, तो फिर क्यों नसीहत नहीं लेते?
63. और तुमने देखा, जो बीज तुम बोते हो?
64. क्या तुम उसे उगाते हो या हम उगाने वाले हैं?
65. अगर हम चाहें तो उसे सुखा कर राख बना दें, तो फिर तुम हैरान रह जाओ,
66. और कहने लगो, "हम घाटे में पड़ गए,"
67. "बल्कि हमसे तो रोज़ी ही छीन ली गई!"
68. और तुमने देखा, जो पानी तुम पीते हो?
69. क्या तुमने उसे बादलों से उतारा है या हम उतारने वाले हैं?
70. अगर हम चाहें तो उसे कड़वा कर दें, तो फिर तुम शुक्र क्यों नहीं करते?
71. और तुमने देखा, जो आग तुम जलाते हो?
72. क्या तुमने उसका लकड़ा बनाया है या हम बनाने वाले हैं?
73. हमने उसे एक यादगार और मुसाफ़िरों के लिए ज़रूरी सामान बनाया।
74. तो अपने रब, जो अज़ीम है, उसके नाम की तस्बीह करो।
75. मैं क़सम खाता हूँ सितारों के गिरने की,
76. और अगर तुम समझ सको तो यह एक बड़ी क़सम है।
77. यक़ीनन यह एक बुज़ुर्ग क़ुरआन है,
78. जो एक महफ़ूज़ किताब में लिखा गया है।
79. इसे सिर्फ़ वही छू सकते हैं जो पाकीज़ा हैं।
80. यह अल्लाह, रब्बुल आलमीन की तरफ़ से नाज़िल किया गया है।
81. क्या तुम इस कलाम (क़ुरआन) से बेपरवाह हो?

82. और जो रोज़ी अल्लाह ने दी, उसके शुक्र बजाए उसका इनकार करते हो?

83. तो फिर क्यों नहीं, जब (जान) हलक तक आ जाती है,

84. और तुम उस वक़्त सिर्फ़ देख रहे होते हो,

85. और हम तुमसे ज़्यादा उसके क़रीब होते हैं, मगर तुम देख नहीं सकते?

86. तो फिर क्यों नहीं, अगर तुम समझते हो कि तुम्हें बदला नहीं दिया जाएगा,

87. इस जान को वापस ले आते, अगर तुम अपने दावे में सच्चे हो?

88. फिर अगर वह (मरने वाला) मक़बूल बंदों में से था,

89. तो उसके लिए चैन, रिज़्क़ (रहमत) और नेमत भरी जन्नत है।

90. और अगर वह दाएं (अच्छे लोगों) में से था...

91. तो (उससे कहा जाएगा) सलाम हो तुझ पर, तू दायें हाथ वालों में से है।

92. और अगर वह झुठलाने वालों और गुमराहों में से था,

93. तो उसके लिए खौलते हुए पानी की दावत है,

94. और दोज़ख़ में जलना है।

95. यक़ीनन यह एक हक़ बात है।

96. तो अपने रब, जो अज़ीम है, उसके नाम की तस्बीह करो।

57. सूरह अल-हदीद

बिस्मिल्लाहिर रहमानिर रहीम

1. जो कुछ आसमानों और ज़मीन में है, सब अल्लाह की तस्बीह करता है, और वही ज़बरदस्त और हकीम है।
2. आसमानों और ज़मीन की बादशाहत उसी की है। वही ज़िंदगी देता है और वही मौत देता है, और हर चीज़ पर क़ुदरत रखता है।
3. वही पहला है, वही आख़िरी है, वही ज़ाहिर है, वही बातिन है, और वही हर चीज़ का इल्म रखता है।
4. वही है जिसने आसमानों और ज़मीन को छह दिनों में पैदा किया, फिर अर्श पर जलवा फ़रमा हुआ। जो कुछ ज़मीन में दाख़िल होता है और जो उससे निकलता है, जो कुछ आसमान से नाज़िल होता है और जो वहां उठता है—सब कुछ उसके इल्म में है। और वही तुम्हारे साथ है जहां भी तुम हो, और तुम जो कुछ करते हो, अल्लाह उसे देख रहा है।
5. आसमानों और ज़मीन की बादशाहत सिर्फ़ अल्लाह की है, और सारे मामलों का लौटना उसी की तरफ़ है।
6. वही रात को दिन में दाख़िल करता है और दिन को रात में। और वह दिलों के राज़ जानता है।
7. अल्लाह और उसके रसूल पर ईमान लाओ, और उस माल में से खर्च करो जो अल्लाह ने तुम्हें दिया है। जो लोग ईमान लाए और अल्लाह की राह में खर्च किया, उनके लिए बड़ा अजर है।
8. तुम अल्लाह पर क्यों ईमान नहीं लाते जबकि रसूल तुम्हें तुम्हारे रब पर ईमान लाने की दावत दे रहा है, और अल्लाह पहले ही तुमसे अहद ले चुका है अगर तुम सच्चे मोमिन हो?
9. वही है जो अपने बंदे (मुहम्मद ﷺ) पर रौशन आयतें नाज़िल करता है, ताकि तुम्हें अंधेरों से रोशनी की तरफ़ ले आए। और बेशक अल्लाह तुम पर बेहद मेहरबान और रहीम है।
10. तुम अल्लाह की राह में खर्च क्यों नहीं करते जबकि आसमानों और ज़मीन की विरासत सिर्फ़ अल्लाह के हाथ में है? तुममें से जो लोग फतह-ए-मक्का से पहले अल्लाह की राह में खर्च कर चुके और लड़ चुके, उनका

दर्जा उन लोगों से ज़्यादा है जो बाद में खर्च और जिहाद करते हैं। मगर सबके लिए अल्लाह ने बेहतरीन अजर का वादा किया है। और अल्लाह तुम्हारे आमाल से बाख़बर है।

11. कौन है जो अल्लाह को एक अच्छा क़र्ज़ दे, ताकि अल्लाह उसे कई गुना बढ़ाए और उसके लिए इज़्ज़त भरा अजर हो?

12. उस दिन तुम देखोगे कि मोमिन मर्दों और मोमिन औरतों का नूर उनके आगे और उनके दाएं तरफ़ दौड़ रहा होगा। उनसे कहा जाएगा: "आज तुम्हारी खुशखबरी है, वो जन्नतें जिनके नीचे नहरें बह रही हैं, जहां तुम हमेशा रहोगे।" यह है अज़ीम कामयाबी!

13. उस दिन मुनाफ़िक़ मर्द और मुनाफ़िक़ औरतें मोमिनों से कहेंगे: "ज़रा हमारा इंतज़ार करो, ताकि हम भी तुम्हारे नूर से रौशनी ले लें।" उनसे कहा जाएगा: "पीछे लौट जाओ और रौशनी तलाश करो।" फिर एक दीवार उनके दरमियान खड़ी कर दी जाएगी, जिसमें एक दरवाज़ा होगा। इसके अंदर रहमत होगी, और बाहर अज़ाब।

14. मुनाफ़िक़ मोमिनों को पुकारकर कहेंगे: "क्या हम तुम्हारे साथ नहीं थे?" मोमिन जवाब देंगे: "हाँ, मगर तुमने अपने आपको फितनों में डाल दिया, हमारे हालात के बिगड़ने का इंतज़ार किया, शक में पड़े रहे, और तुम्हारे खयाली अरमानों ने तुम्हें धोखे में डाल दिया, यहां तक कि अल्लाह का हुक्म आ गया। और धोखा देने वाले (शैतान) ने तुम्हें अल्लाह के बारे में गुमराह कर दिया।"

15. तो आज तुमसे और जिन लोगों ने कुफ्र किया उनसे कोई फ़िदिया (बचाव का बदला) क़बूल नहीं किया जाएगा। तुम्हारा ठिकाना जहन्नम है, वही तुम्हारे लायक़ है, और वह बहुत ही बुरी जगह है।

16. क्या ईमान लाने वालों के लिए अब तक वो वक्त नहीं आया कि उनके दिल अल्लाह की याद और जो सच्चाई नाज़िल हुई है, उसके सामने झुक जाएँ? और वो उन लोगों की तरह न हो जाएँ जिन्हें पहले किताब दी गई थी, फिर उन पर एक लंबा अरसा गुज़र गया और उनके दिल सख्त हो गए, और उनमें से बहुत से नाफ़रमान हैं।

17. जान लो कि अल्लाह ज़मीन को उसकी मौत के बाद ज़िंदा करता है। हमने तुम्हारे लिए निशानियाँ वाज़ेह कर दी हैं, शायद कि तुम समझ सको।

18. बेशक जो मर्द और औरतें सदक़ा देते हैं और जो अल्लाह को अच्छा क़र्ज़ देते हैं, उनके लिए यह (सवाब) बहुत गुना बढ़ाया जाएगा, और उनके लिए इज़्ज़त वाला बदला है।

19. और जो लोग अल्लाह और उसके रसूलों पर ईमान लाए, वही सच्चे लोग और शहीद हैं अपने रब्ब के पास। उनके लिए उनका अजर और उनका नूर होगा। मगर जो लोग कुफ्र कर गए और हमारी आयतों को झुटला दिया, वही दोज़ख़ वाले हैं।

20. जान लो कि दुनिया की ज़िंदगी सिर्फ़ एक खेल, तफ़रीह, ज़ीनत, आपस में फ़ख्र और माल व औलाद में इज़ाफ़े का मुक़ाबला है—बिल्कुल उस बारिश की तरह जिससे उगने वाली फ़सल किसानों को पसंद आती है, फिर वह सूख जाती है और तुम उसे ज़र्द देखते हो, फिर वह चूर-चूर हो जाती है। और आख़िरत में सख्त

अज़ाब है और अल्लाह की तरफ़ से माफ़ी और रज़ा भी है। और दुनिया की ज़िंदगी सिर्फ़ एक धोखे का सामान है।

21. दौड़ो अपने रब की मग़फिरत और उस जन्नत की तरफ़ जिसका विस्तार आसमान और ज़मीन जितना है, जो तैयार की गई है उन लोगों के लिए जो अल्लाह और उसके रसूलों पर ईमान लाए। यह अल्लाह का फ़ज़ल है, जिसे चाहे अता करे, और अल्लाह बड़ा फ़ज़ल करने वाला है।

22. कोई भी मुसीबत ज़मीन या तुम्हारे आप पर नहीं आती मगर वह एक किताब (लौह-ए-महफ़ूज़) में लिखी होती है, इससे पहले कि हम उसे पैदा करें। बेशक यह अल्लाह के लिए बहुत आसान है।

23. यह इसलिए कि जो तुमसे खो जाए, उस पर तुम ग़म न करो और जो तुम्हें मिल जाए, उस पर फ़ख्र न करो। और अल्लाह किसी भी अकड़ने वाले, घमंड करने वाले को पसंद नहीं करता।

24. जो लोग बुख़्ल करते हैं और दूसरों को भी बुख़्ल का हुक्म देते हैं। और जो भी (अल्लाह से) मुँह मोड़ेगा, तो बेशक अल्लाह बे-नियाज़ और तारीफ़ के लायक़ है।

25. हमने अपने रसूलों को रौशन दलीलों के साथ भेजा, और उनके साथ किताब और इंसाफ़ का मीज़ान नाज़िल किया, ताकि लोग इंसाफ़ पर क़ायम रहें। और हमने लोहा भी नाज़िल किया, जिसमें सख़्त कुव्वत है और लोगों के लिए फ़ायदे हैं, ताकि अल्लाह देख ले कि कौन बिना देखे उसकी और उसके रसूलों की मदद करता है। बेशक अल्लाह निहायत ताक़तवर और ज़बरदस्त है।

26. और हमने नूह और इब्राहीम को भेजा, और उनकी नस्ल में नबूवत और किताब रख दी। फिर उनमें से कोई हिदायत याफ़्ता हुआ और उनमें से बहुत से नाफ़रमान रहे।

27. फिर हमने उनके बाद एक के बाद एक अपने रसूल भेजे, और उनके बाद मरयम के बेटे ईसा को भेजा, और उन्हें इंजील दी। और उनके मानने वालों के दिलों में नरमी और रहमत डाल दी। और जो रहबानियत (सन्न्यासी जीवन) उन्होंने अपनाई, वह हमने उन पर फ़र्ज़ नहीं की थी, बल्कि उन्होंने ख़ुद अल्लाह की रज़ा हासिल करने के लिए बनाई। फिर भी उसे जैसा निभाना चाहिए था, वैसा नहीं निभाया। फिर हमने उनमें से जो ईमान लाए, उन्हें उनका अजर दिया, मगर उनमें से बहुत से नाफ़रमान रहे।

28. ऐ ईमान वालों! अल्लाह से डरो और उसके रसूल पर ईमान लाओ, वह तुम्हें अपनी रहमत का दोहरा हिस्सा देगा, और तुम्हारे लिए एक नूर पैदा करेगा जिससे तुम चल सको, और तुम्हें माफ़ कर देगा। और अल्लाह बख़्शने वाला, मेहरबान है।

29. यह इसलिए कि अहल-ए-किताब जान लें कि वे अल्लाह के फ़ज़ल में से किसी चीज़ पर क़ब्ज़ा नहीं रखते, और यह कि फ़ज़ल सिर्फ़ अल्लाह के हाथ में है, जिसे चाहे अता करे। और अल्लाह बड़ा फ़ज़ल करने वाला है।

58. सूरह अल-मुजादिला

बिस्मिल्लाहिर-रहमानिर-रहीम

1. अल्लाह ने उस औरत की बात सुन ली जो तुमसे अपने शौहर के बारे में झगड़ रही थी और अल्लाह से शिकायत कर रही थी। और अल्लाह तुम दोनों की बातचीत सुन रहा था। बेशक अल्लाह सुनने वाला, देखने वाला है।
2. जो लोग अपनी बीवियों से ज़िहार (यह कहकर कि "तुम मेरे लिए मेरी माँ की पीठ की तरह हो") का इल्ज़ाम लगाते हैं, वे उनकी माँएँ नहीं हैं। उनकी माँएँ सिर्फ़ वही हैं जिन्होंने उन्हें जन्म दिया। बेशक यह एक ग़लत और झूठी बात है। लेकिन अल्लाह माफ़ करने वाला, दरगुज़र करने वाला है।
3. और जो लोग अपनी बीवियों पर ज़िहार कर बैठें, फिर अपनी बात से वापस आना चाहें, तो उनके लिए यह ज़रूरी है कि एक ग़ुलाम आज़ाद करें, इससे पहले कि वे एक-दूसरे को हाथ लगाएँ। यह तुम्हें नसीहत की जा रही है, और जो कुछ तुम करते हो, अल्लाह उससे ख़ूब वाक़िफ़ है।
4. और जो ग़ुलाम न पाएँ, तो दो महीने लगातार रोज़े रखें, इससे पहले कि वे एक-दूसरे को हाथ लगाएँ। और जो इसकी भी ताक़त न रखे, तो साठ मिस्कीनों को खाना खिलाए। यह इसलिए है कि तुम अल्लाह और उसके रसूल पर पूरा ईमान लाओ। और ये अल्लाह की हदें हैं, और काफ़िरों के लिए दर्दनाक अज़ाब है।
5. बेशक जो लोग अल्लाह और उसके रसूल की मुख़ालिफ़त करते हैं, उन्हें वैसे ही ज़लील किया जाएगा जैसे उनसे पहले वाले ज़लील किए गए। और हमने साफ़-साफ़ आयतें नाज़िल कर दी हैं। और काफ़िरों के लिए ज़िल्लत वाला अज़ाब है।
6. उस दिन जब अल्लाह उन सबको उठाएगा और उन्हें उनके आमाल बता देगा। अल्लाह ने सब कुछ गिन रखा है, जबकि वे ख़ुद उसे भूल गए। और अल्लाह हर चीज़ पर गवाह है।
7. क्या तुमने नहीं देखा कि अल्लाह जो कुछ आसमानों और ज़मीन में है, सबको जानता है? कोई तीन आदमी गुप्त बातचीत नहीं करते मगर अल्लाह उनके बीच चौथा होता है, और न ही पाँच होते हैं मगर वह उनके बीच छठा होता है। और न ही इससे कम और न ही इससे ज़्यादा, मगर वह उनके साथ होता है जहाँ भी

वे होते हैं। फिर क़यामत के दिन वह उन्हें बता देगा जो कुछ उन्होंने किया। बेशक अल्लाह हर चीज़ का इल्म रखता है।

8. क्या तुमने उन लोगों को नहीं देखा जिन्हें ख़ुफ़िया बात-चीत (राज़ में बातें करने) से मना किया गया था, फिर भी वे वही करते हैं जिससे उन्हें मना किया गया था? और वे आपस में गुनाह, ज़्यादती और रसूल की नाफ़रमानी की बातें करते हैं। और जब वे तुम्हारे पास आते हैं, तो उसी तरीक़े से सलाम करते हैं जो अल्लाह ने नहीं सिखाया, और आपस में कहते हैं, "अल्लाह हमें हमारी बातों पर अज़ाब क्यों नहीं देता?" उनके लिए जहन्नम काफ़ी है, जिसमें वे झोंके जाएंगे, और वह बहुत ही बुरा ठिकाना है।

9. ऐ ईमान वालों! जब तुम आपस में बात-चीत करो, तो ऐसी बात-चीत न करो जो गुनाह, ज़्यादती और रसूल की नाफ़रमानी पर आधारित हो। बल्कि नेकी और तक़वा की बातें करो। और अल्लाह से डरो, जिसके सामने तुम्हें एक दिन इकट्ठा किया जाएगा।

10. ये जो गुप्त बातें होती हैं, ये सिर्फ़ शैतान की तरफ़ से होती हैं, ताकि ईमान वालों को ग़म में डाल दे। लेकिन वह अल्लाह की इजाज़त के बिना उनका कुछ भी नहीं बिगाड़ सकता। और मोमिनों को सिर्फ़ अल्लाह ही पर भरोसा करना चाहिए।

11. ऐ ईमान लाने वालों! जब तुमसे कहा जाए कि "महफ़िल में जगह बनाओ," तो जगह बना दो, अल्लाह तुम्हारे लिए जगह बनाएगा। और जब तुमसे कहा जाए "उठो," तो उठ जाओ। अल्लाह उन लोगों को ऊँचा दर्जा देगा जो तुममें से ईमान लाए और जिन्हें इल्म दिया गया। और अल्लाह तुम्हारे आमाल से ख़ूब वाक़िफ़ है।

12. ऐ ईमान वालों! जब तुम रसूल से अकेले मशवरा करना चाहो, तो पहले सदक़ा दो। यह तुम्हारे लिए बेहतर और पाकीज़गी वाली बात है। लेकिन अगर तुम सदक़ा न दे सको, तो बेशक अल्लाह बख़्शने वाला, मेहरबान है।

13. क्या तुम इस बात से घबरा गए कि मशविरा करने से पहले सदक़ा दो? फिर जब तुमने यह न किया और अल्लाह ने तुम्हें माफ़ कर दिया, तो (कम से कम) नमाज़ क़ायम करो, ज़कात दो और अल्लाह और उसके रसूल की आज्ञा का पालन करो। और अल्लाह तुम्हारे आमाल से ख़ूब वाक़िफ़ है।

14. क्या तुमने उन लोगों को नहीं देखा जो उन लोगों से दोस्ती रखते हैं जिन पर अल्लाह नाराज़ हो चुका है? वे न तो तुममें से हैं और न ही उनमें से, और झूठी क़समें खाते हैं, जबकि वे जानते हैं।

15. अल्लाह ने उनके लिए सख़्त अज़ाब तय कर दिया है। जो कुछ वे कर रहे हैं, वह बहुत ही बुरा है।

16. उन्होंने अपनी झूठी क़समें ढाल बना ली हैं और लोगों को अल्लाह के रास्ते से रोक दिया है। उनके लिए ज़िल्लत वाला अज़ाब है।

17. न उनका माल उनके किसी काम आएगा, न उनके बच्चे, अल्लाह के मुक़ाबले में। ये लोग दोज़ख़ में रहेंगे, हमेशा के लिए।

18. जिस दिन अल्लाह उन्हें उठाएगा, तो वे उसी तरह अल्लाह के सामने क़समें खाएँगे जैसे तुम्हारे सामने

खाते हैं, और समझते हैं कि वे किसी सही चीज़ पर हैं। सुन लो! ये लोग झूठे हैं।

19. शैतान ने उन पर ग़लबा पा लिया है और उन्हें अल्लाह की याद भुला दी है। ये शैतान की जमाअत है। सुन लो! शैतान की जमाअत ही घाटे में रहने वाली है।

20. जो लोग अल्लाह और उसके रसूल की मुख़ालिफ़त करते हैं, वे सबसे ज़्यादा ज़लील किए जाएँगे।

21. अल्लाह ने लिख दिया है कि "ग़ालिब रहने वाली तो मेरी और मेरे रसूलों की जमाअत ही है।" बेशक अल्लाह ज़बरदस्त और ज़बरदस्ती करने वाला है।

22. तुम ऐसे लोग नहीं पाओगे जो अल्लाह और आख़िरत के दिन पर ईमान रखते हों और उन लोगों से मुहब्बत रखते हों जो अल्लाह और उसके रसूल की मुख़ालिफ़त करते हैं, चाहे वे उनके बाप, बेटे, भाई या घरवाले ही क्यों न हों। ये वही लोग हैं जिनके दिलों में अल्लाह ने ईमान जमा दिया है और अपनी रूह से उनकी मदद की है। और उन्हें ऐसे जन्नतों में दाख़िल करेगा जिनके नीचे नहरें बह रही हैं, जहाँ वे हमेशा रहेंगे। अल्लाह उनसे राज़ी है और वे अल्लाह से राज़ी हैं। यही अल्लाह की जमाअत है। सुन लो! अल्लाह की जमाअत ही कामयाबी वाली है।

59. सूरह अल-हश्र

बिस्मिल्लाहिर रहमानिर रहीम

1. जो कुछ आसमानों में है और जो कुछ ज़मीन में है, सब अल्लाह की तसबीह करते हैं। और वही ग़ालिब (ज़बरदस्त) और हकीम है।
2. वही है जिसने अहल-ए-किताब में से उन लोगों को उनके घरों से निकाल दिया जो कुफ्र कर चुके थे, पहली बार के इकट्ठा होने पर। तुम समझते थे कि ये नहीं निकलेंगे, और वे समझते थे कि उनके क़िले उन्हें अल्लाह से बचा लेंगे। मगर अल्लाह का हुक्म वहां से आया जहां से उन्हें गुमान भी न था। अल्लाह ने उनके दिलों में ख़ौफ़ डाल दिया, तो वे अपने घरों को खुद अपने हाथों और मोमिनों के हाथों से उजाड़ने लगे। तो इबरत (सीख) हासिल करो, ऐ देखने वालों!
3. अगर अल्लाह ने उनके लिए निकलने का हुक्म न दिया होता, तो वे दुनिया में अज़ाब से गिरफ़्तार किए जाते। और आख़िरत में तो उनके लिए दोज़ख़ का अज़ाब है ही।
4. यह सब इस वजह से है कि उन्होंने अल्लाह और उसके रसूल की मुख़ालिफ़त की। और जो भी अल्लाह की मुख़ालिफ़त करेगा, तो बेशक अल्लाह बड़ा सख़्त सज़ा देने वाला है।
5. तुमने उनकी कोई खजूर के पेड़ काट दिए या उन्हें उनकी जड़ पर खड़ा छोड़ दिया, तो यह सब अल्लाह के इज़्न (हुक्म) से था, और इस लिए था कि अल्लाह नाफ़रमानों को ज़लील करे।
6. और जो माल अल्लाह ने अपने रसूल के हवाले किया, तुमने उसके लिए न घोड़े दौड़ाए, न ऊंट। मगर अल्लाह अपने रसूलों को जिस पर चाहता है, ग़ालिब कर देता है। और अल्लाह हर चीज़ पर क़ादिर है।
7. और जो माल अल्लाह ने अपने रसूल को बस्तियों (क़ौमों) से दिया, वह अल्लाह, रसूल, क़राबतदारों, यतीमों, मिसकीनों और मुसाफ़िरों के लिए है। यह इस लिए है कि यह माल सिर्फ़ तुम्हारे अमीर लोगों में ही ना घूमता रहे। जो कुछ रसूल तुम्हें दें, उसे ले लो, और जिससे मना करें, उससे रुक जाओ। और अल्लाह से डरो, बेशक अल्लाह सख़्त सज़ा देने वाला है।
8. वह माल उन ग़रीब मुहाजिरीन का भी हक़ है जो अपने घरों और माल से निकाल दिए गए, सिर्फ़ अल्लाह के फ़ज़्ल और उसकी रज़ा के तलबगार हैं, और अल्लाह और उसके रसूल की मदद करते हैं। यही लोग सच्चे

हैं।

9. और जो लोग पहले से मदीना में मौजूद हैं और ईमान ला चुके हैं, वे मुहाजिरीन से मोहब्बत करते हैं, और जो कुछ उन्हें दिया गया, उससे अपने दिलों में कोई खटकती बात नहीं पाते, बल्कि अपनी जानों पर उन्हें तर्जीह देते हैं, अगरचे खुद तंगी में हों। और जो अपने नफ़्स की बुख़्ल (कंजूसी) से बचा लिया गया, वही सफलता पाने वाले हैं।

10. और जो लोग बाद में आए, वे कहते हैं: "ऐ हमारे रब! हमें और हमारे उन भाइयों को माफ़ फ़रमा जो हमसे पहले ईमान ला चुके हैं, और हमारे दिलों में मोमिनों के लिए कोई कीना (बुग़्ज़) ना रहने दे। ऐ हमारे रब! बेशक तू बड़ा मेहरबान और रहीम है।"

11. क्या तुमने उन मुनाफ़िक़ों को नहीं देखा जो अपने भाइयों (अहले-किताब के काफ़िरों) से कहते हैं: "अगर तुम निकाले गए, तो हम भी तुम्हारे साथ चलेंगे, और हम कभी किसी की बात नहीं मानेंगे जो तुम्हारे ख़िलाफ़ हो। और अगर तुमसे जंग की गई, तो हम ज़रूर तुम्हारी मदद करेंगे।" मगर अल्लाह गवाही देता है कि ये झूठे हैं।

12. अगर ये निकाले गए, तो ये उनके साथ नहीं निकलेंगे। और अगर इनसे जंग की गई, तो ये उनकी मदद नहीं करेंगे। और अगर मदद भी करेंगे, तो पीठ दिखाकर भाग जाएंगे, फिर इन्हें कहीं से मदद नहीं मिलेगी।

13. तुम मोमिनों के मुक़ाबले में इनके दिलों में अल्लाह से भी ज़्यादा खौफ़ है। ये इस लिए कि ये अक़्ल से काम नहीं लेते।

14. ये तुमसे सिर्फ़ मज़बूत किलों (fortified cities) या दीवारों के पीछे से लड़ेंगे। इनका आपस का बैर बहुत सख़्त है। तुम समझते हो कि ये एक हैं, मगर इनके दिल अलग-अलग हैं। ये इस लिए कि ये समझ नहीं रखते।

15. इनका हाल उन लोगों जैसा है जो इनसे पहले थे, जिन्होंने अपने आमाल (कर्मों) का बुरा नतीजा चख लिया, और उनके लिए दर्दनाक अज़ाब है।

16. इन मुनाफ़िक़ों की मिसाल शैतान की तरह है जो इंसान से कहता है: "कुफ़्र कर!" मगर जब वह कुफ़्र कर लेता है, तो कहता है: "मैं तुझसे अलग हूँ, मैं तो अल्लाह से डरता हूँ जो सारे जहानों का रब है।"

17. तो दोनों का अंजाम यह होगा कि वे हमेशा के लिए दोज़ख़ में होंगे। और यही ज़ालिमों का बदला है।

18. ऐ ईमान वालों! अल्लाह से डरो और हर शख़्स यह देखे कि उसने कल (आख़िरत) के लिए क्या भेजा है। अल्लाह से डरो, बेशक अल्लाह तुम्हारे तमाम आमाल से बाख़बर है।

19. और उन लोगों की तरह न हो जाओ जो अल्लाह को भूल बैठे, तो अल्लाह ने उन्हें खुद अपने आप से ग़ाफ़िल कर दिया। यही लोग असली नाफ़रमान (अवज्ञाकारी) हैं।

20. दोज़ख़ वाले और जन्नत वाले बराबर नहीं हो सकते। जन्नत वाले ही असली कामयाब (सफल) होने वाले हैं।

21. अगर हम इस कुरआन को किसी पहाड़ पर नाज़िल कर देते, तो तुम देखते कि वह अल्लाह के ख़ौफ़ से

झुक जाता और फट जाता। यह मिसाल हम लोगों के सामने इसलिए पेश करते हैं ताकि वे सोच-विचार करें।

22. वही अल्लाह है, जिसके सिवा कोई माबूद नहीं, जो ग़ैब और ज़ाहिर का इल्म रखता है। वही रहमान (निहायत मेहरबान) और रहीम (बहोत रहम करने वाला) है।

23. वही अल्लाह है, जिसके सिवा कोई माबूद नहीं। वही बादशाह (मालिक), निहायत पाक (क़ुद्दूस), हर ऐब से पाकीज़ा (सलाम), अमान देने वाला (मुअमिन), देखभाल करने वाला (मुहयमिन), ज़बरदस्त (अज़ीज़), जबरन काम करवाने वाला (जब्बार), और बड़ी शान वाला (मुतकब्बिर) है। अल्लाह उन सब चीज़ों से पाक है जिन्हें ये लोग उसके साथ शरीक करते हैं।

24. वही अल्लाह है, जो पैदा करने वाला (ख़ालिक़), नई सूरत बनाने वाला (बारी), और बेहतरीन तरीक़े से तकमील करने वाला (मुसव्विर) है। उसके लिए बेहतरीन नाम हैं। जो कुछ आसमानों और ज़मीन में है, सब उसकी तसबीह करते हैं। और वही ग़ालिब (ज़बरदस्त) और हकीम (बड़ी तदबीर वाला) है।

६०. सूरह अल-मुमताहिना

बिस्मिल्लाह हिर्रहमानिर्रहीम

1. ऐ लोगों जो ईमान लाए हो, मेरे दुश्मन और अपने दुश्मन को दोस्त न बनाओ। तुम उनसे दोस्ती जताते हो, जबकि वे उस हक़ को झुटला चुके हैं जो तुम्हारे पास आया है। उन्होंने रसूल को और तुम्हें सिर्फ इस वजह से निकाल दिया कि तुम अल्लाह पर ईमान लाए हो, जो तुम्हारा रब है। अगर तुम मेरी राह में जिहाद करने और मेरी रज़ा की तलाश में निकले हो, तो उनसे दोस्ती न करो। तुम उनसे छुपकर मुहब्बत करते हो, जबकि मैं बेहतर जानता हूँ जो तुम छुपाते हो और जो तुम ज़ाहिर करते हो। और जो भी तुम में से ऐसा करेगा, वह बिलकुल सही रास्ते से भटक गया।

2. अगर वे तुम पर ग़ालिब आ जाएँ, तो तुम्हारे दुश्मन बन जाएँगे, और तुम पर बुराई से हाथ और ज़ुबान चलाएँगे, और चाहेंगे कि तुम कुफ्र कर लो।

3. तुम्हारे रिश्तेदार और तुम्हारी औलाद क़यामत के दिन तुम्हारे किसी काम न आएँगे। अल्लाह तुम्हारे दरमियान फ़ैसला करेगा। और जो कुछ तुम कर रहे हो, अल्लाह उसे देख रहा है।

4. तुम्हारे लिए इब्राहीम और उनके साथियों में एक बेहतरीन मिसाल है, जब उन्होंने अपनी क़ौम से कहा: "हम तुमसे और उन चीज़ों से, जिनकी तुम अल्लाह के सिवा पूजा करते हो, बिलकुल अलग हैं। हमने तुम्हें झुटला दिया, और हमारे और तुम्हारे दरमियान हमेशा के लिए दुश्मनी और नफ़रत पैदा हो चुकी है—जब तक कि तुम सिर्फ अल्लाह पर ईमान न ले आओ।"

सिवाय इब्राहीम के अपने बाप से कहने के: "मैं तुम्हारे लिए मग़फ़िरत की दुआ ज़रूर करूँगा, मगर मैं अल्लाह से तुम्हारे हक़ में किसी चीज़ का इख़्तियार नहीं रखता। ऐ हमारे रब! हमने तुझ पर भरोसा किया, और हम तेरी ही तरफ़ रुजू करते हैं, और तेरे ही पास लौटना है।"

5. "ऐ हमारे रब! हमें काफ़िरों के लिए फ़ितना (आज़माइश) न बना, और हमें बख़्श दे। बेशक तू ही ज़बरदस्त (अज़ीज़) और हिकमत वाला (हकीम) है।"

6. तुम्हारे लिए उनमें एक बेहतरीन मिसाल है, हर उस शख़्स के लिए जो अल्लाह और आख़िरत की उम्मीद रखता है। और जो मुँह मोड़ ले, तो बेशक अल्लाह बे-नियाज़ और तारीफ़ के लायक़ है।
7. हो सकता है कि अल्लाह तुम्हारे और उन लोगों के दरमियान मोहब्बत पैदा कर दे, जिनके साथ तुम दुश्मनी रखते हो। और अल्लाह हर चीज़ पर क़ादिर है, और अल्लाह बख़्शने वाला, मेहरबान है।
8. अल्लाह तुम्हें उन लोगों से अच्छा सलूक करने और इंसाफ़ से पेश आने से नहीं रोकता, जो तुमसे दीन के मामले में जंग नहीं करते और न ही तुम्हें तुम्हारे घरों से निकालते हैं। बेशक, अल्लाह इंसाफ़ करने वालों को पसंद करता है।
9. अल्लाह सिर्फ़ उन लोगों से दोस्ती करने से मना करता है, जो तुमसे दीन के मामले में लड़ते हैं, तुम्हें तुम्हारे घरों से निकालते हैं, और तुम्हारे निकालने में दूसरों की मदद करते हैं। और जो उनसे दोस्ती करेगा, तो ऐसे ही लोग ज़ालिम हैं।
10. ऐ लोगों जो ईमान लाए हो! जब ईमान वाली औरतें हिजरत करके तुम्हारे पास आएं, तो उनका इम्तिहान लो। अल्लाह उनके ईमान को बेहतर जानने वाला है। अगर तुम्हें मालूम हो कि वे मोमिन हैं, तो उन्हें काफ़िरों के पास वापस न भेजो। न वे काफ़िरों के लिए हलाल हैं, और न काफ़िर उनके लिए हलाल हैं। लेकिन जो मेहर उनके शौहरों ने दिया था, वह उन्हें वापस कर दो। और तुम पर कोई गुनाह नहीं अगर तुम उनसे निकाह कर लो, जब तुम उनका मेहर दे दो। और अपनी काफ़िर बीवियों को न रोके रखो, और जो तुमने खर्च किया था, वह वापस माँगो। और जो उन्होंने खर्च किया था, उन्हें भी वापस माँगने दो। यह अल्लाह का हुक्म है, जो तुम्हारे दरमियान फ़ैसला कर रहा है। और अल्लाह सब कुछ जानने वाला, हकीम है।
11. और अगर तुम्हारी कोई बीवी काफ़िरों के पास चली जाए, फिर तुम्हें फ़तह हासिल हो, तो जिन लोगों की बीवियाँ चली गई हैं, उन्हें उनका ख़र्चा दे दो जो उन्होंने किया था। और अल्लाह से डरो, जो तुम पर ईमान रखने का हक़ रखता है।
12. ऐ नबी! जब मोमिन औरतें तुमसे इस बात का अहद (वादा) करें कि वे अल्लाह के साथ किसी को शरीक नहीं करेंगी, न चोरी करेंगी, न ज़िना (व्यभिचार) करेंगी, न अपनी औलाद को क़त्ल करेंगी, न किसी पर झूठा इल्ज़ाम लगाएँगी जो उनके हाथों और पैरों के दरमियान हो, और न किसी भी अच्छी बात में तुम्हारी नाफ़रमानी करेंगी— तो तुम उनसे बैअत (संधि) लो, और अल्लाह से उनके लिए मग़फ़िरत (माफी) की दुआ करो। बेशक, अल्लाह बख़्शने वाला, मेहरबान है।
13. ऐ लोगों जो ईमान लाए हो! ऐसे लोगों से दोस्ती न करो जिनसे अल्लाह नाराज़ है। वे आख़िरत से निराश हो चुके हैं, जैसे काफ़िर क़बर वालों से निराश होते हैं।

61. सूरह अस-सफ्फ

बिस्मिल्लाह हिर्रहमानिर्रहीम

1. जो कुछ आसमानों में है और जो कुछ ज़मीन में है, सब अल्लाह की तसबीह करते हैं, और वह ज़बरदस्त, हकीम (बड़ी हिकमत वाला) है।
2. ऐ लोगों जो ईमान लाए हो! तुम वो बातें क्यों कहते हो जो तुम ख़ुद नहीं करते?
3. अल्लाह के नज़दीक यह बड़ी नफरत की बात है कि तुम वह कहो जो तुम ख़ुद करते नहीं।
4. बेशक, अल्लाह उन लोगों को पसंद करता है जो उसकी राह में एक सफ (कतार) की तरह लड़ते हैं, जैसे कि वे एक मज़बूत इमारत हों।
5. और याद करो जब मूसा ने अपनी क़ौम से कहा: "ऐ मेरी क़ौम! तुम मुझे क्यों तकलीफ़ देते हो, जबकि तुम जानते हो कि मैं तुम्हारे लिए अल्लाह का भेजा हुआ रसूल हूँ?" फिर जब उन्होंने गुमराही इख़्तियार की, तो अल्लाह ने उनके दिलों को गुमराह कर दिया। और अल्लाह नाफ़रमानों को हिदायत नहीं देता।
6. और याद करो जब मरयम के बेटे ईसा ने कहा: "ऐ बनी इसराईल! मैं तुम्हारे पास अल्लाह का रसूल हूँ, जो तौरात की तस्दीक़ (पुष्टि) करता हूँ जो मेरे सामने है, और एक रसूल की बशारत (खुशख़बरी) देता हूँ जो मेरे बाद आएगा, जिसका नाम अहमद होगा।" मगर जब वह उनके पास खुली निशानियाँ लेकर आए, तो उन्होंने कहा: "यह तो खुला जादू है!"
7. उस से बड़ा ज़ालिम कौन है जो अल्लाह पर झूठी बात गढ़े, जबकि उसे इस्लाम की तरफ बुलाया जाता है? और अल्लाह ज़ालिमों को हिदायत नहीं देता।
8. ये लोग चाहते हैं कि अल्लाह के नूर (रोशनी) को अपनी फूँक से बुझा दें, मगर अल्लाह अपने नूर को पूरा करके रहेगा, चाहे काफ़िरों को कितना ही नागवार गुज़रे।
9. वही है जिसने अपने रसूल को हिदायत और दीन-ए-हक़ के साथ भेजा ताकि उसे तमाम दीनों पर ग़ालिब कर दे, चाहे मुश्रिकों को कितना ही नागवार लगे।

10. “ऐ लोगों जो ईमान लाए हो! क्या मैं तुम्हें एक ऐसी तिजारत (व्यापार) की तरफ़ रहनुमाई करूँ जो तुम्हें दर्दनाक अज़ाब से बचा ले?”

11. (वह यह है) कि तुम अल्लाह और उसके रसूल पर ईमान लाओ, और अल्लाह की राह में अपने माल और अपनी जान से जिहाद करो। यह तुम्हारे लिए बेहतरीन है अगर तुम समझो।

12. अल्लाह तुम्हारे गुनाह माफ कर देगा, और तुम्हें उन जन्नतों में दाखिल करेगा जिनके नीचे नहरें बहती हैं, और हमेशा रहने वाली बेहतरीन जगहें देगा। यह तो बड़ी कामयाबी है!

13. और एक और चीज़ जो तुम्हें पसंद है: अल्लाह की मदद और क़रीबी फतह। और (ऐ नबी!) मोमिनों को खुशखबरी सुना दो।

14. “ऐ लोगों जो ईमान लाए हो! अल्लाह के मददगार बनो, जैसे ईसा इब्ने मरयम ने अपने हवारियों से कहा: ‘कौन है जो अल्लाह की राह में मेरा मददगार बने?’ हवारियों ने कहा: ‘हम अल्लाह के मददगार हैं!’ फिर बनी इसराईल का एक गिरोह ईमान लाया और एक गिरोह ने कुफ्र किया। फिर हमने ईमान वालों की उनके दुश्मनों के मुक़ाबले में मदद की, तो वे ग़ालिब हो गए।

62. सूरह अल-जुमुआ

बिस्मिल्लाहिर-रहमानिर-रहीम

1. जो कुछ आसमानों में है और जो कुछ ज़मीन में है, सब अल्लाह की तस्बीह करते हैं, जो बादशाह (मालिक) है, पाक (क़ुद्दूस) है, ज़बरदस्त (अज़ीज़) है, हकीम (बड़ी हिकमत वाला) है।
2. वही है जिसने अनपढ़ (उम्मी) लोगों में एक रसूल भेजा, जो उन्हीं में से है, जो उन पर उसकी आयतें तिलावत करता है, उन्हें पाक करता है, और उन्हें किताब (क़ुरआन) और हिकमत (सुन्नत) की तालीम देता है, जबकि इससे पहले वे खुली गुमराही में थे।
3. और उनके अलावा दूसरे लोग भी जो अभी उनमें शामिल नहीं हुए। और वही ज़बरदस्त, हकीम है।
4. यह अल्लाह का फ़ज़्ल है, जिसे चाहे अता करे। और अल्लाह बड़ा फ़ज़्ल करने वाला है।
5. उन लोगों की मिसाल जिनको तौरात दी गई, फिर उन्होंने उसका बोझ न उठाया, उस गधे जैसी है जो किताबें उठाए हुए हो। कितनी बुरी मिसाल है उन लोगों की जो अल्लाह की आयतों को झुठलाते हैं! और अल्लाह ज़ालिम क़ौम को हिदायत नहीं देता।
6. कह दो: "ऐ यहूदियों! अगर तुम यह समझते हो कि तुम ही अल्लाह के पसंदीदा हो, और दूसरे लोग नहीं, तो मौत की तमन्ना करो, अगर तुम सच्चे हो!"
7. मगर वे कभी भी मौत की तमन्ना नहीं करेंगे उन अमाल की वजह से जो उनके हाथों ने भेजे हैं। और अल्लाह ज़ालिमों से खूब वाक़िफ़ है।
8. कह दो: "वह मौत जिससे तुम भागते हो, वह तो तुमसे मिलने वाली है। फिर तुम उस ज़ात की तरफ लौटाए जाओगे जो ग़ैब और ज़ाहिर का जानने वाला है, फिर वह तुम्हें बता देगा जो कुछ तुम करते रहे हो।"
9. ऐ लोगों जो ईमान लाए हो! जब जुम्मा के दिन नमाज़ के लिए अज़ान दी जाए, तो अल्लाह की याद की तरफ दौड़ पड़ो और कारोबार छोड़ दो। यह तुम्हारे लिए बेहतर है, अगर तुम समझते हो।
10. फिर जब नमाज़ खत्म हो जाए, तो ज़मीन में फैल जाओ और अल्लाह का फ़ज़्ल तलाश करो, और

अल्लाह को बहुत याद करो, ताकि तुम कामयाब हो जाओ।

11. मगर जब उन्हें कोई कारोबार या तमाशा नज़र आता है, तो उसकी तरफ भाग पड़ते हैं और तुम्हें खड़ा छोड़ देते हैं। कह दो: “जो कुछ अल्लाह के पास है, वह तमाशे और कारोबार से बेहतर है, और अल्लाह बेहतरीन रोज़ी देने वाला है।”

६३. सूरह अल-मुनाफिकून

बिस्मिल्लाहिर-रहमानिर-रहीम

1. जब मुनाफिक (दिखावे के मुसलमान) तुम्हारे पास आते हैं (ऐ मुहम्मद ﷺ), तो कहते हैं: "हम गवाही देते हैं कि आप अल्लाह के रसूल हैं।" और अल्लाह जानता है कि आप वाकई उसके रसूल हैं, मगर अल्लाह गवाही देता है कि ये मुनाफिक झूठे हैं।
2. उन्होंने अपनी क़समें ढाल बना ली हैं, इस वजह से उन्होंने लोगों को अल्लाह के रास्ते से रोका। कितना बुरा है जो ये कर रहे हैं।
3. ये इस वजह से है कि पहले ये ईमान लाए, फिर कुफ्र कर बैठे, तो उनके दिलों पर मुहर लग गई, और अब ये कुछ समझते नहीं।
4. जब तुम उन्हें देखते हो, तो उनके जिस्म तुम्हें पसंद आते हैं, और जब बात करते हैं तो तुम उनकी बातें सुनते हो। मगर ये सिर्फ़ लकड़ियां हैं जो दीवार से टिकाई गई हैं। हर चीख को अपने ख़िलाफ़ समझते हैं। ये असल दुश्मन हैं, इनसे बचो। अल्लाह की लानत हो इन पर! ये कैसे उल्टी सोच रखते हैं!
5. जब इनसे कहा जाता है: "आओ, अल्लाह के रसूल तुम्हारे लिए मग़फिरत की दुआ करें," तो ये अपने सर फेर लेते हैं, और तुम देखते हो कि ये अकड़कर मुँह फेर लेते हैं।
6. इनके लिए बराबर है कि तुम इनके लिए माफी माँगो या न माँगो, अल्लाह कभी इन्हें माफ़ नहीं करेगा। बेशक, अल्लाह नाफरमानों को हिदायत नहीं देता।
7. ये वही लोग हैं जो कहते हैं: "जो अल्लाह के रसूल के साथ हैं, उन पर खर्च मत करो, ताकि ये बिखर जाएं।" हाला कि आसमान और ज़मीन के ख़ज़ाने अल्लाह के हैं, मगर मुनाफ़िक समझते नहीं।
8. ये कहते हैं: "अगर हम मदीना वापस गए तो इज़्ज़त वाले लोग ज़लील लोगों को निकाल देंगे।" हाला कि इज़्ज़त अल्लाह, उसके रसूल और मोमिनों के लिए है, मगर मुनाफ़िक जानते नहीं।

9. ऐ लोगों जो ईमान लाए हो! तुम्हारा माल और तुम्हारी औलाद तुम्हें अल्लाह की याद से ग़ाफ़िल न कर दे। और जो ऐसा करेगा, वही घाटे में रहने वाले हैं।
10. और जो कुछ हमने तुम्हें दिया है, उसमें से अल्लाह के रास्ते में खर्च करो, इससे पहले कि किसी की मौत का वक्त आ जाए, और वो कहे: "मेरे रब! मुझे थोड़ी सी मोहलत दे दे, ताकि मैं सदक़ा करूं और नेक लोगों में शामिल हो जाऊं।"
11. लेकिन जब किसी का वक्त आ जाता है, तो अल्लाह उसे मोहलत नहीं देता। और जो कुछ तुम करते हो, अल्लाह उससे खूब वाक़िफ़ है।

६४. सूरह अत-तग़ाबुन

बिस्मिल्लाहिर-रहमानिर-रहीम

1. जो कुछ आसमानों और ज़मीन में है, सब अल्लाह की तस्बीह कर रहे हैं। उसी के लिए हुकूमत है, और उसी के लिए सारी तारीफ़ें हैं। और वह हर चीज़ पर क़ादिर है।
2. वही है जिसने तुम्हें पैदा किया, फिर तुम में से कोई काफिर है और कोई मोमिन। और जो कुछ तुम करते हो, अल्लाह उसे देख रहा है।
3. उसने आसमान और ज़मीन को हक़ के साथ पैदा किया, और तुम्हें बेहतरीन सूरत दी। और उसी की तरफ तुम्हें लौटना है।
4. जो कुछ आसमानों और ज़मीन में है, वह सब जानता है, और जो तुम छुपाते हो और जो ज़ाहिर करते हो, उससे भी वाकिफ़ है। और अल्लाह दिलों के राज़ जानता है।
5. क्या तुम तक उन लोगों की ख़बर नहीं पहुँची जो तुमसे पहले कुफ्र कर चुके हैं? उन्होंने अपने किए का मज़ा चख लिया, और उनके लिए दर्दनाक अज़ाब है।
6. यह इस वजह से हुआ कि उनके पास रसूल रौशन दलीलों के साथ आते रहे, मगर उन्होंने कहा: "क्या एक इंसान हमें हिदायत देगा?" फिर उन्होंने इंकार किया और मुँह फेर लिया। तब अल्लाह ने भी उनसे बेनियाज़ी इख़्तियार कर ली। और अल्लाह बेनियाज़ है, तारीफ़ के लायक है।
7. जो लोग कुफ्र करते हैं, उनका गुमान है कि वे कभी उठाए नहीं जाएंगे। कह दो: "हाँ, मेरे रब की क़सम! तुम ज़रूर उठाए जाओगे, फिर जो कुछ तुमने किया, उसकी तुम्हें ज़रूर ख़बर दी जाएगी।" और यह अल्लाह के लिए आसान है।
8. तो अल्लाह और उसके रसूल पर ईमान लाओ, और उस रौशनी (क़ुरआन) पर जो हमने नाज़िल की है। और जो कुछ तुम करते हो, अल्लाह उससे खूब वाकिफ़ है।
9. जिस दिन वह तुम सब को एक जगह जमा करेगा, वही होगा "यौम-उत-तग़ाबुन" (नुकसान उठाने का

दिन)। जो अल्लाह पर ईमान लाया और नेक अमल किए, अल्लाह उसके गुनाह मिटा देगा और उसे जन्नतों में दाख़िल करेगा जिनके नीचे नहरें बह रही हैं। यही बड़ी कामयाबी है।

10. मगर जो लोग कुफ्र कर गए और हमारी आयतों को झुटलाया, वही दोज़ख वाले हैं, जिसमें हमेशा रहेंगे। और वह कितनी बुरी जगह है।

11. कोई भी मुसीबत अल्लाह के हुक्म के बगैर नहीं आती। और जो अल्लाह पर ईमान रखता है, अल्लाह उसके दिल की हिदायत फराहम करता है। और अल्लाह हर चीज़ का इल्म रखता है।

12. अल्लाह और उसके रसूल की इताअत करो। लेकिन अगर तुम मुँह फेर लो, तो हमारे रसूल पर सिर्फ पैग़ाम पहुँचा देना फर्ज़ है।

13. अल्लाह के सिवा कोई माबूद नहीं। और मोमिनों को सिर्फ अल्लाह ही पर भरोसा करना चाहिए।

14. ऐ ईमान लाने वालों! तुम्हारी बीवियों और तुम्हारी औलाद में से कुछ तुम्हारे दुश्मन भी हैं, तो उनसे होशियार रहो। लेकिन अगर तुम उन्हें माफ कर दो, दरगुज़र करो और उन्हें माफ करने का तरीक़ा इख़्तियार करो, तो अल्लाह भी ग़फ़ूर-उर-रहीम है।

15. तुम्हारे माल और तुम्हारी औलाद सिर्फ एक आज़माइश हैं, और अल्लाह के पास बड़ा अजर (इनाम) है।

16. तो जितना हो सके, अल्लाह का तक़वा इख़्तियार करो, सुनो, इताअत करो, और अल्लाह की राह में खर्च करो। यह तुम्हारे लिए बेहतरीन है। और जो अपने नफ़्स की बुख़्ल (कंजूसी) से बचा लिया गया, वही कामयाब हैं।

17. अगर तुम अल्लाह को "अच्छा क़र्ज़" दो (उसकी राह में खर्च करो), तो वह तुम्हें कई गुना बढ़ाकर देगा और तुम्हें माफ़ भी कर देगा। और अल्लाह बड़ा शुक्रगुज़ार है, बुर्दबार है।

18. वह ग़ैब और ज़ाहिर का इल्म रखता है, ज़बरदस्त है, और हकीम है।

65. सूरह अत-तलाक़

बिस्मिल्लाहिर-रहमानिर-रहीम

1. ऐ नबी! जब तुम औरत को तलाक़ दो, तो उनकी 'इद्दत के शुरू में तलाक़ दो और 'इद्दत का अच्छे तरीके से हिसाब रखो, और अल्लाह से डरो जो तुम्हारा रब है। उन्हें उनके शौहर के घर से मत निकालो, और न ही वह खुद निकलें, मगर जब कोई खुली बेहयाई का इर्तिकाब कर रही हो। ये अल्लाह की हदें हैं, और जो अल्लाह की हदें तोड़ता है, उसने अपने आप पर ज़ुल्म किया। तुम्हें पता नहीं, शायद अल्लाह इसके बाद कोई नया फैसला ले आए।

2. जब उनकी 'इद्दत की मुद्दत पूरी होने लगे, तो या तो उन्हें भले तरीके से रोको या अच्छी शरायत के साथ अलग हो जाओ। और अपनी क़ौम में दो इंसाफ़ पसंद आदमियों को गवाह बना लो, और गवाही अल्लाह के लिए दुरुस्त तरीके से दो। ये बात उस शख़्स के लिए नसीहत है जो अल्लाह और आख़िरत के दिन पर ईमान रखता है। और जो अल्लाह से डरे, अल्लाह उसके लिए कोई रास्ता निकाल देगा।

3. और उसे ऐसी जगह से रिज़्क देगा जहां से उसका गुमान भी न हो। जो अल्लाह पर भरोसा करे, तो अल्लाह उसके लिए काफ़ी है। बेशक, अल्लाह अपना हुक्म पूरा करके ही रहता है। अल्लाह ने हर चीज़ के लिए एक मिक़दार मुक़र्रर कर दी है।

4. तुम्हारी औरतें जो बुज़ुर्ग हो चुकी हैं और जिन्हें हाइज़ (मासिक धर्म) आना बंद हो गया है, अगर तुम्हें शक हो तो उनकी 'इद्दत तीन महीने है। और जो अब तक हाइज़ को नहीं पहुंची हैं, उनकी भी 'इद्दत यही है। और जो हामिला (गर्भवती) हैं, उनकी 'इद्दत उनके बच्चे के पैदा होने तक है। जो अल्लाह से डरे, अल्लाह उसके मामलात आसान कर देगा।

5. ये अल्लाह का हुक्म है जो उसने तुम्हारी तरफ़ नाज़िल किया है। और जो अल्लाह से डरे, अल्लाह उसके गुनाह मिटा देगा और उसको बड़ा अज्र देगा।

6. अपनी हैसियत के मुताबिक उन्हें वहीं रहने दो जहाँ तुम रहते हो, और उन पर कोई तंगी न डालो कि उन्हें

तंग करके निकालने पर मजबूर कर दो। अगर वो हामिला (गर्भवती) हैं, तो उनका खर्चा उठाओ जब तक कि वो अपना बच्चा जन्म न दे। फिर अगर वो तुम्हारे बच्चे को दूध पिलाएँ, तो उन्हें उनका उजरत (मजदूरी) दो। भले तरीके से आपस में बात कर लो, लेकिन अगर तुम इस मामले में इख़्तिलाफ़ करो, तो किसी और औरत से दूध पिलवा लो।

7. जिसके पास वसीला (संपत्ति) है, वो अपनी हैसियत के मुताबिक खर्च करे। और जिसकी गुज़ारा तंग हो, वो उतना ही खर्च करे जितना अल्लाह ने उसे दिया है। अल्लाह किसी को उसके वसाइल (साधनों) से ज़्यादा ज़िम्मेदार नहीं बनाता। अल्लाह तंगी के बाद फराग़त (आसानी) भी दे देता है।

8. कितनी ही बस्तियाँ ऐसी थीं जो अपने रब और उसके रसूलों के हुक्म से सरकशी (ना-फ़रमानी) करती रहीं, तो हमने उनका सख़्त हिसाब लिया और उन पर बड़ा अज़ाब (सज़ा) नाज़िल किया।

9. फिर उन्होंने अपने किए का मज़ा चखा, और उनका अंजाम नुक़सान ही नुक़सान निकला।

10. अल्लाह ने उनके लिए सख़्त अज़ाब तैयार कर रखा है। पस, अल्लाह से डरो, ऐ अक़्लवालों जो ईमान लाए हो। अल्लाह ने तुम्हारी तरफ़ एक पैग़ाम भेजा है।

11. एक रसूल (मुहम्मद ﷺ), जो अल्लाह की रौशन आयात (निशानियाँ) तुम्हें सुनाता है, ताकि जो लोग ईमान लाएँ और अच्छे अमल करें, उन्हें अंधेरों से रौशनी में निकाल लाए। जो अल्लाह पर ईमान लाए और अच्छे काम करे, अल्लाह उसको जन्नतों में दाखिल करेगा जिनके नीचे से नहरें बह रही हैं, जिसमें वो हमेशा रहेंगे। अल्लाह उसके लिए बेहतरीन रिज़्क़ मुक़र्रर कर चुका है।

12. अल्लाह ही है जिसने सात आसमान और उनके मुताबिक़ ज़मीन बनाई। उसका हुक्म इन सब में नाज़िल होता है, ताकि तुम जान लो कि अल्लाह हर चीज़ पर क़ुदरत रखता है, और अल्लाह ने हर चीज़ का इल्म अपनी गिरफ़्त में ले रखा है।

६६. सूरह अत-तहरीम

बिस्मिल्लाहिर-रहमानिर-रहीम

1. ऐ नबी! तुम क्यों उस चीज़ को अपने ऊपर हराम कर लेते हो जो अल्लाह ने तुम्हारे लिए हलाल की है, सिर्फ अपनी बीवियों की रज़ामंदी हासिल करने के लिए? अल्लाह तो बड़ा बख़्शने वाला, मेहरबान है।
2. अल्लाह ने तुम्हारे लिए क़सम तोड़ने का कफ़्फ़ारा मुक़र्रर कर दिया है। और अल्लाह तुम्हारा मौला है, और वही सब कुछ जानने वाला, हिकमत वाला है।
3. याद करो जब नबी ने अपनी किसी बीवी से एक बात छुपाकर कही थी, मगर जब उस बीवी ने दूसरी बीवी को बता दिया और अल्लाह ने नबी को इसका इज़हार कर दिया, तो उन्होंने इस बात का एक हिस्सा ज़ाहिर किया और एक हिस्सा छुपा लिया। जब नबी ने उस बीवी को इस बारे में ख़बर दी, तो उसने पूछा, "आपको यह किसने बताया?" नबी ने कहा, "मुझे उसने बताया जो सब कुछ जानने वाला, हर बात से वाक़िफ़ है।"
4. अगर तुम दोनों (बीवियाँ) अल्लाह से तौबा कर लो तो बेहतरीन बात है, क्योंकि तुम्हारे दिल ठीक रास्ते से हट गए हैं। लेकिन अगर तुम नबी के ख़िलाफ़ एक-दूसरे का साथ दोगी, तो याद रखो कि अल्लाह उनका मददगार है, और जिब्रील, नेक मोमिन, और फ़रिश्ते भी उनका सहारा हैं।
5. अगर नबी तुम्हें तलाक़ दे दें, तो शायद अल्लाह उन्हें तुमसे बेहतर बीवियाँ अता फ़रमाए जो अल्लाह की फ़रमाबरदार, ईमानदार, इबादत गुज़ार, तौबा करने वाली, रोज़े रखने वाली हों – चाहे शादीशुदा हों या कुंवारियाँ।
6. ऐ ईमान वालो! अपने आपको और अपने घरवालों को उस आग से बचा लो जिसका ईंधन इंसान और पत्थर हैं। उसपर सख़्त मिज़ाज और शिद्दत वाले फ़रिश्ते मुक़र्रर हैं जो अल्लाह के हुक्म की नाफ़रमानी नहीं करते और वही करते हैं जो उन्हें हुक्म दिया जाता है।
7. ऐ काफ़िरो! आज कोई बहाना मत बनाओ, तुम्हें सिर्फ़ अपने किए का बदला दिया जाएगा।
8. ऐ ईमान वालो! अल्लाह की तरफ़ ख़ालिस तौबा करो, शायद तुम्हारा रब तुम्हारे गुनाह मिटा दे और तुम्हें

उन जन्नतों में दाख़िल करे जिनके नीचे नहरें बहती हैं, उस दिन जब अल्लाह नबी और उनके साथी मोमिनों को रुसवा नहीं करेगा। उनका नूर उनके सामने और उनके दाएं तरफ़ दौड़ रहा होगा, और वो कहेंगे, "ऐ हमारे रब! हमारे लिए हमारा नूर मुकम्मल कर दे और हमें बख़्श दे। बेशक, तू हर चीज़ पर क़ुदरत रखता है।"

9. ऐ नबी! काफ़िरों और मुनाफ़िक़ों से जिहाद करो और उनपर सख़्ती करो। उनका ठिकाना जहन्नम है, और वह बहुत ही बुरी जगह है।

10. अल्लाह ने कुफ़्र करने वालों की मिसाल दी: नूह की बीवी और लूत की बीवी की। ये दोनों हमारे नेक बंदों के निकाह में थीं, मगर उन्होंने अपने शौहरों से दग़ा की। तो वो (उनके शौहर) अल्लाह की सज़ा से उन्हें बचा न सके, और कहा गया, "दूसरे जहन्नुमी लोगों के साथ तुम भी जहन्नुम में चली जाओ।"

11. और अल्लाह ईमान वालों की मिसाल देता है: फिरऔन की बीवी, जब उसने दुआ की, "ऐ मेरे रब! मेरे लिए अपने क़रीब जन्नत में एक घर बना दे, मुझे फिरऔन और उसके ज़ुल्म से बचा ले, और मुझे ज़ालिम क़ौम से निजात दे।"

12. और मरयम बिंती इमरान की मिसाल दी, जो अपनी इफ़्फ़त की हिफ़ाज़त किए रही, तो हमने अपनी रूह (जिब्रील) के ज़रिए उसमें फूंक मारी, और उसने अपने रब के कलाम और उसकी किताबों को सच माना, और वो एक फ़रमाबरदार औरत थी।

67. सूरह अल-मुल्क

बिस्मिल्लाहिर-रहमानिर-रहीम

1. बड़ा बरकत वाला है वह जिसके हाथ में सल्तनत है, और वही हर चीज़ पर क़ुदरत रखता है।
2. वही जिसने मौत और ज़िंदगी को पैदा किया ताकि तुम्हारी आज़माइश करे कि तुम में से बेहतरीन अमल कौन करता है। और वही जबरदस्त और बख़्शने वाला है।
3. वही जिसने सात आसमानों को एक-दूसरे के ऊपर बनाया। तुम रहमान की तख़लीक़ में कोई कमी नहीं पाओगे। फिर अपनी नज़र दोबारा उठाओ, क्या तुम्हें कहीं कोई सुराख़ नज़र आता है?
4. फिर अपनी नज़र बार-बार दोबारा उठाओ, तुम्हारी नज़र तुम्हारे पास शर्मिंदा होकर और थककर लौट आएगी।
5. और हमने सबसे नज़दीक वाले आसमान को सितारों से सजाया, और उन्हें शयातीन पर मार करने का ज़रिया बनाया, और उनके लिए भड़कती हुई आग का अज़ाब तय्यार कर रखा है।
6. और जो लोग अपने रब का इनकार करते हैं, उनके लिए जहन्नुम का अज़ाब है। और क्या ही बुरा ठिकाना है!
7. जब उन्हें उसमें डाला जाएगा, तो वह इससे एक भयानक आवाज़ सुनेंगे, जबकि वह जोश मार रही होगी।
8. यह जहन्नुम गुस्से से लगभग फटने वाली होगी। हर दफ़ा जब इसमें कोई गिरोह डाला जाएगा, तो इसके दरोग़ा (देखभाल करने वाले) उनसे पूछेंगे, "क्या तुम्हारे पास कोई डराने वाला नहीं आया था?"
9. वह जवाब देंगे, "हाँ, एक डराने वाला आया था, मगर हमने झुठला दिया और कहा कि अल्लाह ने कुछ भी नहीं भेजा, तुम सिर्फ़ बड़े गुमराह हो।"
10. और वह कहेंगे, "काश हम सुनते या समझते, तो आज हम इस भड़कती हुई आग के लोगों में न होते।"
11. फिर वे अपने गुनाहों का इक़रार कर लेंगे। तो दूर हो जाएं जहन्नुम वाले (अल्लाह की रहमत से)।
12. जो लोग बिना देखे अपने रब का खौफ रखते हैं, उनके लिए मग़फ़िरत और बड़ा अजर (इनाम) है।
13. चाहे तुम अपनी बात छुपाओ या ज़ाहिर करो, अल्लाह दिलों के राज़ तक जानता है।

14. क्या जो बनाने वाला है, वह नहीं जानता? वही निहायत बारीक़बीन और हर चीज़ की खबर रखने वाला है।

15. वही जिसने ज़मीन को तुम्हारे लिए मुताअ (इत्तमिनान वाली) बनाया, तो इसके रास्तों पर चलो और अल्लाह की दी हुई रोज़ी में से खाओ। और (आख़िर में) उसी के पास तुम्हें उठाया जाएगा।

16. क्या तुम इस बात से बेपरवाह हो गए हो कि जो आसमान में है, वह तुम्हें ज़मीन में धंसा न दे, और अचानक यह हिलने लगे?

17. या तुम इस बात से बेपरवाह हो गए हो कि जो आसमान में है, वह तुम पर पत्थरों की आंधी न भेज दे? फिर तुम जान लोगे कि मेरी तंबीह (धमकी) कैसी थी!

18. और उनसे पहले भी लोग झुठला चुके हैं, तो देखो मेरा अज़ाब कैसा था!

19. क्या उन्होंने परिंदों को नहीं देखा जो उनके ऊपर आसमान में पंख फैलाए और समेट लेते हैं? रहमान के सिवा कोई भी उन्हें रोके नहीं रखता। बेशक, वही हर चीज़ को देखने वाला है।

20. कौन है जो तुम्हारा लश्कर बनकर तुम्हारी मदद करेगा, अल्लाह के सिवा? काफ़िरों की हालत सिर्फ़ एक धोखे में भटकने वाली है।

21. कौन है जो तुम्हें रोज़ी दे, अगर अल्लाह अपनी रोज़ी रोक ले? मगर ये लोग सरकशी और नफ़रत में उलझे हुए हैं।

22. क्या वह शख्स जो अपने मुंह के बल चल रहा है, बेहतर है या वह जो सीधे रास्ते पर चल रहा है?

23. कहो, "वही है जिसने तुम्हें पैदा किया और तुम्हारे लिए सुनने, देखने और समझने की सलाहियत दी। मगर तुम बहुत कम शुक्रगुज़ार होते हो।"

24. कहो, "वही है जिसने तुम्हें ज़मीन पर फैलाया और आखिर तुम उसी की तरफ़ जमा किए जाओगे।"

25. और ये लोग कहते हैं, "अगर तुम सच्चे हो तो बताओ, ये वादा कब पूरा होगा?"

26. कहो, "इसका इल्म सिर्फ अल्लाह के पास है, और मैं सिर्फ खुला हुआ डराने वाला हूं।"

27. फिर जब वे इस अज़ाब को नज़दीक से देख लेंगे, तो काफ़िरों के चेहरे उदास हो जाएंगे, और कहा जाएगा, "ये वही चीज़ है जिसे तुम बुलाया करते थे।"

28. कहो, "बताओ अगर अल्लाह मुझे और मेरे साथियों को मार भी दे, या हम पर रहम फ़रमाए, तो कौन है जो काफ़िरों को दर्दनाक अज़ाब से बचा सके?"

29. कहो, "वही रहमान है, हम उसी पर ईमान लाए और उसी पर भरोसा किया। अब तुम देख लो कि कौन खुली गुमराही में है।"

30. कहो, "अगर तुम्हारा पानी ज़मीन में उतर जाए, तो कौन है जो तुम्हारे लिए बहता हुआ पानी ला सके?"

६८. सूरह अल-क़लम

बिस्मिल्लाहिर-रहमानिर-रहीम

1. नून. क़लम की क़सम और जो कुछ ये (लिखने वाले) लिखते हैं।
2. तुम (ऐ मुहम्मद ﷺ) अपने रब के फ़ज़्ल से मज़नून नहीं हो।
3. और बेशक तुम्हारे लिए ऐसा अजर है जो कभी ख़त्म नहीं होगा।
4. और तुम अज़ीम अख़लाक़ वाले हो।
5. तो अनक़रीब तुम देख लोगे और वे भी देख लेंगे,
6. कि तुम में से कौन फ़ितने में मुबतला है।
7. बेशक तुम्हारा रब बेहतरीन जानने वाला है कि कौन उसकी राह से भटक गया, और वही बेहतरीन जानता है कि कौन हिदायत याफ़्ता है।
8. तो झुटलाने वालों की इताअत न करो।
9. वे चाहते हैं कि तुम नरम पड़ जाओ, तो वे भी नरम हो जाएंगे।
10. और हर ऐसे शख़्स की बात न मानो जो बेकार क़समें खाने वाला है।
11. जो दूसरों का मज़ाक उड़ाने वाला और हर तरफ़ फ़ितना फैलाने वाला है,
12. जो भलाई से रोकने वाला, हद से गुज़रने वाला और गुनाह में आगे बढ़ने वाला है,
13. जो संगदिल (सख़्त दिल) और बदकार है।
14. सिर्फ़ इसलिए कि उसके पास माल और औलाद है,
15. जब उसके सामने हमारी आयतें पढ़ी जाती हैं तो कहता है: “ये तो सिर्फ़ पहले लोगों की कहानियाँ हैं!”
16. हम अनक़रीब उसकी नाक पर दाग़ लगा देंगे।
17. हमने इनको भी आज़माया जैसे एक बाग़ वालों को आज़माया था, जब उन्होंने क़सम खाई थी कि सुबह

के वक़्त इसके फल तोड़ लेंगे,

18. और 'इंशा अल्लाह' भी न कहा।

19. फिर एक अज़ाब तुम्हारे रब की तरफ़ से रात को इस बाग़ पर आ गया जब कि वे सो रहे थे।

20. और वह बाग़ ऐसे जल गया जैसे कटा हुआ फ़सल हो।

21. फिर सुबह उन्होंने एक-दूसरे को पुकारा।

22. कि चलो अपनी फ़सल की कटाई करने, अगर तुम्हें फल तोड़ना है।

23. तो वे निकल पड़े आपस में धीमी आवाज़ में बात करते हुए।

24. कि आज कोई ग़रीब तुम्हारे बाग़ में न आ सके।

25. और ये समझते हुए चल रहे थे कि वे पूरी क़ुदरत रखते हैं।

26. मगर जब बाग़ को देखा, तो कहने लगे, "हम राह भटक गए हैं!"

27. बल्कि हमसे यह बाग़ छीन लिया गया है।

28. इनमें जो सबसे बेहतर था, उसने कहा: "क्या मैंने तुमसे नहीं कहा था कि अल्लाह की तस्बीह किया करो?"

29. तब उन्होंने कहा, "सुब्हानअल्लाह! हम वाक़ई ज़ालिम थे।"

30. फिर वे एक-दूसरे से अपनी ग़लती का इल्ज़ाम देने लगे।

31. कहने लगे: "हाय हमारी बर्बादी! हम वाक़ई हद से गुज़र गए थे।"

32. "शायद अल्लाह हमें इससे बेहतर बाग़ अता फ़रमाए, बेशक हम अपने रब की तरफ़ उम्मीद रखते हैं।"

33. ऐसे ही होता है दुनिया का अज़ाब, और आख़िरत का अज़ाब इससे भी बड़ा है, काश ये लोग समझते!

34. बेशक मुत्तक़ियों के लिए उनके रब के पास नेमतों भरी जन्नतें हैं।

35. क्या हम मुसलमानों को मुजरिमों की तरह रखेंगे?

36. तुम्हें क्या हो गया है? तुम कैसा फ़ैसला करते हो?

37. क्या तुम्हारे पास कोई किताब है जिसमें ये लिखा है,

38. कि जो कुछ तुम चाहो, वही तुम्हारे लिए है?

39. या तुमने हमसे कोई ऐसी क़सम ले रखी है जो क़यामत तक क़ायम रहे, कि जो भी तुम फ़ैसला करोगे, वही होगा?

40. इनसे पूछो, इनमें से कौन इसका ज़िम्मेदार है?

41. क्या इनके कुछ साझीदार हैं जो इनसे मदद करेंगे? तो ले आएँ अपने साझीदारों को अगर ये सच्चे हैं।

42. जिस दिन पाँव खोल दिए जाएँगे (क़यामत के दिन मुश्किल वक़्त होगा), और उन्हें सज्दा करने को कहा जाएगा, मगर ये न कर सकेंगे।

43. इनकी आँखें झुकी होंगी, ज़िल्लत इन पर छा रही होगी। पहले जब इन्हें सज्दा के लिए बुलाया जाता था, तो ये उस वक़्त भी इंकार करते थे।

44. तो ऐ मुहम्मद ﷺ! मुझे छोड़ दो इन लोगों के साथ जो इस क़ुरआन को झुठलाते हैं। हम धीरे-धीरे इन्हें अज़ाब की तरफ़ ले जाएँगे जहाँ से ये सोच भी नहीं सकते।

45. मैं इन्हें थोड़ी मोहलत दे रहा हूँ, लेकिन मेरी चाल बहुत मज़बूत है।

46. क्या तुम इनसे कोई उजरत (माल) माँग रहे हो जो ये उस बोझ से दब रहे हैं?

47. क्या इनके पास ग़ैब का इल्म है कि ये उसे लिख रहे हैं?

48. तो सब्र करो अपने रब के फ़ैसले का इंतज़ार करो, और मछली वाले (हज़रत यूनुस अ.स.) की तरह न हो जाना जब उन्होंने ग़म में पुकारा था।

49. अगर उनके रब की मेहरबानी न होती, तो उन्हें एक बंजर जगह पर डाल दिया जाता जबकि वे मलामतज़दा होते।

50. मगर अल्लाह ने उन्हें पसंद फ़रमा लिया और उन्हें नेक लोगों में शामिल कर दिया।

51. और जो लोग कुफ्र करते हैं, जब ये क़ुरआन सुनते हैं तो तुम्हें अपनी नज़रों से गिराने को तैयार हो जाते हैं और कहते हैं: "ये तो एक दीवाना है!"

52. मगर ये तो सिर्फ़ दुनिया वालों के लिए एक नसीहत है।

६९. सूरह अल-हाक़्क़ाह

बिस्मिल्लाहिर-रहमानिर-रहीम

1. हाक़्क़ाह (वह सच्ची हकीकत जो ज़रूर आने वाली है)।
2. क्या है वह हाक़्क़ाह?
3. और तुम क्या समझो कि वह हाक़्क़ाह क्या है?
4. समूद और आद ने इस सख़्त हादसे (क़यामत) को झुठला दिया।
5. तो जो समूद थे, वे एक सख़्त गरजने वाली आफ़त से हलाक कर दिए गए।
6. और जो आद थे, उन्हें एक सख़्त और तेज़ हवा ने तबाह कर दिया।
7. जो अल्लाह ने उन पर लगातार सात रात और आठ दिन तक मुसल्लत रखी, तो तुम देखते कि वे लोग इस तरह गिरे हुए थे जैसे सूखी हुई खजूरों के तने हों।
8. तो क्या तुम इनमें से किसी को बाक़ी देखते हो?
9. और फिरऔन, उससे पहले वाले लोग और उलट दी गई बस्तियों वालों ने भी गुनाह किए।
10. उन्होंने अपने रब के रसूल की नाफरमानी की, तो अल्लाह ने उन्हें सख़्त पकड़ से पकड़ लिया।
11. जब पानी (तूफ़ान) चढ़ गया, तो हमने तुम्हें कश्ती में सवार कर दिया।
12. ताकि इस वाक़ये को तुम्हारे लिए एक नसीहत बना दें और याद रखने वाला इससे सबक़ ले।
13. फिर जब एक बार सूर फूंका जाएगा,
14. और ज़मीन और पहाड़ उठाकर एक ही बार तोड़ दिए जाएंगे,
15. तो उस दिन वह वाक़या (क़यामत) वाक़ई रोनुमा हो जाएगा।
16. और आसमान फट जाएगा, क्योंकि उस दिन वह बहुत कमज़ोर हो जाएगा।
17. और फ़रिश्ते उसके चारों तरफ़ होंगे, और तुम्हारे रब के अर्श को उस दिन आठ (फ़रिश्ते) उठाए होंगे।
18. उस दिन तुम सब पेश किए जाओगे, और तुम्हारा कोई भी राज़ छुपा न रहेगा।
19. तो जिस का नाम-ए-अमल उसके दाएँ हाथ में दिया जाएगा, वह कहेगा: "लो! मेरा नाम-ए-अमल

पढ़ो!”

20. “मुझे यक़ीन था कि मुझे अपना हिसाब मिलने वाला है!”

21. तो वह एक ऐश भरी ज़िंदगी में होगा,

22. एक ऊँची जन्नत में,

23. जिसके फल आसानी से तोड़े जा सकेंगे।

24. (उसे कहा जाएगा) “खाओ और मज़े से पियो उस अमल के बदले जो तुमने गुज़रे हुए दिनों में किया!”

25. लेकिन जिस का नाम-ए-अमल उसके बाएँ हाथ में दिया जाएगा, वह कहेगा: “काश! मुझे मेरा यह हिसाब न दिया जाता!”

26. “और मैं न जानता कि मेरा क्या अंजाम होने वाला है!”

27. “काश! मौत (ही) फैसला कुन होती!”

28. “मेरा माल मुझे कुछ काम न आया!”

29. “मेरा इख़्तियार भी मुझसे छिन गया!”

30. (अल्लाह हुक्म देगा): “इसे पकड़ो और जकड़ दो!”

31. फिर उसे जहन्नम में डाल दो।

32. फिर एक ऐसी ज़ंजीर में, जिसे सत्तर गज़ लंबा किया गया है, उसमें जकड़ दो।

33. क्योंकि वह अल्लाह, जो सबसे बड़ा है, उस पर ईमान नहीं रखता था।

34. और न ही वह ग़रीब को खिलाने की तरग़ीब देता था।

35. तो आज यहाँ उसका कोई घनिष्ठ दोस्त नहीं।

36. और न ही कोई खाना, सिवाय ज़क़्क़ूम (जहन्नमी ग़म और पीप) के।

37. जिसे सिर्फ़ गुनहगार ही खाएँगे।

38. “पस नहीं! मैं क़सम खाता हूँ उन चीज़ों की जो तुम देखते हो।”

39. “और उन चीज़ों की जो तुम नहीं देखते।”

40. “कि यह (क़ुरआन) एक बुज़ुर्ग व अज़ीम रसूल का कलाम है।”

41. और यह किसी शायर का कलाम नहीं, तुम बहुत कम मानते हो।

42. और न ही यह किसी काहिन (ग़ैब का दावा करने वाले) का कलाम है, तुम बहुत कम समझते हो।

43. यह तो रब-उल-आलमीन की तरफ से नाज़िल किया गया है।

44. और अगर मुहम्मद (ﷺ) हम पर कोई झूठी बात गढ़ लेते,

45. तो हम उनका दायाँ हाथ पकड़ लेते।

46. फिर उनकी शह रग काट देते।

47. और तुम में से कोई भी इसे रोक नहीं सकता था।

48. और यह (क़ुरआन) परहेज़गारों (मुत्तक़ियों) के लिए एक नसीहत है।

49. और हम जानते हैं कि तुम में से कुछ लोग इसे झुटलाने वाले हैं।

50. और यह (क़ुरआन) काफ़िरों के लिए एक बड़ा अफ़सोस बनकर रहेगा।

51. और बेशक, यह हक़ीक़त है जो बिल्कुल यक़ीन वाली है।

52. "पस, अपने अज़ीम-ओ-शान रब्ब के नाम की तसबीह करो!"

70. सूरह अल-मारिज

बिस्मिल्लाहिर-रहमानिर-रहीम

1. एक मांगने वाले ने एक अज़ाब के होने की मांग की, जो ज़रूर होने वाला है।
2. वह अज़ाब काफ़िरों के लिए है, जिसे कोई रोक नहीं सकता।
3. वह अल्लाह की तरफ से है, जो बुलंद मर्तबों वाला है।
4. फ़रिश्ते और रूह (जिब्राईल अ.स.) उसकी तरफ चढ़ेंगे एक दिन में, जिसकी मुद्दत पचास हज़ार साल की होगी।
5. (ऐ नबी!) सब्र करो एक ख़ूबसूरत सब्र के साथ।
6. ये लोग उस दिन को दूर समझते हैं,
7. मगर हम उसे क़रीब देख रहे हैं।
8. उस दिन आसमान पिघले हुए तेल जैसा हो जाएगा,
9. और पहाड़ धुने हुए ऊन की तरह हो जाएंगे।
10. और कोई दोस्त किसी दोस्त की ख़बर न लेगा।
11. ये लोग एक-दूसरे को देख भी लेंगे, लेकिन मदद ना कर सकेंगे। मुजरिम चाहेगा कि उस दिन के अज़ाब से बचने के लिए अपनी औलाद को क़ुर्बान कर दे,
12. अपनी बीवी और अपने भाई को,
13. अपने क़रीबी रिश्तेदार, जो उसे पनाह देते थे,
14. और जो भी ज़मीन पर है, सब को, ताकि ये अज़ाब उससे हटा दिया जाए।
15. हरगिज़ नहीं! ये तो एक भड़कती हुई आग है,
16. जो हर चीज़ का बाहर का हिस्सा जला कर राख कर देगी।
17. वो उस शख़्स को बुलाएगी जिसने सच्चाई से मुंह मोड़ा और पीठ फेरी।

18. और जो माल इकट्ठा करता रहा और उसे गिनता रहा।

19. बेशक, इंसान बेचैन तबीयत का बनाया गया है।

20. जब उसे कोई तकलीफ़ छूती है, तो घबरा उठता है।

21. और जब उसे कोई भलाई मिलती है तो कंजूसी करता है।

22. मगर जो नमाज़ पढ़ने वाले हैं,

23. जो अपनी नमाज़ में पाबंदी करने वाले हैं,

24. और जिनके माल में एक मुक़र्रर हक़ है,

25. मांगने वालों और बेसहारा लोगों के लिए।

26. और जो दिन-ए-जज़ा (बदले के दिन) पर ईमान रखते हैं।

27. और जो अपने रब के अज़ाब से डरते हैं।

28. बेशक, उनके रब का अज़ाब ऐसा नहीं जिससे कोई महफ़ूज़ हो सके।

29. और जो अपनी शर्मगाह (संयम) की हिफ़ाज़त करते हैं,

30. मगर अपनी बीवियों और अपनी मिल्क-ए-यमीन (गुलाम) के मामले में, तो उन पर कोई इल्ज़ाम नहीं।

31. लेकिन जो इसके अलावा कुछ और चाहता है, तो वही हद से बढ़ने वाले हैं।

32. और जो अपनी अमानतों और वादों की देखभाल करते हैं।

33. और जो अपनी गवाहियों में सच्चाई पर क़ायम रहने वाले हैं।

34. और जो अपनी नमाज़ों की हिफ़ाज़त करते हैं।

35. यही लोग जन्नतों में इज़्ज़त के साथ रखे जाएंगे।

36. फिर क्या हो गया इन लोगों को जो कुफ्र करने वाले हैं, कि ये तुम्हारी तरफ दौड़ रहे हैं?

37. दाएं और बाएं से गिरोह गिरोह होकर।

38. क्या इनमें से हर शख्स यह तमन्ना रखता है कि उसे नेमतों भरी जन्नत मिल जाएगी?

39. हरगिज़ नहीं! हमने तो इन्हें उसी चीज़ से बनाया है जिसे ये जानते हैं (यानी नुत्फ़ा से)।

40. फिर मैं क़सम खाता हूँ मशरिक़ और मगरिब के मालिक रब की, बेशक हम इस पर क़ादिर हैं।

41. कि इनकी जगह इनसे बेहतर लोग ले आएं, और हम ऐसा करने से रोके नहीं जा सकते।

42. तो इन्हें छोड़ दो कि ये बातें बनाते रहें और खेलते रहें, जब तक कि ये अपने उस दिन से न मिल लें जो इनसे वादा किया गया है।

43. वो दिन जब ये क़ब्रों से तेज़ रफ़्तारी के साथ निकलेंगे, जैसे किसी निशाने की तरफ़ भागते जा रहे हों।

44. इनकी आँखें झुकी होंगी, ज़िल्लत इन्हें घेर रही होगी। यही वो दिन है जिसका इनसे वादा किया गया था।

71. सूरह नूह

बिस्मिल्लाहिर-रहमानिर-रहीम

1. बेशक, हमने नूह (अलैहिस्सलाम) को उनकी क़ौम की तरफ़ भेजा और कहा: "अपनी क़ौम को आने वाले दर्दनाक अज़ाब से पहले डरा दो।"
2. नूह (अलैहिस्सलाम) ने कहा: "ऐ मेरी क़ौम! मैं तुम्हारे लिए एक साफ़-साफ़ डराने वाला हूँ।"
3. "(और कहता हूँ) कि सिर्फ़ अल्लाह की इबादत करो, उसका तक़वा इख़्तियार करो और मेरी इताअत करो।"
4. "वो तुम्हारे गुनाहों को माफ़ करेगा और तुम्हें एक मुक़र्रर मुद्दत तक मोहब्बत और राहत से जीने देगा। बेशक, जब अल्लाह का वक़्त आ जाए, तो उसमें कोई ताख़ीर नहीं होती, काश तुम समझते!"
5. नूह (अलैहिस्सलाम) ने कहा: "ऐ मेरे रब! मैंने अपनी क़ौम को रात-दिन बुलाया।"
6. "लेकिन मेरी दावत ने उनके सिर्फ़ इनकार और बग़ावत में इज़ाफ़ा ही किया।"
7. "जब भी मैंने उन्हें बुलाया ताकि तू उन्हें माफ़ कर दे, तो उन्होंने अपने कानों में उंगलियां डाल लीं, अपने कपड़े अपने ऊपर लपेट लिए, अपनी ज़िद पर अड़े रहे और हद से ज़्यादा तकब्बुर दिखाया।"
8. "फिर मैंने उन्हें खुल्लम-खुल्ला दावत दी।"
9. "फिर मैंने उनसे अलग-अलग भी कहा और चुपके-चुपके भी समझाया।"
10. "और उनसे कहा: 'अपने रब से मग़फ़िरत माँगो, बेशक वह बड़ा माफ़ करने वाला है।"
11. "वो तुम पर आसमान से मुसलसल बारिश बरसाएगा।"
12. "और तुम्हें माल और औलाद में इज़ाफ़ा देगा, तुम्हारे लिए बाग़ और नदियाँ बना देगा।"
13. "तुम्हें क्या हो गया है कि तुम अल्लाह की शान का एहतराम नहीं करते?"
14. "जबकि उसने तुम्हें मराहिल (अलग-अलग चरणों) से गुज़ार कर पैदा किया।"
15. "क्या तुम नहीं देखते कि अल्लाह ने सात आसमानों को एक-दूसरे के ऊपर तह-ब-तह बनाया?"

16. “और उसमें चाँद को रौशनी बनाया और सूरज को चमकता दिया?”
17. “और अल्लाह ने तुम्हें ज़मीन से एक तरीक़े के साथ उगाया।”
18. “फिर वो तुम्हें इसमें वापस करेगा और फिर एक बार फिर तुम्हें इसमें से निकालेगा।”
19. “और अल्लाह ने तुम्हारे लिए ज़मीन को चौड़ा बना दिया।”
20. “ताकि तुम इसमें आराम से चलते-फिरते रहो।”
21. नूह (अलैहिस्सलाम) ने कहा: “ऐ मेरे रब! ये लोग मेरी बात नहीं मानते और उनका पीछा करते हैं जो सिर्फ़ माल और औलाद की वजह से और ज़्यादा नुक़सान में गिरते जा रहे हैं।”
22. “और इन लोगों ने एक बड़े अज़ीम मंसूबा (योजना) बनाया।”
23. “और एक-दूसरे से कहा: ‘अपने माबूदों (पूज्य देवताओं) को हरगिज़ न छोड़ो, न वद्द को, न सुवा’ को, न यग़ूस को, न याऊक़ को और न नसर को।’”
24. “और इन सब ने बहुतों को गुमराह किया है। ऐ मेरे रब! ज़ालिमों की सिर्फ़ गुमराही ही बढ़ाता चल।”
25. “फिर उनके गुनाहों की वजह से उन्हें ग़र्क़ (डुबो) कर दिया गया और उन्हें आग में डाल दिया गया। और उनके लिए अल्लाह के सिवा कोई मददगार न था।”
26. “और नूह (अलैहिस्सलाम) ने कहा: ‘ऐ मेरे रब! ज़मीन पर किसी काफ़िर को ज़िंदा न छोड़।’”
27. “अगर तू उन्हें ज़िंदा रखेगा, तो ये तेरे बंदों को गुमराह करते रहेंगे और सिर्फ़ बदकिरदार और काफ़िर औलाद पैदा करेंगे।”
28. “ऐ मेरे रब! मुझे, मेरे वालिदैन को, जो मेरे घर में ईमान के साथ आए, और तमाम मोमिन मर्द और मोमिन औरतों को माफ़ कर दे। और ज़ालिमों को सिर्फ़ तबाही में इज़ाफ़ा दे।”

72.सूरह अल-जिन्न

बिस्मिल्लाह-इर-रहमान-इर-रहीम

1. कह दो [ऐ मुहम्मद (ﷺ)], "मुझ पर वही की गई है कि एक गिरोह जिन्नों ने [क़ुरआन] सुना और कहा, 'बेशक हमने एक अजीब क़ुरआन सुना है।'"
2. "यह हिदायत देता है सीधी राह की तरफ, और हम इस पर ईमान ला चुके हैं। अब हम कभी भी अपने रब के साथ किसी को शरीक नहीं करेंगे।"
3. "और [यह भी सिखाया गया है] कि हमारे रब की बुज़ुर्गी निहायत आला है; उसने न किसी को अपनी बीवी बनाया है और न बेटा।"
4. "और यह कि हमारे बेवकूफ़ [यानी, इब्लीस] ने अल्लाह के बारे में हद से गुज़रने वाली बात की है।"
5. "और हम समझते थे कि इंसान और जिन्न कभी भी अल्लाह के मुताल्लिक़ झूठ नहीं बोलेंगे।"
6. "और इंसानों में से कुछ लोग जिन्नात के आदमियों की पनाह माँगते थे, तो उन्होंने सिर्फ़ उनका बोझ [यानी, गुनाह] और बढ़ा दिया।"
7. "और उनका भी यही ख़याल था, जो तुम समझते थे, कि अल्लाह कभी किसी को [रसूल बनाकर] नहीं भेजेगा।"
8. "और हमने आसमान तक पहुँचने की कोशिश की, मगर उसे ताक़तवर पहरेदार और जलती हुई शोलों से भरा हुआ पाया।"
9. "और हम पहले वहाँ सुनने की जगहों पर बैठते थे, लेकिन अब जो भी सुनने की कोशिश करेगा, उसे एक जलता हुआ शोला तैयार मिलेगा।"
10. "और हमें नहीं पता कि जो लोग ज़मीन पर हैं, उनके लिए कोई बुराई चाही गई है या उनका रब उनके लिए सीधा रास्ता चाहता है।"
11. "और हम में से कुछ नेक हैं और कुछ दूसरे [इतने अच्छे नहीं]; हम मुख्तलिफ़ तरीकों पर हैं।"
12. "और अब हमें यक़ीन हो गया है कि हम अल्लाह को न ज़मीन पर हरा सकते हैं, न उससे भाग सकते

हैं।”

13. “और जब हमने हिदायत [यानी, क़ुरआन] सुनी तो हमने इस पर ईमान ले आए। जो भी अपने रब पर ईमान लाएगा, उसे न किसी कमी का डर होगा और न किसी ज़ुल्म का।”

14. “और हम में से कुछ मुस्लिम हैं [जो अल्लाह के इताअत गुज़ार हैं], और कुछ ज़ालिम हैं। जो भी मुस्लिम हो गया, उसने सीधा रास्ता ढूंढ लिया।”

15. “मगर जो ज़ालिम हैं, वही दोज़ख़ के इंधन [लकड़ी] बनेंगे।”

16. “और [अल्लाह ने वह़ी की] अगर वे सीधी राह पर रहते, तो हम उन्हें ख़ूब बारिश [रिज़्क़] देते।”

17. “ताकि हम उनका इम्तिहान लें। और जो अपने रब की याद से मुँह मोड़ता है, अल्लाह उसे सख़्त अज़ाब में डाल देता है।”

18. “और [वह़ी हुई] कि मस्जिदें सिर्फ़ अल्लाह के लिए हैं, तो अल्लाह के साथ किसी को न पुकारो।”

19. “और जब अल्लाह का बंदा [यानी, नबी मुहम्मद ﷺ] उससे दुआ करने के लिए उठा, तो वे उसके आसपास जमा होने लगे।”

20. “कह दो [ऐ मुहम्मद ﷺ], ‘मैं सिर्फ़ अपने रब को पुकारता हूँ और उसके साथ किसी को शरीक नहीं करता।’”

21. “कह दो, ‘मैं तुम्हारे लिए न नुक़सान का इख़्तियार रखता हूँ और न हिदायत का।’”

22. “कह दो, ‘मुझे अल्लाह से कोई बचा नहीं सकता [अगर मैं उसकी नाफ़रमानी करूँ] और न ही मैं उसके सिवा कोई पनाह ढूंढ सकता हूँ।’”

23. “बल्कि [मेरा काम सिर्फ़] अल्लाह के पैग़ामात का पैग़ाम देना है।” और जो अल्लाह और उसके रसूल की नाफ़रमानी करे, उसके लिए दोज़ख़ का अज़ाब है, जिसमें वह हमेशा रहेगा।

24. “[ये लोग अपनी बातें करते रहेंगे] जब तक कि वह चीज़ न देख लें जिसका उनसे वादा किया गया है, फिर उन्हें पता चल जाएगा कि मददगारों में कौन कमज़ोर है और कौन गिनती में कम है।”

25. “कह दो, ‘मुझे नहीं पता कि जिसका तुमसे वादा किया गया है वह क़रीब है या मेरा रब उसके लिए कोई दूरी का वक़्त मुक़र्रर करेगा।’”

26. “[अल्लाह] ग़ैब का इल्म रखता है, और वह अपने ग़ैब का इल्म किसी को नहीं दिखाता।”

27. “मगर जिस रसूल को वह पसंद करे, उसके आगे और पीछे निगहबान लगा देता है।”

28. “ताकि [नबी मुहम्मद ﷺ] जान लें कि उन्होंने अपने रब के पैग़ामात को ख़ूब तरह पहुँचा दिया है। और अल्लाह ने उनको [जो कुछ भी उनके पास है] घेर लिया है और हर चीज़ को गिन रखा है।”

73. सूरह अल-मुज़्ज़म्मिल

बिस्मिल्लाह-इर-रहमान-इर-रहीम

1. "ऐ चादर ओढ़ने वाले!"
2. "रात को [नमाज़ के लिए] उठ जाओ, मगर थोड़ी देर के लिए –"
3. "आधी रात या इससे थोड़ी कम –"
4. "या इसमें कुछ इज़ाफ़ा कर लो, और क़ुरआन को ठहर-ठहर कर पढ़ो।"
5. "बेशक, हम तुम पर एक भारी बात डालने वाले हैं।"
6. "बेशक, रात के वक़्त [इबादत] दिल और ज़ुबान के मेल-मिलाप के लिए ज़्यादा असर रखती है और अल्फ़ाज़ भी ज़्यादा मुनासिब होते हैं।"
7. "और दिन में तुम्हारे लिए लंबी मस्रूफ़ियत होती है।"
8. "अपने रब का नाम याद करो और उसी की तरफ़ पूरी तरह मुतवज्ज़ह हो जाओ।"
9. "वह मशरिक़ और मग़रिब का मालिक है, उसके सिवा कोई माबूद नहीं, तो उसी को अपना कारसाज़ बनाओ।"
10. "और जो कुछ ये लोग कहते हैं, उस पर सब्र करो और उनसे शरीफ़ाना ढंग से किनारा कर लो।"
11. "मुझ पर छोड़ दो उन झुटलाने वालों का मामला जो ऐश-ओ-आराम में हैं, और उन्हें थोड़ी सी मोहलत दो।"
12. "बेशक, हमारे पास उनके लिए बेड़ियाँ हैं और जलती हुई आग –"
13. "और ऐसा खाना जो गला घोंट देगा और दर्दनाक अज़ाब –"
14. "उस दिन जब ज़मीन और पहाड़ हिल उठेंगे और पहाड़ बालू के ढेर की तरह गिरने लगेंगे।"
15. "बेशक, हमने तुम्हारी तरफ़ एक रसूल भेजा जो तुम पर गवाह है, जैसे हमने फ़िरऔन की तरफ़ एक रसूल भेजा था।"
16. "मगर फ़िरऔन ने उस रसूल की नाफ़रमानी की, तो हमने उसको सख़्त गिरफ़्त में ले लिया।"

17. फिर तुम कैसे बच सकते हो अगर तुम कुफ़्र करो उस दिन से जो बच्चों को बूढ़ा बना देगा?

18. उस दिन आसमान फट जाएगा; अल्लाह का वादा हमेशा पूरा होता है।

19. बेशक, यह एक नसीहत है, जो चाहे अपने रब की तरफ़ एक राह इख़्तियार करे।

20. बेशक, तुम्हारा रब जानता है [ऐ मुहम्मद] कि तुम रात का क़रीबन दो-तिहाई हिस्सा, या आधा, या एक-तिहाई हिस्सा [इबादत में] गुज़ारते हो, और तुम्हारे साथ एक गिरोह भी। और अल्लाह रात और दिन की मिक़दार का तय्युन करता है। उसने जाना कि तुम इस पर पूरी तरह क़ायम नहीं रह सकते, इसलिए उसने तुमसे माफ़ कर दिया। तो जितना क़ुरआन आसान लगे, उतना पढ़ लिया करो। उसने जाना कि तुम में से कुछ बीमार होंगे, कुछ ज़मीन पर सफ़र कर रहे होंगे अल्लाह का फ़ज़्ल तलाश करने के लिए, और कुछ अल्लाह की राह में लड़ रहे होंगे। तो जितना आसान हो, उतना ही पढ़ लो, नमाज़ क़ायम करो, ज़कात दो, और अल्लाह को बेहतरीन क़र्ज़ दो। जो भी नेकी तुम आगे भेजोगे, उसे अल्लाह के यहाँ पाओगे, जो बेहतर और बड़े अजर वाली होगी। और अल्लाह से मग़फ़िरत माँगो। बेशक, अल्लाह बड़ा बख़्शने वाला, मेहरबान है।

74. सूरह अल-मुद्दस्सिर

बिस्मिल्लाह-इर-रहमान-इर-रहीम

1. "ऐ चादर ओढ़ने वाले!"
2. "उठो और लोगों को डराओ।"
3. "अपने रब की ताज़ीम करो।"
4. "अपने कपड़ों को पाक रखो।"
5. "और नापाकी से दूर रहो।"
6. "और एहसान सिर्फ़ इस नीयत से न करो कि बदले में ज़्यादा मिले।"
7. और अपने रब के लिए सब्र करो।
8. जब सूर (नरसिंगा) बजाया जाएगा,
9. तो वह दिन एक सख़्त दिन होगा,
10. जो काफ़िरों के लिए आसान न होगा।
11. छोड़ दो मुझे और उस शख़्स को जिसे मैंने अकेला पैदा किया।
12. जिसे मैंने ढेर सारा माल दिया।
13. और उसके साथ रहने वाले बेटे दिए।
14. और उसके लिए हर चीज़ को आसान कर दिया।
15. फिर भी वह चाहता है कि मैं उसे और ज़्यादा दूं।
16. हरगिज़ नहीं! वह तो हमारी आयतों का विरोधी है।
17. मैं उसे बहुत सख्त अज़ाब में डालने वाला हूँ।
18. उसने सोचा और फैसला किया,
19. तो उसकी हलाकत हो, कैसा फैसला किया!
20. फिर, फिर से उसकी हलाकत हो, कैसा फैसला किया!

21. फिर उसने ग़ौर किया,

22. फिर उसने मुँह बनाया और नाक चिढ़ाई,

23. फिर उसने पीठ फेरी और तकब्बुर किया,

24. और बोला, 'यह सिर्फ एक जादू है जो पुराने दौरों से चला आ रहा है।'

25. 'यह सिर्फ एक इंसान का कलाम है!'

26. मैं उसे सकर (जहन्नम) में डालने वाला हूँ।

27. तुम क्या जानो कि सकर क्या है?

28. न वह किसी को छोड़ता है, न बख्शता है।

29. वह चमड़ी (जिल्द) को जला कर सियाह कर देता है।

30. उस पर उन्नीस (19) फरिश्ते मुक़र्रर हैं।

31. और हमने दोज़ख़ की देखभाल करने वाले सिर्फ फ़रिश्ते बनाए हैं। और उनकी तादाद सिर्फ़ काफ़िरों की आज़माइश के लिए रखी, ताकि अहले-किताब यक़ीन करें, मोमिनों का ईमान बढ़ जाए, और जो लोग शक में हैं वो कहें, 'अल्लाह का इस मिसाल से क्या मक़सद है?'" अल्लाह जिसे चाहे गुमराह कर दे और जिसे चाहे हिदायत दे। और तुम्हारे रब के लश्करों को सिर्फ वही जानता है। और यह सिर्फ इंसानों के लिए एक नसीहत है।

32. हरगिज़ नहीं! क़सम है चाँद की!

33. और रात की जब वह पलट जाए,

34. और सुबह की जब वह रोशन हो,

35. बेशक, यह (जहन्नम) बहुत बड़ी चीज़ों में से एक है,

36. इंसानों के लिए एक डराने वाली चीज़,

37. हर उस शख़्स के लिए जो चाहे आगे बढ़े या पीछे रहे।

38. हर इंसान अपने आमाल का ज़िम्मेदार है।

39. मगर जो दाएँ (अच्छे लोग) होंगे,

40. वो जन्नतों में होंगे, एक-दूसरे से पूछते हुए,

41. मुजरिमों के बारे में,

42. और उनसे पूछेंगे, 'तुम्हें सकर (जहन्नम) में किस चीज़ ने डाला?'

43. वो कहेंगे, 'हम नमाज़ नहीं पढ़ते थे,

44. और न ही हम ग़रीबों को खिलाया करते थे।

45. "हम बातिल बातों में पड़े रहते थे,"

46. "और हम क़यामत का इंकार करते थे,"

47. "जब तक कि मौत हमारे पास आ गई।'"

48. "अब उनके लिए किसी सिफ़ारिश करने वाले की सिफ़ारिश फ़ायदा नहीं देगी।"

49. "फिर इन लोगों को क्या हो गया है कि ये नसीहत से मुँह मोड़ रहे हैं?"

50. "जैसे ये घबराए हुए गधे हैं,"

51. "जो शेर से भाग रहे हों।"

52. "बल्कि हर शख़्स चाहता है कि उसके पास अलग से एक किताब भेज दी जाए।"

53. "ऐसा हरगिज़ नहीं! बल्कि ये लोग आख़िरत से नहीं डरते।"

54. "हरगिज़ नहीं! बेशक यह क़ुरआन एक नसीहत है।"

55. "जो चाहे इसे याद रख ले।"

56. "मगर वो तभी याद रख सकेंगे जब अल्लाह चाहे। वही डरने के लायक़ है और वही माफ़ करने के लिए काफ़ी है।"

75. सूरह अल-क़ियामह

बिस्मिल्लाह-इर-रहमान-इर-रहीम

1. क़सम है क़यामत के दिन की!
2. और क़सम है मलामत करने वाली नफ़्स की!
3. क्या इंसान ये समझता है कि हम उसकी हड्डियाँ जमा नहीं करेंगे?
4. क्यों नहीं! हम तो उसकी उंगलियों के पूरा-पूरा नक़्श बनाने पर भी क़ादिर हैं।
5. मगर इंसान चाहता है कि वह आगे भी गुनाह करता रहे।
6. पूछता है, "क़यामत का दिन कब आएगा?"
7. जब निगाह हैरान और परेशान हो जाएगी,
8. और चाँद बे-नूर हो जाएगा,
9. और सूरज और चाँद एक साथ ला दिए जाएंगे,
10. उस दिन इंसान कहेगा, "कहाँ भाग कर जाऊँ?"
11. हरगिज़ नहीं! कोई पनाह की जगह नहीं।
12. उस दिन सिर्फ़ तेरे रब के पास ठिकाना होगा।
13. उस दिन इंसान को बताया जाएगा जो कुछ उसने आगे भेजा और पीछे छोड़ा।
14. बल्कि इंसान खुद अपने ऊपर गवाह होगा,
15. चाहे वह कितनी भी बहानेबाज़ी कर ले।
16. (ऐ नबी!) अपनी ज़बान को इसे जल्द पढ़ने के लिए न हिलाओ।
17. इसका जमा करना और इसका पढ़वाना हमारे ज़िम्मेदारी है।
18. जब हम इसे पढ़ चुके, तो तुम बस इसके पढ़ने को फ़ॉलो करो।

19. फिर इसका मतलब समझा देना भी हमारी ही ज़िम्मेदारी है।
20. मगर तुम (इंसान) दुनिया की ज़िंदगी को पसंद करते हो।
21. और आख़िरत को छोड़ देते हो।
22. उस दिन कुछ चेहरे चमक रहे होंगे,
23. अपने रब की तरफ देख रहे होंगे।
24. और कुछ चेहरे उदास होंगे,
25. सोच रहे होंगे कि उन पर कोई बड़ी मुसीबत आने वाली है।
26. हरगिज़ नहीं! जब रूह गर्दन तक आ पहुँचेगी,
27. और कहा जाएगा, “कोई है जो इसे बचा सके?”
28. और मरने वाला समझ लेगा कि यह उसकी जुदाई का वक़्त है।
29. और एक टांग दूसरी टांग से लपेट दी जाएगी,
30. उस दिन सिर्फ़ तेरे रब की तरफ़ रवाना होना होगा।
31. न उसने (अल्लाह पर) ईमान लाया, और न ही नमाज़ पढ़ी।
32. बल्कि झुठलाया और मुँह मोड़ लिया।
33. फिर अपने घर वालों के पास अकड़ता हुआ गया।
34. तुझ पर लानत हो, हाँ लानत हो!
35. फिर दोबारा लानत हो, हाँ दोबारा लानत हो!
36. क्या इंसान यह समझता है कि उसे यों ही छोड़ दिया जाएगा?
37. क्या वह एक टपकती हुई बूंद (नुत्फ़ा) न था?
38. फिर वह जमे हुए ख़ून का एक लोथड़ा बना, फिर अल्लाह ने उसे बनाया और दुरुस्त किया।
39. फिर उसमें से जोड़ा बनाया—मर्द और औरत।
40. क्या यह (अल्लाह) मुर्दों को दोबारा ज़िंदा करने पर क़ादिर नहीं?

76.सूरह अल-इंसान

बिस्मिल्लाह-इर-रहमान-इर-रहीम

1. क्या इंसान पर ऐसा वक़्त नहीं आया जब वह कुछ भी नहीं था, ज़िक्र तक नहीं होता था?
2. हमने इंसान को एक नुत्फ़े की मिलावट से बनाया ताकि हम उसे आज़माएँ, और उसे सुनने और देखने की ताकत दी।
3. हमने उसे रास्ता दिखाया, चाहे वह शुक्र करने वाला हो या नाशुक्रा।
4. हमने काफ़िरों के लिए ज़ंजीर, पट्टे और एक जलती हुई आग तैयार की है।
5. और नेक लोगों को एक प्याले का शराब पिलाया जाएगा जिसमें काफ़ूर होगा।
6. यह एक चश्मा होगा जिससे अल्लाह के रसूल पीने के लिए पिएंगे, और वे इसे तेज़ी से बहा देंगे।
7. वे अपने अहद को पूरा करते हैं और एक दिन का ख़ौफ़ रखते हैं जिसमें हर तरफ़ बुराई बढ़ी होगी।
8. और वे अपने दिल की मुहब्बत के बावजूद, ग़रीब, यतीम और क़ैदियों को खाना खिलाते हैं,
9. और कहते हैं, "हम तुम्हें सिर्फ़ अल्लाह की रज़ा के लिए खाना देते हैं। हम तुमसे न तो कोई बदला चाहते हैं और न ही तुम्हारा शुक्रिया।"
10. "हम अपने रब से डरते हैं एक ऐसे दिन का जो सख़्त और मुश्किल होगा।"
11. तो अल्लाह उन्हें उस दिन की बुराई से बचाएगा और उन्हें रौशनी और ख़ुशी देगा।
12. और उन्हें उनके सब्र का इनाम, एक जन्नत और रेशम के लिबास से मिलेगा।
13. वे उसमें आराम से बैठे होंगे, न तो किसी सूरज की गर्मी देखेंगे और न ठंड को।
14. उनके ऊपर उसके साए होंगे, और उसके फल उनके लिए अपने आप नीचे गिरेंगे।
15. उनके बीच चांदी के प्याले और साफ़ प्याले चलाए जाएंगे, जो काँच की तरह पारदर्शी होंगे।
16. ये चांदी के प्याले जो कांच की तरह साफ होंगे, उनकी मिठास को हमने तय किया है।
17. और उन्हें एक शराब पिलाई जाएगी जिसमें अदरक होगा,
18. और वे एक चश्मे से पीएंगे, जिसका नाम सलसबीला होगा, जो जन्नत में होगा।

19. उनके बीच नरम और हमेशा के लिए जवान लड़के चलेंगे, जब तुम उन्हें देखोगे, तो तुम्हें लगेगा कि वे मोतियों की तरह खिलते हुए हैं।
20. और जब तुम वहाँ देखोगे, तो तुम्हें वहाँ एक बड़ा और अज़ीम हुकूमत नज़र आएगी।
21. उन पर रेशम के कपड़े होंगे, जो आज की दुनिया के बेहतरीन कपड़ों की तरह होंगे, और वे सोने के गहनों से सजाए जाएंगे। उनके रब उन्हें एक पाक करने वाला पेय देगा।
22. और कहा जाएगा, "यह तुम्हारे लिए तुम्हारा इनाम है, और तुम्हारी मेहनत की कद्र की गई है।"
23. हमने ही यह क़ुरआन तुम पर धीरे-धीरे नाज़िल किया है।
24. तो अपने रब के फ़ैसले का सब्र करो और उनमें से किसी भी नाशुक्रे या काफ़िर की बात न सुनो।
25. सुबह-शाम अपने रब का नाम याद करो,
26. और रात को उसे सज्दा करो और लंबी रात के हिस्सों में उसकी ताज़ीम करो।
27. ये काफ़िर दुनिया की जल्दी चाहते हैं और आख़िरत के ख़ौफ़ को छोड़ देते हैं।
28. हमने उन्हें बनाया और उनकी अक़्ल को मज़बूत किया, और जब हम चाहें, उनकी सूरत को बिल्कुल बदल सकते हैं।
29. यह एक याददिहानी है, तो जो चाहे अपने रब की तरफ़ एक रास्ता इख़्तियार करे।
30. तुम कुछ नहीं कर सकते सिवाय अल्लाह की मरज़ी के। अल्लाह हर चीज़ का इल्म रखता है और हिकमत वाला है।
31. वह अपनी रहमत में जिसे चाहे दाख़िल कर लेता है, लेकिन जो ज़ुल्म करते हैं, उनके लिए उसने दर्दनाक सज़ा तैयार की है।

77. सूरह अल-मुरसलात

बिस्मिल्लाह-इर-रहमान-इर-रहीम

1. क़सम है उन हवाओं की जो ज़ोर से भेजी जाती हैं,
2. और उनकी जो तेज़ी से चलती हैं,
3. और उनकी जो बादलों को फैला देती हैं,
4. और उन फ़रिश्तों की जो हक़ और बातिल को अलग करने वाले हैं,
5. और जो अल्लाह का पैग़ाम लेकर आते हैं,
6. ताकि दलील पेश करें या डराएँ।
7. जो कुछ तुमसे वादा किया गया है, वह ज़रूर पूरा होगा।
8. जब सितारे मिटा दिए जाएंगे,
9. और जब आसमान खोल दिया जाएगा,
10. और जब पहाड़ उड़ा दिए जाएंगे,
11. और जब पैग़ंबरों के वक़्त का फ़ैसला हो चुका होगा...
12. यह फ़ैसला किस दिन के लिए मुक़र्रर था?
13. फ़ैसले का दिन!
14. तुम्हें क्या मालूम फ़ैसले का दिन क्या है?
15. उस दिन झुठलाने वालों के लिए तबाही होगी!
16. क्या हमने पहले वालों को हलाक नहीं किया?
17. फिर हम बाद वालों को भी पिछले लोगों के साथ मिला देंगे।
18. इसी तरह हम मुजरिम लोगों के साथ सुलूक करते हैं।
19. उस दिन झुठलाने वालों के लिए तबाही होगी!
20. क्या हमने तुम्हें एक तुच्छ पानी (बीज) से पैदा नहीं किया?

21. और उसे एक मजबूत जगह (माँ के गर्भ) में रखा?
22. एक तयशुदा वक़्त तक?
23. फिर हमने एक तक़दीर बनाई, और हम बेहतरीन तक़दीर बनाने वाले हैं।
24. उस दिन झुठलाने वालों के लिए तबाही होगी!
25. क्या हमने ज़मीन को एक ठहरने की जगह नहीं बनाया?
26. ज़िंदा और मुर्दा लोगों के लिए?
27. और हमने उसमें ऊँचे, मजबूत पहाड़ बनाए, और तुम्हें मीठा पानी दिया?
28. उस दिन झुठलाने वालों के लिए तबाही होगी!
29. कहा जाएगा: "जाओ उस अज़ाब की तरफ़ जिसे तुम झुठलाते थे!"
30. जाओ एक धुएँ के साए की तरफ़ जो तीन हिस्सों में बंट गया होगा,
31. जो न ठंडक देगा और न आग से बचा सकेगा।
32. यह आग ऐसे शोले फेंकती है जो किलों की तरह बड़े हैं,
33. और जैसे पीले [या काले] ऊँट हों।
34. उस दिन झुठलाने वालों के लिए तबाही होगी!
35. यह एक दिन होगा जब कोई बात नहीं कर सकेगा,
36. और उन्हें इजाज़त भी नहीं मिलेगी कि कोई बहाना पेश करें।
37. उस दिन झुठलाने वालों के लिए तबाही होगी!
38. यह फैसले का दिन है, हम तुम्हें और पिछले लोगों को जमा करेंगे।
39. अगर तुम्हारे पास कोई चाल है, तो चलाओ,
40. उस दिन झुठलाने वालों के लिए तबाही होगी!
41. मगर परहेज़गार लोग ठंडी छाँव और चश्मों में होंगे,
42. और उनके लिए हर किस्म के मेवे होंगे जो वे चाहें।
43. उनसे कहा जाएगा, "खाओ और मज़े से पियो, जो तुमने दुनिया में नेक अमल किए।"
44. इसी तरह हम नेकी करने वालों को बदला देते हैं।
45. उस दिन झुठलाने वालों के लिए तबाही होगी!
46. [ऐ इनकार करने वालों!] अभी कुछ दिन दुनिया में खाओ, पियो और मज़े करो, तुम सच में मुजरिम हो!
47. उस दिन झुठलाने वालों के लिए तबाही होगी!
48. और जब उनसे कहा जाता है कि "अल्लाह के सामने झुको," तो वे नहीं झुकते।
49. उस दिन झुठलाने वालों के लिए तबाही होगी!
50. फिर अगर ये इस क़ुरआन पर भी ईमान नहीं लाते, तो फिर कौन-सी बात पर ईमान लाएँगे?

78. सूरह अन-नबा

बिस्मिल्लाह-इर-रहमान-इर-रहीम

1. ये लोग आपस में किस बात के बारे में सवाल कर रहे हैं?
2. उस बड़ी खबर के बारे में,
3. जिस पर ये एक-दूसरे से इख्तिलाफ कर रहे हैं।
4. नहीं! बहुत जल्द इन्हें मालूम हो जाएगा।
5. फिर नहीं! बहुत जल्द इन्हें मालूम हो जाएगा।
6. क्या हमने ज़मीन को तुम्हारे लिए आराम की जगह नहीं बनाया?
7. और पहाड़ों को कीलों (मजबूत खूंटों) की तरह नहीं गाड़ा?
8. और तुम्हें जोड़ों (मर्द और औरत) में नहीं बनाया?
9. और तुम्हारी नींद को सुकून का सबब नहीं बनाया?
10. और रात को एक लिबास (आड़) नहीं बनाया?
11. और दिन को रोज़गार का वक़्त नहीं बनाया?
12. और हमने तुम्हारे ऊपर सात मज़बूत आसमान बनाए,
13. और एक रोशन चराग (सूरज) जगमगा दिया,
14. और बरसते हुए बादलों से लगातार पानी बरसाया,
15. ताकि हम इससे अनाज और हरी-भरी खेती उगाएँ,
16. और घने-भरे बाग़ात।
17. यक़ीनन फैसले का दिन एक तयशुदा वक्त है।
18. जिस दिन सूर फूँका जाएगा और तुम गिरोह-दर-गिरोह बाहर निकल आओगे।
19. और आसमान खोल दिया जाएगा, जो दरवाज़ों की शक्ल इख़्तियार कर लेगा।

20. और पहाड़ उड़ा दिए जाएँगे, फिर वे एक धोखे का मंज़र बन जाएँगे।

21. यक़ीनन जहन्नम घात लगाए बैठी है।

22. सरकश (नाफ़रमान) लोगों के लिए वापसी की जगह।

23. जिसमें वे बहुत लंबे अरसे तक रहेंगे।

24. ना वे उसमें कोई ठंडक महसूस कर सकेंगे, ना ठंडा पानी मिलेगा।

25. सिर्फ़ खौलता हुआ पानी और बहते हुए ज़ख़्मों का (पानी मिलेगा)।

26. यह उनका बिल्कुल मुनासिब बदला है।

27. ये लोग हिसाब (अंजाम) का कोई ख़याल भी नहीं रखते थे।

28. और हमारी आयतों को पूरी तरह झुठलाते थे।

29. जबकि हमने हर चीज़ लिखकर सुरक्षित कर रखी है।

30. तो अब मज़ा चखो! और हम बस अज़ाब को बढ़ाते ही जाएंगे।

31. मगर मुत्तक़ियों (परहेज़गारों) के लिए सफलता है।

32. बाग़ और अंगूर,

33. और हसीन, हम उम्र साथी।

34. और भरे हुए प्याले,

35. जिसमें न कोई फ़िज़ूल बात होगी और न कोई झूठी बात।

36. यह तुम्हारे रब की तरफ़ से बदले और इनाम के तौर पर दिया जाएगा।

37. जिसने आसमानों, ज़मीन और उनके दरमियान की हर चीज़ को पैदा किया, वही रहमान है, और उसके सामने कोई बोल नहीं सकता।

38. जिस दिन रूह (हज़रत जिब्रील) और फ़रिश्ते सफ़ दर सफ़ खड़े होंगे, कोई भी उस समय बात नहीं करेगा, सिवाय उसके जिसे रहमान इजाज़त देगा और जो सही बात कहेगा।

39. यह हक़ीक़ी दिन है, जो चाहे अपने रब की तरफ़ रास्ता इख़्तियार कर ले।

40. यक़ीनन हमने तुम्हें क़रीब आने वाले अज़ाब से डराया है, जिस दिन हर इंसान देखेगा कि उसने अपने हाथों से क्या आगे भेजा, और काफ़िर कहेगा, "काश! मैं मिट्टी बन जाता!"

79. सूरह अन-नाज़िआत

बिस्मिल्लाह-इर-रहमान-इर-रहीम

1. कसम है उन (फ़रिश्तों) की जो (काफ़िरों की रूह) सख़्ती से खींच लेते हैं,
2. और उन की जो (मोमिन की रूह) नर्मी से निकालते हैं,
3. और उन की जो (अल्लाह के हुक्म को बजा लाने में) तेज़ी से तैरते हैं,
4. फिर जो आगे बढ़ जाते हैं (यानी पहले पहुँचते हैं),
5. फिर जो हर मामले को तरतीब से चलाते हैं,
6. जिस दिन (सूर की) एक ज़ोरदार आवाज़ आएगी,
7. फिर दूसरी आवाज़ आएगी जो उसके पीछे होगी,
8. उस दिन दिल घबराए हुए होंगे,
9. और उनकी आँखें झुकी हुई होंगी।
10. ये लोग कहते हैं, "क्या हम वाकई पहली वाली हालत में लौटा दिए जाएंगे?"
11. "क्या जब हम बिखरी हुई हड्डियाँ बन चुके होंगे?"
12. कहते हैं, "अगर ऐसा हुआ तो ये तो एक बड़ा घाटे का मामला होगा!"
13. हाला'कि ये सिर्फ़ एक ही चीख़ होगी,
14. और अचानक सब ज़मीन की सतह पर होंगे।
15. क्या तुम्हारे पास मूसा का क़िस्सा पहुँचा है?
16. जब उसके रब ने उसे मुक़द्दस वादी "तुवा" में पुकारा—
17. "जा फिरऔन के पास, बेशक उसने हद से तजावुज़ कर लिया है।
18. और उससे कह, 'क्या तू अपने आपको पाक करना चाहता है?'
19. 'और मैं तुझे तेरे रब की तरफ़ रहनुमाई करूँ ताकि तू उससे डरे?'"

20. फिर मूसा ने उसे सबसे बड़ी निशानी दिखाई,

21. मगर उसने झुठला दिया और नाफ़रमानी की।

22. फिर पीठ फेरकर चलने लगा, (चालों में) चालाकी करते हुए।

23. फिर उसने (अपनी क़ौम को) जमा किया और पुकार कर कहा,

24. "मैं तुम्हारा सबसे ऊँचा रब हूँ!"

25. तो अल्लाह ने उसे आख़िरी और पहली, दोनों ग़लतियों की सज़ा में पकड़ लिया।

26. इसमें उस शख़्स के लिए ज़रूर एक सबक़ है जो अल्लाह से डरने वाला हो।

27. क्या तुम्हारा बनाना मुश्किल है या आसमान का? उसने इसे बनाया।

28. उसकी छत को बुलंद किया, फिर उसे दुरुस्त किया।

29. फिर उसकी रात को तारीक बनाया और उसका दिन निकाला।

30. और इसके बाद ज़मीन को फैलाया।

31. इसमें से पानी निकाला और उसकी चरागाह निकाली।

32. और पहाड़ों को मज़बूती से जमाया।

33. ये सब तुम्हारे और तुम्हारे मवेशियों के लिए सामान-ए-ज़िंदगी है।

34. मगर जब वो सबसे बढ़कर बरसने वाली मुसीबत आएगी,

35. उस दिन इंसान को याद आएगा जो कुछ उसने किया था,

36. और जहन्नम उन लोगों के सामने ला दी जाएगी जो उसे देखेंगे।

37. तो जिसने सरकशी (घमंड और नाफ़रमानी) की,

38. और दुनिया की ज़िंदगी को तर्जीह दी,

39. तो बेशक जहन्नम ही उसका ठिकाना होगा।

40. लेकिन जिसने अपने रब के मुक़ाम से डरा और अपनी नफ़्स को नापाक ख़्वाहिशों से रोका,

41. तो बेशक जन्नत ही उसका ठिकाना होगी।

42. (ऐ मुहम्मद ﷺ) लोग तुमसे क़यामत के वक़्त के बारे में पूछते हैं, कि वो कब आएगी?

43. तुम किस मामले में हो कि इसका ज़िक्र करो?

44. इसका फ़ैसला सिर्फ़ तुम्हारे रब के पास है।

45. तुम सिर्फ़ उस शख़्स को डराने वाले हो जो उससे डरे।

46. उस दिन जब वो इसे देखेंगे, तो यूं महसूस होगा जैसे सिर्फ़ एक दोपहर या सुबह का एक हिस्सा ज़मीन पर गुज़ारा था।

८०. सूरह अबसा

बिस्मिल्लाह-इर-रहमान-इर-रहीम

1. उसने (यानि नबी ﷺ ने) माथा चढ़ाया और रुख़ फेर लिया,
2. क्योंकि उसके पास एक अंधा आदमी आया (बीच में बोल उठा)।
3. और तुम्हें क्या मालूम, शायद वह पाक हो जाए,
4. या नसीहत मान ले और वह नसीहत उसके काम आ जाए?
5. जो शख़्स समझता है कि उसे कोई ज़रूरत नहीं,
6. तुम उसकी तरफ़ मुतवज्जे होते हो।
7. जबकि तुम पर कोई ज़िम्मेदारी नहीं अगर वह पाक न हो।
8. लेकिन जो शख़्स दौड़ता हुआ तुम्हारे पास आया,
9. और जो अल्लाह से डर रहा था,
10. तुम उससे ग़ाफ़िल हो गए!
11. हरगिज़ नहीं! यह क़ुरआन एक नसीहत है,
12. तो जो चाहे इसे याद रखे।
13. यह मुक़र्रम (इज़्ज़त वाले) औराक़ में लिखा हुआ है,
14. बुलंद मरतबा और पाक।
15. फ़रिश्तों के हाथों में,
16. जो बुज़ुर्ग और बाइतेबार हैं।
17. लानत हो इंसान पर! यह कितना नाशुक्रा है!
18. किस चीज़ से अल्लाह ने उसको पैदा किया?

19. एक नुत्फे (मणि) से उसको पैदा किया और उसकी तक़दीर बनाई,

20. फिर उसके लिए रास्ता आसान किया,

21. फिर उसको मौत दी और क़ब्र में दफन करवाया,

22. फिर जब चाहेगा, उसको दोबारा उठाएगा।

23. मगर इंसान ने अब तक वह नहीं किया जो अल्लाह ने उसको हुक्म दिया था!

24. फिर इंसान अपने खाने की तरफ़ देखे—

25. हमने कैसा पानी बरसाया,

26. फिर ज़मीन को चीर दिया,

27. और उसमें गल्ला उगाया,

28. और अंगूर और सब्ज़ियाँ,

29. और ज़ैतून और खजूर के दरख़्त,

30. और घने बाग़,

31. और फल और चारा,

32. तुम्हारे और तुम्हारे मवेशियों के लिए रिज़्क़ के तौर पर।

33. मगर जब बहरा बना देने वाली चीख़ (क़यामत) आएगी,

34. उस दिन आदमी अपने भाई से भागेगा,

35. और अपनी माँ और बाप से,

36. और अपनी बीवी और अपनी औलाद से।

37. हर शख़्स उस दिन सिर्फ़ अपनी फ़िक्र में रहेगा।

38. कुछ चेहरे उस दिन चमक रहे होंगे,

39. हंसते-मुस्कुराते, खुशख़बरी सुन रहे होंगे।

40. और कुछ चेहरे उस दिन ग़ुबार आलूद होंगे,

41. उन पर सियाही छाई होगी।

42. यही लोग हैं जो काफ़िर और बदकार हैं!

81. सूरह अत-तकवीर

बिस्मिल्लाह-इर-रहमान-इर-रहीम

1. जब सूरज लपेट दिया जाएगा,
2. और जब तारे गिर पड़ेंगे,
3. और जब पहाड़ चला दिए जाएंगे,
4. और जब दस महीने की गाभिन (गर्भवती) ऊँटनियाँ छोड़ दी जाएँगी,
5. और जब जंगली जानवर इकट्ठा कर दिए जाएंगे,
6. और जब समुंदर भड़का दिए जाएंगे,
7. और जब रूहों को जोड़ दिया जाएगा,
8. और जब ज़िंदा दफनाई गई लड़की से पूछा जाएगा,
9. किस गुनाह पर उसे मारा गया?
10. और जब नाम-ए-आमाल खोल दिए जाएंगे,
11. और जब आसमान उतार दिया जाएगा,
12. और जब जहन्नम भड़का दी जाएगी,
13. और जब जन्नत क़रीब ले आई जाएगी,
14. तब हर नफ़्स जान लेगा जो वह लेकर आया।
15. पस कसम है पीछे हटने वाले सितारों की,
16. जो अपनी रविश पर चलते हैं और फिर छुप जाते हैं,
17. और रात की जब वह ढलती है,
18. और सुबह की जब वह सांस लेती है,
19. कि यह कुरआन एक मुक़र्रम पैग़ाम है,
20. जो एक बुज़ुर्ग और कुव्वत वाले फ़रिश्ते (जिब्राईल) का लाया हुआ है,

21. जो अर्श के मालिक के नज़दीक मक़बूल और मुक़र्रब है,

22. और तुम्हारे साथी (नबी ﷺ) मजनून नहीं हैं,

23. उन्होंने तो उसे (जिब्राईल को) रोशन उफ़क़ (साफ़ आसमान) पर देखा है,

24. और वह ग़ैब की बातें छुपाने वाले नहीं हैं,

25. और यह (कुरआन) किसी शैतान का कलाम नहीं,

26. फिर तुम कहाँ जा रहे हो?

27. यह तो सिर्फ़ एक नसीहत है तमाम जहान वालों के लिए,

28. जो भी तुम में से राह-ए-रास्त पर चलना चाहे,

29. और तुम कुछ भी नहीं चाह सकते मगर वही जो अल्लाह चाहे— जो सब जहानों का रब है!

82. सूरह अल-इन्फ़ितार

बिस्मिल्लाह-इर-रहमान-इर-रहीम

1. जब आसमान फट जाएगा,
2. और जब तारे बिखरकर गिर पड़ेंगे,
3. और जब समुंदर उबाल दिए जाएंगे,
4. और जब क़ब्रों का अंदर का हाल उलट दिया जाएगा,
5. तब हर नफ़्स जान लेगा जो कुछ उसने आगे भेजा और जो पीछे छोड़ा।
6. ऐ इंसान! तुझे किस चीज़ ने तेरे करीम रब के बारे में धोखे में डाल दिया?
7. जिसने तुझे पैदा किया, तुझे दुरुस्त किया और तुझे संतुलन दिया,
8. जिस सूरत में चाहा तुझे जोड़ दिया।
9. हरगिज़ नहीं! बल्कि तुम हिसाब और सज़ा को झुटलाते हो!
10. जबकि तुम पर देखने वाले मुक़र्रर हैं,
11. जो इज़्ज़त वाले हैं और लिखने वाले हैं,
12. जो जानते हैं जो कुछ तुम करते हो।
13. बेशक, नेकी करने वाले नेमतों (आनंद) में होंगे,
14. और बेशक, बदकार लोग जहन्नम में होंगे,
15. जो क़यामत के दिन उसमें जलाए जाएंगे,
16. और उससे कभी ग़ायब न हो पाएंगे।
17. और तुम्हें क्या मालूम क्या है दिन-ए-जज़ा?
18. फिर तुम्हें क्या मालूम क्या है दिन-ए-जज़ा?
19. वह दिन जब कोई नफ़्स किसी दूसरे के किसी काम न आएगा, और उस दिन हुक्म सिर्फ़ अल्लाह का होगा!

८३. सूरह अल-मुतफ़्फ़िफ़ीन

बिस्मिल्लाह-इर-रहमान-इर-रहीम

1. तबाही है उन लोगों के लिए जो नाप-तौल में कमी करते हैं,
2. जो जब लोगों से नाप लेते हैं तो पूरा लेते हैं,
3. लेकिन जब उनको नापकर देते हैं या तौलकर देते हैं, तो कमी कर देते हैं!
4. क्या ये लोग ये नहीं सोचते कि ये उठाए जाएंगे?
5. एक अज़ीम दिन के लिए,
6. जब तमाम इंसान रब्बुल-आलमीन के सामने खड़े होंगे?
7. हरगिज़ नहीं! बदकार लोगों का नाम-ए-अमल सिज्जीन में है।
8. और तुम्हें क्या मालूम सिज्जीन क्या है?
9. एक लिखी हुई किताब है।
10. उस दिन तबाही है झुठलाने वालों के लिए,
11. जो दिन-ए-जज़ा को झुठलाते हैं,
12. और उसको सिर्फ़ हर गुनाहगार सरकश ही झुठलाता है।
13. जब इसको हमारी आयतें सुनाई जाती हैं तो कहता है, "यह तो पहले लोगों की कहानियाँ हैं!"
14. हरगिज़ नहीं! बल्कि जो कुछ ये कमाते रहे, उसका दाग़ इनके दिलों पर छा गया है!
15. हरगिज़ नहीं! उस दिन ये अपने रब से दूर रखे जाएंगे!
16. फिर ये यक़ीनन जहन्नम में दाख़िल होंगे।
17. फिर कहा जाएगा, "यह वही चीज़ है जिसे तुम झुठलाया करते थे!"
18. हरगिज़ नहीं! नेकी करने वालों का नाम-ए-अमल इल्लीय्यीन में है।

19. और तुम्हें क्या मालूम इल्लीय्यीन क्या है?

20. एक लिखी हुई किताब है,

21. जिसे अल्लाह के मुक़र्रब फ़रिश्ते देखते हैं।

22. बेशक, नेकी करने वाले नेमत भरी जन्नत में होंगे,

23. सजे-सजाए तख़्तों पर बैठकर देख रहे होंगे।

24. तुम उनके चेहरों पर नेमत की रौनक़ देखोगे।

25. उनको शरब-ए-तहूर पिलाई जाएगी जो मोहर लगी होगी,

26. जिसकी आख़िरी ख़ुशबू मुश्क होगी। तो जो सबक़त लेना चाहता है, वह इसी में सबक़त ले!

27. और इस शरब की मिलावट तसनीम के साथ होगी,

28. एक चश्मा जिसे अल्लाह के मुक़र्रब लोग पीते हैं।

29. जिन लोगों ने जुर्म किया, वे ईमान वालों पर हँसते थे,

30. और जब उनके पास से गुज़रते, तो आँखों ही आँखों में इशारे करते।

31. और जब अपने लोगों के पास लौटते, तो मज़े लेते हुए लौटते।

32. और जब मोमिनों को देखते, तो कहते, "ये तो असल में गुमराह लोग हैं!"

33. हालाँकि ये लोग उन पर निगेहबान बनाने नहीं भेजे गए थे।

34. आज मोमिन लोग काफ़िरों पर हँसेंगे,

35. सजे-सजाए तख़्तों पर बैठकर देख रहे होंगे।

36. क्या काफ़िरों को आज उनके करतूतों का पूरा बदला नहीं मिल गया?

84. सूरह अल-इन्शिक़ाक़

बिस्मिल्लाह-इर-रहमान-इर-रहीम

1. जब आसमान फट जाएगा,
2. और अपने रब का हुक्म सुनेगा, और यह उसका हक़ है (कि वह सुने),
3. और जब ज़मीन खींच दी जाएगी,
4. और जो कुछ उसमें है, उसको बाहर निकाल फेंकेगी, और ख़ाली हो जाएगी,
5. और अपने रब का हुक्म सुनेगी, और यह उसका हक़ है (कि वह सुने),
6. ऐ इंसान! तू अपने रब की तरफ़ मेहनत करता जा रहा है और तू उससे मिलने वाला है।
7. फिर जिसे उसका नाम-ए-अमल उसके दाहिने हाथ में दिया गया,
8. उसका हिसाब आसान होगा,
9. और वह अपने घरवालों के पास ख़ुशी-ख़ुशी लौटेगा।
10. मगर जिसे उसका नाम-ए-अमल उसकी पीठ के पीछे दिया गया,
11. वह मौत को पुकारेगा,
12. और वह भड़कती आग में दाख़िल होगा।
13. पहले वह अपने लोगों में मज़े करता था,
14. और समझता था कि कभी वापस नहीं जाएगा।
15. हाँ, क्यों नहीं! उसका रब तो उसे देख रहा था।
16. पस क़सम है शफ़क़ (ग़ुरूब होने वाली रोशनी) की,
17. और रात की, और जो कुछ वह समेट लेती है,
18. और चाँद की जब वह पूरा हो जाता है,
19. कि तुम यक़ीनन एक हालत से दूसरी हालत में गुज़रते रहोगे!

20. फिर इन लोगों को क्या हो गया है कि ये ईमान नहीं लाते?

21. और जब इनके सामने क़ुरआन तिलावत किया जाता है तो सज्दा नहीं करते?

22. बल्कि ये काफ़िर झुठलाते हैं,

23. और अल्लाह उनके दिलों के अंदर की बात को ख़ूब जानता है।

24. तो उन्हें दुखदायक अज़ाब की ख़ुशख़बरी सुना दो,

25. मगर जो लोग ईमान लाए और अच्छे अमल किए, उनके लिए कभी ख़त्म न होने वाला अजर है!

85. सूरह अल-बुरूज

बिस्मिल्लाह-इर-रहमान-इर-रहीम

1. क़सम है उस आसमान की जिसमें बड़े सितारे हैं,
2. और क़सम है उस दिन की जो वादा किया गया है,
3. और क़सम है गवाह (शहादत देने वाले) की और उस चीज़ की जिस पर गवाही दी गई,
4. हलाक (तबाह) कर दिए गए ख़ंदक़ (गड्ढे) वाले,
5. जो आग से भरे हुए थे,
6. जब वो उसके आस-पास बैठे हुए थे,
7. और जो कुछ वो ईमान वालों के साथ कर रहे थे, उसको देख रहे थे,
8. और उन्हें सिर्फ़ इस बात का ग़ुस्सा था कि वो अल्लाह पर ईमान लाए थे, जो ग़ालिब (ज़बरदस्त) और हम्द (तारीफ़) का मुस्तहिक़ है,
9. जो आसमानों और ज़मीन की बादशाहत का मालिक है, और अल्लाह हर चीज़ का गवाह है।
10. बेशक जिन लोगों ने मोमिन मर्दों और मोमिन औरतों को सताया, फिर तौबा न की, उनके लिए जहन्नुम का अज़ाब है, और उनके लिए जलाने वाला अज़ाब है!
11. मगर जो लोग ईमान लाए और अच्छे अमल किए, उनके लिए जन्नतें हैं जिनके नीचे से नहरें बहती हैं। यही बड़ी कामयाबी है!
12. बेशक, तुम्हारे रब की पकड़ (इंतक़ाम) बहुत सख़्त है।
13. बेशक, वही पहली दफा पैदा करता है और वही दोबारा ज़िंदा करेगा।
14. और वही माफ़ करने वाला, मोहब्बत करने वाला है।
15. अर्श का बुज़ुर्ग मालिक है,
16. जो जो चाहता है, अंजाम दे सकता है।
17. क्या तुम तक उन फ़ौजियों की कहानी पहुँची है?

18. फिरऔन और समूद की?

19. मगर ये काफ़िर लोग झुठलाने में लगे हुए हैं,

20. हालाँकि अल्लाह ने इन्हें हर तरफ़ से घेर रखा है!

21. बल्कि ये एक अज़ीम क़ुरआन है,

22. जो लौह-ए-महफ़ूज़ में लिखा हुआ है!

86. सूरह अत-तारिक़

बिस्मिल्लाह-इर-रहमान-इर-रहीम

1. क़सम है आसमान की और रात के आने वाले की,
2. और तुम्हें क्या मालूम कि रात का आने वाला क्या है?
3. वह चमकने वाला सितारा है!
4. कोई भी जान (नफ़्स) ऐसी नहीं जिसके ऊपर एक निगेहबान (मोहाफ़िज़) न हो।
5. तो इंसान देखे कि उसे किस चीज़ से पैदा किया गया?
6. उसे एक बहने वाले पानी से पैदा किया गया,
7. जो पीठ और सीने के दरमियान से निकलता है।
8. बेशक, अल्लाह उसे दोबारा पैदा करने पर ज़रूर क़ादिर है!
9. जब छुपी हुई बातें आज़माई जाएँगी,
10. तब इंसान के पास न कोई ताक़त होगी, न कोई मददगार!
11. क़सम है उस आसमान की जो बारिश बरसाता है,
12. और क़सम है उस ज़मीन की जो फट जाती है,
13. बेशक, यह क़ुरआन फ़ैसला कुन (हक़ और बातिल को अलग करने वाला) कलाम है!
14. और यह कोई मज़ाक़ नहीं है।
15. ये लोग चाल (चालाकी) चला रहे हैं,
16. और मैं भी एक चाल चल रहा हूँ!
17. तो कुछ देर इन काफ़िरों को छोड़ दो, मोहलत दो!

87. सूरह अल-अ'ला

बिस्मिल्लाह-हिर्रहमान-निर्रहीम

1. अपने रब के नाम की तसबीह करो, जो सबसे ऊँचा है!
2. जो पैदा करता है और निज़ाम बनाता है,
3. जो तदबीर करता है और रास्ता दिखाता है,
4. जो हरी-भरी घास उगाता है,
5. फिर उसे काली सूखी भूसा बना देता है।
6. हम तुम्हें पढ़ाएँगे, और तुम नहीं भूलोगे,
7. मगर जो अल्लाह चाहे, बेशक वह ज़ाहिर और पोशीदा (छुपी) बातें जानता है।
8. और हम तुम्हारे लिए आसान रास्ता बना देंगे।
9. तो नसीहत करो, अगर नसीहत फ़ायदा दे!
10. जो डरने वाला है, वह नसीहत मान लेगा।
11. और जो बदनसीब है, वह इससे दूर भागेगा,
12. जो भयानक आग (जहन्नम) में दाख़िल होगा,
13. जिसमें न मरेगा, न जिएगा।
14. बेशक, कामयाब हो गया जो अपने आपको पाक कर ले,
15. और अपने रब का नाम याद करे और नमाज़ पढ़े।
16. मगर तुम दुनिया की ज़िंदगी को पसंद करते हो,
17. हालाँकि आख़िरत बेहतर और ज़्यादा बाक़ी रहने वाली है!
18. यह पहली किताबों में भी लिखा है,
19. इब्राहीम और मूसा की किताबों में!

८८. सूरह अल-ग़ाशियाह

बिस्मिल्लाह-इर-रहमान-इर-रहीम

1. क्या तुम तक (उस) ज़बरदस्त हादसे की खबर पहुँची?
2. उस दिन कुछ चेहरे ज़लील होंगे,
3. मेहनत में लगे हुए, थके हारे हुए।
4. बड़ी भयानक आग में दाख़िल किए जाएँगे!
5. खौलते हुए चश्मे का पानी पिलाया जाएगा।
6. उनके लिए सिर्फ़ एक काँटे दार ज़हरीला पौधा होगा,
7. जो न तो उन्हें सेहत देगा, न भूख मिटाएगा।
8. और कुछ चेहरे उस दिन चमक रहे होंगे,
9. अपनी मेहनत से खुश!
10. बुलंद-ओ-बाला जन्नत में होंगे,
11. जहाँ कोई फ़ुज़ूल और गंदी बात नहीं सुनाएगा।
12. उसमें एक बहता हुआ चश्मा होगा।
13. उसमें ऊँचे बिछाए गए तख़्त होंगे,
14. और पैमाने (गिलास) तैयार होंगे,
15. और गद्दे (कुशन) सफ में लगे होंगे,
16. और कालीन (क़ालीन) बिछी होगी।
17. क्या ये लोग नहीं देखते ऊँटों को—किस तरह बनाए गए?
18. और आसमान को—किस तरह उठाया गया?
19. और पहाड़ों को—किस तरह खड़े किए गए?
20. और ज़मीन को—किस तरह बिछाया गया?

21. तो (ऐ नबी), नसीहत करो! तुम सिर्फ़ एक नसीहत करने वाले हो।

22. तुम उन पर ज़बरदस्ती करने वाले नहीं हो।

23. मगर जो मुँह मोड़ता है और कुफ्र करता है,

24. तो अल्लाह उसे सबसे बड़ा अज़ाब देगा!

25. बेशक, उनका लौटना हमारी तरफ़ है।

26. और फिर उनका हिसाब लेना हमारे ज़िम्मे है!

89. सूरह अल-फ़जर

बिस्मिल्लाह-इर-रहमान-इर-रहीम

1. क़सम है सुबह की!
2. और दस रातों की,
3. और जुफ़्त (even) और ताक़ (odd) की,
4. और रात की जब वह गुज़र जाए!
5. क्या इसमें अक़्ल वालों के लिए क़सम (इब्रत) नहीं है?
6. क्या तुमने नहीं देखा तुम्हारे रब ने आद के साथ क्या किया?
7. इरम वालों के साथ, जिनकी बुलंद-ओ-बाला इमारतें थीं,
8. जैसा कोई और मुल्क में कभी पैदा नहीं हुआ था!
9. और समूद के साथ, जो वादियों में पत्थर तराश कर घर बनाते थे?
10. और फ़िरऔन, जो खम्बों (stakes) वाला था?
11. जिन्होंने सबने मुल्क में ज़ुल्म किया था,
12. और वहाँ फ़साद फैला दिया था।
13. तो तुम्हारे रब ने उन पर अज़ाब का कोड़ा बरसाया।
14. बेशक तुम्हारा रब देख रहा है!
15. और जब बंदे का इम्तिहान लिया जाता है और उसे इज़्ज़त और नेमत दी जाती है, तो वह कहता है: "मेरा रब मुझे इज़्ज़त दे रहा है!"
16. और जब उसका इम्तिहान लिया जाता है और रोज़ी तंग की जाती है, तो वह कहता है: "मेरा रब मुझे ज़लील कर रहा है!"
17. हरगिज़ नहीं! बल्कि तुम लोग यतीम की इज़्ज़त नहीं करते,

18. और एक-दूसरे को मिस्कीन को खिलाने पर नहीं उभारते,

19. और तुम विरासत (वारिस का हक़) पूरा का पूरा खा जाते हो,

20. और तुम माल से हद से ज़्यादा मोहब्बत करते हो!

21. हरगिज़ नहीं! जब ज़मीन बिलकुल तोड़-फोड़ दी जाएगी,

22. और तुम्हारा रब आएगा, और फ़रिश्ते सफ-दर-सफ होंगे,

23. और उस दिन जहन्नम सामने ले आई जाएगी! उस दिन इंसान समझेगा, मगर क्या फ़ायदा?

24. वह कहेगा: "काश, मैंने अपनी ज़िंदगी के लिए कुछ भेजा होता!"

25. तो उस दिन कोई अज़ाब अल्लाह के अज़ाब जैसा नहीं होगा,

26. और कोई उसकी गिरफ़्त जैसी गिरफ़्त नहीं करेगा!

27. (और नेक लोगों से कहा जाएगा): "ऐ पुर-सुकून नफ़्स!"

28. अपने रब की तरफ़ राज़ी हो जाओ, ऐसे कि तुम उससे राज़ी हो और वह तुमसे राज़ी!

29. मेरे (नेक) बंदों में शामिल हो जाओ!

30. और मेरी जन्नत में दाख़िल हो जाओ!

१०. सूरह अल-बलद

बिस्मिल्लाह-इर-रहमान-इर-रहीम

1. क़सम है इस शहर (मक्का) की!
2. और तुम (ऐ नबी) इस शहर में आज़ाद हो!
3. और क़सम है बाप (आदम) की और जो उनसे पैदा हुआ!
4. हमने इंसान को मेहनत और मुसीबत में पैदा किया।
5. क्या वह समझता है कि कोई उस पर क़ाबू नहीं पाएगा?
6. वह कहता है: "मैंने बहुत माल उड़ा दिया!"
7. क्या वह समझता है कि कोई उसे नहीं देखता?
8. क्या हमने उसके लिए दो आँखें नहीं बनाईं?
9. और एक ज़ुबान और दो होंठ?
10. और उसे दो रास्ते नहीं दिखाए?
11. मगर उसने मुश्किल रास्ते को नहीं चुना!
12. और तुम्हें क्या मालूम मुश्किल रास्ता क्या है?
13. किसी ग़ुलाम को आज़ाद कराना,
14. या भूखे दिन खाना खिलाना,
15. किसी क़रीबी यतीम को,
16. या किसी मिस्कीन को जो मिट्टी में लोटा पड़ा हो।
17. और फिर वह ईमान वालों में से हो, और सब्र और रहमत की नसीहत करे!
18. यही लोग दाएं (नेक) वाले हैं (जन्नती लोग)!
19. और जो हमारी आयतों का इनकार करते हैं, वह बाएं (बुरे) वाले हैं (जहन्नमी लोग)!
20. उन पर आग बंद कर दी जाएगी!

91. सूरह अश-शम्स

बिस्मिल्लाह-इर-रहमान-इर-रहीम

1. क़सम है सूरज की और उसकी रोशनी की!
2. और चाँद की जब वह उसके पीछे आए!
3. और दिन की जब वह सूरज को उजागर करे!
4. और रात की जब वह (सूरज को) छुपा दे!
5. और आसमान की, और जिसने उसे बनाया!
6. और ज़मीन की, और जिसने उसे बिछाया!
7. और जान (नफ़्स) की, और जिसने उसे दुरुस्त बनाया!
8. फिर उसे उसकी बुराई और तक़वा (परहेज़गारी) का इल्हाम दिया!
9. बेशक, कामयाब हो गया जो उसे पाक करे (साफ़ करे)!
10. और नुकसान उठा लिया जिसने उसे गंदा कर लिया!
11. समूद (क़ौम) ने अपनी सरकशी की वजह से (नबी को) झुटला दिया,
12. जब उनमें सबसे बदबख़्त उठा लिया गया!
13. और अल्लाह के रसूल (सालेह अ.स.) ने कहा: "अल्लाह की ऊंटनी को नुकसान मत पहुँचाओ, और न ही उसके पानी पीने से रोको!"
14. मगर उन्होंने उसे झुटला दिया और उसकी टेंडन (पैरों की नसें) काट डाली! तो अल्लाह ने उनके गुनाहों की वजह से उन पर अज़ाब नाज़िल कर दिया, और सबको बराबर गिरा दिया!
15. और अल्लाह को इसका कोई खौफ़ नहीं!

92. सूरह अल-लैल

बिस्मिल्लाह-हिर्रहमान-निर्रहीम

1. क़सम है रात की जब वह (चीजों को) ढाँक ले!
2. और दिन की जब वह चमक उठे!
3. और (क़सम है) उस ज़ात की जो नर (मर्द) और मादा (औरत) को पैदा करता है!
4. बेशक, तुम्हारी मेहनत (अमल) मुख़्तलिफ़ है!
5. जिसने (अल्लाह की राह में) दिया और अल्लाह से डर गया,
6. और अच्छी बात (जन्नत के बदले) को सच माना,
7. तो हम उसे आसान रास्ते की सहूलत देंगे!
8. और जिसने बख़ीलपन किया (माल रोका) और बेपरवाह बना रहा,
9. और बेहतरीन बात (अख़िरत) को झुठलाया,
10. तो हम उसे सख़्त मुश्किल रास्ते तक ले जाएँगे!
11. और उसका माल उसके किसी काम नहीं आएगा जब वह गिरेगा!
12. बेशक, हिदायत देना हमारे ज़िम्मे है!
13. और बेशक, आख़िरत भी हमारी है और दुनिया भी!
14. तो मैंने तुम्हें एक भड़कती आग से डराया!
15. जिसमें सिर्फ़ वही दाख़िल होगा जो बदनसीब है,
16. जिसने झुठलाया और मुँह फेर लिया!
17. मगर जो अल्लाह से डर गया, वह इससे दूर रखा जाएगा!
18. जो अपना माल देता है ताकि वह पाकीज़ा हो जाए,
19. और किसी का एहसान लेने की वजह से नहीं,
20. बल्कि सिर्फ़ अपने अज़ीम-ओ-बरतर रब की रज़ा चाहने के लिए!
21. और अनक़रीब वह (अल्लाह) उससे राज़ी हो जाएगा!

९३. सूरह अद-दुहा

बिस्मिल्लाह-हिर्रहमान-निर्रहीम

1. क़सम है दिन की रौशनी की!
2. और रात की जब वह पुरसुकून हो जाए!
3. (ऐ नबी ﷺ) तुम्हारे रब ने ना तुम्हें छोड़ा है और ना ही तुमसे नाराज़ हुआ है!
4. और आख़िरत तुम्हारे लिए दुनिया से बेहतर है!
5. और तुम्हारा रब तुम्हें इतना देगा कि तुम राज़ी हो जाओगे!
6. क्या उसने तुम्हें यतीम पाकर पनाह नहीं दी?
7. और तुम्हें रास्ता नहीं मालूम था, फिर उसने तुम्हें हिदायत दी?
8. और तुम्हें तंगदस्त पाया, फिर तुम्हें बेनियाज़ बना दिया?
9. तो यतीम पर सख़्ती मत करो!
10. और जो माँगने वाला आए, उसे झिड़को मत!
11. और अपने रब की नेमत का बयान करो!

94. सूरह अल-इंशिराह

बिस्मिल्लाह-हिर्रहमान-निर्रहीम

1. क्या हमने तुम्हारा सीना नहीं खोल दिया?
2. और तुम्हारा बोझ हल्का नहीं किया?
3. जो तुम्हारी पीठ पर भारी था।
4. और तुम्हारी शोहरत बुलंद नहीं की?
5. यक़ीनन, हर मुश्किल के साथ आसानी है।
6. बेशक, हर मुश्किल के साथ आसानी है।
7. जब तुम फ़ारिग़ हो जाओ, तो इबादत में लग जाओ।
8. और सिर्फ़ अपने रब की तरफ़ रग़बत रखो।

95. सूरह अत-तीन

बिस्मिल्लाह-हिर्रहमान-निर्रहीम

1. अंजीर और ज़ैतून की क़सम,
2. और तूर-ए-सीना की,
3. और इस अमन वाली बस्ती (मक्का) की,
4. हमने इंसान को बेहतरीन सूरत में पैदा किया।
5. फिर उसे नीचे दर्जे में गिरा दिया।
6. मगर जो लोग ईमान लाए और नेक अमल किए, उनके लिए न खत्म होने वाला अज्र (प्रतिफल) है।
7. फिर तुम किस चीज़ पर बदला देने का इंकार करते हो?
8. क्या अल्लाह सबसे बड़े हाकिमों में सबसे बड़ा इंसाफ करने वाला नहीं है?

९६. सूरह अल-अलक़

बिस्मिल्लाह-हिर्रहमान-निर्रहीम

1. पढ़ो, अपने रब के नाम से जिसने पैदा किया।
2. इंसान को एक चिपकने वाली चीज़ से पैदा किया।
3. पढ़ो, और तुम्हारा रब निहायत करम वाला है।
4. जिसने क़लम से सिखाया।
5. इंसान को वह सिखाया जो वह नहीं जानता था।
6. देखो! इंसान हद से गुजर जाता है।
7. जब वह समझता है कि वह बेनियाज़ है।
8. मगर तुम्हारी वापसी की मंज़िल सिर्फ तुम्हारे रब की तरफ है।
9. क्या तुमने देखा उस शख्स को
10. जो एक बंदे को नमाज़ से रोकता है?
11. क्या तुमने देखा अगर वह हिदायत पर हो,
12. या तक़्वा की तालीम दे?
13. क्या तुमने देखा अगर वह झुठलाए और मुँह मोड़े?
14. क्या उसे नहीं पता कि अल्लाह देख रहा है?
15. नहीं! अगर वह बाज़ न आया, तो हम ज़रूर उसकी माँग पकड़ लेंगे।
16. झूठी, गुनाहगार माँग!
17. फिर चाहे वह अपने साथियों को पुकारे।
18. हम भी दोज़ख़ के फ़रिश्तों को बुला लेंगे।
19. नहीं! तुम उसकी बात न मानो, सज्दा करो और अपने रब के क़रीब हो जाओ।

97. सूरह अल-क़द्र

बिस्मिल्लाह-इर-रहमान-इर-रहीम

1. हमने इस (क़ुरआन) को लैलतुल-क़द्र में नाज़िल किया।
2. और तुम क्या समझो कि लैलतुल-क़द्र क्या है?
3. लैलतुल-क़द्र हज़ार महीनों से बेहतर है।
4. इस रात में फरिश्ते और रूह-उल-अमीन (जिब्रील) अपने रब के हुक्म से हर मामला लेकर उतरते हैं।
5. यह रात सिर्फ़ सलामती है, सुबह तक।

९८. सूरह अल-बय्यिनह

बिस्मिल्लाह-हिर्रहमान-निर्रहीम

1. जिन लोगों ने कुफ़्र किया अहल-ए-किताब और मुशरिकीन में से, वे अपनी गुमराही से तब तक अलग न होंगे,

2. जब तक उनके पास एक स्पष्ट दलील न आ जाए—

3. एक रसूल अल्लाह की तरफ़ से जो पाक-साफ़ (पाकीज़ा) सुहुफ़ पढ़ता हो।

4. जिनमें बिल्कुल दुरुस्त हुक्म लिखे हुए हैं।

5. और अहल-ए-किताब तब तक इख़्तिलाफ़ में रहे जब तक उनके पास यह स्पष्ट दलील न आ गई।

6. हालाँकि उन्हें सिर्फ़ यह हुक्म दिया गया था कि अल्लाह की इबादत करें, सिर्फ़ उसी के लिए दीन को ख़ालिस रखें, नमाज़ क़ायम करें, और ज़कात दें। यही सच्चा दीन है।

7. जो लोग ईमान लाए और नेक अमल किए, वे सभी मख़लूक़ में बेहतरीन हैं।

8. उनका बदला उनके रब के पास हमेशा रहने वाली जन्नतें हैं, जिनके नीचे नहरें बह रही हैं, जिनमें वे हमेशा रहेंगे। अल्लाह उनसे राज़ी है और वे अल्लाह से राज़ी हैं। यह सब उसके लिए है जो अपने रब का ख़ौफ़ रखता है।

९९. सूरह अज़-ज़लज़लह

बिस्मिल्लाह-हिर्रहमान-निर्रहीम

1. जब ज़मीन अपने आख़िरी ज़लज़ले से हिला दी जाएगी,
2. और ज़मीन अपने बोझ निकाल फेंकेगी,
3. और इंसान कहेगा: "इसे क्या हो गया?"
4. उस दिन वह अपनी सारी ख़बरें बयान करेगी,
5. क्योंकि तुम्हारे रब ने उसे इल्हाम दिया होगा।
6. उस दिन लोग अलग-अलग जमा होंगे ताकि उनके आमाल उन्हें दिखाए जाएं।
7. जो शख़्स ज़र्रे भर नेकी करेगा, वह उसे देख लेगा।
8. और जो ज़र्रे भर बुराई करेगा, वह भी उसे देख लेगा।

100. सूरह अल-आदियात

बिस्मिल्लाह-हिर्रहमान-निर्रहीम

1. कसम है उन घोड़ों की जो दौड़ते हैं सांस फूलती हुई,
2. जो टकराने से चिंगारियां निकालते हैं,
3. जो सुबह के वक्त हमला करते हैं,
4. जो धूल उड़ाते हैं,
5. और बीच दुश्मन के गुजर जाते हैं,
6. बेशक, इंसान अपने रब का बड़ा नाशुक्रा है।
7. और बेशक, वह इस बात का ख़ुद गवाह है।
8. और बेशक, वह माल की मोहब्बत में सख़्त है।
9. क्या उसे नहीं पता, जब कब्रों का मामला उलटा कर दिया जाएगा,
10. और जो कुछ सीनों में छुपा है, वह जाहिर कर दिया जाएगा,
11. तब उनका रब उनसे पूरी तरह बाख़बर होगा।

101. सूरह अल-कारिआह

बिस्मिल्लाह-हिर्रहमान-निर्रहीम

1. अल-कारिआह (वह सख़्त हादसा),
2. तुम्हें क्या मालूम कि वह अल-कारिआह क्या है?
3. और तुम्हें क्या समझाए कि वह अल-कारिआह क्या है?
4. वह दिन जब लोग बिखरे हुए परवानों की तरह होंगे,
5. और पहाड़ धुंके हुए ऊन की तरह होंगे।
6. जिसका अमल का पलड़ा भारी होगा,
7. वह मजे की जिंदगी में होगा।
8. और जिसका अमल का पलड़ा हल्का होगा,
9. उसकी जगह गहरा गड्ढा होगा।
10. तुम्हें क्या मालूम कि वह क्या है?
11. वह भड़कती आग है!

102. सूरह अत-तकासुर

बिस्मिल्लाह-हिर्रहमान-निर्रहीम

1. दुनिया की इज़ाफा करने की लालच ने तुम्हें गाफिल कर दिया,
2. जब तक तुम क़ब्र तक न पहुँच जाओ।
3. हरगिज़ नहीं! तुम्हें जल्द ही पता चलेगा।
4. फिर दोबारा, हरगिज़ नहीं! तुम्हें जल्द ही पता चलेगा।
5. अगर तुम यक़ीन के इल्म से समझते...
6. तो तुम ज़रूर जहन्नम को देख लेते।
7. फिर तुम उसे यक़ीन की आँख से देख लोगे।
8. फिर उस दिन तुमसे उन नेमतों का सवाल किया जाएगा!

103. सूरह अल-असर

बिस्मिल्लाह-हिर्रहमान-निर्रहीम

1. क़सम है वक़्त की,
2. बेशक इंसान घाटे में है,
3. सिवाय उन लोगों के जो ईमान लाए, नेक आमाल किए, और हक़ की बात व सब्र की तलकीन की।

104. सूरह अल-हुमज़ाह

बिस्मिल्लाह-हिर्रहमान-निर्रहीम

1. हलाकत है हर उस शख़्स के लिए जो दूसरों का मज़ाक उड़ाता और उन्हें बुरे नाम से पुकारता है,
2. जो माल जमा करता है और बार-बार गिन-गिन कर रखता है,
3. वह समझता है कि उसका माल उसे हमेशा जिंदा रखेगा।
4. हरगिज़ नहीं! उसे ज़रूर हुतमा (तोड़ देने वाली जगह) में डाला जाएगा।
5. और तुम्हें क्या मालूम कि हुतमा क्या है?
6. यह अल्लाह की भड़कती हुई आग है,
7. जो दिलों तक पहुँच जाती है।
8. वह उन पर बंद कर दी जाएगी,
9. लंबी-लंबी अमूदों (खंभों) में।

105. सूरह अल-फ़ील

बिस्मिल्लाह-हिर्रहमान-निर्रहीम

1. क्या तुमने नहीं देखा कि तुम्हारे रब ने हाथी वालों के साथ क्या किया?
2. क्या उनकी चाल को नाकाम नहीं कर दिया?
3. और उन पर परिंदों के झुंड के झुंड भेज दिए,
4. जो उन पर पके हुए पत्थर बरसा रहे थे,
5. तो उन्हें चबाए हुए भूसे की तरह बना दिया।

106. सूरह क़ुरैश

बिस्मिल्लाह-हिर्रहमान-निर्रहीम

1. क़ुरैश की आदत की वजह से,

2. सर्दी और गर्मी के सफर की आदत की वजह से,

3. तो उन्हें चाहिए कि इस घर के मालिक की इबादत करें,

4. जिसने उन्हें भूख से बचाकर खिलाया और उन्हें ख़ौफ से महफूज़ रखा।

107. सूरह अल-माऊन

बिस्मिल्लाह-हिर्रहमान-निर्रहीम

1. क्या तुमने उसे देखा जो बदले (क़ियामत) का इनकार करता है?
2. वही जो यतीम को धक्के देता है,
3. और मिसकीन को खिलाने पर नहीं उभारता,
4. पस तबाही है उन नमाज़ियों के लिए,
5. जो अपनी नमाज़ से ग़ाफ़िल रहते हैं,
6. जो दिखावा करते हैं,
7. और छोटी-छोटी मदद तक रोक लेते हैं।

108. सूरह अल-कौसर

बिस्मिल्लाह-हिर्रहमान-निर्रहीम

1. बेशक, हमने तुम्हें कौसर अता की।
2. तो अपने रब के लिए नमाज़ पढ़ो और क़ुर्बानी करो।
3. बेशक, तुम्हारा दुश्मन ही कटपयेज़ी (महरूम) है।

109. सूरह अल-काफ़िरून

बिस्मिल्लाह-हिर्रहमान-निर्रहीम

1. कह दो, "ऐ काफ़िरो,
2. मैं तुम्हारे माबूद की इबादत नहीं करता,
3. और न तुम मेरे माबूद की इबादत करते हो,
4. और न मैं कभी तुम्हारे माबूद की इबादत करने वाला हूँ,
5. और न तुम मेरे माबूद की इबादत करने वाले हो,
6. तुम्हारे लिए तुम्हारा दीन, मेरे लिए मेरा दीन।"

110. सूरह अन-नस्र

बिस्मिल्लाह-हिर्रहमान-निर्रहीम

1. जब अल्लाह की मदद और फ़तह आ जाए,
2. और तुम देखो कि लोग टोली-दर-टोली अल्लाह के दीन में दाख़िल हो रहे हैं,
3. तो अपने रब की तसबीह करो और उसकी मग़फिरत माँगो। बेशक, वह बड़ा तौबा क़बूल करने वाला है।

111. सूरह अल-मसद

बिस्मिल्लाह-हिर्रहमान-निर्रहीम

1. तबाह हो जाए अबू लहब के दोनों हाथ, और वह खुद भी तबाह हो गया।
2. न उसका माल उसके किसी काम आया, न जो उसने कमाया।
3. वह भड़कती आग में जलेगा,
4. और उसकी बीवी भी – जो कांटे और लकड़ियां उठाती है,
5. जिसके गले में घोंसा हुआ रस्सा (रस्सी) है।

112. सूरह अल-इख़लास

बिस्मिल्लाह-हिर्रहमान-निर्रहीम

1. कह दो: “वह अल्लाह है, एक है।”
2. अल्लाह बे-नियाज़ है।
3. न उसने किसी को जन्म दिया, न वह खुद किसी से जन्मा।
4. और न कोई उसके बराबर का है।

113. सूरह अल-फ़लक़

बिस्मिल्लाह-हिर्रहमान-निर्रहीम

1. कह दो: "मैं सुबह के रब की पनाह मांगता हूँ,
2. हर चीज़ के शर से जो उसने पैदा की,
3. और अंधेरे की बुराई से जब वह छा जाए,
4. और गिरहों में फूंकने वालों (जादूगरों) के शर से,
5. और हसद करने वाले के शर से जब वह हसद करे।"

114. सूरह अन-नास

बिस्मिल्लाह-हिर्रहमान-निर्रहीम

1. कह दो: “मैं इंसानों के रब की पनाह मांगता हूँ,
2. इंसानों के बादशाह की,
3. इंसानों के माबूद की,
4. छुपकर वस्वसा डालने वाले शैतान के शर से,
5. जो लोगों के दिलों में वस्वसा डालता है,
6. चाहे वह जिन्न में से हो या इंसानों में से।”

📢 आपकी समीक्षा (Reviews)

📖 कृपया अपनी राय साझा करें!

जब आप इस किताब को पढ़ लें और इसका इस्तिफ़ादा (फ़ायदा) उठा लें, तो अपनी समीक्षा (Review) ज़रूर छोड़ें। जिस वेबसाइट से आपने इसे ख़रीदा है, वहाँ पर अपनी राय देने से:

✔ नए पढ़ने वालों को मदद मिलेगी कि वे आपकी बेबाक (निष्पक्ष) राय के आधार पर सही फ़ैसला कर सकें।

✔ हम, Mohammad Tahir Khan & Co. Publishing, यह समझ सकेंगे कि आपको हमारी किताब कैसी लगी और हमें किन पहलुओं पर और बेहतर काम करना चाहिए।

✔ हमारे मुसन्निफ़ (लेखक) को भी आपके तजुर्बात (अनुभव) से फ़ायदा होगा, ताकि वो अपने तहरीरी (लेखन) काम को और निखार सकें।

💬 आपकी राय हमारे लिए क़ीमती है!

www.ingramcontent.com/pod-product-compliance
Lightning Source LLC
LaVergne TN
LVHW070529061026
849580LV00018B/2476
* 9 7 8 8 1 9 8 5 3 5 4 0 5 *